Rainer Kuhlen
Die Transformation der Informationsmärkte in Richtung Nutzungsfreiheit

Age of Access?
Grundfragen der Informationsgesellschaft

Herausgegeben von
André Schüller-Zwierlein

Editorial Board
Herbert Burkert (St. Gallen)
Klaus Ceynowa (München)
Heinrich Hußmann (München)
Michael Jäckel (Trier)
Rainer Kuhlen (Konstanz)
Frank Marcinkowski (Münster)
Rudi Schmiede (Darmstadt)
Richard Stang (Stuttgart)

Band 12

Rainer Kuhlen

Die Transformation der Informationsmärkte in Richtung Nutzungsfreiheit

---

Alternativen zur Als-ob-Regulierung
im Wissenschaftsurheberrecht

DE GRUYTER
SAUR

Die nutzungsfreie elektronische Bereitstellung dieses Textes nach Prinzipien von Open Access Gold wurde möglich durch die finanzielle Unterstützung der Universität Konstanz und des Urheberrecht für Bildung und Wissenschaft e.V.

ISBN 978-3-11-099553-4
e-ISBN (PDF) 978-3-11-069344-7
e-ISBN (EPUB) 978-3-11-069351-5
ISSN 2195-0210
DOI https://doi.org/10.1515/9783110693447

Dieses Werk ist lizenziert unter der Creative Commons Attribution 4.0 International Lizenz. Weitere Informationen finden Sie unter http://creativecommons.org/licenses/by/4.0/.

Library of Congress Control Number: 2020943774

Bibliografische Information der Deutschen Nationalbibliothek
Die Deutsche Nationalbibliothek verzeichnet diese Publikation in der Deutschen Nationalbibliografie; detaillierte bibliografische Daten sind im Internet über http://dnb.dnb.de abrufbar.

© 2022 Rainer Kuhlen, publiziert von Walter de Gruyter GmbH, Berlin/Boston
Dieser Band ist text- und seitenidentisch mit der 2020 erschienenen gebundenen Ausgabe.
Dieses Buch ist als Open-Access-Publikation verfügbar über www.degruyter.com.

Satz: le-tex publishing services GmbH, Leipzig
Druck und Bindung: CPI books GmbH, Leck

www.degruyter.com

Age of Access?
Grundfragen der Informationsgesellschaft

Vorwort zur Reihe

Zugänglichkeit: Wann immer es um das Thema Information geht, gehört dieser Begriff zu den meistverwendeten. Er ist zugleich facettenreich und unterdefiniert. Zahlreiche seiner Dimensionen werden in unterschiedlichen Fachtraditionen analysiert, jedoch oft nicht als Teile derselben Fragestellung wahrgenommen. Die Reihe *Age of Access? Grundfragen der Informationsgesellschaft* geht die Aufgabe an, die relevanten Diskurse aus Wissenschaft und Praxis zusammenzubringen, um zu einer genaueren Vorstellung der zentralen gesellschaftlichen Rolle zu kommen, die die Zugänglichkeit von Information spielt.

Die ubiquitäre Rede von „Informationsgesellschaft" und „age of access" deutet auf diese zentrale Rolle hin, suggeriert aber – je nach Tendenz – entweder, dass Information allenthalben zugänglich ist, oder dass sie es sein sollte. Beide Aussagen, so der Ansatz der Reihe, bedürfen der Überprüfung und Begründung. Der Analyse der Aussage, dass Information zugänglich sein sollte, widmet sich – grundlegend für die folgenden – der erste Band der Reihe, *Informationsgerechtigkeit*. Weitere Bände arbeiten die physischen, wirtschaftlichen, intellektuellen, sprachlichen, politischen, demographischen und technischen Dimensionen der Zugänglichkeit bzw. Unzugänglichkeit von Information heraus und ermöglichen so die Überprüfung der Aussage, dass Information bereits allenthalben zugänglich ist.

Einen besonderen Akzent setzt die Reihe, indem sie betont, dass die Zugänglichkeit von Information neben der synchronen auch eine diachrone Dimension hat – und dass somit die Forschung zu den Praktiken der kulturellen Überlieferung die Diskussion zum Thema Zugänglichkeit von Information befruchten kann. Daneben analysiert sie Potenziale und Konsequenzen neuer Techniken und Praktiken der Zugänglichmachung. Sie durchleuchtet Bereiche, in denen Zugänglichkeit nur simuliert wird oder in denen Unzugänglichkeit nicht bemerkt wird. Und schließlich widmet sie sich Gebieten, in denen sich die Grenzen der Forderung nach Zugänglichkeit zeigen. Die Themen- und Diskursvielfalt der Reihe vereint eine gemeinsame Annahme: Erst wenn die Dimensionen der Zugänglichkeit von Information erforscht worden sind, kann man mit Recht von einer Informationsgesellschaft sprechen.

Die Publikation der Bände in gedruckter und elektronischer Form in Kombination mit der Möglichkeit der zeitversetzten Open Access-Publikation der Beiträge stellt einen Versuch dar, verschiedenen Zugänglichkeitsbedürfnissen Rechnung zu tragen.

André Schüller-Zwierlein

Inhalt

Age of Access? Grundfragen der Informationsgesellschaft —— V

Abkürzungen —— XIII

1 Essenz —— 1

Teil I: Aporien der Systematik des Urheberrechts

2 **Urheberrecht ist kein Selbstzweck** —— 21
2.1 Gemeinfreiheit von Wissen ist Bedingung für Gemeinwohl —— 21
2.2 Das Urheberrecht – eher hinderlich als förderlich —— 23
2.3 Urheberrecht – voller Merkwürdigkeit —— 24
2.4 Vorläufiges zum Für und Wider des Urheberrechts —— 27

3 **Die pragmatische und politische Dimension der im Zeitgeist verdichteten Leitideen für den Umgang mit Wissen und Information** —— 31
3.1 Kreative Hermeneutik für die großen und nicht ganz so großen rechtsverbindlichen Texte —— 31
3.2 Rechtssicherheit und Zukunftsoffenheit —— 35
3.3 Zur Mobilisierungskraft von Leitideen —— 39
3.4 Zeitgeist als Verdichtung von Leitideen —— 43
3.5 Eine alte Leitidee – erweitert in elektronischen Räumen —— 52

4 **Urheberrecht und Informationsethik** —— 63
4.1 Wissen und Information. Wissensobjekte und Informationsobjekte —— 64
4.1.1 Wissen —— 65
4.1.2 Information —— 67
4.2 Zur Begründung der Informationsethik —— 70
4.3 Zur Begründung von Leitideen durch institutionalisierte Commons —— 73

5 **Was ist und was will das Urheberrecht?** —— 79
5.1 „Präambel" des Urheberrechts —— 82
5.2 Zum Werkbegriff —— 84

5.3	Zum Begriff des Urhebers als Schöpfer —— **89**	
5.4	Persönlichkeitsrechte —— **90**	
5.5	Verwertungsrechte – Nutzungsrechte —— **95**	
5.6	Schranken – gesetzlich erlaubte Nutzungen —— **96**	

6 Urheberrecht – kein Fundament für Bildung und Wissenschaft —— 101
6.1 Zur fortschreitenden Kommodifizierung und Ökonomisierung des Urheberrechts —— **103**
6.2 Die Fiktion des individuellen Schöpfers —— **110**
6.2.1 Kollaboration durch wissenschaftlichen Diskurs —— **111**
6.2.2 Kollaboration durch Mehrfachautoren —— **111**
6.2.3 Zitierungswahrscheinlichkeit durch Kollaboration —— **113**
6.2.4 Kollaborative Texte im Hypertextparadigma —— **114**
6.2.5 Schwer nachvollziehbare „Prägetheorie" —— **115**
6.3 Zur Problematik von Werk/Immaterialgut – Werkstück/Materialgut —— **118**
6.4 Zur Fiktion des Immaterialguts —— **119**
6.5 Zum monistischen Ansatz des Urheberrechts —— **122**
6.6 Die Umwandlung von Verwertungsrechten in Nutzungsrechte —— **124**
6.7 Das Problem mit den Schranken —— **129**
6.8 Ein selbständiges Wissenschaftsurheberrecht —— **135**
6.8.1 Balance im Wissenschaftsurheberrecht als quasi gleichschenkeliges Dreieck? —— **137**
6.8.2 Reputationssteigerung durch vergütete Verwertung? —— **140**
6.9 Die fatale Wirkung des Drei-Stufen-Tests —— **141**
6.10 Fazit zu Kapitel 6 —— **151**

7 Geistiges Eigentum —— 153
7.1 Vom „Eigentum" im Grundgesetz zum „Geistigen Eigentum" im Urheberrecht —— **153**
7.2 Vermögensrechtliche Begründung des geistigen Eigentums durch das BVerfG —— **157**
7.3 Begründung des geistigen Eigentums durch die Fiktionen des Schöpfers und des Immaterialguts —— **160**
7.4 Interessen am geistigen Eigentum —— **162**
7.5 Einschränkung der exklusiven Eigentumsrechte —— **164**
7.6 Kritisch gegenüber geistigem Eigentum —— **169**
7.7 Fazit zum geistigen Eigentum —— **170**

8	**Vergütung —— 173**
8.1	Wie ist Vergütung in das UrhG gekommen? —— 174
8.2	Für was und für welche Situation zu vergüten —— 177
8.2.1	Vergütung durch kommerzielle Verlagspublikationen —— 177
8.2.2	Vergütung über Direkt-Publikation —— 180
8.2.3	Vergütung als Belohnung —— 184
8.3	Vergütung in der Interpretation des BVerfG —— 186
8.4	Vergütung für schrankenbasierte Nutzungen —— 191
8.5	Vergütung in den Normen des Urheberrechts seit 2003 —— 193
8.5.1	Vergütung im Rahmen des Ersten Korbs 2003 —— 193
8.5.2	Vergütung im Rahmen des Zweiten Korbs 2008 —— 194
8.5.3	Vergütung nach der Reform des *Urhebervertragsrechts* von 2016 —— 195
8.5.4	Vergütung im UrhWissG – „No obligation for payment may arise" —— 196
8.6	Vergütung: individuell oder pauschal? Der Streit um den Rahmenvertrag für § 52a —— 201
8.7	Zur Verlegerbeteiligung an der Vergütung für urheberrechtlich erlaubte Nutzungen —— 204
8.8	Gesamtfazit zur Vergütung —— 211
9	**Thesen —— 213**

Teil II: Urheberrechtsreformen vom Ersten Korb (2003) bis zum UrhWissG (2018)

10	**Die Urheberrechtsreformen von 2003 und 2008 —— 217**
10.1	§ 52a UrhG – ein unzureichender Versuch für eine Wissenschaftsschranke —— 219
10.1.1	§ 52a hätte auch ganz anders aussehen können —— 219
10.1.2	Das Ende des „im" in § 52a-Alt —— 221
10.1.3	Der Streit um die akzessorischen Rechte des Druckens und Speicherns —— 222
10.1.4	Wie der erzwungene Gang in die Bibliothek hätte verhindert werden können —— 227
10.2	Unbekannte Nutzungsarten —— 231
10.3	Fazit zu den Schrankenregelungen des Ersten und Zweiten Korbs —— 234

11	**Die Zwischenreform 2013/2014 —— 237**	
11.1	Verwaiste Werke —— 238	
11.2	Vergriffene Werke —— 244	
11.3	Zweitverwertungsrecht —— 249	
11.3.1	Zweitverwertungsrecht im Zusammenhang von § 38 allgemein —— 251	
11.3.2	Zu den Details/Beschränkungen des in § 38 Abs. 4 realisierten Zweitverwertungsrechts —— 255	
11.3.3	Kritik an den Regelungen von § 38 Abs. 4 —— 257	
11.3.4	Ausklammerung der grundfinanzierten Hochschulforschung vom Zweitverwertungsrecht? —— 259	
11.3.5	Ein einfaches Nutzungsrecht —— 263	
11.3.6	Mandatierung – besser ein zusätzliches institutionelles Zweitverwertungsrecht? —— 265	
11.3.7	Fazit zum Zweitverwertungsrecht —— 272	
11.4	Leistungsschutzrecht für Presseverleger —— 273	
12	**Zur Entwicklung des Konzeptes einer umfassenden Bildungs- und Wissenschaftsschranke (ABWS) —— 277**	
12.1	Zu den konzeptionellen Vorgaben für eine ABWS in Deutschland —— 277	
12.1.1	Die ABWK des Aktionsbündnisses —— 278	
12.1.2	ABWS/ABWK – KMK —— 280	
12.1.3	ABWS – Allianz —— 281	
12.1.4	ABWS – dbv (2014) —— 282	
12.1.5	European Copyright Code – Wittem-Gruppe (2010) —— 282	
12.1.6	Eine Allgemeine Bildungs- und Wissenschaftsschranke – de la Durantaye (2014) —— 283	
12.1.7	ABWS über einen § 52a-neu + subsidiäre Auffangklausel – Schack —— 286	
12.2	Politische Erwartungen an eine Neuregelung des Wissenschaftsurheberrechts durch eine ABWS —— 287	
12.3	Zusammenfassende Diskussion der Vorschläge für eine ABWS bzw. ABWK —— 289	
12.4	Schrankenregelungen im US Copyright LAW, Teach Act —— 290	
13	**Urheberrechts-Wissensgesellschafts-Gesetz (UrhWissG) —— 295**	
13.1	Zur politischen Entwicklung des UrhWissG —— 296	
13.2	Die Schrankenregelungen im Einzelnen —— 299	
13.2.1	§ 60a Unterricht und Lehre —— 299	

13.2.2	§ 60b Unterrichts- und Lehrmedien —— 302	
13.2.3	§ 60c Wissenschaftliche Forschung —— 302	
13.2.4	§ 60d Text und Data Mining —— 303	
13.2.5	§ 60e Bibliotheken —— 303	
13.2.6	§ 60f Archive, Museen und Bildungseinrichtungen —— 305	
13.2.7	§ 60g Gesetzlich erlaubte Nutzung und vertragliche Nutzungsbefugnis —— 305	
13.2.8	§ 60h Angemessene Vergütung der gesetzlich erlaubten Nutzungen —— 306	
13.3	TDM im UrhWissG und in EU-DSM-RL2019 —— 306	
13.3.1	TDM-Analysekorpora —— 309	
13.3.2	TDM – nicht-kommerziell oder auch kommerziell —— 311	
13.3.3	TDM im Zusammenhang der Regulierung von Datenbanken —— 312	
13.3.4	Zusammenfassung, Kritik und Fazit für die TDM-Regelung —— 313	
13.4	Zuammenfassung der Kritik am UrhWissG —— 316	
13.5	Ist das UrhWissG ein dauerhafter Ersatz für eine ABWS? —— 323	
13.6	Änderungs-/Verbesserungsbedarf im aktuellen Wissenschaftsurheberrecht —— 325	
13.7	Lizenzen vs. Urheberrechtsschranken —— 327	
13.7.1	Aushebelung von Schrankenregelungen durch Lizenzangebote —— 328	
13.7.2	Lizenzen über Lizenzierungsplattformen —— 329	

Teil III: Transformation der Wissenschaftsmärkte

14	**Von den zwei Wissenschafts-/Informationsmärkten —— 337**	
14.1	Zur Kompatibilität der beiden Informationsmärkte —— 338	
14.2	Verlage, Bibliotheken, Wissenschaft – lange Zeit ein unproblematisches Zusammenspiel —— 341	
14.3	Zu den Monopolen auf den Wissenschaftsmärkten —— 343	
14.3.1	Hochpreispolitik —— 343	
14.3.2	Monopole über Impact Factor? —— 345	
14.4	Zu den kommerziellen proprietären Informationsmärkten —— 348	
14.4.1	Allgemeine Daten zu den Informationsmärkten —— 348	
14.4.2	Zeitschriftenmarkt der Informationswirtschaft —— 349	
14.4.3	Bücher auf den Informationsmärkten —— 353	
14.5	Zum Geschenkmodell auf den Wissenschaftsmärkten —— 355	
14.6	Wissenschaft wehrt sich —— 359	
14.7	Zu den Open-Access-Zeitschriftenmärkten —— 363	

14.8	Die Transformation in Richtung Open-Access-Publizieren am Beispiel Deal —— **367**
14.9	Open-Access-Märkte für Bücher —— **371**
14.10	Open Access wird Default des wissenschaftlichen Publizierens —— **373**
14.11	Perspektiven für neue kommerzielle Informationsmärkte —— **375**

15   Fazit: Wissenschaftsurheberrecht – ein Recht für Nutzungsrechte und Nutzungsfreiheiten —— 381

16   Referenzen —— 393

17   Anhang —— 407

17.1	Liste einschlägiger Entscheidungen des Bundesverfassungsgerichts —— **407**
17.2	Ausgewählte Paragraphen aus dem Ersten und Zweiter Korb —— **407**
17.2.1	§ 52a Öffentliche Zugänglichmachung für Unterricht und Forschung (gültig bis 28.2.2018) —— **407**
17.2.2	§ 52b Wiedergabe von Werken an elektronischen Leseplätzen in öffentliche Bibliotheken, Museen und Archiven gültig bis 28.2.2018 —— **408**
17.2.3	§ 53a Kopienversand auf Bestellung gültig bis 28.2.2018 —— **408**

Stichwortverzeichnis —— 409

Abkürzungen

AB (Aktionsbündnis) – Aktionsbündnis Urheberrecht für Bildung und Wissenschaft
ABWK – Allgemeine Bildungs- und Wissenschaftsklausel
ABWS – Allgemeine Bildungs- und Wissenschaftsschranke
AEUP – Association of European University Presses
Allianz – Allianz der Wissenschaftsorganisationen
APC – Article Processing Charge
aPR – Allgemeine Persönlichkeitsrechte
ArbNerfG – Arbeitnehmererfindungsgesetz
BDI – Bundesverband der Deutschen Industrie
BMBF – Bundesministerium für Bildung und Forschung
BMJ – Bundesministerium der Justiz (alt)
BMJV – Bundesministerium der Justiz und für Verbraucherschutz
BGH – Bundesgerichtshof
BOAD – Berliner Open-Access-Erklärung (Berlin Declaration on Open Access)
BOAI – Budapest Open Access Initiative
BVerfG – Bundesverfassungsgericht
BVerfGE – Entscheidung des Bundesverfassungsgerichts
CC – Creative Commons
CCC – Copyright Clearance Center
CPR – Common Pool Resources
dbv – Deutscher Bibliotheksverband
DEFF – Denmark's Electronic Research Library
DHD – Digital Humanities im deutschsprachigen Raum
DINI – Deutsche Initiative für Netzwerkinformation e. V.
DM – Data Mining
DMCA – Digital Millennium Copyright Act
DSM-RL – s. EU-DSM-RL2019
DOAB – Directory for Open Access Books
DOAJ – Directory of Open Access Journals
DOI – Digital Object Identifier
DPG – Deutsche Physikalische Gesellschaft
DRM – Digital Rights Management
EDIMA – Representing online platforms in Europe
ECL – Extended Collective Licences
EEAR – Europäische EDV-Akademie des Rechts
EG – Erwägungsgrund (engl. recitals)
ENCES – European Network for Copyright in Support of Education and Science
EPS – European Physical Society
EU-DSM-RL2019 (auch DSM-RL genannt) – Directive (EU) 2019/790 of the European Parliament and of the Council of 17 April 2019 on copyright and related rights in the Digital Single Market
EuGH – Europäischer Gerichtshof
EUIPO – Intellectual Property Office of the European Union
EU – Europäische Union
FAZ – Frankfurter Allgemeine Zeitung

Open Access. © 2020 Rainer Kuhlen, This work is licensed under a Creative Commons Attribution 4.0 License. https://doi.org/10.1515/9783110693447-202

FU – Freie Universität Berlin
GATS – General Agreement on Trade in Services
GATT – General Agreement on Tariffs and Trade
GDC – Gesellschaft Deutscher Chemiker
GRUR – Gewerblicher Rechtsschutz und Urheberrecht
GRUR INT – Gewerblicher Rechtsschutz und Urheberrecht International
h.M. – herrschende Meinung
HBS – Heinrich-Böll-Stiftung
HGF – Hermann von Helmholtz-Gemeinschaft Deutscher Forschungszentren
hlb – Hochschullehrerbund
HRK – Hochschulrektorenkonferenz
i. d. R. – in der Regel
ICCPR – International Covenant on Civil and Political Rights
IDS – Institut für Deutsche Sprache
IF – Impact Factor
IFLA – International Federation of Library Associations
IKT – Informations- und Kommunikationstechnologien
InfoSoc – Directive 2001/29/EC of the European Parliament and of the Council of 22 May 2001 on the harmonization of certain aspects of copyright and related rights in the information society
IPA – International Publisher Association
IPR – Intellectual Property Rights
ISI – Institute for Scientific Information
IISC – Joint Information Systems Committee (UK)
KI – Künstliche Intelligenz
KSZE – Konferenz über Sicherheit und Zusammenarbeit in Europa
LSR – Leistungsschutzrecht
LZP – Lizenzierungsplattform
EEAR – Europäische EDV-Akademie des Rechts
MINT – Mathematik, Informatik, Naturwissenschaften und Technik
MIO – Millionen
MMR – Zeitschrift für IT-Recht und Recht der Digitalisierung
MOOCs – Massive Open Online Courses
MPDL – Max Planck Digital Library
MPG – Max-Planck-Gesellschaft
MPI – Max-Planck-Institut
MRD – Milliarden
NJW – Neue Juristische Wochenschrift
NPA – National Publishers' Association
NSF – National Science Foundation
OA – Open Access
OAI – Open Archives Initiative
OAPEN – Open Access Publishing in European Networks
OER – Open Educational Resources
OMP – Open Monograph Press
OPERA – Open Research Analytics
PAR – publish&read
PDMA – Deutsches Patent- und Markenamt

RefE – Referentenentwurf (des BMJV)
RBÜ – Berner Übereinkommen zum Schutz von Werken der Literatur und Kunst
RegE – Regierungsentwurf
REP – Research Intelligence Provider
RL – Richtlinie/n
ROARMAP – Registry of Open Access Repository Mandates and Policies
SNSF – Swiss National Science Foundation
SNIP – Source Normalized Impact per Paper
STM – Science Technology Medicine; auch: International Association of Scientific, Technical and Medical Publishers
SURF – Association of Dutch Educational and Research Institutions
TDM – Text und Data Mining
TIB – Leibniz-Informationszentrum Technik und Informationswissenschaften Bibliothek
TM – Text Mining
TRIPS – Agreement on Trade-Related Aspects of Intellectual Property Rights
UK – United Kingdom
UPR – Urheberpersönlichkeitsrecht
UrhG – Urheberrechtsgesetz
UrhR – Urheberrecht
URL – Uniform Resource Locator
VDV – Verband Deutscher Bühnen- und Medienverlage
VDZ – Verband Deutscher Zeitschriftenverleger
ver.di – Vereinte Dienstleistungsgewerkschaft
VMI – Virginia Military Institute
VGG – Verwertungsgesellschaftengesetz
VPN – Virtual Private Network
WGL – Leibniz Gemeinschaft
WIPI – World Intellectual Property Indicators (der WIPO)
WIPO – World Intellectual Property Organization
WSIS – Word Summit on the Information Society
WTC – WIPO Copyright Treaty
WTO – World Trade Organization
ZEDAT – Zentraleinrichtung für Datenverarbeitung der FU Berlin
ZUM – Zeitschrift für Urheber- und Medienrecht
ZVR – Zweitverwertungsrecht

1 Essenz

Kein Jurist zu sein, kann und wird hier ein Vorteil sein. Wie in vielen anderen Bereichen der Gesellschaft ist auch das Urheberrecht seit etwa 30 Jahren in eine Akzeptanzkrise geraten.[1] Es ist nicht zu erwarten, dass sich das Urheberrecht aus dieser Krise über juristische Diskurse alleine wird befreien können. Auch das hat das Urheberrecht gemeinsam mit vielen anderen Großbaustellen der Gesellschaft, wie z. B. Klimawandel, Transformation des Verkehrs, Digitalisierung, Gesundheit, Künstliche Intelligenz oder Datenschutz/Informationelle Selbstbestimmung. Anstöße zur Reform einzelner Rechtsbereiche wurden im Grunde schon immer nicht aus dem Recht selbst entwickelt. Heute werden sie immer mehr aus zivilgesellschaftlichen Gruppen initiiert, zuweilen auch von einzelnen Personen. Die entsprechenden Diskurse laufen überwiegend in den Diensten des Internets. Oft bleibt es nicht bei den Anstößen, vielmehr nehmen die Betroffenen zuweilen das Heft des Handelns selbst in die Hand. Nicht gegen das Recht, aber durchaus unabhängig vom Recht. Für das Urheberrecht steht dafür die Open-Access-Bewegung.

Beschränken wir uns hier auf die Krise des Urheberrechts, speziell auf das Urheberrecht mit Blick auf Wissen und Information in Bildung und Wissenschaft. Auch diese Krise hat viele Ursachen – hier nur erste Hinweise auf vier:

(1) Die schon länger im Urheberrecht angelegte, aber sich seit ca. 30 Jahren intensivierende **Kommodifizierung und Ökonomisierung von Wissen**[2] – auch für das in öffentlichen Umgebungen produzierte Wissen,
(2) die vom Recht **unzureichende Berücksichtigung zentraler Regulierungsinstanzen** wie Technik, Markt und Norm/Ethik und deren Potenziale für den Umgang mit Wissen und Information,
(3) **eine mangelnde kreative Auslegung (juristische Hermeneutik) bestehender Gesetze**, Richtlinien, Urteile und Entscheidungen bei den Akteuren in Rechtsetzung und Rechtsprechung,

---

[1] „Akzeptanzkrise" oder „Legitimationskrise" wird in der Tat immer häufiger in den Zusammenhang des Urheberrechts gebracht. Nur wenige Beispiele: (Depenheuer/Peifer 2008) Geistiges Eigentum: Schutzrecht oder Ausbeutungstitel; (Hansen 2009) Die Rechtfertigung des Urheberrechts unter besonderer Berücksichtigung des Nutzerschutzes; (Dreier/Hilty 2015) Vom Magnettonband zu Social Media; (Völtz 2011) Die Werkwiedergabe im Web 2.0; (Marl 2017) Der Begriff der Öffentlichkeit im Urheberrecht (dort weitere Belege unter Anm. 2); (Amini 2017) Digitale Kultur zum Pauschaltarif?; (Grisse 2018) Internetangebotssperren.
[2] „Kommodifizierung" und „Ökonomisierung" werden hier verschiedentlich synonym verwendet. „Kommodifizierung" ist die Erklärung von immateriellen Werken/Objekten zu Gütern. Der Gutscharakter ist die Voraussetzung für die handelbare kommerzielle Verwertung dieser Werke/Objekte. Das wird hier unter „Ökonomisierung" verstanden.

Open Access. © 2020 Rainer Kuhlen This work is licensed under a Creative Commons Attribution 4.0 License. https://doi.org/10.1515/9783110693447-001

(4) die für Bildung und Wissenschaft **unpassende Systematik des Urheberrechts** mit seinen zum Teil aus dem 19. Jahrhundert stammenden Fundamenten.

(1) Kommodifizierung von Wissen. Die entscheidende Krise des Urheberrechts, zumindest für Bildung und Wissenschaft, besteht darin, dass das Urheberrecht systematisch und über die konkreten Normen eine fortschreitende Kommodifizierung von Wissen begünstigt hat, auch des mit öffentlichen Mitteln produzierten Wissens (ausführlich in 6.1). Der Verwertung von Wissen und Information und dessen Sicherung wird bis heute von der Politik stärker Rechnung getragen als deren freizügigen Nutzung im Interesse der Öffentlichkeit und dem Nutzen der einzelnen Menschen. Die Vernachlässigung des Gemeinwohlinteresses gegenüber den kommerziellen Verwertungsansprüchen gilt wie für viele andere Großbereiche der Gesellschaft speziell auch für das Urheberrecht. Das Urheberrecht ist dadurch tendenziell zu einem die kommerzielle Verwertung sichernden Handelsrecht geworden – mit der Konsequenz, dass das Urheberrecht für Bildung und Wissenschaft zum Problem geworden ist. Das auf Bildung und Wissenschaft bezogene Urheberrecht wird von den meisten der dort Tätigen eher als behindernd denn als befördernd angesehen. Diese Ökonomisierung war zwar immer schon im Urheberrecht angelegt, im angelsächsischen Copyright sowieso; aber deren negative Auswirkungen waren nicht immer so deutlich zu erkennen. Noch zu Zeiten der letzten umfassenden Urheberrechtsreform von 1965 war Urheberrecht für die in Bildung und Wissenschaft Tätigen kein Thema. Das Zusammenspiel von Urhebern, Nutzern, Verlagen und Bibliotheken funktionierte weitgehend. Zuweilen, im Vergleich zu den heutigen „Sofort"-Erwartungen, war es etwas mühsam, z. B. bei der Fernleihe, wenn die lokale Bibliothek den gewünschten Text nicht präsent hatte, aber im Prinzip war „Frieden" auf den wissenschaftlichen Informationsmärkten, und um das Urheberrecht musste sich so gut wie niemand kümmern.

Das änderte sich mit der fortschreitenden Telemediatisierung – dem Zusammenspiel von Telekommunikation, Informatik und Multimedia – aller Vorgänge der Produktion, Verwertung, Verteilung und Nutzung von Wissen und Information. Der Zeitpunkt kann ziemlich genau auf Ende 1994 festgemacht werden, als die öffentlich finanzierte *National Science Foundation* (NSF) das für die Steuerung der verschiedenen Internet-Netze zuständige Backbone-Netz per Vertrag an verschiedene US-amerikanische Telefongesellschaften übergab. Diese stellten damit sofort das, was heute Internet heißt, der gesamten Wirtschaft und damit auch der kommerziellen Informationswirtschaft zur Verfügung. Das war der Beginn von dem, was sich als *big business* auch auf den internationalen Zeitschriftenmärkten mit überdurchschnittlichen Gewinnspannen etabliert hat (vgl. Kap. 14). Der kommerzielle Wissenschaftsmarkt ist damit ein Teil des „digitalen Kapitalismus" geworden, den Philipp Staab[3] – allerdings in erster Linie mit Blick auf Google, Facebook, Amazon und Microsoft – als „Markt und Herrschaft in der Ökonomie der Unknappheit" beschrieben hat.

Ein Oligopol von wenigen großen Verlagskonsortien hat es seitdem verstanden, die Wissenschaftler an ihre Produkte zu fesseln und deren Karriere, auch über den *Impact Factor*, vom Publizieren in deren Zeitschriften abhängig zu machen. Seitdem ist der Frieden vorbei. Bildung und Wissenschaft sind natürlich keineswegs im Krieg. Aber tatsächlich hat sich um die Jahrhundertwende weltweit der Widerstand gegen die fortschreitende Kommodifizierung und Ökonomisierung von wissenschaftlichem Wissen artikuliert (ausführlich in 14.6), z. B.

> Boykott großer Verlagskonsortien – keine Publikation in deren Zeitschriften, keine Mitarbeit als Herausgeber oder Peer Reviewer; Kündigungen von Zeitschriften-Abonnements durch Bibliotheken; Petitionen, oft getragen durch viele tausend Unterzeichner an die politischen Instanzen zugunsten eines freien Umgangs mit öffentlich finanzierten Wissen; spontane und organisierte Proteste aus der Zivilgesellschaft; Nutzung von als widerrechtlich einzuschätzenden, aber sich moralisch legitimierenden Internetangeboten wie Sci-Hub [...]. Der größte Widerstand gegen die Kommerzialisierung von Wissen und Information ist aus der Wissenschaft selbst durch das Engagement für Open Access bzw. Open Science gekommen. Dies findet ihren Niederschlag in der fortschreitenden Transformation der traditionellen kommerziellen Publikationsmärkte in Open-Access-Märkte (vgl. Kap. 14).

All das hat aber bis heute die Realität der Kommodifizierung von Wissen, die Dominanz der kommerziellen Verwertung und deren Unterstützung durch das Urheberrecht nicht verändert.

(2) Widersprüche im Urheberrecht durch Vernachlässigung der Nutzungspotenziale der laufenden Transformationsprozesse. Gemeint sind die Prozesse, die sich a) durch Informations- und Kommunikationstechnologien (IKT), b) durch Umschichtungen auf den Informationsmärkten ergeben und vor allem c) dadurch, dass in der Öffentlichkeit sich ein moralisches Bewusstsein zugunsten freier und offener Nutzung von öffentlich gemachtem Wissen entwickelt hat.

(a) Das Urheberrecht gerät oft genug in Widerspruch zu den Potenzialen der gegenwärtigen IKT.[4] Viele Beispiele dafür werden später aus den Urheberrechtsreformen seit 2003 gegeben. Hier nur eins: 2008 (!) wurde den Bibliotheken nicht erlaubt, vollelektronische Dateien in der Fernleihe an die Nutzer zu senden; erlaubt waren nur grafische, also nicht recherchierbare und nicht so leicht bearbeitbare Dateien. Erst 2018 wurde das korrigiert. Die Vernachlässigung der Potenziale durch IKT hat

---

3 (Staab 2019) Digitaler Kapitalismus in der Ökonomie der Unknappheit.
4 Vgl. (Tiersma 2010) Parment, paper, pixels. Law and and the technologies of communication.

nicht nur zu Belästigungen geführt wie durch die Vorschrift für grafische Dateien, sondern insgesamt zu einer paradoxen Situation:

> Die Potenziale der IKT ermöglichen an sich einen freien Umgang mit Wissen und Information. In der Realität aber ist vor allem die Nutzung des publizierten Wissens immer komplizierter und eingeschränkter geworden. Verantwortlich dafür war und ist immer noch das zu starke Zusammenspiel von kommerziellem Markt und regulierender Politik. Das, was analog wie selbstverständlich erlaubt war, wird im elektronischen Umfeld als regulierungsbedürftig angesehen – meistens mit dem Ergebnis einer verknappten Nutzung. Hätte um 1970 jemand von einem Dozenten verlangt, seinen Studierenden kleine Teile bzw. 15 % eines Textes als Papierkopien in einen Semesterapparat zu stellen, dann hätte das nur ungläubiges Staunen produziert. Seit 2003 durch den sogenannten Ersten Korb der Urheberrechtsreform sind solche Nutzungseinschränkungen verbindlich. Auch durch die letzte Reform 2017/18 bleiben solche, dem System von Bildung und Wissenschaft fremden Beschränkungen erhalten, z. B. 15 % eines Werks für elektronische Kopien für den „Zweck der nicht kommerziellen wissenschaftlichen Forschung" (§ 60c UrhG).[5]

(b) Das Urheberrecht gerät oft genug in Widerspruch zu den Potenzialen des Wandels auf den wissenschaftlichen Informationsmärkten. Das Urheberrecht hat sich zu lange an dem Geschäftsmodell des Publizierens aus der analogen Welt orientiert. Das bisherige Modell, das auf der Anzahl der verkauften Exemplare beruht, trägt im elektronischen Umfeld nicht mehr. Die Nutzung jeden einzelnen Exemplars muss im alten Geschäftsmodell verknappt, und die Verknappung muss durch das Recht geschützt werden, damit nicht die Dystopie der Verlage eintritt, nämlich dass im Prinzip nur ein einziges elektronisches Exemplar nötig ist, aus dem dann beliebig viele identische Kopien erstellt werden können. Das war tatsächlich nie eine reale Dystopie. Sie wurde aber und wird auch heute noch immer wieder von den Organisationen der Verlagsindustrie als Gespenst der Piraterie an die Wand gemalt. Dem ist der Gesetzgeber oft genug gefolgt.

Auf die Auswirkungen einer Schutzpolitik des obsolet Gewordenen in den Urheberrechtsreformen seit 2003 wird hier ausführlich eingegangen. Es kann nicht die Aufgabe des Urheberrechts sein, offensichtlich überholte Geschäftsmodelle der Publikationswirtschaft vor dem zu schützen, was sich als Paradigma, als zentrale Leitidee auf den Wissenschaftsmärkten herausgebildet hat, nämlich uneingeschränkte Nutzungsfreiheit für publiziertes Wissen. Würde diese Idee umgesetzt, könnte nicht mehr durch Verkauf und Lizenz der von der Wirtschaft erstellten Informationsobjekte verdient werden und schon gar nicht durch jede einzelne reale Nutzungshandlung, sondern allein durch eine Vergütung für die

---

[5] Bei Referenzen auf Paragraphen des Urheberrechtsgesetzes wird im Folgenden das übliche UrhG fortgelassen. Paragraphen sind hier i. d. R. solche aus dem UrhG. Wenn das nicht der Fall ist, wird das ausgewiesen.

Erstellung und elektronische Bereitstellung dieser Objekte. Spätestens 2017/2018 bei der Reform durch das UrhWissG wäre die neue Leitidee der Nutzungsfreiheit auch von der Politik schon deutlich klar zu sehen gewesen. Die Chance, dies ins Recht umzusetzen, war mit einem breiten Konsens zugunsten einer Allgemeinen Bildungs- und Wissenschaftsschranke (ABWS) gegeben und ihr hatte sich die Politik in ihrem Koalitionsvertrag von 2013 an sich auch verpflichtet. Aber realisiert wurde sie nicht. Die Chance wurde vertan.

(c) Das Urheberecht gerät oft genug in Widerspruch zu den sich entwickelnden und immer mehr sich verfertigenden Leitideen für den Umgang mit Wissen und Information. Das wird hier das zentrale Thema sein. Leitideen fallen nicht vom Himmel, sondern entwickeln sich in den auf Wissen und Information bezogenen Räumen – hier in den Räumen des Internets. Die Gesamtheit solcher Leitideen macht sozusagen das öffentliche moralische Bewusstsein für den Umgang mit Wissen und Information aus. Hierfür wird später die Metapher des Zeitgeists bemüht. Leitideen sind nicht stabil zeitlos. Sie waren in einem analogen Umfeld, in analog bestimmten Räumen, andere als im heutigen elektronischen Umfeld, in den vom Internet dominierten Räumen. Hier das Beispiel für eine Leitidee, die tatsächlich in den letzten 15 Jahren, im öffentlichen Bewusstsein breite Akzeptanz gefunden hat. Man kann dafür die Probe aufs Exempel machen:

> Wen immer man auch danach fragte, ob die Öffentlichkeit einen Anspruch darauf habe, dass die mit öffentlichen Mitteln in Bildung und Wissenschaft erzeugten Wissensobjekte[6] für jedermann frei genutzt werden können, wird mit großer Mehrheit eine die Frage bejahende Antwort bekommen. Das führt zur Leitidee der Vergütungsfreiheit.

(3) Kreative Auslegung des Bestehenden ist gefragt. Der vor allem aus der Zivilgesellschaft vorgetragenen Kritik an für Bildung und Wissenschaft unzureichenden Urheberrechtsregelungen wurde von reformfreudigeren politischen Juristen und juristischen Politikern entgegengehalten, dass sie eigentlich viel stärker in Richtung eines wissenschaftsfreundlichen Urheberrechts gehen wollten. Allein sei dies unmöglich gewesen angesichts der bestehenden verbindlichen Systematik des Urheberrechts, aber ebenso unmöglich angesichts der verbindlichen Vorgaben von internationalen Vereinbarungen, vor allem durch den *acquis communautaire*, also die Richtlinienvorgaben der EU, aber auch durch verschiedene frühere Urteile/Entscheidungen der obersten Gerichte wie Bundesgerichtshof (BGH) und Bundesverfassungsgericht (BVerfG) und Europäischer Gerichtshof (EuGH).

---

6 Die terminologische Unterscheidung zwischen Wissensobjekten (als Leistung von Autoren) und Informationsobjekten (als Leistung der öffentlichen Bereitstellung) wird am Ende dieses Abschnitts erklärt. Sie wird durchgehend in diesem Text verwendet.

Diese Argumentation kann nicht akzeptiert werden. Das Grundgesetz gibt großen Spielraum, ja die Verpflichtung, Erweiterungen, aber auch Einschränkungen auch von Grundrechten durch positive Gesetze immer wieder neu festzulegen. Das BVerfG hat den Gesetzgeber immer wieder aufgefordert, diesen Spielraum auch mit Blick auf das Urheberrecht auszuschöpfen. Der Gesetzgeber hat sich allerdings immer wieder verleiten lassen, seinen Spielraum, positive Gesetze zu gestalten, klein zu halten – und zwar i. d. R. durch eine konservative Auslegung bestehender nationaler und internationaler Vorgaben. Zudem hatte er sich häufig genug wohlwollend gegenüber dem intensiven Lobbying der kommerziellen Verlags- und Medienwirtschaft gezeigt.

Hier wird für eine kreative Auslegungskunst plädiert – für eine konsequente Anwendung juristischer Hermeneutik. Hierdurch sollten auch die bestehenden Regulierungen viel weiter und viel offener ausgelegt werden können. Niemand kann, erst recht können es nicht juristisch geschulte Personen bestehende Vorgaben, z. B. die immer einflussreicheren Vorgaben aus Richtlinien der EU, einfach ignorieren. Aber auch diese können und müssen entsprechend den sich verändernden Rahmenbedingungen interpretiert werden. Das Urheberrecht ist weiter nationales Recht. Die Vorgaben z. B. aus der EU müssen auch im deutschen Urheberrecht umgesetzt werden. Aber wie das geschieht, wird nicht immer im Detail zwingend vorgegeben. Hier nur ein Beispiel aus der letzten Richtlinienvorgabe der EU von 2019. Nach Art. 5 Abs. 3 lit. a – der Artikel bezieht sich auf „grenzüberschreitende Unterrichts- und Lehrtätigkeiten" – wird es den Mitgliedsländern überlassen, ob sie für die Nutzung urheberrechtlich geschützter Werke „einen gerechten Ausgleich", sprich eine monetäre Vergütung, in ihren nationalen Gesetzen vorsehen. Es heißt dort, sie „können" und nicht „sollen" oder „müssen" – in der englischen Version: "may provide for fair compensation". Die Rechtsprechung ist sich darüber einig, dass Vergütung auch eine Null-Vergütung sein kann – übrigens auch eine Praxis, die die meisten Verlage, vor allem bei Zeitschriftenartikeln, gegenüber ihren Autoren in Bildung und Wissenschaft pflegen. Zwar ist eine solche Formulierung wie die in Art. 5 der EU-Richtlinie nicht einfach kontextlos zu interpretieren. Andere Vorgaben wie der immer herangezogene Drei-Stufen-Test (vgl. 6.9) müssen berücksichtigt werden. Aber auch im Urheberrecht ist nichts wie in Stein gemeißelt – wie auch nicht die verbindliche Vergütung für bildungsbezogene Nutzungshandlungen.

Offensichtlich bedarf es für die Neuinterpretation bestehenden Rechts der Anstöße aus dem zivilgesellschaftlichen Umfeld, in dem sich neue Leitideen entwickeln. Durch diese können auch frühere Vorgaben, wie auch Entscheidungen des BVerfG, auf einmal in einem ganz anderen Licht gesehen werden. Schlagendes Beispiel dafür ist in der Politik die ganz plötzlich für möglich gehaltene und dann auch sehr schnell durchgesetzte rechtlich verbindliche Einführung der „Ehe für alle". Auch die Berufung auf das Grundgesetz und alte Entscheidungen des BVerfG konnten das nicht mehr verhindern. Selbst die konservative FAZ merkte im Juni 2017 an, dass, politisch gesehen, die Zeit über die einschlägige Entscheidung des BVerfG von 2002 hinweggegangen sei. Auch das Urheberrecht hätte an vielen Stellen über kreativere Hermeneutik dafür sorgen können, dass es ebenfalls nicht wie aus der Zeit gefallen wirkt. Auch dazu ein Beispiel:

Im UrhG wurde 2008 geregelt, dass Materialien, die von einer Bibliothek aus ihrem Bestand digitalisiert wurden, nur in den Räumen an speziellen Leseplätzen eingesehen werden dürfen. Vorgabe war hier die InfoSoc-Richtlinie von 2001, die von den Räumen als „on the premises" sprach. Viele der in analogen Welten entstandenen und anzuwendenden Begriffe, wie der physische Raum, haben aber unter den Bedingungen der Telemediatisierung eine virtuelle Bedeutung bekommen. Das Internet wird so auch als virtueller Raum oder als Gesamtheit der virtuellen telemediatisierten Räume verstanden. Entsprechend sollte aus technischen und methodischen Gründen eine zeitgemäße Interpretation der Räumlichkeiten der Bibliotheken als virtuelle Räume möglich sein, so dass Benutzer von ihren Arbeitsplätzen aus ihre Rechner über eine virtuelle Verbindung (VPN) so verwenden, als ob diese Endgeräte „on the premises", auf dem Grundstück der Bibliothek wären (ausführlicher in 10.1.4). Das war für Juristen damals und auch noch heute offenbar zu kreativ, so dass diese *In-house*-Regelung auch nach der Reform durch das UrhWissG von 2017/18 weiter Bestand hat.

Kreative zeitgemäße Auslegungskunst entwickelt sich nicht voraussetzungslos. Entscheidend sind dafür sich entwickelnde Leitideen. Auf den Punkt gebracht werden die zunächst noch vagen Vorstellungen oft durch ein Ereignis oder durch einzelne, einflussreiche Akteure. Ein Beispiel dafür ist die von Martin Grötschel und Joachim Lügger entwickelte Idee einer „Globalen Bibliothek", durch die „der freie Zugriff auf das Wissen der Welt, von jedem Ort der Welt und zu jeder Zeit" möglich sein solle. Das war 1996 schon mehr als nur ein Traum. Sehr schnell konnte diese Idee politisch werden. 2002 übernahm das damalige BMBF dieses Ziel fast wortwörtlich in einem Strategischen Positionspapier und 2003 die Bundesregierung in einem Masterplan zur Informationsgesellschaft. Bis heute hat sich das zu einer allgemeinen Leitidee verfestigt, die exemplarisch in den verschiedenen Open-Access-Erklärungen ihren Niederschlag findet. Diese sind mehr als nur Ideen, sondern auch schon direkte Handlungsanweisungen durch Festlegungen, was erfüllt sein muss, um eine Publikation als Open-Access-Publikation anzuerkennen.

Leitideen können, vergleichbar dem Charakter von regulativen Ideen im Kant'schen Verständnis, i. d. R. nicht vollständig umgesetzt werden; aber sie können die Akteure der Gegenwart veranlassen, Vorgaben aus der Vergangenheit aus der Situation der Gegenwart mit veränderten Rahmenbedingungen kreativ zu verstehen. Um Vorgaben bestehender Gesetze und Urteile/Entscheidungen so zu interpretieren, dass diese an neue Gegebenheiten angepasst werden können, brauchen auch Juristen den Input aus anderen Fachgebieten, und sie sollten auch den zivilgesellschaftlichen Diskursen in den sozialen Medien des Internets folgen. Dort entsteht das moralische Bewusstsein für den Umgang mit Wissen und Information, das sich über Leitideen und Handlungsmaximen verdichtet. Es ist aber nicht nur der Mangel an kreativer Auslegungskunst, welche die Orientierung an aktuelle Leitideen verhindert. Oft ist es auch eine bewusste politische Entscheidung dagegen, um dem Prozess der unter (a) angesprochen Kommodifizierung weiter entsprechen zu können. Aber auch Konstellationen der Politik können sich z. B. durch Wahlen ändern.

(4) Die Fundamente des Urheberrechts tragen im Wissenschaftsurheberrecht nicht. Durch Urteile und Entscheidungen von Gerichten können zuweilen bestehende Gesetze zeitgemäß verstanden werden, aber es entsteht dadurch kein grundsätzlich neues Urheberrecht. Solange die Fundamente des Urheberrechts nicht in Frage gestellt werden, werden alle Reformen nur kleinteilige, keine grundsätzlichen Lösungsvorschläge bereitstellen. Mit Fundamenten sind damit grundlegende Konzepte und Prinzipien gemeint, die als nicht hinterfragbar gültig, quasi als naturrechtlich gegeben angesehen werden. Auf ihnen ist das Haus des Urheberrechts gebaut, obgleich dessen Fundamente sich heute weitgehend als Fiktionen herausgestellt haben. Inzwischen werden aber auch aus der Urheberrechtswissenschaft, z. B. von (Dreier/Hilty 2015), Zweifel angemeldet, ob das Haus des Urheberrechts von brüchig gewordenen, überwiegend aus dem 19. Jahrhundert stammenden Fundamenten noch getragen werden kann. Darauf wird in Kap. 6 näher und im Fazit des Schlusskapitels eingegangen.

In dieser Untersuchung wird speziell die Frage gestellt, ob diese Fundamente auch für Bildung und Wissenschaft taugen. Diese spezielle Frage wird in der politischen Urheberrechtsdiskussion nur selten gestellt, obgleich es offensichtlich ist, dass die Unterschiede zwischen den Bedürfnissen und Erwartungen der Akteure auf den beiden Märkten, den Wissenschaftsmärkten und den Publikumsmärkten, sehr groß sind – zu groß, als dass über diesen Fundamenten ein gemeinsames Haus gezimmert werden kann. Einheit wird aber weiter als einer der größten Errungenschaften des Urheberrechts angesehen. Sie ist heute keine Errungenschaft mehr. Der Gesetzgeber hat zu keiner Zeit versucht, ein Wissenschaftsurheberrecht als selbständigen Teil des Urheberrechts einzurichten. Das aktuelle Urheberrecht enthält zwar Regelungen, die sich direkt und sogar ausschließlich auf Bildung und Wissenschaft beziehen, einschließlich der auf sie zuarbeitenden Vermittlungsorganisationen wie Bibliotheken. Aber auch diese Regelungen sind den bis heute geltenden Fundamenten des Urheberrechts verpflichtet. Was sind diese Fundamente bzw. wie geht das Urheberrecht mit diesen um? Das Urheberrecht behandelt diese Fundamente über ein „Als-ob". Dazu einige erste Beispiele:

Das Urheberrecht bzw. Rechtsetzung, Rechtsprechung und überwiegende Teile der Rechtswissenschaft tun auch heute weiter so, als ob es der kreative individuelle (quasi gottähnliche) *Schöpfer* sei, der Werke produziert. Das Urheberrecht tut weiter so, als ob das Werk, im Sinne der Prägetheorie, widerspiegelnder Ausfluss der Persönlichkeit des Schöpfers und damit Teil seiner grundgesetzlich geschützten unverzichtbaren Würde sei. Diese idealisierende romantisierende Vorstellung des kreativen selbstbestimmten individuellen Schöpfers mag im 19. Jahrhundert durchaus auch eine emanzipative Funktion gegenüber einer auf Zensur pochenden Obrigkeit gehabt haben. Konzeptionen von Schöpfer, Schöpfung und Prägung der Schöpfung durch die Persönlichkeit des Schöpfers wirken heute aber wie aus der Zeit gefallen. Tatsächlich sind sie bloße Fiktionen. Die Verwendung alt wirkender Wörter muss an sich nicht kritisiert werden. Sie können durchaus einen gewissen Charme haben. Sie hatten und haben aber durchaus Folgen, Nebenfolgen, die gewichtiger und negativer sind als die ursprünglich anvisierten positiven. Das Urheberrecht tut weiter so, als ob den von „Schöpfern" produzierten Werken über deren materielle Form hinaus noch etwas Immaterielles entspricht. Dieses Immaterielle hat sich im ausgehenden 19. Jahrhundert als Immaterialgut verfestigt und dogmatisch als „Immaterialgüterrecht" institutionalisiert. Ein Werk ist auf einmal ein Gut, ohne dass geklärt ist, welchen ontologischen Status dieses Gut hat oder überhaupt haben kann. Dies hat Alexander Peukert 2018 brillant herausgearbeitet. Wird aber etwas als „Gut" bezeichnet und findet diese Bezeichnung im Reden allgemeine Anerkennung, so wird es kommodifiziert und kann gehandelt und entsprechend juristisch reguliert werden. Von der romantischen Schöpfervorstellung führt, so paradox das klingen mag, ein direkter Weg zu der Kommodifizierung auch von Wissen und Information.

Perfektioniert wird diese Kommodifizierung auch dadurch, dass auf ein Werk, das als ein Gut deklariert wird, die Rechts- und Schutzansprüche des Sacheigentums auf das nun so genannte geistige Eigentum übertragen werden können. Das Gesetz tut so, als ob der Schutz von Sacheigentum weitgehend auf geistiges Eigentum übertragen werden kann. Das ist mit Blick auf Bildung und Wissenschaft eine weitere Fiktion. Wer in der Wissenschaft betrachtet sein „Werk" als Eigentum? Wer möchte im Sinne von Eigentum die Nutzung seines Werks verknappen? Wohl eher im Gegenteil – das eigene Werk soll so oft und so intensiv durch Andere genutzt werden. Geistiges Eigentum, abgeleitet aus dem Begriff des materiellen Eigentums, ist kein Konzept in der Wissenschaft. Sind schließlich Kommodifizierung und Ökonomisierung und die Eigentumsansprüche erst einmal ausreichend etabliert, so ist auch das weitere Fundament des Urheberrechts gesichert, insbesondere das Festhalten an dem monistischen Prinzip des Urheberrechts – die untrennbare Einheit der geistigen und vermögensrechtlichen Interessen des Urhebers. Entsprechend besteht das Urheberrecht darauf (Ausnahmen gibt es allerdings auch), dass

Urheber für jede Nutzung ihrer Werke entschädigt werden müssen. Vergütung kompensiert sozusagen die sogenannte Enteignung des sogenannten geistigen Eigentums. Das Urheberrecht tut so, als ob Vergütung im Interesse der Autoren in Bildung und Wissenschaft liege. Es beharrt auf diesem Anspruch – unabhängig davon, ob das im Interesse der wissenschaftlichen Autoren liegt und auch unabhängig davon, dass eine Vergütung i. d. R. gar nicht erfolgt oder, wenn doch, dann i. d. R. vernachlässigungswert marginal. Produziert jemand ein wissenschaftliches Werk, um dadurch sein Vermögen zu steigern? Wissenschaftliche Produktion ist intrinsisch motiviert. Reputative Anerkennung ist die Währung in der Wissenschaft, nicht monetäre Anerkennung.

Zu dem angedeuteten Als-ob-Verhalten des Gesetzgebers für die Urheberrechtsregulierung noch einige vorläufige theoretische Hinweise: Nicht dass das So-tun-als-ob, also das Arbeiten mit Fiktionen gänzlich unsinnig wäre. Als Konstrukt hat es auch eine philosophische Tradition. In der Kant'schen Tradition ist das „als-ob" ein „kritisches Prinzip der Vernunft für die reflektierende Urteilskraft" (Kritik der Urteilskraft § 75), den Ideen praktische Realität in moralischer Hinsicht zu sichern. Für diese Darstellung ist eher die Begründung der Als-ob-Phänomene durch Hans Vaihinger einschlägig. Dessen Philosophie des Als-ob wurde Anfang des 20. Jahrhunderts so etwas wie ein Bestseller.[7] Vaihinger ging dem nach, wie es sein könne, dass aus falschen Aussagen (bzw. aus Fiktionen) häufig doch Richtiges oder Nützliches abgeleitet werden kann. Fiktionen erlangen Bedeutung und werden handlungsrelevant, so als ob sie wahr seien. Fiktionen erhalten ihre Legitimation durch ihre lebenspraktische Wirkung. Auch in der gegenwärtigen Moralphilosophie wird immer wieder mit Fiktionen gearbeitet. So leitet John Rawls aus der Fiktion eines Urzustandes Gerechtigkeitsprinzipien ab.[8] Diese Fiktion suggeriert einen „Schleier der Unwissenheit", so dass zwar alle wissen, dass sie in der Gesellschaft eine gewisse Rolle spielen werden, aber nicht wissen, welche Rolle das ist. Dieser „Schleier" sorgt, so Rawls, für ausgleichende Gerechtigkeit. Fiktionen, das sagt schon das Wort, haben keinen Wahrheitswert oder, wie es

---

[7] Vaihingers „Die Philosophie des Als Ob" erlebte zwischen 1911 und 1927 10 Auflagen bei ca. 800 Seiten Text. 1923 erschien eine auf die Hälfte gekürzte Volksausgabe, die 2014 noch einmal herausgegeben wurde.

[8] Diesen Hinweis auf Rawls verdanke ich André Schüller-Zwierlein, der sogar zu erwägen gibt, ob aus dem Rawls'schen Urzustand nicht auch ein freier Austausch von Wissen unter Menschen abzuleiten sei. Unterstützend dafür könnte Rawls erstes Gerechtigkeitsprinzip angewendet werden: Jedermann soll gleiches Recht auf Zugang zum umfangreichsten System von Informationen und Wissen haben, das mit dem gleichen System für alle anderen vereinbar ist Das wäre, wie es Thomas Hoeren nahelegt, auch eine „Leitperspektive für das Informationsrecht" bzw. „ein ethisches Fundament einer zeitgemäßen Informationsordnung" (Hoeren 2004) Informationsgerechtigkeit als Leitperspektive des Informationsrecht, S. 91 bzw. 102.

Peukert formuliert, keinen ontologischen Status. Aber sie können sich als nützlich erweisen. Fiktionen haben wie Informationen in erster Linie eine pragmatische Funktion. Sie können handlungsrelevant werden (mit positiver, aber auch mit negativer Wirkung).

Auch die oben angesprochenen Als-ob-Phänomene können als Fiktionen angesehen werden, durch die Fundamente für ein zweifellos imponierendes Gebäude der Rechtsregulierung durch das Urheberrecht entstanden sind, z. B. das Fundament des Schöpfers, das sich als nützlich in dem Autonomiebestreben von Künstlern, aber auch von allen kreativen Personen gegenüber der Obrigkeit erwiesen hat. Fiktionen/Als-ob-Phänomene werden aber dysfunktional, wenn ihre negativen Folgen immer deutlicher gegenüber den einstmals nützlichen werden. So ist es mit den vielfältigen Als-ob Handlungen im Urheberrecht geschehen. Aus ihnen können keine Fundamente mehr für ein gegenwärtiges Wissenschaftsurheberrecht abgeleitet werden. Aber wenn die Fundamente nicht mehr tragen – wie die lange Zeit Gebäude tragende Eichenpfeiler, die das nicht mehr leisten, wenn sie auf einmal der zerstörenden Luft ausgesetzt sind –, so kann das Urheberrecht in seiner jetzigen Gestalt nicht weiter Bestand haben, wenn die kreativ zerstörenden Leitideen des freien Umgangs mit Wissen und von Nutzungsfreiheit zu wirken beginnen. Andere Fundamente müssen die auf dem Als-ob beruhenden ersetzen. Aus diesen wird ein anderes Recht entstehen. Das wird von Jonathan Sumption, lange Jahre Richter am Obersten Gerichtshof in England, wie folgt angemahnt:

> Ultimately, the habits, traditions and attitudes of human communities are more powerful than law. Indeed, they are the foundation of law. (vgl. FN 72)

Man könnte kritisch einwenden, dass die sich entwickelnden Leitideen ebensolche Fiktionen sind, welche die Fundamente für das Wissenschaftsurheberrecht sein sollen. Wenn man nur das Kriterium der pragmatischen Relevanz anwenden will, so mag das auch richtig sein. Aber hier wird ein grundsätzlich anderer Ansatz als über Fiktionen und Als-ob-Verhalten verfolgt. Es sind die gegenwärtig sich in den elektronischen Räumen herausbildenden „Gewohnheiten, Traditionen und Einstellungen" – das, was in Aristotelischer Tradition „Moral" genannt wird –, aus denen das Recht letztlich Maximen für seine Regulierung ableiten muss, um mit Akzeptanz für das Recht rechnen zu können. Mit den aus ganz anderen Zeiten stammenden Fundamenten wird das nicht mehr gelingen. Moral artikuliert sich in Leitideen.

Neue Fundamente, neue grundlegende Konzepte und Prinzipien müssen erarbeitet und sprachlich vermittelbar werden. Eine der Leitideen der Gegenwart beruht auf dem Prinzip der Gemeinfreiheit für Wissen und insbesondere für das mit öffentlichen Mitteln produzierte Wissen. Gemeinfreiheit ist auch dem urheberrechtlichen Denken nicht fremd. Gemeinfrei sind im Urheberrecht alle Objekte, für die die Schutzfrist des Urheberrechts abgelaufen ist oder für die nie ein Urheberrechtsschutz existiert hat. Aber das ist hier nicht gemeint. Gemeinfreie Objekte werden hier als Commons verstanden. Commons sind nicht per se vorhanden, sondern werden zu nutzbarer Realität dadurch, dass sie aus vorhandenen Ressourcen der Natur (Common Pool Resources – CPR), aber auch der menschlichen Kultur erarbeitet werden. Commons werden in den letzten Jahren nicht mehr allein auf materielle Objekte oder Sachverhalte bezogen, sondern auch auf immaterielle Objekte, also auch auf Wissen. Commons entstehen durch soziale Konstrukte wie Konsens, Vereinbarungen, Verpflichtungen, Verträge, Regeln, Gesetze, aber auch durch Kontrollmechanismen oder Sanktionen (ausführlicher in 4.3). Unter der Bedingung, dass ihre Realisierungen in erster Linie einer freien Nutzung dienen, können Commons durchaus auch in kommerziellen Umgebungen erzeugt werden. Commons entstehen nicht zwangsläufig, sind keine ontologisch stabilen Entitäten, sondern sind in der Form ihrer Realisierung durchaus kontingent – nicht beliebig, aber auch nicht zwingend. Auch kommerzielle Verlage nähern sich dem Konzept der Commons an. So tragen viele Verlage dem veränderten öffentlichen Bewusstsein und den Erwartungen der Wissenschaftler an einem freien Umgang mit den publizierten Werken Rechnung, indem sie das Open-Access-Paradigma sich zu eigen machen – aber dafür entsprechende Kompensation für die freie Nutzung erwarten (ausführlich dazu in Kap. 14).

Die Akzeptanz von neuen Leitideen hängt auch davon ab, inwieweit sich ein neues Reden über neue Konzepte etablieren kann. Welche Benennungen jeweils dafür gewählt werden, kann entscheidend sein. Bei „Schöpfer" oder „Immaterialgut" oder „Werk" oder „Vergütung" war das über viele Jahre erfolgreich – auch deshalb, weil sie zu ihrer Zeit auch zur Lösung schwieriger juristischer Probleme beigetragen haben. Das gleiche mag lange Zeit auch für „geistiges Eigentum" gegolten haben. Wenn es sich herausstellt, dass sie nicht mehr der Realität des Umgangs mit Wissen und Information entsprechen, werden sie tatsächlich zu Fiktionen, die nicht mehr zur Begründung von Recht taugen. An verschiedenen Stellen wird hier aus informationswissenschaftlicher Sicht versucht, ein neues Reden anzustoßen. Es reicht nicht mehr aus, Kompromisse dafür vorzuschlagen, z. B. Eigentumsrechte in einer Abkürzung „IPR" zu „verstecken", wie es Peukert trotz seiner grundlegenden und für diese Arbeit unverzichtbaren Kritik am Beharren auf geistiges Eigentum vorschlägt. Konsequenter und keineswegs extrem wäre es einfach „Nutzungsrechte" zu wählen (s. unten). Auch könnte die bislang gebräuchliche Unterscheidung von „Werk" und „Werkstück" durch „Wissensobjekte" (als Ergebnis der Arbeit des Autors) und „Informationsobjekte" (als Ergebnis der Umwandlung der Wissensobjekte in nutzbare, also öffentlich zugängliche Objekte) ersetzt werden.

Ob große Anstrengung darauf verwendet werden soll, beim Reden über die auf Bildung und Wissenschaft bezogenen Regelungen die Benennung „Wissenschaftsurheberrecht" durchzusetzen, sei dahingestellt. Diese Benennung für sich löst kein Problem. „Wissenschaftsurheberrecht" ist ein offener Begriff. Aber dass sogar die acht neuen Paragraphen im UrhWissG 2018 verschiedentlich von der Politik verschiedentlich als ein solches bezeichnet wurde, kann nicht akzeptiert werden. In einem zeitgemäßen Wissenschaftsurheberrecht ist das zentrale Fundament „Nutzungsfreiheit" – nicht die erwähnten bisherigen Fundamente, denen auch das UrhWissG verpflichtet ist. Konsequent wäre es, entsprechend zum Primat der Nutzungsfreiheit „Urheberrecht" durch „Nutzungsrechte und Nutzungsfreiheiten für Wissen und Information" zu ersetzen. Das umfasste die Nutzungsrechte der Autoren, der Nutzer (i. d. R. identisch mit den Autoren), der Institutionen der Autoren und Nutzer, der Öffentlichkeit und auch der kommerziellen Verwerter (ausführlich dazu im Fazit am Ende dieser Arbeit).

Kein Jurist zu sein, wird sich durch den folgenden Text hoffentlich tatsächlich als ein Vorteil erwiesen haben. Aber es müssen letztlich Juristen sein, die Nutzungsrechte und Nutzungsfreiheiten für Bildung und Wissenschaften, auch mit Nutzen für jedermann, in entsprechende Normen umsetzen. Das konnte hier nicht geleistet werden. Auf den *einen* Kohler des 21. Jahrhunderts wird man vergeblich warten. Es wird schon eine *kollaborative* und internationale Anstrengung für ein neues Recht nötig sein, wie sie sich z. B. 2010 bei dem Versuch, den Drei-Stufen-Test liberal und zeitgemäß zu interpretieren (Geiger et al. 2010), angedeutet hatte und ebenso 2010 durch den Ansatz der Wittem-Gruppe (Wittem 2010), ein anderes, an die Bedürfnisse von Bildung und Wissenschaft angepasstes Europäisches Urheberrecht (*European Copyright Code*) vorzuschlagen.

Der Text behandelt die folgenden Themen. Im Ersten Teil, Kap. 2–8, werden die im Vorwort angedeuteten Bedenken bezüglich der Brauchbarkeit des derzeit geltenden Urheberrechts für Bildung und Wissenschaft ausgeführt: Kap. 2 deutet an, um was im Urheberrecht gestritten wird und führt in einem ersten Zugriff aus, dass Gemeinfreiheit von Wissen die Bedingung für Gemeinwohl ist. Kap. 3 führt aus, worauf der Spielraum beruht, den der Gesetzgeber bei der Formulierung von Gesetzen an sich hat. Es geht dabei um kreative Hermeneutik rechtsverbindlicher Texte und um die Herausbildung von Leitideen und eines bündelnden Zeitgeistes. Das wird in Kap. 4 erweitert durch Überlegungen zum Zusammenhang von Informationsethik und Urheberrecht, auch unter Berücksichtigung anderer Regulierungsinstanzen (Technologie, Markt). Kap. 5 fasst zusammen, was das Urheberrecht in seiner jetzigen Fassung ist. Kap. 6 kontrastiert das bestehende Fundament des Urheberrechts mit der These, dass im Urheberrecht schon seit langem, aber dann besonders seit ca. 30 Jahren häufig entgegen den Interessen von Bildung und Wissenschaft reguliert worden ist – besonders deutlich durch die fatale Wirkung des Drei-Stufen-Tests (6.9). Die Kap. 7 und 8 sind zentralen Fundamenten des Urheberrechts gewidmet, nämlich geistiges Eigentum und Vergütung – mit der These, dass beide Konzepte und darauf beruhende Regelungen für das Wissenschaftsurheberrecht ungeeignet sind und eher auf überholten Fiktionen denn auf Realitäten beruhen.

Im Zweiten Teil geht es um konkrete Ausprägungen der Urheberrechtsreformen in Deutschland seit etwa 15 Jahren. Kap. 9 fasst die bisherige Diskussion mit Thesen zusammen. In Kap. 10 werden knapp die zum Teil inzwischen überholten, zum Teil aber immer noch geltenden Reformen von 2003, 2008 (Erster und Zweiter Korb) als Umsetzungen der InfoSoc-Richtlinie von 2001 behandelt. In Kap. 11 wird auf die in der Zwischenreform von 2014 verabschiedete Norm zu den Verwaisten Werken und die Ergänzung im Urhebervertragsrecht für das Zweitverwertungsrecht in § 38 Abs. 4 eingegangen. Beides ist bis heute Bestand des geltenden Urheberrechts. In Kap. 12 wird das Konzept einer Allgemeinen Bildungs- und Wissenschaftsschranke (ABWS) diskutiert, für die sich viele Organisationen aus der Zivilgesellschaft eingesetzt hatten und auf die sich auch die Politik an sich verpflichtet hatte, so in dem Koalitionsvertrag 2013. Kap. 13 analysiert das mit 1.3.2018 geltend gewordene Urheberrechts-Wissensgesellschafts-Gesetz (UrhWissG). Es erläutert sozusagen als Handlungsanweisung, was jetzt durch das UrhG für Bildung und Wissenschaft erlaubt ist (z. B. auch für Text und Data Mining – TDM) und was nicht. Aber es zeigt damit auch die Probleme auf, die durch das UrhWissG nicht gelöst wurden. Es überprüft, ob das UrhWissG als ABWS anzusehen ist – mit dem hier vorweggenommenen Ergebnis, dass dies keineswegs der Fall ist. Am Ende von Kap. 13 wird diskutiert, ob die von der Politik nach der Verabschiedung des UrhWissG angestoßene Debatte um Lizenzen bzw. um eine Lizenzierungsplattform überhaupt nützlich oder zeitgemäß ist. Auf die europäische Entwicklung des Urheberrechts durch die 2019 verabschiedete Richtlinie (DSM-RL) wird hier nicht gesondert eingegangen. Dazu wäre ein ganz neues Buch erforderlich. An verschiedenen Stellen, vor allem bei der Diskussion zu den Normen im UrhWissG (Kap. 13), werden aber die deutschen Regulierungen mit denen durch die EU verglichen, um herauszufinden, ob sich dadurch Verpflichtungen bzw. Spielräume für den deutschen Gesetzgeber ergeben.[9] Kap. 14

---

9 Schon Mitte Januar 2020 hat das BMJV einen ersten Diskussionsentwurf für die durch DSM-RL als erforderlich angesehenen Anpassungen an das deutsche UrhG vorgelegt (https://bit.ly/39rcaLT). Entsprechend soll das Leistungsschutzrecht für Presseverleger in einem zweiten Anlauf in das Gesetz aufgenommen werden (der erste Versuch 2013 wurde vom EuGH wegen Verfahrensfehler kassiert). Allerdings soll diese Leistungsschutzrecht durch die Vorgaben von Artikel 3 bis 7 von DSM-RL eingeschränkt werden. Weitere Anpassungen beziehen sich u. a. auf § 60a Unterricht und Lehre, § 60d Text und Data Mining und Verlegerbeteiligung.

geht auf die Transformationen ein, die sich derzeit auf den kommerziellen und offenen Informationsmärkten ereignen und sich in den kommenden Jahren verstärken werden – vor allem durch die verschiedenen Open-Entwicklungen wie Open Access, Open Data, Open Science oder Open Educational Resources (OER) – und welchen Einfluss diese auf das Urheberrecht haben werden. Im Sinne der Commons-Theorie wird die These vertreten, dass die beiden Informationsmärkte nicht inkompatibel miteinander sein müssen – allerdings nur unter der Voraussetzung, dass auch die kommerziellen Akteure die Leitidee des freien offenen Umgangs mit Wissen und Information anerkennen und dass sie neue informationelle Mehrwerte jenseits des bloßen Publizierens und neue Service-Leistungen für die Wissenschaft entwickeln. Das abschließende Kap. 15 fragt dann grundsätzlicher und die Diskussion des gesamten Textes zusammenfassend, was vom Urheberrecht bleiben kann bzw. wie ein ganz anderes Urheberrecht entstehen könnte, wenn die Leitidee der Gemeinfreiheit, des freien Umgangs mit Wissen und Information, über verschiedenen Ausprägungen des Open-Konzepts nicht nur in der Öffentlichkeit, sondern auch in Politik und Wirtschaft umfassend Eingang und Kompetenz gefunden hat. Dafür sollte nicht mehr „Urheberrecht" verwendet werden, sondern „Nutzungsrechte und Nutzungsfreiheiten für Wissen und Information".

Der Text enthält neben dem Abkürzungsverzeichnis zu Beginn und dem Literaturverzeichnis[10] und dem Sachregister am Ende, im Anhang eine Zusammenstellung der hier einschlägigen Entscheidungen des BVerfG und einige der in Teil II diskutierten Normen/Paragraphen Normen aus den Urheberrechtsreformen von 2003 und 2008 (§§ 52, 52b und 53a), die über das aktuell gültige UrhG nicht mehr nicht mehr eingesehen werden können (sie wurden 2018 gelöscht). In diesem Text werden intensiv Quellen aus dem Internet verwendet und auf sie referenziert. Das ist auch dadurch begründet, dass die Leitideen, die wir hier diskutieren, sich zunächst in den zivilgesellschaftlichen Gruppierungen und informellen Internet-Diskussionen entwickeln und sich dann allmählich im Mainstream (und damit auch in den publizierten Texten) von Wissenschaft, Politik, Rechtsprechung, Rechtsetzung, Medien etc. festsetzen (oder auch nicht). Die Referenz auf die Internet-Quellen ist aber schwierig dauerhaft präsent zu halten. Sie wurden zwar bei Abschluss dieses Textes überprüft; aber ob eine angegebene URL noch zu der Website führt, bleibt ein Unsicherheitsfaktor. DOI sind nur begrenzt verwendbar und auch die Verwendung von (Browser-) Add-ons wie ZoteroBib ist weit von einer Vollständigkeit entfernt. Ich bleibe also bei

---

10 Der Text ist mit den (eher ungewöhnlich vielen) Referenzen auf Texte des Verfassers quasi auch eine Dokumentation einer 20 Jahre andauernden wissenschaftlichen und wissenschaftspolitischen Auseinandersetzung des Autors mit dem Wissenschaftsurheberrecht und der Entwicklung von Leitideen für den Umgang mit Wissen und Information.

den originalen URL, kürze diese aber i. d. R. über bitly ab, wenn die URL unzumutbar zu lang ist oder zu viele Sonderzeichen enthält – unzumutbar für das manuelle Kopieren aus einem gedruckten Buch. Der Kurz-URL ist aber i. d. R. der entsprechende Kontext beigegeben, so dass bei Bedarf die Referenz nachrecherchiert werden kann.

Es wird hier weiterhin mit der klassischen Form des Zitierens gearbeitet, wenn es wirklich auf den genauen Wortlaut ankommt, z. B. bei Entscheidungen des BVerfG oder politischen Verlautbarungen. Bei den meisten Publikationen in den MINT-Fächern kommt die klassische Zitierung allerdings nur selten vor. Im Grunde reichte auch der Verweis auf den Autor mit Jahreszahl und einem paraphrasierenden Textausschnitt aus. Solche kleinen Textfragmente sollten zu dem Originaltext führen. Immer noch hat sich kein verbindlicher Umgang mit gendergerechten sprachlichen Formulierungen durchgesetzt. Hier wird dem Rat einer Kollegin gefolgt, dass ein männlicher Autor durchgehend männliche Formen verwenden sollte, entsprechend eine weibliche Autorin durchgehend weibliche.

Danksagung
Dieses Buch ist vor allem zwei Initiativen verpflichtet, die sich um die Jahrtausendwende entwickelt hatten. Das ist zum einen die kreative Umgebung in der Heinrich-Böll-Stiftung, in der ab 2000 unter der Federführung von Andreas Poltermann und Olga Drossou verschiedene Workshops und Konferenzen zum Rahmenthema „Wem gehört Wissen?" organisiert wurden. Mit Blick auf die beiden *World Summits on the Information Society* (WSIS) (2003 in Genf und 2005 in Tunis) konnte ein breites Netzwerk von zivilgesellschaftlichen Initiativen aufgebaut werden, das zum Teil heute noch vor allem mit Blick auf Urheberrechts- und Privatheits-Themen besteht. Seit einiger Zeit ergänzt und fördert die Heinrich-Böll-Stiftung die Entwicklung von Wissensgesellschaften durch Konzepte des Commoning über commons-basierte nachhaltige Entwicklung, welche hier in Kap. 4 ihren Niederschlag für die Entwicklung von informationsethisch begründeten Leitideen für das Urheberrecht gefunden haben. Ohne die wegweisenden Herausgaben (Sammelbände) von Silke Helfrich, oft zusammen mit David Bollier und immer mit Bezug auf Elinor Ostrom, zu den Commons und jüngst zum Commoning wäre die Fundierung der Informationsethik auf die Commons, wie sie hier dargestellt wird, nicht möglich gewesen.

Die andere Initiative war die 2004 erfolgte Gründung des Aktionsbündnisses Urheberrecht für Bildung und Wissenschaft (im Folgenden „Aktionsbündnis" genannt), das sich bis heute für ein wegweisendes zeitgemäßes Wissenschaftsurheberrecht einsetzt. Die dem Aktionsbündnis zugrundeliegende „Göttinger Erklärung zum Urheberrecht für Bildung und Wissenschaft" vom 5. Juli 2004, welche ca. 380 Institutionen und ca. 7000 Einzelpersonen sich zu eigen gemacht hatten, enthält das zentrale Ziel, welches der Leitidee dieser Arbeit sehr ähnlich ist: „In einer digitalisierten und vernetzten Informationsgesellschaft muss der Zugang zur weltweiten Information für jedermann zu jeder Zeit von jedem Ort für Zwecke der Bildung und Wissenschaft sichergestellt werden!" Von den vielen Personen, die über die Jahre in der Lenkungsgruppe des Aktionsbündnisses mitgearbeitet haben, bin ich dankbar vor allem Eberhard Hilf, Hartmut Simon, Harald Müller, Oliver Hinte, Thomas Hartmann, Paul Klimpel, Joachim Meier und Christoph Bruch für viele Diskussionen und Hinweise und die nie aufhörende Energie für ein wissenschaftsfreundliches Urheberrecht, besonders auch Thomas Severiens, der das ganze Aktionsbündnis organisatorisch zusammengehalten hat.

Die bestimmende Rolle von Informationsethik für den Umgang mit Wissen und Information entwickelte sich während meiner Tätigkeit als persönliches Mitglied der Deutschen UNESCO Kommission (DUK) von 1996 bis heute und als Inhaber des UNESCO-ORBICOM-*Chairs in Communications* für Deutschland (1998–2010). Die beiden internationalen InfoEthics-Konferenzen 1997 und 1998 in Monaco waren Meilensteine für den Einsatz der UNESCO für informationsethisch begründete Informationsfreiheit und die Grundlagen für viele Resolutionen und Aktionen, an denen ich, zusammen mit der langjährigen Präsidentin der DUK, Verena Metze-Mangold, mitwirken konnte.

Dankbar bin ich auch zahlreichen Urheberrechtlern, die sich nicht mit den nationalen juristischen Vorgaben einfach abfinden, sondern es unternehmen, das Urheberrecht in den Kontext der Gegenwart zu stellen und konstruktive Vorschläge für seine Veränderung und Anpassung an sich verändernde Rahmenbedingungen des Umgangs mit Wissen und Information zu versuchen, u. a.: Benjamin Baron, Katharina de la Durantaye, Thomas Dreier, Thomas Hoeren, Reto M. Hilty, Till Kreuzer, Karl-Nikolaus Peifer, Thomas Pflüger und vor allem Alexander Peukert. Sie hatten und haben viel Mut, groß zu denken und das Bestehende nicht so zu lassen, wie es ist – dabei soll mit diesem Dank keineswegs vereinnahmend unterstellt werden, dass sie die hier vertretenen Positionen in der Gänze mittragen. Dankbar bin ich auch für den durch die Universitätsbibliothek Konstanz vermittelten externen freien Zugang zu den juristischen Publikationen, vor allem der Zeitschriften, des C. H. Beck Verlags. André Schüller-Zwierlein, Herausgeber der Reihe Age of Access?, danke ich für seine Geduld, so lange auf das Manuskript gewartet und dessen Produktion unterstützt zu haben. Dass dieser Titel, zeitlich mit der gedruckten Version, als Open-Book-Gold-Version erscheinen kann, ist kein Beweis, aber doch ein kleiner Beleg[11] für die hier vertretene These, dass die kommerziellen proprietären und die

---

11 Tatsächlich nur ein kleiner Beleg; denn für die freie nutzbare elektronische Version muss i. d. R., wie auch in diesem Fall, eine APC an den Verlag gezahlt werden. Nutzungsfreiheit in kommerzieller Umgebung beruht derzeit noch auf der Bereitschaft der Öffentlichkeit oder einzelner Autoren, die Leistung der Verlage für die Erstellung und die Bereitstellung von Informationsobjekten monetär zu entgelten. Dies wird in 14.8, im Zusammenhang von DEAL, weiter diskutiert.

offenen freien Informationsmärkte kompatibel miteinander sein können – allerdings wohl nur dadurch dass die APC-Gebühr für die Open-Access-Version von der Universität Konstanz und von ENCES e. V. finanziert wurde. Dankbar bin ich auch der zuständigen Lektorin, Christina Lembrecht, die der de-Gruyter-Redaktionskonferenz erfolgreich vorgeschlagen hat, dieses durchaus auch (konstruktiv) verwertungskritische Buch in das Programm von de Gruyter aufzunehmen.

Teil I: **Aporien der Systematik des Urheberrechts**

2 Urheberrecht ist kein Selbstzweck

Zusammenfassung. Wissenschaftliche Interessen sind keine Partikularinteressen. Ein wissenschaftsfreundliches Urheberrecht rechtfertigt sich durch den Anspruch der Öffentlichkeit auf freien Zugang und freie Nutzung der in der Wissenschaft produzierten Wissensobjekten bzw. zu den öffentlich zugänglich gemachten Informationsobjekten. Das derzeitige Urheberrecht ist für die Weiterentwicklung von Bildung und Wissenschaft bzw. von Kultur allgemein hinderlich, nicht, wie an sich vorgesehen, förderlich. Die Politik hat mit ihrer Urheberrechtsregulierung oft genug dem kommerziellen Interesse Vorrang gegenüber dem öffentlichen Interesse an Informations- und Wissenschaftsfreiheit eingeräumt. Das Für und Wider des gegenwärtigen Urheberrechts wird in einem ersten Zugriff zusammengestellt.

2.1 Gemeinfreiheit von Wissen ist Bedingung für Gemeinwohl

Copyright wie Urheberrecht sind Produkte der Moderne, wie sie sich in der bürgerlichen Wirtschaft und Gesellschaft mit ihren Wertesystemen seit der Aufklärung und nicht zuletzt unter der Wirkung der modernen Drucktechniken mit beweglichen Lettern entwickelt hat.[12] Moderne Gesellschaften sind darauf angewiesen, zur Lösung neu entstehender Probleme, zur Befriedigung neuer Bedürfnisse, zur Bewältigung von Krisen, für Entwicklung allgemein neues Wissen zu produzieren, aufzunehmen und zu verarbeiten. Die Beförderung von Wissenschaft und den „nützlichen Künsten" ist – das macht die Verfassung der USA besonders deutlich – die Rechtfertigung für das Einräumen von Rechten der Urheber.[13] Diese für das Copyright typische utilitaristische Begründung zielt nicht in erster Linie auf den Schutz individueller Urheber, Wissenschaftler und Künstler ab, sondern hat eine starke gesellschaftliche und ökonomische Dimension. Das Copyright hat sich daher schon immer leichter als das Urheberrecht damit getan, das utilitaristische Argumente des Gemeinwohlinteresses mit dem ökonomischen Aspekt zusammenzubringen. Aber auch im kontinentaleuropäischen Urheberrecht ist trotz der klaren Orientierung an den Rechten des individuellen Urhebers unumstritten,

---

[12] Damit soll keineswegs in Frage gestellt werden, dass es auch zu früheren Zeiten, in anderen Gesellschaften und anderen Kulturen auch so etwas wie Anerkennung und Schutz von Urhebern gegeben hat; vgl. z. B. (de la Durantaye 2005) Der Schutz literarischer Urheberschaft im Rom der klassischen Antike.
[13] Die Verfassung der USA weist dem Kongress über Article I, Section 8, Clause 8 das Recht zu: "To promote the progress of science and useful arts, by securing for limited times to authors and inventors the exclusive right to their respective writings and discoveries."

dass die den Urhebern zugestandenen exklusiven Rechte nur dadurch begründet werden können, dass sie ausreichenden Anreiz dafür geben, neues Wissen bzw. neue Kulturgüter zu produzieren und öffentlich, also zum Nutzen aller zugänglich zu machen. Diese Zweckbestimmung des Urheberrechts mit der Orientierung am Gemeinwohl und der Gemeinfreiheit von Wissen ist mit der fortschreitenden Kommodifizierung und daraus folgenden Ökonomisierung und Verknappung von Wissen und Information marginalisiert, wenn nicht sogar ganz verloren gegangen. Dafür hat auch der BGH häufig Urteile gefällt, die eher den Schutz der Verwertung begünstigen als das Gemeinwohlinteresse. Dafür werden in Teil II mehrere Beispiele gegeben.[14]

Urheberrecht ist also kein Selbstzweck, erst recht nicht das Wissenschaftsurheberrecht.[15] Auch nicht ein Instrument zur Beförderung privater Interessen. Vielmehr soll die urheberrechtliche Begünstigung der Akteure in Kunst und Wissenschaft

---

14 Ein in der Öffentlichkeit besonders diskutiertes Beispiel ist die Entscheidung des BGH zum „Unerlaubtes Fotografieren von gemeinfreien Gemälden in Museen" (BGH, Urteil vom 20.12.2018 – I ZR 104/17 – Museumsfotos). Dieses Urteil ist auch als (Anti-)Wikipedia-Urteil bekannt geworden. Der BGH hatte der Klage eines Museums in Mannheim stattgegeben, die gegen die Abbildung von Fotografien von gemeinfreien Werken aus Katalogen des Museums in der Wikipedia Commons geklagt hatte.
Bevor aber dieses BGH-Urteil fatale allgemeine Wirkungen erzielen konnte, hat die EU in Art. 14 EU-DSM-RL2019 dazu quasi ein Veto eingelegt. Vgl. (Stang 2019) Art. 14 der neuen DSM-Richtlinie, S. 674: „Die Gefahr einer partiellen Remonopolisierung gemeinfreier Werke wird durch den nun mit Art. 14 vorgeschriebenen Ausschluss des Schutzes von Vervielfältigungen gemeinfreier Werke im Ergebnis jedenfalls dann gebannt, wenn sich Vervielfältigungsexemplare dieser gemeinfreien Werke bereits im freien Umlauf befinden und daher von der Allgemeinheit zur weiteren Verbreitung genutzt werden können.". In EG 53 von EU-DSM-RL2019 heißt es deutlich: „Endet die Schutzdauer eines Werkes, wird dieses Werk gemeinfrei, und die Rechte, die das Urheberrecht der Union für dieses Werk gewährt, erlöschen. Im Bereich der bildenden Kunst trägt die Verbreitung von originalgetreuen Vervielfältigungen gemeinfreier Werke zum Zugang zur Kultur und ihrer Förderung und zum Zugang zum kulturellen Erbe bei. In einem digitalen Umfeld ist der Schutz solcher Vervielfältigungen durch das Urheberrecht oder verwandte Schutzrechte nicht mit dem Ablauf des urheberrechtlichen Schutzes eines Werks in Einklang zu bringen. Zudem führen Unterschiede zwischen den nationalen Urheberrechtsgesetzen, die den Schutz solcher Vervielfältigungen regeln, zu Rechtsunsicherheit und wirken sich auf die grenzüberschreitende Verbreitung von gemeinfreien Werken der bildenden Kunst aus. Bestimmte Vervielfältigungen von gemeinfreien Werken der bildenden Kunst sollten daher nicht durch das Urheberrecht oder verwandte Schutzrechte geschützt werden."
15 Der Terminus „Wissenschaftsurheberrecht" ist nicht allgemein in der Urheberrechtswissenschaft eingeführt, kommt aber zuweilen vor, z. B. (Hilty/Klass 2009) Stellungnahme des Max-Planck-Instituts für Geistiges Eigentum; (Peukert 2012b) Das Verhältnis zwischen Urheberrecht und Wissenschaft; (Steinhauer 2014) EuGH-Urteil zu elektronischen Leseplätzen stärkt Wissenschaftsurheberrecht. In der Internet-Welt und den Medien ist „Wissenschaftsurheberrecht" schon gebräuchlicher geworden z. B. buchreport (https://bit.ly/2lE6R6V); netzpolitik (https://bit.ly/2XyhBFP) oder faz.net (https://bit.ly/2xDyWOE).

Wirtschaft und Gesellschaft insgesamt zugutekommen. Oder, wie es Reto M. Hilty bei der Anhörung vor dem Rechtsausschuss des Deutschen Bundestags am 8. November 2006 formulierte:

> […] im Rahmen rechtlicher Regulierung [darf] nicht das Interesse der Wissenschaft im Vordergrund stehen; vielmehr muss sich der Gesetzgeber der Interessen an der Wissenschaft bewusst sein.

Wissenschaftliche Interessen sind keine Partikularinteressen. Ein wissenschaftsfreundliches Urheberrecht ist nicht bloß eine Forderung aus der Binnensicht der Wissenschaft, sondern rechtfertigt sich durch den Anspruch der Öffentlichkeit auf freien Zugang und freie Nutzung des in der Wissenschaft produzierten und dann auch in Werken publizierten Wissens. Für die Öffentlichkeit ist das aber nicht nur Anspruch, sondern auch die Verpflichtung, den wissenschaftlich Arbeitenden die für ihre Arbeit nötigen Ressourcen zu sichern. Zu diesen Ressourcen gehören auch die publizierten Arbeiten Anderer. Ohne diese aus dem Gemeinwohlinteresse begründete Sicherung der Ressourcen könnte sich Wissenschaft nicht entwickeln. Die freie Nutzung publizierten Wissens durch die Akteure in Bildung und Wissenschaft ist Bedingung für die Gemeinfreiheit von Wissen und Information für alle. Daher ist dieser Text kein Lobbying für Bildung und Wissenschaft, sondern ein Plädoyer für eine offene Gesellschaft von aufgeklärten Bürgern, die ihre privaten, professionellen und politischen Handlungen informationell selbstbestimmt abgesichert durchführen können sollten. Das Urheberrecht in seiner jetzigen Ausprägung steht informationeller Bildung und informationeller Selbstbestimmung entgegen.[16]

2.2 Das Urheberrecht – eher hinderlich als förderlich

Das Urheberrecht hat sich von der Fessel der Begünstigung der kommerziellen Verwertung von Wissen und Information nicht freimachen können. Wissen und Information sind kommodifiziert, verdinglicht, d. h. zu handelbaren Objekten, zu Waren geworden. Gegen diese Entwicklung haben sich aus der Wissenschaft heraus Widerstände und Alternativmodelle aufgebaut (ausführlich dazu in 14.6). Aber dass die größer werdende volkswirtschaftliche Bedeutung der kommerziellen Wissens-

---

[16] Wir verwenden hier den Begriff der informationellen Selbstbestimmung in erster Linie nicht im Sinne des Datenschutzes als ein jedem Menschen zustehendes defensives Recht gegenüber einem Missbrauch seiner persönlicher Daten, sondern erweitern „informationelle Selbstbestimmung" um das offensive Recht eines jeden Menschen, informationell abgesichert, für welchen Zweck auch immer, handeln zu können.

verwertungsmärkte die Politik bis heute veranlasst hat, diese Märkte regulierend zu schützen, war im gegenwärtigen weltweiten Wirtschaftssystem des „digitalen Kapitalismus" (Staab 2019) kaum zu vermeiden (vgl. 6.1 zur Kommodifizierung des Urheberrechts). Das Urheberrecht, zusammen mit anderen Rechten zum Schutz des geistigen Eigentums (wie Patentrecht, Markenrecht etc.), war und ist dafür unter dem Etikett des geistigen Eigentums das entscheidende Instrument.[17]

Das hat nicht nur Nachteile für Bildung und Wissenschaft selbst, sondern hat auch negative Auswirkungen auf die Öffentlichkeit, auf jedermann und insbesondere auch für die Innovationsfähigkeit der Wirtschaft, also für die Fähigkeit zur Umsetzung von Wissen in neue Produkte oder in neue Produktionsformen: Ohne freie Nutzung von Wissen kein neues Wissen. Ohne neues Wissen keine Innovation. Es entstehen ebenso Nachteile für Kulturentwicklung allgemein. Kultur beruht auf Lernen durch Verhalten und Wissen anderer. Ohne freien Zugang und ohne freie Nutzung wird kulturelle Entwicklung behindert. Um es auf den Punkt zu bringen: Das derzeitige Urheberrecht, so die These, die im Verlaufe dieser Arbeit immer wieder bestätigt wird, ist für die Weiterentwicklung von Bildung und Wissenschaft, Kultur allgemein, hinderlich, nicht, wie an sich vorgesehen, förderlich. Daher müssen auch andere Wege als über das Urheberrecht gefunden werden, den Zugang und die freizügige Nutzung publizierten Wissens zu sichern (vgl. Kap. 14).

2.3 Urheberrecht – voller Merkwürdigkeit

Die Geschichte des neueren Urheberrechts ist voller Merkwürdigkeiten. Nicht alle haben es bis in Gesetze geschafft, so wie damals der Versuch im US-amerikanischen Kongress, angesichts des drohenden Auslaufens der Rechte an Disney-Figuren die Begrenzung für die Dauer des urheberrechtlichen Schutzes ganz aufzuheben.[18] Aber viele solcher Merkwürdigkeiten gibt es im Recht, sind im Urheberrechtsgesetz verankert, auch im deutschen Urheberrechtsgesetz, und manche haben sich oft viel zu lange als resistent gegenüber rationalen Argumenten gezeigt.

Die für Bildung und Wissenschaft im Urheberrecht festgeschriebenen und deren Arbeit behindernden Merkwürdigkeiten fangen mit dem sogenannten Ersten

---

17 Vgl. World Intellectual Property Indicators 2018. WIPO – World Intellectual Property Organization (Hrsg.): "Net publishing industry revenue, covering 11 countries, amounted to USD 148 Billion", S. 196 (sind Milliarden in der deutschen Zählung) – davon China alleine 202, USA 25,9 und Deutschland 5,8 Mrd.
18 (Krempl 2018) US-Kongress erwägt Copyright-Verlängerung auf bis zu 144 Jahre; vgl. den umfänglichen Wikipedia-Artikel zum Copyright Term Extension Act (CTEA) von 1998 – https://bit.ly/1BFCA4I.

Korb von 2003 an, der ersten umfassenderen Urheberrechtsreform seit 1965. Dieser Korb diente der erforderlichen Umsetzung von InfoSoc 2001, der EU-Urheberrechtsrichtlinie, auf die sich die EU nach fast 5 Jahren intensiver Auseinandersetzung verständigt hatte. Diese wiederum war den völkerrechtsverbindlichen urheberrechtlichen Vorgaben von TRIPS/WTO (1995) und WTC/WIPO (1996) verpflichtet (vgl. 6.1). Alle drei Regelungen waren sehr eindeutig an dem orientiert, was hier die Kommodifizierung und Ökonomisierung von immateriellen Wissens- und Informationsprodukten genannt wird. Hilty hatte schon 2006 deutlich herausgearbeitet,[19] wie sich besonders § 52a aus dem Ersten Korb 2003 negativ auf Bildung und Wissenschaft ausgewirkt hat. § 52a mit seinen Schrankenregelungen (ausführlich dazu in 10.1) ist sozusagen das Muster, man kann es auch sagen der Sündenfall für alle weiteren bis heute auf Bildung und Wissenschaft bezogenen kleinteiligen Schrankenregelungen mit ihren Merkwürdigkeiten. Für diese nur ein Beispiel an dieser Stelle: Über § 52a hat es einen 15 Jahre dauernden, scholastisch anmutenden Streit über die Reichweite der Nutzungserlaubnisse gegeben. In diesem ging es auch um die semantische bzw. auch um die pragmatische Interpretation der Präposition „im": Ob diese Regelung entsprechend des Wortlauts von § 52a strikt nur für die Nutzung IM Unterricht erlaubt sei oder ob nicht gemeint war „FÜR" den Unterricht – bis schließlich der BGH das in teleologischer Weisheit zugunsten des „FÜR" bzw. des „DES" beendete. Der Gesetzgeber machte sich das 2018 nach 15 Jahren im UrhWissG zu eigen. Auch Regelungen aus dem Zweiten Korb (z. B. §§ 52b und 53a) von 2008 enthalten solche Merkwürdigkeiten, die ebenfalls bis Ende Februar 2018 geltendes Recht waren. Z. B. dass eine Bibliothek nur so vielen Nutzern gleichzeitig Einsicht in ein elektronisches Werk geben darf, wie sie davon gedruckte Werke in ihrem Bestand hat. „Bestandsakzessorietät" wurde das genannt. Dadurch sollte zum Schutz der Verlagswirtschaft, untermauert mit „verfassungsrechtlichen und dreistufentestkonformen"[20] Argumenten, vermieden werden, dass eine Bibliothek nur *ein* Werk kauft, dieses digitalisiert und dann beliebig vielen Nutzern gleichzeitig Einsicht in die digitalisierte Version gibt. Diese Merkwürdigkeit wurde dann noch dadurch verstärkt, dass die Nutzung dieser digitalisierten Objekte nur vor Ort in den Räumen der Bibliothek erlaubt war (vgl. 10.1.4). Einiges davon mag durch Streichung Geschichte von gestern sein. Aber es zeigt doch, wie schwer sich das Recht mit einem zeitgemäßen und den Potenzialen der IKT Rechnung tragendem Urheberrecht getan hat (und es leider immer noch tut). Tatsächlich geschieht es, dass auch die Politik selbst eingesteht, dass einige der in den letzten 15 Jahren beschlossenen Regelungen unzeitgemäß geworden sind (sie waren es schon zur

---

19 (Hilty 2006) Das Urheberrecht und der Wissenschaftler.
20 (Duppelfeld 2014) Das Urheberrecht der Bibliotheken im Informationszeitalter, S. 160 ff.

Zeit ihrer Verabschiedung) und von den dadurch Betroffenen auch nicht akzeptiert werden. In der Begründung des RefE für das 2018 wirksam gewordene UrhWissG hieß es:

> Zugleich haben Digitalisierung und Vernetzung die Möglichkeiten der Schaffung, Verbreitung und die Nutzung urheberrechtlich geschützter Inhalte verändert. Diesen Veränderungen werden die bestehenden Schrankenbestimmungen für Wissenschaft und Unterricht, die sich teilweise an „analogen" Nutzungen orientieren, nicht mehr vollständig gerecht: Zeitgemäßer Gebrauch, der das Potenzial der modernen Wissensgesellschaft ausschöpfen würde, unterbleibt daher teilweise oder aber er geschieht rechtswidrig.[21]

Solche Einsicht verhindert aber nicht, dass weiter Unzeitgemäßes im Urheberrecht festgeschrieben wird, leider auch im aktuellen UrhWissG. Wenn die Lobby der Informationswirtschaft nur stark und polemisch genug ihre Interessen in die Öffentlichkeit und in die Politik bringt, dann wird sich vor allem im Rechtsausschuss des Bundestags, der i. d. R. das letzte Wort für Gesetzesvorlagen an den Bundestag hat, immer wieder eine Mehrheit finden, durch die Bildung und Wissenschaft in ihrer Nutzungsfreiheit (und damit in Informations- und Wissenschaftsfreiheit) eingeschränkt werden. Im konkreten Fall wurde 2017 nach intensivem Lobbying durch Zeitungsanzeigen in letzter Minute das seit 2003 über § 52a bestehende Recht, Zeitungsartikel genehmigungsfrei (keineswegs vergütungsfrei) für Zwecke von Bildung und Wissenschaft zu verwenden, aus dem Urheberrechtsgesetz herausgenommen.[22] Die Politik räumt mit dem Verweis auf den Schutz auf Sicherung der Pressefreiheit dem kommerziellen Interesse an der Verwertung der Pressearchive Vorrang gegenüber dem öffentlichen Interesse an Informations- und Wissenschaftsfreiheit ein. Dass sollte nicht sein. Aber es geschieht doch – so z. B. schon 2013 mit der Einführung eines Leistungsschutzrechts zugunsten eben der Presseverleger.[23] Die zu starke Berücksichtigung der Interessen der Presseverleger[24] ist nur ein Symptom unter vielen für die allgemeine These, dass das Urheberrecht den freien Umgang mit einmal öffentlich gemachten Artikeln und damit Informations-

---

[21] RefE zum UrhWissG – https://bit.ly/2tWu7g5; ebenso im RegE.
[22] Im Regierungsentwurf hieß es zunächst: „Abbildungen, einzelne Beiträge aus derselben Zeitung oder Zeitschrift, sonstige Werke geringen Umfangs und vergriffene Werke dürfen abweichend von Absatz 1 vollständig genutzt werden" (§ 60a, 2). Nach der Intervention im Rechtsausschuss wurde im zitierten Satz „Zeitung" gestrichen.
[23] 2019, also nach 6 Jahren, wurde dieses Leistungsschutzrecht vom EuGH kassiert – allerdings aus dem formalen Grund, dass die Bundesregierung dieses Gesetz, wie es vorgeschrieben ist, nicht der EU gemeldet hatte. 2019 hat die EU in ihrer neuen Urheberrechtsrichtlinie selbst ein solches Leistungsschutzrecht eingefügt, so dass es 2020 dafür auch in Deutschland einen zweiten Anlauf gibt (vgl. FN 9 und 11.4).
[24] (Lalé 2017) Reform mit Ausnahme: Ein unnötiges Geschenk für Zeitungsverlage.

und Wissenschaftsfreiheit eher einschränkt als das kommerzielle Interesse an der Verwertung von Informationsobjekten. Die Prioritäten sollten anders gesetzt werden.

2.4 Vorläufiges zum Für und Wider des Urheberrechts

Dieser Text ist trotz Kritik am existierenden Urheberrecht und den vielen Argumenten wider seinen oft schwer nachvollziehbaren Regulierungen keine bloße Destruktion, sondern eine kreative konstruktive Destruktion mit konkreten Vorschlägen zum Wiederaufbau. Der Text beschäftigt sich also nicht bloß mit dem Wider, sondern auch mit dem Für. Zunächst, sozusagen in a *nutshell*, einige Hinweise darauf, wofür dieser Text ist. Danach die Positionen des Wider. Die Auflösung des Wider ist die Chance für das Für. Alle diese Für und Wider werden in den folgenden Kapiteln ausgeführt.

> Dieser Text ist für den freien Zugang zu Wissen und Information in Bildung und Wissenschaft und für die freie Nutzung der aus Wissen bzw. aus Wissensobjekten entstehenden Informationsprodukte. Er ist dafür, dass vor allem das mit öffentlichen Mitteln produzierte Wissen für jedermann nicht nur genehmigungs-, sondern auch vergütungsfrei nutzbar ist. Der Text ist dafür, dass sich das Urheberrecht von dem in elektronischen Räumen sich entwickelnden moralischen Bewusstsein für einen offenen Umgang mit Wissen und Information leiten lässt. Der Text ist dafür, dass das Urheberrecht den Potenzialen der gegenwärtigen IKT für eine freie Nutzung stärker Rechnung trägt. Er setzt auf kreative Hermeneutik bei der Auslegung früherer Regulierungsvorgaben, damit neue Wege der Entwicklung begangen werden können. Der Text geht davon aus – und positioniert sich damit nicht prinzipiell gegen die kommerzielle Verwertung von Wissen und Information –, dass die Akteure der kommerziellen Informationswirtschaft nur dann auf den Informationsmärkten weiter präsent und erfolgreich sein können, wenn ihre Geschäftsmodelle (a) dem gegenwärtigen moralischen Bewusstsein und den Erwartungen und dem Nutzungsverhalten der Akteure in Bildung und Wissenschaft Rechnung tragen; (b) wenn sie anerkennen, dass nur die freie offene Nutzung von Wissen und Information die Bedingung für den kommerziellen Erfolg ist; und (c) wenn sie die Potenziale der IKT auch für neue informationelle Mehrwerte und neue Dienstleistungen einsetzen und nicht mehr bloß auf das setzen, was heute Wissenschaft an sich selbst kann – nämlich die öffentliche Zugänglichmachung der erstellten Wissensobjekte.

Um das „für" auf den Weg zu bringen, muss das „wider" ebenso artikuliert werden:

> Der Text wendet sich dagegen, dass das in der Wissenschaft produzierte und publizierte Wissen immer stärker zu einem Handelsgut und das Urheberrecht tendenziell zu einem Handelsrecht geworden ist. Der Text wendet sich gegen die unzureichende Berücksichtigung der in elektronischen Räumen sich entwickelnden Leitideen, Bewusstseins- und Verhaltensformen bezüglich Wissen und Information sowie der Nutzungserwartungen in Bildung und Wissenschaft. Der Text wendet sich gegen die unzureichende Berücksichtigung der

Potenziale der gegenwärtigen IKT bei den Nutzungsregelungen in den entsprechenden urheberrechtlichen Normen. Der Text wendet sich gegen die urheberrechtliche Begünstigung der gegenwärtigen und nicht mehr zeitgemäßen Geschäftsmodelle und Finanzierungsansprüche der Verlagswirtschaft, die sich zu großen Teilen noch am bloßen Publizieren, zumal an Publikationsformen aus der analogen Welt orientiert.

Fazit. Der Text argumentiert für ein selbständiges Wissenschaftsurheberrecht, das grundlegend anders konzipiert sein muss als das Urheberrecht für die allgemeinen Publikumsmärkte. Ein Wissenschaftsurheberrecht beruht auf der Symmetrie von Urheber und Nutzer. Der Text kommt ohne die Fiktion eines Schöpfers und ohne quasi-ontologische Konstrukte wie ein Immaterialgüterrecht aus. Der Text gibt das monistische Urheberrechtsprinzip der Einheit von persönlichkeits- und vermögensrechtlichen Befugnissen mit Blick auf Bildung und Wissenschaft auf. Der Text betrachtet Wissen nicht als privates Eigentum, sondern als Gemeingut, auf das die Öffentlichkeit Anspruch im Sinne von Gemeinfreiheit hat. Der Text trägt dem Rechnung, dass das Belohnungssystem der Wissenschaft auf reputativer und nicht monetärer auf Anerkennung beruht.

Die Bedürfnisse, Verhaltensformen, aber auch die Schutz- und Freiheitsinteressen der Kreativen in Bildung und Wissenschaft sind so grundsätzlich andere als die der Kreativen auf den allgemeinen Publikumsmärkten, als dass alles unter dem allgemeinen Etikett des Urheberrechts behandelt werden kann. Das Urheberrecht ist im 19. Jahrhundert in erster Linie aus den Bedürfnissen, Verhaltensformen, aber auch den Schutz- und Freiheitsinteressen der Kreativen, vor allem der Künstler in allen medialen Formen entstanden Bis heute sind es tatsächlich diese „Sympathiefiguren", die in der Öffentlichkeit dem Urheberrecht seine Legitimation verleihen. Unter dem Dogma der Einheitlichkeit des Urheberrechts (vgl. 5.1 zur Präambel des Urheberrechts) werden auch den Kreativen in Bildung und Wissenschaft die in Kap. 5 kritisierten Fiktionen wie individueller Schöpfer, Werk als Ausdruck der Persönlichkeit, aber auch Ansprüche wie die auf geistiges Eigentum und Vergütung für Nutzungen der Werke übergestülpt. Karl-Nikolaus Peifer[25] hat zu Beginn seiner kritischen Analyse der urhebervertragrechtlichen Normen von EU-DSM-RL2019 dazu zwei bemerkenswerte Sätze formuliert:

> Das Urheberrecht ist seit Jahren unter Druck. Eine wesentliche Ursache dafür liegt in dem Verdacht, dass die kreativen Personen von den wirtschaftlichen Erfolgen der Verwertung ihrer Werke nicht genügend haben. Doch sind die kreativen Personen immer noch die Sympathiefiguren, ohne deren Existenz das Rechtsgebiet nicht nur seinen Schutzzweck preisgibt, sondern auch den Großteil seiner Überzeugungskraft verliert.

---

[25] (Peifer 2019) Die urhebervertragsrechtlichen Normen in der DSM-Richtlinie, S. 648.

Ein selbständiges Wissenschaftsurheberrecht ohne Rekurs auf die „Sympathiefiguren" müsste ein ganz anderes Urheberrecht sein – angefangen von seiner Benennung (dazu der Vorschlag im Fazit in Kap. 15). Das jetzige Urheberrecht hat tatsächlich einen „Großteil seiner Überzeugungskraft" bei den Akteuren in Bildung und Wissenschaft verloren. All dies wird in den Kap. 5 und 6 zum Stand und zur Kritik des Urheberrechts ausführlich diskutiert. Zuvor wird jedoch zur theoretischen Begründung der hier vertretenen Positionen noch in Kap. 3 auf die pragmatische und politische Dimension von Leitideen und in Kap. 4 auf den Zusammenhang von Informationsethik und Urheberrecht eingegangen. Letzteres mit der These der Priorität von Ethik gegenüber dem Recht.

3 Die pragmatische und politische Dimension der im Zeitgeist verdichteten Leitideen für den Umgang mit Wissen und Information

Zusammenfassung. Ausgehend von der jüngsten Originalist-Debatte in den USA wird diskutiert, wie weit die Verbindlichkeit der Vorgabe vor allem großer Rechtstexte wie Verfassungen, aber auch von positiven Gesetzen allgemein reichen soll. Oder anders formuliert: Wie weit soll der Anspruch jeder Gegenwart gehen dürfen, bestehende Rechtstexte nicht nur aus dem Wortlaut oder aus der Zeit des Entstehens dieser Texte zu verstehen, sondern sie nach aktuellen Bedürfnissen auszulegen? Letztlich geht es dabei um die schwer in Einklang zu bringenden verschiedenen Ziele der Rechtssicherheit und der Zukunftsoffenheit. Das Konzept der Leitideen wird in einem ersten Zugriff auf das Wissenschaftsurheberrecht angewendet.

3.1 Kreative Hermeneutik für die großen und nicht ganz so großen rechtsverbindlichen Texte

Ende März 2017 stellte die demokratische Senatorin Dianne Feinstein bei Anhörungen im Senat des US-Kongress kritische Fragen an Neil Gorsuch. Gorsuch war von Präsident Donald Trump als Richter zum USA-Supreme Court nominiert worden und wurde später im Senat durch die republikanische Mehrheit und gegen die Stimmen der demokratischen Senatoren bestellt. Besonders "troubling" erschien Feinstein, dass Gorsuch, so ihre Einschätzung, einen strikten *Originalist*-Ansatz verfolge: Originalisten sehen sich verpflichtet, sich bei aktuellen Rechtsauseinandersetzungen möglichst eng am Wortlaut oder zumindest an dem zu orientieren, was nach ihrem Verständnis die Intention der Gründungsväter der US-Verfassung gewesen sein könnte. Gewiss wagt und will es niemand aus Politik und Rechtsprechung in den USA, die Autorität der US-Verfassung, einschließlich der verschiedenen Erweiterungen (*Amendments*), grundsätzlich und öffentlich in Frage zu stellen. Das ist ja der Sinn von Verfassungen, dass ihre Bestimmungen nicht einfach, z. B. mit einfachen Mehrheiten außer Kraft gesetzt werden können. Warum also mag es fragwürdig oder sogar gefährlich sein, sich bei der Auslegung bestehender Gesetze durch Gerichte oder beim Schaffen neuer Gesetze durch Gesetzgebungsinstanzen wie Parlamente an die Vorgaben einer Verfassung strikt zu halten? Ist es nicht für jeden Richter und ganz besonders für einen Richter am Supreme Court (in Deutschland beim BVerfG) verbindlich, sich an diese Vorgaben zu halten? Was also ist problematisch beim Originalist-Ansatz?

Die Frage nach der Verbindlichkeit des Wortlauts stellte sich nicht nur durch die Vorgabe von Verfassungen (wie z. B. durch das deutsche Grundgesetz), sondern auch für die Vorgabe von völkerrechtlich verbindlichen Vereinbarungen wie Menschenrechtsabkommen (z. B. „Internationaler Pakt über bürgerliche und politische Rechte – ICCPR" der UN), Erklärungen (z. B. „Allgemeine Erklärung der Menschenrechte" der UN), Charten (z. B. die Europäische Grundrechte-Charta) oder internationale Vereinbarungen. Beispiele für die letzteren sind aus dem Gegenstandsbereich dieses Textes z. B. die „Revidierte Fassung der Berner Übereinkunft – RBÜ" von 1971 und das „Abkommen über handelsbezogene Aspekte der Rechte des geistigen Eigentums – TRIPS" der Welthandelsorganisation (WTO) von 1975 und die 1976 von der WIPO verabschieden Regulierungen wie das WIPO Copyright Treaty (WTC). Dazu zu zählen sind auch die zahlreichen Richtlinien-Vorgaben der Europäischen Union wie z. B. die sogenannte InfoSoc-Richtlinie von 2001, welche (in Teilen bis heute) den verbindlichen Rahmen für die Urheberrechtsgesetze der verschiedenen Mitgliedsländer darstellt(e), bis sie dann 2019 durch eine neue EU-Urheberrechts-Richtlinie (DSM-RL) ergänzt bzw. teilweise ersetzt wurde.

Aber es sind nicht nur diese Texte, an deren Vorgaben sich Rechtsprechung und Rechtsetzung halten müssen. Die Verbindlichkeit gilt auch für die konkreten Gesetze selbst (wie hier für das Urheberrechtsgesetz) – jedenfalls so lange, wie sie nicht durch andere Gesetze außer Kraft oder modifiziert werden. Recht*sprechung* kann das nicht. Sie muss sich an die bestehenden Gesetze halten. Rechtsprechung schafft keine neuen Gesetze. Aussetzen oder Verändern des Gesetzestextes ist nur der Recht*setzung* vorbehalten. Bei den Gesetzen ist die Politik nicht den speziellen restriktiven Bedingungen unterworfen wie bei den Verfassungen oder den anderen „großen" Texten. Einfache Mehrheiten in der gesetzgebenden Instanz, hier im Deutschen Bundestag, reichen aus. Aber auch diese Mehrheiten können sich nicht von den Vorgaben der Verfassung oder der anderen „großen" Texte freimachen. Immer wieder geschieht es, dass gegen die im Bundestag beschlossenen Gesetze vor dem BVerfG geklagt wird. Oft genug wird einer solchen Klage auch stattgegeben, wenn das BVerfG das Gesetz nicht in jeder Hinsicht als mit dem Wortlaut oder der Intention des Grundgesetzes verträglich ansieht. Ähnliches geschieht immer häufiger auf der EU-Ebene, wenn der Europäische Gerichtshof (EuGH) auf Grund von Klagen oder von Anfragen des BVerfG darüber entscheiden muss, ob ein nationales Gesetz nicht gegen Vorgaben, z. B. der InfoSoc-Richtlinie von 2001 und demnächst gegenüber der Richtlinie von 2019 verstoßen hat. Wie immer Gerichte entscheiden und welche Gesetze auch von der Politik beschlossen werden, kein Richter und keine Rechtsetzungsinstanz können sich einfach über die Bestimmungen dieser großen Texte hinwegsetzen, auch wenn ihnen der Wortlaut vielleicht gar nicht (mehr) einleuchten.

3.1 Kreative Hermeneutik großer und nicht ganz so großer rechtsverbindlicher Texte — 33

Was kann also "troubling" an dem Neil Gorsuch unterstellten Verhalten sein, sich strikt originalistisch zu verhalten? Dianne Feinstein als langjährige erfahrene Senatorin hat ihre Kritik an dem Gorsuch unterstellten Verhalten sicher nicht unbedacht geübt. Sieht man einmal davon ab, dass eine demokratische Senatorin aus taktischen, politischen Gründen die Wahl eines vom republikanischen Präsidenten nominierten Kandidaten verhindern will, so wird es für Feinstein sachliche Gründe gegeben haben, strikt originalistisches Denken als gefährlich anzusehen. Ist sie vielleicht gerade deshalb zu ihrer Einschätzung gekommen, weil sie keine professionelle juristische Qualifikation hat? Warum kann strikt originalistisches Denken gefährlich sein? Feinstein als ausgebildete Historikerin an der University of Stanford, aber auch mit der Verantwortung für zeitgemäße Rechtsetzung und Rechtsprechung gab die Erklärung:

> I firmly believe that our American Constitution is a living document, intended to evolve as our country evolves. So I am concerned when I hear that Judge Gorsuch is an originalist and strict constructionist.[26]

Um es etwas holzschnittartig zu formulieren: Liberale Politiker wie die demokratische Senatorin setzen bei ihrer Auslegung und Festsetzung von Gesetzen bei allem Respekt vor dem Bestehenden auf Variablen wie Zeit, Ort oder andere sich verändernde Rahmenbedingungen. Konservative Politiker wie viele Republikaner bestehen tendenziell eher auf der Gültigkeit der Vorgaben, auch unter Berufung auf eine Philosophie des natürlichen Rechts (Naturrechtsanspruch), welche auch der *Declaration of Independence* mit der Festsetzung der Menschenrechte und dem späteren Entwurf der *Constitution* zugrunde lag. Offensichtlich ist die hier aufgeworfene Frage grundsätzlicher Art, unabhängig von der immer wieder aufflammenden *Originalist*-Debatte in den USA. Es geht nicht nur um die Geltung bestehender Verfassungen oder von Gesetzen allgemein, sondern auch um den Anspruch einer jeden Gegenwart, bestehende Rechtstexte nicht nur aus dem Wortlaut oder aus dem Kontext des Entstehens dieser Texte zu verstehen, sondern sie nach aktuellen Bedürfnissen auszulegen, zumal wenn sich, gerade bei stabilen Texten wie Verfassungen, die Rahmenbedingungen, z. B. soziale oder technologische, gegenüber denen zur Entstehungszeit stark verändert haben.

Zuweilen kann es auch ganz anders geschehen, indem nämlich die Formulierung der Verfassung wortwörtlich genommen, aber damit der Weg zu einem zeitgemäßen Verständnis geebnet wird: Mit dem wegweisenden Urteil „Vereinigte Staaten vs. Virginia" wurde Frauen das bislang nur Männern zugestandene Recht eingeräumt, für die Ausbildung in der traditionsreichen und wichtigsten Militärakademie, Virginia Military Institute (VMI), zugelassen zu werden. In dem

---

26 Vgl. Feinstein-Zitat: https://bit.ly/2lHJ0mA.

Supreme-Court-Urteil wurde von der für den Text des Mehrheitsvotums verantwortlichen Richterin Ruth Bader Ginsburg das "Constitution's equal protection principle" in der 14. Verfassungserweiterung[27] ins Spiel gebracht. Dort heißt es: "No state shall ... deny to any person within its jurisdiction the equal protection of the laws." Zweifellos, so Ginsburg, kann mit der Formulierung "any person" der weibliche Teil der Bevölkerung nicht per se von der Teilnahme an einer speziellen Ausbildung ausgeschlossen werden – es sei denn, es können und werden unabdingbare Argumente dagegen vorgebracht. Aber auch diese Interpretation der Verfassung ist nicht nur auf Mut und Überzeugungskraft einzelner Personen, hier insbesondere der Richterin Ginsburg, zurückzuführen. Vielmehr war der Boden dafür vorbereitet durch die politische "women's liberation movement (WLM)", wie sie sich in den späten 60er Jahren des 20. Jahrhunderts weltweit entwickelt hatte. Man kann das als eine sich entwickelnde und heute fest etablierte (*verfertigte*) Leitidee bezeichnen.

Es geht hier aber nicht nur um kreative Hermeneutik bestehenden Rechts, sondern vor allem darum, inwieweit Argumente, die sich nicht strikt aus juristischer Perspektive, sondern sich z. B. aus sozialen, ökonomischen, technologischen, ethischen Gründen und Interessen herleiten, Einfluss auf Rechtsetzung und Rechtsprechung haben sollen oder sogar müssen. Am Ende von offenen Diskursen sind es zwar juristisch formulierte Texte wie Urteile und Gesetze, die verbindlich sind. Sie können aber nur verbindlich sein und Anspruch auf Akzeptanz von den durch diese Texte Betroffenen erheben, wenn sie nicht ausblenden, was hier später, in Anknüpfung an einen Artikel von Heinrich Wefing in der ZEIT[28] „Zeitgeist" genannt wird.

Wir müssen noch etwas weiter ausholen, um den pragmatischen, also handlungsanleitenden Charakter der großen und nicht ganz so großen Texte (wie Gesetze) zu verstehen. Linguisten bezeichnen solche Texte als autonome Texte. Solche Texte müssen und sind anders verfasst als mündliche Texte. In mündlichen Texten ist der für die Interpretation der Aussage nötige Kontext und das Hintergrundwissen weitgehend vorhanden, so dass kommunikative Missverständnisse entweder gar nicht erst auftauchen oder durch die simultane Situation sofort beseitigt werden können. Je weiter die mündlichen Texte von der individuellen kooperations- und konsensfördernden Gesprächssituation entfernt sind, z. B. bei einer Rede zu einem breiteren Publikum oder gar in normalisierten Redesituationen wie vor Gerichten oder in Parlamenten, desto eher nähern sich Redetexte autonomen, geschriebenen Texten an. Hoch-formalisierte, syntaktisch *korrekte* und semantisch kontrollierte Texte oder Redetexte und erst recht geschriebene

---

27 USA Constitution, Amendment XIV, Section 1.
28 (Wefing 2014) Lex Snowden: Europas Richter schützen die Daten der Bürger vor dem Staat; vgl. das Zeitgeist-Argument in (Kuhlen 2015b) Wie umfassend soll/darf/muss sie sein, die allgemeine Bildungs- und Wissenschaftsschranke?

Texte mit rechtlicher Verbindlichkeit haben zur Zeit ihres Entstehens vielleicht noch ein klares Bild von den Personen, an die diese Reden gerichtet sind oder für die diese Texte verbindlich waren. Mit zunehmendem zeitlichem Abstand wird das kommunikative Einvernehmen zwischen Texterstellern und Textrezipienten aber immer vager und schwieriger einzulösen. Man erinnere sich nur an das Datum der Entstehung der USA-Verfassung 1787, in Kraft getreten 1789. Die Welt ist heute eine gänzlich andere. Ähnliches gilt für das 1948 verfasste deutsche Grundgesetz.

Wie aber kann der Geltungsanspruch über weite Phasen in die Zukunft behauptet werden? Die Antwort ist im Prinzip relativ einfach: Je höher der Abstraktionsgrad der verwendeten Formulierung desto eher ist die Wahrscheinlichkeit, dass auch in Zukunft konkrete Sachverhalte unter dieses Vokabular subsumiert werden können. Erreicht wird die Abstraktion in der Regel auf der Ebene der Substantive und Adjektive bzw. Adverbien. Dazu als Beispiel noch einmal (FN 13) das Textfragment aus US Constitution, Article I, Section 8, Clause 8: "to promote the Progress of Science and useful Arts, by securing for a limited Time to Authors and Inventors the exclusive Right to their respective Writings and Discoveries". Hier ist für die Geltungsdauer des Copyright-Schutzes die Formulierung "limited time" gewählt worden. Zum einen ist damit unverrückbar für die USA klargestellt, dass die Rechte der Autoren nicht zeitlich unbegrenzt privilegiert werden dürfen. Versuche, die zeitliche Beschränkung ganz aufzuheben, hat es dennoch gegeben und sind gescheitert. Die Verwendung von "limited" hat dies verhindert. Ebenso ist durch diese Formulierung ein wesentlicher Unterschied zwischen Eigentum an materiellen Objekten (für die "limited" nicht gilt) und den im Copyright angesprochenen immateriellen Objekte festgehalten worden. Das allerdings hat die Rechtauslegung nicht daran gehindert, im Laufe der Zeit die Regelungen für Eigentum an materiellen Objekten weitgehend auf immaterielle Objekte zu übertragen (ausführlich in Kap. 7).

3.2 Rechtssicherheit und Zukunftsoffenheit

Jeder Bürger hat das Recht, dass Gerichte anstehende Fälle eindeutig und rechtssicher entscheiden. Das muss nicht immer auf der unteren Ebene der Landesgerichte rechtsverbindlich entschieden werden. Aber irgendwann, letztlich auf der Ebene des BGH oder sogar durch eine Entscheidung des BVerfG (möglicherweise erst durch den Europäischen Gerichtshof), muss auf der Grundlage des bestehenden Gesetzes entschieden werden. Rechtssicherheit wird auch bei positiven Gesetzen dadurch erreicht, dass möglichst konkret festgelegt wird, wie weit der Schutz der Rechtsinhaber bzw. die Nutzungserlaubnisse gehen soll. Rechtssicherheit als dominantes Prinzip der Rechtsetzung läuft aber Gefahr, aus der Sicht der Gegenwart Mauern gegen die Optionen für die Zukunft aufzubauen. Sie kann die Anpassung des Rechts an veränderte Rahmenbedingungen der Technik, der Ökonomie und des moralischen Bewusstseins erschweren. Solche negativen Folgen von an sich positiven Rechtsprinzipien können rechtstechnisch durch die Verwendung von unbestimmten Rechtsbegriffen verhindert werden. Diese können im Wandel der Zeit von den Gerichten unterschiedlich breit oder eng ausgelegt und dann angemessen für die Gegenwart bestimmt werden. Der Wortlaut des Gesetzes bleibt länger stabil, aber seine Auslegung bleibt prinzipiell offen. Das Unbestimmte wird temporär durch Rechtsauslegung bestimmt.

Die Interpretationsbereitschaft der Richter und die Veränderungsbereitschaft der Politiker leiten sich gewiss nicht alleine aus ihrer subjektiven Autonomie ab. Die jeweils erreichten Ergebnisse in Form von Urteilen oder neuen Gesetzen sind aber nicht beliebig. Sie sind in hohem Maße kontingent, also im Luhmann'schen Sinne „weder zwingend notwendig noch unmöglich".[29] Wovon hängen sie also ab? Beide Akteure, Richter und rechtsetzende Politiker, sind zweifellos intensiv in die Diskurse der wissenschaftlichen juristischen Fachwelt eingebunden. Das Angebot der juristischen Fachverlage zeigt auch deutlich, dass die Fachwelt sich selbstverständlich mit den Arbeiten anderer wissenschaftlicher Fächer auseinandersetzt. Aber durch solche fachlichen und schon gar nicht durch binnenjuristische Diskurse alleine entstehen keine neuen Sichten auf die Welt bzw. neuen Sichten auf einzelne Politikbereiche, welche die Gerichte in ihrer Zuständigkeit für Rechtsauslegung und die Politik in ihrer Zuständigkeit für die Rechtsetzung beeinflussen. Wir werden diese Frage, wodurch sich auch das Recht veranlasst sehen muss, bestehendes Recht und vorherrschende Meinungen in der Rechtsauslegung und -wissenschaft an sich verändernde Rahmenbedingungen gesellschaftlicher Wirklichkeit anzupassen, im nächsten Abschnitt zu der Rolle von Leitideen und deren Verdichtung im Zeitgeist zu beantworten versuchen. Vorab jedoch noch einige Beispiele dafür, wie sich die unterschiedlichen Anwendungen von Rechtssicherheit und Zukunftsoffenheit auf die Rechtspraxis auswirken. Sie zeigen, dass Rechtsetzung und Rechtsprechung – in erster Linie in Deutschland, aber auch mit Berücksichtigung der Entwicklung in der EU sowie gelegentlich der in anderen Ländern und der WIPO – ihren Gestaltungsspielraum in der Entscheidung für Rechtssicherheit und Zukunftsoffenheit sehr unterschiedlich ausgenutzt haben.

Im deutschen Urheberrecht gibt es in den verschiedenen Stadien der Urheberrechtsreformen Beispiele, wie einerseits Rechtssicherheit und andererseits Zukunftsfestigkeit erreicht werden kann. Die beiden Urheberrechtsreformen 2003 und 2008 zeichneten sich durch einen verhältnismäßig hohen Anteil an unbestimmten Rechtsbegriffen aus. In Kap. 10 wird ausführlicher auf diese beiden Reformen des sogenannten Ersten Korbs und des Zweiten Korbs und die Problematik von

---

[29] (Luhmann 1984) Niklas Luhmann: Soziale Systeme, 152.

unbestimmten Rechtsbegriffen eingegangen. Hier nur ein Beispiel für das Ausmaß der erlaubten Nutzung gemäß § 52a, der 2003 in das UrhG eingefügt und 2018 gelöscht wurde. Das zu interpretieren, hat Rechtswissenschaft und Gerichte über viele Jahre hinweg beschäftigt: Veröffentlichte kleine Teile eines Werkes; Werke geringen Umfangs; zur Veranschaulichung des Unterrichts; zu dem jeweiligen Zweck geboten; übliche reguläre Auswertung; Vergütung soll i. d. R. für solche Nutzungen angemessen sein.

Dass das Ausmaß an Rechtssicherheit durch solche unbestimmten Rechtsbegriffe relativ niedrig war, ist allen beteiligten Akteuren (Nutzer, Produzenten, Verwerter) sehr schnell bewusst geworden. Zahlreiche Klagen, in der Regel von Verlagsseite, wurden vor allem gegen die Bibliotheken erhoben, weil diese nach der Meinung von Verlegern die Bestimmungen von §§ wie 52a aber auch 52b ungebührlich weit ausgelegt hätten (ausführlich dazu vor allem in 10.1 und 10.1.4). Ganz offensichtlich erforderten die Formulierungen in diesen Normen ein hohes Maß an Auslegung durch die Gerichte. Stark vereinfacht wird man sagen können, dass sich die Entscheidungen der Gerichte auf den unteren Ebenen eher nahe am Gesetzestext orientieren bzw. i. d. R. nur einen engen Interpretationsspielraum sehen, während Entscheidungen auf der oberen Ebene des BGH eher nach dem Sinn der Regulierungen fragen und sich auf Auslegungen verständigen, die auch dem inzwischen fortgeschrittenen Wandel (vor allem durch Technologie, aber auch durch soziale Normen) Rechnung tragen können. Solche weitergehenden Auslegungen schaffen keine neuen Gesetze, aber schaffen neue verbindliche Realitäten für die Gültigkeit der „alten" Gesetze. In diesem Fall haben die unbestimmten Rechtsbegriffe der Weiterentwicklung des Urheberrechts, also auch der Zukunftsoffenheit gedient.

Das andere Beispiel, in dem *Rechtssicherheit* höhere Priorität eingeräumt wurde, stammt aus dem Jahr 2017. Das UrhWissG sollte, so war es geplant, sich in Ablösung alter §§ wie 52a und 52b in Richtung eines umfassenden allgemeinen Wissenschaftsurheberrechts entwickeln. Es war ganz offensichtlich, dass auch die Politik ob der zahlreichen Klagen gegen Regelungen von 2003 und 2008 mit dem starken Anteil an unbestimmten Rechtsbegriffen gesehen hat, dass in den alten Regelungen vieles unterschiedlich ausgelegt wurde. Daher wurde in der Reform von 2017/18 vom Gesetzgeber dem Prinzip der Rechtssicherheit die höhere Priorität eingeräumt. Z. B. wurde nicht mehr mit der Formulierung „kleine Teile" gearbeitet, sondern ein fester Wert durch das BMJV von zunächst 25 % vorgegeben. Dieser Wert wurde dann im verbindlichen UrhWissG-Gesetz auf 15 % reduziert. Die Politik versuchte so über das UrhWissG die Initiative der Gesetzgebung wieder zurückzugewinnen, nachdem einige Jahre lang die Gerichte damit beschäftigt waren konkret festzulegen, was denn „kleine Teile" bedeuten sollten. Der BGH hatte sich schließlich auf 12 % eines Textes festgelegt, aber es dürften nicht mehr als 100 Seiten sein. Der BGH hatte damit wohl dem Rechnung getragen, dass sich in den 12

Jahren nach Einführung des § 52a die technologischen Rahmenbedingungen für die Nutzung publizierten Wissens stark verändert hatten. Aber auch quantitative Vorgaben wie 12, 15 oder 25 % oder 100 Seiten belassen noch einen gewissen Interpretationsspielraum, z. B. je nachdem wie das Layout des Textes angelegt ist (vgl. Abschnitt 10.1). Sie eröffnen auch einen gewissen Freiraum für Satiren, in denen die Pseudokorrektheit von quantitativen Vorgaben karikiert wird – bis heute, 2020, durch den Versuch, das Ausmaß der Anzeige von Bildern durch Suchmaschinen auf 128 mal 128 Pixel zu beschränken (vgl. 11.4).

Interpretiert man diese Beispiele, die sich ja auf den gleichen Sachverhalt beziehen, nämlich hier auf das Ausmaß der erlaubten schrankenabhängigen Nutzung für Forschung und Lehre, so ist der wohl einfache Schluss erlaubt, dass der Gesetzgeber in einer Situation, in der er noch nicht ausreichend Erfahrung über den zu regulierenden Gegenstandsbereich gewonnen hat, dazu neigt, mit unbestimmten Rechtsbegriffen zu arbeiten. Der erste Korb, fast vierzig Jahre nach der letzten großen Urheberrechtsreform von 1965, war der erste Versuch, das Urheberrechtsgesetz an die Prozesse in Bildung und Wissenschaft bestimmende Digitalisierung anzupassen. Dies betraf Produktion, Nutzung und Verwertung von Wissen gleichermaßen. Zudem bestand der Druck, auf die 2001 verabschiedete Urheberrechtsrichtlinie der EU zu reagieren, die allerdings auch eher mit unbestimmten Rechtsbegriffen arbeitete als mit präzisen Festlegungen. Die genaue Festlegung der Vorgaben sollte den Mitgliedsstaaten überlassen bleiben – was das an sich angestrebte Ziel der Harmonisierung in den EU-Ländern nicht gerade begünstigte. In einer solchen Situation wäre für den deutschen Gesetzgeber 2003 auch eine andere Lösung für § 52a im Ersten Korb möglich gewesen, welche ja auch das Justizministerium zunächst vorgeschlagen hatte. Das Ministerium wollte 2002 in seinem Entwurf für § 52a gar keine Einschränkung des Umfangs der Nutzung vorsehen, also weder eine unbestimmte Einschränkung noch eine genau spezifizierte, sondern sprach einfach ohne Spezifizierung von der *erlaubten Nutzung von Werken* (ausführlich dazu in 6.9). Dem wollte der Bundestag, zweifellos beeindruckt vom heftigen Widerstand der Verlagswirtschaft, nicht folgen und reagierte eben mit Bestimmungen wie „kleine Teile" etc. und mit weiteren konkret formulierten Einschränkungen.

Fazit. In die großen autonomen Texte selbst kann, wenn überhaupt, der Gesetzgeber in Deutschland nur bedingt eingreifen (bei den Grundrechten so gut wie gar nicht).[30] Aber auch wenn diese nur schwer im Wortlaut geändert werden können,

---

30 In Deutschland geschieht die Änderung des Grundgesetz aber doch relativ häufig, im Durchschnitt einmal pro Jahr. Für diese Änderungen ist eine 2/3 Mehrheit sowohl im Bundestag als auch im Bundesrat erforderlich.

so können und müssen sie doch immer wieder neu verstanden und auch neu interpretiert werden. Das gilt erst recht für die positiven Gesetze wie das UrhG. Auch diese Gesetze lassen sich, sicher nicht leicht, aber dann doch bei entsprechendem politischen Willen (und zuweilen unterstützt durch neue Interpretationen bestehender Gesetze durch die Gerichte) an veränderte Gegebenheiten anpassen und tragen damit den Erfahrungen in der Praxis und den Erwartungen der davon Betroffenen Rechnung. Die gesetzgebenden und -auslegenden Instanzen können und dürfen sich nicht auf quasi naturrechtliche Vorgaben großer Texte und großer Interpretationen berufen. Das BVerfG hat in seiner auch heute noch als wegweisend angesehenen Entscheidung „Kirchen- und Schulgebrauch" dem Gesetzgeber sozusagen die Pflicht vermittelt „im Rahmen der inhaltlichen Ausprägungen des Urheberrechts nach Art. 14 Abs. 1 Satz 2 GG sachgerechte Maßstäbe festzulegen, die eine der Natur und der sozialen Bedeutung des Rechts entsprechende Nutzung und angemessene Verwertung sicherstellen." Till Kreutzer interpretiert diese „soziale Bedeutung" dahingehend, „dass sich der Gesetzgeber [...] an den gesellschaftlichen Anschauungen seiner Zeit orientieren muss."[31] Im folgenden Abschnitt wird dies unter dem Etikett der Leitideen weiter diskutiert.

3.3 Zur Mobilisierungskraft von Leitideen

Im vorigen Abschnitt wurde bezweifelt, ob neue Sichten auf die Welt mit Auswirkungen auf die Rechtsgestaltung aus den *binnenjuristischen Diskursen* alleine entstehen können. Vielmehr sind es neue sich entwickelnde Leitideen mit „Mobilisierungskraft" (Bourdieu), um dessen Für und Wider im *öffentlichen Diskurs* gestritten wird.

> Das ist, so zitiert Gilcher-Holtey[32] Bourdieu, „ein Kampf um Ideen, aber einen ganz besonderen Typus von Ideen (idées-forces), die als Mobilisierungskraft fungieren". Leitideen sind solche idées-forces. „Bourdieu", so fährt Gilcher-Holtey fort, „schreibt den Intellektuellen die Aufgabe zu, sich in die Kämpfe um Sicht- und Teilungskriterien der sozialen Welt, das heißt um Wahrnehmungs-, Denk- und Klassifikationsschemata, einzumischen und dafür Kräfte zu mobilisieren".

Es sollen also die Intellektuellen sein – die Schriftsteller, Künstler, Journalisten und Wissenschaftler –, die die Gestaltung der sozialen Welt im weiteren Sinne bestimmen sollen. Traditionell werden das Privileg und der Anspruch der Intellek-

---

31 (Kreuzer 2008) *Das Modell des deutschen Urheberrechts und Regelungsalternativen.*
32 (Gilcher-Holtey 2005) Zwischen den Fronten. Positionskämpfe europäischer Intellektueller, S. 15.

tuellen, die Meinung der Öffentlichkeit zu bestimmen, damit gerechtfertigt, dass sie sich durch besondere Kompetenzen, verbunden mit besonderen Leistungen auszeichnen. Der von Bourdieu verwendete Begriff der Intellektuellen erscheint allerdings heute fast schon elitär veraltet. Neben den zweifellos weiter einflussreichen herkömmlichen intellektuellen Diskursen gewinnen immer mehr die öffentlichen Auseinandersetzungen in den Diensten, Netzwerken und Medien des Internets Bedeutung und Mobilisierungs-/Gestaltungskraft für das, was Öffentlichkeit ist. Öffentlichkeit bedeutet nichts anderes, als Konsense über normative Vorstellungen zu entwickeln, die eine Chance haben, auf der politischen Agenda zu erscheinen und die zu Wirklichkeit verändernden Maßnahmen führen können. Wir nennen diese Konsense über normative Vorstellungen hier Leitideen.

Leitidee ist – das werden wir in den weiteren Ausführungen immer wieder sehen – ist ein komplexes und in den Konsequenzen durchaus ambivalentes Konzept. Leitideen – ähnlich wie das Konzept der Information – haben in erster Linie eine pragmatische, also handlungsleitende, mobilisierende Funktion. Allerdings ist die oben angedeutete *positive* Einschätzung der Rolle und Leistung der öffentlichen Auseinandersetzungen in den elektronischen Medien keinesfalls in der Gänze empirisch gedeckt. Es entstehen ja nicht nur wertbegründete Leitideen, sondern es werden auch „Diskurse" geführt, die auf Diffamierendes, Beleidigendes oder Vulgäres abzielen und die sich auch des Mittels der Falschaussagen, der bewussten Lüge bedienen. In dem vorangegangenen Satz ist „Diskurse" in Anführungszeichen gesetzt. Das soll sagen, dass es sich bei Hass- und *Fake*-Erscheinungen nicht um Diskurse handelt.

Diskurse – anknüpfend an das Habermas'sche Verständnis von Diskurs als kommunikatives Handeln – gehen von der Möglichkeit des rationalen Aushandelns von Positionen aus, die sich auf Argumente und auf in der Gesellschaft allgemein anerkannte Werte abstützen. Das trifft für die sogenannten „Diskurse" nicht zu. Sie stützen sich eher auf Meinungen, Vorurteile und vertreten „Werte", die in der gegenwärtigen Gesellschaft nicht konsensfähig sind. Auch diese „Diskurse" haben pragmatische, handlungsanweisende Funktion. Das Reden in diesen „Diskursen" kann Folgen haben. Sie können Platz Schaffen für Handlungen, die zur Demütigung und im Extremfall bis zum Verletzen oder sogar Ermorden von Menschen gehen, die sich im Denken und Handeln gegen die Hass- und Fake-Erscheinungen wenden und auf die Macht der Diskurse setzen. Ebenso können durch im Internet massenhaft verbreitete „Reden" Stimmungen erzeugt werden, die sich im Wahlverhalten niederschlagen und damit politische Realitäten verändern können. Für die in solchen „Diskursen" entwickelten und zweifellos ebenfalls handlungsleitenden Vorstellungen wird hier nicht der Begriff der Leitideen verwendet. Leitideen werden daher in dieser Darstellung nur verwendet, wenn sie sich auf rationale kommunikative wertbegründete Diskurse abstützen.

Leitideen werden ihrem pragmatischen Charakter dadurch gerecht, dass sie sich nicht nur auf die Formulierung von Zielen beschränken. Handlungsrelevant werden sie dadurch, dass sie auch konkrete Anweisungen bereitstellen, wie diese Ziele zu erreichen sind. Ein Beispiel ist die Leitidee von Open Access. In den entsprechenden Erklärungen (BOAI und BOAD) werden genaue Hinweise auf Nutzungsfreiheiten gegeben, die Autoren garantieren müssen, wenn sie ihre Werke entsprechend der Leitidee von Open Access publizieren wollen – auch Hinweise, wie Open-Access-Werke dauerhaft verfügbar gehalten werden können. Auch die in diesem Text dominierende Leitidee der Nutzungsfreiheit belässt es nicht bei der Einforderung von Zielen. Mit Blick auf das Urheberrecht wird zum einen kritisiert, durch welche Regulierungen das Urheberrecht Nutzungsfreiheit einschränkt, zum anderen wird auch diskutiert, wie Nutzungsfreiheit nicht gegen das Urheberrecht, aber weitgehend unabhängig davon erreicht werden kann. Wie schon zu Anfang erwähnt (Kap. Essenz) können Leitideen, entsprechend dem Charakter von regulativen Ideen im Kant'schen Verständnis, i. d. R. nicht vollständig umgesetzt werden; aber sie können die Akteure der Gegenwart veranlassen, sich den mit den Leitideen angesprochenen Zielen durch konkrete Maßnahmen anzunähern und damit den Leitideen praktische Realität zu sichern.

Für „Leitideen" wird in der Öffentlichkeit verschiedentlich auch „Leitlinien" verwendet.[33] So hat eine europäische Expertengruppe für die EU-Kommission Anfang Mai 2019 sieben ethische Leitlinien für eine vertrauenswürdige künstliche Intelligenz (KI) vorgeschlagen.[34] Damit soll KI „ethischer und sicherer" werden.[35] Dafür habe Europa, so Andrus Ansip, damaliger Vizepräsident für den digitalen Binnenmarkt, „ein solides Fundament auf der Grundlage der EU-Werte" (ebda.). Wenn Leitlinien auf Werten beruhen, spricht nichts dagegen, sie mit „Leitideen" zu benennen. Leitideen beruhen ebenfalls auf Werten bzw. deren Ausprägungen in der Gegenwart. Sie werden hier herausgearbeitet. Die von der Expertengruppe

---

33 (Hoeren 2004) sprach von Leitperspektive; vgl. FN 8.
34 Künstliche Intelligenz: EU-Kommission lässt Vorschläge zu ethischen Leitlinien in der Praxis testen – https://bit.ly/2ImzbDR. Vgl. (Krüger/Dettling 2019) Erste Schritte im Recht der Künstlichen Intelligenz; (Jaki 2019) Das Recht der Künstlichen Intelligenz.
35 Auch „KI" hat den Prozess einer sich allmählich verfertigenden Leitidee durchlaufen. Von „KI" wurde z. B. in Disziplinen wie Informatik, Linguistik oder Informationswissenschaft schon seit mehr als 30 Jahren gesprochen, ohne dass das subjektiviert wurde (allerdings vorher schon in der Science-Fiction-Literatur). Aber erst seit etwa Jahren hat sich das Sprechen über KI soweit in der Öffentlichkeit verfestigt, dass KI quasi personalisiert zu einem Subjekt wird und als objektive Realität angenommen wird: „Die KI wird das schon machen" oder „Die KI ist dafür verantwortlich" (s. die oben erwähnten „ethischen Leitlinien"). Auch das ist im Searle'schen Sinne ein erfolgreicher deklarativer Sprechakt, der es nicht zuletzt auch den Recht ermöglicht, in die „KI" regulierend einzugreifen. Vgl. zu KI auch FN 114.

vorgeschlagenen KI-Leitlinien lassen sich auch auf Prinzipien und Werte der Informationsethik übertragen:

> Die erste Leitlinie spricht vom „Vorrang menschlichen Handelns", Leitlinien „sollten gerechten Gesellschaften dienen" und „die Wahrung der Grundrechte unterstützen"; in der zweiten wird das Ziel des „sicher, verlässlich" formuliert; die dritte fordert „die volle Kontrolle über ihre eigenen Daten"; (die vierte fordert „Transparenz"; die fünfte spricht von „Nichtdiskriminierung und Fairness"; durch die sechste soll der „positive soziale Wandel sowie die Nachhaltigkeit und ökologische Verantwortlichkeit" gefördert werden; die siebte fordert „Verantwortlichkeit und Rechenschaftspflicht".

Diese für KI entwickelten Leitlinien lassen sich auf die Leitideen für den Umgang mit Wissen und Information und den derzeit geltenden technologischen, ökonomischen, sozialen und moralischen Rahmenbedingungen übertragen. Entsprechend steht die regulierende Kraft von Leitideen auch für das Urheberrecht im Zentrum dieser Arbeit. Leitideen fallen nicht vom Himmel, sind nicht zeitlos gültig, sondern sind, wie oben angedeutet, von den sich ändernden normativen Erwartungen der Menschen abhängig. Wir werden im nächsten Kapitel zur Informationsethik vom Stand des moralischen Bewusstseins für den Umgang mit Wissen und Information sprechen. Dieses moralische Bewusstsein, mit Rückgriff auf das Aristotelische Verständnis von Ethik, entwickelt sich in den Räumen, in denen Menschen leben und handeln. Diese Räume wiederum sind ebenso nicht stabil, sondern werden in ihren Ausprägungen bestimmt durch verschiedene Rahmenbedingungen. Am deutlichsten ist das bei den technologischen Rahmenbedingungen zu sehen.

Die in der analogen Welt entwickelten Leitideen mit entsprechenden Regelungen für Produktion, Vertrieb und Nutzung von Wissen waren anderen Prinzipien und teilweise sogar anderen Werten verpflichtet als sie heute in einer durch Digitalisierung geprägten Umwelt entstanden sind. Der Wandel zu aktuell dominierenden Leitideen erfolgt i. d. R. nicht abrupt. Vielmehr erhalten sich auch im elektronischen Umfeld weiter die aus analoger Zeit stammenden Leitideen. Konflikte in Gesellschaften entstehen oft genug dadurch, dass unterschiedliche Leitideen, entstanden unter verschiedenen Rahmenbedingungen, aufeinanderprallen. Konflikte durch kontroverse Leitideen spiegeln sich auch bei der Regulierung durch das Urheberrecht wider. Viele der Regulierungsprinzipien des Urheberrechts leiten sich aus dem analogen Umfeld ab. Das kann erklären, weshalb sich z. B. die Verlagswirtschaft bis in die jüngste Vergangenheit eher auf Prinzipien, Werte und Gepflogenheiten abstützt, die in analogen Welten entwickelt wurden und die für diese möglicherweise sinnvoll waren. Dazu gehört z. B. die Garantie des Privateigentums als Begründung für Verknappung des Zugriffs auf Informationsobjekte, die ökonomische Dominanz für die Verwertung von auch mit öffentlichen Mitteln unterstütztem Wissen mit der Konsequenz der Verknappung des Zugriffs und der Nutzung von Wissen und Information und der Anspruch auf Vergütung als Kompensation für die Nutzung urheberrechtlich geschützten Materials. Hingegen sind für Personen, deren moralisches Bewusstsein stark davon beeinflusst ist, dass die Prozesse der Produktion, Verteilung und Nutzung von Wissen und Information tendenziell vollständig in den elektronischen Umgebungen ablaufen, eher Werte bestimmend wie Offenheit, freie Nutzung, reputative, nicht monetäre Anerkennung für die Produktion von Wissen bzw. für die Bereitstellung von Informationsobjekten.

Im Idealfall sollte der Streit über kontroverse Leitideen über Diskurse entschieden werden, in denen Konsens über aktuell dominierende Werte und Prinzipien erzielt werden kann. Um bei dem Beispiel von analog und elektronisch zu bleiben: Die traditionellen Geschäftsmodelle der Verlagswirtschaft beruhten, stark vereinfacht, auf Werten/Prinzipien wie Verknappung der Nutzung zur Sicherung des kommerziellen Gewinns, auf Ansprüchen auf einen starken Schutz für geistiges Eigentum und von Vergütung jeder Nutzung. Gegenwärtig werden Werte dominant, wie sie oben bei den Leitlinien für den Umgang mit KI-Systemen und -produkten vorgeschlagen wurden. Mit Blick auf Wissen und Information können diese um Offenheit, Freizügigkeit, Teilen von Wissen und Information, Nutzungsfreiheit ergänzt werden. Mit Bezug auf ökonomische Commons-Theorien wird in 14.11 darauf eingegangen, welche Transformationsprozesse unter dem Einfluss von dominant werdenden Werten auch in der Informationswirtschaft bzw. allgemein auf den Informationsmärkten in den elektronischen Umgebungen sich abzeichnen.

Die Ergebnisse intellektueller, in elektronischen Räumen geführten Diskurse können kaum unmittelbar über das Recht, hier das Urheberrecht politikleitend werden. Bei den politischen Diskursen handelt es selten um die offenen, von Habermas vorgeschlagenen herrschaftsfreien Diskurse. Hier setzen sich oft interessengeleitete Machtpositionen durch. Dieses wird in Teil II durch viele Beispiele aus den Urheberrechtsreformen von 2003 bis 2017/18 belegt. Aber ebenso gibt es Beispiele dafür, dass dominant werdende Leitideen durchaus und zuweilen auch rasch zu politischer und Rechts-Realität werden können. Dies soll im folgenden Abschnitt mit Bezug auf „Zeitgeist" als Verdichtung von Leitideen gezeigt werden.

3.4 Zeitgeist als Verdichtung von Leitideen

Machiavelli: „Ich glaube, dass nur der erfolgreich ist, der seine Handlungsweise mit dem Zeitgeist in Einklang bringt, so wie der erfolglos sein wird, dessen Vorgehen nicht mit den Zeitverhältnissen übereinstimmt."

Goethe: „Was ihr den Geist der Zeiten heißt, das ist im Grund der Herren eigner Geist, in dem die Zeiten sich bespiegeln";[36] aber ebenfalls Goethe: dem Zeitgeist sei „nicht zu widerstehen".[37]

„Wer mit dem Zeitgeist verheiratet ist, der wird bald verwitwet sein." (Wolfgang Bosbach, langjähriger Abgeordneter für die CDU im Deutschen Bundestag als Warnung nach dem „Ehe für alle" Entscheid – das ist allerdings eine auch sonst sehr häufig verwendete Formulierung von Sören Kierkegaard.)

Vorab: So ganz ernst nimmt niemand den Zeitgeist. Die ihm gegenüber vorgebrachte Skepsis spielt sich sehr schön im Englischen wider. Zwar wurde dort „Zeitgeist" als Lehnwort übernommen und meint damit "the spirit or temper of an age".[38] Aber zugleich gibt es das spöttische, ironisch klingende Adjektiv "zeitgeisty". Mag also die folgende Diskussion etwas "zeitgeisty" erscheinen. Brauchbar ist der Zeitgeist in erster Linie als Metapher oder auch als Fiktion. Schlichter wäre einfach „zeitgemäß". Aber auch der Sinn von Metaphern kann deklaratorisch festgelegt werden. Metaphern wie Fiktionen haben auch eine konzeptuelle Funktion und können damit Wirkung erzeugen: „Metaphern sind Ausdruck gesellschaftlicher Normen und Werte. Sie wirken jedoch zugleich auf unser Denken und Handeln zurück."[39] Wir können entsprechend den Zeitgeist als Ensemble der aktuellen Leitideen bestimmen, welcher auch als Metapher pragmatische, also handlungsanleitende und auch politische Relevanz hat. Dieses Ensemble muss nicht eindeutig sein. Wie schon in 3.3 gezeigt, konkurrieren häufig verschiedene Leitideen zur gleichen Zeit. Ist das der Fall, ist der Zeitgeist noch unentschieden; aber i. d. R. kann auch dann eine Tendenz ausgemacht werden – mit dem Zugeständnis, dass die Tendenz oft stark interessengeleitet ist.

Der Zeitgeist dient vielen Zwecken oder auch Interessen. Man kann, wie es Machiavelli empfiehlt, die Referenz auf ihn aus taktisch-opportunistischen Gründen verwenden.[40] Meistens aber wird der Zeitgeist für eine anvisierte konstruktive Richtungsänderung in Beschlag genommen. Das Bestehende – gemeint sind immer konkrete Regelungen für einen bestimmten gesellschaftlichen Ausschnitt – muss sich ändern, weil die Zeit über dieses Bestehende hinweggegangen sei und sich ein

---

36 Das Zitat von Machiavelli sowie das erste Zitat von Goethe (Faust I: S. 575–577) sind der Aphorismen-Website entnommen, die 235 Aphorismen und 12 Gedichte über „Zeitgeist" enthält – https://bit.ly/35HF2f3.
37 Beleg für das zweite Goethe Zitat in: (Konersmann 2004): Artikel Zeitgeist. Spalte 1266–1270.
38 Vgl. https://en.wikipedia.org/wiki/Zeitgeist.
39 (Turowski/Mikfeld 2013) Gesellschaftlicher Wandel und politische Diskurse, S. 12, mit Bezug auf den linguistischen Ansatz der *konzeptuellen Metapher* durch (Lakoff/Johnson 2011) Leben in Metaphern: Konstruktion und Gebrauch von Sprachbildern.
40 Vgl. Aphorismen.de: https://bit.ly/35HF2f3.

neuer Zeitgeist entwickelt habe. Oft genug wird der Zeitgeist auch polemisch zur Abwehr von drohenden Veränderungen bemüht. Dann bekommt er eine negative Bedeutung, in dem die Reklamation des Zeitgeistes durch eine bestimmte, dann nicht als repräsentativ bezeichnete Gruppe als Bedrohung des vernünftigen, zumindest demokratisch in der Vergangenheit legitimierten Bestehenden bezeichnet und bekämpft wird. Beides sind Interpretationen der Gegenwart. Entsprechend treten Zeitgeist-Befürworter, die also eine Änderung des Bestehenden durch Berufung auf den Zeitgeist der Gegenwart legitimieren wollen, und Zeitgeist-Warner, die grundsätzlich skeptisch gegenüber dem Konzept des Zeitgeistes sind und daher keinen Anlass sehen, das bewährte Bestehende durch so etwas Vages wie Zeitgeist in Frage zu stellen, oft genug zeitgleich in der politischen Arena auf. Es ist dann äußerst schwierig zu bestimmen oder gar zu definieren, was denn der aktuelle Zeitgeist ist und vor allem schwer, wie der Zeitgeist – der in der Vergangenheit und der in der Gegenwart oder sogar prognostisch für die Zukunft – auszumachen ist und was daraus folgen soll, wenn man dem zu folgen empfiehlt. In 3.3 wurde vorgeschlagen, dass letztlich nur wertbegründete Diskurse zu gesellschaftlichen Konsensen und zu einer politischen oder rechtsprechenden Lösung von Problemen führen.

In der Tat – nur selten gibt es den einen aktuellen verbindlichen Zeitgeist mit den verbindlichen Leitideen. Dass er häufig in verschiedenen oder sogar kontroversen Ausprägungen auftritt, macht die Sache nicht leichter.[41] Zum Glück gibt es den Plural „Zeitgeister" nicht. Er ist immer auf die Gegenwart bezogen. Aber es hat auch in der Vergangenheit eine damalige Gegenwart gegeben, die durch andere Rahmenbedingungen geprägt war und die entsprechend einen anderen Zeitgeist hat entstehen lassen. Um auf das Beispiel aus 3.3 zurückzukommen: Die analoge Umwelt für Produktion, Vertrieb und Nutzung von Wissen hat einen anderen Zeitgeist entstehen lassen als es in einer weitgehend durch Digitalisierung geprägten Umwelt der Fall ist. Der Zusammenprall verschiedener Ausprägungen von Zeitgeist ist der wesentliche Grund für die Konflikte in komplexen Gegenstandsbereichen. Das wird hier am Beispiel des Urheberrechts bzw. bei den Nutzungsformen publizierten Wissens sehr deutlich werden.

Die konstruktive Zeitgeist-Position leitet die Gestaltung der Zukunft aus offensichtlich gewordenen Tendenzen der Gegenwart ab, die sich als Zeitgeist verdichtet haben. Die andere Sicht versteht die Gegenwart bzw. den durch sie behaupteten Zeitgeist als die Fortschreibung der in der Vergangenheit als positiv eingeschätzten Entwicklungen und sieht die Reklamation eines neuen Zeitgeistes eben als Bedrohung

---

[41] Vgl. dazu (Zoglauer 1998) Normenkonflikte – Zur Logik und Rationalität ethischen Argumentierens.

des weiter als vernünftig Angesehenen. Dann können ganze Weltanschauungen aufeinanderprallen. Zu einfach wäre es, die Auseinandersetzungen um den Zeitgeist auf konservativ vs. progressiv oder rechts vs. links zu reduzieren. Die argumentativ und erst recht empirisch schwierig zu begründende Entscheidung, was tatsächlich der aktuelle Zeitgeist ist, führt zwangsläufig zu einer starken konfliktären Emotionalisierung der Auseinandersetzungen. Mit dieser These leitet auch Ralf Konersmann seine die Begriffsgeschichte nachzeichnenden Artikel „Zeitgeist" ein:[42]

> Die Rede vom Zeitgeist stellt das Denken unter den Aspekt seiner Gegenwartsbezüge. Es wundert daher nicht, dass auf das Ganze der Bedeutungsgeschichte gesehen, leidenschaftslose Begriffsverwendungen die Ausnahme geblieben sind.

Die doppelte Funktion des Zeitgeistes – Konstruktion der Zukunft, Bewahrung des Bestehenden – kommt in der politischen Diskussion zeitgleich vor. Dies zeigte sich sehr deutlich bei der politischen Auseinandersetzung um die „Ehe für alle", wie sie schon seit Jahren geführt wurde und dann auf einmal Ende Juni 2017 überraschend schnell zur Konstruktion von Neuem, also der Anerkennung der „Ehe für alle", führte, so dass nun „Ehe" neu definiert ist. Der Diskurs über „Ehe für Alle" führte auf einmal zum „Zeitgeist von politischen Vorstellungen".[43] Die Kritiker dieser Entscheidung lehnten allerdings einen zwangsläufigen Gehorsam gegenüber dem Zeitgeist ab und bezweifeln überhaupt, ob die Berufung auf einen Zeitgeist ein taugliches Instrument für die Politik sei (vgl. das Bosbach/Kierkegaard-Zitat zu Beginn dieses Abschnitts). Sie setzten darauf, dass das BVerfG diese Entscheidung des Bundestags revidieren werde.

In der Entscheidung des BVerfG von 2002 wurde der damalige Beschluss des Bundestags, Lebenspartnerschaften rechtlich weitgehend abzusichern, als grundgesetzkonform beurteilt. Es merkte dazu an: „Dabei gilt es zu berücksichtigen, dass die Ehe als Form einer engen Zweierbeziehung zwischen Mann und Frau eine personelle Exklusivität auszeichnet." War das der damalige und in dieser Sache schon von den Verfassern des Grundgesetzes vertretene Zeitgeist? In Art. 6, (1) GG heißt es nur: „Ehe und Familie stehen unter dem besonderen Schutze der staatlichen Ordnung." Im Grundgesetz ist „Ehe" nicht definiert; aber damals war sicherlich damit die Verbindung von Frau und Mann gemeint. Als ein unbestimmter Rechtsbegriff wurde „Ehe" damals vermutlich nicht verstanden. Ob diese quasi definitorische Festlegung von Ehe durch das BVerfG von 2002 heute noch Bestand haben wird, wenn es heute dazu angerufen würde? Selbst die konservative FAZ in einem Artikel von Juni 2017 ist skeptisch: „Doch politisch gesehen, ist die Zeit

---

[42] (Konersmann 2004) Artikel Zeitgeist. Spalte 1266–1270.
[43] (Turowski/Mikfeld 2013) Gesellschaftlicher Wandel und politische Diskurse.

darüber hinweggegangen."⁴⁴ Auch in einem Kommentar der Augsburger Zeitung heißt es: „Der Zeitgeist bahnt der ‚Ehe für alle' den Weg."⁴⁵ Das heißt nichts anderes, als dass auch die Auslegungen des BVerfG und die moralischen Erwartungen der Gegenwart eben dem Zeitgeist verpflichtet sind, so dass die Politik, wenn sie sich denn einig ist, sich über frühere Auslegungen hinwegsetzen kann, wenn also die Zeit darüber „hinweggegangen" ist.

In einem weiteren Artikel in der FAZ von Juli 2017 vertritt Patrick Bahners die Ansicht,⁴⁶ dass der Gesetzgeber zu Recht frühere restriktive Auslegungen des Ehebegriffs nun korrigiert hat:

> Das Verfassungsgericht traf 2002 eine irrtümliche Prognose, als es ein Merkmal der Ehe als wesentlich bestimmte, das sich sehr schnell als vergänglich erwiesen hat. Karlsruhe kann diesen Irrtum selbst korrigieren. Aber in der Demokratie ist die Zuteilung von Rechten zuerst die Pflicht des Gesetzgebers [...]. (Bahners 2017)

Der Artikel macht auf exzellente Weise deutlich, wie das Zusammenspiel von Verfassung, Rechtssetzung und Rechtsauslegung in demokratischen Gesellschaften funktionieren sollte – nicht bloß durch die Texte auslegende Diskurse, sondern auch unter Beachtung dessen, was sich als öffentliches Bewusstsein entwickelt hat. Dem Souverän, der seinen eigenen Zeitgeist gebildet hat, kann auf Dauer nicht widersprochen werden. Bahners sieht das nicht nur als Einzelfall, sondern kommt zu der Einschätzung, dass auch frühere Festschreibungen des BVerfG nicht zeitlose Gültigkeit beanspruchen können.⁴⁷ Vielmehr müssten sich diese früheren Urteile in der Gegenwart vor dem rechtfertigen bzw. berücksichtigen, was Bahners den

---

44 Vgl. (Bannas/Sattar 2017) Große Politik im Talkshowsessel, S. 2.
45 Zitat aus Augsburger Allgemeine – https://bit.ly/2m5ZW6N.
46 (Bahners 2017) Der Volksmund weist den Weg.
47 Auch in der Vergangenheit war das deutsche BVerfG nicht immun gegenüber dem Zeitgeist, was sogar zu einer drastischen Kehrtwendung führen kann. Aufsehen hat im März 2015 eine Entscheidung des BVerfG erregt, durch das die sogenannte Ludin-Entscheidung von 2003 quasi zurückgenommen, zumindest entscheidend verändert wurde. Es ging damals wie heute um das Kopftuchverbot. Nur 12 Jahre später hat sich die öffentliche Einstellung gegenüber dem Islam und den Kopftuch tragenden Personen verändert, die sich in ihrer Interpretation dem Islam und ihrer Religionsfreiheit verpflichtet fühlen. Politiker wie der damalige Bundespräsident Wulff haben dies aufgegriffen, als er in seiner Rede zum 20. Jahrestag der Deutschen Einheit 2010 erklärte, dass der Islam zu Deutschland gehöre. Es ist kaum anzunehmen, dass sich das BVerfG unmittelbar solchen höchstpolitischen Stellungnahmen verpflichtet fühlt. Aber beide, die Politik und die Rechtsprechung, reagieren zuweilen auf das, was hier anfangs der Zeitgeist genannt wurde. Das ist sicherlich kein Automatismus und erst recht kein Determinismus, sondern ein komplizierter Prozess der Verstärkung (oder auch der Rücknahme) sich andeutender Tendenzen. Zweifellos hat Wulff mit seiner Äußerung so etwas wie den Zeitgeist getroffen (obgleich seine Aussage bis heute weiterhin kontrovers diskutiert wird).

Volksmund nennt, was aber auch gut mit dem Begriff des Zeitgeistes ausgedrückt werden könnte. Der Bundestag habe die Auslegungskompetenz in diesem Fall zu Recht und auch rechtens übernommen und damit das BVerfG korrigiert. Zweifellos hätte das BVerfG aber weiter die Kompetenz, der Politik zu widersprechen, falls jemand gegen die neue Ordnung von Ehe klagt.[48]

Der damalige Justizminister Heiko Maas von der SPD kommentierte den vor allem aus Bayern erwogenen (aber dann nicht realisierten) Plan gegen das Gesetz in Karlsruhe zu klagen, nüchtern mit dem Argument, dass der Ehe-Begriff „entwicklungsoffen" sei und sich gewandelt habe. „Entwicklungsoffen" konnte er nur dadurch sein, dass „Ehe" aus heutiger Sicht doch als unbestimmter Rechtsbegriff angesehen werden muss.[49] Wäre im Grundgesetz in Art. 6 explizit von Mann und

---

[48] Die Kompetenz des BVerfG, so das allgemeine Verständnis dessen Befugnis, leitet sich nicht vom moralischen Bewusstsein der Zeit ab, sondern überprüft auf Grund von Klagen die Gesetzmäßigkeit von verabschiedeten Gesetzen nach dem Kriterium der Verträglichkeit mit dem Grundgesetz. Jüngst, am 16.4.2019, zum Auftakt der Verhandlung über die Klage gegen Paragraf 217 des Strafgesetzbuchs (Verbot der geschäftsmäßigen Sterbehilfe), betonte der Gerichtspräsident Andreas Voßkuhle, A., dass es dabei „nicht um eine moralische oder politische Beurteilung der Selbsttötung gehe, sondern ausschließlich um die Verfassungsmäßigkeit einer konkreten Strafrechtsnorm" (Zitat aus eveangelisch.de: https://bit.ly/2OwEGov). Eine Verfassungsgemäßheit ergebe sich aber alleine aus der *Interpretation* des GG (hier wohl vor allem von Art 1 Abs. 1 S 1 „Die Würde des Menschen ist unantastbar"). Auf was aber kann sich die Interpretation dieser Vorgabe des GG stützen, wenn nicht auf das, was vor allem davon Betroffene unter dem Recht auf Selbsttötung mit ärztlicher Unterstützung verstehen und wenn nicht auf das, was von der Öffentlichkeit als „moralische Beurteilung" der Selbsttötung überwiegend akzeptiert wird? Schließlich muss auch das BVerfG das Ausmaß von „Würde" in Art. 1 GG zeitnah neu deklarativ bestimmen – woher sonst als vom moralischen Bewusstsein der Zeit sollte er das ableiten? Die Entscheidung des BVerfG in dieser Sache steht noch aus. Aber es wäre nicht richtig, wenn sich die durch Voßkuhle nahegelegte Unabhängigkeit des BVerfG vom moralischen Bewusstsein der Zeit dogmatisch und praktisch durchsetzen würde. Moral ausklammernde Rechtsprechung produziert kein Recht geschweige denn Gerechtigkeit.

[49] Dass auch ein Substantiv als unbestimmter Rechtsbegriff angesehen werden kann, ist eher ungewöhnlich (meistens sind es Adjektive); aber es kommt eben doch vor, wie z. B. in § 52a UrhG. Dort wird nicht nur von kleinen oder geringen Teilen gesprochen, sondern zu Beginn von Absatz 2 auch von „veröffentlichten *Teilen* eines Werkes". Wir werden später darauf zurückkommen, wenn wir kritisieren, dass das deutsche Urheberrecht bislang strikt an der Formulierung „ausschließlich in den Räumen der jeweiligen Einrichtung an eigens dafür eingerichteten elektronischen Leseplätzen" festhält (in § 52b, aber auch jetzt nach der Reform von 2017 so ähnlich in § 60e), durch die die Nutzung von digitalisierten Werken in Bibliotheken als erlaubt angesehen wird. Und das deshalb, weil dies in der InfoSoc-Richtlinie von 2001 so vorgesehen ist: „dedicated terminals on the premises of establishments" (Art 5, n). Diese strikte Übernahme wäre nicht nötig, wenn – wie es heute zeitgemäß wäre – Bibliotheken nicht nur als Gebäude, sondern auch als virtuelle Organisationen begriffen und ebenfalls mit den „Terminals" „virtuelle Terminals" verstanden würden (mit einem konkreten Vorschlag über VPN in 10.1.4).

Frau die Rede, dann wäre heute für gleichgeschlechtliche Partner die Grenze des Erlaubten mit den eingetragenen Lebenspartnerschaften erreicht. Aber das Grundgesetz ist eben nicht so explizit gewesen, und daher haben sich die Juristen durchgesetzt, dass nur eine Änderung des Bürgerlichen Gesetzbuches erforderlich ist, nicht aber die Änderung von Art. 5, Satz 1 des Grundgesetzes. Das BVerfG musste sich tatsächlich nicht erneut damit beschäftigen.

An diesem, aber auch vielen anderen Beispielen kann man erkennen, dass es eine schwierige Sache mit dem Zeitgeist ist. Wie kann er verstanden und im Recht operationalisiert werden oder wie lange wird der einmal als dominierend eingeschätzte Zeitgeist noch Gültigkeit haben? Zudem wird es immer wieder strittig sein, ob der gerade reklamierte Zeitgeist mehr oder weniger mit den Einschätzungen der Mehrheit der Bevölkerung gleichgesetzt werden kann. Oder ist es gar nicht die Mehrheit der Bevölkerung oder gar das Volk selbst, welches den Zeitgeist bestimmt, sondern gar die Politik über seine gewählten Repräsentanten? Wolfgang Schäuble in seiner Antrittsrede am 24.10.2017 als gewählter Bundestagspräsident schien tatsächlich diese Rolle der Politik zuzuschreiben. Er verwendete zwar nicht den Begriff des Zeitgeistes, sondern sprach vom „Volkswille", aber er machte dabei die bemerkenswerte Aussage: „Aber niemand vertritt alleine das Volk. So etwas wie Volkswille entsteht überhaupt erst in und mit unseren parlamentarischen Entscheidungen."[50] Ist es so wirklich so bzw. sollte es so sein? In diesem Text wird weder auf die offizielle Politik noch auf den sogenannten Volkswillen gesetzt. Leitideen als Realisierung des und diese konzentriert im Zeitgeist entstehen in den Diskursen – in den Räumen, in denen sich die betroffenen Akteure bewegen und handeln.

Offenbar macht sich der Einfluss des Zeitgeistes bevorzugt zuerst in der auslegenden Rechtsprechung bemerkbar. In der Tat – dass sich auch oberste Gerichte wie der BGH und das BVerfG in Deutschland oder der in den EU-Ländern immer einflussreicher werdende Europäische Gerichtshof (EuGH) offensichtlich zuweilen vom Zeitgeist beeindrucken lassen, dafür gibt es in der letzten Zeit einige Beispiele.

Als der EuGH 2014 die EU-Richtlinie zur Vorratsdatenspeicherung kassiert hatte, wurde den Richtern von der ZEIT bescheinigt, dass sie sich nicht nur als Interpreten bestehender Gesetze verstanden haben, sondern auch in die „Echokammer des Zeitgeistes" gehorcht hätten.[51] „Ein Urteil des EuGH zur Vorratsdatenspeicherung" wäre, so hält es die ZEIT für wahrscheinlich, „in der Ära vor Snowden anders ausgefallen" (ebda.). Das hat dann auch Auswirkungen auf die rechtliche Regelung der Vorratsspeicherung in Deutschland. Wie immer das am Ende über das BVerfG

---

50 Antrittsrede von Bundestagspräsident Dr. Wolfgang Schäuble: https://bit.ly/2lBg5kn.
51 (Wefing 2014) Lex Snowden: Europas Richter schützen die Daten der Bürger vor dem Staat.

ausgeht, es ist hier erkennbar, dass sich dieser Angelegenheit noch kein deutlicher Zeitgeist herausgebildet hat. Hier streiten zwei grundsätzlich verschiedenen Leitideen miteinander. Zum einen ist es das individuelle, vom Staat zu schützende Grundrecht auf Privatheit. Zum anderen ist es die Pflicht des Staates, für seine Bürger für Sicherheit gegenüber welchen Bedrohungen auch immer sorgen. Seit 9-11-2001 ist allerdings deutlich eine Dominanz der zweiten Leitidee gegenüber der ersten festzustellen, also die Präferenz Sicherheit/Überwachung gegenüber Privatheit. Auch der EuGH hatte in seinem Urteil die Vorratsdatenspeicherung nicht per se abgelehnt:

> Die Vorratsspeicherung der Daten zur etwaigen Weiterleitung an die zuständigen nationalen Behörden stellt auch eine Zielsetzung dar, die dem Gemeinwohl dient, und zwar der Bekämpfung schwerer Kriminalität und somit letztlich der öffentlichen Sicherheit."[52] Aber, so geht das Zitat in der Pressemitteilung des EuGH weiter: „Der Gerichtshof kommt jedoch zu dem Ergebnis, dass der Unionsgesetzgeber beim Erlass der Richtlinie über die Vorratsspeicherung von Daten die Grenzen überschritten hat, die er zur Wahrung des Grundsatzes der Verhältnismäßigkeit einhalten musste."

Ein Zeitgeist entsteht also durchaus aus dem Abwägen verschiedener Leitideen. Ein noch nicht fertiger Zeitgeist würde sich also weder auf die Seite „Privatheit um jeden Preis" noch auf die Seite „Sicherheit um jeden Preis" schlagen. Ansätze für ein „Horchen" auf den Zeitgeist sind auch im Bildungs- und Wissenschaftsurheberrecht auszumachen. In letzter Zeit bewegt sich in der Rechtsprechung einiges und tatsächlich wird manches möglich, was bis vor kurzem als unmöglich angesehen wurde, und das, obwohl sich die Gesetzestexte selbst nicht verändert haben. Offenbar sehen Richter (vor allem auf der oberen Ebene), dass eine konservative hermeneutische Textexegese zuweilen zu unzeitgemäßen unsinnigen Ergebnissen führt.

Zu dem Horchen auf die Echokammern des Zeitgeistes gehören einige jüngste Entscheidungen des BGH (zumindest Teile davon) zu den §§ 52a und 52b UrhG (vgl. Abschnitt 10.1 und 10.1.4), durch die bis dahin sehr enge Auslegungen von Formulierungen in den auf Wissenschaft bezogenen Paragraphen korrigiert wurden. Dazu gehört die schon erwähnte, vom BGH 2013 vorgenommene Umdeutung des „im" in der Phrase „zur Veranschaulichung im Unterricht" (§ 52a, 2,1) zu „des Unterrichts", einschließlich der Vor- und Nachbereitung des Unterrichts sowie für Prüfungen. Dazu gehört auch und vor allem die Entscheidung des EuGH von September 2014, der, nach einer entsprechenden Anfrage des BGH, es verneint hat, kommerziellen Lizenz*angeboten* Priorität gegenüber urheberrechtlich erlaubten Schranken-/Nutzungsrechten zu geben (vgl. 13.7). Beides ist nicht nur überholte

---

[52] Zitat EuGH, Pressemitteilung Nr. 54/14, 8.4.2014 – https://bit.ly/2kxlpF5.

Historie, sondern wurde vom deutschen Gesetzgeber bei seiner bislang letzten Urheberrechts-Reform 2017/18 übernommen. Ersteres vollständig, Letzteres mit einigen Einschränkungen (in § 60g; vgl. Abschnitt 13.2.7). Ob diese Relativierung von Lizenzangeboten so dauerhaft bleibt oder nur ein Zwischenerfolg des „linken Zeitgeistes" war, ist durchaus offen. In der Nach-UrhwissG-Zeit- setzt das BMJV offenbar darauf, für Lizenzierung von Verlagsangeboten einen neuen Dialog zu eröffnen – mit dem Ziel, über sogenannte Lizenzierungsplattformen eine Institutionalisierung der Lizenzierung zu schaffen (zur Lizenzierungsplattform vgl. 13.7.2).

Die Idee des Zeitgeistes soll nicht überstrapaziert werden. Auch die philosophische Diskussion, darauf weist (Konersmann 2004) in dem Artikel zum Zeitgeist hin, erhebt nicht mehr den Anspruch der Hegelschen Geschichtsphilosophie, „die Zeit in Gedanken" zu erfassen, also sozusagen den Zeitgeist der Gegenwart zu bestimmen. Nicht länger kommt es darauf an, eine Homogenität des jeweiligen Zeitgeistes herauszuarbeiten, sondern sich auf die „Kontingenz einander überlagernder und kreuzender Diskursebenen" einzulassen. In seiner Archäologie des Wissens (deutsch 1969) gibt Foucault den Versuch auf, den Geist einer Zeit (*esprit ou la science d'une époque*) zu bestimmen. Vielmehr gilt es die Spuren der *„configuration interdiscursive"* auszumachen. Ähnlich sieht es Konersmann, der zwar den Zeitgeist-Begriff weiterverwendet, aber auch er sieht die Aufgabe einer Zeitgeistforschung darin, „den diskurseigenen Voraussetzungen jener 'großen unbeweisbaren Behauptungen' nachzugeben ..., 'die jeweils einen Zeitgeist ausmachen'".[53]

(Leistner/Dreier 2013) z. B. sprechen in einer Annäherung an den Zeitgeist von den „Druckkräften [...], die auf Grund digitaler Kommunikationstechnologien auf das Urheberrecht einwirken."[54] Die Informations- und Kommunikationstechnologie (IKT) sind aber nur ein Wirkungsfaktor der „Druckkräfte". Anknüpfend an einen Vorschlag von Lessig 2009/2002 wird dafür „Regulierungsinstanzen" verwendet, welche auf den Umgang mit Wissen und Information einwirken. Zu diesen Regulierungsinstanzen gehört, neben Recht, Markt und Technologie, auch das informationsethisch begründete normative Bewusstsein, dass nicht stabil ist, sondern in jeder aktuellen Zeit sich immer wieder neu herausbildet und damit über die Leitideen den aktuellen Zeitgeist prägt.

Wir gehen im folgenden Kapitel ausführlich auf die Interdependenzen dieser Regulierungsinstanzen ein. In diesem Instanzennetzwerk spielt das normative Bewusstsein für den Umgang mit Wissen und Information eine besondere Rolle.

---

[53] Zitiert aus dem Artikel *Zeitgeist* von Konermann (FN 37); vgl. auch (Kirsch-Händert 1989) Zeitgeist – Die Vermittlung des Geistes mit der Zeit.
[54] (Leistner/Dreier 2013) Urheberrecht im Internet.

Das ist der Grund für die hier vertretene These, dass ein Urheberrecht, wie es für Zwecke von Bildung und Wissenschaft erforderlich ist, nur dann Aussicht auf nachhaltige Akzeptanz haben kann, wenn es letztlich informationsethisch begründet ist, also den Stand des normativen Bewusstseins aufgreift.

Fazit. Im Zeitgeist verdichten sich Leitideen, die sich auf Grund des sich herausbildenden normativen Bewusstseins entwickelt haben. In diesem Sinne hat der Zeitgeist durchaus eine pragmatische und politische Dimension. Dass der Zeitgeist durchaus ambivalent sein kann, ist angesichts der sich zu unterschiedlichen Zeiten entwickelnden Leitideen nicht zu vermeiden. Alte, überkommene Leitideen mit entsprechenden Handlungsoptionen konkurrieren mit neu entstehenden Leitideen mit anderen Handlungsoptionen und versuchen dabei, ihren Einfluss auf den Zeitgeist geltend zu machen. Die Diskussion verschiebt sich also vom Zeitgeist auf den Streit über Leitideen: Welche Leitideen erweisen sich in der Gegenwart als dominant und dienen damit auch dem Recht zur Gestaltung der Zukunft? Eine Konsequenz aus der durchaus widersprüchlichen Diskussion um den Zeitgeist ist, dass es nicht sinnvoll ist, sich auf Urteile aus der Vergangenheit für Situationen der Gegenwart als quasi unumstößliche Rechtstatsachen zu berufen – selbst wenn es sich um Entscheidungen des BVerfG handelt. Zwar ist es so, dass diese Entscheidungen, ähnlich wie die großen Rechtstexte der Verfassungen, einen besonderen Geltungsdruck auch für die Gegenwart ausüben und nicht einfach beiseitegeschoben werden können. Aber dem Gesetzgeber sind sie nicht naturrechtlich vorgegeben. Er schafft Gesetze und damit Recht für die Gegenwart. Wenn einzelne Leitideen im Zeitgeist, um diesen Ausdruck noch einmal zu verwenden, sehr stark mit Blick auf ein Thema geworden sind, dann werden neue Gesetze oder Modifikationen bestehender Gesetze entstehen. Es ist dann auch sehr wahrscheinlich, dass sich die Gerichte bzw. speziell das BVerfG dem nicht widersetzen und ggfls. frühere Entscheidungen revidieren werden. Im folgenden Abschnitt wird herausgearbeitet, welche dominanten Leitideen sich vor allem in Bildung und Wissenschaft für den Umgang mit Wissen und Information entwickelt haben.

3.5 Eine alte Leitidee – erweitert in elektronischen Räumen

Kurz nach der Jahrhundert-/Jahrtausend-Wende wurde das Prinzip des freien Zugangs zum publizierten Wissen über „Open Access" neu bestimmt. Open Access, das betont (Taubert 2017), verbindet „das wissenschaftliche Kommunikationsideal eines freien und uneingeschränkten Austauschs von wissenschaftlichen Forschungsergebnissen und die Abwesenheit von monetären Motiven bei den Autoren" mit den Potenzialen der „offenen Architektur des Internets, die eine

Verbreitung von Informationen zu vernachlässigungswürdigen Kosten" gestattet.[55] Er nimmt damit eine Formulierung der ersten Open-Access-Erklärung, der Budapest-Open-Access-Initiative (BOAI 2002) auf:

> An old tradition and a new technology have converged to make possible an unprecedented public good. The old tradition is the willingness of scientists and scholars to publish the fruits of their research in scholarly journals without payment, for the sake of inquiry and knowledge. The new technology is the internet. The public good they make possible is the world-wide electronic distribution of the peer-reviewed journal literature and completely free and unrestricted access to it by all scientists, scholars, teachers, students, and other curious minds.[56]

Open Access bedeutet nach BOAI "free and unrestricted online availability". Open Access ist ohne die Kommunikation in elektronischen Räumen nicht denkbar. Ein altes Prinzip der Wissenschaft wird sozusagen auf eine neue Stufe gehoben und setzt sich gegenüber den auch durch das Urheberrecht gebilligten Einschränkungen durch das kommerzielle Publizieren immer mehr durch. In den elektronischen Räumen artikuliert sich die Leitidee der freien (erlaubnis- und vergütungsfreien) Nutzung von publiziertem Wissen. Eine Leitidee kann aber erst dann Wirkung entfalten, wenn sie durch sozusagen Ausführungsbestimmungen konkretisiert wird. Sowohl BOAI[57] als auch die ein Jahr später (22.10.2003) unterzeichnete Berliner Open Access Erklärung (BOAD) formulieren dies umfassend und unmissverständlich. Zwar wird in der Berliner Erklärung bei den Zielen das „Open-Access-Paradigma" zunächst nur das „Prinzip des offenen Zugangs" bestimmt. Aber in den Ausführungsbestimmungen wird wie bei BOAI deutlich, dass „Zugang" zu den Veröffentlichungen nicht ausreicht – dieses Ziel könnten auch kommerzielle Verlage für ihre Produkte als erreicht reklamieren –, sondern dass die freie Nutzung für welche wissenschaftliche Zwecke auch immer entscheidend ist:

> Die Urheber und die Rechtsinhaber solcher Veröffentlichungen gewähren allen Nutzern unwiderruflich das freie, weltweite Zugangsrecht zu diesen Veröffentlichungen und erlauben

---

55 (Taubert 2019) Fremde Galaxien und abstrakte Welten. Open Access in Astronomie und Mathematik, S. 128.
56 (BOAI 2002) Budapest Open Access Initiative 2002.
57 BOAI: "By 'open access' to this literature, we mean its free availability on the public internet, permitting any users to read, download, copy, distribute, print, search, or link to the full texts of these articles, crawl them for indexing, pass them as data to software, or use them for any other lawful purpose, without financial, legal, or technical barriers other than those inseparable from gaining access to the internet itself. The only constraint on reproduction and distribution, and the only role for copyright in this domain, should be to give authors control over the integrity of their work and the right to be properly acknowledged and cited."

ihnen, diese Veröffentlichungen – in jedem beliebigen digitalen Medium und für jeden verantwortbaren Zweck – zu kopieren, zu nutzen, zu verbreiten, zu übertragen und öffentlich wiederzugeben sowie Bearbeitungen davon zu erstellen und zu verbreiten, sofern die Urheberschaft korrekt angegeben wird.[58]

Die in den OA Erklärungen deutlich werdende Leitidee wird dem Anspruch der „Leitung" dadurch gerecht, dass aus dem allgemeinen Open-Access-Prinzip konkrete und verbindliche Handlungsanweisungen in Form von offenen Nutzungserlaubnisse, abgeleitet werden. Die Verbindlichkeit macht aus der Leitidee eine Norm[59], welche die freie Nutzung von Open-Access-Materialien zum Default macht. Jeder, der nach Open Access publiziert, muss das, was die bisherigen Verwertungsrechte der Autoren ausmacht – das Recht zu vervielfältigen, verbreiten und öffentlich zugänglich machen (vgl. 5.5) – jedem Nutzer erlauben. Die durch das Urheberrecht geschützten Verwertungsrechte werden im Open-Access-Paradigma überflüssig. Für Bildung und Wissenschaft reicht das Verständnis von Verwerten als Veröffentlichen aus. Das sollte Folgen für die Systematik des Urheberrechts insgesamt. Darauf wird am Ende in Kap. 15 ausführlich eingegangen.

Die in Open Access deutlich werdende Leitidee ist nicht vom Himmel gefallen. Spätestens seit Ende des vorigen Jahrhunderts ist es offensichtlich geworden, dass so gut wie alle Prozesse wissenschaftlichen Arbeitens und vor allem alle Prozesse, die mit dem Anfertigen, Publizieren, Vertreiben und Nutzen von Werken (Wissens- und Informationsprodukten) einhergehen, tendenziell vollständig über IKT ablaufen werden. Das ist der Boden für die Entwicklung der Leitidee: Die Potenziale dieser Telemediatisierung kommen den Bedürfnissen und Erwartungen der Wissenschaft für den freien Austausch von Wissen und Information entgegen. 1996 brachten das Martin Grötschel, bekannter und einflussreicher Mathematikprofessor, zusammen mit dem Mathematiker Joachim Lügger auf den Punkt:

---

58 Verbindlich ist die englische Version: „The author(s) and right holder(s) of such contributions grant(s) to all users a free, irrevocable, worldwide, right of access to, and a license to copy, use, distribute, transmit and display the work publicly and to make and distribute derivative works, in any digital medium for any responsible purpose, subject to proper attribution of authorship (community standards, will continue to provide the mechanism for enforcement of proper attribution and responsible use of the published work, as they do now), ..." – Berlin Declaration on Open Access ...: https://bit.ly/35LPhiv. Ergänzt wurde die Sicherung einer dauerhaften freien Nutzung mit der Verpflichtung für alle Autoren, die nach Open Access publizieren, dass ihre entsprechenden Arbeiten in einem öffentlichen Repository gespeichert und zugänglich gemacht werden.
59 Zur Entwicklung von Normen vgl. (Stemmer 2011) Die Konstitution der normativen Wirklichkeit.

Das Internet „trägt, bei starken Kommerzialisierungstendenzen, auch heute noch alle Charakteristiken eines Wissenschaftsnetzes. Der möglichst freizügige Zugang zu jeglicher Information ist fester Bestandteil der Internet-Kultur des „Gebens und Nehmens". Die Verheißung des Internets ist die „Globale Bibliothek", „der freie Zugriff auf das Wissen der Welt, von jedem Ort der Welt und zu jeder Zeit."[60] 2001 erweiterte Martin Grötschel die von ihm und Lügger formulierte Leitidee in einem Aufsatz in der Zeitschrift *Gegenworte* mit dem Titel „Mein digitaler Traum"[61]: Auf die Frage der den Aufsatz initiierenden Gegenworte-Redakteurin "Könnten Sie uns da nicht einmal Ihre Traumvorstellungen von der digitalen Informationswelt darstellen?« antwortete er: „Das ist ganz einfach. Ich will alles, und zwar sofort, jederzeit, überall und kostenlos zur Verfügung haben." – „Ist das nicht ein bisschen maßlos? – fragte die Redakteurin. „Mag sein", entgegnete Grötschel, „aber Sie haben mich nach meinem Traum gefragt!"

Ist das nun die richtige Leitidee? Grötschel selbst hatte dies als „Traum" bezeichnet.[62] Auch Träume gehören zur menschlichen mentalen Realität, aber entsprechen nicht immer dem, was in der „wachen" Welt (der realen Realität) möglich ist. Horcht man aber in das hinein, was die Merkmale des Grötschel'schen Traum sind:

---

60 (Grötschel/Lügger 1996) Wissenschaftliche Information und Kommunikation im Umbruch.
61 In: Gegenworte, 8l, Heft Herbst 2001, S. 9–15 – https://bit.ly/2lHgvFW; konkretisiert wurde dieser Traum 2016 in (Grötschel 2016) Elektronisches Publizieren, Open Access, Open Science und ähnliche Träume.
62 Diese Anekdote soll keineswegs unterstellen, dass Grötschel ein Träumer war (oder ist). Ganz im Gegenteil – eher ein visionärer Macher. Seine Zielrichtung war es, dass die Wissenschaft den Informationsaustausch selbst in die Hand nimmt. Dazu wurde vom DMV zusammen mit dem Internationalen Mathematiker-Verband durch Martin Grötschel und Mitarbeitern wie Joachim Lügger (s. unten) für die Mathematik das weltweite System MathNet aufgebaut, das neben dem Nachweis aller Mathematiker/Institute die wissenschaftlichen Dokumente aller Mathematiker über die lokalen Online-Publikationslisten der Autoren nachweisen und verfügbar machen sollte (MathNet: https://bit.ly/2NoyNHa). Mathnet wurde parallel und in enger Kooperation mit einem entsprechenden System für die Physik (PhysNet: https://bit.ly/2oVkpNc) komplementiert (federführend Eberhard R. Hilf und Thomas Severiens) und wurde dabei für einige Jahre von der EPS (European Physical Society) gefördert und von vielen nationalen Fachgesellschaften weltweit technisch und inhaltlich unterstützt. Eberhard R. Hilf, auch einer der Initiatoren für die Gründung des Aktionsbündnis 2004, hat jetzt Links zu zwei Dokumenten von 1994 bereitgestellt, die wegweisend für Initiativen für aus der Wissenschaft entwickelte Informationssysteme waren. Sie seien hier dokumentiert: Eberhard R. Hilf: Integrated Information management in Physics – https://bit.ly/33soFTn und Joachim Lügger: Design considerations for a distributed information systems for mathematics in Germany – https://bit.ly/2WU9m3f. Physnet existiert heute noch, allerdings nur unmoderiert. Eine Ausweitung auf weitere Fachgebiete konnte nicht konsequent verfolgt werden. Wäre sie betrieben worden, wäre die bis heute dominierende Geschäftsgrundlage für das Publizieren von Werken durch Verlage und andere Content Provider entfallen. Erst heute zeichnet sich allmählich ab, dass in der Tat das Publizieren alleine nicht länger die Basis und die Rechtfertigung für kommerzielle Informationsanbieter sein kann, sondern durch die Bereitstellung von Dienstleistungen und neuen Produkten ergänzt werden muss.

alles, sofort, jederzeit, überall und kostenlos, so liest sich das aus der Perspektive von Wissenschaftlern als selbstverständlich. Die für die Forschung einschlägige Literatur wahrzunehmen, ist Verpflichtung entsprechend der wissenschaftlichen Berufsethik. Die Bedingungen „sofort, jederzeit, überall" sollten im tendenziell vollständig digitalisierten Umfeld für die Nutzung von privilegiertem Wissen nicht mehr nur im Traum, sondern auch in der Realität einzulösen sein. Auch das „kostenlos" ist aus der Sicht des Wissenschaftlers selbstverständlich. Wie wir im Vorwort angedeutet haben, beinhaltet der Gemeinfreiheitsanspruch der Öffentlichkeit an die Verfügung über das wissenschaftliche Wissen auch die Verpflichtung, den wissenschaftlich Arbeitenden die nötigen Ressourcen bereitzustellen. Dazu gehört das publizierte Wissen in jeder Form. Kein Wissenschaftler sollte für diese Ressource selbst zahlen müssen. In der Tat hat ja auch die Öffentlichkeit jahrhundertelang die Bibliotheken finanziert, die dann den Wissenschaftlern die freie (für sie eben auch vergütungsfreie) Nutzung ermöglicht haben. Dass ausgerechnet heute, unter den technologischen Bedingungen der Gegenwart, Bibliotheken das nicht mehr so vollständig garantieren können, ist vor allem dem Urheberrecht geschuldet, welches viele Einschränkungen der Nutzung vorschreibt.

Niemand ist bis in die jüngste Vergangenheit davon ausgegangen, dass die öffentliche Bereitstellung von Wissen ohne finanzielle Leistungen möglich bzw. auch nicht, dass die von den Verlagen bereitgestellten Informationsprodukte sozusagen vogelfrei sind. Open Access ist nicht zum Nulltarif zu haben. Für die Finanzierung muss die Öffentlichkeit sorgen. Allerdings dürfte sich die Finanzierung nur auf die Umwandlung der von den Wissenschaftlern erstellten Wissensobjekte in veröffentlichungs- und distributionsfähige Objekte beziehen. Die Nutzung selber, so bis heute die zentrale Forderung im Open-Paradigma, muss vergütungsfrei sein und sollte nicht Gegenstand der Finanzierung (durch die Öffentlichkeit) bzw. der Re-Finanzierung der Verlage sein. Entsprechend gilt das, wovon BOAI (in erster Linie mit Blick auf „peer-reviewed journal articles") ausgegangen war: „The literature that should be freely accessible online is that which scholars give to the world without expectation of payment." Dass das Urheberrecht für so gut wie jede Nutzung publizierter Materialien einen Anspruch der Rechtsinhaber auf angemessene Vergütung vorsieht, ist eine der Wissenschaft nicht inhärente Zielvorstellung. Es kann nicht bestritten werden, dass tatsächlich viele Wissenschaftler doch "expectation of payment" haben, vor allem, wenn es sich dabei um Monographien oder Lehrbücher handelt. Open Access, mit entgeltfreier Nutzung, ist diese Erwartung nicht inhärent.

Die Leitidee, die 2002/2003 unter dem Label "Open Access" international bekannt wurde, wurde schon früh auch von der Politik bzw. von den wissenschaftlichen Organisationen wie Wissenschaftsrat und der DFG aufgegriffen. Der

3.5 Eine alte Leitidee – erweitert in elektronischen Räumen

Wissenschaftsrat setzte das 2001 in Empfehlungen zur digitalen Informationsversorgung durch Hochschulbibliotheken um:[63]

> Bei aller Offenheit über die künftige Entwicklung ist davon auszugehen, daß sich das gesamte wissenschaftliche Publikationswesen in einer Umbruchphase befindet, die zu neuen Formen der Erstellung und Verbreitung von wissenschaftlichen Informationen führen wird. Digitale Publikationen werden mittels des Internets zeit- und ortsungebunden virtuell verfügbar. [...] Produktion und Verteilung gehen dabei ineinander über, die digitalen und netzgestützten Publikationsprozesse führen zu Veränderungen der Rollenverteilung in der Publikations- und Informationskette vom Autor bis zum Nutzer wissenschaftlicher Informationen. (a. a. O. S. 7)

Der Wissenschaftsrat gab dann konkrete Hinweise, wie, angesichts der umfassenden Digitalisierung aller Bereich von Bildung und Wissenschaft, die Informationsversorgung durch Vermittlerinstitutionen wie Bibliotheken grundlegend zu verändern sei. Sie müsse dem Verhalten und den Erwartungen der Wissensproduzenten, den Veränderungen des Nutzungsverhaltens und den durch Internet und Multimedia begünstigten autonomen Lehr- und Lernformen gerecht werden. Dazu nur einige Zitate (a. a. O. 9 f.):

> Der Zugang zu Informationen und deren Nutzung muß sich unmittelbar an den individuellen Bedürfnissen und Arbeitsweisen der Nutzer orientieren.

> Benötigte Informationen müssen den Nutzern direkt am jeweiligen Arbeitsplatz zur Verfügung stehen – mit der Möglichkeit eines zeit- und ortsungebundenen Zugangs.

> Die Nutzer wollen Informationen zeitsparend und komfortabel sowohl systematisch als auch gezielt unter den Kriterien der Vollständigkeit und Genauigkeit suchen und finden sowie möglichst kostenfrei oder mit nur geringen Kosten verbunden auf die Informationen zugreifen.

> Wissenschaftler erwarten an ihrem Arbeitsplatz bedingt durch die Einführung und Nutzung des Internets einen uneingeschränkten Zugriff auf den weltweiten Wissensbestand in elektronischen Datenbanken und sonstigen elektronischen Informationssystemen einschließlich der Möglichkeit der eigenständigen Informationsproduktion und -verbreitung. Die Arbeit des Wissenschaftlers wird dabei zunehmend ortsungebunden, d. h. die Informationsdienstleistungen werden sowohl stationär an einem Präsenzarbeitsplatz in der Hochschule, an temporären Arbeitsplätzen zu Hause oder bei Gastaufenthalten als auch mobil beispielsweise bei Konferenzbesuchen oder Forschungsreisen in Anspruch genommen.

> Unter dem Blickwinkel der Selbststeuerung des Lernens und der Selbständigkeit der Studierenden ermöglicht der Einsatz von Internet und Multimedia ein örtlich disloziertes Studium, führt zu größerer Autonomie und Selbstbestimmung und schafft neue kreative Freiräume.

---

[63] (Wissenschaftsrat 2001) Wissenschaftsrat: Empfehlungen zur digitalen Informationsversorgung durch Hochschulbibliotheken.

Das klingt ganz so wie Grötschels zur gleichen Zeit formulierter Traum von der digitalen Informationswelt in Bildung und Wissenschaft: „Ich will alles, und zwar sofort, jederzeit, überall und kostenlos zur Verfügung haben" (FN 61). Der Wissenschaftsrat war 2001 nicht weit entfernt von der Leitidee der freien und offenen Nutzung des öffentlich gemachten Wissens. Anfang des Jahrtausends unternahm es auch das damalige Bundesministerium für Bildung und Forschung (BMBF) seine bisherige, an dem Konzept der Fachinformation orientierte Informations- und Förderpolitik neu auszurichten, ohne dass das Konzept von Open Access schon entwickelt war. Diese Politik hatte sich seit Mitte der 70er Jahre an den Dienstleistungen der Online-Referenz- und dann später der Volltext-, und noch später der Fakten-Datenbanken und an dem System der verschiedenen Fachinformationssysteme orientiert. Der Begriff der Fachinformation erschien nun, angesichts immer deutlicher werdender Potenziale des Internets als zu eng, auch und gerade für die Wissenschaft.

In das 2002 beschlossene Strategische Positionspapier des BMBF konnte der Titel „Information vernetzen – Wissen aktivieren"[64] sowie als erstes strategisches Ziel die Grötschel variierende Formulierung: „Den Zugang zur weltweiten wissenschaftlichen Information für jedermann zu jeder Zeit und von jedem Ort zu fairen Bedingungen sicherstellen" untergebracht werden. „Für jedermann" – nicht nur für die binnenwissenschaftliche Nutzung. „Zu jeder Zeit und von jedem Ort" – nicht nur zu den Öffnungszeiten der Bibliotheken und nicht nur von den Leseplätzen in den Bibliotheken! Diese Formulierung wurde dann auch 2003 wortwörtlich im Masterplan der Bundesregierung zur Informationsgesellschaft übernommen[65]. Die Umsetzung dieses Masterplans in konkrete, auch urheberrechtsrelevante Maßnahmen war dann in der Folge allerdings ernüchternd. Der Erste Korb, die erste größere Urheberrechts-Reform nach 1965, konnte dem zitierten strategischen Ziel des BMBF nicht gerecht werden. Wir gehen auf diesen für Bildung und Wissenschaft enttäuschenden Ersten Korb, vor allem in der Kritik an § 52a-Alt, in 10.1 ein.

Die Enttäuschung ob des im gleichen Jahr 2003 erkennbar werdenden Widerspruchs zwischen Masterplan der Bundesregierung und der Urheberrechtsreform war ein entscheidender Grund für die 2004 erfolgte Gründung des Aktionsbündnisses Urheberrecht für Bildung und Wissenschaft. Bildung und Wissenschaft waren an der Planung und Realisierung dieser Reform von 2003 so gut wie gar nicht beteiligt, obgleich der bei der Reform eingefügte § 52a Nutzungen für Bildung und Wissenschaft regelte – allerdings auf sehr eingeschränkte Weise (vgl. 10.1). Der schnelle und große Zuspruch zum Aktionsbündnis aus Organisationen und

---

64 BMBF 2002 (Link über TIB-Website) – https://bit.ly/2FHIewL.
65 Masterplan der Bundesregierung 2003 – https://bit.ly/2m2ueXP.

Personen ist auch dadurch zu erklären, dass in der dem Aktionsbündnis zugrundeliegenden Göttinger Erklärung von 2004 eine offensichtlich konsensfähige Leitidee formuliert wurde, die in etwas erweiterter Form die Formulierung aus dem Strategischen Positionspapier des BMBF übernahm: „In einer digitalisierten und vernetzten Informationsgesellschaft muss der Zugang zur weltweiten Information für jedermann zu jeder Zeit von jedem Ort für Zwecke der Bildung und Wissenschaft sichergestellt werden."[66] Bei der zentralen Forderung der „Sicherung des Zugangs" geht es nicht nur um den Zugang, sondern vor allem um die uneingeschränkte Nutzung. Allerdings verwendete das daraus abgeleitete, auf Wissenschaft und Forschung bezogene Ziel nicht direkt das Vokabular der Open-Access-Erklärungen, welche genauer festlegen, was mit den Open-Access-Materialien erlaubt getan werden kann (s. oben in BOAI und BOA), sondern versuchte in die Restriktionen des Urheberrechts einzugreifen:

> Wissenschaft und Forschung nutzen den Stand des Wissens und bauen darauf auf. Dies findet in ständigen kommunikativen Prozessen der Wissenschaftlerinnen und Wissenschaftler in kleinen lokalen Teams sowie in einem weltweiten Informationsaustausch statt. Diese Informations- und Kommunikationsprozesse dürfen im Urheberrecht nicht durch restriktive Regelungen behindert werden. Der freie Zugang zur Information sowie ihre langfristige Sicherung, die Zugänglichkeit zum Wissen und zum kulturellen Erbe müssen gefördert und bewahrt werden. Denn die Leistungsfähigkeit der Wissenschaft ist direkt abhängig vom offenen Austausch der Erkenntnisse. Für die Wissenschaft und ihre Entwicklung sind dies Existenzfragen. (ebda.)

Das praktische Ziel, die angenäherte Umsetzung der Leitidee aus der Göttinger Erklärung hatte seit etwa 2010 das Aktionsbündnis über eine Allgemeine Bildungs- und Wissenschafts*klausel* (ABWK) zu erreichen versucht:

> Das Urheberrechtsgesetz muss so novelliert werden, dass die auf Bildung und Wissenschaft bezogenen Schrankenbestimmungen durch eine allgemeine ABWK ersetzt werden. Eine solche allgemeine Regelung trägt den Informationsbedürfnissen und den Kommunikations- und Arbeitsformen in Bildung und Wissenschaft besser Rechnung als die bisherigen kleinteiligen Schrankenregelungen (insbesondere §§ 52a, 52b, 53, 53a und 95b Urheberrechtsgesetz). (ebda.)

Durch eine solche ABWK wären die verschiedenen, auf Bildung und Wissenschaft bezogenen Schrankenregelungen und vor allem die entsprechenden Einschränkungen der Nutzungen überflüssig geworden. Legitimiert werde sollte eine Nutzung

---

[66] Die Göttinger Erklärung des Aktionsbündnisses wurde (mit Stand 10/2014) von 379 Organisationen (darunter 6 der großen Wissenschaftsorganisationen nämlich Max Planck, Helmholtz, Leibniz, Fraunhofer, HRK, Wissenschaftsrat) und 7736 Einzelpersonen unterzeichnet – http://www.urheberrechtsbuendnis.de/.

allein durch den jeweiligen Zweck der Forschung bzw. der Lehre. Aufgegriffen wurde diese Leitidee zunächst von der Politik. Sie wurde aber nicht in reales Recht umgesetzt (ausführlicher zur ABWK Kap. 12.1).

Eine internationale Verbreitung der Leitidee des freien Zugriffs auf Wissen in die Wissensgesellschaft ist im Kontext des Word Summit on the Information Society (WSIS) der UN festzustellen (2003 in Genf und 2005 in Tunis). Dazu hatten sich auch in Deutschland durch Unterstützung der Heinrich-Böll-Stiftung zivilgesellschaftliche Gruppen formiert. Daraus ist die „Charta der Bürgerrechte für eine nachhaltige Wissensgesellschaft" entstanden. Darin „geht es um den Entwurf einer globalen Wissensgesellschaft, welche die Kommunikationsrechte der Menschen gewährleistet und somit sicherstellt, dass ihre für Kreativität und Innovation entscheidenden Wissensressourcen allen Menschen zugänglich sind und nicht durch Privatisierung und Kommerzialisierung verknappt werden." Die Charta hatte zur Bestimmung von „freiem Zugriff" in den ersten beiden Forderungen auf die beiden Konzepte der Nachhaltigkeit und der Eigenschaft von Wissen als Commons und dabei auch auf eine dem Strategiepapier des BMBF ähnliche Formulierung zurückgegriffen:

Freier Zugriff auf Wissen.
Zentrales Ziel einer nach nachhaltigen Prinzipien organisierten Wissensgesellschaft ist, dass in der Gegenwart, aber auch für zukünftige Generationen der freie Zugriff auf Wissen und Information gesichert bleibt. „Freier Zugriff" muss nicht „kostenloser Zugriff" heißen, aber der Zugriff auf Wissen muss für jedermann, zu jeder Zeit, von jedem Ort und zu fairen Bedingungen möglich sein. Nur der freie Umgang mit Wissen und Information ermöglicht die demokratische Teilhabe am öffentlichen Geschehen. Die beste Förderung der Kreativität in Wissenschaft, Wirtschaft und Kultur besteht in der Herstellung freizügiger Zugangs- und Nutzungsbedingungen von Wissen. Ebenso eröffnet nur der freie Umgang mit Wissen und Information zukünftigen Generationen die Chance, das Wissen der Vergangenheit zur Kenntnis nehmen und davon Nutzen ziehen zu können.

Wissen, ein öffentliches Gut im Besitz aller („Commons").
Wir wollen daran erinnern, dass Wissen im Prinzip Erbe und Besitz der Menschheit und damit frei ist. Das kommerziell verwertete Wissen ist dem gegenüber die Ausnahme. Wissen darf daher auch aus Gründen der Nachhaltigkeit nicht in die vollständige private Verfügung gestellt werden, denn es stellt das Reservoir dar, aus dem neues Wissen geschaffen wird.

Die Leitidee des freien Zugriffs auf veröffentlichtes Wissen erreichte dann auch in der allgemeinen Öffentlichkeit große Akzeptanz durch eine zwar immer schon mitgedachte aber nun explizit gemachte Spezifizierung, nämlich dass die offene freie Nutzung vor allem für das mit öffentlichen Mitteln unterstützt produzierte Wissen zutreffen sollte. Hier nur zwei Beispiele, durch die die Politik über Petitionen aufgefordert wurde, genau dies – die offene freie Nutzung vor allem für das mit öffentlichen Mitteln unterstützt produzierte Wissen – rechtlich abzusichern. 2007 wurde eine Petition an die Europäische Kommission innerhalb weniger Tage von vielen tausenden Personen und Institutionen unterzeichnet.[67] Mit dieser Petition wurde die Kommission aufgefordert, aus der von ihr beauftragten *Study on the Economic and Technical Evolution of the Scientific Publication Markets of Europe* den Punkt „*A1 Guaranteed public access to publicly-funded research results shortly after publication*" umzusetzen. Diese Studie wurde u. a. von DFG, JISC, SPARC-Europe, SURF, Deff gesponsert. Hier der Kommentar eines der Unterzeichner, Richard J. Roberts, Nobelpreisträger für Physiologie/Medizin des Jahres 1993:

> Open access to the published scientific literature is one of the most desirable goals of our current scientific enterprise. Since *most science is supported by taxpayers it is unreasonable that they should not have immediate and free access to the results of that research.* [kursiv – RK] Furthermore, for the research community the literature is our lifeblood. By impeding access through subscriptions and then fragmenting the literature among many different publishers, with no central source, we have allowed the commercial sector to impede progress. It is high time that we rethought the model and made sure that everyone had equal and unimpeded access to the whole literature. How can we do cutting edge research if we don't know where the cutting edge is?

Mit dem gleichen Ziel wurden 2009 und 2010 gleich zwei Petitionen an den Petitionsausschuss des Deutschen Bundestags gereicht. Lars Fischer hatte am 20.10.2009 im Zusammenhang der Auseinandersetzung um das Zweitverwertungsrecht (vgl. 11.3) die Petition „Wissenschaft und Forschung – Kostenloser Erwerb wissenschaftlicher Publikationen" eingebracht, die in kurzer Zeit von ca. 25.000 Unterzeichnern unterstützt wurde:

> Der Deutsche Bundestag möge beschließen, dass wissenschaftliche Publikationen, die aus öffentlich geförderter Forschung hervorgehen, allen Bürgern kostenfrei zugänglich sein müssen. Institutionen, die staatliche Forschungsgelder autonom verwalten, soll der Bundestag auffordern, entsprechende Vorschriften zu erlassen und die technischen Voraussetzungen zu schaffen.[68]

Lars Fischer hatte die kommerzielle Verwertung von mit öffentlichen Mitteln produziertem Wissen grundsätzlich kritisiert. Anfang 2010 unterstützte das Aktionsbündnis diese Petition durch eine weitere Petition an den Deutschen Bundestag mit dem Titel „Urheberrechte von wissenschaftlichen Autorinnen und Autoren stärken und Open Access befördern – Ergebnisse öffentlich mit Steuermitteln geför-

---

[67] Vgl. Newsletter (Hilf) Zugang zum Wissen Online Newsletter No. 01-2007 (Januar) – https://bit.ly/2m49iQm.
[68] Die Petition ist nicht mehr von der Petitionsseite des Bundestags zugänglich; der Text aber bei ScienceBlogs vom 9.11.2009: https://bit.ly/2m49mzA.

derter Forschung kostenfrei zugänglich machen".[69] Das Aktionsbündnis versuchte dadurch, das von Fischer grundsätzlich geforderte Ziel einer freien Nutzung durch den Bezug auf die wissenschaftliche Umgebung zu operationalisieren.

Dass solche Petitionen dem „Zeitgeist" entsprechen, wurde 2011 durch eine umfangreiche, vom Deutschen Bibliotheksverband (dbv), von der Deutschen Rektorenkonferenz (HRK) und der Union der deutschen Akademien der Wissenschaften unterstützten Online-Befragung des Aktionsbündnisses belegt.[70] Von 2.519 Rückläufen waren 1.653 vollständig ausgefüllte Fragebögen. Die entsprechende Frage: „Sollte Wissen, das unter Einsatz öffentlicher Mittel gewonnen wurde, Ihrer Meinung nach für jedermann für seinen persönlichen Bedarf frei verfügbar sein?" wurde „mit großer Mehrheit quer durch alle Akteursgruppen bejaht. Der Mittelwert (über alle Gruppen und Zustimmungsgrade gemittelt) beträgt 91,7 %. Abweichungen nach oben und unten sind kaum festzustellen: Der höchste Wert liegt bei 96,3 % (Studierende), der niedrigste bei 88,8 % (Lehrende)" (ebda.).

Fazit. Es ist zu einfach, Petitionen, so umfänglich sie auch unterstützt werden, und Ergebnisse von Online-Befragungen als Beweis für eine geänderte öffentliche Einstellung zum Umgang mit Wissen und Information zu werten. Oft ist, um eine Unterscheidung von Peukert 2018 aufzugreifen „soziale Anerkennung" nicht immer auch schon „soziale Realität".[71] Die Leitidee zugunsten von Open Access hat in Bildung und Wissenschaft *breite soziale (aber auch politische) Anerkennung* gewonnen und ist nicht mehr weit entfernt von *sozialer Wirklichkeit*, der auch die Informationswirtschaft Rechnung zu tragen beginnt. Dieser Leitidee sollte sich auch der Gesetzgeber mit Blick auf das Urheberrecht dauerhaft nicht verweigern können. Das Recht kann sich auf Dauer nicht gegen entwickelte Leitideen behaupten. Die Systematik des Urheberrechts mit der Unterscheidung von Persönlichkeitsrechten und Verwertungsrechten wird durch die prinzipielle Nutzungsfreiheit von veröffentlichten Open-Access-Informationsobjekten in Frage gestellt. Wesentliches Ergebnis dieser Arbeit wird sein (vgl. Kap. 15), dass das Wissenschaftsurheberrecht sich auf die Sicherung der Persönlichkeitsrechte der Autoren (vgl. 5.4) im Wesentlichen beschränken könnte – bei BOAI angesprochen durch "control over the integrity of their work and the right to be properly acknowledged and cited": Recht zur Veröffentlichung, Anerkennung der Autorenschaft und Schutz vor Entstellungen des veröffentlichten Werks. Diese Rechte von Autoren bleiben durch Open Access unangetastet.

---

69 Aktionsbündnis-Petition an Deutschen Bundestag 25.1.2010 – https://bit.ly/2OEBlkL.
70 Breite Unterstützung für eine umfassende Verbesserung des Urheberrechts für Bildung und Wissenschaft Auswertung einer Befragung und politische Konsequenzen 3. Oktober 2011 – https://bit.ly/2m0wEGo, Zitat S. 30.
71 (Peukert 20018) Kritik der Ontologie des Immaterialgüterrechts, 117.

4 Urheberrecht und Informationsethik

Urheberrecht und Informationsethik zusammenzudenken, ist eine Herausforderung für beide – von Seiten professioneller Juristen vermutlich als Zumutung empfunden. Recht ist Recht und Ethik ist Ethik. Zu stark sind beide Bereiche voneinander getrennt. Recht reklamiert quasi das Monopol für die Regulierung so gut wie aller Lebensbereiche. Dieses Monopol der Verrechtlichung aller Lebensbereiche durch Politik und Rechtsprechung läuft Gefahr, sich von der Basis der moralischen Überzeugung, der „Gewohnheiten, Traditionen und Einstellungen" der vom Recht Betroffenen abzulösen. Dadurch, so der schon zu Anfang zitierte (ehemalige) Richter des Obersten Gerichtshof in England, Jonathan Sumption,[72] wird die Funktionsfähigkeit der Demokratie gefährdet. Zumindest, so die These hier, wird durch das Urheberrecht die Funktionsfähigkeit von Bildung und Wissenschaft gefährdet.

In der Tat wird hier die Frage nach der Priorität von Ethik gestellt. Die These der Priorität von Ethik gegenüber Recht – sanfter formuliert: der erfolgreichen Beeinflussung politischen Handelns durch moralisch begründete Leitideen – ist in der Politikwissenschaft, vor allem in den Theorien internationaler Beziehungen[73], durchaus geläufig, zumal dann, wenn man „moralische Vorstellungen" mit „Ideen" übersetzt.[74] Hier besteht der Konflikt zwischen Realpolitik und ideengeleiteter Politik.[75] Ideengeleitete Politik ist, wie in 3.3 ausgeführt, wertbegründete Politik.

---

[72] Vgl. den Bericht von Gina Thomas zu der BBV-Vorlesung von Jonathan Sumption – FAZ 12-8-2019; mit der These: „Kritik an der schleichenden Machtausdehnung der Judikative, die er [Sumption] als Bedrohung des fragilen Konstrukts der Demokratie sieht." – https://bit.ly/2lNIjbI.

[73] Für eine Diskussion der verschiedenen ideen-basierten Ansätze, vor allem der breit ausdifferenzierte Debatte um die Rolle von Ideen bzw. die Bedeutung von moralischen Argumenten in der internationalen Politik vgl. (Hanrider 2008); vgl. (Risse-Kappen 1994) Ideas do not float freely; (Risse-Kappen/Sikkink 1999) The socialization of international human rights norms in domestic practices; vgl. (Maier 2003) Wissens- und ideenorientierte Ansätze in der Politikwissenschaft

[74] Als klassisches Beispiel für die Wirksamkeit von „Ideen" gilt die Annahme, dass nicht zuletzt durch die (anfänglich kaum beachteten) Vereinbarungen über Menschenrechte und Grundfreiheiten in der Schlussakte der zweijährigen Konferenz über Sicherheit und Zusammenarbeit in Europa (KSZE) in Helsinki von August 1975 sich immer mehr zivilgesellschaftliche Gruppierungen in der Sowjetunion bilden konnten, die das Einhalten von Grundfreiheiten wie Gedanken-, Gewissens-, Religions- oder Überzeugungsfreiheit reklamierten und zunehmend mit Erfolg auch durchsetzten. Dieses, so die These, habe das politische und gesellschaftliche System in der damaligen Sowjetunion so stark beeinflusst und verändert, dass es sich als politisches System schließlich auflöste.

[75] Zur Rolle von Normen und Werten aus Sicht der Philosophie vgl. die Artikel in (Forst/Günther 2011) Die Herausbildung normativer Ordnungen; ebenso (Witschen 1998) Was verdient moralisch den Vorzug?; (Zippelius 2004) Verhaltenssteuerung durch Recht und kulturelle Leitideen.

Ausgangspunkt für die folgenden Überlegungen ist eine intuitiv einleuchtende, empirisch aber schwierig zu belegende These zum Zusammenhang von Ethik/Moral und Politik/Recht.[76] Sie besagt, dass in einer längeren Perspektive die Politik, insbesondere das Recht, hier das Urheberrecht, nicht auf Akzeptanz von Seiten der von diesem Recht Betroffenen zählen kann, wenn die rechtlichen Regelungen nicht mit den ethisch begründeten normativen Erwartungen an den Umgang mit Wissen und Information, nicht mit den entwickelten Leitideen zusammengehen. Mark Surman[77], Mozilla Foundation, sprich von „Outsourcing von Ethik an Maschinen" – er meint mit Maschinen KI-Programme.[78] Ob es sinnvoll oder möglich ist, ein Outsourcing der Informationsethik an das Urheberrecht, insbesondere an das Wissenschaftsurheberrecht, zu betreiben und sich bei der Politik dafür einzusetzen, ist eine Frage, die bezüglich des Sinnvollen bejaht, bezüglich des Möglichen nach den bisherigen Erfahrungen mit dem Urheberrecht offen bleiben muss. Ohnehin ist die These der Priorität von Ethik/Informationsethik nicht einfach zu verifizieren. Dafür braucht es eine längere Perspektive. „Siege" der Ethik sind nicht rasch zu haben. Das schmälert die Pragmatik, die Handlungsrelevanz der These keineswegs.

4.1 Wissen und Information. Wissensobjekte und Informationsobjekte

Informationsethik ist ein Teilbereich der Informationswissenschaft.[79] „Information" nicht „Wissen" steht dabei im Zentrum der fachlichen Diskussionen. Aber Information ist ohne Wissen nicht denkbar. Wissen ist die Voraussetzung dafür, dass etwas zu Information werden kann. Dafür soll in den folgenden beiden Unterabschnitten auf die spezielle informationswissenschaftliche Sicht auf Information bzw. auf die Beziehung zwischen Wissen und Information eingegangen werden. In 4.2 gehen wir auf Informationsethik speziell ein und in 4.3 auf die Begründung der in 3.3 bis 3.5 behandelten Leitideen durch den Commons-Ansatz der Institutionenökonomie. Dafür wird auch die Unterscheidung von Wissensobjekten und Informationsobjekten angewendet.

---

76 Ausgeführt z. B. in (Kuhlen 2014a) Interdependenzen zwischen Informationsethik und politischem Handeln; (Kuhlen 2014b) Copyright and information ethics – an insight; (Kuhlen 2010c) Ethical foundation of knowledge as a common; (Kuhlen 2004c) Informationsethik.
77 (Surman 2019) Simple Geschichten über KI sind eine Gefahr.
78 Vgl. die Arbeiten von Oliver Bendel zur Maschinenethik, zuletzt (Bendel 2019) Wozu brauchen wir die Maschinenethik?
79 Vgl. (Kuhlen 2004d) Artikel Informationsethik.

4.1.1 Wissen

Mehr als eine Arbeitsdefinition für Wissen kann hier nicht angebracht werden. Die gesamte Philosophiegeschichte zu Wissen muss außen vor bleiben. Lediglich ein Satz zu Anfang des Artikels „Wissen"[80] soll als Ausgang für eine Arbeitsdefinition verwendet werden:

> In der Philosophie wird Wissen in erster Linie im Sinne bestimmter Fähigkeiten zur Rechtfertigung von Meinungen bzw. zur Erklärung von Tatsachen verstanden.

Wissen artikuliert sich in Vorstellungen oder Aussagen über Sachverhalte oder Objekte in der realen oder fiktiven Außenwelt. Diese Aussagen können empirisch gewonnen, theoretisch verifiziert oder aus internem Wissen abgeleitet sein. Wissen als Vorstellung ist zunächst eine kognitive Struktur in unserem Gehirn. Aussagen artikulieren sich weitgehend über natürliche oder künstliche bzw. formale Sprachen. Wissen als Vorstellung kann sich aber auch in anderen medialen Strukturen realisieren. Auch jede Form von Kunst realisiert Vorstellungen über Sachverhalte oder Objekte in der realen oder fiktiven Außenwelt. Hier geht es um Wissen in Bildung und Wissenschaft. Wissen als kognitive Struktur, solange es also in unseren Köpfen ist, gehört nur uns. Niemand kann unseren Gehirnen Wissen entnehmen (bislang jedenfalls nicht) und uns das nehmen, was wir für uns, sozusagen wortwörtlich als Eigen behalten wollen. Das ist aber nicht Eigentum, wie es vom Urheberrecht angesprochen wird. Das Eigene sozusagen im Kopf kann nicht von Dritten gebraucht, missbraucht, verknappt, enteignet, eingeschränkt und auch nicht vergütet werden.[81] Tatsächlich ist Wissen nur dadurch urheberrechtlich relevant, als es in den verschiedenen medialen Formen von Werken repräsentiert ist. Allerdings stimmt der Satz, dass Wissen in unseren Köpfen nur uns gehört, dass Wissen in uns ein Eigenes und damit quasi unser Eigentum sei, in seiner Allgemeinheit wohl nicht. Vom ersten Augenblick unseres Lebens nehmen wir kontinuierlich Wissen auf, das andere geschaffen haben, auch über viele Generationen zurück.[82] Man kann sich kein „neues" Wissen vorstellen, welches nicht in irgendeiner Form auf bereits

---

80 (Wissen 2004) Artikel Wissen. In Historisches Wörterbuch der Philosophie, Spalte 855.
81 Diese exklusive Verfügung über das interne Eigene mag in Zukunft hinfällig werden, wenn es möglich sein sollte, die gehirninterne Kodierung dieses Wissens zu identifizieren und sozusagen den immateriellen Wissenstransfer möglich zu machen, ohne dass reale Wissensobjekte dabei beteiligt sind. Das ist derzeit noch mehr Dystopie als Utopie.
82 Selbst Goethe, der oft sozusagen als Kronzeuge für die Annahme eines individuellen kreativen Schöpfers von Werken angesehen und durch den das Konzept des geistigen Eigentums bestätigt wird, sah seine Werke eher als Produkt „eines Kollektivwesens" an: „Alles, was ich gesehen, gehört und beobachtet, habe ich gesammelt und ausgenutzt. Meine Werke sind von unzähligen verschiedenen Individuen genährt worden, von Ignoranten und Weisen, Leuten von Geist und

bestehendes Wissen Bezug nimmt bzw. in dieses integriert ist. Genaugenommen kann sich eigenes „neues" Wissen nur darauf beziehen, dass es in der Kombination mit Wissen Anderer in einen neuen originellen Zusammenhang gestellt wurde. Dem trägt auch das Urheberrecht dadurch Rechnung, dass Schutzansprüche auch gelten, wenn aus dem sozusagen kombinatorischen, aus vielen Kontexten entstandenen Wissen ein Werk in der wahrnehmbaren Außenwelt entstanden ist. Kriterium ist weitgehend nur, dass dieses Werk so noch nicht vorhanden war. Was geschieht aber mit dem Wissen, wenn der Urheber des in einem Werk repräsentierten Wissens sich entschlossen hat, dieses Werk öffentlich und damit kommunizierbar zu machen? Auf diese Frage gibt es viele und auch viele berühmte und wunderbare Antworten. Hier eine besonders wunderbare Antwort von Thomas Jefferson von 1813:

> If nature has made any one thing less susceptible than all others of exclusive property, it is the action of the thinking power called an idea, which an individual may exclusively possess as long as he keeps it to himself; but the moment it is divulged, it forces itself into the possession of every one, and the receiver cannot dispossess himself of it. Its peculiar character, too, is that no one possesses the less, because every other possesses the whole of it. He who receives an idea from me, receives instruction himself without lessening mine; as he who lights his taper at mine, receives light without darkening me.[83]

In dem Moment, wenn Wissen verbreitet (*divulged*), öffentlich zugänglich gemacht worden ist, will es (*it forces itself*), dass es von jedermann in Besitz genommen werden kann, ohne dass durch diese Besitznahme andere daran gehindert werden, es ebenfalls in Besitz zu nehmen. Auch durch das Urheberrecht sind Wissen, Ideen, Erkenntnisse, ... nicht geschützt. Jedermann kann Wissen frei nutzen. In diesem Sinne ist Wissen tatsächlich quasi vogelfrei. Wenn es allerdings in einer Version des Wissensautors repräsentiert und öffentlich gemacht wird, ist es geschützt. Aber dieses Wissen darf durch den Nutzer sozusagen paraphrasiert in einer neuen Version als Werk reklamiert werden. Dagegen hat das Urheberrecht keine Einwände und verlangt auch keine Referenz auf die erste Werks-/Autorenversion. In der Wissenschaft hingegen wird Letzteres verlangt, darin strenger als das Urheberrecht.

Wissen (in Werken) ist in mehrfacher Hinsicht *nachhaltig*. Es ist in vielfältigen Nutzungssituationen immer wieder verwendbar; es sichert den Transfer

---

Dummköpfen; die Kindheit, das reife und das Greisenalter, alle haben mir ihre Gedanken entgegengebracht, ihre ... Lebensansichten; ich habe oft geerntet, was andere gesät haben, mein Werk ist das eines Kollektivwesens, das den Namen Goethe trägt." Aus dem Briefwechsel Goethes mit Friedrich Soret, hrsg. Weimar 1905. Diesen Hinweis verdanke ich (Helfrich/Bollier 2019) Frei, fair und lebendig – Die Macht der Commons.

83 The Letters of Thomas Jefferson: No patents on ideas. To Isaac McPherson, Monticello, August 13, 1813 – https://bit.ly/35JDRvB.p

der Aussagen früherer Generationen in Gegenwart und Zukunft; es nutzt sich durch Nutzung nicht ab, ganz im Gegenteil, je mehr es genutzt wird, umso mehr Nutzen stiftet es, und es ist damit nicht rivalisierend im Gebrauch. Meine Nutzung schließt die durch einen anderen nicht aus. Wissen entspricht damit – ohne dass wir uns diese Terminologie hier zu eigen machen wollen – dem ökonomischen Verständnis eines öffentlichen Guts. Für das Urheberrecht ist es, wie es auch schon das Jefferson-Zitat nahelegte, selbstverständlich, dass Wissen (Ideen, ...) frei nutzbar ist. Aber was nützt diese Freiheit, wenn der Zugriff auf das repräsentierte Wissen nicht vergleichbar frei ist? Nicht Wissen ist die Herausforderung, sondern der Zugriff darauf.

Fazit. Die Urheberrechtswissenschaft (vgl. 5.2) hat zwischen Werk und Werkstück unterschieden. Wir werden diese Unterscheidung zwischen dem immateriellen Charakter des Werks und der materiellen Struktur des Werkstücks in Kap. 6 kritisieren. Das Urheberrecht tut so, als ob das Werk als geistiges Konstrukt tatsächlich ein Objekt für sich ist und damit als Gut handelbar und durch das Gesetz regulierbar wird. Diese Terminologie – und damit die Implikationen für diese Unterscheidung – wird hier nicht verwendet. Vielmehr wird das über eine Repräsentationsform wahrnehmbare Wissen als Wissensobjekt bezeichnet. Je nach Gegenstandsbereich wird die Repräsentationsform eine andere sein. In der Wissenschaft ist es überwiegend die Sprache – nicht nur die natürliche, als Fachsprache dem jeweiligen Fachgebiet angepasste Sprache, sondern auch formale Sprachen. Die Leistung, ein Wissensobjekt zu erstellen, besteht nicht nur in der semantischen Repräsentation, sondern auch in der syntaktischen strukturierten Linearisierung und Textualisierung der verschiedenen Wissensfragmente. Das Wissensobjekt hat vor einer Veröffentlichung nur das *Potenzial*, kommunizierbar und nutzbar zu sein. Erst dadurch, dass sich der Wissenschaftler entscheidet – und nur er hat nach dem Urheberrecht dieses Entscheidungsrecht –, sein Wissensobjekt öffentlich zu machen, wird er zum Urheber im rechtlichen Sinne (auch wenn das Urheberrecht darauf beharrt, dass auch das Wissensobjekt in der Schublade urheberrechtlich geschützt ist). Erst dann, also durch die Veröffentlichung, ergibt sich für die (Fach-)Öffentlichkeit die Möglichkeit, aus dem Wissensobjekt Information abzuleiten. Die Veröffentlichung macht Wissensobjekte zu Informationsobjekten.

4.1.2 Information

Mit dem Öffentlichmachen der Wissensobjekte kommt Information ins Spiel. Informationen referenzieren auf repräsentiertes Wissen, auf Wissensobjekte, wie wir sie oben genannt haben; aber sie entfalten diese Bedeutung nur mit Referenz auf die aktuelle Benutzungssituation. Information hat durch den Bezug auf Wissen eine *semantische* Dimension, durch den Bezug auf das Handeln bzw. der Folgen der Verwendung von Wissen eine *pragmatische* Dimension. Informationen bedeuten also etwas, aber – und das macht das pragmatische Grundverständnis aus – sie existieren nicht losgelöst von ihrer Nutzung und von den Folgen, die deren Nutzung nach sich ziehen. Von Information kann man nur im aktuellen Kontext ihrer Verwendung sprechen, unter Berücksichtigung der verschiedenen *Rahmenbedingungen* ihrer Benutzung.[84] Nimmt man es genau, kann man von Information nur sprechen, wenn das dabei referenzierte Wissen für den Nutzer neu ist. Was man schon weiß, ist keine Information. Nützlich kann eine gewisse Redundanz dennoch sein, wenn dadurch das bislang nur vage Gewusste in der Gewissheitsskala etwas nach oben rückt. Für dieses pragmatische Verständnis von Information – als aktiv gewordenes Wissen[85] – steht die Formel *Information ist Wissen in Aktion* (Kuhlen 2013c). Entsprechend diesem pragmatischen Verständnis referenziert Information auf das Wissen, das in aktuellen Handlungssituationen benötigt wird, z. B. zur Problemlösung oder um Entscheidungen treffen zu können, aber das der aktuell Handelnde nicht selbst hat.

Information als handlungsrelevantes Wissen macht keine Aussage über den Wahrheitswert. Information kann auch aus Meinungen oder sogar aus falschen Aussagen entstehen. Falsche Aussagen, also Wissen, das im traditionellen Verständnis kein Wissen ist, können Konsequenzen für aktuelles Handeln haben – sei es, dass Personen deren Wahrheitswert nicht einschätzen können und sie für wahr halten, oder sei es, dass Personen, aus welchen Gründen auch immer, bewusst falsche Aussagen in die Welt setzen, in der Erwartung dass diese als

---

84 Zu den Rahmenbedingungen gehören z. B. kognitive Faktoren wie der bisherige Wissensstand des Informationssuchenden, seine Gedächtnisleistung, seine Informationsverarbeitungskapazität und situative, soziale Faktoren, z. B. die Dringlichkeit der Nutzung, der Verwendungszweck, die Verfügbarkeit der technischen Ressourcen für Suche, der organisationelle Hintergrund, die allgemeine Informationskultur der aktuellen Umgebung und auch die (urheber)rechtlichen Vorgaben für die Nutzung von Information. Verschärft wird die Anforderung an Information nicht nur dadurch, dass sie relevant, also einschlägig für die aktuelle Situation, sondern auch noch in ihrem Wissensgehalt neu für den Aufnehmenden sein muss. Etwas, was man schon weiß, ist keine Information.

85 Auch dieser Vorschlag ist im Searle'schen Sinne ein deklarativer Sprechakt, eine semantische und pragmatische Festschreibung von „Information", die aber nur zu einer allgemeinen informationswissenschaftlichen (oder sogar allgemeinen) Institutionalisierung führen kann, wenn eine relevante Mehrheit der davon betroffenen Akteure sich dieser Deklaration anschließen kann. Derzeit spricht vieles dafür, dass (auch weltweit) die aktiven Informationswissenschaftler ihre Arbeit auf diesem pragmatischen Verständnis von Information gründen und Information unter den Aspekten der Nutzung, des Nutzens und der Wirkung untersuchen.

Information aufgegriffen und zu den von den Falschmeldern erwünschten Handlungen veranlasst werden.[86] Informationskompetenz, die Fähigkeit, Information mit niedrigem von solchen mit hohem Wahrheitswert zu unterscheiden, erkennen zu erkennen, was manipulative und was begründete Information ist, wird somit zu einem entscheidenden Bildungsziel, vor allem in elektronischen Umgebungen. Informationskompetenz ist das, was in der Philosophie bestimmende Urteilskraft genannt wird, das Neue dem bestehenden gesicherten Wissen zuordnen zu können bzw. es aus guten Gründen ablehnen zu können.

Die semantische und pragmatische Dimension von Information liegt nicht nur der Informationsethik zugrunde (s. unten), sondern ist auch aus urheberrechtlicher Sicht einschlägig. Wir haben oben in dem Abschnitt über Wissen (4.1.1) das von einem Autor in einer „Sprache" repräsentierte, linearisierte und für eine Veröffentlichung vorgesehene Wissen als Wissensobjekt bezeichnet. Diese Wissensobjekte müssen veröffentlicht sein, damit sie wahrgenommen und genutzt werden können. Das kann auf vielfältige Weise geschehen. Der traditionelle Weg, dieses Ziel zu erreichen, geschieht über eine Veröffentlichung durch einen Verlag. Auf die urheberrechtliche Übertragung der Autorenrechte an den Wissensobjekten als Nutzungsrechte der Verleger wird in 5.5 eingegangen, auf deren Problematik in 6.6. Hier geht es um die pragmatische Dimension der Veröffentlichung. Der Zweck der Veröffentlichung ist aus Verlagssicht, einen Gewinn damit zu erzielen. Der generelle Zweck der Veröffentlichung in Bildung und Wissenschaft liegt aber darin, dass das in ihr enthaltene Wissen genutzt werden kann. Anders gesagt: Wissensobjekte werden als Informationsobjekte öffentlich gemacht, damit aus ihnen Information entsprechend ihres semantischen Gehalts und ihrer pragmatischen Relevanz abgeleitet werden kann.

Fazit. Wir unterscheiden Wissensobjekte als Ergebnis der Arbeit der Autoren und Informationsobjekte als Angebote zur Nutzung auf den Informationsmärkten. Entsprechend der Unterscheidung von kommerziellen proprietären und offenen freien Informationsmärkten können diese Informationsobjekte von den Autoren selbst erstellt und zur Nutzung freigegeben werden, z. B. indem sie ohne einen Verlag von den Autoren auf ihre Website gestellt werden. Die Wissensobjekte können aber auch von Organisationen aus der Wissenschaft selbst, Bibliotheken, Fachverbände etc., als Informationsobjekte zur Nutzung öffentlich gemacht werden.

---

86 Damit ist dieses hier skizzierte Verständnis von Information auch relevant für die derzeitige Diskussion zu *Fake News* im Internet. Vgl. (Hauff-Hartig 2018) greift dazu die These in (Kuhlen 2013c) auf: „Von Wahrheit ist dabei nicht die Rede. Auch eine Lüge kann eine Information sein." Information gilt daher auch „zwangsläufig für Phänomene wie Desinformation, Fehlinformation und Falschinformation."

Oder eben von kommerziellen Unternehmen wie Verlagen. In 4.3 werden wir die Umwandlung von Wissensobjekten in unterschiedlich institutionell realisierte Informationsobjekte weiter diskutieren mit Rückgriff auf die Unterscheidung von *Common Pool Resources* (CPR) und *Commons*.

4.2 Zur Begründung der Informationsethik

Die Bezeichnung „Informationsethik" (*information ethics*) hatte sich international in den drei UNESCO-INFOethics-Konferenzen (1997, 1990 und 2000) durchgesetzt.[87] Informationsethik ist nicht etwas grundlegend Neues gegenüber der langen philosophischen Tradition von Ethik allgemein. Auch in der Informationsethik geht es um Werte wie Freiheit, Gerechtigkeit, Gleichheit, Vertrauen, ... oder um (Grund-) Rechte wie Würde, Eigentum, Meinungs-, Religions-, Informations-, Presse-, Wissenschaftsfreiheit, ... Informationsethik im hier vertretenen Sinne gründet sich nicht auf einem quasi naturrechtlichen Verständnis solcher Werte und Rechte, genauso wie hier nicht von einer naturrechtlichen Begründung des Urheberrechts bzw. des ihm zugrundeliegenden Eigentumsverständnisses ausgegangen wird. Vielmehr wird Informationsethik hier auf eine philosophische, auf Aristoteles zurückgehende Tradition verpflichtet.[88]

Für Aristoteles war es das tatsächliche Leben in dem Raum der Athenischen Polis, welches die Werte und Verhaltensformen der Menschen bestimmt. Sie sind also nicht wie in Platonischer Tradition absolut – sei es metaphysisch, religiös oder naturrechtlich – zu begründen, sondern binden sich zurück an Gewohnheiten, die sich zu Verhaltensformen, Traditionen sowie Normen und Wertvorstellungen verdichten, wenn sie von den Menschen, die in vergleichbaren Räumen leben, allgemein akzeptiert werden. Die Gesamtheit der Verhaltensformen, Normen und Wertvorstellungen, die unser Handeln bestimmen, kann als Moral bezeichnet werden. Moralische Vorstellungen fallen nicht vom Himmel (auch wenn sie in großen Teilen der Welt weiter aus allgemeinen ethischen bzw. bzw. fundamentalen religiösen Vorgaben direkt abgeleitet werden), sondern entwickeln sich in den Räumen, den Umgebungen, in denen die Menschen leben und handeln. Sie sind nicht stabil, sondern verändern sich mit den Rahmenbedingungen, die diese Räume, die Umgebungen strukturieren.

Die Räume in der Gegenwart, in denen sich diese Entwicklungen vollziehen, sind die elektronischen Räume des Internets. Das Internet ist aus der Sicht der

---

[87] Zuweilen wird auch von „Wissensethik" gesprochen; vgl. (von Guretzky o. J.) Wissensethik.
[88] Vgl. (Ritter 1972) Artikel Ethik.

Informationsethik der Raum, das Ensemble der intellektuellen Lebenswelten, in dem beim Umgang mit Wissen und Information neue Verhaltensformen, neue Normen/Werte bzw. ein neues Verständnis von bestehenden Werten entstehen. In ihnen „bewegen" wir uns unabhängig von räumlichen und zeitlichen Beschränkungen, und aus ihnen reproduzieren wir immer mehr unser intellektuelles Leben.[89] Die elektronischen Umgebungen bestimmen in beträchtlichem Ausmaß unsere Sicht von Welt. Wir erfahren Welt zu großen Teilen nicht mehr direkt aus dem, was wir real erleben, sondern aus der telemediatisierten Welt und zwar in weitaus stärkerem Umfang, als es bislang durch die Vermittlung traditioneller Medienwelten (Zeitungen, Rundfunk, Fernsehen) der Fall war. So wenig wie moralische Vorstellungen und Verhaltensformen quasi vom Himmel fallen, so wenig sind sie unabhängig vom Stand der Technologien oder von den Organisationsformen der Märkte und ebenso nicht unabhängig vom Stand oder den Plänen politischer Regulierung. Der theoretische Ansatz für Moral besagte ja gerade, dass sich diese in den sich historisch wandelnden „Räumen" entwickelt, in den die Menschen leben und handeln. Diese Räume werden beeinflusst vom Stand der Technologien, von den Formen wirtschaftlichen Handelns und von den Ausprägungen des politisch-administrativen Systems, und damit wirken sie auch auf „Moral" ein. Entsprechend gilt genauso, dass Technologien und Märkte sich nicht naturgesetzlich autonom entwickeln, sondern sich wechselseitig beeinflussen, aber auch von dem moralischen „Empfinden" der Menschen und den gesetzlichen und administrativen Vorgaben der Politik mitbestimmt werden.

Lawrence Lessig[90] hat in seinem Code-Buch für diese Zusammenhänge eine Vorgabe gegeben, indem er von den vier *constraints* spricht, die auf komplexe Sachverhalte in Gesellschaften einwirken: *norms, law, market, architecture*. Hier werden diese constraints mit Blick auf den hier zu behandelnden Gegenstand dadurch konkretisiert, dass *norms* durch *Informationsethik*, *law* durch *Urheberrecht*, *market* durch *kommerzielle und offene Informationsmärkte* und *architecture* durch *Informations- und Kommunikationstechnologie* ersetzt werden. *Diese* Lessig'schen *constraints* werden hier als *Regulierungsinstanzen* angesprochen. Für diese gibt es keine klaren Hierarchien oder Dominanten. Plausibler ist es, den Zusammenhang der vier Regulierungsformen durch eine umfassende Interdependenz zu bestimmen.

Die anfangs aufgestellte Prioritätsthese zugunsten der Informationsethik ist kein Widerspruch zu dieser Interdependenz der verschiedenen Regulierungsinstanzen. Informationsethik muss sich nicht an einem rechtlich vorgegebenen Rahmen

---

89 Vgl. den entsprechenden Ansatz in (Capurro 2003) Infomationsethik. Eine Standortbestimmung; (Hausmanninger/Capurro 2002) Netzethik. Grundlegungsfragen der Internetethik.
90 (Lessig 1999/2006) – 1999, S. 86ff bzw. 2006, S. 120 ff.

orientieren. Informationsethische Argumente müssen nicht kompatibel mit der bestehenden Rechtsordnung sein. Das Ziel informationsethischer Diskurse besteht nicht darin, zum Einhalten urheberrechtlicher Bestimmungen zu erziehen. Das ist hier nicht mit Informationsethik gemeint. Informationsethik macht eine Differenz zum Bestehenden. Das muss so sein. Das moralische Bewusstsein entwickelt sich schneller, als es das Recht kann – treffender gesagt: als es das Recht darf. Das Recht muss für Sicherheit sorgen. Informationsethik muss Unruhe als Bedingung für Weiterentwicklung auch des Rechts schaffen.[91]

Angesichts der Präferenz des Rechts für Stabilität ist in der Tat zu erwarten, dass das Ergebnis informationsethischer Diskurse häufig eine Differenz informationsethischer Erwartungen zu den bestehenden rechtlichen Normen aufscheinen lässt. Soll die anfangs formulierte Prioritätsthese Bestand haben, so kann sich Informationsethik nicht mit der analytischen Deskription und der daraus folgenden Kritik begnügen. Das Ziel der Informationsethik besteht vielmehr darin, die noch diffus sich entwickelnden und zuweilen auch sich widersprechenden moralischen Vorstellungen (in der Gesamtheit: die Moral) für den Umgang mit Wissen und Information zu stabilisieren und sie zu Leitideen zusammenzufassen und diese durch operative Handlungsanweisungen zu konkretisieren.

Leitideen spiegeln nicht das Sein wider, sondern leuchten über das Sollen die Bedingungen für ein neues Sein aus. Leitideen können zu jedem gegebenen Zeitpunkt nicht nur entwicklungsoffen, sondern können unter einer gesamtgesellschaftlichen Sicht auch nicht einheitlich sein. Neue normative Vorstellungen und Verhaltensformen entwickeln sich keineswegs zeitgleich in den verschiedenen gesellschaftlichen Gruppierungen und werden auch keineswegs von allen Gruppierungen gleichermaßen geteilt. Wir haben schon in 3.3 darauf hingewiesen, dass das in Leitideen verdichtete moralische Verhalten von Personen und Akteursgruppen, die durch analoge Umgebungen primär geprägt wurden, ein anderes ist als von Personen und Institutionen, denen die elektronischen Umgebungen die primären Lebenswelten geworden sind. Da ist eine besondere Herausforderung für die Gestaltung des Urheberrechts. Oft genug (und oft viel zu lange) ist es den herkömmlichen Leitideen aus der analogen Welt gefolgt (Beispiele dafür in Teil II). Es ist Aufgabe der Informationsethik, über wertebasierte Diskurse zu ermitteln, welches die gegenwärtig dominierenden Leitideen für den Umgang mit Wissen und Information sind. Es ist die Aufgabe des Urheberrechts, die in den Leitideen entwickelten konkreten Handlungsanweisungen in rechtlich verbindliche Normen umzusetzen. Dadurch können und sollen frühere Leitideen

---

91 Entsprechend der auf die Gesamtheit der Moderne gerichteten Analyse von (Konersmann 2015) Die Unruhe der Welt.

nicht einfach sozusagen über Bord geworfen werden. Aber bloße Kompromisse mit gleicher Gewichtung der heterogenen Leitideen schaffen kein zeitgemäßes und zukunftsoffenes Urheberrecht. Wir plädieren hier für informationsethisch begründete Prioritäten.

Fazit. Informationsethik kann unter einer dreifachen Perspektive bestimmt werden – deskriptiv, normativ, konstruktiv: (1) Informationsethik beschreibt aus Produzenten-/Verwerter- und Nutzersicht, welche Wertvorstellungen und normative Verhaltensformen (welche Moral) in den Lebenswelten, heute immer mehr in den elektronischen Räumen des Internets für den Umgang mit Wissen und Information bestehen bzw. sich entwickeln. (2) Informationsethik unternimmt es, aus den Wertvorstellungen und normativen Verhaltensformen – unter Abwägung der verschiedenen Interessen der beteiligten Akteursgruppen und unter Berücksichtigung von ethischen Theorien allgemein – Leitideen für den Umgang mit Wissen und Information abzuleiten. (3) Informationsethik entwickelt Vorschläge, durch welche Maßnahmen in welchen Objektbereichen und unter Berücksichtigung der verschiedenen Regulierungsinstanzen die Leitideen in die Praxis umgesetzt werden können. Wir werden im folgenden Abschnitt herausarbeiten, dass aus Sicht der Informationsethik die zentrale Leitidee für den Umgang mit Wissen und Information (vgl. 3.3–3.5) die nachhaltige commons-basierte Nutzungsfreiheit ist.

4.3 Zur Begründung von Leitideen durch institutionalisierte Commons

Spätesten seit dem grundlegenden Band von (Hess/Ostrom 2007) hat sich das Verständnis durchgesetzt, dass auch Wissen, also nicht nur natürliche Ressourcen, als Commons, als immaterielle Commons zu begreifen sind. Entsprechend wollen wir den allgemeinen Begriff der Ökologie auf Wissensökologie erweitern.[92] So wie die allgemeine Ökonomie sich immer mehr Grundsätze der Ökologie zu eigen macht, so deutet Einiges darauf hin, dass auch die traditionelle Wissens-/Informationsökonomie sich veranlasst sieht, ihre Geschäftsmodelle nach wissensökologischen Prinzipien zu organisieren. Ökologie der natürlichen und Ökologie der immateriellen Ressourcen scheinen zunächst im Widerspruch zueinander zu stehen. Die Nachhaltigkeit der natürlichen Ressourcen, einschließlich des

---

[92] Vgl. (Kuhlen 2004f) Artikel Wissensökologie; (Kuhlen 2004e) Nachhaltigkeit muss nicht Verknappung bedeuten – in Richtung Wissensökologie; (Kuhlen 2012b) Wissensökonomie und Wissensökologie zusammen denken.

Anspruchs späterer Generationen auf deren Verfügbarkeit, soll vor allem dadurch gesichert werden, dass sie vor Übernutzung geschützt und daher auch verknappt werden müssen. Das gilt für Wissen nicht. Je mehr es genutzt wird, desto größer der Nutzen. Nachhaltigkeit bedeutet entsprechend hier gerade nicht Schutz vor Übernutzung, sondern Schutz vor Unternutzung. Unternutzung mag nicht das primäre Ziel des Urheberrechts sein. Aber für Bildung und Wissenschaft bewirkt das Urheberrecht genau die Unternutzung durch Verknappung des Zugriffs und der Nutzung. Entscheidend zur Verknappung hat beigetragen, dass das Urheberrecht bestimmende Konzept des geistigen Eigentums des Urhebers auch auf die kommerzielle Verwertung mit entsprechenden Vergütungsansprüchen übertragen wird.

Für Wissensökologie und damit für immaterielle Ressourcen gilt die gleiche ethische Begründung wie für die von materiellen Ressourcen. So wie Wasser unabdingbar ist für die menschliche Existenz, so ist Wissen unabdingbar für soziale und individuelle Entwicklung. Wissen ist sozusagen zu Wasser äquivalent, oder, besser im Englischen auszudrücken als im Deutschen: „Knowledge is the water of the mind".[93] Nach (Hess/Ostrom 2007) ist Wissen das Ergebnis der menschlichen Entwicklung und das Ensemble der intellektuellen Aktivitäten, die in einer medialen Form öffentlich zugänglich gemacht worden sind. Wissen ist damit Teil des gemeinsamen menschlichen Erbes. Wissen ist vom Prinzip ein Gemeinschaftsgut, das der Gemeinfreiheit unterliegt. Das anerkennt auch das Urheberrecht. Wissen kann von jedermann ohne Einschränkung genutzt werden, wenn es denn bekannt gemacht werden kann. Wissen ist also nicht für sich zugreifbar oder nutzbar, sondern nur wenn es in einer medialen Gestalt repräsentiert ist und dieses Ergebnis öffentlich zugänglich gemacht. Nach dem Ostrom'schen Verständnis von Institutionenökonomie (vgl. FN 96) entstehen Commons erst dadurch, dass die sie begründenden CPR (wie Wasser, aber eben auch Wissen) durch soziale Konstrukte wie Konsens, Vereinbarungen, Verpflichtungen, Verträge, Regeln, Gesetze, aber auch durch Kontrollmechanismen oder Sanktionen nutzbar werden. Commons wie Wissen und Information sind keine ontologisch stabilen Entitäten. Commons entstehen nicht zwangsläufig, sondern sind in der Form ihrer Realisierung durchaus kontingent. Commons werden erst im Prozess des Commoning gebildet,[94] durch Initiativen der jeweiligen Akteure, welche dafür sorgen, dass Commons auf nachhaltige Weise genutzt werden können. Commons sind, darin vergleichbar mit der Bestimmung von „Information", ein soziales Phänomen. Sie existieren nicht für sich, sondern nur im Kontext ihrer Anwendung durch die daran interessierten und betroffenen

---

93 (Kuhlen 2012c) Knowledge is the water of the mind.
94 (Helfrich/Bollier 2019) Frei, fair und lebendig – Die Macht der Commons.

4.3 Zur Begründung von Leitideen durch institutionalisierte Commons — 75

Akteure. Sie werden, um eine Formulierung von Berger/Luckmann aufzugreifen, sozial konstruiert.[95] Der Prozess des Commoning, die Initiativen der Akteure, wird zwar in der Commons-Literatur an Hand von vielen Beispielen[96] zu Recht und unabdingbar als autonom, selbstorganisiert und selbstbestimmt beschrieben, aber die Prozesse des Commoning sind nicht unabhängig
– von den technologischen Rahmenbedingungen für Produktion, Aufbereitung, Verteilung und Nutzen von Wissen und Information,
– von den entwickelten und sich neu abzeichnenden Geschäftsmodelle auf den Informationsmärkten,
– von dem in der Gesetzgebung sich darstellendem politischen Willen und –
– unter Beachtung der Prioritätsthese – von der entwickelten öffentlichen Moral als dem Ensemble der Werte/Prinzipien/Normen und den darauf beruhenden Kommunikationsformen.

Dies sind die in 4.2 angesprochenen Regulierungsinstanzen, deren Beziehung untereinander multidirektional sind. Technologie beeinflusst moralische Einstellungen, aber diese, zusammen mit anderen Faktoren wie politischer Wille und ökonomisches Interesse, steuern auch die Wahl aus den verfügbaren Technologien. So kann Technologie (hier als Software) zum Einsatz von Digital Rights Management (DRM) und Filtern[97] zum Schutz kommerzieller Marktinteressen und zur Durchsetzung von urheberrechtlichen Regelungen führen. Sie kann aber auch die Entwicklung von offenen Informationsmärkten in Open-Access- bzw. Open-Science-Modellen für das freie Teilen von Wissen und Information begünstigen. Vor allem durch die rasche Technologieentwicklung ist die Umsetzung von CPR in Commons in hohem Maße entwicklungsoffen/kontingent. Produktion, Verteilung und Nutzung

---

95 (Berger/Luckmann 1966/1969) Die gesellschaftliche Konstruktion der Wirklichkeit.
96 (Hess/Ostrom 2007) Understanding knowledge as a commons; (Ostrom et al. 2008) Rules, games, & common-pool resources 2008); (Helfrich et al. 2009) Gemeingüter – Wohlstand durch Teilen; (Helfrich/HBS 2012) Commons. Für eine neue Politik jenseits von Markt und Staat; (Bollier/Helfrich 2012) The wealth of the commons; (Helfrich/Bollier 2019) Frei, fair und lebendig – Die Macht der Commons.
97 In der Form von „Upload-Filtern" durch Art. 17 in der EU-Urheberrechtsreform von 2019. Das Wort „Upload-Filter" selbst kommt in EU-DSM-RL2019, Art. 17 „Nutzung geschützter Inhalte durch Diensteanbieter für das Teilen von Online-Inhalten" nicht vor – intentional aber wohl doch. Inwieweit solche Filter dennoch verbindlich von den Mitgliedsländern eingesetzt werden, werden die nächsten Jahre zeigen. Wandtke/Hauck sehen in Art. 17 „einen Paradigmenwechsel bei der Durchsetzung des Urheberrechts. Die Rechteinhaber werden gestärkt, sie müssen zukünftig insbesondere angemessen an den Einnahmen der Diensteanbieter beteiligt werden." (Wandtke/Hauck 2019) Art. 17 DSM-Richtlinie. Ob dafür Upload-Filter ein geeignetes Instrument sein kann bzw. sein soll, kann durchaus bezweifelt werden.

von Wissen und Information waren zu einer Zeit, als Wissen durch Schreiben auf Pergament oder vorher auf Tierhäuten als Informationsobjekte sichtbar gemacht wurden, gänzlich andere gegenüber den Möglichkeiten, die sich durch Gutenbergs Entwicklung des Drucks mit beweglichen Buchstaben ergeben haben. Diese sind heute in den elektronischen Umgebungen des Internets wiederum gänzlich andere. Technologische Veränderungen vollziehen sich aber auch laufend in „kleineren" Veränderungen als nur durch große, wie eben angedeutete Paradigmenwechsel, z. B. durch

- die nicht-lineare Wissensorganisation, wie sie durch die Hypertextmethodologie möglich wurde,
- die breite Verfügbarkeit von multimedialen Repräsentationsformen,
- die Produktion von Wissen durch Anwendung von TDM-Algorithmen über große Datenmangen,
- durch KI-basierte automatisierte Lernverfahren zur Erweiterung und Absicherung bestehendes Wissen
- die enger werdende Verflechtung von Wissensproduzenten und Wissensnutzern (Stichwort: user-generated content),
- die intensivierte weltweite Kommunikation über soziale Netzwerke, durch die auch in der Wissenschaft ganz neue Diskurse und damit auch neue Wissensobjekte entstehen, die ohne weitere Aufbereitung und Vermittlung durch Dritte sofort zu nutzbaren Informationsobjekten werden.

All dies hat Einfluss auf die zur Anwendung kommenden Institutionalisierungsverfahren (der Transformation von CPR in Commons), sowohl mit Bezug auf die Prinzipien/Werte als auch auf die oben beschriebenen sozialen Konstrukte wie Vereinbarungen, Prozeduren/Regeln, etc. Technologische Rahmenbedingungen haben zudem Regulierungskonsequenzen, z. B. wer für was Eigentumsrechte reklamiert, über welche Geschäftsmodelle der Anspruch auf Verwertung behauptet wird. All das hat Konsequenzen für Zugriffs- und Nutzungsformen, für Verknappung oder Offenheit von Wissen und Information.

Bei der Diskussion der Leitideen wurde angemerkt, dass Konflikte häufig dadurch entstehen, dass unterschiedliche Leitideen aufeinanderprallen. Das sind zum einen Leitideen, die sich in einem früheren Umfeld entwickelt haben und die sich auf bestimmte Werte bzw. zeitabhängige Interpretationen von Werten stützen, und zum anderen Leitideen, die sich in der Gegenwart in einem weitgehend anderen Umfeld mit neuen Werten bzw. mit einem neuen Verständnis bestehender Werte orientieren. Ein Beispiel dafür ist der Konflikt zwischen der etwa 100 Jahre alten Leitidee für den Verkehr, nämlich dass jeder die Möglichkeit haben soll, seine Mobilität durch die individuelle Verfügung über ein Automobil zu sichern, und der gegenwärtig sich entwickelnden Leitidee, dass Mobilität durch überwiegend

4.3 Zur Begründung von Leitideen durch institutionalisierte Commons — 77

durch ein öffentliche Verkehrssystem gesichert werden soll. Die Ablösung der alten Leitidee durch die eine begründet sich dadurch, dass die alte Leitidee objektiv dysfunktional geworden ist: klimaschädlicher Ausstoß von CO_2, großer Verbrauch natürlicher Ressourcen, dominierende Überlastung öffentlicher Räume vor allem in Städten. Diese objektive Dysfunktionalität hindert derzeit aber die Mehrheit der Bevölkerung nicht daran, der alten Leitidee zu folgen, obgleich diese gleichzeitig die neue Leitidee im Prinzip für richtig hält. Widersprüche zwischen Verhalten und Überzeugung lösen sich nicht schnell auf.

Die Geschichte (bis in die Gegenwart) hat gezeigt, dass durchaus auch private kommerzielle Verwertungsmodelle z. B. für die Ressource Wald für einen nachhaltigen und sozial angemessenen sorgen können, während für andere Ressourcen wie Luft oder auch Wasser eine nachhaltige und sozial verträgliche Sicherung wohl kaum anders als durch staatliche bzw. überstaatliche Regulierung erreicht werden kann. Aber Nachhaltigkeit kann (und wird zunehmend) auch durch das Commoning der von einer Ressource betroffenen Akteure erreicht. Das kann auch für die CPR Wissen angewendet werden. Auch für Wissen und Information war über viele Jahrhunderte das Öffentlichmachen von Wissensobjekten über entsprechende Informationsobjekte und die Sicherung des Zugriffs auf diese und damit die Nutzung von Wissen durch das Zusammenspiel von kommerzieller Verlagswirtschaft und öffentlich finanzierten Bibliotheken gesichert.

In 14.11 greifen wir den Ostrom'schen Ansatz der Institutionenökonomie noch einmal auf, um die prinzipielle Kompatibilität der beiden Informationsmärkte, der kommerziellen und der offenen Informationsmärkte, zu erklären. Kompatibel sind beide Märkte allerdings nur, wenn sich das kommerzielle Verknappungsmodell in ein offenes Nutzungsmodell transformiert. Gelingt diese Transformation, wie es sich in der Gegenwart andeutet, dann sollten die kommerziellen Akteure auf den wissenschaftlichen Informationsmärkten weiter aktiv präsent bleiben können. Die Transformation in Richtung Nutzungsfreiheit kann aber auch ganz anders verlaufen, nämlich dadurch, dass es nicht mehr die kommerziellen Akteure sind, die diese realisieren, sondern dass die freien offenen Publikationsmodelle aus der Wissenschaft selbst organisiert werden. Das wäre dann eine andere Form der Institutionalisierung der Bereitstellung von Wissen und Information. Auch das wird in Kap. 14 diskutiert. Beide Modelle sollten Auswirkungen auf die Gestaltung des Urheberrechts haben.

Fazit. Als Ergebnis dieses Kapitels kann festgehalten werden, dass in der Öffentlichkeit eine Leitidee sich entwickelt, nach der Wissen und damit auch die entsprechenden Informationsobjekte tatsächlich frei verfügbare Gemeingüter (Commons) sein sollen. Konkret besteht offensichtlich ein Konsens in der Öffentlichkeit darüber, dass speziell das mit öffentlichen Mitteln erzeugte Wissen grundsätzlich frei sein sollte. Der freie Zugriff und die freie Nutzung von Wissen repräsentierenden Informationsobjekten sollten der Default-Wert sein und die kommerzielle Verwertung die Ausnahme. Es verstärken sich die Hinweise, dass die Leitidee der freien Nutzung des mit öffentlichen Mitteln erzeugtem Wissens auch von der Politik aufgegriffen wird und dass die Informationsmärkte darauf mit neuen Modellen reagieren. Die Verträglichkeit bzw. Einheit von Ökonomie und Ökologie, der ökonomischen und ökologischen Prinzipien ist seit vielen Jahren für Wirtschaft, aber auch für die Politik ein Selbstverständlich geworden. Das sollte auch für Wissensökonomie und Wissensökologie gelten. So wie z. B. Klimaschutz die Chancen auf wirtschaftliches Wachstum und öffentliche Mobilität ganz neue Wirtschaftszweige entstehen lässt, so könnte auch der nachhaltige Umgang mit Wissen und Information der Motor für die Wissens- und Informationsindustrie sein. Nachhaltiger Umgang bedeutet hier gerade nicht Verknappung und Beschränkung der Nutzung wie bei den natürlichen Ressourcen, sondern freier Zugang und freie Nutzung zur Vermeidung von Wissensunternutzung. Je mehr Wissen genutzt, umso größer der wissenschaftliche, aber auch der allgemeine gesellschaftliche Nutzen.

5 Was ist und was will das Urheberrecht?

Anders als in der US-amerikanischen Verfassung[98] gibt es im Grundgesetz keine explizite Handlungsanweisung an den Gesetzgeber, so etwas wie ein Urheberrechtsgesetz zu beschließen. Im GG wird lediglich festgehalten, dass das Urheberrecht Bundesrecht ist. Das war noch in der Weimarer Bundesverfassung von 1919 anders: „Die geistige Arbeit, das Recht der Urheber, Erfinder und der Künstler genießt den Schutz und die Fürsorge des Reiches".[99] Trotzdem wird das UrhG indirekt doch aus dem GG abgeleitet, und zwar aus Art. 14 GG. Das ist aber nur deshalb möglich, weil Eigentum als konstitutiv für die Begründung des Urheberrechts angesehen wird. Das GG gibt dem Gesetzgeber über Art. 14 den Auftrag, den Umfang des Rechts auf Schutz des Eigentums durch positive Gesetze festzulegen.[100] Dabei gilt als Vorgabe einerseits die individuelle Eigentumsgarantie (Art. 14 Abs. 1), andererseits die Bindung des Eigentums an das Wohl der Allgemeinheit (Art. 14 Abs. 2). Diese Bindung gilt gleichermaßen für den Eigentümer wie für den Gesetzgeber – also für beide die Verpflichtung, sich nicht alleine an den individuellen Interessen zu orientieren.

Anders als im ersten deutschen Urheberrecht, im preußischen „Gesetz zum Schutze des Eigentums an Werken der Wissenschaft und Kunst gegen Nachdruck und Nachbildung" von 1837 kommt in der umfassenden Reform des Urheberrechts von 1965 „Eigentum" als Benennung nicht vor. Das ist bis heute so geblieben. Lediglich in den §§ 98 und 99 wird „Eigentum" erwähnt, aber nur mit Bezug auf „Vervielfältigungsstücke, die im Besitz oder Eigentum des Verletzers stehen". Erst recht kommt weder im Grundgesetz noch bis heute in den Normen des UrhG die

---

98 Die US-Verfassung erlaubt es dem Kongress ("shall have Power"), Autoren und Erfindern exklusive Rechte für einen begrenzten Zeitraum (in Gesetzen wie Copyright und Patent law) zu sichern. Dieser wird mit dem primären Zweck begründet, den Fortschritt der Wissenschaft und der nützlichen Künste zu befördern (United States Constitution, Article I, Section 8, Clause 8) (vgl. FN 13).

99 Schack 7. Auflage führt weitere Beispiele für die Einbettung des Urheberrechts in deutsche Landesverfassungen, internationale Vereinbarungen (Charten etc.) und in Verfassungen von anderen europäischen Ländern an (RN 85–87).

100 Art. 14 GG:
(1) Das Eigentum und das Erbrecht werden gewährleistet. Inhalt und Schranken werden durch die Gesetze bestimmt.
(2) Eigentum verpflichtet. Sein Gebrauch soll zugleich dem Wohle der Allgemeinheit dienen.
(3) Eine Enteignung ist nur zum Wohle der Allgemeinheit zulässig. Sie darf nur durch Gesetz oder auf Grund eines Gesetzes erfolgen, das Art und Ausmaß der Entschädigung regelt. Die Entschädigung ist unter gerechter Abwägung der Interessen der Allgemeinheit und der Beteiligten zu bestimmen. Wegen der Höhe der Entschädigung steht im Streitfalle der Rechtsweg vor den ordentlichen Gerichten offen.

Benennung „geistiges Eigentum" vor. Der Gesetzgeber hat es wohl nicht für nötig befunden, „geistiges Eigentum" als Benennung aufzugreifen – weder explizit durch eine Änderung im GG oder an einer Stelle im UrhG. Die explizite Erwähnung von „geistiges Eigentum" im UrhG war bis heute wohl deshalb als überflüssig angesehen worden, weil diese Formulierung in international völkerrechtlich verbindlichen Texten (WTC/WIPO, TRIPS/WTO) üblich geworden ist und es auch in der EU-Charta heißt „Geistiges Eigentum wird geschützt." (Art. 17 Abs. 2) Die Charta ist verbindlich für alle Mitgliedsländer.

Nicht die Benennung, aber das Konzept, der Begriff des geistigen Eigentums ist im UrhG aber omnipräsent. Der Gesetzgeber tut so, also ob mit „Eigentum" auch „geistiges Eigentum" gemeint ist. Dabei ist keineswegs davon auszugehen, dass die Autoren des GG beabsichtigt hätten, geistiges Eigentum zu schützen. Im streng originalistischen Sinn könnte das GG eher nicht auf geistiges Eigentum angewendet werden. Aber da wir hier diesen originalistischen Ansatz kritisiert und für kreative Hermeneutik plädiert hatten, ist in diesem Fall dem Gesetzgeber nicht vorzuwerfen, dass er so tut als ob. Damit akzeptieren wir aber hier nicht, „geistiges Eigentum" auf den Umgang mit Wissen und Information in Bildung und Wissenschaft anzuwenden. Wir gehen auf „Eigentum" und die Problematik der Übertragung auf „geistiges Eigentum" ausführlich in Kap. 7 ein.

Leider gibt es im aktuellen Urheberrecht – über Vorgaben aus GG aus Art 14 oder auch Art 1 hinaus – keine direkt auf den Zweck des Urheberrechts bezogene Präambel. Auch das war einmal anders. Im „Gesetz, betreffend das Urheberrecht an Werken der Literatur und der Tonkunst" vom 19. Juni 1901[101], welches dem Gesetz von 1965 vorausging und bis dahin noch Gültigkeit hatte, gab es noch eine solche Zweckbestimmung: „Nach Maßgabe dieses Gesetzes werden geschützt: 1. die Urheber von Schriftwerken und solchen Vorträgen oder Reden, welche dem *Zwecke der Erbauung, der Belehrung oder der Unterhaltung* [kursiv RK] dienen … " [es folgen dann in §1, Abs. 2 und 3 noch Urheber der Tonkunst und Urheber von bestimmten Abbildungen]. Eine allgemeine Zweckbestimmung (aber ohne „Erbauung" und „Belehrung") wäre auch für das UrhG sinnvoll. § 1 UrhG, sozusagen die Gegenstandsbestimmung des Urheberrechts, orientiert das Urheberrecht aber alleine an dem individuellen Urheber (vgl. 5.1). Das ist, auch nach der Vorgabe von Art. 14 des GG, keine angemessene Zielvorgabe. Zeitgemäß wäre ein § 1 bzw. eine explizite Präambel, die neben den Urhebern auch die Nutzer und explizit die Allgemeinheit erwähnt, z. B. „Gesetz zur Beförderung der Rechte der Urheber, der Allgemeinheit und der Nutzer an publizierten Werken." In der Tat mehren sich heute die Stimmen, die das Urheberrecht tatsächlich auch stärker an den Nutzern binden wollen. Das wird später mit einem

---

[101] Quelle Urheberrecht 1901 – https://bit.ly/2lHhCW8.

Vorschlag aufgegriffen, das Urheberrecht umzubenennen (vgl. das Fazit im Schlusskapitel 15).

Die Darstellung in diesem Abschnitt erhebt nicht den Anspruch einer Einführung in das Urheberrecht aus juristischer Perspektive. Auf dem Markt sind unzählige Einführungen und (immer wieder an neue Entwicklungen angepasste) Kommentare.[102] Trotzdem sollen in diesem Abschnitt die zentralen Begriffe und zugrundeliegenden theoretischen Ansätze des Urheberrechts dargestellt werden, soweit es für folgenden Abschnitte bzw. Kapitel erforderlich ist. In dem dann folgenden Kap. 6 erfolgt, aus der Sicht von Bildung und Wissenschaft, unter der Überschrift „Urheberrecht – kein Fundament für Bildung und Wissenschaft", eine kritische Auseinandersetzung mit dem gegenwärtigen Urheberrecht. Behandelt werden im Folgenden lediglich Teil 1 des UrhG[103] ein und darin nur die Abschnitte 1–6:

- Abschnitt 1 enthält nur einen Paragraphen (§ 1): „Die Urheber von Werken der Literatur, Wissenschaft und Kunst genießen für ihre Werke Schutz nach Maßgabe dieses Gesetzes." Er ist gleichsam die Präambel zum gesamten Gesetz (ausführlicher 5.1 dieses Texts).
- Abschnitt 2 bestimmt über 5 Paragraphen (§§ 2–6), was Werke sind. Das ist für die Systematik des Urheberrechts entscheidend. Denn geschützt sind dadurch nicht Wissen, Ideen, Theorien etc. an sich, sondern die Werke, die Form, in die das Wissen etc. vom Urheber gebracht wurde (ausführlicher 5.2 dieses Texts).
- Abschnitt 3 bestimmt über 4 Paragraphen (§§ 7–10), was es mit dem Begriff des/der Urheber auf sich hat und wer zu Recht als Urheber angesehen wird (ausführlicher 5.3 dieses Texts).
- Abschnitt 4.1 geht auf den Inhalt des Urheberrechts ein. § 11 klärt allgemein, was/wen das Urheberrecht schützt und wozu es sonst (in erster Linie über Vergütung) dient. Dieser § 11 ist die Grundlage, was in der Theorie als der monistische Ansatz des Urheberrechts bezeichnet wird, also die Einheit von persönlichkeits- und vermögensrechtlichen Rechten (ausführlicher 6.5 dieses Texts).
- Abschnitt 4.2 bestimmt über drei Paragraphen (§§ 12–14) die exklusiven und unaufgebbaren Persönlichkeitsrechte des Urhebers: Veröffentlichungsrechte, Anerkennungsrecht und Schutz vor Entstellung (ausführlicher 5.4 dieses Texts).

---

[102] Hilfreich waren für die Darstellung in diesem Kapitel insbesondere die drei Kommentare Dreier/Schulze, Wandtke/Bullinger und Schack; vgl. z. B. die umfänglichen Referenzen zu Quellen, Literatur und Hilfsmittel bei Dreier/Schulze, S. 65ff, RN 66–75.

[103] Hier der Titel des derzeit gültigen Urheberrechtsgesetzes: Gesetz über Urheberrecht und verwandte Schutzrechte (Urheberrechtsgesetz) – Vollzitat: „Urheberrechtsgesetz vom 9. September 1965 (BGBl. I S. 1273), das zuletzt durch Artikel 1 des Gesetzes vom 28. November 2018 (BGBl. I S. 2014) geändert worden ist" – https://bit.ly/2kzWsJ0.

- Abschnitt 4.3 bestimmt über 14 Paragraphen (§§ 15–24 – teilweise mit a und b) die den Urhebern exklusiv und im Prinzip unaufgebbaren Verwertungsrechte. Davon werden wir uns im Zusammenhang von Bildung und Wissenschaft in erster Linie mit den §§ 16, 17 und 19a beschäftigen: Vervielfältigungsrecht, Verbreitungsrecht und Recht der öffentlichen Zugänglichmachung (ausführlicher 5.5 dieses Texts).
- Abschnitt 4.4 regelt sonstige Rechte des Urhebers, z. B. Zugang des Urhebers zu seinen Werkstücken, das Folgerecht über Werke der bildenden Künste und – für die weiter aktuellen Diskussionen um Vergütung und Verlegerbeteiligung an den Vergütungen – § 27 Vergütung für Vermietung und Verleihen (darauf wird später ausführlich in 8.7 zur Verlegerbeteiligung eingegangen)
- Abschnitt 5 regelt über 20 Paragraphen (§§ 31–44 – ebenfalls mit a und b Erweiterungen) den Rechtsverkehr im Urheberrecht. Hierbei geht es im Teil 2 um die Nutzungsrechte, die durch vertragliche Übertragung der den Urhebern zustehenden Verwertungsrechte an kommerzielle Verwerter entstehen (ausführlicher ebenso in 5.5 dieses Texts).
- Abschnitt 6 ist für diese Abhandlung der zentrale Bereich des Urheberrechts mit 37 Paragraphen (vgl. 5.6 dieses Texts). Schranken sind zu verstehen als Regelungen, welche die exklusiven Rechte der Urheber bzw. dann der Verwerter an den Werken einschränken. Schranken werden seit dem UrhWissG 2018 definiert als „gesetzlich erlaubte Nutzungen". Sie sollen nach h.M. aber so eng wie möglich angelegt sein und können nur aus einem öffentlichen Interesse an der Nutzung solcher Werke begründet werden. Sie ermöglichen eine genehmigungsfreie Nutzung. In den meisten (aber nicht allen) Fällen ist eine solche Nutzung auch vergütungspflichtig.

5.1 „Präambel" des Urheberrechts

Als Stärke des Urheberrechts wird seine Einheitlichkeit angesehen. Für jedes Werk, ganz gleich in welcher Umgebung und zu welchem Zweck es geschaffen wurde, gilt der gleiche Schutzanspruch. Die drei Hauptgebiete, in denen Urheber Schutzanspruch für ihre Werke einfordern können, werden in § 1 UrhG schon seit der letzten großen Reform 1965 festgelegt, und dessen Wortlaut gilt – um es noch einmal zu zitieren ... bis heute: „§ 1 Allgemeines. Die Urheber von Werken der Literatur, Wissenschaft und Kunst genießen für ihre Werke Schutz nach Maßgabe dieses Gesetzes." Das deutsche UrhG entspricht damit der international verbindlichen Revidierten Berner Übereinkunft, die in ihrem Titel (Version 1971) zwar nur „Literatur und Kunst", aber in Art 2 „alle Erzeugnisse auf dem Gebiet der Literatur, Wissenschaft und Kunst" anführt.[104] Mit § 1 ist auch das einheitliche Prinzip des Urheberrechts beschrieben. Es wird nicht nach Gebieten unterschieden. So werden auch die Bereiche von Bildung und Wissenschaft dem Prinzip der Einheitlichkeit des Urheberrechts untergeordnet, obgleich es offensichtlich ist, dass die Akteure (Urheber und Nutzer) verschiedene Interessen und Verhaltensformen gegenüber Wissen und Information haben als diejenigen in Gebieten der Kunst oder der Publikumsmärkte allgemein.

Durch § 1 wird deutlich, dass der Gesetzgeber den *Urheber* ins Zentrum seiner Regulierung stellen wollte. Geschützt sind nicht die Werke aus Literatur, Wissenschaft und Kunst für sich, sondern geschützt ist der Urheber (nach Maßgabe des Gesetzes) vor der unautorisierten Nutzung seiner Werke. Allerdings gilt § 1 in seiner einfachen Formulierung nicht uneingeschränkt. Die Rechte von Urhebern und Verwertern können auch nicht durch direkten Bezug auf die Geltung des Grundgesetzes eingeklagt werden. Der Schutz des Urhebers wird durch das positive (im Sinne von „gesetzte") und vom Gesetzgeber vom Bundestag beschlossene Gesetz festgelegt. Wie in 3.1 zu den Auslegungsmöglichkeiten von Rechtstexten herausgearbeitet wurde und auch durch Entscheidungen des BVerfG bestätigt wird, besteht für Gesetzgeber und Rechtsprechung ein breiter Auslegungsspielraum, wie weit sie den Schutz des Urhebers gewährleisten wollen. Das wird in § 1 klargestellt: „nach Maßgabe dieses Gesetzes."

Die Schutzansprüche des Urhebers an seinen Werken gelten zu großen Teilen auch für die Schutzansprüche der Verwerter. Das Urheberrecht ist entsprechend zu großen Teilen auch ein Recht der Verwerter. Sie können, gemäß § 29, durch eine vertragliche Übertragung von Verwertungsrechten der Urheber Nutzungsrechte erwerben und dürfen entsprechende Schutz- und Vergütungsansprüche erheben. Sie partizipieren damit an den Rechten der Urheber, ohne selbst primäre Autoren von Werken zu sein. Sie schaffen keine Werke, sondern produzieren nur „Werke" (in

---

104 Zitat Berner Übereinkunft – https://bit.ly/2kl29e1; deutsche Version – https://bit.ly/2lY2PpV: „alle Erzeugnisse auf dem Gebiet der Literatur, Wissenschaft und Kunst, ohne Rücksicht auf die Art und Form des Ausdrucks, wie: Bücher, Broschüren und andere Schriftwerke; Vorträge, Ansprachen, Predigten und andere Werke gleicher Art; dramatische oder dramatisch-musikalische Werke; choreographische Werke und Pantomimen; musikalische Kompositionen mit oder ohne Text, Filmwerke einschließlich der Werke, die durch ein ähnliches Verfahren wie Filmwerke hervorgebracht sind; Werke der zeichnenden Kunst, der Malerei, der Baukunst, der Bildhauerei, Stiche und Lithographien; fotografische Werke, denen Werke gleichgestellt sind, die durch ein der Photographie ähnliches Verfahren hervorgebracht sind; Werke der angewandten Kunst; Illustrationen, geographische Karten; Pläne, Skizzen und Darstellungen plastischer Art auf den Gebieten der Geographie, Topographie, Architektur oder Wissenschaft." (Art. 2) – Berner Übereinkunft 1971: https://bit.ly/3a1Fubv.

der Fachwelt werden Werkkopien auch „Werkstücke" genannt; vgl. 5.2).[105] Schöpfer sind – das hat der BGH noch einmal jüngst eindeutig bestätigt[106] – nur die Urheber/Autoren selbst, und nur sie haben eindeutig die primären Rechte (vgl. Abschnitt 5.5). Es ist daher aus Sicht der Verleger durchaus sinnvoll, dass sie sich sehr häufig für die Rechte der Urheber einsetzen, z. B. für eine angemessene Vergütung der Urheber. Werden Vergütungsansprüche der Urheber gesichert oder sogar gestärkt, dann nutzt das durch die Rechteübertragung direkt dem Vergütungsanspruch der kommerziellen Verwerter (vgl. 8.7 zur Verlegerbeteiligung), vor allem für die schrankenbasierten Nutzungen.

5.2 Zum Werkbegriff

Das derzeitige Urheberrecht regelt mit rechtlichen Mitteln (also über das Urheberrechtsgesetz – UrhG) die Rechte und den Schutz von Werken, die Wissen in irgendeiner Repräsentationsform enthalten und die als Wissensobjekte sozusagen das Licht der Außenwelt erblickt haben. Dafür ist nicht die tatsächliche Publikation erforderlich. Auch das Werk in der Schreibtischschublade eines Autors wird durch das Urheberrecht vor einer unautorisierten Veröffentlichung geschützt. Der Schutz eines Werks bzw. der Schutzanspruch seines Schöpfers besteht also auch unabhängig von der Veröffentlichung des Werks – auch wenn es schwierig sein mag nachzuweisen, dass es sein Werk ist, wenn ein Anderer die unveröffentlichte Version sich aneignet und diese unter seinem Namen veröffentlicht. Das Recht zu entscheiden, ob ein Werk veröffentlicht wird, obliegt alleine dem Autor.[107] Ist das Werk einmal öffentlich gemacht, kann es von Akteuren in der Außenwelt genutzt werden, um aus dem in den Werken repräsentiertem Wissen handlungsrelevante Information abzuleiten und anzuwen-

---

105 Wie schon angedeutet, werden wir hier für „Werke" die Bezeichnung „Wissensobjekte" und für „Werkstücke" „Informationsobjekte" einführen.
106 BGH Beschluss vom 18. April 2018 1 BvR 1213/16.
107 Diese nicht-veröffentlichten Werke, die als Wissensobjekte sozusagen in der „Schublade" geblieben sind, können durchaus zu einer Herausforderung werden, wenn unveröffentlichte Werke in Nachlässen, die den Bibliotheken oder Archiven überlassen wurden, aus Archivierungs-/Bestandssicherungsgründen auch nur digitalisiert werden sollen. Auch eine Digitalisierung ist eine Vervielfältigung auch solcher Originale, und das Vervielfältigungsrecht gehört zu den exklusiven Rechten der Urheber. Das gegenwärtige Recht bietet für die meisten Fälle dafür einen Kompromiss an, als davon unterstellt werden kann, dass eine öffentliche Nutzung unveröffentlichter Werke intendiert war, wenn die Urheber selbst oder die dafür berechtigten Erben diese einer Bibliothek oder vergleichbaren öffentlichen Kultureinrichtung übergeben hatten.

den.[108] Das Urheberrecht setzt aber der Nutzung ohne Erlaubnis des Autors enge Grenzen.

Im Anschluss an Abschnitt 1 des UrhG (§ 1), in dem nur festgestellt wird, dass der Urheber Urheberrechtsschutz für sein Werk erhält, wird in Abschnitt 2 (§§ 2–6) geregelt, was unter einem Werk zu verstehen ist. Das Gesetz versucht sich gar nicht erst an einer intensionalen Festlegung, also an einer Definition, sondern führt in § 2 beispielartig, also nicht abschließend verschiedene Werkformen auf. Hier sind vor allem einschlägig: „1. Sprachwerke, wie Schriftwerke, Reden und Computerprogramme" und 7. „Darstellungen wissenschaftlicher oder technischer Art, wie Zeichnungen, Pläne, Karten, Skizzen, Tabellen und plastische Darstellungen". Dazu „Übersetzungen und Bearbeitungen" in § 3 und „Sammelwerke und Datenbankwerke" in § 4. Wichtiger als die Extension des Werkbegriffs wäre eine Bestimmung im Gesetz, was denn ein Werk ausmacht. Das leistet eher die Auslegung des Gesetzes. In der juristischen Literatur und in den Kommentaren zum Urheberrecht wird, wie oben erwähnt, häufig zwischen Werk und Werkstück unterschieden: „Das urheberrechtlich geschützte Werk ist ein *Immaterialgut, das im Werkstück lediglich konkretisiert wird.*"[109] Das „Werk" gibt es nur einmal (wenn man bei einem immateriellen Gut/Objekt überhaupt von Existenz sprechen kann), aber für die Anzahl der Werkstücke als materielle Realisierung des Werks gibt es keine Begrenzung, vor allem jetzt durch die elektronische Reproduzierbarkeit.[110] Das Werkstück, die materielle Gestalt des Immaterialguts, also z. B. das Buch in seiner papiernen Form, ist nicht geschützt – jedenfalls nicht über das Urheberrecht. Ebenso ist der immaterielle Gehalt des Werks selbst nicht geschützt. Gemeint sind damit in der Wissenschaft Ideen, Fakten Forschungsergebnisse, Theorien, ... quasi alle immateriellen Ausprägungen von „Wissen" (vgl. 4.1). Das heißt also, dass Wissen an sich durch das Urheberrecht nicht geschützt ist. Alle Ausprägungen von

---

108 Entsprechend werden diese veröffentlichten Werke hier als Informationsobjekte bezeichnet.
109 (Dreier/Schulze 2018), UrhG § 2 Rn. 11. Belege zur historischen Entwicklung der Unterschiede von „Werk" und Werkstück" bei (Peukert 2018, FN 55; z. B. (Ulmer 1951/1960) Urheber und Verlagsrecht: „[...] seitdem man zu unterscheiden gelernt hat zwischen den Werkstücken, die als Sachkörper Gegenstand des Eigentums sind, und dem Werk, das als unkörperliches Gut Gegenstand des Urheberrechts ist", S. 11.
110 (Peukert 2018, 32ff) verwendet dafür auf die in der angelsächsischen Philosophie gebräuchliche Unterscheidung zwischen Types und Token, kritisiert aber die Interpretation von „Werk"=Type/Typus als ein immaterielles Objekt als „rhetorischen Trick" (37) – ausführlicher in 6.3). Wollte man das fast schon metaphysisch aufgeladene Konzept des Immaterialguts vermeiden, dann böte sich die Bezeichnung „Master copy" an. Das wäre das Produkt, das der Urheber als Resultat seiner Arbeit sozusagen" auf Papier gebracht", also in irgendeiner Repräsentationsform kommunizierbar gemacht hat. Die Werkstücke sind dann die mehr oder weniger identischen Kopien/Vervielfältigungen dieser Master copy.

Wissen, insbesondere von Wissen in der Wissenschaft „gehören zum kulturellen Gemeingut, auf welchem jeder Urheber aufbaut und welches jedem frei zugänglich bleiben sollte."[111]

Trotzdem ist es gerade das „Werk", sozusagen das geistige Produkt des Autors mit dem Charakter eines abstrakten Immaterialguts, welches durch das Urheberrecht im Interesse des Urhebers/Schöpfers geschützt ist. Es wurde dafür im 19. Jahrhundert, forciert von Josef Kohler, die Konstruktion des Immaterial*guts* geschaffen. Das Recht konstruiert aus dem geistigen immateriellen Gehalt, aus dem Wissen, ein immaterielles Objekt, das damit rechtsfähig und rechtsdurchsetzungsfähig wird. Das UrhG schützt also für den Urheber nicht die konkreten materialen Werkstücke. Werkstücke werden in der Regel von (kommerziellen) Verwertern produziert (nicht geschaffen!). Erstaunlicherweise werden dann aber in dem Recht für die Urheber auch diese Werkstücke im Interesse der Verwerter durch das Urheberrecht geschützt.[112]

Wissen ist in seiner reinen immateriellen Form also nicht geschützt. Die Zusicherung, dass Wissen frei genutzt werden kann und nicht vom Urheberrecht geschützt ist, hilft dem an der Nutzung Interessierten aber nicht weiter, wenn er keinen Zugang zum gewünschten Wissen hat, wenn er also den „geistigen Gehalt" (Dreier/Schulze 2018, RN 11) des Werks nicht über die Werkstücke wahrnehmen kann. Wer keinen Zugriff auf Werkstücke/Informationsobjekte hat, hat auch keinen Zugriff auf Wissen. Wissen schwebt eben nicht als Geistiges irgendwie herum. Das Urheberrecht reguliert damit tatsächlich den Zugriff und damit die Nutzung auf das Wissen durch Beschränkungen der Nutzung der Werkstücke. Wenn der Gesetzgeber z. B. festlegt, das 15 % eines Werks genehmigungsfrei genutzt werden kann, dann gibt er nicht 15 % des geistigen Gehalts frei, sondern erlaubt 30 Seiten eines 200 Seiten umfassenden Buchs einzusehen. Ob damit Wissen kommuniziert oder gar Information aufgenommen (Information als neues handlungsrelevantes Wissen), entscheidet der Nutzer. Die Herausforderung an das Urheberrecht ist also nicht Schutz des Wissens, sondern zum einen – aus der Sicht der Urheber – der Schutz der von ihnen erstellten Werke vor nicht von ihnen autorisierter Nutzung. Konkret: Schutz vor unautorisierter Vervielfältigung, Verbreitung, öffentlicher Zugänglichmachung (z. B. über das Internet), Aufführungen etc. Zum anderen – jetzt aus der Sicht der Nutzer von Wissen, die dieses ja an sich frei nutzen dürfen – regelt das Urheberrecht die Nutzung der Informationsobjek-

---

111 (Dreier/Schulze 2018) RN 41, 42.
112 Vgl. Elmar Wadle: Beiträge zur Geschichte des Urheberrechts, 2012, 29–38: „Die Neubewertung der schöpferischen Kraft der Autoren basierte letztlich auf der Trennung von Werk und Werkstück und ermöglicht eine deutliche Scheidung der Interessen des Werkschöpfers einerseits und des Werkverwerters andererseits." – zit. aus (Peukert 2018, FN 55).

te und versucht dabei dem öffentlichen Interesse an einer genehmigungsfreien Nutzung der Werkstücke (Informationsobjekte) angemessen zu entsprechen. Eine solche Nutzung wird im Prinzip als Eingriff in die Rechte der Urheber und Verwerter angesehen. Diese wird dadurch sozusagen geheilt, dass die Nutzung nur sehr eingeschränkt erlaubt ist und dass als Kompensation des „Verlusts" ein Anspruch auf angemessene Vergütung zugesichert wird. Das ist die Regel. Das schließt aber nicht aus, dass manche Nutzung dann doch vergütungsfrei ist. Das „angemessen" kann zwar nicht ausgesetzt werden, aber auch eine Null-Vergütung kann unter Umständen als angemessen angesehen werden (vgl. Abschnitt 6.9 und Kap. 8).

Noch einmal zurück zu der extensionalen Festlegung von „Werk". Da „Werk" ein (offener, nicht abgeschlossener) Rechtsbegriff ist, muss im Zweifelsfall ein Gericht entscheiden, ob etwas ein Werk ist oder nicht. Das Kriterium für die Anerkennung des Werks als geistiges Produkt (sozusagen als Immaterialgut) ist, dass das Werk Ergebnis einer persönlichen/individuellen geistigen schöpferischen Leistung sein muss.[113] Nur Menschen können also Urheberrechtsansprüche behaupten – keine Maschinen, keine Künstliche Intelligenz (KI),[114] keine Organisationen, welcher Art auch immer.[115] Der Neuigkeitsgrad ist dabei nicht entscheidend. Entscheidend, aber

---

113 Der EuGH hat jüngst umfassend den Werkbegriff bestimmt: „[35] Für eine Einstufung eines Objekts als »Werk« im Sinne der Richtlinie 2001/29 müssen insoweit zwei kumulative Voraussetzungen erfüllt sein. [36] Zum einen muss es sich bei dem betreffenden Objekt um ein Original in dem Sinne handeln, dass es eine eigene geistige Schöpfung seines Urhebers darstellt ... [37] Zum anderen ist die Einstufung als »Werk« im Sinne der Richtlinie 2001/29 Elementen vorbehalten, die eine solche geistige Schöpfung zum Ausdruck bringen ... [40] Der Begriff »Werk«, auf den die Richtlinie 2001/29 abzielt, impliziert daher notwendigerweise eine Ausdrucksform des urheberrechtlichen Schutzobjekts, die es mit hinreichender Genauigkeit und Objektivität identifizierbar werden lässt, auch wenn diese Ausdrucksform nicht notwendigerweise dauerhaft sein sollte." – EuGH, Urteil vom 13.11.2018 – C-310/17.
114 Mit „Künstlicher Intelligenz"(KI) ist keine neue Intelligenz angesprochen, sondern immer ein Computer-Programm gemeint, das die Methoden der Künstlichen Intelligenz anwendet. KI ist damit ein Teilgebiet der Informatik – im Zusammenspiel mit vielen anderen Disziplinen wie Psychologie, Neurologie, Linguistik etc. Künstliche Intelligenz (KI) ist zunehmend nicht nur Gegenstand ethischer Diskussionen geworden, sondern hat auch rechtliche Regelungen provoziert wird, die die Reichweite von KI begrenzen. Wenn schon die Frage gestellt wird, wer der Verantwortliche für eine von Künstlicher Intelligenz durchgeführter Handlung ist – der/die Programmierer oder doch das Programm selber –, dann ist der Weg auch nicht mehr sehr weit von den „Verantwortlichen" zu den „Urhebern". Vgl. (Heine/Schafdecker 2018) Die Maschine als Urheber? Dies ist nur ein Beispiel für 1.290.000 Ergebnisse von Google zu „Urheberrecht für KI". Vgl. dazu (Kuhlen 1999) Die Konsequenzen von Informationsassistenten mit der zentralen Frage „KI-Entlastung oder Entmündigung?". Vgl. dazu auch die Bestimmung von KI als Person in FN 35.
115 Zur Kritik an der Bindung des Werks bzw. des Urheberrechts insgesamt an den individuellen Schöpfer vgl. 6.2.

besonders schwierig zu bestimmen, ist das Kriterium für „Werk", dass eine gewisse Schöpfungshöhe an dem Werk wahrzunehmen ist. Die Rechtsauffassung hilft sich damit, dass – in einer groben Vereinfachung der zahlreichen Kommentare dazu – im Grund so gut wie ein jedes Werk, das sich durch individuelle Merkmale und durch eine gewisse Originalität auszeichnet („war bislang so nicht vorhanden"), urheberrechtlich als Werk anerkannt wird und damit Schutzanspruch durch das Urheberrecht hat. Das ist auch grundsätzlich besser, als die Entscheidung über die Werkwürdigkeit einem Richter zu überlassen. Für schutzwürdige Werke, die noch so gerade individuelle Merkmale erkennen lassen, wurde in der Rechtsprechung der Grundsatz der kleinen Münze eingeführt. Ob dafür allerdings noch der „Schöpfer" oder eine „ausreichende Schöpfungshöhe" reklamiert werden soll, ist zumindest problematisch (zur Kritik am Schöpferbegriff vgl. 6.2). Problematisch bei dieser Absenkung des Qualitätsanspruchs an ein Werk ist auch, dass dadurch immer mehr „Werke" von der freien Nutzung ausgeschlossen werden. Die negativen Nebenfolgen solcher Entwicklungen sind vermutlich größer und damit gravierender als die ursprünglichen Hauptfolgen.

Das Problem, welche Werke vom UrhG geschützt werden, besteht in Bildung und Wissenschaft so gut wie gar nicht – jedenfalls nicht für Werke, die in irgendeiner Form erstellt und publiziert worden sind, aber auch nicht für die, welche die Schublade nicht verlassen haben. Aus der Wissenschaft heraus sind aber durchaus Kriterien entwickelt worden, welche Bedingungen Werke erfüllen müssen, dass sie als wissenschaftliche Werke anerkannt werden.[116] Dadurch ist der Werkbegriff in der Wissenschaft verbindlicher festgelegt als es das Urheberrecht leisten will. Auch kann die Wissenschaft durchaus über Anforderungen des Urheberrechts hinausgehen. So besteht nicht nur die Pflicht, Werke oder Teile aus ihnen korrekt zu zitieren, also auch die Autoren zu benennen, sondern auch die Verpflichtung, die Aufnahme von Ideen, wenn irgend möglich zu referenzieren. Das Urheberrecht stellt nicht diese Anforderungen. Ideen sind frei nutzbar, geschützt sind nur die Werke oder Teile von ihnen bzw., die Form, in denen die Ideen materialisiert sind (vgl. Abschnitt 5.2). Die Frage der Anerkennung eines Werks durch seine Schöpfungshöhe stellt sich im Bereich von Bildung und Wissenschaft also so gut wie nicht. Fraglich, ob je einer wissenschaftlichen und/oder auf Bildung bezogenen Arbeit das Attribut eines urheberrechtlich anerkannten Werks über eine zu niedrige Schöpfungshöhe entzogen wurde. Allerdings wurde zuweilen die Schutzwürdigkeit von Abschlussarbeiten wie die für das Staatsexamen ver-

---

116 Beispiele für die Werksicherung durch Verfahren sind die „Vorschläge zur Sicherung guter wissenschaftlicher Praxis", welche die Deutsche Forschungsgemeinschaft (DFG) entwickelt hat – WILEY-VC/DFG 1998, ergänzt 2013 – https://bit.ly/1wJzbiw.

neint. Allgemein gilt auch „für die Schutzfähigkeit von wissenschaftlichen und technischen Darstellungen die Formel [...], dass diese eine individuelle, sich vom alltäglichen Schaffen abhebende Geistestätigkeit an der Darstellung zum Ausdruck bringen müsse."[117] Der Umfang des Werks ist dabei für den Urheberrechtsschutz nicht entscheidend. Auch ganz kurze Texte oder Musikfragmente können schutzfähig sein.

5.3 Zum Begriff des Urhebers als Schöpfer

„Urheber ist der Schöpfer des Werkes." Punkt. Wie in Stein gemeißelt in § 7 UrhG, auch durch die spezielle Genitivform emphatisch überhöht, und für das gesamte deutsche Urheberrecht anzuwenden (Dreier/Schulze, S. 95, RN 1). Ebenso emphatisch sind Kommentare zu § 7: „In dieser konsequenten Verwirklichung des Schöpferprinzips zeigt sich eine **grundlegende Achtung der schöpferischen menschlichen Persönlichkeit**" (Wandtke/Bullinger 2014, 96). „Das Urheberrecht entsteht mit dem Schöpfungsakt in der natürlichen Person, die das Werk geschaffen hat" (Schack, RN 300). Das alles sind hoch aufgeladene und in theologischer Tradition stehende Formulierungen („Schöpfung" ist für Gott reserviert), die, wollte man sie wortwörtlich nehmen, heute wie aus der Zeit gefallen wirken. Im Urheberrecht ist „Schöpfer" nicht bloß eine Benennung – austauschbar mit anderen Benennungen wie Urheber, Autor, Schriftsteller, Macher, Ersteller –, sondern „Schöpfer" ist der Begriff. Dieser Begriff ist die Grundlage für weitere, dem Urheberrecht inhärente Konzepte. Wir nennen hier nur die Institution des geistigen Eigentums, welches dem Schöpfer für sein individuell erstelltes Werk als Ausdruck seiner Persönlichkeit zugebilligt und unter den Schutz des Urheberrechts gestellt wird. Wir gehen in Kap 6 unter der Überschrift „Urheberrecht – kein Fundament für Bildung und Wissenschaft" ausführlicher darauf ein, insbesondere in 6.2.

Auch wenn das Verständnis eines Autors oder Künstlers als Schöpfer weit zurückgeht und zur Subjektivitätsbegründung der Moderne gehört, so wurde erst seit dem 19. Jahrhundert das Urheberrecht als Schutzinstrument für den individuellen Schöpfer (auch als Instrument gegen Zensur durch die Obrigkeit) eines originären Werks verstanden. Anders das angelsächsische Urheberrecht, das sich in der utilitaristischen Tradition an dem Kriterium des größtmöglichen Nutzens für

---

[117] (Wandtke/Bullinger 2014) Urheberrecht. Praxiskommentar zum Urheberrecht, S. 42, RN 139. Freiheit der Ideen heißt aber längst nicht, dass Ideen, Erfindungen etc. nicht geschützt werden können. Ganz im Gegenteil. Sie können nach bestimmten Kriterien patentiert werden. Dadurch entsteht vermutlich ein weitaus größerer ökonomisch relevanter Bereich als der, den das Urheberrecht reguliert. Mit dem Patentrecht beschäftigen wir uns hier aber nur ganz am Rande.

die Gesellschaft zu messen hatte – was allerdings häufig genug als Begünstigung des kommerziellen Erfolgs verstanden wurde. Begründet wird die Auffassung vom Urheber als Schöpfer zum einen durch den auf die Locke'sche Arbeitstheorie zurückgehenden Anspruch, das persönliche Eigentum, das durch die eigene Arbeit erzeugte Werk, gegen jede unautorisierte Nutzung zu schützen bzw. dafür den rechtlichen Schutz durch das Urheberrecht in Anspruch nehmen zu können. Seit dem 19. Jahrhundert wird dieser allgemeine, auf materielle Objekte bezogene Eigentumsanspruch auf immaterielle Werke, auf Immaterialgüter übertragen, mit der Konsequenz, dass Regelungen für materielles Eigentum (Sacheigentum) auf solche für „geistiges Eigentum" übertragen werden. Auf diese Problematik haben wir schon hingewiesen. Auf sie wird ausführlicher in 7.1 bzw. Kap. 7 insgesamt eingegangen. Zum anderen wird das Schöpferverständnis durch den Bezug auf die grund-/menschenrechtlich geschützten Persönlichkeitsrechte begründet. Ein von einem Autor geschaffenes Werk sei Ausdruck seiner Persönlichkeit. Eine nicht vom Schöpfer autorisierte Nutzung wäre damit eine Verletzung seiner Persönlichkeit. Das Urheberrecht soll dem Schöpfer entsprechenden Schutz garantieren.

Beide Begründungen – der Eigentumsanspruch, aus dem die exklusive (i. d. R. kommerzielle) Nutzung/Verwertung des geschaffenen Werks folgt, und die enge Verbindung von Persönlichkeit und geschaffenem Werk – werden im deutschen Urheberrecht als Einheit gesehen. Bis heute wird der subjektive individuelle Schöpferbegriff in der deutschen Fachliteratur nicht grundsätzlich in Frage gestellt, aber er wird schon zuweilen skeptisch beurteilt, so z. B. durch (Dreier/Schulze 2015, 15 ff.):

> Das Modell des Urheberrechts, das auf die Persönlichkeit des individuellen Urhebers, das individuelle Werk und eine überschaubare Zahl urheberrechtlich relevanter Transaktionen zugeschnitten ist, entspricht in dieser Form in vielerlei Hinsicht nicht mehr der Wirklichkeit.[118]

5.4 Persönlichkeitsrechte

Mit „Persönlichkeitsrechte" sind hier die Rechte gemeint, die auf die ideellen Interessen der Urheber an ihren Werken abzielen. Im Angelsächsischen werden die Persönlichkeitsrechte als „moral rights", im Französischen als „droits morales" bezeichnet. Diese Rechte des Urhebers werden vor allem in kontinentaleuropäi-

---

[118] Auch die Praxis des Urheberrechts, auch kleine Werke, sogenannte Werke kleiner Münze, mit äußerst geringer Schöpfungshöhe, urheberrechtlich anzuerkennen, deutet darauf hin, dass die Terminologie des Urheberrechts, hier mit Blick auf „Schöpfer" und „Schöpfung", gründlich überprüft und der Realität angepasst werden sollte.

schen Ländern mit zivilrechtlichen Traditionen (*civil law*) wie Deutschland eher hoch gehalten als in Ländern mit *common-law-traditions* wie USA oder England, in denen die auf wirtschaftliche Verwertung bezogenen Rechte traditionell stärker im Vordergrund stehen.[119] Nützlich wäre es, wenn man im deutschen Urheberrecht eine ähnlich griffige Bezeichnung gefunden hätte, wie es im Angelsächsischen mit den „moral rights" der Fall ist. So muss man sich zur Abgrenzung von den allgemeinen Persönlichkeitsrechten entweder mit der umständlichen Bezeichnung „Urheberpersönlichkeitsrecht" begnügen oder, entsprechend der Verwendung von Schack (RN 43), mit der unschönen Abkürzung UPR zum Unterschied zu den aPR.[120] Vielleicht wäre es sogar besser, eine ganz andere Bezeichnung dafür zu finden.

Persönlichkeitsrechte stehen den Urhebern exklusiv zu. Sie sind unaufgebbar und sind nicht übertragbar. Wie fast immer im Urheberrecht gibt es aber auch hier Ausnahmen. So gehen die urheberrechtlichen Persönlichkeitsrechte vollständig an die Erben über, wobei als Erbe auch Personen vom Urheber eingesetzt werden können, die nicht zu seiner Familie gehören. Eine unautorisierte Veröffentlichung seines Werkes durch Dritte, die Leugnung oder Unterdrückung seiner Urheberschaft durch Dritte und die Entstellung seines Werks durch Dritte beschädigen den Urheber selbst. Aus dieser festen persönlichen Beziehung von Urheber und Werk leiten sich die drei zentralen Urheberpersönlichkeitsrechte ab: das Veröffentlichungsrecht (§ 12), das Recht auf Anerkennung der Urheberschaft (§ 13) und das Recht auf Schutz gegen Entstellung und Beeinträchtigung des Werks. Wir gehen kurz auf diese drei Persönlichkeitsrechte ein.

Nach § 12[121] gilt: „Der Urheber hat das Recht zu bestimmen, ob und wie sein Werk zu veröffentlichen ist" (Abs. 1). Das Veröffentlichungsrecht wird zu

---

119 Im englischen *Copyright, Design and Patent Act* von 1988 werden auch die moral rights als geschützt angesehen. Allerdings gehen in England wie auch in den USA die Bestimmungen für *moral rights* nicht so weit wie in der international weiter verbindlichen Berner Übereinkunft zum Schutze von Werken der Literatur und Kunst. Dort heißt es im Text von 1971 in Article 6bis Abs. 1: „(1) Independently of the author's economic rights, and even after the transfer of the said rights, the author shall have the right to claim authorship of the work and to object to any distortion, mutilation or other modification of, or other derogatory action in relation to, the said work, which would be prejudicial to his honor or reputation" – https://bit.ly/2m0zr2k.
120 Vgl. (Schack 2017) RH 46 ff.
121 Diese Norm wurde 1965 zur Stärkung der Persönlichkeitsrechte in das Urheberrechtsgesetz eingeführt und ist seitdem nicht mehr verändert worden. Die Einführung 1965 stützt sich dabei auf das Gesetz betreffend das Urheberrecht an Werken der Literatur und der Tonkunst von 1901 (Quelle Wikisource: https://bit.ly/2k2R7K4), wo es in § 11 Abs. 1, Satz 2 von heißt: „Der Urheber hat die ausschließliche Befugniß, das Werk zu vervielfältigen und gewerbsmäßig zu verbreiten; die ausschließlich Befugniß erstreckt sich nicht auf das Verleihen. Der Urheber ist ferner, solange nicht der wesentliche Inhalt des Werkes öffentlich mitgetheilt ist, ausschließlich zu einer solchen Mittheilung befugt."

Recht an erster Stelle erwähnt, da die beiden anderen Rechte (Anerkennung und Schutz) erst beansprucht werden können, wenn ein Werk öffentlich gemacht worden ist.[122] § 12 Abs. 1 konkretisiert auch den monistischen Ansatz von § 11 (s. 6.5) durch den engen Zusammenhang zwischen Persönlichkeitsrechten und Verwertungsrechten – ist doch eine Verwertung, zumal wenn sie von Dritten wahrgenommen wird, erst durch die Entscheidung zur Ausübung des Veröffentlichungsrechts möglich. Dieses Recht legt das „ob publizieren" und das „wie publizieren" fest. Unter dem „ob" kann auch das „wann publizieren" subsumiert werden. Ob mit dem „wie" auch das „wo" festgelegt ist, ist problematisch.[123]

§ 12 hat aber noch einen zweiten Absatz: „(2) Dem Urheber ist es vorbehalten, den Inhalt seines Werkes öffentlich mitzuteilen oder zu beschreiben, solange weder das Werk noch der wesentliche Inhalt oder eine Beschreibung des Werkes mit seiner Zustimmung veröffentlicht ist." Diese Einschränkung – „solange..." muss wohl so interpretiert werden, dass das persönlichkeitsrechtlich begründete Veröffentlichungsrecht nur das Recht zur Erstveröffentlichung zugesteht. Tatsächlich geben die Kommentare zum Urheberrecht[124] als herrschende Meinung an, dass der Urheber das Veröffentlichungsrecht (auf welche Weise auch immer) nur einmal ausüben kann. Hat ein Urheber einer Veröffentlichung zugestimmt und ist die vorgesehene Veröffentlichung dann auch geschehen, dann hat er sein Veröffentlichungsrecht sozusagen verbraucht. Das gilt dann für jede Art der Veröffentlichung, wie sie in den Verwertungsrechten (§§ 15 ff.) aufgelistet sind. Allerdings darf er sein Werk weiter nutzen, nachdem er es veröffentlicht hat. Dieses Verständnis des Veröffentlichungsrechts als „Einmal"-Recht ist vor allem für die Interpretation des Zweitverwertungsrechts einschlägig – häufig auch (dann wohl fälschlicherweise) Zweitveröffentlichungsrecht genannt (vgl. 11.3). Ebenfalls im Zusammenhang mit dem Zweitverwertungs-/-veröffentlichungsrecht ist auch der

---

[122] Zwar gilt das UrhG auch für nicht-veröffentlichte Werke, aber das ist weitgehend folgenlos. Jeder, der ein nicht-veröffentlichtes Werk findet und es unter seinem Namen veröffentlicht, gilt mit dieser Erstveröffentlichung als Autor/Urheber, es sei denn, es gelingt dem wirklichen Ursprungsautor zweifelfrei nachzuweisen, dass er der Autor war und ist. Eine Bekanntmachung eines Werks über eine Email gilt nicht als eine Veröffentlichung, da die Adressaten einer Email i. d. R. zu einer persönlichen Beziehung zum Absender stehen. Damit ist die urheberrechtliche Bedingung für öffentlich nicht erfüllt.
[123] Das „wo" bezieht sich in der Literatur in erster Linie auf den Ort bzw. das Land, in dem die Veröffentlichung geschieht. Wir werden hier das „wo" in erster Linie daraufhin diskutieren, in welchem Organ bzw. Medium das Werk veröffentlicht wird, also z. B. in der Zeitschrift eines Verlags oder auf der Website des Urhebers bzw. der seiner Institution.
[124] Vgl. (Dreier/Schulze 2014) zu § 12 RN 6; (Schack 2015) S. 191, RN 366.

Hinweis von (Dreier/Schulze 2018) einschlägig, dass das Persönlichkeitsrecht der Veröffentlichung

> in einer **Wechselwirkung mit anderen Grundrechten** [steht], insbesondere der **Meinungs- und Informationsfreiheit** (Art. 5 Abs. 1 GG). Letztere gehen vor, wenn eine Abwägung ergibt, dass schützenswerte Belange des Urheberrechtsinhabers nicht gefährdet sind und überragende Interessen der Allgemeinheit eine Veröffentlichung verlangen. (§ 12, RN 16)

Diese und andere Wechselwirkungen gelten auch für andere Normen des Urheberrechts bzw. für alle Rechte von Urhebern, aber auch für Artikel des Grundgesetzes, so dass eine kontextlose Berufung auf den Wortlaut einer Norm oder eines Artikels nicht zu einem akzeptablen Ergebnis führt. Nach § 13 gilt: „Der Urheber hat das Recht auf Anerkennung seiner Urheberschaft am Werk. Er kann bestimmen, ob das Werk mit einer Urheberbezeichnung zu versehen und welche Bezeichnung zu verwenden ist." Der Anspruch des Autors, bei jeder Nutzung seines Werkes genannt zu werden, gilt nach herrschender Meinung und Rechtsetzung juristisch verbindlich. In der Praxis der Wissenschaft gilt das Nennungsgebot auch als verbindlich – hier vor allem bei der Wahrnehmung des gesetzlich geregelten Zitierrechts. Ein Verstoß dagegen kann rechtlich geahndet werden. Er hat aber wegen des Plagiatsvorwurfs auch wissenschaftliche und oft genug auch politische Folgen.

Nach § 14 gilt: „Der Urheber hat das Recht, eine Entstellung oder eine andere Beeinträchtigung seines Werkes zu verbieten, die geeignet ist, seine berechtigten geistigen oder persönlichen Interessen am Werk zu gefährden." Allerdings sind auch hier die Begriffe „Entstellung" und „Beeinträchtigung" auslegungsbedürftig. Das Recht des Urhebers auf Unversehrtheit und Unveränderbarkeit seines Werks hat in der Open-Access-Diskussion eine gewisse Rolle gespielt. Die Akzeptanz von Open Access wird vermutlich auch durch die Sorge mancher Autoren beeinträchtigt, dass eine Bearbeitungserlaubnis zu einer unkontrollierbaren Verfälschung der Originalarbeit führen könne. Das hatte bei der ersten Version der deutschen Übersetzung der originalen englischsprachigen Berliner Erklärung zu Open Access vermutlich dazu geführt, dass bei der Formulierung

> The author(s) and right holder(s) of such contributions grant(s) to all users a free, irrevocable, worldwide, right of access to, and a license to copy, use, distribute, transmit and display the work publicly *and to make and distribute derivative works*, in any digital medium for any responsible purpose, subject to proper attribution of authorship.[125]

der oben hier kursiv vermerkte Teilsatz mit der Be-/Weiterverarbeitungserlaubnis ausgelassen wurde. Ob das versehentlich geschehen war oder aus Sorge vor Be-

---

[125] Als erste Bedingung für die „Definition of an Open Access Contribution" (BOAD-englisch) – https://bit.ly/36PiIBw.

denken deutscher Autoren bezüglich eines Verstoßes gegenüber ihren Persönlichkeitsrechten bewusst ausgelassen wurde, sei dahingestellt. In der bald danach korrigierten und heute verbindlichen deutschen Version heißt es jetzt entsprechend: „sowie Bearbeitungen davon zu erstellen und zu verbreiten".[126] Die damit angesprochene Problematik wird in den Urheberrechtskommentaren kaum angesprochen.[127] Wichtig für die Akzeptanz von Open Access ist es daher, dass auf jeden Fall die Referenz auf die Originalversion gegeben sein muss und dass diese Originalversion unverändert in einem Repository gespeichert und öffentlich frei zugänglich ist. Bei Creative-Commons-Lizenzen kann jeder Autor festlegen, in welchem Ausmaß er sein Werk freigeben will.[128] Wenn er Bearbeitungen ausschließen will, muss er CC ND (keine Bearbeitung – no derivatives) wählen. In der Praxis hat sich weitgehend die offene Lizenz CC BY durchgesetzt, die auch die kommerzielle Verwertung der Open-Access-Publikation erlaubt.

Zum Abschluss dieser Darstellung der Persönlichkeitsrechte soll in Frage gestellt werden, ob die Bezeichnung „Persönlichkeitsrechte" im Urheberrecht allgemein und insbesondere für das Wissenschaftsurheberrecht angebracht ist. In den Abschnitten 6.3–6.5 wird der Schöpferbegriff problematisiert, der sich vor allem aus der Persönlichkeit des Urhebers herleitet und seinen ideellen und vermögensrechtlichen Interessen Rechnung trägt. Diese romantische, fast schon theologische Überhöhung der Produktion von Werken passt nicht mehr zur Realität eben dieser Produktionsprozesse. Vielleicht reichte einfach die Bezeichnung „Autorenrechte" oder – um auch den (bislang im Urheberrecht unterrepräsentierten) Institutionen der Autoren Rechnung zu tragen – die allerdings zu sperrige Bezeichnung „Wissensproduzentenrechte". Da sollte sich Besseres finden lassen.

---

126 Berliner Open-Access-Erklärung (BOAD deutsch) – https://bit.ly/2lEdc2d.
127 Allerdings weisen (Wandtke/Bullinger 2014) darauf hin, dass von einer (im Sinne von § 14 UrhG) entstellenden Bearbeitung eines Beitrags in der Wikipedia nicht die Rede sein kann, da das „System grundsätzlich darauf angelegt ist, dass jeder Nutzer Änderungen an der Vorversion vornimmt und dem ganzen eine GPL (General Public Licences) zugrunde liegt." Nicht zuletzt durch die Einwilligung in die GPL kann der „Urheber" kaum eine Unverletzlichkeit seines Ursprungsbeitrags durchsetzen, zumal die Originalversion in der Wikipedia leicht wieder hergestellt werden kann bzw. die Korrekturen/Entstellungen wieder rückgängig gemacht werden können.
128 Garantiert durch jede CC-Lizenz sind die Rechte zur Vervielfältigung, weltweiten Weiterverbreitung, öffentlichen Zugänglichmachung und Aufführung, sowie eventuelle weitere Nutzungsrechte. Optionen bei der Wahl einer CC-Lizenz sind gegeben durch Kombinationen mit Nennung des Autors (CC BY), nicht kommerzieller Nutzung (CC NC), keine Bearbeitung (CC NC) und Weitergabe unter gleichen Bedingungen (SA – share alike). Verneint jemand CC BY und CC SA und bejaht CC NC und CC ND, dann stellt er sein Werk in die Public Domain. Angeboten wird diese Möglichkeit unter CC0 – Quelle Wikipedia Art. Creative Commons – https://bit.ly/2NlywEC.

5.5 Verwertungsrechte – Nutzungsrechte

Geregelt werden die Verwertungsrechte über die §§ 15–24 des UrhG: mit Blick auf Bildung und Wissenschaft sind vor allem § 16 Vervielfältigungsrecht, § 17 Verbreitungsrecht und § 19a Recht der öffentlichen Zugänglichmachung einschlägig (gemeint ist die Zugänglichkeiten über elektronische Dienste, z. B. des Internets). Diese Verwertungsrechte stehen den Urhebern exklusiv zu. Anders als im angloamerikanischen Rechtsbereich ist nach dem deutschen Urheberrechtsgesetz keine gesetzlich erlaubte Übertragung einzelner oder aller Urheberrechte auf eine dritte Person bzw. auf eine Institution/Organisation möglich. Urheberrechte sind nur individuelle persönliche Rechte. Aus dieser privilegierten Stellung des persönlichen Urhebers folgt auch, dass juristische Personen, also z. B. Verlage bzw. Content Provider im weiteren Sinne, keine primären Urheberrechte, auch keine Verwertungsrechte erwerben können.[129] Rechte der Urheber sind grundsätzlich andere Rechte als die der Verwerter. Verwertungsrechte der Urheber können genauso wie die Persönlichkeitsrechte im geltenden Urheberrecht nicht aufgegeben werden.[130] Aber sie können, anders als die Persönlichkeitsrechte, als Nutzungsrechte an (kommerzielle) Verwerter (bislang i. d. R. Verlage) übertragen werden.[131] Das geschieht i. d. R. über einen Vertrag (auch Lizenzvertrag genannt), oft genug aber auch durch eine stillschweigende Übereinkunft oder mündliche Vereinbarung. Urheber geben den Vertragspartnern quasi eine Lizenz für Nutzungsrechte. Das wird prinzipiell, wie schon erwähnt, über § 29 Rechtsgeschäfte über das Urheberrecht Abs. 2, erster Teil geregelt: „Zulässig sind die Einräumung von Nutzungsrechten" und konkret über § 31 ausgeführt: „(1) Der Urheber kann einem anderen das Recht einräumen, das Werk auf einzelne oder alle Nutzungsarten zu nutzen (Nutzungsrecht). Das Nutzungsrecht kann als einfaches oder ausschließliches Recht sowie räumlich, zeitlich oder inhaltlich beschränkt eingeräumt werden" (Abs. 1). Seit dem Zweiten Korb gilt die Übertragung auch für bis dahin unbekannte Nutzungsarten. Vorher war das nicht möglich (vgl. 10.2). Verleger dürfen also auch dafür Schutzansprüche des Urheberrechts erheben, entsprechend auch Vergütungsansprüche (zur Kritik daran 6.6).

---

129 Wir werden in 11.3.6 diese Ausklammerung der juristischen Personen durch den Vorschlag für ein institutionelles Zweitverwertungsrecht abmildern.
130 Wie fast immer im Urheberrecht gibt es aber auch hier Ausnahmen. So können Urheber in Mehrautorenwerken auf ihre Verwertungsrechte (nicht auf ihre urheberrechtlichen Persönlichkeitsrechte) zugunsten anderer Mitautoren verzichten. Allerdings können sich Verwertungsrechte von Mitautoren, die diese aufgegeben haben, bei neuen Verwertungen/Nutzungen durch bis dahin unbekannte Nutzungsarten erneuern.
131 Entsprechend § 29 Rechtsgeschäfte über das Urheberrecht Abs. 2.

5.6 Schranken – gesetzlich erlaubte Nutzungen

Das Urheberrechtsgesetz garantiert den Urhebern exklusive Verwertungsrechte ihrer Werke und damit Verbotsrechte gegen unerlaubte Nutzungen Dritter. Das Urheberrecht regelt aber nicht nur die Rechte und den Schutz der Urheber sowie die (auch kommerzielle) Verwertung der entstandenen Werke, sondern gibt auch den Nutzern bzw. Vermittlern publizierter Werke – Personen oder Organisationen wie Bibliotheken – gewisse Rechte. „Exklusiv" bedeute also nicht, dass der Urheber unbeschränkte Rechte an seinen Werken hat. Ganz im Gegenteil. Seine Rechte können aus öffentlichem Interesse, aber nur über gesetzliche Bestimmungen, eingeschränkt werden. Damit kommen die Schranken des Urheberrechts ins Spiel. Schranken sind „gesetzlich erlaubte Nutzungen" urheberrechtsgeschützter Werke.

Die Festlegung von „Schranken" als „gesetzlich erlaubte Nutzung" wurde durch die Urheberrechts-Reform von 2017/2018 explizit gemacht. Entsprechend heißt jetzt im Urheberrechts-Wissensgesellschafts-Gesetz (UrhWissG) von 2017 der Unterabschnitt 4: „Gesetzlich erlaubte Nutzungen für Unterricht, Wissenschaft und Institutionen". Das sind die §§ 60a–60h UrhG. Der Gesetzgeber hat also Nutzungsrechte sui generis und nicht nur als Ausnahmen bestimmt. Das ist nicht nur eine terminologische Änderung.[132] Sie kann möglicherweise in Zukunft eine offenere Rechtsauslegung der Schrankenbestimmungen bewirken. Bislang ist die Rechtsprechung aber überwiegend der Ansicht, dass Schranken möglich eng angelegt sein sollten, also die Rechte der Urheber nur so wenig wie möglich eingeschränkt werden sollten. Dem hat sich auch der Gesetzgeber i. d. R. angepasst. Verantwortlich dafür ist vor allem der Drei-Stufen-Test, der allgemein als negative Schranken-Schranke (also als Begrenzung) der Schrankenbestimmungen angesehen wird und durch den Schrankenregelungen nur als Ausnahmen gestattet sind (Stufe 1) und durch den, gemäß Stufe 2 des Tests, die normale Verwertung (was immer das auch ist) nicht beeinträchtigt werden darf (vgl. 6.9). In Deutschland werden die Schranken in erster Linie nach den Verwertungsrechten organisiert, z. B. öffentliche Zugänglichmachung durch § 52a-Alt, öffentliche Wiedergabe durch § 52b-Alt oder Vervielfältigung und Übermittlung durch § 53a-Alt. Das UrhWissG organisiert die Schranken §§ 60a–60h allerdings anders, nämlich stark nach der funktionalen oder institutionellen Privilegierung (Lehre, Forschung, Bibliotheken).

Dass der Umfang der Nutzung über das Gesetz durch Schranken festgelegt wird, ist nicht zwingend. Die Einschränkung könnte auch über ein allgemeines Prinzip bestimmt werden. Ein solches Prinzip ist das Fair-use-Prinzip im U. S.-amerikanischen Copyright. Wir gehen in 12.4 darauf ausführlicher ein – vor allem um zu überprü-

---

[132] Vgl. (Hoeren 2018) Urheberrechts-Wissensgesellschafts-Gesetz, S. 121.

fen, ob dieses Prinzip, das als General- oder Universalklausel bzw. als positive Schranken-Schranke angesehen werden kann, auch für das Urheberrecht genutzt werden könnte.[133] Die Rechtswissenschaft geht derzeit überwiegend davon aus, dass so etwas wie das Fair use dem kontinentaleuropäischen Urheberrecht fremd ist. Wir gehen in Kap. 11.4 ausführlich darauf ein, inwieweit ein allgemeines Prinzip für Schrankenreglungen über eine ABWS – bzw. ABWK realisiert werden kann.

Nutzungshandlungen, die über Schrankenregelungen erlaubt sind, sind *genehmigungsfrei*, also ohne Zustimmung des Urhebers *erlaubt*. Das Verbotsrecht der Urheber wird damit teilweise ausgesetzt. Genehmigungsfreiheit ist allen Schrankenbestimmungen inhärent. „Frei" bedeutet aber nicht „uneingeschränkt". Die meisten Schrankenregelungen legen fest, was in welchem Umfang genehmigungsfrei nutzbar ist. Das kann über explizite quantitative Vorgaben oder durch unbestimmte Rechtsbegriffe erfolgen. Genehmigungsfreie schrankenbasierte Nutzung ist aber vor allem deshalb nicht uneingeschränkt frei, weil sie i. d. R. als vergütungspflichtig angesehen wird. Verantwortlich dafür ist, dass vom Urheberrecht Schrankenregelungen (auch wenn sie als gesetzlich erlaubte Nutzungen verstanden werden) als Eingriff in das geistige Eigentum angesehen werden. Dieser Eingriff ist nur dann möglich, so die herrschende Meinung, wenn er durch gesetzlich garantierte Kompensationsleistungen sozusagen geheilt wird (vgl. Kap. 7). Darunter wird im Wesentlichen eine monetäre Vergütung verstanden, also die Sicherung der vermögensrechtlichen Interessen der Rechtsinhaber (vgl. Kap. 8). Schrankenregelungen tragen i. d. R. diesem Vergütungsanspruch Rechnung. Allerdings kann im jetzigen System dieser Anspruch – anders als durch Verträge zwischen Verlagen und Urhebern – nicht direkt von den Rechtsinhabern (Autoren oder Verwerter) wahrgenommen werden. Vielmehr wird die Erhebung der vorgesehenen Vergütung und die Ausschüttung an die Berechtigten durch Verwertungsgesellschaften vorgenommen. Für die Bereiche Wissenschaft und Bildung ist das überwiegend die Verwertungsgesellschaft Wort (VG WORT); aber bei multimedialem Material sind das auch andere Verwertungsgesellschaften.

In einigen Fällen sind Nutzungen über Schrankenregelungen aber nicht nur genehmigungsfrei, sondern auch vergütungsfrei. Aus unserem Gegenstandsbereich gilt das z. B. für das in § 51 UrhG geregelte Zitatrecht. Andere Beispiele sind § 45 UrhG Rechtspflege und öffentliche Sicherheit oder § 50 Berichterstattung über Tagesereignisse. Die doch zahlreichen Ausnahmen von der Vergütungsverpflichtung können den Schluss nahelegen, dass Vergütungsverpflichtung für schrankenbe-

---

[133] Vgl. (Förster 2008) Fair Use: ein Systemvergleich der Schrankengeneralklausel; (Leventer 2012) Google Book Search und vergleichendes Urheberrecht.

dingte Nutzungen in Bildung und Wissenschaft allgemein durchaus kein „Muss" sein muss. Die BVerfG-Auslegung in „Schulbuchprivileg" hat allerdings eine hohe Hürde dagegen aufgebaut. Es muss „ein gesteigertes öffentliches Interesse gegeben sein", um Vergütungsverpflichtung auszusetzen. Sie ist somit aber nicht quasi naturgegeben und auch nicht urheberrechtlich absolut zwingend. Über sie wird politisch und interessenbedingt entschieden.

Fazit. Schrankenbestimmungen sind keine lästigen Anhängsel oder Wohltaten des Gesetzgebers, sondern als Rechte genuine Bestandteile des Urheberrechts. Sie sind Regulierungen im öffentlichen Interesse. Trotzdem wird immer wieder von Seiten der Verlagswirtschaft dafür geworben, Schrankenregelungen durch Lizenzierungsvereinbarungen zu ersetzen bzw. Letzteren den Vorrang einzuräumen (ausführlich dazu in 13.7.2). Die Aufgabe von Schranken besteht darin, so das allgemeine juristische Verständnis (hier von Grünberger), „das Spannungsverhältnis von Ausschließlichkeitsrecht und Zugangskontrolle einerseits und Nutzerfreiheit und Zugangsregeln andererseits angemessen aufzulösen".[134] Schranken sind daher i. d. R. Kompromisse/Ausgleiche zwischen den Interessen der verschiedenen Akteursgruppen: Urheber, Nutzer und Verwerter und nicht zu vergessen das Interesse der Öffentlichkeit. Diese Interessen müssen nicht zwangsläufig als gleichgewichtig angesehen werden. Das Urheberrecht hat aber keine gewichtete Präferenz für eines dieser Interessen vorgesehen, sondern strebt i. d. R. eine ausgeglichene Balance an. Ob das für ein Wissenschaftsurheberrecht der richtige Ansatz ist, wird hier auf Grund des besonderen Interesses der Öffentlichkeit an Ergebnissen der Forschung und der Qualität der Ausbildung bezweifelt.

In Teil II dieses Textes werden die konkreten Schrankenregelungen diskutiert, die auf Bildung und Wissenschaft bezogen sind – entweder direkt oder indirekt über die Leistungen von Vermittlungsorganisationen wie z. B. durch Bibliotheken. Durch das UrhWissG (vgl. Kap. 13) wurden einige dieser Schrankenregelungen aus den früheren Reformen 2003 und 2008 gelöscht.[135] Trotzdem werden wir auch hier auf diese eingehen. Zum einen wird an ihnen deutlich, wie schwer sich der Gesetzgeber getan hat, der Realität in Bildung und Wissenschaft, aber auch den Potenzialen der Informations- und Kommunikationstechnologien Rechnung zu

---

134 (Grünberger 2016) Die Bildungs- und Wissenschaftsschranke, Zitat 474.
135 Aus dem Ersten Korb der Urheberrechtsreform (2003) ist vor allem § 52a „Öffentliche Zugänglichmachung für Unterricht und Forschung" hier einschlägig. Aus dem Zweiten Korb der Urheberrechtsreform (2008) die §§ 52b (Wiedergabe von Werken an elektronischen Leseplätzen in öffentlichen Bibliotheken, Museen und Archiven) und 53a (Kopienversand auf Bestellung). Aus der Phase nach 2008 das Gesetz zur Nutzung verwaister und vergriffener Werke und die Erweiterung des Zweitverwertungsrechts in § 38.

tragen. Zum anderen wird an diesen Regelungen deutlich, dass die Rechtsprechung (vor allem durch den BGH) zuweilen in der Lage ist, dem entwickelten Zeitgeist durch kreative Hermeneutik (entsprechend der Diskussion in Kap. 3.1) Rechnung zu tragen kann – oft genug jedoch auch nicht. Bevor wir in Teil II auf die Urheberrechts-Reformen konkreter eingehen, sollen im nächsten Kapitel zunächst dargestellt werden, was im Urheberrecht unangemessen für Bildung und Wissenschaft gelaufen ist (6), um dann in Kap. 7 und Kap. 8 zwei besonders problematische Dogmen des Urheberrechts zu diskutieren – Eigentum/geistiges Eigentum und Vergütung.

6 Urheberrecht – kein Fundament für Bildung und Wissenschaft

„Das Urheberrecht verfehlt seine Funktion mit Bezug auf das wissenschaftliche Werkschaffen in wachsendem Maße" – Reto M. Hilty: Das Urheberrecht und der Wissenschaftler. GRUR Int 2006, 179.

Seit etwa 35 Jahren – mit der Öffnung des Internets für kommerzielle Geschäfte (vgl. 6.1) – kann eine fortschreitende Kommodifizierung des Umgangs mit Wissen und Information ausgemacht werden. Dieser hat das Urheberrecht Rechnung getragen. Tendenziell ist das Urheberrecht dadurch zu einem Handelsrecht geworden. Unabhängig von dieser Kommodifizierung, aber diese Tendenz verstärkend, ist das Urheberrecht weiter reichlich versehen mit "Musts", die entsprechend gar nicht mehr hinterfragt werden. Salopp könnte man sie als die heiligen Kühe des Urheberrechts bezeichnen – etwas weniger salopp als Tabus oder als dysfunktional gewordene Relikte. Die meisten von ihnen stammen aus der letzten umfassenden Reform des Urheberrechts von 1965, einige gehen bis ins 19. Jahrhundert zurück. Sie sind einschließlich der Reformen von 2017/18 weitgehend unangetastet geblieben.

2015, sozusagen zum 50. Jubiläum des 1965er-Urheberrechts, wurde in einem Sammelband (Dreier/Hilty 2015) problematisiert, ob das deutsche Urheberrecht sich immer noch an dieser 1965 gänzlich neu gefassten Version orientieren soll/kann. In diesem Sammelband werden durchaus von einigen Autoren Fragen gestellt, die auch Gegenstand dieses Textes sind, z. B.[136]

> ob der 1965 eingeschlagene Weg des Monismus, also der rechtssystematischen Verbindung von urheberpersönlichkeitsrechtlichen Befugnissen und wirtschaftlichen Verwertungsrechten auch in Zukunft noch gangbar ist" (mit Verweis der Herausgeber auf den Artikel von McGuire in dem zitierten Band). Auch gerät „der idealistische Schöpferbegriff in den Blick, der im Lichte künftiger Anforderungen philosophisch überladen erscheinen und durch ein neues Leitbild im Sinne eines Urheberrechts ohne Schöpferprinzip zu ersetzen sein könnte" (mit Verweis der Herausgeber auf den Artikel von (Peifer 2015) in dem zitierten Band).

> Ganz grundsätzlich problematisieren die beiden Herausgeber die Tragfähigkeit des gegenwärtigen Urheberrechtskonzepts: „Sollte sich erweisen, dass die traditionelle Bauweise [des UrhG von 1965 – RK] nicht mehr für ein neues Haus taugt, das den aktuellen Herausforderungen den notwendigen Raum verschafft, sind neue Ideen gefordert, möglicherweise über das Gelände hinaus, auf dem das urheberrechtliche Haus heute steht."

---

[136] Die folgenden Zitate aus dem Vorwort zu (Dreier/Hilty 2015) S. IX.

Stellen wir kurz zusammen, was aus der Systematik, was aus den Fundamenten des Urheberrechts für Bildung und Wissenschaft unpassend oder behindernd geworden ist:

(1) Der Niederschlag der Kommodifizierung von Wissen und Information im Urheberrecht (vgl. 6.1)
(2) Die Fiktion des individuellen Schöpfers (vgl. 6.2)
(3) Die Verfestigung der Vorstellung von „Werk" als Immaterialgut (vgl. 6.3)
(4) Die Fiktion des Immaterialguts (vgl. 6.4)
(5) Der monistische Charakter des Urheberrechts mit seiner Einheit von persönlichkeits- und vermögensrechtlichen Befugnissen (vgl. 6.5)
(6) Die Möglichkeit der Übertragung der den Urhebern exklusiv zustehenden Verwertungsrechte als ebenfalls exklusive Nutzungsrechte der kommerziellen Verwerter (vgl. 6.6)
(7) Die generelle Unbrauchbarkeit von Schranken für Bildung und Wissenschaft (vgl. 6.7)
(8) Das Beharren auf einem einheitlichen Urheberrecht – die in der politischen Regulierung ausgebliebene Berücksichtigung eines auf die besonderen Bedürfnisse ausgerichteten Wissenschaftsurheberrechts (vgl. 6.8)
(9) Die fatale Wirkung des Drei-Stufen-Tests (der negativen Schranken-Schranke) mit der starken Orientierung an den kommerziellen Interessen der Verwerter (vgl. 6.9)
(10) Der Anspruch des Urhebers (zuweilen sogar der Verwerter) auf das Werk als exklusives persönliches intellektuelles Eigentum (Kap. 7)
(11) Der als unaufgebbar eingeschätzte Vergütungsanspruch auch und vor allem bei schrankenbedingten Nutzungen (Kap. 8)

Besonders gravierend und folgenreich sind die beiden letzten Punkte in der obigen Liste. Darauf wird ausführlich in (Kap. 7) und (Kap. 8) eingegangen. In den Kapiteln von Teil II wird auch darauf eingegangen, dass die positive Publikationsfreiheit eines Wissenschaftlers keineswegs uneinschränkbarer Teil seiner Wissenschaftsfreiheit ist. Auch die Ablehnung einer Mandatierung des Zweitverwertungsrechts bzw. die Ausklammerung eines institutionellen Zweitverwertungsrechts gehört zu den nicht mehr zeitgemäßen Relikten (vgl. 11.3.6).

6.1 Zur fortschreitenden Kommodifizierung und Ökonomisierung des Urheberrechts

Das Urheberrecht hat sich vor etwa 50 Jahren zunächst über verschiedene Konferenzen des „Berner Übereinkommen zum Schutz von Werken der Literatur und Kunst" (nach verschiedenen Überarbeitungen „RBÜ" genannt) neu bestimmt.[137] Die Regelungen der RBÜ sind für die Staaten, die es unterzeichnet haben, völkerrechtlich verbindlich. Nach der Stockholmer Konferenz von 1967 wird die RBÜ von der WIPO (*World Intellectual Property Organisation*), eine UN-Unterorganisation, verwaltet. Seitdem wird das internationale Urheberrecht nicht mehr von der RBÜ als Gesamttext fortgeschrieben, sondern über einzelne ebenfalls völkerrechtlich verbindliche Verträge wie z. B. TRIPS, Teil der WTO, und der WIPO (s. unten). Dennoch bleibt die RBÜ in seiner Systematik und seiner letzten Fassung für alle weiteren Regulierungen des Urheberrechts weltweit verbindlich.

Mit der RBÜ und auch noch mit der 1965er Urheberrechts-Reform in Deutschland konnten Bildung und Wissenschaft ganz gut leben bzw. wurde das Urheberrecht von den Akteuren in Bildung und Wissenschaft nicht als besonders wichtig oder gar als behindernd empfunden. Woran liegt es dann, dass Urheberrechtsregulierungen erst seit gut dreißig (vorbereitet schon seit ca. fünfzig) Jahren vor allem für Bildung und Wissenschaft zu einem Problem geworden sind? Die Antwort ist einfach und in den Folgen gleichermaßen kompliziert: Verantwortlich dafür ist in erster Linie die Kommodifizierung und Ökonomisierung von Wissen und Information – also das, was James Boyle die „second enclosure movement" genannt hat. Boyle übertrug damit die negativen Folgen der (ersten) Einzäunung des freien Weidelands im 16. und 17. Jahrhundert in England durch dessen Privatisierung auf die zweite Einzäunung, die Privatisierung von Wissen ab den 60er Jahren des 20. Jahrhunderts zum Zweck der kommerziellen Gewinnerwartung der dieses Wissen verwertenden „Eigentümer":

> We are in the middle of a second enclosure movement. It sounds grandiloquent to call it "the enclosure of the intangible commons of the mind," but in a very real sense that is just what it is. True, the new state-created property rights may be "intellectual" rather than "real," but once again things that were formerly thought of as either common property or uncommodifiable are being covered with new, or newly extended, property rights. (Boyle 2003, 37)[138]

---

137 Ausführlich beschrieben in (Kuhlen 2008) Erfolgreiches Scheitern, Kap. 3.2 Internationale Entwicklung – Intensivierung der Verwertungsrechte, S. 95–119; vgl. auch (Kreutzer 1999) Die Entwicklung des Urheberrechts in Bezug auf Multimedia der Jahre 1994–1998.
138 In (Boyle 2008) wird ausgeführt, wie die „commons of the mind" entzäunt und in die „public domain" zurückgeführt werden können.

Die Weichen für die Kommodifizierung und nachfolgende Ökonomisierung des Umgangs mit Wissen und Information wurden auf der Stockholmer Konferenz 1967 gestellt. Diese Konferenz war deshalb folgenreich, weil schon im Vorfeld zum ersten Mal über eine (negative) Schranken-Schranke debattiert wurde, also um eine Bestimmung, welche den urheberrechtlichen Schrankenregelungen grundsätzliche Grenzen setzen sollte und bis heute setzt. Anlass war die Diskussion um ein neues umfassendes Vervielfältigungsrecht, das dann tatsächlich auf der 1967er Stockholmer Konferenz beschlossen und 1971 in die RBÜ aufgenommen wurde. Mit diesem Recht sollten auch die Schrankenregelungen generell angepasst werden. „Angepasst" bedeutet seitdem, Schranken (also Nutzungserlaubnisse) vom Gesetzgeber bzw. den Gerichten so eng wie möglich anzulegen bzw. auszulegen. Die Diskussion endete dann mit der Bestimmung des Drei-Stufen-Tests,[139] der zunächst nur auf das Vervielfältigungsrecht angewendet wurde.[140] Auf Betreiben Deutschlands wurde übrigens die jetzt geltende Reihenfolge der Stufen festgelegt. Die Berücksichtigung der Verwerterinteressen rückte dadurch in die zweite Stufe, die der Urheber in die dritte Stufe (ausführlicher zum Drei-Stufen-Test in 6.9). Seitdem sind Schranken nur als Ausnahmen, also nur für spezielle Fälle erlaubt. Sie dürfen nicht der normalen (kommerziellen) Verwertung entgegenstehen, und sie dürfen nicht die Rechte der Urheber unbillig einschränken. Die Dominanz der kommerziellen Interessen ist unverkennbar – zumal alle drei Stufen des Tests erfüllt sein müssen. Was veranlasste die Personen, welche die internationalen Urheberrechtsvereinbarungen (RBÜ, WIPO, TRIPS – s. unten) formulierten, und die Politiker, die das in jeweils nationale Gesetze umsetzten, die Nutzung von öffentlich gemachtem Wissen so stark einzuschränken? Wie so oft, ist es die Entwicklung von neuen Technologien, welche die Recht setzenden Instanzen bis heute veranlassen, die bisherigen Gesetze, oft mit Rücksicht auf die kommerzielle Verwertung, neu zu schreiben. Das war schon bei der Urheberrechtsreform von 1965 zu erkennen. In der Stellungnahme des Rechtsausschusses des Bundestags von 1962 heißt es:[141]

> „Seit Erlaß der Gesetze[142] haben sich eine Reihe bedeutender neuer Verwertungsmöglichkeiten für die Werke der Urheber ergeben, die vom Gesetzgeber nicht oder nur unvollkommen

---

139 Zur Geschichte des Drei-Stufen-Tests vgl. den entsprechenden Artikel in der Wikipedia – https://de.wikipedia.org/wiki/Drei-Stufen-Test_(Urheberrecht).
140 „Der Gesetzgebung der Verbandsländer bleibt vorbehalten, die Vervielfältigung in gewissen Sonderfällen unter der Voraussetzung zu gestatten, dass eine solche Vervielfältigung weder die normale Auswertung des Werkes beeinträchtigt noch die berechtigten Interessen des Urhebers unzumutbar verletzt" (RBÜ Art. 9 Abs. 2).
141 Rechtsausschuss Bundestag: https://bit.ly/2m6gknJ.
142 Gemeint sind:
1. dem Gesetz betreffend das Urheberrecht an Werken der Literatur und der Tonkunst vom

berücksichtigt sind. Dies gilt besonders für Film, Rundfunk und Fernsehen sowie für die modernen Vervielfältigungsverfahren der Tonbandaufnahme, der Fotokopie und der Mikrokopie. Die Rechtsprechung hat sich zwar bemüht, durch rechtsschöpferische Auslegung und Analoge den durch die neuen technischen Mittel aufgeworfenen Problemen gerecht zu werden. Hierbei sind der Rechtsprechung jedoch Schranken gesetzt. Es ist zudem bedenklich, wenn der geltende Rechtszustand sich immer weiter vom Wortlaut der Gesetze entfernt."

Grundsätzlich neue Verwertungsformen haben sich damals allerdings nur in geringem Ausmaß durch analoge technische Entwicklungen wie Tonband, Foto etc. ergeben. Zur wirklichen technologisch bedingten Herausforderung für die Politik und damit für die Gestaltung des Urheberrechts wurde erst die tendenziell vollständige Digitalisierung aller mit Wissen und Information zusammenhängenden Prozesse und der dadurch möglich gewordenen neuen Informationsdienstleistungen, die über elektronische Netze verteilt und genutzt werden konnten. Der besondere Mehrwert ergab sich dadurch, dass es in den 80er Jahren gelang, die verschiedenen elektronischen Netze kompatibel zu machen und in dem, was heute das Internet heißt, zusammenzufassen. Das wurde bis Mitte der 90er Jahre alleine von der Wissenschaft genutzt (und vom Militär). Die Potenziale des Internets waren aber auch für die Wirtschaft klar erkennbar und die Öffnung des Internets unvermeidbar. Diese Öffnung geschah, wie zu Beginn erwähnt, Ende 1994 mit der Freigabe des Internets für die kommerzielle Nutzung durch die *National Science Foundation* (NSF). Seitdem gibt es mit Blick auf Wissen und Information die beiden Parallelwelten im Internet, zwei Wissens- und Informationsmärkte – die der wissenschaftlichen Kommunikation und die der kommerziellen Verwertung.[143] Seitdem gibt es nicht nur, aber vor allem in Bildung und Wissenschaft, den Konflikt zwischen der Leitidee des unbeschränkten freien Zugangs zu Wissen und Information und deren freien Nutzung und dem Anspruch der kommerziellen Informationswirtschaft, mit den aus Wissen entstandenen Wissensobjekten über Informationsobjekte nach Prinzipien des Marktes Handel treiben zu dürfen.

Handel über Verlage hat es allerdings spätestens seit der Entwicklung der Drucktechnik mit bewegten Lettern immer schon gegeben. Aber zu einer wirklichen Industrie ist die Informationswirtschaft insgesamt und dann speziell die

---

19. Juni 1901 – LUG – (RGBl., S. 227) in der Fassung der Gesetze vom 22. Mai 1910 (RGBl., S. 793) und vom 13. Dezember 1934 (RGBl., II S. 1395),

2. dem Gesetz betreffend das Urheberrecht an Werken der bildenden Künste und der Photographie vom 9. Januar 1907 – KUG – (RGBl., S. 7) in der Fassung der Gesetze vom 22. Mai 1910, vom 13. Dezember 1934 und vom 12. Mai 1940 (RGBl., 1 S. 758) und item dem Gesetz über das Verlagsrecht vom 19. Juni 1901 – VerlG – (RGBl., S. 217) in der Fassung des Gesetzes vom 22. Mai 1910.

143 (Kuhlen 1995) Informationsmarkt.

auf Wissenschaft bezogene Publikationswirtschaft erst durch die fortschreitende Digitalisierung aller Prozesse von Wissen und Information geworden. Die Berechtigung und der volkswirtschaftliche Nutzen der Öffnung des Internets kann somit gar nicht bestritten werden. Für die Informationswirtschaft stellte sich aber sofort das Problem, dass die digitalen Objekte, die verwertet werden sollten, gar nicht so leicht vor unautorisierter Nutzung geschützt werden können – vor allem nur unzureichend durch das damals geltende Urheberrecht. Es ist den Produzenten von digitalen Produkten aber auch sehr schnell klargeworden, dass durch diese Telemediatisierung die klassischen Publikations- bzw. Verwertungsmodelle nicht mehr zu halten sind. Diese Modelle sind abhängig von der Anzahl der verkauften Kopien des einmal erstellten Master-Objekts (des Werks) – sei es ein Film, ein Audiowerk oder eine klassische Text-Publikation. Dieses Modell funktioniert dann nicht mehr ohne Weiteres, wenn die Unterscheidung zwischen Original und Kopie nicht mehr relevant ist. Jede digitale Kopie ist vom Original nicht zu unterscheiden. Die Vervielfältigungskosten und ebenso die Zugriffs- und Nutzungskosten tendieren gegen Null. Ohne regulativen Eingriff reichte die öffentliche Zugänglichmachung des Master-Originals aus, um jedem in der Welt den Zugriff zu ermöglichen. Das, so die herrschende Meinung der Informationswirtschaft, kann kein Geschäftsmodell sein, und das bis Anfang der 90er Jahre geltende Urheberrecht konnte darauf nicht vorbereitet sein. Entsprechend nahmen auch die internationalen und nationalen Regulierungsinstanzen diese Herausforderung an. Seitdem wird so gut wie jede Urheberrechtsreform mit den Nutzungs- aber auch den Missbrauchspotenzialen der digitalen Information und Kommunikation begründet.[144] Dabei wurde von Seiten der Politik kein Grund gesehen, wegen technischen Entwicklungen die dem Urheberrecht zugrundeliegenden Konzepte (wie Eigentumsschutz) in Frage zu stellen. Hierzu ein Zitat aus der Begründung für InfoSoc 2001:

> Die technische Entwicklung hat die Möglichkeiten für das geistige Schaffen, die Produktion und die Verwertung vervielfacht und diversifiziert. Wenn auch kein Bedarf an neuen Konzepten für den Schutz des geistigen Eigentums besteht, so sollten die Bestimmungen im Bereich des Urheberrechts und der verwandten Schutzrechte doch angepasst und ergänzt werden, um den wirtschaftlichen Gegebenheiten, z. B. den neuen Formen der Verwertung, in angemessener Weise Rechnung zu tragen. (EG 5)

Ähnlich wurde auch die Urheberrechtsreform in Deutschland 2003 begründet. Sie wurde systematisch durch die Herausforderung begründet, dass es durch die

---

[144] Ähnlich war die (medien)technische Entwicklung der Anlass für die Entwicklung von Regulierungsmaßnahmen zum Schutz von Privatheit und Datenschutz und -sicherheit und, intensiviert durch die Entwicklung der IKT, in den 80er Jahren des 20. Jahrhundert und heute durch die global operierenden Kommunikationsdienstleistungen der Googles und Facebooks.

> „Entwicklung im Bereich der Informations- und Kommunikationstechnologie, insbesondere der digitalen Technologie" möglich geworden ist, dass "Inhalte jeder Art, damit auch solche, die urheberrechtlich geschützt sind, völlig unproblematisch und ohne Qualitätsverlust über ein weltumspannendes Datennetz in kürzester Zeit verbreitet und übermittelt werden können." (vgl. FN 309)

Die immer größer werdende Bedeutung der Wissens- und Informationsindustrie für die Gesamtwirtschaft und die Veränderung der Nutzungsformen durch die neuen Technologien hat die politischen Regulierungsinstanzen weltweit veranlasst, diese neuen Märkte auch durch entsprechende gesetzliche regulative Maßnahmen zu schützen und damit zu befördern. Diese Maßnahmen haben wesentlich zu der fortschreitenden Kommodifizierung von Wissen und Information beigetragen. Die Politik weltweit unter der Führung der USA hatte nie die Berechtigung einer Kommodifizierung von Wissen und Information in Frage gestellt. Ganz im Gegenteil. Zeitgleich mit der kommerziellen Öffnung des Internets wurde das internationale System der Regulierungen für geistiges Eigentum neu geordnet. Entscheidend dafür war die im Gefolge der sogenannten Uruguay-Runde (1986–1994) gegründete Welthandelsorganisation (WTO), deren dritte Säule (neben GATT und GATS) TRIPS ist, das Übereinkommen über den Schutz handelsbezogener Aspekte des geistigen Eigentums (Agreement on Trade-Relaxed Aspects of Intellectual Property Rights).[145] TRIPS wurde mit dem 1.1.1995 gültig. TRIPS sieht, wie es schon im Titel deutlich wird, geistiges Eigentum unter Aspekten des Handels und der weltweiten Wirtschaft. Die WTO kam damit der für den Schutz geistigen Eigentums zuständigen UN-Organisation, WIPO, knapp zuvor. Der entsprechende WTC-Vertrag der WIPO wurde Ende Dezember 1996 von der WIPO in Genf unterzeichnet. In beiden Regulierungen (TRIPS und WTC) wurde der Drei-Stufen-Test als verbindlich für Schrankenregelungen aufgenommen (ausführlicher zum Drei-Stufen-Test in 6.9). Entsprechend hat sich die für das Urheberrecht zuständige Politik im Gefolge von TRIPS bzw. den Vorgaben der WIPO davon überzeugen lassen, dass starke Schutzinstrumente gegen das, was damals Piraterie genannt wurde, entwickelt werden müssen. Das wurde realisiert über die verbindliche Anwendung der Regelungen durch den Drei-Stufen-Test in neuen Urheberrechtsregulierungen (z. B. explizit in der InfoSoc-Richtlinie 2001 oder als selbstverständlich angenommen in den deutschen Urheberrechtsreformen seit 2003). Dazu kamen strikte Urheberrechts-Durchsetzungsgesetze[146] und die

---

145 TRIPS – https://bit.ly/2k4jhV1.
146 Gesetz zur Verbesserung der Durchsetzung von Rechten des geistigen Eigentums („Durchsetzungsgesetz"), in Kraft getreten am 1.9.2008; Gesetz zur verbesserten Durchsetzung des Anspruchs der Urheber und ausübenden Künstler auf angemessene Vergütung und zur Regelung von Fragen der Verlegerbeteiligung von 2016 (BGBl. I S. 3037).

Aufnahme technischer Schutzmaßnahmen (DRM) in den 95-er Paragraphen des deutschen Urheberrechts.

Vor TRIPS und WIPO/WTC hatten die Akteure in Bildung und Wissenschaft, wie oben erwähnt, wenig Probleme mit dem Urheberrecht bzw. es war ihnen gar nicht bewusst, dass das Urheberrecht etwas mit ihrer Arbeit zu tun haben könnte. Das änderte sich durch die Regulierungen im Gefolge von TRIPS und WIPO/WTC, z. B. in den USA durch das DMCA (Digital Millennium Copyright Act) 1998, in der EU durch die EU-Copyright-Richtlinie, InfoSoc 2001, und die neue EU Urheberrechts-Richtlinie 2019 und in Deutschland die Urheberrechtsanpassungen 2003–2018 (vgl. Kap. 10–13). Die immer schon starke kommerzielle Dominanz im angelsächsischen Copyright gilt mehr und mehr auch für den europäischen Bereich. Auch in der EU ist klar zu erkennen, dass die vielfachen Urheberrechtsrichtlinien und die entsprechenden Durchsetzungsrichtlinien[147] überwiegend der Förderung des Binnenmarktes dienen sollten. Die in ihnen formulierten politischen urheberrechtlichen Leitlinien wurde auch weitgehend auf die Werke aus den Bereichen Bildung und Wissenschaft übertragen. Falls Schrankenregelungen zugunsten dieser Bereiche vorzusehen seien, dürften diese die kommerziellen Interessen keineswegs stark beeinträchtigen, entsprechend der zweiten Stufe des Drei-Stufen-Tests. So heißt es in EG 44 der InfoSoc-Richtlinie von 2001:

> Die von den Mitgliedstaaten festgelegten Ausnahmen oder Beschränkungen sollten insbesondere die gesteigerte wirtschaftliche Bedeutung, die solche Ausnahmen oder Beschränkungen im neuen elektronischen Umfeld erlangen können, angemessen berücksichtigen. Daher ist der Umfang bestimmter Ausnahmen oder Beschränkungen bei bestimmten neuen Formen der Nutzung urheberrechtlich geschützter Werke und sonstiger Schutzgegenstände möglicherweise noch enger zu begrenzen.

Die EU-Richtlinie von 2001, in ihrer Konzeption entstanden aus den Diskussionen Ende des letzten Jahrhunderts des letzten Jahrtausends, ist eindeutig das Produkt einer Koalition von Staat und Informationswirtschaft. Dadurch, so die hier vertretene Interpretation der Entwicklung,

> haben sich weltweit und durch die Umsetzung der EU-Richtlinie [InfoSoc 2001] auch in Deutschland die Regulierungsformen für Produkte geistigen Eigentums eindeutig dahingehend verschoben, dass in der Wertehierarchie die Verwertung von Wissen und Information und dessen Sicherung einen höheren Stellenwert bekommen haben als die freizügige Nutzung im Interesse der Öffentlichkeit und zum Nutzen der einzelnen Menschen.[148]

---

147 Z. B. Richtlinie 2004/48/EG des Europäischen Parlaments und des Rates vom 29. April 2004 zur Durchsetzung der Rechte des geistigen Eigentums – https://bit.ly/2YK34a7.
148 (Kuhlen 2004b) Wem gehört die Information im 21. Jahrhundert, S. 3.

6.1 Fortschreitende Kommodifizierung und Ökonomisierung des Urheberrechts — 109

In der deutschen Politik hat MdB Günter Krings[149] diese ökonomische Wende des Urheberrechts auf den Punkt gebracht: 2006 bei der Ersten[150] und 2007 bei der Zweiten und Dritten Lesung der Urheberrechtsreform des Zweiten Korbs[151] deutete er das von der Bundesregierung anvisierte Ziel eines bildungs- und wissenschaftsfreundlichen Urheberrechts keineswegs nur ironisch um:

> „Als Rechtspolitiker der großen Koalition freuen wir uns über das Bekenntnis im Koalitionsvertrag für ein starkes und wissenschaftsfreundliches Urheberrecht. Wissenschaftsfreundlich – passen Sie genau auf – heißt dabei ganz unmissverständlich auch wissenschaftsverlagsfreundlich." (2006)
> Und 2007: „Deshalb [weil die meisten Wissenschaftler nicht nur auf der eigenen Homepage publizieren möchten, sondern auch bei einem Verlag] kann wissenschaftsfreundliches Urheberrecht gar nichts anderes heißen als auch wissenschaftsverlagsfreundliches Urheberrecht."

Fazit. Die starke Ausrichtung des Urheberrechts auf wirtschaftliche Aspekte und kommerzielle Verwertung ist dem Urheberrecht aber nicht zwangsläufig immanent – ganz im Gegenteil: das öffentliche Interesse ist die Rechtfertigung für das Urheberrecht als Schutzrecht. Aber die starke politische Unterstützung der kommerziellen Verwertungsinteressen hat dazu geführt, dass die Bezeichnung „Urheberrecht" mehr zu einer Etikette geworden ist. Nicht nur Reto M. Hilty findet es

> absurd [...] dass in der ganzen politischen Diskussion immer und allein vom „Urheber" die Rede ist. Gemeint sei damit aber keineswegs der Kreative, sondern in aller Regel eben die Urheberrechtsindustrie.[152]

Das Urheberrecht, besonders das Wissenschaftsurheberrecht, ist seit diesen gut 30 Jahren eher zu einem verhindernden (*disabling*) als zu einem befördernden (*enabling*) Instrument für den Umgang mit Wissen und Information geworden. Auf der Strecke geblieben ist der umfassende freie Zugang zu Wissen bzw. zu den entsprechenden Wissens- und Informationsprodukten und ihrer freien Nut-

---

149 MdB Günter Krings, lange Jahre der Berichterstatter der CDU für das Urheberrecht, von 2009 bis Ende 2013 stellvertretender Vorsitzender der CDU/CSU-Bundestagsfraktion und seit Dezember 2013 Parlamentarischer Staatssekretär beim Bundesminister des Innern.
150 Erste Beratung des von der Bundesregierung eingebrachten Entwurfs eines Zweiten Gesetzes zur Regelung des Urheberrechts in der Informationsgesellschaft – Drucksache 16/1828 – https://bit.ly/2EmZdEq.
151 Deutscher Bundestag – 16. Wahlperiode – 108. Sitzung. Berlin, Donnerstag, den 5. Juli 2007, 11149 – https://bit.ly/2yRNoTj.
152 Interview mit Reto M. Hilty im Dossier Urheberrecht der Bundeszentrale für politische Bildung am 27.11.2007 https://bit.ly/31potD1.

zung. Die unverkennbare kommerzielle Dominanz im Urheberrecht[153] hat nicht nur Nachteile für Bildung und Wissenschaft selbst, sondern hat auch negative Auswirkungen auf die Öffentlichkeit, auf jedermann, und insbesondere auch auf die Innovationsfähigkeit der Wirtschaft, also auf die Fähigkeit zur Umsetzung von Wissen in neue Produkte oder in neue Produktionsformen. Die Kommodifizierung von Wissen und Information mit den Folgen der Verknappung der Nutzung ist langfristig nicht im Interesse der Wirtschaft insgesamt. In Kap. 14 wird gezeigt, dass diese umfassende Kommodifizierung seit einigen Jahren für die Informationswirtschaft selbst dysfunktional geworden ist, so dass neue, nutzungsoffene Geschäftsmodelle (unter Anerkennung des Open Access-Paradigmas) gefunden werden (müssen).

In den folgenden Abschnitten wird in Erweiterung der Kommodifizierungsproblematik systematisch auf Probleme eingegangen, die dem Urheberrecht immanent sind und die dafür verantwortlich sind, dass das Urheberrecht eine für Bildung und Wissenschaft problematische Entwicklung genommen hat.

6.2 Die Fiktion des individuellen Schöpfers

Am Ende von Abschnitt 5.3 wurde schon auf die Problematik, Autoren als Schöpfer zu bezeichnen, hingewiesen. Damit soll nicht abgestritten werden, dass der Begriff des individuellen Schöpfers in den verschiedenen Bereichen der Kunst, Literatur und Medien berechtigt sein kann – ob dafür auch die Benennung „Schöpfer" angebracht ist, sei dahingestellt. Schon die Werke in der Unterhaltungsindustrie auf den allgemeinen Publikumsmärken, (Unterhaltung, Spiele etc.) sind i. d. R. nicht das Resultat individueller Schöpfung, sondern werden durch Beteiligung vieler, fachlich sehr heterogener Akteure erstellt, auch solcher mit eher technischen und Marketing-Kompetenzen. Der individuelle Schöpferbegriff mit seinen Konsequenzen für umfassenden Rechts- und Schutzanspruch ist aber vor allem in der Wissenschaft nicht angebracht. Diese Skepsis gilt nicht nur für Werke aus der Großforschung in verteilten Gruppen vor allen in den MINT- bzw. STM-Fächern, sondern für Wissenschaft allgemein – zu stark ist hier die Abhängigkeit von den Vorleistungen und der Mitwirkung Dritter, als dass die Erstellung eines Wissensobjekts als

---

[153] Exemplarisch dazu die Anmerkung des Bundesrats zum ersten EU-Kommissionsentwurf für eine neue Urheberrechtsrichtlinie: „Aus Sicht des Bundesrates bleiben – wie beispielhaft EG 36 zeigt – die vorgeschlagenen Regelungen noch zu sehr in alten Verwertungs- und Wertschöpfungsmodellen verhaftet und rezipieren bislang nur unzulänglich die Realität digitaler Mediennutzung an Hochschulen, Forschungseinrichtungen und den Einrichtungen des Kulturerbes." (Bundesrat 565/16 16.12.169).

individuelle Schöpfungsleistung angesehen werden kann. Das schmälert in keiner Weise den Wert und die Anerkennung der wissenschaftlichen Produktionsleistung. Arbeiten ist aber in der Wissenschaft in hohem Maße ein kollaborativer und auf Vorleistungen referenzierender Prozess.[154] Gehen wir auf einige Aspekte dieses kollaborativen Prozesses ein.

6.2.1 Kollaboration durch wissenschaftlichen Diskurs

Die das wissenschaftliche Arbeiten seit vielen Jahrhunderten prägende Form der Kollaboration beruht darauf, dass kein Wissenschaftler produktiv tätig werden kann, ohne auf dem Stand des publizierten Wissens aufzusetzen. Es wird negativ angerechnet, wenn der Stand des erarbeiteten und publizierten Wissens bei einer Publikation nicht berücksichtigt wird. Es würde gegen wissenschaftliches Ethos verstoßen, wenn man sich für den Stand des Wissens alleine auf sich selbst verlässt. Ebenso kann keine Lehrveranstaltung geplant und mit Erfolg durchgeführt werden, wenn nicht eben dieser Stand berücksichtigt wird. Auszubildende haben einen Anspruch darauf, dass ihre Lehrenden sich auf dem Stand des Wissens bewegen und in der Lage sind, dieses Wissen so aufzubereiten, dass es lernbar wird. Jeder Wissenschaftler (Forscher und Lehrende) ist ständig im Diskurs mit anderen Wissenschaftlern, traditionell über deren Werke, in der Gegenwart aber auch immer mehr durch direkten Kontakt – über den Austausch auf Konferenzen oder über elektronische Kommunikationsformen. Waren die Kollaborateure des aktuell an einem Problem arbeitenden und eine Veröffentlichung vorbereitenden Wissenschaftlers die „Giganten" der Vergangenheit, so sind es heute in den vernetzten Räumen des Internets immer mehr die virtuellen und realen Partner, die mit ihren Anregungen, informellen Beiträgen und in Publikationen veröffentlichten Arbeiten Entscheidendes zum Entstehen neuer Wissensobjekte beitragen. Das Kommunikationsverhalten in der Wissenschaft hat sich mit dem Internet umfassend verändert.[155]

6.2.2 Kollaboration durch Mehrfachautoren

Publizieren wird immer intensiver zu einem kollaborativen Vorgang. Seit der zweiten Hälfte des 20. Jahrhunderts nehmen Mehrfachautorenwerke stark zu. Noch um

---

[154] (Kuhlen 2004a) Kollaboratives Schreiben; (Kuhlen 2008) Erfolgreiches Scheitern. Kap. 4.5.4 Kollaboration und Soziale Dienste im Web-2.0-Paradigma.
[155] (Cronin 2001): Hyperauthorship: A postmodern perversion or evidence of a structural shift in scholarly communication practices?

1900 waren (am Beispiel der Chemie) noch ca. 80 % der Werke von Einzelautoren verfasst. Hundert Jahre später ist das Verhältnis (ebenfalls beim Beispiel der Chemie) ein ganz anderes. Bei ca. 90 % der Arbeiten sind Mehrfachautoren angegeben. Arbeiten mit 100 Autoren und mehr sind zwar Ausnahmen, aber kommen vor.[156] Vor allem in den technischen, medizinischen und naturwissenschaftlichen Fächern werden die Werke überwiegend von Mehrfachautoren verfasst. Taubert (FN 156) weist darauf hin, dass große Autorengruppen von mehr als 10 Autoren seit etwa 2003 besonders stark an Bedeutung gewonnen haben. Taubert geht allerdings davon aus, „dass nach wie vor die kleinen und mittleren Gruppen zwischen 2–10 Personen dominieren, von denen der größte Anteil stammt, wenngleich dieser in den letzten Jahren zurückgeht." Eine bei (STM 2018, 36) referenzierte Analyse von (Economist 2016) weist im Scopus-Material nach, dass die durchschnittliche Autorenanzahl pro Artikel von 3,2 im Jahr 1995 auf 4,4 in 2015 gestiegen ist. Im Extremfall kommen sogar Artikel mit 1000 „Autoren" vor (sogenanntes „hyperauthorship").[157] Einzelautorenpublikationen sind außerhalb von Geistes- und Sozialwissenschaften eine seltene Ausnahme.

Dass Publizieren über Mehrfachautoren, zumindest in den angesprochenen Fächern, zur allgemeinen Norm wird, hat vielfache Gründe, auf die wir hier nur knapp eingehen können. Wissenschaft ist in vielen Fällen, wenn nicht sogar Großforschung, so doch thematisch und organisatorisch komplexe projektorientierte Forschung. Diese kann nur noch selten individuell durchgeführt werden, sondern immer mehr arbeitsteilig in größeren Arbeitsgruppen. Zudem werden oft in diesen Gruppen heterogene Kompetenzen aus verschiedenen Disziplinen gebündelt. Das ist auch dadurch bedingt, dass neue Forschung oft in Randgebieten entsteht, die mehrere Disziplinen mit verschiedenen Fragestellungen und verschiedener Methodik betreffen. Zwar wird es weiter so sein, dass meistens ein renommierter hoch-kompetenter Wissenschaftler für die Formulierung der zentralen Forschungsfrage, für die Einwerbung der Mittel und des Aufbaus der

---

[156] (Taubert 2019) Fremde Galaxien und abstrakte Welten. Open Access in Astronomie und Mathematik, 206f; Taubert hat das Open Access Verhalten in den Fächern Astronomie und Mathematik untersucht. Der Anteil von Werken mit Einzelautoren beträgt nur 16,19 %, mit zwei Autoren 19,82 %, 6–10 Autoren 14,86, > 100 Autoren 2,89 (aus Tabelle 9.1).
Stock (Folie 72 aus PP Projektseminar Infometrie SS 2017) gibt ein Beispiel aus Physics Letters B von 5/2003, wo für einen Artikel von 9 Seiten über 200 „Autoren" geführt werden – https://bit.ly/2D54dvF; zu den Mehrfachautoren vgl. auch (Hornbostel 1997) Wissenschaftsindikatoren: Bewertungen in der Wissenschaft.; (Brock 2008) Kap. 5.4.2 Mehrfachautorenschaft.
[157] (STM 2018): "In 1981, the highest number of authors on a paper indexed by ISI was 118, while by 2015 a paper in Physical Review Letters listed 5,154 authors. The trend has provoked debate over the nature of authorship, with some calling for the term 'contributor' to be distinguished from 'author' in such cases".

Arbeitsgruppe zuständig ist. Er ist quasi Urheber=Veranlasser, und er wird auch oft auch als Co-Autor mitgeführt, gleichsam als „Ehrenautor", auch wenn er zu der konkreten Arbeit eigentlich so gut wie nichts beigetragen hat. Die praktische Forschungsarbeit, die zu einer Publikation führt, wird von verschiedenen oder allen Personen in der Gruppe geleistet. Sie haben entsprechend einem Anspruch auf Sichtbarkeit als Co-Autor. Verstärkt wird diese Tendenz zum kollaborativen Arbeiten und Publizieren in Gruppen dadurch, dass Wissenschaft zunehmend global organisiert ist. Wer ein Kollege oder potenzieller Mitautor ist, entscheidet sich nicht mehr alleine über die lokale institutionelle Nähe, sondern durch das Wissen, wer an vergleichbaren Themen arbeitet. Kontaktaufnahme, laufende Kommunikation, Austausch von Forschungsergebnissen und schließlich kollaborative Werkerstellung werden über elektronische Netze, Dienstleister wie ResearchGate und Academia und elektronische/kommunikative Werkzeuge realisiert.

6.2.3 Zitierungswahrscheinlichkeit durch Kollaboration

Sowohl die intensive lokale institutionelle als auch die global organisierte Kollaboration führt also zwangsläufig zu dem Mehrfachautorenphänomen. Mehrfachautorenschaft hat zudem auch einige weitere Vorteile. Die Daten legen es nahe, dass Artikel mit mehreren Autoren eine höhere Wahrscheinlichkeit haben zitiert zu werden als Einzelautorarbeiten. Gerade für jüngere Wissenschaftler vergrößert sich die Chance, dass ihre Arbeiten wahrgenommen werden, wenn ein etablierter Wissenschaftler als Ko-Autor erscheint. Diese Sichtbarkeit wird dann auch auf nachfolgende Publikationen transportiert. Koautorschaft fördert die Einbindung in wissenschaftliche soziale Netzwerke und eröffnet Chancen auf weitere, auch global organisierte Zusammenarbeit. Die Zitierungswahrscheinlichkeit erhöht sich besonders dann, wenn die „Kollaborateure" sich aus verschiedenen Ländern oder Regionen der Welt rekrutieren: „articles with 5 additional countries receive nearly three times as many citations as those with none".[158]

Bei den Vielfachautorenwerken ist für die Rezipienten dieser Werke allerdings kaum auszumachen, wem von den vielen erwähnten Verfassern/Verantwortlichen das Attribut Autor/Urheber am meisten zukommt – vor allem dann nicht, wenn die Namen der Beitragenden alphabetisch angeordnet sind. Wird die alphabetische Reihenfolge nicht eingehalten, so kann mit einiger Wahrscheinlichkeit davon ausgegangen werden, dass die zuerst Genannten den größten Anteil am Entstehen des

---

[158] Royal Society 2011 – zit. nach STM 2018, 37.

Werks gehabt haben. Aber dies ist bei den Mehrfachautorenartikeln die Ausnahme. Entsprechenden Studien ist zu entnehmen, dass bei ca. 80 % der Artikel mit drei und mehr Autoren diese alphabetisch angeordnet sind. Wie kann dann Leistung individuell zugerechnet werden? Brock 2008[159] führt drei Strategien an, wie das bestimmt werden könnte:

> 1) *normal counts* rechnen jedem Mitautor eine volle Publikation an, was in den meisten von Lindsey durchgesehenen empirischen Studien der Fall ist.
> 2) *straight counts* erfassen lediglich den Erstautor. Eine technisch sehr einfache Methode, die auf Cole/Cole (1973) zurückgeht[160] und davon ausgeht, daß der Erstautor den überwiegenden Teil der Arbeit geleistet hat. 3) *adjusted counts* rechnen jedem Autor einen Bruchteil des Artikels zu. (a. a. O. S. 347)

Praktische Bedeutung hat dies wohl nicht. Daher merkt auch Brock an: „Da es keine verbindliche Konvention dafür gibt, welche Art von Leistung eine Mitautorschaft begründet, wird zunehmend unklarer, was Autorschaft überhaupt heißt." (ebda.). Wird Autorschaft sehr weit interpretiert, dann erscheint jeder als Autor, der irgendwie zum Entstehen der Publikation beigetragen hat. Soll dann jeder „Autor", auch wenn er zum „geistigen Gehalt" so gut wie nichts beigetragen hat, den Urheberrechtsschutz als Schöpfer reklamieren können?

6.2.4 Kollaborative Texte im Hypertextparadigma

Aus der Hypertextmethodologie stammt der Gedanke, dass es nicht nur die Autoren sind, die sich kollaborativ verhalten, sondern auch die Texte selbst.[161] George P. Landow widmet in seinem Hypertextbuch[162] einen eigenen Abschnitt dem kollaborativen Schreiben und der kollaborativen Autorschaft:

> Once enscondes within a network of electronic links, a document no longer exists by itself [...] any document placed on any networked system that supports electronically linked materials potentially exists in collaboration with any and all other documents on that system; second, any document electronically linked to any other document collaborates with it. (a. a. O. 89)

---

159 (Brock 2008) Globalisierung: Wirtschaft – Politik – Kultur – Gesellschaft, Kap. 5.4.2 Mehrfachautorenschaft, S. 246 ff.
160 (Cole/Cole 1973) Social stratification in science. Oxford Academics.
161 In anderer Terminologie hat dieser Gedanke auch die hermeneutische Tradition der Rezeptionsästhetik bestimmt. Auch hier steht nicht mehr der Autor mit seinem Werk in Zentrum der Auslegung.
162 (Landow 1992) Hypertext. The convergence of contemporary critical theory and technology.

Also sind es nicht nur die Autoren, die sich kollaborativ verhalten, sondern auch die „Texte", die multimedialen Objekte, und zwar nicht nur durch die in jedem Text durchscheinenden Bezüge auf vergangene Texte, sondern auch und vor allem durch die reale synchrone Vernetzung mit anderen „Texten", die in der beliebigen Offenheit erst das Prinzip von Hypertext Realität werden lässt.[163] Durch das World Wide Web, das als Netz vieler Netze selbst als universaler Hypertext angesehen werden kann, wird jeder Text durch das Navigieren im Netzwerk mit anderen Texten oder Textfragmenten verbunden. Ein jeder Text wie auch jedes andere mediale Objekt, einmal ins Netz eingebunden, existiert nicht länger durch sich selbst alleine. Es existiert als Teil eines durchaus instabilen, von der jeweiligen Handlung des Navigierenden abhängigen Texts. Zur gleichen Kategorie gehört das, was heute unter dem Konzept des *user-generated content* beschrieben wird (vgl. Bauer 2010; Gelke 2013). Dadurch wird auch der dem Urheberrecht zugrundeliegende Werkbegriff (vgl. Abschnitt 5.2) problematisch. Wer ist dann noch der „Schöpfer" von diesen aktuellen, durchaus flüchtigen, auch durch die Handlung des Navigierenden entstandenen Texten? Wer soll an diesen Texten Urheber- oder Verwertungsrechte haben?

6.2.5 Schwer nachvollziehbare „Prägetheorie"

Mit diesen Anmerkungen in den vorangegangenen vier Unterabschnitten zur Kollaboration soll keineswegs in Abrede gestellt werden, dass, trotz deutlichen Tendenzen zur Mehrfach- oder Vielfachautorenschaft und trotz des starken Anteils an kollaborativer, aber auch delegierter Arbeit an Maschinen und Algorithmen, einzelne Personen nach wie vor die Entwicklung des wissenschaftlichen Geschehens prägen. Aber weiter den individuellen, aus dem 19. Jahrhundert stammenden romantisierenden Schöpferbegriff zur Grundlage auch des gegenwärtigen Urheberrechts zu machen, ist schwierig zu akzeptieren. Was für Goethes Gedichte gelten mag, wirkt heute für wissenschaftliche Werke aus der Zeit gefallen. Vor allem die das Urheberrecht mit der „Prägetheorie"[164] leitende Annahme, dass das Werk unauflösbar mit der Persönlichkeit des Urhebers verbunden ist, wird bei zunehmend kollaborativ entstandenen Werken fragwürdig. Wie spiegeln sich die vielfachen Persönlichkeitsrechte in solchen Werken wider (vgl. Mehrautoren-Beispiele in FN 156)? Das jetzige Urheberrecht kann kaum adäquat auf das Mehrfachautoren-

---

163 Vgl. (Kuhlen 2004a) Kollaboratives Schreiben.
164 Zur Kritik an der Prägetheorie, die Widerspiegelung der künstlerischen Persönlichkeit im Werk, vgl. (Metzger 2002), Rechtsgeschäfte über das Droit moral im deutschen und französischen Urheberrecht, 72 ff.

problem reagieren.[165] Was folgt praktisch aus § 8 Abs. 1: „(1) Haben mehrere ein Werk gemeinsam geschaffen, ohne daß sich ihre Anteile gesondert verwerten lassen, so sind sie Miturheber des Werkes"? Erst recht kommt das Urheberrecht mit der Kollaborationsrealität in der Wissenschaft nicht zurecht. Das in einem Werk repräsentierte Resultat kollaborativen Arbeitens ist mehr als nur die Summe der einzelnen „Autoren" in einer Mehrfachautoren-Publikation. (Hugenholtz et al. 2006) sehen urheberrechtlichen Klärungsbedarf bei anonymen, kollaborativen, kollektiven und gemeinsamen Werken:

> The boundaries between various concepts are rather fluid, particularly where collaborative works are concerned. Some legislations seem to grant the co-author a separate copyright in his or her contribution, while the term of protection is dependent on the last surviving of all the coauthors. Others regard collaborative works as one, i.e. without separate copyrights for the individual co-contributors (although they generally are free to exploit their own contribution separately as long as it does not harm the work as a whole). In some Member States the concept of a joint work (inseparable whole) is incorporated in the concept of collaborative work, which may be a work with or without identifiable contributions.[166]

Tatsächlich deckt der Urheberbegriff mit der Emphase auf den individuellen Schöpferbegriff kaum noch die Realität des Schutzbereichs des Urheberrechts ab. Auch Peifer 2015[167] stellt im Titel seines Artikels die programmatische, aber doch eher rhetorisch formulierte Frage „Festhalten am idealistischen Schöpferbegriff?" Dieser erinnere an den „christlich-abendländischen Schöpfer". Aber es geht hier nicht nur um eine leicht zu vernachlässigende theologische Assoziation, sondern auch darum, dass der Schöpferbegriff, philosophisch und emotional hoch aufgeladen, Konsequenzen für die Systematik des Urheberrechts hat. Der Schöpferbegriff steht für Peifer

> in einem besonders engen Zusammenhang mit idealistischen (oder prinzipiengeleiteten) Begrifflichkeiten einer philosophischen Aufladung des Urheberrechts durch seine Identifikation mit einer naturrechtlichen Vorstellung vom ‹geistigen Eigentum›, das nicht durch ein Gesetz verliehen, sondern allenfalls anerkannt und mit staatlichem Rechtsschutz durchsetzungsfähig gestaltet werden muss. (a. a. O. 351)

Entsprechend wird in dieser Arbeit der Schöpferbegriff vermieden und dafür die auch nicht unproblematische, aber doch emotionsfreiere Bezeichnung „Autor" verwendet. Diese Kritik an dem Schöpferbegriff muss nicht automatisch das ins

---

165 Vgl. (Lerner/Lin 2012) Collaboration in intellectual property.
166 (Hugenholtz et al. 2006) The recasting of copyright & related rights for the knowledge economy, S. 147.
167 (Peifer 2015) Festhalten am idealistischen Schöpferbegriff?

Recht setzen, was im US-amerikanischen Copyright möglich ist. Durch dieses mit dem dort zur Anwendung kommenden Prinzip „work for hire" kann der Arbeitgeber eines Autors oder auch eine andere Institution wie z. B. ein Verlag als Herausgeber eines Sammelbandes das originäre Copyright für die Verwertung des Werks erhalten, auch wenn dem Ersteller des Werks weiter zugestanden wird, als Autor aufzutreten. Copyright und Autorschaft ("Schöpfer") können also getrennt voneinander sein. Das Copyright erhält derjenige, der sozusagen als "creator", als Initiator für das Schaffen des Werks zuständig war. Diese Möglichkeit des „work for hire" entspricht dem im Copyright stärker ausgeprägten Gedanken, dass ein Werk durchaus bzw. in erster Linie als ein Wirtschaftsgut angesehen ist. Der ökonomisch relevante Stimulus und die Bereitstellung des Werks auf dem Markt haben die höhere Priorität. Eine ähnliche Tendenz zur kommerziellen Ausrichtung des Urheberrechts ist, wenn auch nicht in Richtung zum „work for hire", auch im deutschen Urheberrecht zu erkennen.[168]

Fazit. Die bislang geltende exklusive Zuordnung des Urheberrechts zu einem persönlichen individuellen Urheber/Schöpfer ist nicht haltbar. Den individuellen, aus dem 19. Jahrhundert stammenden romantisierenden Schöpferbegriff zur Grundlage auch des gegenwärtigen Urheberrechts zu machen, ist nur noch schwer zu akzeptieren. Werke werden in Bildung und Wissenschaft nicht geschaffen, sondern können nur durch den nutzenden Austausch mit den Publikationen anderer Wissenschaftler entstehen. Der heute wie aus der Zeit gefallene Begriff des Schöpfers eines Werks als Ausdruck seiner Persönlichkeit sollte nicht mehr zur Begründung der Rechte an den wissensrepräsentierenden Werken verwendet werden. Der urheberrechtliche Begriff des individuellen Schöpfers/Autors wird durch den des kollaborativen Autors erweitert, wenn nicht sogar ersetzt. Das auf individuelle Leistungen bezogene Urheberkonzept ist dem in hohem Maße kollaborativen und vernetzten Wissensproduktionsprozess nicht angemessen. Tatsächlich kommt das jetzige Urheberrecht mit der Kollaborationsrealität in der Wissenschaft nicht zurecht und berücksichtigt den institutionellen Beitrag an der Produktion eines Werks nicht befriedigend.

---

168 Vgl. (Wandtke 2017) Urheberrecht, S. 28.

6.3 Zur Problematik von Werk/Immaterialgut – Werkstück/Materialgut

Schon in 5.2 wurde auf die systematisch/dogmatische Unterscheidung zwischen „Werk" und „Werkstück" eingegangen, wie sie seit Ende des 18. Jahrhunderts im Urheberrecht entwickelt wurde und bis heute gültig ist. Das Werk ist sozusagen das Substrat der „Schöpfung" des Urhebers, welches als Immaterialgut und als Ausdruck der Persönlichkeit des Urhebers den Anspruch auf geistiges Eigentum begründet. Hier hängt also alles zusammen: Schöpfer, Werk, Immaterialgut und geistiges Eigentum. Dieser Zusammenhang fehlt beim „Werkstück". Es wird nicht geschaffen, sondern als anfassbares Produkt (z. B. als Buch) produziert. Es ist nicht immateriell, sondern materiell. Trotzdem werden im Interesse der Verwerter auch die materiellen Werkstücke durch das Urheberrecht geschützt, und die Verwerter reklamieren, ohne Schöpfer zu sein, ebenfalls den Anspruch des Schutzes des geistigen Eigentums. Das ist auch systemimmanent schwer nachvollziehbar.

Aus dem geistigen Eigentum des Urhebers werden nicht nur die Persönlichkeitsrechte, sondern auch die Verwertungsrechte (Vervielfältigen, Öffentlich-Zugänglich-Machen etc.) abgeleitet. Sie dürfen ihr geistiges Produkt, ihr Immaterialgut, verwerten. Allerdings erlaubt das Urheberrecht (§ 29) auch die Übertragung der Verwertungsrechte der Urheber als Nutzungsrechte durch die Verwerter. Die Werkstücke dürfen also genutzt werden – das war ja auch die lange Tradition des alten Urheberrechts als Privilegienrecht, das im Interesse der Verleger den unerlaubten Nachdruck von Büchern untersagte bzw. unter Strafe stellte. Heute wird die Verwerternutzung ontologisch/metaphysisch so hoch über den Eigentumsbegriff aufgehängt, dass der Verwerter quasi zum geschützten Urheber wird (vgl. 5.5 und 6.6). Keineswegs wird bestritten, dass die Erstellung, Verbreitung und Bekanntmachung von Werkstücken (Informationsobjekten, wie sie hier genannt werden) eine auch vergütungswürdige Leistung der Verwerter ist.[169] Dafür müsste aber nicht das Urheberrecht bemüht werden. Zeitgemäß könnte unter besonderen Bedingungen ein Leistungsschutzrecht für Verleger auch von wissenschaftlichen Werken sein – so wie es in Deutschland (höchst problematisch) versucht und jüngst auch in der EU-Reform von 2019 zugunsten von Presseverlegern allgemein festgelegt wurde (vgl. 11.4). Bislang haben es die wissenschaftlichen Verleger abgelehnt, ein solches

---

169 Vgl. den Ansatz von DEAL, bei dem die Öffentlichkeit bzw. die von ihr finanzierten Organisationen dem Anspruch von Verlagen für die Vergütung ihrer Leistungen zur Produktion und Öffentlichmachen von Informationsobjekten Rechnung trägt – allerdings nur für diese Leistungen. Die Nutzung selber soll frei sein (ausführlich zu DEAL 14.8).

für sich zu reklamieren – mit nachvollziehbarem Grund; denn dann würde der vertraglich gesicherte Transfer des geistigen Werks auf das immaterielle Werkstück von dem primären Schutz des Urheberrechts abgekoppelt. Die Unterstützung des geistigen Eigentumsanspruchs des Urhebers (auf sein geistiges Werk) durch die Verwerter ist aus funktionalen Gründen (Schutz der Verwertung durch das Urheberrecht) durchaus nachvollziehbar.

Fazit. Weder die Begründung des Urheberrechts und des geistigen Eigentums durch die geistige Schöpfung des Werks noch der Schutz der Werkstücke der Verwerter durch einen abgeleiteten Anspruch auf geistiges Eigentum ist für die Situation in Bildung und Wissenschaft plausibel. Das wird in den folgenden Abschnitten zur Fiktion des Immaterialguts (6.4), zum Monismus des Urheberrechts (6.5) und zum Zusammenhang von Verwertungs- und Nutzungsrechten (6.6) ausgeführt. Gesondert wird in Kap. 7 auf Eigentum/geistiges Eigentum und in Kap. 8 auf die Vergütungsproblematik eingegangen.

6.4 Zur Fiktion des Immaterialguts

Für das Urheberrecht wird der Schutz des geistigen Eigentums als grundlegend angesehen. Die gegenwärtig stark gewordene Kritik an dieser Begründung bzw. an der Verwendung von „geistigem Eigentum" vor allem in der Wissenschaft hat vielfach dazu geführt, dass für das Urheberrecht der Begriff des Immaterialgüterrechts verwendet wird. Das verschlimmbessert die Sache aber nur. Der Begriff des Immaterialguts bzw. des Immaterialgüterrechts geht auf das 19. Jahrhundert zurück, i. d. R. mit Referenz auf Josef Kohler. Das ist aber keinesfalls quasi naturrechtlich aus dem Himmel gefallen. Peukert hat in seiner brillanten Kritik der Ontologie des Immaterialgüterrechts[170] überzeugend nachgewiesen, dass die Veränderungen in den Rahmenbedingungen seit dem späten 18. Jahrhundert zu einer anderen Einstellung gegenüber den Objekten geführt haben, die den Schutz rechtlicher Regulierung genießen:

> Vorher war es schlicht und ergreifend undenkbar, den Eigentumsbegriff auf etwas anderes als körperliche Gegenstände anzuwenden: ohne Objekte kein Eigentum. (a. a. O. 72)

Peukert meinte mit den Veränderungen zunächst zum einen die Entwicklung einer bürgerlichen Gesellschaft von autonomen Subjekten, wenn auch erst nur ansatzweise mit politischen Mitwirkungsmöglichkeiten, aber vor allem mit individuellen

---

[170] (Peukert 2018) Kritik der Ontologie des Immaterialgüterrechts.

Freiräumen für die Entwicklung einer von der Obrigkeit unabhängigen Marktwirtschaft. Zum anderen beschränkte sich das aufklärerische Konzept des autonomen Subjekts nicht nur auf ökonomische, marktwirtschaftliche Aktivitäten, sondern auch auf die schöpferischen Aktivitäten zur Kreation von Erfindungen und neuen Werken. Das begründete die moderne Ausprägung nicht nur von Naturwissenschaft und Technik, sondern auch die von Ästhetik. Nicht länger gilt die klassische Mimesis-Idee, die Nachahmung des von der Natur und von Gott Vorgegebenen, sondern das Schaffen eines Originals, eines neuen unabhängigen Werks durch einen autonomen, romantisch überhöhten Autor/Schöpfer. Der Autor schafft „das" ideale immaterielle Werk und kann dafür Eigentum, nun eben geistiges Eigentum reklamieren.

Von diesem Werk sind die vielfachen Reproduktionsexemplare zu unterscheiden (vgl. 5.2), die auf Grund der bis heute immer weiter entwickelten Reproduktionstechnologien vor unerlaubten Nachdruck kaum geschützt und für die folgerichtig keine Eigentumsansprüche reklamiert geschweige denn durchgesetzt werden können. Deshalb ist das Schutzobjekt des modernen Urheberrechts nicht das konkrete Reproduktionsobjekt (das Werkstück, wie in der Rechtswissenschaft genannt wird), sondern das immaterielle Werk, das Immaterialgut, wie es seit Ende des 19. Jahrhundert durch Kohler vorgeschlagen wurde. Die Kombination von „immateriell" und „Gut" legt nahe, dass es sich bei diesen Immaterialgütern um etwas Reales handelt und damit die Möglichkeit sich eröffnet, das für das Gut als Sachobjekt geltende Eigentumsrecht auf das Gut als Immaterialobjekt zu übertragen. Aber, wie es die Studie von Peukert deutlich macht, handelt es sich dabei um gänzlich unterschiedliche Ontologien für die Objekte des Sacheigentums und für die immateriellen Objekte des geistigen Eigentums. Fraglich sogar, ob das, was als immaterielle oder geistige Objekte bezeichnet wird, überhaupt einen ontologischen Status haben kann – vereinfacht gesprochen: ob das, was so angesprochen ist, tatsächlich selbständig existiert. Oder ob es erst dadurch existiert, dass es über materielle Repräsentationen (wie z. B. Bücher, Bilder, Noten) rezipiert, interpretiert und zu Handlungen in den verschiedenen Lebenswelten führt. Immaterialgut ist, nach Peukert, nur ein artifizielles Konstrukt, eine Fiktion, dem tatsächlich keine ontologische Realität entspricht. Trotzdem kann diese Fiktion – im Sinne von Vaihingers Als-ob – durchaus Relevanz durch rechtliche Realität bekommen.

Die Veränderungen in den Rahmenbedingungen sind aber durchaus breiter zu sehen als nur durch den Bezug auf das sich freisetzende bürgerliche Subjekt im 19. Jahrhundert. Peukert hat für diese Rahmenbedingungen zwar nicht auf die "constraints" von Lessig zurückgegriffen (hier Regulierungsinstanzen genannt; vgl. 4.2), aber ein vergleichbar differenziertes Modell vorgeschlagen, das für ihn erklären konnte, weshalb sich im 19. Jahrhundert die Konzepte des Immaterialguts und des geistigen Eigentums verfestigen konnten, welche die Voraussetzungen für die bis heute fortschreitende Kommodifizierung auch von Wissen und Information sind:

> Auch im Falle der Vorstellung vom abstrakten Immaterialgut [bedurfte es] eines ganz bestimmten historischen, wirtschaftlich-sozialen Kontexts, damit diese zunächst exzentrische und noch heute erstaunliche institutionelle Tatsache soziale Anerkennung erlangen konnte. (a. a. O. 47)

Voraussetzung für die Idee des Immateriellen waren für ihn verschiedene „Kontexte": a) technologischer Fortschritt (z. B. Reproduktionstechniken); b) fundamentaler Wechsel des klassischen Prinzips der Nachahmung zu dem (romantischen) genialer Innovation; c) Wandel der absolutistischen Gesellschaftsordnung zu einer bürgerlichen Marktwirtschaft, bei der alle Arbeitsergebnisse handelbar sind. Weiterführend ist in seinem Modell die unter (c) angesprochene Verbindung von sich verändernder *Gesellschaftsordnung* und bürgerlicher *Marktwirtschaft*. Hiermit bringt er in das Lessig'sche Modell der vier Instanzen eine 5. Instanz ein: die politische Ordnung der Gesellschaft.

Die Referenz auf die verschiedenen Kontexte reichte noch nicht für den „Siegeszug" des Immaterialguts aus. An sich ist dieses Konzept ja nichts weiter als Ideologie in Reinkultur. Aber die Fiktion des Immaterialguts, das so zu tun, als ob es so etwas tatsächlich gibt, ist für Ordnungszwecke nützlich und hat Folgen. Erst dadurch, dass für das Werk ein Gut ins Spiel kommt, entstehen Eigentumsansprüche. Ein Gut, auch wenn es als Immaterialgut ja gar nicht existiert, kann als Objekt deklariert juristischen Regeln unterworfen und als eigentumsfähiges Objekt auf den Märkten gehandelt werden. Mit Gütern kann gehandelt werden. Güter können kommodifiziert werden und können Gegenstand der Ökonomisierung werden. Schließlich können Güter bezüglich der Schutzansprüche, aber auch über Ausnahmen zur Nutzung durch das Recht reguliert werden. Seitdem tun Rechtspraxis und Rechtswissenschaft so, als ob dieses Immaterialgut tatsächlich existiert. Dabei existiert so etwas Entsprechendes nur in der Sprache, durch das Reden darüber. (Peukert 2018, 118ff) weist mit Rückgriff auf die Searle'sche Sozialontologie nach, wie dem an sich „unplausiblen Paradigma" des Immaterialguts durch entsprechendes Reden darüber der Übergang von sozialer Anerkennung zu sozialer Wirklichkeit gelingt – und zwar durch eine Verankerung des geistigen Eigentums an diesem Immaterialgut im Recht. Dies ist tatsächlich bis in die Gegenwart gelungen.

Fazit. Es ist an der Zeit, die Fiktion des Immaterialguts und damit auch die daraus abgeleiteten Regulierungshandlungen durch das Urheberrecht aufzugeben. Sie hat in ihrer pragmatischen Relevanz einmal eine bedeutende Emanzipations- und Autonomierolle für kreative Autoren gespielt, ist aber heute, wie aus der Zeit gefallen, dysfunktional geworden. Die negativen Folgen eines im 19. Jahrhundert akzeptierten sozialen Konstrukts sind heute größer als dessen damalige nützlichen Folgen. Das heutige Reden über die Entstehung von Wissensobjekten und die dem Reden zugrundeliegenden Leitideen haben wenig mit den Fiktionen von Immaterialgüterrecht und Schöpfer zu tun, und erst recht kann dieses Reden nicht mehr als Anerkennung der Wissensobjekte als persönliches geistiges Eigentum verstanden werden.[171]

6.5 Zum monistischen Ansatz des Urheberrechts

In den Abschnitten 5.4 und 5.5 sind wir ausführlicher auf die Persönlichkeitsrechte respektive die Verwertungsrechte eingegangen. Hier steht die Besonderheit des deutschen Urheberrechts im Vordergrund, dass die beiden Rechte, die „persönlichkeits- und vermögensrechtlichen Befugnisse", als „untrennbar miteinander verwoben(e)" Einheit angesehen werden.[172] Der Zusammenhang beider Rechtegruppen wird durch § 11 UrhG unter Einhaltung eines einheitlichen Prinzips geklärt. Das Urheberrecht „schützt den Urheber in seinen geistigen und persönlichen Beziehungen zum Werk" (Satz 1) (also in seinen Persönlichkeitsrechten). Aber „es dient zugleich der Sicherung einer angemessenen Vergütung für die Nutzung des Werkes" (Satz 2). Dem sollen die Verwertungsrechte (§§ 15 ff.) entsprechen. Diese Einheitlichkeit macht das monistische Prinzip aus. Die *ideellen* und die *materiellen* Interessen des Urhebers sind untrennbar miteinander verbunden sind und werden entsprechend im UrhG zusammen geschützt. Es sind vor allem die exklusiven Verwertungsrechte, welche die ökonomischen Rechte des jeweiligen Schöpfers/Autors eines Werks über eine angemessene Vergütung sichern sollen. Aber letztlich leiten sich die Verwertungsrechte aus den unaufgebbaren Persönlichkeitsrechten ab.

---

[171] (Peukert 2018, 166) hat seine Kritik am Ausschließlichkeitsrecht (also das Recht an Eigentum des Immaterialguts) „als radikal, aber nicht als extrem" bezeichnet. Er hat sich daher zuweilen schwergetan, für das heutige „Reden" darüber „eine passende Begrifflichkeit zu finden, die einerseits die Fiktion des abstrakten Immaterialguts verabschiedet, zugleich aber an der Form des ausschließlichen Rechts festhält." (171) Für einen Juristen mag es schwierig sein, auf im Recht eingeführte Begriffe zu verzichten. So sieht er z. B. keine Alternative für „Werk" (ebda.). Aus informationswissenschaftlicher Sicht wurde hierfür „Wissensobjekt" als Alternative eingeführt und „Informationsobjekt" für das daraus abgeleitete „Werkstück". Auch lehnt er zwar die Verwendung von „geistigem Eigentum" ab, aber schlägt die Bezeichnung „IP-Rechte" vor – vielleicht in der (allerdings vergeblichen) Hoffnung, dass in der Abkürzung „IP" nicht mehr „intellectual property" assoziiert wird. Die „schillernde Rede" (ebda.) von geistigem Eigentum bleibt so erhalten. Wir haben als Alternative „Nutzungsrechte" vorgeschlagen – aber in doch ganz anderer Bedeutung als sie durch das von ihm in Erwägung gezogene alte, erneuerte Privilegienrecht nahegelegt wird (ebda.).
[172] Vgl. (Schack 2015) Urheber- und Urhebervertragsrecht, RN 343.

Die monistische Theorie bringt also zwei gänzlich verschiedene Sichten zusammen. Bis weit ins 19. Jahrhundert stand allerdings die vermögensrechtliche Sicht auf das Urheberrecht im Vordergrund. Erst Mitte des 19. Jahrhunderts wurde die Einschätzung des Urheberrechts als Vermögensrecht durch die Sicht auf das Urheberrecht als individuelles Persönlichkeitsrecht ergänzt. Das trifft insbesondere für die kontinentaleuropäische Urheberrechtstradition zu. Das Werk ist sozusagen aus der Persönlichkeit des Urhebers geschaffen und wird wiederum dadurch Teil seiner Persönlichkeit. Diese Sicht begründete sich aus der quasi naturrechtlichen Einschätzung der Werke von Urhebern als deren geistiges Eigentum. Recht und Schutz der kreativen schöpferischen Persönlichkeit ist das allgemeine Prinzip des Urheberrechts. Die besondere Bedeutung wird auch durch die Systematik des Urheberrechtsgesetzes in Deutschland deutlich. Die Persönlichkeitsrechte werden den Verwertungsrechten vorangestellt. Diese Verbindung der geistigen und persönlichen Beziehung des Schöpfers/Autors zum Werk mit dem Anspruch auf angemessene Vergütung war nicht immer so eindeutig im Urheberrecht kodiert. Im deutschen Urheberrecht von 1965 war vom Schutz kommerzieller Interessen noch nicht explizit die Rede. § 11 lautete lediglich: „Das Urheberrecht schützt den Urheber in seinen geistigen und persönlichen Beziehungen zum Werk und in der Nutzung des Werkes (§ 11)."[173] Erst 2002 wurde das Prinzip der angemessenen Vergütung über den neuen Satz 2 in § 11 direkt festgeschrieben. Satz 2 in Art. 11 (s. oben) wird oft als die einfachgesetzliche (positive) Umsetzung von Art. 14 Abs. 3 des Grundgesetzes verstanden: „(3) Eine Enteignung ist nur zum Wohle der Allgemeinheit zulässig. Sie darf nur durch Gesetz oder auf Grund eines Gesetzes erfolgen, das Art und Ausmaß der Entschädigung regelt."

Es wird allerdings hier in Frage gestellt, ob zum einen die genehmigungsfreie Nutzung von Werken oder Teilen von ihnen als „Enteignung" bezeichnet werden kann und ob zum anderen „Entschädigung" mit monetärer Vergütung gleichgesetzt werden kann. Zudem lässt Satz 2 von § 11 einigen Spielraum durch die Verwendung des Prädikats, des unbestimmten Rechtbegriffs „angemessen". „Angemessen" kann – das wird in den Kommentaren, aber auch in der rechtsetzenden Politik nicht bestritten – auch in Richtung Null-Vergütung gehen (vgl. Abschnitt 6.9 und Kap. 8). Anlass für die Einführung von „angemessene Vergütung" war die 2002 erfolgte Regelung des Urhebervertragsrechts über die §§ 31ff UrhG. Dadurch wurde der in der Rechtsprechung allerdings schon früher formulierte *Beteiligungsgrundsatz* gesetzlich verankert, der sicherstellen soll, dass der Urheber angemessen an den Erträgen aus der Verwertung seiner Werke (in der Regel durch Verleger) zu beteiligen sei. Diese explizit erst spät erfolgte Verankerung eines angemessenen Vergütungsanspruchs ist ein weiterer Hinweis darauf, dass das Urheberrecht sich

---

[173] Urheberrecht 1965 – https://bit.ly/2kxuWMg.

tendenziell immer stärker der kommerziellen Relevanz von Wissen und Information verpflichtet fühlt – und sei es hier zunächst mit Blick auf die Urheber selbst (aber das gilt dann auch für die Interessen der kommerziellen Verwerter).

Fazit. Die monistische Theorie wird weiter als Grundpfeiler des Urheberrechts angesehen. Für das Wissenschaftsurheberrecht ist diese Einheit mehr als fraglich. In der Wissenschaft besteht ein ganz anderer Begriff für „Verwertung" als der, der als vermögensrechtliches Interesse Teil des monistischen Anspruchs ist (vgl. 6.8.2 und Kap. 8). „Verwertung" ist hier „Veröffentlichung". Dieses ist in der Tat die exklusive Zuständigkeit des/der wissenschaftlichen Autors/en – sei es durch Verbreitung, Vervielfältigend oder öffentliche Zugänglichmachung. Zusammen mit Argumenten, die im Laufe dieses Textes entwickelt werden, kommen wir hier zu dem Ergebnis, dass die monistische Lehre für das Wissenschaftsurheberrecht nicht geeignet ist. Für den Schutz der in Bildung und Wissenschaft Tätigen reichten die Persönlichkeitsrechte aus – mit dem am Ende von Abschnitt 5.4 geäußerten Zweifel, ob dafür die Bezeichnung „Persönlichkeitsrechte" noch weiter angemessen ist.

6.6 Die Umwandlung von Verwertungsrechten in Nutzungsrechte

Wie in 5.5 ausgeführt sieht das Urheberrecht die Möglichkeit vor (geregelt über § 29), dass der Urheber per Vertrag oder durch stillschweigende Übereinkunft seine Verwertungsrechte als Nutzungsrechte an Dritte überträgt. I.d.R sind das kommerzielle Verlage. Dieses Zusammenspiel von Verwertungsrechten und Nutzungsrechten ist ein schwierig zu durchschauendes bzw. ein typisches „Im-Prinzip-" und „Als-ob"-Konstrukt. Der Urheber hat weiterhin die Verwertungsrechte. Sie sind im Prinzip unaufgebbar. Aber faktisch ist das folgenlos. Der Urheber darf seine Rechte vertragsgemäß ohne Sondererlaubnis des Verlags nicht mehr wahrnehmen. Das kann dazu führen, dass ein Autor die ihm zustehenden Verwertungsrechte faktisch nicht mehr ausüben kann, z. B. durch Anzeige seines Werks auf seiner eigenen Website.[174] Das ist ein starker (allerdings von ihm selbst „verschuldeter")

---

[174] Hierfür nur ein Beispiel: „So erinnert sich Thomas Dreier, Professor am Institut für Informationsrecht der Universität Karlsruhe, an einen eigenen Artikel, den er im Informatik-Spektrum publiziert hatte. „Als ich den mir neulich einmal herunterladen wollte, musste ich zu meinem Entsetzen feststellen, dass ich mir diesen Artikel für 30 Dollar pro Stück nur einmal herunterladen kann. Und wenn ich mir den Vertrag mit dem Springer-Verlag anschaue, dann habe ich auch nicht das Recht, ihn zum freien Download auf meine Webseite zu stellen." – nach (Siegmann 2006) Der Kulturkampf über den Zugang zu wissenschaftlichen Veröffentlichungen verschärft sich.

Eingriff in sein Urheberrecht. Man kann aber inzwischen davon ausgehen, dass viele Verlage die Selbstpublikation auf der Website in ihren Verträgen explizit erlauben oder stillschweigend tolerieren, solange auf das publizierte Werk referenziert wird. Bislang ist keine Klage von Seiten eines Verlags gegen diese Praxis bekannt geworden.

Der Gesetzgeber hat in die bislang weitgehend übliche Vertragspraxis der vollständigen und für die gesamte Schutzdauer des Urheberrechts geltende Rechteübertragung nicht direkt eingegriffen. Er hat also keine Beschränkung der Übertragung auf *einfache* Nutzungsrechte in § 29 vorgesehen. Im Gegenteil – er hat mit dem Zweiten Korb 2008 sogar die Übertragung für bis dahin noch unbekannte Nutzungsarten ausdrücklich durch Streichung eines bis dahin geltenden Übertragungsverbots ausgeweitet. Allerdings hat er seit 2014 im UrhG über einen neuen Absatz 4 in § 38 ein nicht durch Verträge abdingbares Zweitverwertungsrecht vorgesehen. Dieses greift zwar nicht in die umfassenden Erstverwertungsrechte der Verleger ein, aber gibt den primären Rechtsinhabern doch ein Stück Verfügungsautonomie zurück. Aber dies ist mit so viel Einschränkungen verbunden, dass es unbrauchbar und praktisch wenig genutzt wird (vgl. 11.3). Bei der vertraglichen Rechteübertragung tut der Gesetzgeber so, als ob nun der kommerzielle Verwerter dadurch – zumindest was die Verwertung/Nutzung angeht – im gleichen Umfang Rechtsinhaber des Werks geworden ist wie es dem Urheber zusteht. Dann ist es auch nicht weit von der Als-ob-Einschätzung, dass dem neuen Rechtsinhaber auch die Eigentums- und Vergütungsansprüche des Urhebers zustehen.

Dazu ein kleiner Exkurs zum Begriff des Rechtsinhabers. Im deutschen Urheberrecht ist der Begriff des Rechtsinhabers erst unter dem Einfluss der InfoSoc-Richtlinie von 2001 eingeführt worden. InfoSoc verwendet an vielen Stellen den Begriff "rightsholder", der dann direkt ins Deutsche übertragen wurde. Das Urheberrecht reserviert entsprechend dem Begriff des Rechtsinhabers nicht ausschließlich auf den tatsächlichen Urheber. In § 10 UrhG Abs. 2 ist z. B. geregelt, dass auch ein Herausgeber als Rechtsinhaber anerkannt werden kann, wenn der Urheber eines im Sammelband veröffentlichten Werks nicht bekannt ist oder wenn der Urheber nur unter einem Pseudonym veröffentlicht hat und kein Bezug zu seinem wirklichen Namen hergestellt werden kann. Ist auch der Herausgeber nicht bekannt, wird dadurch der den Sammelband publizierende Verlag zwar nicht Urheber, aber doch uneingeschränkter Rechtsinhaber. Dass das Urheberrecht Verlegern durch den vertraglich abgesicherten Erwerb der Nutzungsrechte den Status des Rechtsinhabers zubilligt, wird u. a. durch § 95a Schutz technischer Maßnahmen belegt. In Abs. 1 heißt es: „Wirksame technische Maßnahmen zum Schutz eines nach diesem Gesetz geschützten Werkes oder eines anderen nach diesem Gesetz geschützten Schutzgegenstandes dürfen ohne Zustimmung des Rechtsinhabers nicht umgangen werden." Da es in der Regel Verlage (und nicht die Urheber selbst) sind, die solche technischen Schutzmaßnahmen anbringen, sind sie in dieser Formulierung als Rechtsinhaber angesprochen (ebenso in § 95b, c und § 108b). § 95c macht dies besonders deutlich, wenn dort in Abs. 2 von „Urheber oder jeden anderen Rechtsinhaber" gesprochen wird.

In der Fachliteratur wird zur Unterscheidung von „originären oder derivativen [Rechts]Inhabern" gesprochen. Der Inhaber eines einfachen Nutzungsrechts hat, so (Stieper 2009), "daher nicht die Kompetenz, Nutzungshandlungen Dritter zu genehmigen, und ist damit kein „Rechtsinhaber" i. S. d. § 95a". Daraus folgt (Stieper 2009): „Als Rechtsinhaber kommen demnach allenfalls die Inhaber ausschließlicher Nutzungsrechte in Betracht."[175] Brinkel (2006, 10) weist allerdings darauf hin, dass die Verwendung von „Rechtsinhaber" außerhalb der 95er-Paragraphen „nicht unproblematisch" ist. Die Erweiterung der Anwendung von „Rechtsinhaber" auf kommerzielle Verwerter

> verschleiert die unterschiedlichen Interessen der einzelnen Glieder der urheberrechtlichen Verwertungskette [...]. Dies ist vor allem deswegen bedenklich, weil die ursprünglich im Mittelpunkt des urheberrechtlichen Schutzes stehenden Werkschöpfer heute in der Verwertungspraxis eine eher untergeordnete Rolle spielen. Das generalisierende Abstellen auf Rechtsinhaber im Allgemeinen kann diesen Trend verstärken, wenn die rechtlichen Wertungsargumente hauptsächlich auf die „Major-Player" bei der Verwertung, also vor allem die Produzenten und Hersteller abzielen, ohne hinreichend auf die Interessen der weiteren nach dem Urheberrechtsgesetz Berechtigten Rücksicht zu nehmen.

Trotzdem akzeptiert letztlich auch Brinkel „Rechtsinhaber" als Oberbegriff für die originären und derivativen Inhaber von Rechten – und nimmt damit die daraus folgende fortschreitende Kommodifizierung und Ökonomisierung von Wissen und Information und der Orientierung des Urheberrechts an den Interessen der Verwerter in Kauf. Zu beachten ist allerdings wohl auch die in InfoSoc 2001 (EG 32) vorgenommene Differenzierung: „A fair balance of rights and interests between the different categories of rightholders, as well as between the different categories of rightholders and users of protected subject-matter must be safeguarded." Es ist entsprechend nicht angebracht, alle Rechte und Ansprüche, die den Urheber über die Persönlichkeitsrechte hinaus zustehen, auf die Rechte und Ansprüche der Verwerter zu übertragen.

Zurück zur Praxis der Rechtsübertragung: Verwerter partizipieren durch die Vertragsübertragung an den Rechten der Urheber, ohne selbst Autoren von Werken zu sein. Sie schaffen keine Werke, sondern produzieren nur „Werke" – im

---

[175] (Stieper 2009) Rechtfertigung, Rechtsnatur und Disponibilität der Schranken des Urheberrechts, 452.

6.6 Die Umwandlung von Verwertungsrechten in Nutzungsrechte — 127

urheberrechtlichen Jargon „Werkstücke" genannt (vgl. 5.2). Hier werden sie Informationsobjekte genannt. Dass nur Autoren als Urheber/Schöpfer von Werken angesehen werden können und nicht die verwertenden Verleger, hat der BGH noch einmal jüngst eindeutig bestätigt.[176] Ob diese primären Rechte auch Geistiges-Eigentum-Rechte sind, wird hier in Frage gestellt (vgl. Kap. 7). Aber auch wenn man einmal bei dieser Terminologie bleibt, sollte ein Anspruch der Verlage auf geistiges Eigentum an den Werken der Urheber durch die vertragliche Übertragung der Verwertungsrechte nicht durch das Urheberrecht begründet werden.[177]

Zur Rechtfertigung der kommerziellen Nutzungsrechte hat sich in den letzten Jahren eine taktisch nachvollziehbare Rhetorik entwickelt. Von Seiten der Verleger und Informations-/Medienunternehmen wird gegenüber der Politik (aber auch gegenüber der Rechtsprechung) immer stärker das Recht der Autoren in den Vordergrund gerückt. Z. B. wird in einem aktuellen, von großen Medienunternehmen[178] unterzeichneten Brief an die G7-Kultusminister (mit CC an den Präsidenten der EU-Kommission) vom 29.3.2017[179] daran erinnert, dass G8 und G20 2011 erklärt hatten: "authors and thinkers must not be deprived of the fruit of their talent". Das gelte weiterhin und verstärkt im digitalen Zeitalter. Umgepolt wird aber tatsächlich der Schutz der Autoren und Denker auf den Schutz des Interesses des „kreativen Sektors" und der Bedeutung dieses kreativen Sektors auf die allgemeine Volkswirtschaft:

> creative sector [...] contributes $ 2.25 trillion to the global economy every year. As well as providing tens of millions of highly skilled jobs, we entertain billions of people every day with diverse content and provide vital investment to support sports, the arts, and culture.

Beständig wird dieses transformative Muster von Seiten der Informationswirtschaft in Anspruch genommen. Deutlich ist die Taktik von Seiten der Verlagswirtschaft zu erkennen, sich öffentlichkeitswirksam für die Rechtsansprüche der Urheber, einschließlich deren Vergütungsansprüche, einzusetzen, um in Wirk-

---

176 BGH Beschluss vom 18. April 2018 1 BvR 1213/16.
177 Der BGH in Verlegerbeteiligung-Entscheidung von 2016 lässt allerdings die Frage nach einem abgeleiteten Eigentumsanspruch von Verlagen offen: „Es kann offenbleiben, inwieweit das dem Verleger vom Urheber eingeräumte Verlagsrecht als (abgeleitetes) ausschließliches Immaterialgüterrecht dem Schutzbereich des Eigentumsrechts aus Art. 14 Abs. 1 GG und Art. 17 Abs. 1 EU-Grundrechtecharta unterfällt" (74). Der BGH bejaht diese Frage nicht, aber verneint sie auch nicht.
178 BBC Worldwide, Mediaset, Canal+, Bundesliga, UEFA, 20th Century Fox, Sony Pictures, the Walt Disney Company.
179 Brief an die G7-Kultusminister 29.3.2017 – https://bit.ly/2m5nCYQ.

lichkeit damit die Ansprüche der Verlagswirtschaft zu sichern.[180] Der Schutz der Urheber findet, so die wohl berechtigte Annahme, eine größere Akzeptanz in der Öffentlichkeit (und der Politik) als ein erweiterter Schutz der Verlagswirtschaft.

Das Urheberrecht als Recht der Autoren gibt diesen die absolute Verfügung über ihr Recht, also auch über ihre Verwertungsrechte. Zu diesem Recht gehöre, nach (Schack 2015, RN 4), auch, dass es „dem Urheber die freie Entscheidung darüber belässt, ob, wem und zu welchen Bedingungen er anderen die Nutzung eines Werkes erlauben möchte". Ob es in Bildung und Wissenschaft wirklich immer eine freie Entscheidung der Urheber ist, kann angesichts der Marktstärke der kommerziellen Verwerter, der Verlage, bezweifelt werden. Die Vertragsbedingungen werden oft genug nicht frei zwischen den Vertragspartnern ausgehandelt, sondern durch die Vorgabe der Vertragsdetails quasi erzwungen oder, wenn es gar keinen schriftlichen Vertrag dafür gibt, als gegeben vorausgesetzt.[181] Gerade jüngere Wissenschaftler, die ihre Karriere auf Publikationen in als hochrangig angesehenen Verlagen aufbauen müssen, haben keine Wahl, zumal es oft genug keine Alternative zu der Zeitschrift xy im Verlag yz gibt.

Fazit. Das Recht der vollständigen Übertragung der Verwertungsrechte durch die primären Rechtsinhaber als Nutzungsrechte an die kommerziellen Verwerter liegt nicht im Interesse der Öffentlichkeit an einer freizügigen Nutzung publizierten Wissens. Es ist nicht angemessen, für die erworbenen Nutzungsrechte der Verlage den gleichen urheberrechtlichen Schutz vorzusehen wie für die originären Verwertungsrechte der Urheber. Es ist fraglich, ob die Prozesse der vertragsgemäßen Übertragung von Rechten von Urhebern an Verlegern überhaupt im Urheberrecht

---

[180] Vgl. (Menard 2012) Urheber: Filter oder Schöpfer? Vgl. Münchner Erklärung der IG Belletristik und Sachbuch: „Wir sind existenziell darauf angewiesen, dass es ein starkes, durchsetzbares Urheberrecht für Schöpfer und Verleger literarischer und sachbezogener Werke gleichermaßen gibt. Nur damit kann die einmalige kulturelle Vielfalt unserer literarischen Landschaft gewährleistet werden." – https://bit.ly/3ezVeF9

[181] In der Begründung des RegE für das Zweitverwertungsrecht wird auf diese (zu überwindende) Asymmetrie zwischen Urheber und Verleger hingewiesen: „Aufgrund der hohen Marktmacht einzelner Anbieter ist die Situation zwischen den wissenschaftlichen Autoren und den Verlagen vielfach asymmetrisch. Die Verlage geben den Autoren die Publikationsbedingungen vor. Gegenwärtig räumen die Autoren wissenschaftlicher Beiträge daher den Wissenschaftsverlagen vielfach ausschließliche Rechte zur kommerziellen Verwertung ihrer Beiträge ein. Damit verfügen allein die Wissenschaftsverlage über das Recht, diese Inhalte über Onlinemedien zugänglich zu machen." – Deutscher Bundestag Drucksache 17/13423 8.5.3013: https://bit.ly/2NouagE.

(also im Urhebervertragsrecht) geregelt werden muss. Könnten Pflichten und Rechte nicht auch im Schuldrecht des BGH geregelt und damit von ideologischen Auseinandersetzungen um Eigentum bzw. Enteignung von Eigentum befreit werden? Der gesamte Vorgang der Rechteübertragung an kommerzielle Verwerter ist auch Beleg für die These der Kommodifizierung und daraus folgenden Ökonomisierung von Wissen und Information auch in Bildung und Wissenschaft. Ob die Überlassung von Nutzungsrechten in den Bereichen Bildung und Wissenschaft wirklich gänzlich („ob, wem und zu welchen Bedingungen") in der Entscheidung des Urhebers sein soll, kann bezweifelt werden. Das kann nicht im Interesse der Allgemeinheit liegen und fördert nicht das Allgemeinwohl und die Sicherung des kulturellen Erbes. Angesprochen ist damit, dass die die Urheber unterstützenden und finanzierenden Institutionen ein Mitspracherecht bei der Rechteübertragung an kommerzielle Verwerter haben sollten. Das wird in 11.3.6 am Beispiel des Zweitverwertungsrechts bzw. dessen Mandatierung unter dem Konzept eines institutionellen Rechts diskutiert.

6.7 Das Problem mit den Schranken

Schrankenregelungen sind keine Wohltaten, sondern Rechte, „gesetzlich erlaubte Nutzungen". Das wird seit 2018 auch im UrhG bei dem Abschnitt zu den Schrankenregelungen explizit formuliert. Das hindert aber nicht, dass Schranken weiterhin als Ausnahmen bzw. Einschränkungen (*exceptions and limitations*) von den exklusiven, umfassenden Verwertungsrechten der Rechtsinhaber verstanden werden. Das „exklusiv/umfassend" muss aber nicht wortwörtlich verstanden werden. Das BVerfG hat klargestellt, dass die Verwertungsrechte durch das Recht zwar „zunächst als umfassend formuliert" werden[182]; dass sie dann aber vom Gesetzgeber in Schrankenregelungen konkret normiert, d. h. zugunsten einer genehmigungsfreien Nutzung relativiert werden. Das ist das Ergebnis der Schranken. Dafür hat der Gesetzgeber einen breiten Spielraum, und nichts spricht dafür, dass er dabei zwingend auf einen ausbalancierten Kompromiss zwischen den verschiedenen Interessen der Akteursgruppen abzielen muss. Darauf gehen wir mit Blick auf das Wissenschaftsurheberrecht insgesamt in 6.8.1 näher ein.

Derzeit ist die Rechtsprechung überwiegend der Ansicht, dass Schranken möglich eng angelegt sein, also die Rechte der Urheber nur so wenig wie möglich

---

[182] BVerfG, 25.10.1978 – 1 BvR 352/71 (GRUR 1980, 44), Zitat (40).

eingeschränkt werden sollten.[183] Dem hat sich auch der Gesetzgeber angepasst. Verantwortlich dafür ist vor allem der Drei-Stufen-Test, der allgemein als (negative) Schranken-Schranke (also als Begrenzung) der Schrankenbestimmungen angesehen wird (ausführlich dazu in 6.9). Schranken sind also nicht nur Einschränkungen der exklusiven Rechte der Rechtsinhaber aus öffentlichem Interesse, sondern auch quantitative, qualitative und technische Einschränkungen der freien Nutzung in Bildung und Wissenschaft, welche auch im öffentlichen Interesse liegt.

> *Quantitative* Beschränkungen sind z. B. Nutzungserlaubnisse nur für kleine Teile bzw. 15 % eines Werks: *Qualitative* Beschränkungen sind z. B. Verbote von Annexhandlungen wie Drucken oder Speichern von angesehenen Werken. *Technische* Beschränkungen sind z. B. das Verbot des externen Zugriffs auf elektronische Angebote der Bibliothek.

Solche quantitativen Einschränkungen gelten nicht für die in vielen wissenschaftlichen Fächern zentrale Textsorte der Zeitschriftenartikel. Diese können in vollem Umfang genehmigungsfrei genutzt werden – das war schon in § 52a aus der ersten Urheberrechtsreform von 2003 so vorgesehen und gilt auch weiter über § 60c im UrhWissG von 2017/18. Die Vergütungsverpflichtung besteht aber auch hier – bislang geregelt über Gesamtverträge zwischen den Trägern der wissenschaftlichen Einrichtungen und der jeweiligen Verwertungsgesellschaft.[184] Für Artikel aus Zeitungen bzw. Zeitschriften der allgemeinen Presse gilt die in den betreffenden Schranken geregelte genehmigungsfreie Nutzung seit 2018 nicht mehr. Durch intensives Lobbying der Me-

---

183 In der Rechtswissenschaft wird die Ansicht, dass urheberrechtliche Schrankenbestimmungen als Ausnahmen eng auszulegen sind, nicht vergleichbar durchgängig geteilt. Thomas Dreier z. B. teilt nicht diese Ansicht, sondern schätzt Schranken als „ein notwendiges Instrument zur Bestimmung des optimalen Zuschnitts der ausschließlichen Rechtsbefugnisse von Urhebern und Rechtsinhabern [ein], deren Auslegung davon abhängt, wieweit die ausschließlichen Rechtsbefugnisse der Rechtsinhaber eingeschränkt sein müssen, um das rechtspolitisch angestrebte Optimum zu erreichen." (Dreier 2019b) Dreier stellt in diesem Aufsatz sogar die grundlegendere Frage, „inwieweit die Besonderheiten von Wissenschaft – als Handlungen im Rahmen von Lehre und Forschung, zum Zwecke von Text- und Data-Mining sowie zur Aufgabenerfüllung der Kultureinrichtungen – besondere urheberrechtliche Regelungen rechtfertigen." Ein „ob" allerdings bejaht er nach wie vor, für das „inwieweit" legt er sich nicht fest.
Im Schlusskapitel dieser Arbeit wird das „ob" tendenziell verneint. Anstelle des Systems der Schranken reichte für das Wissenschaftsrecht eine allgemeine Klausel zur Regelung der Nutzungs- und Freiheitsrechte aus.
184 Auf der Website des dbv werden die auf das Urheberrecht bezogenen Verträge und Vereinbarungen nachgewiesen – https://bit.ly/2Rs2Kqy, darunter die zu den neuen §§ 60a, 60c und 60e sowie der Gesamtvertrag Vervielfältigungen an Schulen. Näheres dazu in den Abschnitten 13.2.1–13.2.5 sowie 13.7.2.

dienwirtschaft bzw. großer Zeitungen wie FAZ wurde das im Rahmen des UrhWissG aus den entsprechenden Schrankenbestimmungen herausgenommen. Nicht über das Urheberrecht, sondern 2018 über einen Gesamtvertrag (also letztlich über eine Lizenzvereinbarung) wurde zumindest die (gebührenpflichtige) Nutzung von Zeitungsartikeln in Schulen geregelt (vgl. FN 526 und 527).

Die quantitativen Einschränkungen in den Schranken gelten vor allem für die Nutzung von Büchern. Zwar werden Monographien und Sammelbände in allen wissenschaftlichen Disziplinen erstellt und genutzt, aber es sind vor allem die Geistes- und Sozialwissenschaften im weiteren Sinn, bei denen diese Textsorten eine immer noch große Rolle spielen. In diesem Segment des Informationsmarktes sind in Deutschland viele kleinere Verlage aktiv – kleiner im Vergleich zu den großen Verlagskonsortien auf den Zeitschriftenmärkten –, die das deutsche Urheberrecht schützt. Auch die Konflikte zwischen Bibliotheken und Verlagen (vgl. 10.1.3 und 10.1.4) bezogen sich in erster Linie auf die Nutzung von Büchern, insbesondere von auf Lehren und Lernen bezogenen Büchern – gemäß den Schrankenregelungen in den §§ 52a und 52b. Bei den Zeitschriften deutet sich an (vgl. die Vereinbarungen durch DEAL in 14.8), dass die neue Leitidee der Nutzungsfreiheit nach Open-Access-Prinzipien von den kommerziellen Verlagen akzeptiert werden kann – allerdings unter der Voraussetzung, dass die Öffentlichkeit bereit ist, die Erstellung der Informationsobjekte durch die Verlage zu finanzieren. Bei den Büchern gibt es bislang noch keine vergleichbaren Vereinbarungen. Wird es sie in der Zukunft geben, dann gäbe es auch keinen Grund mehr für Schrankenregelungen mit stark eingeschränkten Nutzungserlaubnissen (ausführlicher am Ende von 14.8 und in 14.4.3).

In der nationalen und europäischen Tradition besteht aber bislang die Tendenz, das Ausmaß der erlaubten bzw. untersagten Nutzungen in den einzelnen Normen des Urheberrechts so genau wie möglich festzulegen – um Rechtsunsicherheit zu vermeiden. Erkauft wird das oft entweder durch Hyperkomplexität der Normen oder durch eine entwicklungsfeindliche Abgeschlossenheit der Anzahl der Normen in der Orientierung am Status quo. Beispiel für Ersteres ist im deutschen UrhG der (weitgehend unverständliche, da überkomplexe) § 53 (Privatkopie). Beispiel für Letzteres ist in der InfoSoc-Richtlinie der EU von 2001 der Versuch bzw. die verbindliche Vorgabe, die Anzahl der zugelassenen Schranken vollständig und damit abschließend aufzulisten – und zwar in Artikel 5 Abs. 3 a-o. Sowohl eine zu detaillierte Regelung im Einzelfall als auch eine Regelung mit Vollständigkeitsanspruch für erlaubte Schranken sind wenig entwicklungsoffen.

Der Gesetzgeber nimmt seinen Spielraum für die Gestaltung der Schranken oft nur durch Verwendung unbestimmter Rechtsbegriffe wahr (vgl. dazu 3.2 Rechtssicherheit und Zukunftsoffenheit). Dabei wird „geboten" und „angemessen" besonders häufig für die Gestaltung von Schranken verwendet. Das sind offensichtlich die Begriffe, die am meisten auslegungsbedürftig, aber auch auslegungsfähig sind.[185] Vor allem „zu dem jeweiligen Zweck geboten", aber auch „gerechtfertigt" ist an den jeweiligen Zweck gebunden, nicht an externe Vorgaben.[186] In einem Alltagsverständnis von Sprache klingt das „zu dem jeweiligen Zweck geboten" vernünftig vielversprechend.[187] Man dürfe, so die spontane Interpretation dieser Formulierung, urheberrechtlich geschützte Werke in dem Ausmaß vervielfältigen und öffentlich zugänglich machen, wie es der aktuelle Bedarf in der wissenschaftlichen Forschung oder für die „Veranschaulichung des Unterrichts" erforderlich macht (das wäre der gebotene Zweck). Im Extremfall: Wird ein ganzes Buch gebraucht, z. B. um einen Kollegen in einer Arbeitsgruppe wegen einer anstehenden Rezension dieses Buches um Rat zu bitten, dann sollte dieses vervielfältigt oder auf den Server für den Zugriff der Forschungsgruppe

---

[185] „Geboten" wird im Urheberrecht an verschiedenen Stellen verwendet; einige Beispiele: In § 50 (Berichterstattung über Tagesereignisse): „Vervielfältigung, Verbreitung und öffentliche Wiedergabe von Werken, die im Verlauf dieser Ereignisse wahrnehmbar werden, in einem durch den Zweck gebotenen Umfang zulässig"; § 51 (Zitate): „Zulässig ist die Vervielfältigung, Verbreitung und öffentliche Wiedergabe, wenn in einem durch den Zweck gebotenen Umfang..."; in § 52a (Öffentliche Zugänglichmachung für Unterricht und Forschung) Abs. 1: „öffentlich zugänglich zu machen, soweit dies zu dem jeweiligen Zweck geboten ist"; in § 53 (Privatkopie) Abs. 2, 1: „zum eigenen wissenschaftlichen Gebrauch, wenn und soweit die Vervielfältigung zu diesem Zweck geboten ist"; § 53 Abs. 2 S. 2: „zur Aufnahme in ein eigenes Archiv, wenn und soweit die Vervielfältigung zu diesem Zweck geboten ist und als Vorlage für die Vervielfältigung ein eigenes Werkstück benutzt wird"; § 53 Abs. 3 S.1 und 2: „Vervielfältigungsstücke von kleinen Teilen eines Werkes ... 1. im Schulunterricht, in nichtgewerblichen Einrichtungen der Aus- und Weiterbildung sowie in Einrichtungen der Berufsbildung in der für eine Schulklasse erforderlichen Anzahl oder 2. für staatliche Prüfungen und Prüfungen in Schulen, Hochschulen, in nichtgewerblichen Einrichtungen der Aus- und Weiterbildung sowie in der Berufsbildung in der erforderlichen Anzahl herzustellen oder herstellen zu lassen, wenn und soweit die Vervielfältigung zu diesem Zweck geboten ist."
[186] In der Begründung des RefE für § 52a UrhG vom 6.11.2002, die auch für die endgültige und im Bundestag verabschiedete Version gilt, heißt es dazu: „Aus den Vorgaben der Richtlinie [InfoSoc von 2001 – RK] ergibt sich die zwingende Beschränkung, dass die Zugänglichmachung zu dem jeweiligen privilegierten Zweck geboten und zur Verfolgung nicht kommerzieller Zwecke gerechtfertigt sein muss. Vergleichbare Beschränkungen sieht das bestehende Recht bereits in § 53 Abs. 2 Nr. 1 bzw. § 53 Abs. 3 vor, also den entsprechenden Schranken zugunsten von Wissenschaft und Unterricht im Bereich des Vervielfältigungsrechts".
[187] Aber die Semantik der Fachsprache ist nicht immer die der Umgangssprache, wie man ja auch an der Verwendung von „öffentlich" in der „öffentlichen Zugänglichmachung" entsprechend § 19a UrhG lernen musste, wo „öffentlich" nicht unbedingt das ist, was in der Verwendung der Umgangssprache vermutet werden kann – nämlich „öffentlich" für jedermann und ohne Raum- und Zeitbeschränkung.

gelegt werden dürfen. Dem ist aber nicht so. „Geboten" wird in Rechtsetzung und Rechtsprechung gerade nicht an den Zweck gebunden, sondern in der Regel durch Vorgaben wie durch unionsrechtliche Richtlinien oder durch urheberrechtlich einschlägige internationale Verträge und Vereinbarungen (wie TRIPS/WTO durch die WIPO). Konkret orientiert sich das „geboten" insbesondere am Drei-Stufen-Test oder an dem auch vom BVerfG immer wieder geforderten Interessenausgleich.

Das ist also das eines der grundlegenden Probleme mit den Schranken. Die starke Orientierung an den Vorgaben, die aber in ganz anderen Umgebungen entstanden sind als sie heute sich entwickelt haben, führt bis heute (also auch noch im UrhWissG von 2017/18) zu Schrankenregelungen, welche die Arbeit in Bildung und Wissenschaft eher behindern als dass sie sie befördern. Dies könnte verhindert werden, wenn

> (a) die unionsrechtlichen oder anderen internationalen Vorgaben kreativer und der Gegenwart angemessen ausgelegt würden;
> (b) beim Interessenausgleich dem stärkeren Interesse der Öffentlichkeit an einer freizügigen Nutzung von Wissen und Information mit einer Gewichtung Rechnung getragen würde;
> (c) der Drei-Stufen-Test, wie es später in 6.9 vorgeschlagen wird, nicht nur liberaler interpretiert, sondern gänzlich neu gefasst würde (oder gleich ganz als Kriterium für Erlaubnishandlungen in Bildung und Wissenschaft gestrichen würde).

All das wird schwierig zu realisieren sein. Aber ohnehin reicht das nach der hier vertretenen Einschätzung nicht aus. Das grundsätzliche Problem besteht daran, dass der Gesetzgeber meint vorschreiben zu können bzw. zu müssen, in welchem Umfang es für die Akteure in Bildung und Wissenschaft erlaubt sein soll, veröffentlichtes Wissen genehmigungsfrei zu nutzen. Die Beschränkung des Zugriffs auf publizierte Wissensobjekte, zumal wenn diese ohnehin schon rechtmäßig in der Bibliothek als Informationsobjekte vorhanden sind, ist ein starker Eingriff in die Wissenschaftsfreiheit. Ein Teil von Wissenschaftsfreiheit – sozusagen die Voraussetzung für Forschung und für hochwertige Ausbildung – ist auch das Recht, Informationsobjekte in dem Ausmaß zu nutzen, wie es für diese Zwecke erforderlich ist. Informations- und Wissenschaftsfreiheit sind, so wird man das GG verstehen dürfen, höhere Rechte als individuelle Eigentumsrechte bzw. nicht eingeschränkte Rechte. Eigentum wird im Anspruch durch „Eigentum verpflichtet" (Art. 14 Abs. 2 Satz 1) relativiert – Informations- und Wissenschaftsfreiheit werden im GG nicht durch eine vergleichbare Einschränkung relativiert. Der Zweckbegriff für wissenschaftliche und bildungsbezogene Nutzung muss universal verstanden werden. Es gehört zur Wissenschaftsfreiheit entscheiden zu dürfen, was für die Forschung und für die Lehre gebraucht wird. In diese Entscheidung sollte der Gesetzgeber nicht eingreifen.

Für den Gesetzgeber war für eine kurze Zeit das Fenster offen, sich alleine an dem Zweck der Nutzung zu orientieren. Im Koalitionsvertrag der Großen Koalition von 2003 war vorgesehen, in das UrhG eine allgemeine ABWS einzuführen (vgl. 12.1). Das Konzept der ABWS sollte sich alleine an dem nicht weiter zu spezifizierenden Zweck der Nutzung in Forschung und Lehre, Wissenschaft und Bildung orientieren. Das hätte das bisherige Urheberrecht vereinfacht und verkürzt und beschränkte nicht mehr das, was als Nutzung unbeschränkt sein sollte. Schrankenregelungen, so wie sie jetzt als kleinteilige Einschränkungen und Ausnahmen verstanden und ausgeführt werden, sind für das Wissenschaftsurheberrecht nicht nützlich.

Schließlich – das dritte grundlegende Problem mit den Schranken – orientieren sich die derzeit geltenden Schrankenregelungen, einschließlich diejenigen des gerade erst eingeführten UrhWissG, an dem monistischen Prinzip des Urheberrechts (vgl. 6.5). Entsprechend wird in so gut wie allen Schrankenregelungen den vermögensrechtlichen Interessen der Rechtsinhaber (Urheber und Verwerter) Rechnung getragen. Die Schrankenregelungen erlauben nicht nur die genehmigungsfreie Nutzung, sondern schreiben für die Nutzung i. d. R., sozusagen zur Kompensation der Einschränkung der Rechte, eine Vergütungsverpflichtung vor. Das ist in zweifacher Hinsicht problematisch. Zum einen hat Verwertung, wie schon erwähnt, in der Wissenschaft nicht eine kommerzielle Konnotation (Verwertung ist in erster Linie „Veröffentlichung"). Daher spielt Vergütung hier so gut wie keine Rolle (dazu ausführlich in Kap. 8). Für Wissenschaftler zählt die reputative, nicht die monetäre Anerkennung. Zum anderen setzt sich bei den Verwertern die Einsicht durch, dass die Geschäftsmodelle sich nicht mehr durch Einnahmen aus der Nutzung finanzieren lassen. In dem sich abzeichnenden Open-Access-Paradigma des Publizierens sind der Zugriff auf und die Nutzung von Informationsobjekten grundsätzlich frei (*libre et gratuit*), auch für Zwecke, die beim Publizieren nicht vorgesehen waren. Zwar werden noch für eine längere Zeit kommerzielle Materialien aus der Vor-Open-Access-Zeit genutzt, auf die urheberrechtliche Regelungen angewendet werden (müssen). Aber es wäre nicht zu viel verlangt gewesen, dass eine Reform des Urheberrechts 2017/218 sich mehr an Gegenwart und Zukunft hätte orientieren sollen als an einer Fortschreibung des Status quo.

Fazit. Schranken sind eine unglückliche und unpassende Regulierungsform im Urheberrecht. Außerhalb der Rechtswissenschaft versteht niemand, dass durch Schranken gerade die Nutzung geregelt werden soll. Schranken (im Bild der Schranken*metapher*) sind wohl eher geschlossen als offen. Gerade bei den Schranken ist Einiges im Urheberrecht falsch gelaufen. Schranken greifen nach hier vertretener Auffassung ungebührlich in Wissenschaftsfreiheit ein, indem sie vorschreiben, in welchem Ausmaß das publizierte Wissen genutzt werden darf. Die Regelungen bei den Schranken setzen über die Vergütungsverpflichtung vermögensrechtliche Interessen bei den Akteuren in Bildung und Wissenschaft voraus, die zumindest in der öffentlich finanzierten Wissenschaft nicht vorhanden sind. Schließlich sind Schrankenregelungen angesichts des sich deutlich abzeichnenden allgemeinen Paradigmas der freien Nutzung in Bildung und Wissenschaft keine zukunftsorientierten Urheberrechts-Regelungen. Wenn auch die Informationsökonomie der Verlagswirtschaft ihren *Return of investment* nicht mehr an die aktuelle Nutzung bindet, sondern an der Erstellung und Verbreitung der Informationsobjekte, sollte der Gesetzgeber Schrankenregelungen nicht als sehr eingeschränkte Nutzungen normieren bzw. sie besser und dem entwickelten Zeitgeist entsprechend ganz aufgeben.

6.8 Ein selbständiges Wissenschaftsurheberrecht

Was in dem zu Anfang dieses Kapitels zitierten Sammelband (Dreier/Hilty 2015) mit Blick auf das Urheberrecht insgesamt problematisiert wird, gilt erst recht für das Wissenschaftsurheberrecht. Im „alten Haus" von 1965, aber auch im TRIPS-Vertrag und im WIPO-WTC spielt Wissenschaft kaum eine Rolle, schon gar nicht eine hoch angesiedelte Rolle. Auch in InfoSoc 2001 wird nur an einer einzigen Stelle (in Art. 5, 3, a) auf „teaching or scientific research"[188] eingegangen. Diese (bis heute gültige) Schranke ließe den nationalen Gesetzgebern allerdings einen breiten Spielraum. Selbst die EU-Kommission[189] weist mit Hinweis auf eine von ihr in Auftrag gegebene Studie darauf hin, dass Einschränkungen (wie im deutschen UrhG bei § 52a) durch die Schranke InfoSoc 2001 Art. 5, 3, a nicht zwingend sind:

> The open-ended content of [this exception] left ample manoeuvre for the Member States to enact the conditions under which the exception could be enjoyed. Nothing prevents domestic laws to further define the beneficiaries, the types and quantities of works that can be used, as well as the type of use.[190]

---

[188] Aus Art. 5 Abs. 3 lit. a: "a) use for the sole purpose of illustration for teaching or scientific research, as long as the source, including the author's name, is indicated, unless this turns out to be impossible and to the extent justified by the non-commercial purpose to be achieved"; vgl. die Erläuterungen 34 und 42 von InfoSoc 2001.
[189] COMMISSION STAFF WORKING DOCUMENT IMPACT ASSESSMENT on the modernisation of EU copyright rules (Brussels, 14.9.2016 SWD (2016) 301 final). Accompanying the document Proposal for a Directive of the European Parliament and of the Council on copyright in the Digital Single Market. Part 2/3.
[190] (Triaille et al. 2013) Study on the application of Directive 2001/29/EC on copyright ..., p. 38.

Dieser Spielraum, quasi die Steilvorlage der EU, wurde aber bis heute nicht, auch nicht in Deutschland, umfassend für ein Wissenschaftsurheberrecht genutzt.[191] Dies zeigt deutlich, dass das in der deutschen Politik ständig verwendete Argument, an die europäischen Vorgaben gebunden zu sein, oft nur eine Schutzbehauptung in Ermangelung kreativen Auslegungswillens ist. An Urheberrechtsregelungen für Bildung und Wissenschaft sind keineswegs die gleichen Maßstäbe anzulegen wie an die für die allgemeinen Publikumsmärkte. Hier einige Argumente dafür aus den vorangegangenen Abschnitten:

(1) Das dem Urheberrecht zugrundeliegende Konzept des individuellen Schöpfers ergibt in der Praxis keinen Sinn – auch wenn es in den verschiedenen Fächern bzw. Wissenschaftsgebieten Unterschiede in der Extension des kollaborativen Arbeitens und der Vielfachautorenschaft gibt.

(2) Die exklusive Bindung der Urheberrechte an den/die individuellen Autoren ist angesichts ihrer hohen Anbindung an und der Abhängigkeit an die sie tragenden Institutionen nicht zu vertreten. Diese stellen die vielfältigen Ressourcen für die Arbeit der Akteure in Bildung und Wissenschaft bereit, und sie sind es, die im Interesse der Öffentlichkeit das kulturelle Erbe nachhaltig sichern sollen.

(3) Entsprechend ist nicht zu vertreten, dass Urheber in Bildung und Wissenschaft ihre Verwertungsrechte vollständig als Nutzungsrechte an kommerzielle Verwerter übertragen, ohne dass die sie tragenden Institutionen ein Mitsprache- oder sogar ein eigenes institutionelles Recht an den Werken haben.

(4) Die Akteure in Bildung und Wissenschaft sind i. d. R. nicht darauf angewiesen, dass sie ihren Lebensunterhalt über Einnahmen aus ihren Werken erzielen.

(5) Verwertung hat in der Wissenschaft nicht die kommerzielle monetäre Konnotation, sondern bedeutet in erster Linie „Veröffentlichung". Entsprechend ist die Währung in Bildung und Wissenschaft nicht monetäre, sondern reputative Anerkennung.

(6) In Bildung und Wissenschaft führt die Verknappung der Nutzung (z. B. über die Preispolitik der kommerziellen Verwerter) zu einer unerwünschten Unternutzung. Es ist das primäre Interesse jedes wissenschaftlichen Autors, dass seine Werke so intensiv wie möglich von anderen genutzt werden.

Trotz der deutlichen Unterschiede, wie in Wissenschaft einerseits und auf den Publikumsmärkten andererseits die Prozesse von Produktion, Verbreitung und

---

[191] Verschiedentlich wurde Art. 5 Abs. 3 sogar schon als „allgemeine Bildungs- und Wissenschaftsschranke" bezeichnet – so von (Raue 2019) Rechtssicherheit für datengestützte Forschung. Das hätte der Gesetzgeber so als eine ABWS übernehmen können. Hat er aber nicht (vgl. die Diskussion zur ABWS in Kap. 11.4).

Nutzung von Wissen und Information sich herausgebildet haben, hat sich kein selbständiges Wissenschaftsurheberrecht entwickelt. Die Einheit des Urheberrechts wird von der Rechtswissenschaft überwiegend als unabdingbar angesehen. „Wissenschaftsurheberrecht" ist zwar in der Fachliteratur nicht unüblich;[192] aber das ist wohl mehr ein Etikett als ein verselbständigter Bereich des Urheberrechts. Mit „Wissenschaftsurheberrecht" wird vom Gesetzgeber eher das Ensemble der auf Bildung und Wissenschaft bezogenen Schrankenregelungen verstanden. Dieses Ensemble hat der Gesetzgeber in Deutschland mit dem UrhWissG 2017 neu bestimmt, und zwar in dem „Unterabschnitt 4 Gesetzlich erlaubte Nutzungen für Unterricht, Wissenschaft und Institutionen". Er hat dabei aber die Bezeichnung „Wissenschaftsurheberrecht" vermieden. Vielmehr spricht die Begründung für das UrhWissG von der „rechtspolitischen Maßgabe, eine sogenannte Bildungs- und Wissenschafts-Schranke zu schaffen". Man könnte das sozusagen als Schwundstufe eines umfassenden und selbständigen Wissenschaftsurheberrechts als die Gesamtheit der Regelungen im Urheberrecht verstehen. Umfassend ist das nicht. Das Wissenschaftsurheberrecht alleine auf die Schrankenregelungen zu reduzieren, wird den Anforderungen in Bildung und Wissenschaft nicht gerecht.

6.8.1 Balance im Wissenschaftsurheberrecht als quasi gleichschenkeliges Dreieck?

In so gut wie allen juristischen Texten, in den Begründungen für Gesetzesvorhaben und in der Politik, wird als Ziel der Urheberrechtsregulierung ein ausgewogener Interessenausgleich in der Trias zwischen den Urhebern, den Verwertern und den Nutzern angesehen. Diese auf das gesamte Urheberrecht bezogene Trias wird auch auf das Wissenschaftsurheberrecht bezogen.[193] Hier nur ein Beispiel für dieses quasi gleichschenklige Dreieck aus der bislang letzten Urheberrechtsreform von 2017/18: Am 13. Juni 2017 in der kritischen Endphase der Reform für ein neues „Wissenschaftsurheberrecht" (das sogenannte UrhWissG[194]) betonte der damalige Minister für das Bundesministerium der Justiz und für Verbraucherschutz, Heiko Maas, in einer Rede[195] vor der Hauptversammlung des Börsenvereins des Deutschen

---

[192] Z. B. (Bajon 2010) Interessenausgleich im Wissenschaftsurheberrecht?
[193] (Sattler 2009) Der Status quo der urheberrechtlichen Schranken für Bildung und Wissenschaft: „Dem Gesetzgeber obliegt es, mittels der urheberrechtlichen Schranken zwischen [den „widerstreitenden Interessen von Nutzern und Rechtsinhabern"] eine ausgewogene Balance zu schaffen."
[194] Das „W" steht im UrhWissG aber nicht für Wissenschaft, sondern für Wissensgesellschaft.
[195] Rede Heiko Maas Hauptversammlung des Börsenvereins des Deutschen Buchhandels, 13.6.2017: https://bit.ly/2m6f6cd.

Buchhandels den „Ausgleich unterschiedlicher Belange". Das klingt zunächst plausibel. Irritierend allerdings, wie Maas die Trias bzw. den „Ausgleich" sieht. Er stellt „die Rechte von Autoren und Verlagen" (als ersten Teil der Trias) den „Interessen der Nutzer" (als zweiten Teil der Trias) gegenüber (und benennt als Dritten im Bunde die „Bildungseinrichtungen und ihre Träger, die das deutsche Bildungssystem finanzieren").

Dabei mag es etwas ungewöhnlich sein, die Interessen der Bildungseinrichtungen (einschließlich der ihnen zuarbeitenden Vermittlungsorganisationen wie Bibliotheken) mit denen der sie finanzierenden Träger in dem dritten Teil der Trias des Urheberrechts zusammenzufassen. Aber das kann sogar die Diskussion belebend sein. Beide, die Einrichtungen und ihre Träger, sollten ein Wort bei der Festlegung der Extension der Rechte der Urheber und Verwerter bzw. der Übertragung von Rechten ein Wort mitreden dürfen (vgl. 6.6). Vielleicht ist die Maas'sche Festlegung – vermutlich entgegen seiner Intention – dahingehend zu interpretieren, das individuelle Urheberrecht durch ein institutionelles Urheberrecht zu erweitern. Diese Erweiterung wird hier, insgesamt für das Urheberrecht und speziell bei der Diskussion eines mandatorischen Zweitverwertungsrechts, für richtig angesehen (vgl. 11.3.6).

Die Maas'sche Anordnung und Gegenüberstellung der beiden ersten Teile der Trias ist aber höchst problematisch: Zum einen werden die *Interessen* der Autoren als *Rechte* angesprochen und die *Rechte* der Nutzer bloß als *Interessen*. Es wird kein vernünftiges Urheberrecht entstehen, wenn die Interessen für die Nutzung nicht auch als Rechte der Nutzung angesehen werden – als fester Bestandteil der Rechte der Autoren. Man kann es auch so sagen: Zum Recht eines Autors gehört sein Recht, zugleich Nutzer zu sein. Wissenschaftliches Arbeiten ist immer schon abhängig von den Vorarbeiten Anderer. Der „kreative Schöpfer" ist auch der kreative Nutzer. Kein Wissenschaftler kann produktiv tätig werden, ohne auf dem Stand des publizierten Wissens aufzusetzen. Keine Lehrveranstaltung kann geplant und mit Erfolg durchgeführt werden, wenn nicht eben dieser Stand berücksichtigt wird. So wie Wissenschaft unbestritten die Einheit von Forschung und Lehre ist, so sind Autor und Nutzer nicht zu trennen. Wissen sozusagen aus dem Nichts schaffen, geht nicht. In der Wissenschaft sind die Rechte der Nutzer auch Rechte der Autoren.

Problematischer noch, dass Maas die Rechte von Autoren und die Rechte der Verlage als quasi gleichberechtigt in der ersten Trias zusammenfasst. Von einem gleichsam gleichschenkeligen (gleichberechtigten) Dreieck zwischen Urheber, Verwerter und öffentlichem Interesse an der Nutzung veröffentlichen Wissens sollte mit Blick auf Bildung und Wissenschaft nicht die Rede sein. Zumindest müsste im Wissenschaftsurheberrecht dem öffentlichen Interesse an einer umfassenden Nutzung von Wissen und Information aus der Wissenschaft höhere

Priorität gegenüber dem Verwertungsinteresse durch Verlage/Content Provider eingeräumt werden. Dieser Priorisierung trägt das Urheberrecht nicht Rechnung. Das Urheberrecht versucht vielmehr den unterschiedlichen Interessen und normativen Begründungen für den Umgang mit Wissen und Information dadurch gerecht zu werden, dass es einen Ausgleich, balancierende Kompromisse zwischen den interessegeleiteten Erwartungen der verschiedenen Akteursgruppen anstrebt. Dieses Ausgleichsprinzip passt nicht für Bildung und Wissenschaft. Mit der hier vertretenen Prioritätsthese wird ein anderer Ansatz verfolgt.

Das politisch seit vielen Jahren, seit dem Zweiten Korb der Urheberrechtsreform (vgl. 5.6.4) immer wieder vertretene Ziel eines „wissenschaftsfreundlichen Urheberrechts" kann nur dadurch erreicht werden, dass die verschiedenen Interessen gewichtet werden. Das ist auch nicht unbillig und schon gar nicht realitätsfern. Es ist kein Risiko davon auszugehen, dass ein öffentlicher Konsens darüber besteht, die Interessen der in Bildung und Wissenschaft Tätigen und die Interessen der Gesellschaft an freizügiger Nutzung von Wissen insgesamt höher zu gewichten als die Interessen der Institutionen, die die überwiegend in öffentlichen Umgebungen geschaffenen Wissensobjekte kommerziell über ihre Informationsprodukte und -dienstleistungen verwerten. Das heißt nicht, dass die kommerziellen Interessen überhaupt nicht berücksichtigt werden sollen, aber sie bedürfen einer besonderen Rechtfertigung. Wenn schon eine Balance, ein Ausgleich als Ziel der Urheberrechtsregulierung angestrebt wird, dann sollte das also eine gewichtete Balancierung zugunsten des öffentlichen Nutzungsinteresses sein. Das bisherige „Wissenschaftsurheberrecht" setzt jedoch diese Priorität nur sehr unzureichend um. In der Begründung für das UrhWissG wird zwar von dem „fairen Interessenausgleich zwischen den Rechtsinhabern und Nutzern" als „wesentliche Maxime des Urheberrechts" gesprochen. Aber aus den dem Zitat folgenden Satz in der Begründung wird deutlich, dass auch der „faire Interessenausgleich" nicht zwingend auf einer gleichen Gewichtung der Interessen beruhen soll.

Im Einklang mit einer entsprechenden und sogar etwas weitergehenden Formulierung in der Präambel des WIPO Copyright Treaty (WCT) von 1996[196] bestehe für die Bundesregierung die „Notwendigkeit ein Gleichgewicht zu wahren zwischen den Rechten der Urheber und dem **umfassenderen** [fett – RK] öffentlichen Interesse, insbesondere in Bildung und Forschung". Der Komparativ stellt das stärker zu beachtende Gewicht des öffentlichen Interesses heraus. Wenn schon dieses Interesse gegenüber den Urhebern stärker zu gewichten ist, dann ist der

---

[196] In der Präambel von WIPO heißt es: „the need to maintain a balance between the rights of authors and the larger public interest, particularly education, research and access to information" (https://bit.ly/2m5j9Fz). Explizit ist hier auch „access to information" erwähnt.

oben vertretene Schluss wohl erlaubt, dass das öffentliche Interesse auch höher zu bewerten ist als eine urheberrechtliche Sicherung der vertraglich abgeleiteten Rechte und Interessen der kommerziellen Verwerter.[197] Nur müsste diese Einsicht dann auch stärker urheberrechtsreal umgesetzt werden. Tatsächlich begünstigen die Einschränkungen, wie sie in den meisten auf Bildung und Wissenschaft bezogenen Schrankenregelungen vorgenommen werden, den kommerziellen Erfolg der Verwerterindustrien. Das ist die reale, hier nicht für richtig gehaltene Priorität im angeblich dreischenkligen gleichgewichtigen Dreieck.

Fazit. Der Interessenausgleich, die Balance als Ziel der Urheberrechtsgesetzgebung, war, so (Bajon 2010, 22), sozusagen die alte „Leitidee" des Urheberrechts. Leitideen verändern sich im öffentlichen Diskurs, und alte Leitideen werden dysfunktional, wenn deren Annahmen nicht mehr den sich veränderten Rahmenbedingungen gerecht werden. Die Balance im Interessenausgleich der beim Wissenschaftsurheberrecht beteiligten Akteursgruppen sollte eine gewichtete Balance sein, durch die das kommerzielle Interesse nicht verneint, aber gegenüber dem öffentlichen Interesse und denen von Autor und Nutzer hintangestellt wird.

6.8.2 Reputationssteigerung durch vergütete Verwertung?

Im Vergleich mit den Publikumsmärkten bestehen in Bildung und Wissenschaft ganz andere Schutz- und Nutzungs-/Verwertungssinteressen. Verwertungsrechte im vermögensrechtlichen Sinne spielen eine nur untergeordnete Rolle. Das ist zunächst ein semantisches Problem. In den juristischen Texten und Gesetzen wird nur unzureichend (wenn überhaupt) berücksichtigt, dass der Begriff der Verwertung aus der Sicht des Wissenschaftlers ein ganz anderer ist als der aus der Sicht eines Verlegers. Die dem Verwertungsbegriff inhärente kommerzielle Bedeutung verführt dazu anzunehmen, dass auch der wissenschaftlichen Urheber so stark an dieser Verwertung interessiert ist, dass ihm eine auch monetäre Anerkennung (Vergütung) in jedem Fall zustehen muss. „Verwertung" bedeutet in der Wissenschaft aber in erster Linie Veröffentlichung (vgl. 6.5):

---

[197] Harald Müller, Stellvertretender Sprecher des Aktionsbündnis Urheberrecht für Bildung und Wissenschaft, hält diese Formulierung sogar für einen „Quantensprung im UrhWissG" (mündliche und Email-Information). Das mag übertrieben sein, zumal dieser Sprung dann schon 1996 im WCT der WIPO erfolgt wäre; aber das höher zu gewichtende Interesse der Öffentlichkeit für den Zugriff und die Nutzung von Information, insbesondere aus und für Bildung und Wissenschaft, gegenüber den Interessen der Urheber und denen der Rechteverwerter ist kaum zu bezweifeln.

„Die primären Interessen des Wissenschaftlers als Autor" so formuliert es Benjamin Bajon, "liegen in erster Linie darin, mit seinen Werken eine möglichst weite Verbreitung und Wahrnehmung zu erlangen."[198]

Jeder Wissenschaftler ist an einer möglichst freien, freizügigen Nutzung des von ihm publizierten Wissens interessiert. Je freier die Werke eingesehen und genutzt werden können, desto höher ist die Wahrscheinlichkeit, dass die eigenen Werke wahrgenommen und zitiert werden und die weitere Entwicklung des Wissenschaftsgebiets befördert wird. Je mehr die Werke genutzt werden, desto höher ist die Chance der Reputationssteigerung der Urheber dieser Werke. Aber Reputation ist nicht das einzige Argument gegen Vergütung: Jeder Urheber in der Wissenschaft kann nur Urheber werden, wenn er auch schon Nutzer war. Wie könnte er den Anspruch auf freie Nutzung des Wissens Anderer erheben, wenn er selbst auf Verknappung der Nutzung seiner Werke setzte? Grundsätzlich besteht eine Interessensymmetrie zwischen Urheber und Nutzer (vgl. 6.8.1). Beides – das Reputations- und das Symmetrieargument – steht für die subjektive Bereitschaft der meisten Urheber in der Wissenschaft, auf Vergütung zu verzichten oder ihr nur geringe Bedeutung zuzuschreiben – schon gar nicht ist Vergütung der Anreiz zur Produktion neuen Wissens (ausführlich dazu in Kap. 8).

Fazit. Verwertung ist in der Wissenschaft in erster Linie Veröffentlichung. Die freie Verfügbarkeit des von einem Wissenschaftler veröffentlichten Werks ist der Wissenschaft systemimmanent, aber auch ein moralischer Imperativ – wenn er denn nicht die Rolle eines Trittbrettfahrers einnehmen will. Das Belohnungssystem der Wissenschaft beruht nicht auf monetärer, sondern auf reputativer Anerkennung.

6.9 Die fatale Wirkung des Drei-Stufen-Tests

"Largely leave science at the mercy of the three-step test." (Reichman/Okediji 2012, 1400)

Der Drei-Stufen-Test hat stark dazu beigetragen, dass sich das Urheberrecht kommodifizierend in Richtung eines Handelsrechts entwickelt hat. Ursache dafür ist, dass der Drei-Stufen-Test – in 6.1 als (*negative*) Schranken-*Schranke* bezeichnet – sowohl restriktiv und tendenziell zugunsten der kommerziellen Verwertung angelegt bzw. restriktiv zu Lasten der Schrankenregelungen für die Nutzung ausgelegt wird. Das wirkt sich vor allem für Bildung und Wissenschaft negativ aus. In 6.1 wurde schon

---

[198] (Bajon 2010) Interessenausgleich im Wissenschaftsurheberrecht?, S. 110 – mit Verweis auf (Wandtke/Grassmann 2006) Einige Aspekte zur gesetzlichen Regelung zum elektronischen Kopienversand im Rahmen des „Zweiten Korbs", S. 893.

auf die Entstehung des Drei-Stufen-Tests anlässlich der RBÜ Revision Conference in Stockholm 1967 hingewiesen. Anlass war die Einführung des bis dahin nicht explizit bestimmten Vervielfältigungsrechts. Dafür musste festgelegt werden, in welchem Ausmaß Schrankenregelungen genehmigungsfreie Vervielfältigungen zulassen sollten.[199] Tatsächlich bezog sich diese erste Version des Drei-Stufen-Tests zunächst nur auf Vervielfältigungshandlungen. Dieser Drei-Stufen-Test wurde dann mit der 1971 erfolgten Revision der Berner Konvention verbindlich.[200] In der deutschen Fassung von 2004 lautet er:

> Der Gesetzgebung der Verbandsländer bleibt vorbehalten, die Vervielfältigung in gewissen *Sonderfällen* unter der Voraussetzung zu gestatten, dass eine solche Vervielfältigung weder die *normale Auswertung* des Werkes beeinträchtigt noch die berechtigten *Interessen des Urhebers* unzumutbar verletzt. [kursiv von RK]

Aber erst mit dem TRIPS-Agreement von 1994[201] wurde der Drei-Stufen-Test zu einem allgemein anzuwendenden Instrument. Seitdem werden Schrankenregelungen, einschließlich der direkt auf Wissenschaft bezogenen, immer an dem Kriterium des Drei-Stufen-Tests überprüft. Es ist zu einfach, die immer stärker werdende Dominanz der kommerziellen Verwertungsinteressen gegenüber den Nutzungsinteressen (hier vor allem in Bildung und Wissenschaft) an nur einem Punkt festzumachen. Aber die Entscheidung, in die völkerrechtlich verbindliche Berner Konvention und dann auch in die TRIPS Vereinbarung den Drei-Stufen-Test als einschränkende Bedingung für Schrankenregelungen in das Urheberrecht einzuführen, hatte doch starken Einfluss auf diese für Bildung und Wissenschaft negative Entwicklung. Durch die Verwendung von unbestimmten Rechtsbegriffen im Drei-Stufen-Test – "certain special cases" in Stufe 1; "normal exploitation" in Stufe 2; "legitimate interests of the author" in Stufe 3 – ist große Unsicherheit darüber entstanden, welche Handlungen zum Nutzen von Wissenschaft (und Bildung) als erlaubt anzusehen sind:

> The decision to deal with the principal exception for science under the newly enacted three-step test of Article 9(2), rather than by means of a separate provision, introduced new levels of uncertaincy about the scope of permissible scientific activities without mandating any specific action favoring scientific research as such.[202]

---

[199] Vgl. dazu den Artikel Drei-Stufen-Test (Urheberrecht) in der deutschsprachigen Wikipedia – https://bit.ly/2kphJp1); zur wissenschaftlichen Auseinandersetzung um den Drei-Stufen-Test vgl. (Senftleben 2004) Copyright, limitations and the three-step test; (Senftleben 2010) The international three-step test.
[200] Article 9(2) BC: "[…] to permit the reproduction of such works in certain special cases, provided that such reproduction does not conflict with a normal exploitation of the work and does not unreasonably prejudice the legitimate interests of the author."
[201] TRIPS – https://bit.ly/2IBAm0u.
[202] (Reichman/Okediji 2012) When copyright law and science collide, S. 1379 f.

Der Drei-Stufen-Test wirkt dadurch besonders rigide, dass jeder Stufe für sich schon Genüge geleistet sein muss: "If one factor is not satisfied, the inquiry ends and the limitation or exception will be found in non-compliance with the three-step test."[203] Das hat vor allem Konsequenzen mit Blick auf die zweite Stufe ("do not conflict with a normal exploitation of the work"), welche sehr oft von der Verlagswirtschaft als „Killer"-Kriterium verwendet wird. Allerdings wird diese restriktive Sicht, wie sie sich aus TRIPS entsprechend den Interessen der (handelsorientierten) WTO herleitet, heute nicht mehr so unbedingt in der Rechtswissenschaft geteilt. Exemplarisch dafür die von zahlreichen Urheberrechtswissenschaftlern verfasste „Declaration" von 2010[204]. Diese Erklärung geht davon aus, dass das Urheberrecht in erster Linie dem „öffentlichen Interesse" diene. Um dieses Ziel des Urheberrechts zu erreichen, schlagen die Autoren der Erklärung eine Interpretation des Drei-Stufen-Tests vor, durch die dessen restriktive Auslegung und Anwendung verhindert werden kann. Der Drei-Stufen-Test hat sich tatsächlich, so (Geiger 2006), zu einer Bedrohung für ein ausgewogenes Urheberrecht erwiesen. Auch für die „Erklärung" sollte durch den Drei-Stufen-Test „eine angemessene und ausgeglichene Anwendung von Ausnahmen und Beschränkungen" erreicht werden.[205] Gefordert wird insbesondere, dass nicht nur die Interessen der Rechtsinhaber durch den Test geschützt werden, sondern auch „Drittinteressen" – das kann im Zusammenhang von Bildung und Wissenschaft als Interesse der Öffentlichkeit interpretiert werden. Die Erklärung spricht das auch direkt an: „Das öffentliche Interesse ist besonders offenkundig im Bereich von Werten, die durch Grundrechte untermauert werden." Gemeint sind hier Informations- und Wissenschaftsfreiheit. Auch der Drei-Stufen-Test kann, so die Erklärung, nicht kontextlos interpretiert und angewendet werden, sondern nur im Zusammenhang von menschen- und verfassungsrechtlichen Prinzipien (Menschenrechten und Grundfreiheiten). Für die Auslegung des Drei-Stufen-Tests durch Rechtsetzung und Rechtsprechung regt die Erklärung an, von folgenden Prinzipien auszugehen:

(1) „Der Drei-Stufen-Test stellt eine unteilbare Gesamtheit dar."
(2) „Der Drei-Stufen-Test erfordert nicht, dass Ausnahmen und Beschränkungen eng auszulegen sind. Sie sind nach Sinn und Zweck auszulegen."
(3) „Bei der Anwendung des Drei-Stufen-Tests sollen die Interessen der ursprünglichen Rechtsinhaber ebenso berücksichtigt werden wie jene der Rechtsinhaber."

---

203 (Cox 2012) United States four fair use factors and the WTO Three-Step Test.
204 (Geiger et al. 2010) A balanced interpretation of the „Three-step test". Vgl. (Geiger et al. 2013) The three-step-test revisited.
205 (Erklärung 2010) Deutsche Übersetzung von (Geiger et al. 2010) (FN 204) – https://bit.ly/2YoHTa5.

(4) Insgesamt solle der Drei-Stufen-Test in einer Weise ausgelegt werden, dass „die berechtigten Interessen Dritter berücksichtigt werden, ... einschließlich öffentlicher Interessen, insbesondere an wissenschaftlichem Fortschritt und kultureller, sozialer und wirtschaftlicher Entwicklung."

Die Praxis aber sieht anders aus. Die „Erklärung" von 2010 ist sicher nicht einfach in der Schublade der vergessenen Initiativen verschwunden, aber wirklich beachtet wurde sie vor allem in der Politik nicht. Immer wieder reichte schon der Verweis auf die „normale" Verwertung aus, um eine für Bildung und Wissenschaft offenere Schrankenregelung dann doch enger zu fassen bzw. enger auszulegen. Ein schon erwähntes Beispiel ist die Ausklammerung von Zeitungsartikeln aus den Schrankenregelungen des UrhWissG 2017/18. Der Gesetzgeber folgte dem Lobbyingdruck der Zeitungsverlage, die kostenpflichtige Bereitstellung von Archivbeständen als normale Verwertung (im Sinne der zweiten Stufe) zu behaupten. Für die Verlagswirtschaft war und ist es immer ein „Totschlagargument" gegen jede offenere Schrankenregelung. Die Rechtsprechung, insbesondere von BGH, BVerfG und EuGH, hat immer wieder den Drei-Stufen-Test herangezogen.[206] Vor allem durch die zweite Stufe wird die normale Verwertung von Wissens-/Informationsobjekten durch Verlage geschützt. Auch hier zeigt sich, dass die Verwendung von unbestimmten Rechtsbegriffen – hier von „normal" – eine Auslegung möglich macht, die sich an dem aus der analogen Welt stammenden Prinzip der Auflagenhöhe bzw. der verkauften Exemplare orientiert. Zudem folgt aus der rigiden Interpretation der ersten Stufe des Drei-Stufen-Tests (Nutzung nur als Sonderfall erlaubt) durch die Gerichte, aber auch durch die Arbeiten der Fachwissenschaft, dass die freie Nutzung, hier in Bildung und Wissenschaft, nur als die Ausnahme von der kommerziellen, verknappenden Verwertung anzusehen ist. Diese Annahme, dass die kommerzielle Nutzung auch in Bildung und Wissenschaft der Normalfall ist, ist heute angesichts des Open-Access-Publizierens nicht mehr aufrechtzuhalten. Am Ende dieses Abschnitts wird ein Vorschlag für einen Drei-Stufen-Test gemacht, der quasi in einer Kopernikanische Wende diesen gänzlich umdreht. Im Folgenden wird nur an drei Beispielen belegt[207], welche negative Folgen die restriktive Anwendung des Drei-Stufen-Test gehabt hat.

---

206 Vgl. (Reschke 2010) Die verfassungs- und dreistufentestkonforme Auslegung der Schranken des Urheberrechts.Insbesondere Kap. 3 und 4.
207 (Geiger 2006) The Three-step test, a thread to a balanced copyright law? und (Griffiths 2009) The 'Three-Step Test' in European Copyright Law. Dort viele weitere Beispiele für die negativen Folgen der restriktiven Auslegung des Drei-Stufen-Tests.

a) In der EU Directive 96/9/EC von 1996 „On the legal protection of databases" gibt es über Article 6, (2), b eine Ausnahmeregelung, die es nahelegt, dass die an sich exklusiv geschützten Datenbanken sehr freizügig für Zwecke von Bildung und Wissenschaft genutzt werden können: „where there is use for the sole purpose of illustration for teaching or scientific research". Aber es folgt ein Abs. (3), der Abs. (2) durch Verweis auf den Drei-Stufen-Test zugunsten des legitimen Interesses der Rechtsinhaber relativiert: „In accordance with the Berne Convention for the protection of Literary and Artistic Works, this Article may not be interpreted in such a way as to allow its application to be used in a manner which unreasonably prejudices the rightholder's legitimate interests or conflicts with *normal exploitation* [kursiv – RK] of the database."

b) Da Gerichte häufig dazu neigen, den Drei-Stufen-Test sehr eng auszulegen, scheut sich oft der jeweilige Gesetzgeber, so auch in Deutschland, weitergehende Schrankenregelungen zugunsten von Bildung und Wissenschaft in das Urheberrecht aufzunehmen. Ein Beispiel dafür ist die Umsetzung des Art. 5 (3), a aus der InfoSoc-Richtlinie von 2001, der eine sehr freizügige, allein am Zweck der Nutzung orientierte Nutzung zu erlauben scheint. Erlaubt seien Vervielfältigungen, die öffentliche Wiedergabe und die öffentliche Zugänglichmachung (entsprechenden den Art. 2 und 3 der Richtlinie)

> für die Nutzung ausschließlich zur Veranschaulichung im Unterricht oder für Zwecke der wissenschaftlichen Forschung, sofern ... die Quelle, einschließlich des Namens des Urhebers, wann immer dies möglich ist, angegeben wird und soweit dies zur Verfolgung nicht kommerzieller Zwecke gerechtfertigt ist.

Auf den Wortlaut von Art. 5 (3), a kann man sich aber nicht direkt berufen. Art. 5 (5) der InfoSoc-Richtlinie macht es sehr deutlich, dass alle Schrankenregelungen, sich an dem Drei-Stufen-Test zu orientieren haben: "The exceptions and limitations provided for in paragraphs 1, 2, 3 and 4 shall only be applied in certain special cases which do not conflict with a normal exploitation of the work or other subject-matter and do not unreasonably prejudice the legitimate interests of the rightholder." Trotzdem hatte das deutsche Justizministerium 2002 in seinem Referentenentwurf für den neuen § 52a, der die EU-Vorgabe umsetzen sollte, ausreichenden Spielraum gesehen und die von der EU vorgesehenen Regelung in Art. 5 (3), a tatsächlich nicht weiter eingeschränkt, sondern sich allein an dem Zwecke der Nutzung in Bildung und Wissenschaft orientiert (vgl. den Text des BMJ in 10.1). Aber schließlich wurde aus einem freizügigen Referentenentwurf durch Empfehlung des Rechtsausschusses und mit Bundestagsbeschluss ein § 52a mit vielen Einschränkungen wie „kleine Teile eines Werkes", „Werke geringen Umfangs" und auch nur soweit dies durch den jeweiligen „Zweck geboten und zur Verfolgung nicht kommerzieller Zwecke gerechtfertigt ist". Das ist der „Erfolg" des Drei-Stufen-Tests.

c) Das dritte Beispiel für die Folgen und die Interpretation des Drei-Stufen-Tests zeigt, dass auch eine sowieso schon eng angelegte Schrankenregelung wie § 52a nicht davor schützt, dass Verlage nicht zögern, mit Berufung auf den Drei-Stufen-Test gegen die Nutzungspraxis in Bildung und Wissenschaft zu klagen. Dieses Beispiel ist aber auch deshalb interessant, weil möglicherweise die Rechtsprechung beginnt, vor allem durch die oberen Instanzen wie BGH, sich mit der bloßen Berufung auf den Drei-Stufen-Test nicht mehr zufrieden zu geben. Die Semantik der drei Stufen ist wegen der Verwendung von unbestimmten Rechtsbegriffen offen. Die Auslegung des BGH beim Urteil zu § 52a deutet an, dass sich so etwas wie eine Leitidee gegen die Dominanz des kommerziellen Verwertungsanspruchs andeutet. Das war vermutlich nicht die Intention des BGH. Aber dessen Argumente, zu Ende gedacht, könnten zu einer Reformulierung des Drei-Stufen-Tests führen, die am Ende dieses Abschnitts vorgeschlagen wird. Worum ging es?

Bei der Klage gegen die Fernuniversität Hagen hatte sich der Verlag auf die Regelung in § 52a bezogen (dazu vgl. 10.1), dass jede Nutzung von Lehrbüchern für Schulen „stets nur mit Einwilligung des Berechtigten zulässig" erfolgen dürfe. Diese Vorschrift wurde auch auf das strittige Buch „Meilensteine der Psychologie" übertragen, da es sich dabei auch um ein Lehrbuch handele. Weiter hatte der Verlag damit argumentiert, dass diese unzulässige Nutzung

> dem Drei-Stufen-Test des Art. 5 Abs. 5 der Richtlinie 2001/29/EG zur Harmonisierung bestimmter Aspekte des Urheberrechts und der verwandten Schutzrechte in der Informationsgesellschaft nicht stand[halte]. Das Erfordernis der Beschränkung des Zugänglichmachens auf bestimmte Sonderfälle sei nicht erfüllt; da es um den Sonderfall in der Ausnahme gehe, könne dieser nicht in der Veranschaulichung im Unterricht oder der Zugänglichmachung liegen. Das Zugänglichmachen beeinträchtige die normale Verwertung des Werkes; da nur die auf der Lernplattform eingestellten Beiträge Pflichtlektüre und Prüfungsgegenstand seien, sei ein Erwerb des Buches für die Studierenden nicht mehr erforderlich. Unter diesen Umständen würden auch die berechtigten Interessen der Rechtsinhaber ungebührlich verletzt.[208]

Der BGH hat darauf doppelt reagiert. Beides ist für die auch hier geführte Diskussion um Reichweite oder sogar Sinn des Drei-Stufen-Tests einschlägig und allgemein um die Auslegungsoffenheit, kreative Hermeneutik, für die Gerichte. Zum einen wies der BGH den Vorwurf zurück, den sich noch das Berufungsgerichts des OLG zu eigen gemacht hatte, dass es sich bei der Veranschaulichung im Unterricht nicht um den in der ersten Stufe des Tests vorgesehenen Sonderfall handele. Seitdem weiß man genauer, was ein „Sonderfall", vor allem mit Blick auf Bildung und Wissenschaft bedeutet.

---

208 Zitat aus der Begründung des BGH-Urteils.

"Dem", so der BGH, „kann nicht zugestimmt werden. Die hier in Rede stehende Bestimmung des § 52a Abs. 1 Nr. 1 UrhG regelt einen bestimmten Sonderfall und ist daher auch immer nur in diesem bestimmten Sonderfall anwendbar. Sie beschränkt das Recht des Urhebers zum Öffentlich-Zugänglichmachen seines Werkes für den besonderen Fall, dass veröffentlichte kleine Teile dieses Werkes zur Veranschaulichung im Unterricht an Hochschulen ausschließlich für den bestimmt abgegrenzten Teil von Unterrichtsteilnehmern öffentlich zugänglich gemacht werden, soweit dies zu diesem Zweck geboten und zur Verfolgung nicht kommerzieller Zwecke gerechtfertigt ist. Anders als das Berufungsgericht wohl gemeint hat, verlangt die erste Stufe des Drei-Stufen-Tests nicht, dass die einen Sonderfall regelnde Ausnahme oder Beschränkung ihrerseits nur in einem – bezogen auf die Schrankenregelung – Sonderfall angewendet wird."

Weiter stimmte der BGH der Ansicht des OLG nicht zu, dass „das Öffentlich-Zugänglichmachen der in Rede stehenden Beiträge [...] die normale Verwertung des Werkes (zweite Stufe) [beeinträchtige]". Abgesehen davon, dass die Übertragung der Regelung für die Nutzung von Schulbüchern auf Lehrbücher an Hochschulen ohnehin fragwürdig ist, stellt der BGH fest:

Das Werk „Meilensteine der Psychologie" ist nicht allein für den Unterrichtsgebrauch an Hochschulen bestimmt; es richtet sich in gleicher Weise an psychologisch Interessierte, Studierende und Fachleute. Die normale Werkverwertung wird daher nicht dadurch beeinträchtigt, dass der Erwerb des gesamten Buches [...] für die Studierenden, die den Kurs „Einführung in die Psychologie und ihre Geschichte" belegt haben, nicht mehr erforderlich sein mag, weil lediglich die auf der Lernplattform eingestellten Teile des Werkes Pflichtlektüre und Prüfungsgegenstand sind.

Der BGH stellt damit die Weichen für eine semantische und vor allem pragmatische Auslegung des wohl wichtigsten bzw. wohl am meisten reklamierten Kriteriums des Drei-Stufen-Tests, nämlich der „normalen Verwertung" in der zweiten Stufe. Der BGH konnte, anders als das OLG, nicht erkennen, dass die Bedingung der dritten Stufe des Tests, die ungebührliche Verletzung der Rechte des Rechtsinhabers, erfüllt sei. Vor allem hätten Kläger und OLG nicht die für die dritte Stufe erforderliche Interessenabwägung durchgeführt. Es konnte also von Kläger und OLG nicht belegt werden, „ob das Bedürfnis an einem Zugänglichmachen die Beeinträchtigung des Rechtsinhabers überwiegt" oder eben nicht. Eine bloße Berufung auf die dritte Stufe reicht nicht aus. Es muss von Fall zu Fall durch eine Interessenabwägung entschieden werden. Mit diesem Vorschlag näherte sich der BGH dem Prüfverfahren für das Fair use im US-amerikanischen Copyright an (vgl. 12.4).

Durch das Urteil dürfte jetzt für folgende Rechtsprechungen klar sein, dass durch genehmigungsfreie Schrankenregelungen nicht per se eine Verletzung von Interessen der Rechtsinhaber (vor allem der Urheber selbst) angenommen werden kann. Es müssen in jedem Fall sorgfältig die allgemeinen Interessen (wohl der Rechtsinhaber und der Öffentlichkeit) an einer Zugänglichmachung und an der

Nutzung (in dem von der jeweiligen Schranke erlaubten Umfang) gegenüber den Interessen der Verwertung abgewogen werden. „Normal" und „Verwertung" muss jeweils semantisch und pragmatisch überprüft werden. Vor allem mit Blick auf die dritte Stufe des Tests (Wahren der Interessen der primären Rechtsinhaber) darf man für Bildung und Wissenschaft davon ausgehen, dass jeder Autor ein höheres Interesse am Zugang und der Wahrnehmung von anderen Personen zu/an seinen Werken hat als ein Interesse, den Zugang durch rigide Inanspruchnahme seiner durch das Urheberrecht geschützten Rechte einzuschränken oder sogar auszuschließen. Insgesamt wird im Urteil deutlich, dass die bei so gut wie jeder Schrankenregelung vor allem von der Interessenvertretung der Verlage (sprich: Börsenverein) stereotyp vorgebrachte Kritik, sie führe zur Enteignung und sei ein Verstoß gegen den Drei-Stufen-Test, keine Grundlage hat. Auch der Stellenwert von geistigem Eigentum und der von Schranken-Schranken wie der Drei-Stufen-Test ist nicht wie in Stein gemeißelt. Deren Verständnis entwickelt sich mit neu zur Geltung gebrachten Werten und Leitideen, bis sie sich zu einer Ausprägung des aktuellen Zeitgeistes verdichten. Umso besser, wenn dies zuweilen mit juristischer Argumentation, wie am Beispiel des BGH-Urteils gezeigt, im Ergebnis übereinstimmt.

In der Gesetzgebungspraxis ist das aber noch so gut wie gar nicht angekommen. Der Drei-Stufen-Test wird nicht hinterfragt. Kaum wird problematisiert, was der „Sonderfall" ist, auch nicht was „normale Verwertung" sein soll und auch nicht welches die „berechtigten Interessen der Urheber" sind. Allein schon die Sorge, dass eine urheberrechtliche Regelung mit dem Drei-Stufen-Test nicht verträglich sein könnte, reichte bis heute (bis in das UrhWissG von 2017/18) aus, um Vorschläge für ein wissenschaftsfreundliches Urheberrecht abzuwehren. Es spricht einiges für die Annahme, dass aus Respekt oder aus Furcht vor der Auslegung des Drei-Stufen-Tests das Konzept einer ABWS 2017 aufgegeben wurde. Der deutsche Gesetzgeber hat immer wieder darauf hingewiesen, dass für weitergehende Lösungen im Wissenschaftsurheberrecht die unionsrechtlichen Voraussetzungen fehlen. Im Hintergrund war der Politik aber sicher auch bewusst, dass die WTO auf die Einhaltung von Vereinbarungen wie TRIPS achtet, so dass strenge Strafen drohen, wenn die Grenzen des Drei-Stufen-Tests nicht eingehalten werden.[209]

Das führt uns am Ende zu dem Versuch, den Drei-Stufen-Test zeitgemäß „umzudrehen". Die bisherige Auslegung des Tests zielte darauf ab, dass Ausnahmen von der exklusiven Verwertung von Werken, die durch Regelungen zum geistigen Eigentum geschützt sind (Urheberrecht, Copyright), a) nur in bestimmten besonde-

---

[209] Vgl. (Hugenholtz/Okediji 2007) Conceiving an international instrument on Limitations and exceptions to copyright.

ren Fällen erlaubt sein sollen, wenn sie b) nicht im Widerspruch zu einer normalen Verwertung stehen und dadurch c) keine unzumutbaren Nachteile für den Urheber entstehen. Hier einige Argumente, warum der Test quasi umgedreht werden sollte:

a) Seit einigen Jahren zeichnet sich ab, dass, mit Blick auf Bildung und vor allem auf Wissenschaft, das überwiegende Geschäftsmodell in elektronischen Räumen sich in Richtung einer freien offenen Nutzung (nach dem Open Access-Prinzip) entwickelt. Nicht die freie Nutzung wird im Sinne der ersten Stufe die Ausnahme sein, sondern die proprietäre kommerzielle Verwertung. Diese Priorität in Richtung Open Access wird heute auch schon durchgängig auf den verschiedenen politischen Ebenen favorisiert (ausführlicher in Kap. 14). Der freie und offene Umgang mit Wissen und Information findet immer mehr Akzeptanz in der Öffentlichkeit, und er war auch das (erreichte) Ziel von den DEAL-Verhandlungen zwischen Verlagen und Vertretungen der Allianzorganisationen (vgl. 14.8). Er ist also kein Sonderfall, sondern wird eher zur Regel. Das muss allerdings die kommerzielle Verwertung nicht ausschließen. Im Sinne der zweiten Stufe ist dies aber nicht als normale Verwertung anzusehen.

b) Mit Blick auf die dritte Stufe des Drei-Stufen-Tests müsste die besondere Situation in Bildung und Wissenschaft stärker in Rechnung gestellt werden. Wie schon mehrfach betont, hat die Interpretation von „Verwertung" als „kommerzielle Verwertung" für die Akteure in Bildung und Wissenschaft keinen Vorrang. Das monetäre Verwertungsinteresse ist in Bildung und Wissenschaft für Wissenschaftler kein primäres Motiv für Produktivität – schon gar nicht ist es entscheidend für Kreativität. Ohnehin wird in den meisten Fällen, vor allem durch Zeitschriftenpublikationen kein Einkommen erzielt. Vergütung und Vergütungsansprüche sind für die meisten (öffentlich finanzierten) Wissenschaftler eher eine juristische Fiktion, ein weiteres Als-ob-Verhalten, denn Realität. Es ist also keineswegs gegen das Interesse der Wissenschaftler, wenn über den Drei-Stufen-Test nicht mehr die Vergütung als Kompensation für den nun freien Zugang zu ihrem publizierten Wissen angesehen würde. In (Kuhlen/Brüning 2004) wurde schon 2004 ein positiver Drei-Stufen-Test auf Grund der sich entwickelnden Leitidee des freien offenen Umgangs mit Wissen und Information vorgeschlagen.[210] Dabei war als dritte Stufe, die also den primären Interessen der Rechtsinhaber entsprechen soll, vorgesehen, dass „das Ausmaß der öffentlichen Verfügbarkeit in der Zuständigkeit und informationellen Autonomie der Urheber der jeweiligen Werke" liegen soll.

c) Die Orientierung an dem individuellen Autoreninteresse, zudem überhöht durch den Autonomieanspruch, war damals der für selbstverständlich gehaltenen Einschätzung geschuldet, dass nur der Autor selbst über alles, was mit Veröf-

---

[210] (Kuhlen/Brüning 2004) Chancen für einen innovativen Drei-Stufen-Test? S. 8.

fentlichung zusammenhängt, entscheiden dürfe. Diese Einschätzung entspricht auch, zumindest in Deutschland, noch der herrschenden Meinung, nämlich, in Anwendung auf das Zweitverwertungsrecht (vgl. 11.3), dass eine Mandatierung zugunsten einer Open-Access-Publikation (gold oder grün) nicht mit Wissenschaftsfreiheit vereinbar sei (vgl. 11.3.6). Hier wird, 15 Jahre später, eine andere Position vertreten, die dem öffentlichen Interesse an freier Verfügung des publizierten Wissens entspricht. Wie es in vielen Ländern selbstverständlich geworden ist und wie es sich auch in vielen entsprechenden politischen Verlautbarungen, vor allem auch auf EU-Ebene, widerspiegelt, wird hier dafür plädiert, dem institutionellen Interesse ebenfalls Rechnung zu tragen.

d) Ergänzend wird die Position vertreten, dass die bis heute übliche Lizenzierungspraxis ebenfalls vom Kopf auf die Füße gestellt werden sollte. Nicht mehr soll die Öffentlichkeit für die Nutzung der Veröffentlichungen der Verlagswirtschaft in Bildung und Wissenschaft kostenpflichtige Lizenzen erwerben müssen, sondern die Verlage sollen (kostenpflichtige) Lizenzen für Nutzungsrechte an den (i. d. R. mit öffentlichen Mitteln unterstützt produzierten) Werken der Urheber/Autoren erwerben müssen – zu entrichten an die Institutionen der persönlichen Urheber. Das sollte auch das Ziel für zukünftige DEAL-Verhandlungen sein. Das schließt nicht aus, dass die Verlage bzw. allgemein die Content Provider für die von ihnen erstellte Dienstleistungen mit entsprechenden informationellen Mehrwerten Einnahmen erzielen können.

Fazit. Es ist tatsächlich bislang so, wie es (Reichman/Okediji 2012, 1400) formulieren, dass jede Schrankenregelung zugunsten von Bildung und Wissenschaft "largely leave science at the mercy of the three-step test". Das gilt auch für das 2017/18 beschlossene UrhWissG in Deutschland und für die schließlich 2019 verabschiedete neue EU-Urheberrechts-Richtlinie, durch die das europäische Urheberrecht kaum wissenschaftsfreundlicher geworden ist. Die Restriktionen des Drei-Stufen-Tests sind weiter für das Unionsrechts verbindlich. Das muss nicht sein. Kreative, liberalere Auslegung des Drei-Stufen-Tests ist möglich (vgl. FN 204) und geschieht in Teilen der Rechtswissenschaft und zuweilen auch durch die oberen Gerichte. Ein mit Blick auf Bildung und Wissenschaft längst fälliger ganz neuer, dann positiver Drei-Stufen-Test wäre möglich und entspricht dem Stand der entwickelten Leitideen für den freien Umgang mit Wissen und Information. Ein Drei-Stufen-Test, der von der freien Nutzung als Regel ausgeht, sähe vor, dass eine kommerzielle Verwertung von in Bildung und Wissenschaft erstellten Werken a) nur in besonderen Fällen erlaubt ist, wenn b) gesichert ist, dass auf die Urheberschaft der originalen Werke referenziert wird und diese im öffentlichen Bereich frei für jedermann zugänglich sind, und wenn c) von den kommerziellen Verwertern Nutzungslizenzen von den primären Rechtsinhabern und ihren Institutionen erworben worden sind.

6.10 Fazit zu Kapitel 6

Die zu Beginn des Kapitels schon zitierte (konditionierte) Einschätzung von Dreier/Hilty

> Sollte sich erweisen, dass die traditionelle Bauweise [des UrhG von 1965 – RK] nicht mehr für ein neues Haus taugt, das den aktuellen Herausforderungen den notwendigen Raum verschafft, sind neue Ideen gefordert, möglicherweise über das Gelände hinaus, auf dem das urheberrechtliche Haus heute steht

haben wir uns hier zu eigen gemacht. Einen alle Juristen überzeugenden Nachweis für die Untauglichkeit der „traditionellen Bauweise" des Urheberrechtes werden wir in den vorangegangenen Abschnitten kaum erbracht haben. Aber die hier vorgebrachte Kritik an den Fundamenten des Urheberrechts – angefangen von der Fiktion des individuellen Schöpfers bis hin zu dem das bisherige Fundament sichernden Drei-Stufen-Test – deutet darauf hin, dass für ein zeitgemäßes Urheberrecht ein neues „Gelände" und „neue Ideen" erforderlich sind. Auf diesem Gelände und mit neuen auf gegenwärtigen Leitideen beruhenden Werten wie Nutzungsfreiheit kann dann sogar ein Recht für Bildung und Wissenschaft aufgebaut werden, das auf das den Titel „Urheberrecht" mit dem individuellen Schöpfer im Mittelpunkt verzichtet und das die Nutzungsrechte zur Grundlage dieses Rechts macht. Nutzungsrechte beziehen sich umfassend auf die Rechte der Autoren, ihre Werke (im Sinne der Persönlichkeitsrechte im jetzigen Urheberrecht) zu nutzen, aber auch auf die Rechte der Nutzer und der Öffentlichkeit, die publizierten Werke (Informationsobjekte) frei verwenden und weiterentwickeln zu dürfen, aber auch auf die zu erwerbenden Erlaubnisse der Organisationen der Informationswirtschaft, aus den Werken Informationsprodukte und -dienstleistungen auf den Informationsmärkten anzubieten.

In den folgenden beiden Kapiteln werden „Eigentum/geistiges Eigentum" und „Vergütung" als im jetzigen Urheberrecht besonders starke Fundamente diskutiert – mit dem vorweggenommenen Ergebnis, dass die über die beiden Fundamente abgeleiteten umfassenden Rechte nicht den „notwendigen Raum" für ein „neues Haus" schaffen, das Bildung und Wissenschaft brauchen, um umfassend und frei publiziertes Wissen zu nutzen.

7 Geistiges Eigentum

Ausgangsthese für dieses Kapitel: Die Anwendung des grundgesetzlich garantierten allgemeinen Eigentumsrechts (entsprechend GG Art. 14 Abs. 1) auf immaterielle Objekte, sprich: die weitgehende Übertragung von „Sach-Eigentum" auf „geistiges Eigentum" gehört zu den rechtswissenschaftlichen und -politischen Fehleinschätzungen, die dazu beigetragen haben, dass das Urheberrecht für Bildung und Wissenschaft eher behindernd als befördernd wirkt. In 7.1 wird auf die weitgehenden Unterschiede von Eigentum und geistiges Eigentum hingewiesen und damit die Berechtigung, die Regulierung von Eigentum auf geistiges Eigentum zu übertragen. Darüber hinaus wird bezweifelt, ob geistiges Eigentum im Wissenschaftsurheberrecht überhaupt Sinn ergibt. In 7.2 wird die vermögensrechtliche Begründung des geistigen Eigentums über Entscheidungen des BVerfG dargestellt und für Wissenschaft in Frage gestellt. In 7.3 wird dargestellt, wie in der Systematik des Urheberrechts geistiges Eigentum aus der Fiktion des individuellen Schöpfers abgeleitet wird. Dies ist das zentrale Beispiel für das Als-ob-Verhalten des Urheberrechts, aus dem sich weitere Restriktionen für die Nutzung des publizierten Wissens ableiten. In 7.4 werden die verschiedenen Interessen an dem Konzept des geistigen Eigentums analysiert – mit dem Zwischenergebnis, dass geistiges Eigentum weitgehend eine folgenreiche ideologische Funktion hat. Der Schutz von geistigem Eigentum ist zunehmend dysfunktional geworden. In 7.5 wird geistiges Eigentum in den Kontext anderer Grundrechte wie Wissenschafts- oder Informationsfreiheit gestellt – mit dem Ergebnis, dass Einschränkungen in geistiges Eigentum eher gerechtfertigt sind als Einschränkungen von Wissenschaftsfreiheit. In 7.6 wird die Kritik am Konzept des geistigen Eigentums noch einmal zusammengefasst. Die Schlussthese in 7.7 besagt, dass das Beharren auf Eigentumsansprüchen zu den Als-ob-Phänomenen gehört, zu den Fiktionen, die in der Gegenwart nicht mehr zu halten sind – weder aus der Sicht und den Interessen der Akteure in Bildung und Wissenschaft und erst recht nicht aus dem Interesse der Öffentlichkeit, Wissen freizügig nutzen zu können.

7.1 Vom „Eigentum" im Grundgesetz zum „Geistigen Eigentum" im Urheberrecht

„Das Urheberrecht ist das Nutzungsrecht 'Eigentum' im Sinne des Art. 14 Abs. 1" – so stellt es das BVerfG im ersten Satz der Schulprivileg-Entscheidung[211] fest. Die Eigentumsgarantie des GG wird als verfassungsrechtliche Grundlage für die Rechte

---

[211] BVerfGE 31, 229 – Schulbuchprivileg.

Open Access. © 2020 Rainer Kuhlen This work is licensed under a Creative Commons Attribution 4.0 License. https://doi.org/10.1515/9783110693447-007

am Eigentum und dessen Schutz gesehen. „Geistiges Eigentum" kommt als Benennung im GG nicht vor – erklärbar mit dem Zeitpunkt der Entstehung des GG, denn 1948 war so etwas wie geistiges Eigentum den „Vätern" des Grundgesetzes nicht bewusst – auch kaum das Konzept des Immaterialguts, welches im 19. Jahrhundert „geistiges Eigentum" durch das Recht regulierbar gemacht hat. Eigentum war für das GG Sacheigentum. Das wird an dem folgenden Zitat von Carlo Schmid deutlich – 1948 im Ausschuss für Grundsatzfragen des Parlamentarischen Rates vorgetragen.

> Die Formulierung den Gedanken zum Ausdruck bringen, es gebe keine aus der Natur fließende Definition des Inhalts des Eigentums, und das Eigentum, nämlich konkret das Ausmaß, in dem ein Individuum über Sachen verfügen könne, und was es bedeute, ein eigentümliches Recht an einer Sache zu haben, sei notwendig vom Gesetzgeber her zu bestimmen.[212]

Ebenfalls 1948 wurde die (völkerrechtlich nicht-verbindliche, aber mit hohem moralischen Anspruch verbundene) *Allgemeine Erklärung der Menschenrechte* (AEMR) beschlossen. In ihr wird Eigentum als Grundrecht bzw. Menschenrecht angesehen:[213] „Jeder hat das Recht, sowohl allein als auch in Gemeinschaft mit anderen Eigentum innezuhaben" und: „Niemand darf willkürlich seines Eigentums beraubt werden." „Geistiges Eigentum" wird zwar nicht erwähnt, aber ist, wie an dem folgenden Zitat deutlich wird, doch wohl mitgedacht: „Jeder Mensch hat das Recht auf Schutz der moralischen und materiellen Interessen, die sich aus jeder wissenschaftlichen, literarischen oder künstlerischen Produktion ergeben, deren Urheber er ist." Hiermit ist nicht nur die intellektuelle Produktion, sondern in der Verbindung von moralischen und materiellen Interessen auch die monistische Struktur angesprochen, die für Urheberrechtsregulierungen vor allem im kontinentaleuropäischen Bereich bestimmend ist (vgl. 6.5).

Mit „Geistigem Eigentum" haben sich die beiden völkerrechtlich verbindlichen Internationalen WIPO-Pakte *über bürgerliche und politische Rechte* vom 16. Dezember 1966 und *Pakt über wirtschaftliche, soziale und kulturelle Rechte* vom 19. Dezember 1966 schwerer getan. In diesen beiden Texten ist sogar von „Eigentum" insgesamt nicht die Rede. Offenbar waren damals (und wohl auch noch heute) weltweit die ideologischen Unterschiede über die Reichweite von Eigentum so unterschiedlich, als dass eine völkerrechtlich verbindliche Festlegung von Eigentum

---

[212] Das Zitat ist der Dissertation von (Bajon 2010) Interessenausgleich im Wissenschaftsurheberrecht entnommen; dort mit Verweis auf BVerfG NJW 2001, 1783, 1784.
An diesem Zitat, in dem Schmid Satz 2 von Art. 14 Abs. 1 GG ([„Inhalt und Schranken werden durch die Gesetze bestimmt") erläuterte, ist allerdings weniger die terminologische Klärung von „Eigentum" wichtig, sondern die Feststellung, dass es keine quasi naturrechtliche Bestimmung von Eigentum gebe. Vielmehr obliege es dem Gesetzgeber, in positiven Gesetzen festzulegen, in welchem Umfang Eigentum geschützt werden soll.
[213] AEMR, Art. 17 Abs. 1 – Recht auf Eigentum; Art 17 Abs. 2.

7.1 Vom „Eigentum" im Grundgesetz zum „Geistigen Eigentum" im Urheberrecht — 155

geschweige denn von geistigem Eigentum über diese Pakte möglich gewesen wäre. Die Regelung des geistigen Eigentums wurde anderen internationalen Vereinbarungen überlassen. Allerdings wird auch in der bis heute noch Anwendung findenden internationalen Urheberrechtsregulierung, *Berner Übereinkommen zum Schutz von Werken der Literatur und Kunst* von 1887 (letzte Fassung 2004), kein direkter Bezug auf „geistiges Eigentum" als urheberrechtlich relevanten Begriff genommen. Es finden sich lediglich Verweise auf das Internationale Büro für geistiges Eigentum und dessen 1967 eingerichtete Nachfolgeorganisation, die UN *Weltorganisation für geistiges Eigentum* (WIPO). Mit dem Titel der WIPO ist aber „geistiges Eigentum" in der internationalen Nomenklatur verbindlich eingeführt. Der spätestens seit Mitte der 80er Jahre deutlich erkennbaren kommerziellen Bedeutung von immateriellen Produkten (und damit von geistigem Eigentum) wurde dann international ebenfalls im Titel des 1995 in Kraft getretenen *Agreement on Trade-Related Aspects of Intellectual Property Rights* (TRIPS) als Bestandteil der *World Trade Organization* (WTO) Rechnung getragen.

Das deutsche Urheberrecht spricht bis heute an keiner Stelle von „geistigem Eigentum". Man kann aber davon ausgehen, dass immer dann, wenn im Zusammenhang von urheberrechtlichen Themen in Rechtsetzung, Rechtsprechung und Rechtswissenschaft der Urheberrechtsdiskussion von „Eigentum" die Rede ist, nicht „Sacheigentum" gemeint ist, sondern eben das Recht an immateriellen Objekten. „Geistiges Eigentum" ist omnipräsent und wird in den letzten 50 Jahren nicht mehr in Frage gestellt. Das war zur Zeit der 65-er Reform des UrhG noch anders. In den Ausführungen zu dieser Reform wurde noch einmal (und vielleicht zum letzten Mal in einer Urheberrechts-Reform) deutlich gemacht, dass die Übertragung von „Eigentum" auf „geistiges Eigentum" problematisch und in der Konsequenz „unrichtig" ist. Die zentrale Aussage von 1965, dass „Urhebergut ... seinem Wesen nach Mitteilungsgut" sei, ist in den folgenden Jahren immer mehr zugunsten des vermögensrechtlichen Aspekts des geistigen Eigentums in den Hintergrund gerückt.[214]

> Insbesondere [ist] aus Kreisen der Urheber eingewandt worden, das Urheberrecht müsse als sogenanntes geistiges Eigentum dem Sacheigentum gleichgestellt werden und dem Urheber eine unbeschränkte Herrschaft über sein Werk gewähren. Hierbei wird jedoch verkannt, daß zwischen dem Sacheigentum und dem Urheberrecht grundsätzliche Unterschiede bestehen. Sinn des Sacheigentums ist es, dem Eigentümer die alleinige Herrschaft über die ihm gehörende Sache zu geben, damit er andere von der Benutzung ausschließen kann. Urhebergut ist dagegen seinem Wesen nach Mitteilungsgut. Ein Geisteswerk soll gerade – jedenfalls von dem Augenblick an, in dem der Urheber es veröffentlicht hat – in seinem Gedanken- oder Gefühlsinhalt möglichst vielen anderen Menschen zugänglich gemacht werden. Im Gegensatz zum Sacheigentum ist das Urheberrecht also letztlich nicht dazu bestimmt, andere von der Benutzung des Werkes auszuschließen. Es soll vielmehr in erster Linie dem Urheber

---

[214] Dazu ausführlicher aus Sicht des BVerfG im nächsten Abschnitt 7.2.

die rechtliche Grundlage dafür geben, Art und Umfang der Benutzung seines Werkes zu überwachen und aus dessen Verwertung Einnahmen zu erzielen. Die Folgerung, die aus der Gleichstellung des „geistigen Eigentums" mit dem Sacheigentum gezogen wird, daß nämlich jede sachliche Beschränkung des Urheberrechts – auch im Interesse der Allgemeinheit – mit der Rechtsnatur des Urheberrechts nicht vereinbar sei, ist hiernach nicht berechtigt. Diese Folgerung ist darüber hinaus auch deswegen unrichtig, weil schon das Sacheigentum dem Eigentümer keine uneingeschränkte Herrschaft über die Sache gibt, sondern sein Inhalt und seine Schranken nach Artikel 14 des Grundgesetzes durch das Gesetz festgelegt werden.[215]

Für die Reformer von 1965 waren Eigentum und geistiges Eigentum also noch grundlegend unterschiedlich. Die dafür verwendeten Argumente gelten heute zweifellos weiter. Für die folgende Argumentation zum Unterschied von Sacheigentum und immateriellem Eigentum wird auf (Kreutzer 2008, S. 133 ff) zurückgegriffen, der sich ausführlich kritisch mit der oft vorgenommenen Gleichbehandlung von geistigem und Sacheigentum auseinandersetzt. Seine Argumente werden hier auf das Wissenschaftsurheberrecht bezogen:

(1) Geistiges Eigentum wird, was die vermögensrechtlichen Interessen betrifft, ohnehin – anders als das Sacheigentum – nur für einen begrenzten Zeitraum geschützt (derzeit 70 Jahre nach dem Tod des Urhebers).
(2) Immaterielle Werke haben eine weitaus höhere Bedeutung „für den kulturellen und geistigen Fortschritt" als Objekte des Sacheigentums.
(3) Zudem wirken, so Kreutzer, „Beschränkungen der ausschließlichen Verfügungsgewalt des geistigen Eigentümers im Allgemeinen nicht so schwerwiegend wie zumeist Beschränkungen des Sacheigentums."[216]
(4) Wissenschaftliche Urheber, ganz in Übereinstimmung mit der hier vertretenen Symmetrie-These (Einheit von Urheber und Nutzer), haben selbst kein Interesse an einem Schutz, der Andere ausschließt. Kreutzer: „Baut der Urheber auf den Leistungen anderer auf, müssen auch diese wiederum von seinem Schaffen profitieren und diese nutzen können". Bedient sich der Urheber aus dem verfügbaren Allgemeingut, „ist es angemessen, dass auch er wieder etwas zurückführen muss."
(5) Ein weiterer Unterschied besteht darin (s. das obige Zitat aus der 1965er Begründung), dass immaterielle Produkte, so Kreutzer, „dazu bestimmt sind, anderen zugänglich zu sein. Das Zugangsrecht dient hier im Gegensatz zum

---

[215] Abschnitt 6 der Begründung für Schranken des Urheberrechts in der UrhR-Reform von 1965: https://bit.ly/2QRoIEg.
[216] Vgl. (Rose 2003) ... Traditions of public property in the information age. Sie unterscheidet zwischen "Intellectual Space" (IS) und "Tangible Space": „exclusive property rights come up long in Tangible Space but rather short in Intellectual Space"; zudem können IS-Objekte nicht durch Übernutzung vernichtet werden.

Sacheigentum nicht in erster Linie der Möglichkeit, andere auszuschließen, sondern dem Rechtsinhaber die Entscheidung über den Zugang zum Werk und dessen Modalitäten vorzubehalten."

(6) Sacheigentum ist immer an einen bestimmten Gegenstand an einem bestimmten Ort gebunden. „Dagegen ist das [immaterielle] Werk reproduzierbar und ubiquitär."

Immaterielle Werke sind auch im Sinne der ökonomischen Gutstheorie gemeinschaftliche Güter (*common goods*), die grundsätzlich durch die Eigenschaften der *Nicht-Ausschließbar*keit und der *Nicht*-Rivalität der Nutzung charakterisiert sind. Immaterielle Güter unterliegen anders als materielle Güter nicht dem Knappheitsprinzip und verbrauchen sich nicht im Gebrauch. Sie werden erst durch entsprechende Nutzungsrechte (wie durch das Urheberrecht) ökonomisch verwertbar. Die Unterschiede zwischen „Eigentum" und „Geistigem Eigentum" sind offensichtlich so gravierend, als dass das eine auf das andere übertragen werden kann (Kreutzer 2008):

> Es zeigt sich also, dass zwischen geistigem und Sacheigentum derart elementare Unterschiede bestehen, dass die Interessenlage bei der einfach gesetzlichen Ausgestaltung beider Rechte nicht gleichgesetzt werden kann. Eine Übertragung der zum Sacheigentum entwickelten Grundsäte verbietet sich daher ebenso, wie eine Unterscheidung und Andersbehandlung – auch vor dem Gleichheitsgrundsatz – generell unbedenklich erscheint. (a. a. O., 136)

Fazit. Der Gesetzgeber hat bis heute keinen Bedarf gesehen, „„geistiges Eigentum" als Benennung aufzugreifen – weder explizit durch eine Änderung im Grundgesetz oder an einer Stelle im UrhG. Eine explizite Erwähnung war wohl deshalb als überflüssig angesehen worden, weil diese Formulierung im internationalen völkerrechtlich verbindlichen Kontext (WIPO, TRIPS/WTO) üblich geworden ist und es auch in der EU-Charta heißt „Geistiges Eigentum wird geschützt" (Art. 17 Abs. 2). Die Charta ist verbindlich für alle Mitgliedsländer. Das Konzept des geistigen Eigentums wird in der wissenschaftspolitischen Diskussion bis heute nicht in Frage gestellt – schon gar nicht mit Blick auf Bildung und Wissenschaft. Die Argumente, die eindeutig gegen eine strikte Übertragung von „Eigentum" auf „geistiges „Eigentum" sprechen, werden bis heute vom Gesetzgeber nicht angenommen.

7.2 Vermögensrechtliche Begründung des geistigen Eigentums durch das BVerfG

Ist der *Begriff*, *das Konzept des* geistigen Eigentums im Urheberrecht seit langem präsent, so hat die *Benennung* „geistiges Eigentum" in den Entscheidungen des

BVerfG nach anfänglichem Zögern erst ab Mitte der 70er Jahre Eingang gefunden. In der Entscheidung „Schulbuchprivileg" von 1971 wird „geistiges Eigentum" in Anführungszeichen verwendet (NR. 19). Das kann als „sogenanntes geistiges Eigentum" interpretiert werden. Sonst wird nur „Eigentum" verwendet. In „Kirchenmusik" von 1978[217] wird der Begriff des geistigen Eigentums durch Übertragung von „Eigentum" auf „geistiges Eigentum" als „feststehender Rechtsbegriff gehandhabt" (Jänich 2002, 144) und ist seitdem als „geistiges Eigentum" im Sprachgebrauch des BVerfG (und damit in der gesamten Fachwelt) fest verankert. Man kann davon ausgehen, dass auch das BVerfG in seinen hier einschlägigen Entscheidungen i. d. R. „geistiges Eigentum" meint, auch wenn nur von „Eigentum" gesprochen wird. In diesen (allerdings zeitlich weit zurückliegenden) Entscheidungen orientiert sich das BVerfG weniger an den (ansonsten als unstrittig angesehenen) Persönlichkeitsrechten und zieht auch das ideologische Leitbild des Urhebers als Schöpfer nicht besonders stark in die Begründung von Eigentum ein, sondern stellt die vermögensrechtlichen Gesichtspunkte und damit die Vergütungsaspekte in den Vordergrund. Das Urheberrecht, so ist es aus den Entscheidungen des BVerfG abzuleiten, solle die Schutzansprüche am Eigentum sehr stark über die vermögensrechtlichen Aspekte regeln:

> Zu den konstituierenden Merkmalen des Urheberrechts als Eigentum im Sinne der Verfassung gehört die grundsätzliche Zuordnung des vermögenswerten Ergebnisses der schöpferischen Leistung an den Urheber im Wege privatrechtlicher Normierung und seine Freiheit, in eigener Verantwortung darüber verfügen zu können. Das macht den grundgesetzlich geschützten Kern des Urheberrechts aus. (BVerfG E-Schulbuchprivileg)

> Das Bundesverfassungsgericht hat in BVerfG E 31, 229 (238ff.) entschieden, daß das vom Urheber geschaffene Werk und die darin verkörperte geistige Leistung in vermögensrechtlicher Hinsicht Eigentum im Sinne des Art. 14 Abs. 1 Satz 1 GG ist. Aus seiner verfassungsrechtlichen Gewährleistung erwächst dem Urheber die Befugnis, dieses „geistige Eigentum" wirtschaftlich zu nutzen. (BVerfG E-Kirchenmusik)

> Der Gesetzgeber ist im Rahmen des Regelungsauftrags nach Art. 14 Abs. 1 Satz 2 GG grundsätzlich verpflichtet, das vermögenswerte Ergebnis der schöpferischen Leistung dem Urheber zuzuordnen und ihm die Freiheit einzuräumen, in eigener Verantwortung darüber verfügen zu können. Im einzelnen obliegt ihm jedoch die Aufgabe, bei der inhaltlichen Ausprägung des Urheberrechts sachgerechte Maßstäbe festzulegen, die eine der Natur und sozialen Bedeutung des Rechts entsprechende Nutzung und angemessene Verwertung sicherstellen (ebda.).

---

217 BvR 352/71.

7.2 Vermögensrechtliche Begründung des geistigen Eigentums durch das BVerfG

Dieser dem immateriellen Eigentum zuzurechnender Vergütungsanspruch ist allerdings ein durchaus neues Phänomen, verursacht durch die immer größer werdende Bedeutung der materiellen Werte immaterieller Produkte. In der 1965er Fassung des UrhG war z. B. in Art. 11 nur von den „geistigen und persönlichen Beziehungen zum Werk" die Rede (ausführlicher in 6.5). Der Bezug zum Anspruch auf Vergütung wurde erst 2002 durch Satz 2 von § 11 explizit hergestellt. Damit soll nicht gesagt sein, dass erst seitdem die juristische Diskussion um Vergütungsansprüche entstanden ist. Aber es doch bemerkenswert, dass erst 2002 sich der Gesetzgeber veranlasst gesehen hat, Vergütungsansprüche explizit im Text von § 11 zu verankern. Die vermögensrechtlichen Ansprüche gehen zusammen mit der Wahrnehmung der Verwertungsrechte (im Sinne eines kommerziellen Verständnisses von Verwertung). Sie werden den Urhebern exklusiv zugerechnet, aber können auch nach Einschätzung des BVerfGG keinesfalls absolut in jeder Hinsicht wahrgenommen werden. Entsprechend heißt es auch in der BVerfG Schulbuchprivileg-Entscheidung:

> Diese grundsätzliche Zuordnung der vermögenswerten Seite des Urheberrechts an den Urheber zur freien Verfügung bedeutet aber nicht, daß damit jede nur denkbare Verwertungsmöglichkeit verfassungsrechtlich gesichert sei. Die Institutsgarantie gewährleistet einen Grundbestand von Normen, der gegeben sein muß, um das Recht als „Privateigentum" bezeichnen zu können. Im einzelnen ist es Sache des Gesetzgebers, im Rahmen der inhaltlichen Ausprägung des Urheberrechts nach Art. 14 Abs. 1 Satz 2 GG sachgerechte Maßstäbe festzulegen, die eine der Natur und der sozialen Bedeutung des Rechts entsprechende Nutzung und angemessene Verwertung sicherstellen.

Im BVerfGG – Bearbeiter-Urheberrechte wird das konkreter spezifiziert:

> Die Verfassung verpflichtet den Gesetzgeber nicht, „ewige" Urheber- oder Leistungsschutzrechte einzuräumen. Aus der Eigentumsgarantie ergibt sich zwar das Gebot, das wirtschaftliche Ergebnis der wiederschaffenden künstlerischen Tätigkeit dem Interpreten grundsätzlich zuzuordnen; dies bedeutet aber nicht, daß ihm jede nur denkbare Verwertungsmöglichkeit unbeschränkt zugewiesen werden müsse. Es ist vielmehr Sache des Gesetzgebers, im Rahmen der ihm zustehenden Gestaltungsbefugnis eine der Natur des Rechts entsprechende Regelung zu treffen, die den Interessen aller Beteiligten Rechnung trägt.

In Anschluss daran schränkt das BVerfG das geistige Eigentumsrecht durch die Zeitbeschränkung weiter ein:

> Hiernach sind die im Urheberrechtsgesetz geregelten Befugnisse ihrem Wesen nach Rechte auf Zeit; sowohl die geistig-schöpferische als auch die wiederschaffende Leistung sind darauf angelegt, nach einiger Zeit frei zugänglich zu werden. Die Einräumung einer Bestandsfrist soll demgegenüber den Berechtigten eine angemessene wirtschaftliche, rechtlich festgelegte Verwertung ihrer Leistung sicherstellen. Überdies würden unbegrenzte Leistungs-

schutzrechte zu erheblichen praktischen Schwierigkeiten führen, da schon nach wenigen Erbgängen die für den Rechtsverkehr notwendige Klarheit über den Rechtsinhaber entfällt.

Fazit. Es hat eine Weile gedauert, aber seit den siebziger Jahren ist deutlich erkennbar, dass das BVerfG im Zusammenhang von urheberrechtlichen Themen auch dann „geistiges Eigentum" meint, wenn nur „Eigentum" erwähnt wird. Die kommunikative Funktion von geistigem Eigentum („Mitteilungsgut") ist in der BVerfGE immer mehr in den Hintergrund gerückt. Auch die „moralischen" persönlichkeitsrechtlichen Aspekte von Eigentum spielen in hier einschlägigen Entscheidungen des BVerfG nicht die zentrale Rolle. Dominierend sind für die BVerfGE die vermögensrechtlichen Aspekte des geistigen Eigentums. In der starken Orientierung an den vermögensrechtlichen Aspekten bleibt das monistische Konzept des Urheberechts erhalten. Die ideell/moralisch begründeten Persönlichkeitsrechte werden als Grundlage für die Verwertungsrechte angesehen. Grundsätzlich wird hier beides in Frage gestellt – das auf das Individuum bezogene Konzept des Schöpfers und der vermögensrechtliche Anspruch von Wissenschaftlern auf Vergütung, insbesondere, wenn sie in einem vergüteten Arbeitsverhältnis tätig sind. Berechtigt ist diese Infragestellung vor allem deshalb, weil der Verwertungsbegriff in Bildung und Wissenschaft ein grundsätzlich anderer ist als der auf die kommerzielle Verwertung abzielende. Versteht man tatsächlich die Verwertungsrechte als Veröffentlichungsrechte für die Zugänglichmachung der Wissensobjekte für die Öffentlichkeit, dann sollte die monistische Tradition in diesem neuen Verständnis neu gefasst werden. Damit würde die vermögensrechtliche Begründung des geistigen Eigentums hinfällig und damit auch die Berechtigung, den Begriff des geistigen Eigentums im Wissenschaftsurheberrecht insgesamt zu verwenden.

7.3 Begründung des geistigen Eigentums durch die Fiktionen des Schöpfers und des Immaterialguts

Die verfassungsrechtliche Ableitung von Eigentum/geistiges Eigentum wird ergänzt durch die starke Stellung, die das Urheberrecht dem kreativen individuellen Schöpfer von Werken zubilligt. Die Einbettung des geistigen Eigentums des Schöpfers in das Urheberrecht wird häufig durch Bezug auf das Locke'sche Verständnis von Eigentum begründet. Jeder Mensch hat das Recht auf Eigentum an seiner Person, und das, was er durch Kraft seiner Hände, durch Arbeit hergestellt hat, ist als „Arbeitseigentum" als Teil seiner Person anzusehen. Durch Arbeit wird das, was die Natur bereitstellt, erweitert und zum persönlichen exklusiven Eigentum, so dass eine nicht erlaubte Nutzung Dritter ausgeschlossen werden kann. Das Ausschlussrecht wird allerdings nicht so exklusiv gesehen, wie es heute für Eigentum der Fall ist.[218] Locke hat nicht von „geistigem Eigentum" gesprochen. Das Schaffen eines Werks durch intellektuelle Arbeit kann aber als etwas angesehen werden, was so noch nicht da war – nicht in der Natur, aber auch nicht in den Werken Anderer. Mit diesem Kriterium begnügt sich i. d. R. auch das Urheberrecht (vgl. 5.2). Das durch Arbeit Erzeugte wird so zum Eigentum erklärt. Was bei Locke „Eigentum an seiner Person" heißt, ist vergleichbar mit der Bestimmung des Werks als Ausdruck der Persönlichkeit seines Schöpfers (vgl. 5.3).

Was im Urheberrecht „Werk" heißt, wird seit der vor allem durch Kohler angestoßenen Debatte auch „Immaterialgut" genannt, und das Urheberrecht entsprechend als Teil des Immaterialgüterrechts (zusammen mit Patentrecht, Markenschutzrecht etc.). Seitdem gilt, dass das materielle Objekt, das Werkstück, das „rohe Artefakt", wie es (Peukert 2018) nennt, z. B. das konkrete Buch in seinen vielfachen Kopien, durch das Urheberrecht nicht geschützt ist bzw. nicht geschützt werden kann. Vielmehr gilt der Schutz der geistigen immateriellen Repräsentation in dem vom Schöpfer hervorgebrachten Masterexemplar, welches sich dann auch in dem einzelnen Werkstück widerspiegelt.

Fazit. Der umfassende Schutz des individuellen Schöpfers/Urhebers, der sich im Schutz dessen geistigen Eigentums rechtlich verfestigt hat, ist entsprechend den Argumenten in Kap. 6 kein Fundament für ein Recht, das den Umgang mit Wissen und Information für Bildung und Wissenschaft regelt. Wird der individuelle Schöpferbegriff und wird die Annahme, dass das Werk Ausdruck der Persönlichkeit des Schöpfers sei, in Frage gestellt, ergibt auch die Verbindung von individuellem Autor und individuellen Eigentumsansprüchen keinen Sinn. Zusammen mit der für Bildung und Wissenschaft unangemessenen Reklamation von vermögensrechtlichen Ansprüchen durch die Veröffentlichung eines Werks sollte im Wissenschaftsurheberrecht nicht länger mit Ansprüchen des geistigen Eigentums argumentiert werden. In den folgenden Abschnitten wird das weiter ausgeführt.

---

218 „Die Arbeit seines Körpers und das Werk seiner Hände sind, so können wir sagen, im eigentlichen Sinne sein Eigentum. Was immer er also dem Zustand entrückt, den die Natur vorgesehen und in dem sie es belassen hat, hat er mit seiner Arbeit gemischt und ihm etwas eigenes hinzugefügt. Er hat es somit zu seinem Eigentum gemacht. Da er es dem gemeinsamen Zustand, in den es die Natur gesetzt hat, entzogen hat, ist ihm durch seine Arbeit etwas hinzugefügt worden, was das gemeinsame Recht der anderen Menschen ausschließt. Denn da diese Arbeit das unbestreitbare Eigentum des Arbeiters ist, kann niemand außer ihm ein Recht auf etwas haben, was einmal mit seiner Arbeit verbunden ist. Zumindest nicht dort, wo genug und ebenso gutes den anderen gemeinsam verbleibt" (TTG II 27, S. 216 f.) – zitiert bei E-Learning-Angebot „Rechtstheorie Online" Dr. Tilmann Altwicker, Universität Zürich – https://bit.ly/2kahD4s.

7.4 Interessen am geistigen Eigentum

Interessen am Schutz des geistigen Eigentums können bei verschiedenen urheberrechtlichen Akteursgruppen ausgemacht werden:

a) Interesse der Kunst-/Kulturschaffenden. Die öffentliche Diskussion über geistiges Eigentum wird überwiegend mit Blick auf Künstler oder andere Kulturschaffenden (in 2.4 mit Peifer „Sympathiefiguren" des Urheberrechts genannt) außerhalb von Bildung und Wissenschaft geführt. Ob heute noch der immer wieder als romantisch bezeichnete Genie-Schöpferbegriff selbst für diese Akteursgruppen zutrifft bzw. diese sich so bestimmen, sei dahingestellt. Aber dass diese i. d. R. auf eigene Rechnung arbeitenden Personen einen Anspruch darauf haben, für die Nutzung ihrer erstellten Werke eine angemessene Vergütung zu erhalten, findet allgemeine Zustimmung und muss hier nicht weiter problematisiert, also nicht in Frage gestellt werden. Ob die Begründung der Rechte von diesen Akteuren über das Eigentumsprinzip erfolgen muss, ist allerdings nicht zwingend. Es reichte einfach „Exklusive Rechte an ihren Werken".

b) Ökonomische Verwertungsinteressen. Verleger sind i. d. R. die striktesten Vertreter für den Schutz der über das geistige Eigentum abgeleiteten Rechte. Sie sind als auf Einnahmen angewiesene Unternehmer an der vermögensrechtlichen Realisierung durch Vergütung interessiert und haben auch den größten Anteil an den durch kommerzielle Verwertung erzielten Vergütungen. Niemand bestreitet, dass für die auf kommerzielle Verwertung abzielende Erstellung von Informationsobjekten/-produkten aus den von Urhebern erstellten Wissensobjekten/Werke eine Vergütung reklamiert werden darf. Es handelt sich dabei aber nicht um Originalprodukte – diese werden als Wissensobjekte von den Urhebern erstellt –, sondern um Sekundärprodukte. Sie dürfen diese erstellen, weil sie per Vertrag die den Urhebern zustehenden Verwertungsrechte als Nutzungsrechte erworben haben. Trotzdem tut das Urheberrecht so, als ob die Verwerter durch den Erwerb der Nutzungsrechte an den Werken der Urheber gleichsam Eigentümer der Werke geworden sind. Das ist aber eine Fiktion (ganz im Sinne von Vaihingers Als-ob-Philosophie) – von der Urheberrechts-Community allerdings eine weitgehend als Realität akzeptierte Fiktion. Müssen Vergütungsansprüche von Verlegern wirklich über ein dem Urheberrecht zugerechnetes Eigentumskonzept begründet werden? Muss der Anspruch auf Schutz der kommerziellen Verwertung der daraus erstellten Werke überhaupt über das Urheberrecht geregelt werden. Könnten dies nicht über entsprechende Rechtsverhältnisse im Sachenrecht (BGB) geregelt werden?

c) Geistiges Eigentum – kein Konzept in der Wissenschaft. Die ökonomische Situation von Wissenschaftlern ist eine ganz andere als bei Kunstschaffenden. Abgesehen von freischaffenden, also ohne institutionelle Bindung tätigen Wissenschaftlern stellt die Öffentlichkeit (bzw. Arbeitgeber in der Wirtschaft) für die Akteure in Bildung und Wissenschaft die Rahmenbedingungen bereit, damit Werke und Ausbildungsleistungen überhaupt geschaffen werden können.[219]

Kein Autor will, dass Andere seine Arbeiten vorzeitig oder gegen seine Erlaubnis in irgendeiner Form öffentlich machen oder diese durch unautorisierte Änderungen verfälschen. Jeder Autor hat das Recht, seine erarbeiteten Wissensobjekte für die Veröffentlichung zu nutzen. Veröffentlichung ist die Voraussetzung für die Wahrnehmung dieser Objekte durch Dritte und für eine dadurch erwartete Reputationssteigerung. Veröffentlichung ist die primäre Verwertung in der Wissenschaft. Dieses Recht, seine erstellten Wissensobjekte über Informationsobjekte nutzen zu können, sichert das jetzige Urheberrecht dem Urheber auch zu, nämlich bestimmen zu können, wann, „ob und wie sein Werk zu veröffentlichen ist" (§ 12 Abs. 1). Mehr muss vom Wissenschaftsurheberrecht in dieser Hinsicht nicht erwartet werden.

d) Interesse der Öffentlichkeit, der Allgemeinheit. Wissen bzw. die daraus abgeleiteten Informationsprodukte werden nicht nur nach Ablauf der im Urheberrecht vorgesehenen Schutzfrist zu gemeinfreien Allgemeingütern, sondern sind grundsätzlich, sobald sie einmal öffentlich zugänglich gemacht wurden, Teil des allgemeinen kulturellen Erbes, für das für jedermann der Zugriff und die Nutzung gesichert sein müssen. Das wurde auch schon in der oben zitierten Begründung für die 1965-er Urheberrechtsreform so gesehen:

> Als ein allgemeiner Grundsatz kann gelten, dass der Urheber insbesondere dort im Interesse der Allgemeinheit freien Zugang zu seinen Werken gewähren muss, wo dies unmittelbar der Förderung der geistigen und kulturellen Werke dient, die ihrerseits Grundlage für sein Werkschaffen sind.[220]

---

[219] Wissenschaftler in privaten Beschäftigungsverhältnissen, aber auch die in öffentlich finanzierten Einrichtungen wie Bundes- oder Landesanstalten werden ebenfalls als Urheber im Sinne des Urheberrechts anerkannt, auch wenn die entsprechenden Arbeiten nicht selbstbestimmt, sondern direkt beauftragt worden sind. Diese Wissenschaftler werden aber für ihre im Arbeitsverhältnisse erstellten Werke kaum die Kategorie des Eigentums reklamieren können. Das zeigt sich auch darin, dass sie für die Nutzung ihrer Werke keine direkte Vergütung, auch keine Beteiligung an den Ausschüttungen der Verwertungsgesellschaften erwarten können.

[220] Motive, UFITA 45 (1965 II), S. 278 – zitiert nach (Kreutzer 2008) Das Modell des deutschen Urheberrechts und Regelungsalternativen, 134 f.

Ebenso gibt es dazu verschiedene Entscheidungen des BVerfG, die das besondere Interesse der Öffentlichkeit hervorheben, z. B. in den Schulbuchprivileg-Entscheidung von 1971:[221]

> Mit der Publikation steht das geschützte Werk nicht nur dem Einzelnen zur Verfügung, es tritt zugleich in den sozialen Raum und kann damit zu einem eigenständigen, das kulturelle und geistige Bild der Zeit mitbestimmenden Faktor werden. Daher hat die Allgemeinheit ein bedeutsames Interesse daran, daß die Jugend im Rahmen eines gegenwartsnahen Unterrichts mit dem Geistesschaffen vertraut gemacht wird. Das gleiche gilt für Teilnehmer entsprechender Unterrichtsveranstaltungen. Die Verwirklichung dieser sozialen Aufgabe wäre aber nicht gewährleistet, wenn der Urheber die Aufnahme seines Werkes in eine Sammlung beliebig verhindern könnte.
>
> Bei der verfassungsrechtlichen Beurteilung dieser gesetzlichen Schranke ist davon auszugehen, daß der Gesetzgeber nicht nur die Individualbelange zu sichern hat, sondern ihm auch aufgetragen ist, den individuellen Berechtigungen und Befugnissen die im Interesse des Gemeinwohls erforderlichen Grenzen zu ziehen; er muß den Bereich des Einzelnen und die Belange der Allgemeinheit in einen gerechten Ausgleich bringen. Die Verfassungsmäßigkeit der angefochtenen Vorschrift hängt somit – abgesehen von der sonstigen Übereinstimmung mit dem Grundgesetz – davon ab, ob sie durch Gründe des Gemeinwohls gerechtfertigt ist.
>
> Vom Zeitpunkt seiner Publikation an entwickelt jedes Druckwerk ein Eigenleben. Es bleibt nicht nur vermögenswertes Ergebnis verlegerischer Bemühungen, sondern wirkt in das Gesellschaftsleben hinein. Damit wird es zu einem eigenständigen, das kulturelle und geistige Geschehen seiner Zeit mitbestimmenden Faktor. (in der Pflichtexemplar-Entscheidung von 1981)
>
> Es ist, losgelöst von privatrechtlicher Verfügbarkeit, geistiges und kulturelles Allgemeingut. Im Blick auf diese soziale Bedeutung stellt es ein legitimes Anliegen dar, die literarischen Erzeugnisse dem wissenschaftlich und kulturell Interessierten möglichst geschlossen zugänglich zu machen und künftigen Generationen einen umfassenden Eindruck vom geistigen Schaffen früherer Epochen zu vermitteln.[222]

7.5 Einschränkung der exklusiven Eigentumsrechte

Unter d) des letzten Abschnitts wurde das Interesse der Allgemeinheit an der offenen Nutzung von Wissensobjekten herausgearbeitet, und dieses wurde durch verschiedene BVerfGE bestätigt. „Offen/Open" bedeutet, dass jedermann freien Zugang zu Objekten der öffentlich finanzierten Wissenschaft haben kann (Open Science).

---

[221] BVerfGE 31, 229 – Schulbuchprivileg.
[222] BVerfGE 58, 137 (S. 148 f.) – 14. Juli 1981 mit Hinweis auf BVerfGE 31, 229 – Schulbuchprivileg.

Daraus folgt zwangsläufig, dass die Entscheidung darüber nicht eine subjektiv individuelle sein kann, sondern dass die Öffentlichkeit Ansprüche anmelden und durchsetzen kann. Eigentumsrechte in der Wissenschaft – wenn überhaupt davon die Rede sein kann – können keine exklusiven sein. Auch wenn, so die Position hier, Eigentumsrechte realitätsgerechter als Nutzungsrechte bezeichnet werden, kann auch das nicht zu individuellen Exklusivansprüchen führen. Rechte an den Wissensobjekten müssen zwischen den Produzenten und den Nutzern bzw. der Allgemeinheit geteilt werden.

Dass eine Einschränkung der exklusiven Eigentums- und entsprechenden Verwertungsrechte möglich ist, kann beim Patentrecht gesehen werden, welches ebenfalls dem geistigen Eigentum bzw. dem Immaterialgüterrecht zugerechnet wird. 2002 wurde durch die Novellierung von § 42 des Arbeitnehmererfindungsgesetzes (ArbnErfG) das bisherige sogenannte „Hochschullehrerprivileg" abgeschafft. Entsprechend diesem Privileg hatten bis dahin nur die Hochschullehrer selber das Recht der Patentierung bzw. der wirtschaftlichen Verwertung des von ihnen erarbeiteten Wissens, nicht aber die Hochschulen, in denen diese Wissenschaftler arbeiten. Mit der Novellierung können nun die mit öffentlichen Mitteln finanzierten Hochschulen selber das an ihnen entstandene Wissen in jeder Hinsicht verwerten, unbeschadet einer Entschädigung (vorgesehen sind 30 % der Einnahmen) bzw. eines festzulegenden Nebenverwertungsrechts des/r dabei beteiligten Hochschullehrer. Diese Regelung des ArbnErfG hat auch zur Folge, dass das positive Publikationsrecht, welches allgemein als elementar für Wissenschaftsfreiheit angesehen wird, für eine festgesetzte Frist ausgesetzt ist, bis sich die Hochschule entschieden hat, für die Erfindung ein Patent zu beantragen. Wenn eine Erfindung einmal veröffentlicht wurde, ist diese nicht mehr als neu zu bewerten und ist daher auch nicht mehr patentierfähig. Ein Wissenschaftler muss daher eine geplante Publikation, in der eine möglicherweise patentfähige Erfindung enthalten ist, seiner Dienststelle melden, damit diese vorsorglich eine mögliche Patentierung anmelden kann. Dass diese Intensivierung der Meldepflichten der Wissenschaftler bzw. die intensivierten Patentierungsaktivitäten und von und aus Hochschulen zu einer Reduzierung der Publikationstätigkeit geführt hat, ist nicht zu belegen. Gegen diese Änderung im ArbnErfG hatte es damals erhebliche Widerstände gegeben. So hatte sich z. B. der Hochschullehrerverband entschieden (aber erfolglos) gegen diese Neuregelung gewandt, weil dies als starker Eingriff des Staates in Wissenschaftsfreiheit angesehen wurde.[223] Es ist aber offenbar nie unternommen worden, gegen die Änderung des ArbnErfG als Eingriff in das geistige Eigentum und in Wissenschaftsfreiheit allgemein vor dem BVerfG zu klagen. Dem hatte

---

[223] Deutscher Hochschulverband 9/2015 – https://bit.ly/37YxLcg.

sich schon der BGH entgegengestellt. Er hatte anlässlich der Abschaffung des Hochschullehrerprivilegs 2002 – mit Bezug auf eine BverfGE von 1973[224] – deutlich gemacht, dass die

> „Freiheit von Forschung und Lehre [...] es allerdings nicht [gebietet], dass der Hochschullehrer auch Inhaber der Verwertungsrechte an seinen Forschungsergebnissen zu sein oder zu bleiben hat [...]. Die wirtschaftliche Zuordnung von geistigen Leistungen des Hochschullehrers fällt in den Normbereich des Art. 14 Abs. 1 Satz 1 GG, nicht des Art. 5 Abs. 3 GG. „[...] Das Grundrecht der freien wissenschaftlichen Betätigung [müsse] soweit unangetastet[bleiben], wie das unter Berücksichtigung der anderen legitimen Aufgaben der Wissenschaftseinrichtungen und der Grundrechte der verschiedenen Beteiligten möglich ist".[225]

Zu diesen Aufgaben, auf deren Einhaltung der Staat auch zu sorgen habe, gehört auch die „Mittelaufbringung der Hochschule [...]. Der Funktionsfähigkeit der Institutionen des Wissenschaftsbetriebs [komme auch] Verfassungsrang zu [...]. Die grundrechtlich garantierte Freiheit von Forschung und Lehre erfordert nicht, dass den Forschern an Hochschulen die unbeschränkte Rechtsinhaberschaft an ihren dienstlich gemachten Forschungsergebnissen eingeräumt werden müsste [...]." (ebda.)

Exkurs zur Wissenschaftsfreiheit: Es ist zwar nicht unproblematisch, die Einschränkungen des Rechts auf Patentierung von Erfindungen auf die Einschränkung des Rechts der Urheber an ihren Wissensobjekten zu übertragen. Aber problematisch ist es, das Konzept des geistigen Eigentums als Begründung für Wissenschaftsfreiheit zu verwenden.[226] Wissenschaftsfreiheit ist durch Art. 5 Abs. 3 Satz 1 GG umfassend gewährleistet: „Kunst und Wissenschaft, Forschung und Lehre sind frei." Wissenschaft wird im Allgemeinen als gemeinsamer Oberbegriff für Forschung und Lehre verstanden. Die BVerfG -Hochschul-Entscheidung 35, 79 hat dies ausführlich begründet:

> Das in Art. 5 Abs. 3 GG enthaltene Freiheitsrecht schützt als Abwehrrecht die wissenschaftliche Betätigung gegen staatliche Eingriffe und steht jedem zu, der wissenschaftlich tätig ist oder tätig werden will [...]. Dieser Freiraum des Wissenschaftlers ist grundsätzlich ebenso vorbehaltlos geschützt, wie die Freiheit künstlerischer Betätigung gewährleistet ist. In ihm herrscht absolute Freiheit gegenüber jedem Eingriff öffentlicher Gewalt. In diesen Freiheitsraum fallen vor allem die auf wissenschaftlicher Eigengesetzlichkeit beruhenden Prozesse, Verhaltensweisen und Entscheidungen bei dem Auffinden von Erkenntnissen, ihrer Deutung und Weitergabe. Jeder, der in Wissenschaft, Forschung und Lehre tätig ist, hat – vorbehaltlich der Treuepflicht gemäß Art. 5 Abs. 3 Satz 2 GG – ein Recht auf Abwehr jeder staatlichen

---

224 Vgl. nur BVerfGE 36, 280, 291 = GRUR 1974, 142.
225 Vgl. BGH, Beschluss vom 18.9.2007 -X ZR 167/05 zur Regelung der „positiven Publikationsfreiheit" des Hochschullehrers in § 42 Nr. 1 ArbEG.
226 (Kuhlen 2012a) Was haben Eigentum und Wissenschaftsfreiheit mit dem Urheberrecht zu tun?

Einwirkung auf den Prozeß der Gewinnung und Vermittlung wissenschaftlicher Erkenntnisse. Damit sich Forschung und Lehre ungehindert an dem Bemühen um Wahrheit als „etwas noch nicht ganz Gefundenes und nie ganz Aufzufindendes" (Wilhelm von Humboldt) ausrichten können, ist die Wissenschaft zu einem von staatlicher Fremdbestimmung freien Bereich persönlicher und autonomer Verantwortung des einzelnen Wissenschaftlers erklärt worden. Damit ist zugleich gesagt, daß Art. 5 Abs. 3 GG nicht eine bestimmte Auffassung von der Wissenschaft oder eine bestimmte Wissenschaftstheorie schützen will. Seine Freiheitsgarantie erstreckt sich vielmehr auf jede wissenschaftliche Tätigkeit, d. h. auf alles, was nach Inhalt und Form als ernsthafter planmäßiger Versuch zur Ermittlung der Wahrheit anzusehen ist. Dies folgt unmittelbar aus der prinzipiellen Unabgeschlossenheit jeglicher wissenschaftlichen Erkenntnis.

Nicht nur die forschende und lehrende Tätigkeit, sondern auch die vorbereitenden und unterstützenden Handlungen gehören zur Wissenschaftsfreiheit. Dazu gehört der freie Zugriff zum publizierten Wissen. Das wird zwar auch durch die in Art. 5 Abs. 1 Satz 1 angesprochene Informationsfreiheit gewährleistet: „Jeder hat das Recht, ... sich aus allgemein zugänglichen Quellen ungehindert zu unterrichten"; aber die unbestimmten Rechtsbegriffe „allgemein zugänglich" und „ungehindert" sind stark auslegungsbedürftig. Für Wissenschaft wird alleine das Wort „frei" verwendet. Jeder Wissenschaftler und jeder Lehrende muss in der Lage sein, das publizierte Wissen in Erfahrung bringen und dann für seine Forschung und seine Lehre nutzen zu können. Wissenschaftsfreiheit ist ohne Informationsfreiheit nicht vorstellbar. Wissenschaftsfreiheit ist auch Freiheit der Nutzung von Informationsobjekten. Trotzdem ist der Gesetzgeber durch die Grundgesetzsystematik gehalten, Grundrechte wie Wissenschafts- und Informationsfreiheit nicht kontextlos in positiven Gesetzen zu garantieren, sondern sie im Zusammenhang mit anderen Grundrechten zu sehen. Niemand kann Informations- oder Wissenschaftsfreiheit kontextlos für sich reklamieren. Erst recht gilt das aber für „geistiges Eigentum".

Der Zusammenhang zwischen Grundrechten und positiven Gesetzen wird uns hier immer wieder beschäftigen. Es ist dabei auch deutlich zu erkennen, dass dieser Zusammenhang nicht zeitlos stabil ist, sondern viel Interpretationsspielraum offenlässt. Kreative Hermeneutik, Auslegung der Formulierungen in den Grundrechten und der bestehenden Gesetze, ist für Rechtsprechung und Rechtssetzung ein Erfordernis, um dem Zeitgeist, den Veränderungen der Rahmenbedingungen in den zu regulierenden Bereichen Rechnung tragen zu können. Inwieweit diese Hermeneutik auch verwendet wird, ist immer wieder Anlass für Streit zwischen den Vertretern, die dem originalen Wortlaut der Gesetze und Verfassungen streng folgen wollen, und denjenigen, die sich zwar auch nicht gegen das bestehende Recht wenden, aber einen weiteren Spielraum der Auslegung und Weiterentwicklung des Rechts sehen.

Wir stellen hier allerdings die grundsätzliche Frage, ob das Grundrecht auf Wissenschaftsfreiheit – verstanden als Freiheit in der Bestimmung des Forschungsgegenstands, in der Wahl der Methoden der Forschung, als Recht auf Zugriff zum veröffentlichten Wissen und als Recht zur Veröffentlichung der erstellten Wissensobjekte – tatsächlich in Beziehung zum Grundrecht auf Eigentum bzw. hier auf geistiges Eigentum gesetzt werden muss. Oder auf den Punkt gebracht: Es wird hier abgelehnt, dass mit Berufung auf geistiges Eigentum – zumal wenn diese Berufung von den kommerziellen Verwertern erfolgt – urheberrechtliche Regelungen vorgenommen werden, die den freien Zugang und die freie verwertende Nutzung zu/von öffentlich gemachtem Wissen einschränken.

Zudem bedeutet Wissenschaftsfreiheit nicht uneingeschränkter Anspruch der Urheber auf ihre erstellten Wissensobjekte. „Forschung ist … kein Selbstzweck"[227], so hat das auch 2008 die Bundesregierung formuliert. Wissenschaftsfreiheit impliziert nicht nur Rechte, sondern auch Verantwortung gegenüber der sie finanzierenden Gesellschaft. Auch Entscheidungen des BVerfG haben bestimmt, dass der Urheber von Wissensobjekten nicht Anspruch auf jede Verwertung und entsprechende Vergütung hat. Um aus der Entscheidung des BGH zur positiven Publikationsfreiheit noch einmal zu zitieren: „Die grundrechtlich garantierte Freiheit von Forschung und Lehre erfordert nicht, dass den Forschern an Hochschulen die unbeschränkte Rechtsinhaberschaft an ihren dienstlich gemachten Forschungsergebnissen eingeräumt werden müsste [...]."[228] Mit dieser Begründung wird in 11.3.6 die Einführung eines institutionellen Verwertungsrechts vorgeschlagen – dort am Beispiel des Zweitverwertungsrechts – nicht als Ersatz für die individuelle Verwertung/Veröffentlichung, sondern als (nicht abdingbare) institutionelle Ergänzung. Das muss nicht und sollte nicht – die in 7.4 zahlreich angeführten Belege von BVerfG-Entscheidungen interpretierend –als verfassungswidrig eingeschätzt werden.[229]

---

[227] Aus der Begründung des RegE zum Zweitverwertungsrecht – https://bit.ly/2NouagE.
[228] Vgl. BGH, Beschluss vom 18.9.2007 -X ZR 167/05 zur Regelung der „positiven Publikationsfreiheit" des Hochschullehrers in § 42 Nr. 1 ArbEG.
[229] Möglicherweise könnte durch die Einführung eines institutionellen Rechts im Urheberrecht auch die Vergütungsproblematik in den Kontext der Abgeltungstheorie gesehen werden, die besagt, dass mit dem Lohn/Gehalt die Einräumung der dem Urheber zustehenden Nutzungsrechte (als Realisierung der Verwertungsrechte) abgegolten sind, „wenn der Arbeitgeber die im Rahmen der Verpflichtungen des Arbeitnehmers geschaffenen Werke zu betrieblichen Zwecken nutzt" (Wandtke/Bullinger 4. Aufl. 2014, § 43,134). Das könnte auch für die Erstellung von Unterrichtsmaterialien gelten, welche z. B. Hochschulen im Rahmen des Fernstudiums bzw. von E-Learning-Kursen allgemein einsetzen wollen. Bislang orientiert sich die Rechtsprechung aber eher an der sogenannten Trennungstheorie, die zwischen Lohn und urheberrechtlichem Vergütungsanspruch strikt unterscheidet (Wandtke/Bullinger 4. Aufl. 2014, § 43,140); Gehalt setze die urheberrechtlichen Nutzungsrechte nicht außer Kraft.

7.6 Kritisch gegenüber geistigem Eigentum

In den vorangegangenen Abschnitten ist immer wieder herausgearbeitet worden, dass das Urheberrecht gut ohne Referenz auf geistiges Eigentum auskommen könnte und dass diese insbesondere in Bildung und Wissenschaft dysfunktional geworden ist, d. h. die Weiterentwicklung und die Nutzung von Wissen eher behindert als befördert. Das ist keine singuläre subjektive Einschätzung. Tatsächlich ist der dominierenden juristischen Praxis, bei Wissen bzw. bei den Wissen enthaltenden Objekten von geistigem Eigentum zu sprechen, in den letzten Jahren immer häufiger widersprochen worden. Thomas Hoeren lehnte bei einer Anhörung vor der Enquete-Kommission „Internet und Digitale Gesellschaft" des Bundestags (5. Mai 2010 bis 5. April 2013) am 5.10.2010 die Verwendung der Bezeichnung „geistiges Eigentum" als gefährlich grundsätzlich ab: „Geistiges Eigentum ist ein dummer Begriff, bitte verzichten Sie darauf. Kampfbegriff der Preußen für dumme Politiker, damit die das irgendwie als Eigentum verstehen. Ist gefährlicher Begriff, gehen viele unreflektiert ran. Besser: Immaterialgüterrecht. Applaus."[230] Ob „Immaterialgüterrecht" tatsächlich die bessere Benennung ist, sei dahingestellt. Die oben durchgeführten Überlegungen zu der Kombination von „immateriell" und „Gut" sprechen dagegen.

Ebenso umfassend kritisch gegenüber „Geistigem Eigentum" äußert sich Richard M. Stallman in seinem immer wieder zitierten Essay „Did You Say "Intellectual Property"? It's a Seductive Mirage".[231] Er greift vor allem die undifferenzierte Anwendung dieses Begriffs auf so unterschiedliche Sachverhalte wie Patentrecht, Markenrecht und Urheberrecht an: "Rejection of 'intellectual property' is not mere philosophical recreation. The term does real harm." Vor allem sei er schädlich und unangebracht mit Blick auf das Urheberrecht. Ebenso wurde im Zusammenhang der beiden World Summits on the Information Society (WSIS) von einigen zivilgesellschaftlichen Gruppen unternommen, den Exklusiv-/Monopolcharakter des geistigen Eigentums zu relativieren. So hatte die Arbeitsgruppe *Patents, Copyright and Trademarks* (PCT) Kompromisse zwischen Eigentumsmonopolen und dem Teilen von Wissen vorgeschlagen:

> Striking a balance between limited information monopolies, on the one hand, and the use and sharing of knowledge, on the other, is essential to the Information Society.
>
> (Es ist für die Informationsgesellschaft von enormer Bedeutung, einer Balance zwischen den Interessen der begrenzten geistigen Monopole einerseits und der freien Nutzung und Beteiligung am Wissen durch alle Menschen andererseits, zu finden.)[232]

---

[230] Dieses Zitat beruht auf einer Mitschrift von Markus Beckedahl (Mitglied der Enquete Kommission 2011) – https://bit.ly/2qQPZwh.
[231] Richard M. Stallman o. J., Website GNU.org – https://bit.ly/2kzZEEx.
[232] Georg C. F. Greve November 2003 – https://bit.ly/2kz4LoC.

Tatsächlich hat die "*Declaration of Principles – Building the Information Society: a global challenge in the new Millennium*" von WSIS I I Genf 2003 dann unter No. 43 eine daran angenäherte Formulierung gefunden:

> Intellectual Property protection is important to encourage innovation and creativity in the Information Society; similarly, the wide dissemination, diffusion, and sharing of knowledge is important to encourage innovation and creativity. Facilitating meaningful participation by all in intellectual property issues and knowledge sharing through full awareness and capacity building is a fundamental part of an inclusive Information Society.

Ob die starke Ausrichtung an den vermögenrechtlichen Aspekten von geistigem Eigentum wirklich den Interessen der Urheber entgegengekommen ist, kann bezweifelt werden. Die von Eckhard Höffner historisch ausführlich belegte These bezüglich der ökonomischen Auswirkungen der Regulierung des geistigen Eigentums besagt, dass „der Schutz des geistigen Eigentums ... nicht zu dem gewünschten Ergebnis [führte], sondern dem Markt ... praktisch jede Entwicklungsmöglichkeit geraubt" hat (Höffner 2010, 255). Besser gestellt dadurch seien lediglich Bestseller-Autoren und die Rechteverwerter, alle anderen Beteiligten seien dadurch schlechter gestellt gewesen.[233] Geistiges Eigentum für die primären Produzenten zu reklamieren hat, wie hier schon mehrfach herausgestellt, eher die ideologisch verschleiernde Funktion, kommerzielle Verwertungsinteressen durchzusetzen (vgl. 6.6) Auch Reto M. Hilty hat in einem Interview mit der SZ vom 31.3.2019 deutlich gemacht, dass der Bezug auf „geistiges Eigentum" als Recht „einzelner Akteure" problematisch sei:

> Man muss mit dem Begriff „geistiges Eigentum" sehr vorsichtig sein. Er suggeriert eine Gleichwertigkeit mit dem Sacheigentum. Es war aber nie Funktion des Urheberrechts oder auch des Patentrechts, einzelnen Akteuren ein bestimmtes Gut so zuzuweisen, wie etwa ein Produzent seine Maschinen als sein „Eigentum" verteidigen kann. Es geht vielmehr um immaterielle Güter, die für die Allgemeinheit zum Teil von hoher Relevanz sind.[234]

7.7 Fazit zum geistigen Eigentum

Die Umsetzung (und damit Einklagbarkeit) des Grundrechts der Eigentumsgarantie in ein positives Recht, hier des Urheberrechts, ist hochkompliziert und zudem auch hochumstritten. Unumstritten ist, dass der durch das Schaffen eines immateriellen Werks entstandene Eigentumsanspruch, also der Schutz des dann so genannten geistigen Eigentums, nicht in jeder Hinsicht gewährleistet ist. Dafür sorgt das Grundgesetz. Auch ist unumstritten, dass es keinen umfassenden Anspruch für eine vermögensrechtliche Beanspruchung der Eigentumsgarantie gibt. Dafür hat

---

[233] Vgl. dazu die Rezension von Sebastian Neurauter in: (2011) JIPITEC 60, para. 1.
[234] Reto M. Hilty, Interview mit der SZ vom 31.3.2019 – https://bit.ly/2L19hqv.

das BVerfG gesorgt. Damit aber ist es nicht getan. Im Wissenschaftsurheberrecht ist „Eigentum" keine sinnvolle Kategorie ist – sowohl für die Sicherung der Rechte der originären Autoren als auch für die der sekundär operierenden Verleger. Ebenso wird diese Frage hier verneint, ob es einen unverzichtbaren Anspruch der Autoren in Bildung und Wissenschaft auf eine vermögenswirksame Anerkennung der Leistung geben muss (ausführlich dazu in Kap. 8).

Auf keinen Fall kann der Anspruch auf Rechte an geistigem Eigentum als unverrückbar und quasi naturgegeben reklamiert werden. Es bleibt dem Gesetzgeber überlassen, in welchem Ausmaß er Eigentumsansprüche gelten lassen will. Dafür hat auch das BVerfG immer wieder einen breiten Spielraum eröffnet.[235] Grundrechte gelten nicht absolut bzw. können nicht in der wortwörtlichen Formulierung als rechtsverbindlich reklamiert werden. Sie müssen immer wieder aus dem Geist der Zeit vorurteilsfrei und kreativ interpretiert werden. Grundrechte können auch mit anderen Grundrechten kollidieren, wie z. B. mit Wissenschaftsfreiheit oder auch Informationsfreiheit im Allgemeinen. Dabei könnte es durchaus auch Aufgabe des Gesetzgebers sein, nicht nur Kompromisse zwischen den Ansprüchen verschiedener Grundrechte zu finden, sondern durchaus auch Prioritäten zu setzen. Mit Bezug auf das öffentliche Interesse, gemessen an der Förderung des Gemeinwohls, gibt es gute Gründe, Wissenschaftsfreiheit höher zu gewichten als die Eigentumsgarantie für private Interessen.[236] Allerdings gibt es auch gute Gründe dafür, das individuelle Konzept der Wissenschaftsfreiheit nicht absolut zu setzen, sondern aus öffentlichem Interesse zwar nicht auszusetzen, aber doch ohne substantiellen Verlust einzuschränken.[237]

---

[235] Vgl. z. B. die BVerfGE „Bearbeiter-Urheberrechte" von 1971, die dem Gesetzgeber dafür einen breiten Spielraum für den Umgang mit Eigentum eröffnet: „Die Eigentumsgarantie und das konkrete Eigentum sollen keine unüberwindliche Schranke für die gesetzgebende Gewalt bilden, wenn Reformen sich als notwendig erweisen. Der Gesetzgeber ist bei einem Reformwerk nicht vor die Alternative gestellt, die nach dem bisherigen Recht begründeten subjektiven Rechte entweder zu belassen oder unter den Voraussetzungen des Art. 14 Abs. 3 GG zu enteignen; er kann individuelle Rechtspositionen umgestalten, ohne damit gegen die Eigentumsgarantie zu verstoßen." – https://bit.ly/2kxJwDu.

[236] (Witschen 1998) Was verdient moralisch den Vorzug? führt dafür das ethische Prinzip der Präferenzregel ein: „Mit Hilfe einer Präferenzregel kann wenigstens ein maßgeblicher Grund erkannt werden, warum unter den in Rede stehenden Bedingungen einer bestimmten Handlung oder institutionellen Regelung den Vorzug verdient" (S. 18).

[237] Diese Diskussion wird später ausführlicher am Beispiel des Zweitverwertungsrechts geführt (11.3) Die Anbindung eines institutionellen Zweitverwertungsrechts an das dem Urheberrecht zustehenden Zweitverwertungsrecht stellt einen nicht unbilligen Einschnitt in die Wissenschaftsfreiheit dar – zumal das Erstveröffentlichungsrecht bzw. die negative und positive Publikationsfreiheit uneingeschränkt dem Urheber belassen bleibt. Mit dieser Präferenzregel (FN 236) könnte auch das in Unterabschnitt 11.3.6 behandelte Konstanzer Dilemma entschieden werden.

Interessen am geistigen Eigentum sind (entsprechend a–d in 7.4) vielfältig. Diese Vielfalt ist aber kein Beweis dafür, dass geistiges Eigentum zu den Fundamenten urheberrechtlicher Regulierung gerechnet werden sollte. Insbesondere für das Wissenschaftsurheberrecht kann darauf ohne Verlust verzichtet werden. Rechte an produzierten Wissensobjekten sind keine Eigentumsrechte, sondern Nutzungsrechte der Autoren, der Nutzer, der Öffentlichkeit und auch der Verwerter. Aus informationsethischer Sicht und der Einschätzung von Wissen als für jedermann frei nutzbare Commons ist das Interesse der Öffentlichkeit an einmal verfügbar gemachten Informationsobjekten als am höchsten zu bewerten. Viele Zitate aus BVerfGE belegen diese deutlich. Informationsobjekte sind Teil des „sozialen Raums". Sie bestimmen das „kulturelle und geistige Bild der Zeit". Dass das BVerfG einen „gerechten Ausgleich" fordert, ist nicht unbillig – allerdings mit der Einschränkung, dass der „gerechte Ausgleich" durchaus über gewichtete Prioritäten entstehen kann bzw. im Wissenschaftsurheberrecht entstehen sollte.

Die starke Verankerung von Eigentum als geistiges Eigentum gehört zu dem, was im Wissenschaftsurheberrecht nicht angemessen ist. Das Beharren auf Eigentumsansprüchen gehört zu den Als-ob-Phänomenen, zu den Fiktionen, die in der Gegenwart nicht mehr zu halten sind – weder aus der Sicht und den Interessen der Akteure in Bildung und Wissenschaft und erst recht nicht aus dem Interesse der Öffentlichkeit, Wissen nicht zu verknappen, sondern freizügig nutzen zu können. Es geht in Bildung und Wissenschaft nicht um die Sicherung von Eigentumsansprüchen, sondern, wie schon zu Beginn angedeutet, ganz konkret nur a) um Nutzungsrechte von Autoren, b) um Nutzungsrechte der Nutzer (i. d. R. identisch mit den Autoren), c) um Nutzungsrechte der Institutionen der Urheber und d) der allgemeinen Öffentlichkeit und e) um Nutzungsrechte kommerziellen Verwerter.

8 Vergütung

> The European Commission's vision is that information already paid for by the public purse should not be paid for again each time it is accessed or used, and that it should benefit European companies and citizens to the full. This means making publicly-funded scientific information available online, at no extra cost, to European researchers, innovative industries and citizens, while ensuring long-term preservation.[238]

Für die folgende Diskussion kann auf viele der in vorangegangenen Kapiteln überwiegend kritisch diskutierten Themen zurückgegriffen werden. Das sei nur noch einmal kurz rekapituliert: Der Anspruch auf Vergütung wird quasi durch das Zusammenspiel der „Axiome" des Urheberrechts begründet: der Urheber ist Schöpfer seines Werks. Das Werk ist Ausdruck seiner Persönlichkeit. Die Persönlichkeit wird dadurch geschützt, dass sein geschaffenes Werk als sein Eigentum angesehen wird, als sein geistiges Eigentum. Die Bestimmung des Werks als Eigentum sichert ihm, entsprechend dem monistischen Verständnis des Urheberrechts, gleichermaßen den Schutz seiner ideellen, geistigen und auch seiner vermögensrechtlichen Interessen zu. Da dieser Schutz wegen des öffentlichen Interesses an der Nutzung von Wissen enthaltenen Werken (Wissensobjekten) nicht unbegrenzt sein kann (Sozialpflichtigkeit des Eigentums), kann der Staat über positive, also die Grundrechte ausführende Gesetze, in diesen umfassenden Anspruch nicht vollständig negierend, aber doch weitgehend eingreifen. Das gilt auch für den vermögensrelevanten Teil des Eigentums. Das geschieht in erster Linie über Schrankenregelungen, welche genehmigungsfreie Nutzung erlauben – in dem Ausmaß, wie es die Regelungen vorsehen. Das GG sieht für diesen teilweisen Eingriff in die Eigentumsrechte des Urhebers eine Entschädigung vor. Diese soll, nach Entscheidungen des BVerfG, i. d. R. durch eine angemessene Vergütung realisiert werden.

Das mag ein beeindruckendes, in sich stimmiges Gebäude sein. Aber es ist nur so lange ein sicheres Gebäude ist, wie seine Fundamente stabil sind. Ist es aber so, dass der Zahn der Zeit an diesen stark genagt hat, dann drohen nicht nur diese zusammenzufallen, sondern mit ihnen das gesamte Gebäude. In diesem Kapitel geht es aber nicht um das gesamte Gebäude des Urheberrechts, sondern, wie im gesamten Text, um das Wissenschaftsurheberrecht, und in diesem Kapitel darum, wie in diesem Gebäude mit Vergütung umgegangen wird.[239]

---

[238] European Commission, Directorate-General for Research & Innovation (2015): Guidelines on Open Access to Scientific Publications and Research Data in Horizon 2020. Version 2.0, 30. Oktober 2015 – https://bit.ly/30iPuJ9.

[239] Das geschieht vor allem über die verschiedenen Schrankenregelungen (vgl. 8.5), über das in das Urheberrecht eingebettete Urhebervertragsrecht, insbesondere über die 32-er Paragraphen,

Der Anspruch auf Vergütung wird weitgehend über die kommerzielle Konnotation von Verwertung begründet. Es ist der juristischen Praxis gelungen, dass diese Konnotation von vergütungsrelevanter Verwertung beim Reden über Verwertung automatisch assoziiert wird. Das ist im Peukert'schen/Searle'schen Sinne ein gelungener sozialer Sprechakt. „Verwertung" wird demnach dadurch realisiert, dass der allgemeine Wert eines Objektes in einen monetären Wert umgesetzt wird. Werke in Bildung und Wissenschaft wie auch Werke in allen anderen Bereichen der Publikumsmärkte haben gewiss einen Wert. Entsprechend sichert das Urheberrecht dem Urheber über die Verwertungsrechte das exklusive Recht zu, aus seinem Werk monetären Gewinn zu erzielen. In Frage gestellt wird hier, ob diese Zusicherung eines exklusiven, auf kommerzielle Verwertung abzielenden Rechts in Bildung und Wissenschaft förderlich und sinnvoll ist. Das primäre Interesse der Akteure in diesen Bereichen zielt, neben dem Interesse an der Sicherung der Urheberschaft und der Sicherung der Integrität des Werks, auf das Veröffentlichungsrecht der Urheber, wie es in § 12 als Teil der Persönlichkeitsrechte festgelegt ist (vgl. das Fazit zu 7.4).[240]

8.1 Wie ist Vergütung in das UrhG gekommen?

Der Anspruch auf Vergütung – und zwar auf angemessene Vergütung – wirkt heute wie in Stein gemeißelt. Dabei ist er wie alles im Recht Geregelte auch ein Produkt der jeweiligen (technischen, sozialen, ökonomischen und moralischen) Zeitumstände. So formuliert es auch Wandtke gleich zu Beginn seines Urheberrechtskommentars: „Denn das Urheberrecht – wie das Recht insgesamt – kann nicht weiter sein als die ökonomische, politische und kulturelle Entwicklung eines Landes" (Wandtke 2017, 1). Es kann und sollte nicht „weiter" sein als diese Entwicklungen, aber es sollte auch nicht hinter diesen Entwicklungen unzureichend hinterherhinken oder diese gar ganz ignorieren. Die Anforderung an das Urheberrecht, entwicklungsoffen zu sein, gilt dann auch für konkrete Regelungen – hier für die Regelung der Vergütung. So ganz in Stein gemeißelt ist alles, was mit Vergütung zusammenhängt, auch nicht. Der bis heute geltende Grundsatz der angemessenen Vergütung wurde

---

und über das zuletzt 2016 angepasste Verwertungsgesellschaftengesetz –VGG (Vollständiger Titel: Gesetz über die Wahrnehmung von Urheberrechten und verwandten Schutzrechten durch Verwertungsgesellschaften (Stand: 24.05.2016) – https://bit.ly/2m0Pq0k.

240 Bezeichnenderweise ist das Recht der Veröffentlichung, also das Recht zu entscheiden „ob und wie sein Werk zu veröffentlichen ist" nicht den Verwertungsrechten zugeordnet, sondern den (unaufgebbaren, d. h. auch nicht übertragbaren) Persönlichkeitsrechten. Das Veröffentlichungsrecht (§ 12) wird ergänzt durch das Recht auf Anerkennung der Urheberschaft (§ 13) und durch das Recht, eine Entstellung des Werkes zu untersagen (§ 14). Das sind die primären Rechte der Urheber.

erst 2002 mit dem *Gesetz zur Stärkung der vertraglichen Stellung von Urhebern und ausübenden Künstlern*[241] in das Urheberrecht als verbindlich eingeführt und zwar in einem neuen Satz 2 von § 11 UrhG: „Es [das Urheberrechtsgesetz – RK] dient zugleich der Sicherung einer angemessenen Vergütung für die Nutzung des Werkes."[242] Das stand bislang so nicht im UrhG.[243] Im ursprünglichen § 11 war nur ein Satz vorgesehen: „Das Urheberrecht schützt den Urheber in seinen geistigen und persönlichen Beziehungen zum Werk und in der Nutzung des Werkes." Diese Formulierung betonte in erster Linie den persönlichkeitsrechtlichen Schutz, allerdings auch den Schutz vor nicht gebilligter „Nutzung". Das *kommerzielle* Verständnis von Verwertung wird in der Begründung für die 2002 in das UrhG eingeführte „angemessene Vergütung" deutlich:

> Verbesserung der Stellung der Urheber und ausübenden Künstler, insbesondere durch einen gesetzlichen Anspruch auf eine der Werknutzung entsprechende angemessene Vergütung im Rahmen der branchenbezogenen, von Urheberverbänden und Verwertern bzw. Verlagen vorher gemeinsam festgelegten Vergütungsregeln.[244]

Ob das auch auf Bildung und Wissenschaft zutrifft? Es wurde schon früher darauf hingewiesen, dass „Verwertung" in der Wissenschaft in erster Linie auf die Verfügbarkeit durch Veröffentlichung und Nutzung durch die Fachwelt und damit auf den dadurch möglichen Reputationsgewinn abzielt und nicht auf das kommerzielle Interesse.

Auch wenn der neue Abs. 4 in § 46 erst 2002 eingefügt wurde, mit direkten Konsequenzen für die §§ 32, 32a, 36, 36a und 63a UrhG[245], war nicht erst seit 2002 durch das Gesetz vorgesehen, dass der Urheber einen Anspruch darauf hat, an der

---

241 Gesetz zur Stärkung der vertraglichen Stellung von Urhebern und ausübenden Künstlern, 22.3.2002 – https://bit.ly/2Ka36xj.
242 EU-DSM-RL2019 hat über Art. 18 „angemessen" erweitert durch den „Grundsatz der angemessenen und verhältnismäßigen Vergütung"« (im Englischen „appropriate and proportionate remuneration", wobei es einer speziellen Auslegungskunst bedarf, um Unterschiede zwischen den beiden unbestimmten Rechtsbegriffen in beiden Sprachen auszumachen.
243 In der Originalfassung des UrhG von 1965 – https://bit.ly/2tnVIbi – findet sich offenbar an keiner Stelle der Begriff der Vergütung.
244 Begründung Gesetz 2002 [FN 241] – https://bit.ly/2lDkkM8.
245 Neben dem 2. Satz in § 11 waren das vor allem § 32 (angemessene Vergütung) und § 36 (Gemeinsame Vergütungsregeln). Der neue § 32 ersetzte vollständig dessen alte Fassung, die in nur einem kurzen Satz die Nutzungsrechte definierte, ohne von Vergütung zu sprechen; in § 32 Abs. 1 war vorgesehen, dass der Verleger (im Gesetz wurde er als der „andere" angesprochen) verpflichtet ist, „eine den Umständen nach angemessene Beteiligung an der Erträgnissen" zu gewähren – wobei mit den Umständen gemeint war, dass der „andere" an dem Werk bei der Bewertung weitaus mehr verdient hat, als bei der Einräumung der Nutzungsrechte erwartet wurde. Hierfür wurde auch schon mit dem unbestimmten Rechtsbegriff des „angemessen" gearbeitet.

ökonomischen Verwertung seines Werks beteiligt zu werden.[246] Um jeden Zweifel daran auszuräumen, stellte das BVerfG 2013 in Erneuerung alter Entscheidungen (vgl. 8.3) noch einmal fest: „Grundgedanke des deutschen Urheberrechts ist die angemessene Beteiligung der Urheber am wirtschaftlichen Nutzen ihrer Werke".[247] Bedenken dagegen bestehen aber weiter. Es wird immer wieder diskutiert, welches denn die Intention und besonders was die Extension des nun in § 11 verwendeten unbestimmten Rechtsbegriffs des „angemessen" sei – was „angemessen" also bedeutet und was vor allem aus diesem folgt. Kriterien wie „Dauer, Häufigkeit, Ausmaß und Zeitpunkt der Nutzung"[248] verschieben die Interpretation auf andere unbestimmte Begriffe. § 32 legt eine jeweils neu zu leistende zeitgemäße Interpretation nahe – was „unter Berücksichtigung aller Umstände üblicher- und redlicherweise zu leisten ist". „Angemessen" – um diese allgemeine Aussage an dieser Stelle noch einmal zu wiederholen (vgl. Kap. 4) – ist kein sprachliches Abbild eines feststehenden Begriffs, sondern sozusagen ein Sprechakt, der in dem jeweils aktuellen Kontext auf Handlungen abzielt, für die sich ein gesellschaftlicher Konsens herausbildet.

Wie auch immer – seit 2003 hat diese Formulierung der angemessenen Vergütung aus dem Urhebervertragsrechts und in § 11 UrhG auch in die Schrankenregelungen des Urheberrechts Eingang gefunden. Seitdem werden schrankenbedingte

---

[246] Allerdings ist dies in längerer Perspektive doch noch ein recht junger Grundgedanke. Im „Gesetz zum Schutze des Eigenthums an Werken der Wissenschaft und Kunst gegen Nachdruck u. Nachbildung vom 11. Juni 1837" (dann Berlin 1855) und im „Gesetz, betreffend das Urheberrecht an Schriftwerken, Abbildungen, musikalischen Kompositionen und dramatischen Werken" von 1870 (Bundesgesetzblatt des Norddeutschen Bundes Band 1870, Nr. 19, Seite 339–353 – Quelle Wikisource – https://bit.ly/2InFXpy) ist von Verwertung oder Vergütung nicht die Rede (auch nicht von Wissenschaft). Im Zentrum stehen dort Regelungen mit Blick auf Nachdrucke.

[247] BVerfG, Beschl. v. 23. 10. 2013 – 1 BvR 1842/11, 1 BvR 1843/11, RN 87. Entsprechend (Wandtke 2017) Urheberrecht, 131, RN 95: „Der Urheber und ausübende Künstler hat nach dem Inhalt der verfassungsrechtlichen Garantie des geistigen Eigentums einen grundsätzlichen Anspruch auf Zuordnung des vermögenswerten Ergebnisses der Nutzung seiner geistig-schöpferischen Leistung im Wege privatrechtlicher Normierung und die Freiheit, in eigener Verantwortung darüber verfügen zu können."

[248] § 32 Abs. 2 Satz 2 definiert die angemessene Vergütung: „Im Übrigen ist die Vergütung angemessen, wenn sie im Zeitpunkt des Vertragsschlusses dem entspricht, was im Geschäftsverkehr nach Art und Umfang der eingeräumten Nutzungsmöglichkeit, insbesondere nach Dauer, Häufigkeit, Ausmaß und Zeitpunkt der Nutzung, unter Berücksichtigung aller Umstände üblicher- und redlicherweise zu leisten ist." Vgl. (Berger/Freyer 2016) Neue individualvertragliche und kollektivrechtliche Instrumente zur Durchsetzung angemessener Urhebervergütungen. In Gesamtverträgen zwischen Verwertungsgesellschaften und Bibliotheks- bzw. Ländervertretungen wird das Ausmaß des „angemessen" i. d. R. quantitativ bestimmt, was also für welche Nutzungen konkret entrichtet werden muss (vgl. z. B. FN 285).

Nutzungen überwiegend als vergütungspflichtig angesehen. Im Rahmen des Ersten Korbs wurde 2003 in Abs. 2 von § 45a eine Verpflichtung zur angemessenen Vergütung sogar für Nutzungen durch „behinderte Menschen" aufgenommen: „(2) Für die Vervielfältigung und Verbreitung ist dem Urheber eine angemessene Vergütung zu zahlen; ausgenommen ist die Herstellung lediglich einzelner Vervielfältigungsstücke."

Wir gehen auf die Ausprägungen der Vergütungsverpflichtung in den Regelungen ab 2003 ausführlich in Abschnitt 8.5 ein. Vorab soll kurz zusammengestellt werden, in welchen Situationen Vergütung mit Blick auf das Wissenschaftsurheberrecht vorkommen kann (vgl. 8.2). Danach wird die Vergütungsproblematik dogmatisch aus der Sicht der BVerfG behandelt (vgl. 8.3) und in 8.4 auf die hier zentrale Diskussion um schrankenbasierte Vergütungen.

8.2 Für was und für welche Situation zu vergüten

Vergütung ist für Bildung und Wissenschaft vor allem mit Blick auf schrankenbasierte (gesetzlich erlaubte) Nutzungen problematisch. Vergütungsansprüche können aber auch durch die Veröffentlichung bzw. durch die Verwertung von Autorenwerken durch Dritte (Verlage) entstehen (vgl. 8.2.1). Hat der wissenschaftliche Urheber Anspruch auf eine (monetäre) Entschädigung durch den jeweiligen Verlag? Erwartet er das? Geschieht das in der Praxis? Eine direkte Vergütung auf Grund der Publikation kann aber auch dadurch erreicht werden, dass ein Autor sein Werk selbst publiziert, sei es über einen Eigenverlag oder durch öffentliche Zugänglichmachung seines Werkes auf seiner eigenen Website (vgl. 8.2.2). Oder soll der Arbeitgeber des Wissenschaftlers, diesen bei hoher Publikationsaktivität durch eine spezielle Vergütung „belohnen" (vgl. 8.2.3). Schließlich wird auch die Frage angesprochen, ob durch die Nutzung von Open-Access-Publikationen Vergütungsansprüche der Rechtsinhaber dieser Publikationen entstehen.

8.2.1 Vergütung durch kommerzielle Verlagspublikationen

Wissenschaftlichen Autoren wird für das Publizieren ihrer Werke durch einen Verlag meistens keine oder, wenn doch, dann nur eine sehr geringe Vergütung angeboten. Tatsächlich erhalten die Urheber in den meisten Publikationsfällen (Zeitschriftenartikel) gar keine Vergütung. In den Fällen, in denen es doch geschieht, z. B. bei Buchveröffentlichungen (Monographien oder Sammelbänden, Handbüchern), steht die Vergütung in keinem Verhältnis zu dem Aufwand für die Erstellung der Wissensobjekte und oft auch nicht im Verhältnis zu dem monetären Ertrag des Verlags. Es gibt aber wirtschaftlich attraktive Sonderfälle (wie Lehrbücher oder Urheberrechtskommentare), bei denen die Urheber mit höheren Vergütungen rechnen können. Aber diese Sonderfälle sollten nicht das gesamte System bestimmen. Das könnte über das allgemeine Vertragsrecht des BGH geregelt werden. Ein Sonderfall wäre die Frage der Vergütung für kommerzielle Open-Access-Publikationen auch für ganze Bücher. Ist hier eine Vergütung an die Autoren z. B. für OER-Bücher zu erwarten? Ein Vergütungsanspruch von Autoren für eine Open-Access-Publikation scheint dem Open-Access-Gedanken zu widersprechen, aber auszuschließen ist es nicht. Werden die Autoren bzw. ihre Institutionen, also die Öffentlichkeit, bereit sein, Verlage für die Open-Access-Publikation zu bezahlen? Letzteres scheint das Modell für kommerzielles Open-Access-Publizieren zu werden (vgl. zu DEAL in 14.8).

Keine Vergütung durch Verlage erfolgt i. d. R. vor allem für die in der Wissenschaft zentrale Publikationsform der Veröffentlichung eines Textes als Artikel in einer wissenschaftlichen Zeitschrift oder in den Proceedings einer Fachkonferenz. Nur in wenigen Fachgebieten wie z. B. Rechtswissenschaft wird hierfür eine Vergütung gezahlt. Oft genug werden von den Verlagen Publikationsgebühren (Druckkostenzuschüsse) verlangt – zuweilen, bei Zeitschriften- und Proceedings-Artikeln, sogar schon für den Prozess der Begutachtung (*Reviewing*) ohne Garantie auf Rückzahlung der Gebühren für den Fall, dass die Artikel nicht zur Publikation angenommen werden. Weiter werden von Autoren oft Gebühren verlangt für „Sonderleistungen" wie für Farbabbildungen, für Artikel mit einem großen Seitenumfang,[249] aber auch im Falle von erheblicher zusätzliche Editier-/Aufbereitungsarbeit des Verlags. Bei Open Access-Zeitschriftenartikel wird häufig (in Abhängigkeit von dem Geschäftsmodell) eine Gebühr (Article Processing Charge – APC) verlangt, die oft von der die Autoren tragenden oder unterstützenden Organisationen entrichtet wird.

Das UrhG – bzw. das Urhebervertragsrecht und das Verwertungsgesellschaftengesetz (VGG) – sichert auch wissenschaftlichen Autoren den Anspruch auf eine angemessene Vergütung zu[250] und auch das Recht, diese gegenüber dem Verlag durchzusetzen. Aber der Urheber wissenschaftlicher Texte ist in einer asymmetrischen Situation selten in der Lage, diesen Anspruch auf Vergütung durchzusetzen.

---

249 Vgl. (Rettling 2013) Die öffentlichen Kosten wissenschaftlicher Publikationen in Österreich.
250 "Der Urheber hat für die Einräumung von Nutzungsrechten und die Erlaubnis zur Werknutzung Anspruch auf die vertraglich vereinbarte Vergütung. Ist die Höhe der Vergütung nicht bestimmt, gilt die angemessene Vergütung als vereinbart. Soweit die vereinbarte Vergütung nicht angemessen ist, kann der Urheber von seinem Vertragspartner die Einwilligung in die Änderung des Vertrages verlangen, durch die dem Urheber die angemessene Vergütung gewährt wird." (§ 32 Abs. 1 UrhG).

Verlage haben durchweg gegenüber den Urhebern die stärkere Verhandlungsposition. Das ist bis heute auch nicht durch Änderungen im Urhebervertragsrecht entscheidend geändert worden (vgl. 8.5). Oft genug werden zudem keine Verträge abgeschlossen. Der Verzicht auf Vergütung wird einfach als gegeben angenommen. Verlage wehren den Rechtsanspruch der Autoren oft mit dem Argument ab, dass eine durchgängige „angemessene" Vergütung für das Publizieren wissenschaftlicher Werke den Verlagen ihre wirtschaftliche Grundlage entziehen würde. Vielleicht – und durchaus nicht unplausibel – sehen Verlage die Null-Vergütung dadurch als gerechtfertigt an, dass wissenschaftliche Autoren alleine schon durch die Veröffentlichung ausreichend belohnt werden – zumal diese Belohnung dann bei positiver Rezeption der Werke und dadurch gesteigerter Reputation durchaus indirekt zu einer auch monetären Belohnung sprich Vergütung führen kann.

Das BVerfG geht in einer Entscheidung von 2018 (auch wenn das Thema der Entscheidung, Stadienverbot, ein ganz anderes war) weiter davon aus, dass grundsätzlich zur Freiheit jeder Person gehört, „nach eigenen Präferenzen darüber zu bestimmen, mit wem sie unter welchen Bedingungen Verträge abschließen will."[251] Aber tatsächlich kann keine Rede davon sein, dass ein wissenschaftlicher Urheber grundsätzlich freie Verträge über seinen Vergütungsanspruch abschließen kann. Ist es zudem sinnvoll, ein Recht zuzusichern, wenn es im Normalfall selten wahrgenommen werden kann bzw. wenn das Interesse nicht auf das Recht der kommerziellen Verwertung abzielt? Das primäre Interesse eines Urhebers in Bildung und Wissenschaft ist die Veröffentlichung, Wahrnehmung und Nutzung seiner Werke. Zudem ist die Zusicherung eines Rechts auf Vergütung problematisch, wenn die ökonomische Dimension der Verwertung eines Werkes für den Urheber, also für den primären Rechtsinhaber, weder faktisch noch intentional eine Rolle spielt. Der Wert seines Werkes/Wissensobjekts ist ein Wert in sich selbst, aber bekommt durch Veröffentlichung in ein Informationsobjekt und durch dessen Nutzung eine neue Wirkungsmächtigkeit, die sich vor allem in der Reputation des Urhebers widerspiegelt.[252]

---

[251] BvR 3080/09 vom 11. April 2018.
[252] "The incentive for academic authors to publish research results is mostly reputational rather than economic bestowing only indirect gains in the way of peer esteem and professional advancement. In fact, ever since the first scientific journals were founded (in the seventeenth century), publishers have rarely paid authors for their articles. This is also where the scientific publishing industry is distinguished from the traditional one, as the interests of commercial publishers and other information providers differ from those of scholarly authors, with the former usually pursuing a profitmaximizing strategy. Furthermore, the vast majority of academic research is publicly funded." (Moscon 2015): Academic Freedom, Copyright, and Access to Scholarly Works, p. 101.

8.2.2 Vergütung über Direkt-Publikation

Eine weitere Möglichkeit, eine monetäre Vergütung zu erhalten, besteht darin, dass Autoren das Vorhaben, ihre Werke öffentlich zugänglich zu machen, selbst in die Hand nehmen.

a) Publikation im Selbstverlag. Autoren können ihre Werke im Selbstverlag herauszubringen. „Verleger" zu sein, ist keine geschützte Berufsbezeichnung. Jeder kann ohne einen Qualifikationsnachweis einen Verlag gründen. Im Prinzip könnten also durchaus monetäre Gewinne über den Selbstverlag bei geringen Fixkosten erzielt werden. Der Autor als Verleger kann dabei selbst entscheiden, für welchen Betrag er die Nutzung (durch Verkauf eines Exemplars oder durch eine erteilte Nutzungslizenz) gestatten will. Mir ist aber kein Beispiel aus dem Bereich Bildung und Wissenschaft bekannt geworden, bei dem ein Autor im Eigen-/Selbstverlag nennenswerte Einnahmen erzielt hat. Das mag sich in der Zukunft ändern. Ein Buchautor im Selbstverlag kann einen Vergütungsanspruch für das in seinem Verlag publizierte Buch bei der VG WORT anmelden, so dass er an der Ausschüttungspraxis teilnehmen kann. Durch den Ausschüttungsbetrag der VG WORT könnten die entstandenen Druckkosten ganz oder teilweise gedeckt werden. Diese Vergütung durch die VG WORT geschieht aber nur einmal zu einem Zeitpunkt nahe zum Datum der Veröffentlichung. Die Vergütung ist damit unabhängig von der tatsächlichen Nutzung des Buches.

b) Self-Publishing. Auf mögliche Einnahmen durch Initiativen der Autoren deuten die seit einigen Jahren schon geschriebenen Erfolgsgeschichten für Self-Publishing im Literatur-Unterhaltungsbereich hin, oft mit Unterstützung durch *Kindle Direct Publishing* (KDP) (und damit durch den Vertrieb über amazon) oder klassische Buchanbieter wie Barnes and Noble. Auch wenn die Verkaufs- und damit Vergütungswerte i. d. R. sehr niedrig bleiben, geschieht es jedoch immer wieder, dadurch einen Gewinn im hohen sechsstelligen oder sogar Millionen-Bereich zu erreichen.[253] Hierbei wird aber nicht mehr von „Selbst-Verlag" gesprochen, sondern – um die Selbständigkeit vom klassischen Verlagsbereich zu betonen – von "Self-Publishing". Auch wenn das Self-Publishing in Zusammenarbeit mit Verlagen oder Distributionsfirmen organisiert ist, bleiben die urheberrechtlich relevanten Rechte i. d. R. gänzlich bei den Autoren. Ein Vorgang wie die vertraglich gesicherte Übertragung der Verwertungsrechte als Nutzungsrechte an die Verlage entfällt. Es geht also auch ohne die bislang übliche Übertragungspraxis. Auch sollten hier

---

253 Vgl. Self-Publishing Success Stories 22.5.2012 – https://bit.ly/2m4tX6P.

Einnahmen zumindest aus der VG WORT-Ausschüttung bzw. über METIS möglich sein (vgl. unter (e) unten).

c) Selbstbestimmte Publikationsformen. Vor allem auf den Publikumsmärkten entwickeln sich, z. B. für Schriftsteller oder Produzenten von Musik-, Video- oder auch Spieleprodukten, neue elektronische selbstbestimmte und damit verlegerfreie Publikationsformen.[254] Zur Finanzierung wird auch auf "Crowd-Funding" zurückgegriffen. Das Publikationsgeschehen wird dadurch wesentlich flexibler. Auch hier können die Urheber die Kontrolle darüber behalten, wie sie ihre Werke öffentlich zugänglich machen – vollständig oder sozusagen als Anreiz nur in kleinen Teilen. Sie können entscheiden, wer in welchem Umfang oder wie lange ihre Produkte vergütungsfrei oder vergütungspflichtig nutzen dürfen und wie bzw. welche Verfahren zur Erhebung und Abrechnung der kostenpflichtigen Nutzung zum Einsatz kommen sollen. Allerdings dürfte es problematisch sein, die Möglichkeiten auf den Publikationsmärkten direkt auf solche in Bildung und Wissenschaft zu übertragen (auch bezüglich (b) oben). Problematisch ist das auch dadurch, dass Nutzer in der Wissenschaft i. d. R. nicht direkt für die Nutzung der zu verwendenden Werke bezahlen. Das kann sich in elektronischen Umgebungen durchaus ändern, zumal wenn für benötigte kleine Teile von Werken nur geringe Kosten entstehen. Nutzer greifen bislang in den meisten Fällen auf ihre Bibliotheken zurück. Bibliotheken verhandeln und erwerben wohl eher über institutionelle Anbieter. Aber auch diese könnten sich in Zukunft auf solche flexibilisierten Nutzungs- und Vergütungsformen stärker einlassen.

d) Verlagsunabhängige Web-Direktpublikation. So gut wie jeder Wissenschaftler hat in Ländern wie Deutschland seine persönliche Website, auf der u. a. seine Lehrtätigkeiten, Vorträge und Publikationen nachgewiesen sind. Viele Lehrmaterialien, Präsentationsfolien der Vorträge und Texte der Publikationen werden vollständig zum Download bereitgestellt. Fraglich ist, ob das in allen Fällen rechtlich erlaubt bzw. durch das Zitatrecht gedeckt ist.[255] Hier besteht, trotz der Erweiterung des

---

254 Beispiele sind Modelle wie "Freemium" (gebührenfreie Nutzung, aber mit Werbung versehen, oder werbefreie Nutzung dann mit Zahlung verbunden) oder "Free to play" für Online-Spiele oder "Pay what you want" im Musikbereich mit der Variante, dass für einen offenen Teilbereich des Werks nach eigener Einschätzung gezahlt wird und dass das gesamte Werk dann freigegeben wird, wenn ein vorab mitgeteilter Erwartungswert des Urhebers erreicht ist.
255 Eine Ergänzung von § 51 (Zitate) durch das UrhWissG stellt klar, dass mit Zitaten nicht nur sprachliche gemeint sind: „Von der Zitierbefugnis gemäß den Sätzen 1 und 2 umfasst ist die Nutzung einer Abbildung oder sonstigen Vervielfältigung des zitierten Werkes, auch wenn diese selbst durch ein Urheberrecht oder ein verwandtes Schutzrecht geschützt ist" (§ 51 Satz 2).

Zitatrechts (vgl. 255), ein großer Graubereich rechtlicher Unsicherheit, vor allem bei Präsentationsfolien wie durch PowerPoint, in die häufig urheberrechtsschützte Materialien, Abbildungen, Textteile anderer Autoren, integriert sind, ohne dass diese den Anforderungen entsprechend eindeutig referenziert sind. Hier geht es allerdings um Materialien, die Autoren auf ihre Website stellen und die entweder für eine kommerzielle Publikation gar nicht vorgesehen sind oder die in Ergänzung zu einer kommerziellen Erstpublikation als Zweitpublikation auf dem eigenen Server eingestellt wurden. Diese zweite Möglichkeit ist seit einigen Jahren, unter speziellen Bedingungen, durch § 38, (4) UrhG gegeben.[256] Eine Vergütungsperspektive, die bei Erstpublikationen in Zeitschriften sowieso so gut wie nie gegeben ist, eröffnet sich durch diese Zweitpublikation nicht, da es in § 38, (4) heißt, „soweit dies keinem gewerblichen Zweck dient."

e) Direkte Internet-Erstpublikation und Vergütung nach dem METIS-Verfahren. Bei Materialien, die ein Autor von sich aus als Erstpublikation auf seiner Website ins Netz stellt, entsteht kein urheberrechtliches Problem. Eine Vergütung ist, sofern diese überhaupt angestrebt wird, von Seiten der VG WORT bei einer direkten Internet-Publikation durch den Autor nicht unmittelbar vorgesehen; d. h. die bloße elektronische Veröffentlichung, *unabhängig von der Nutzung*, ist nicht vergütungs-/ausschüttungsfähig.[257] Vergütung ist damit aber nicht ganz ausgeschlossen. Werden nach § 53 UrhG (Privatkopie) *zulässige Nutzungshandlungen* solcher Texte vorgenommen, so sind diese gemäß an dem 2007 eingeführten METIS-Verfahren der VG WORT ausschüttungsrelevant. Berücksichtigt werden geschriebene (sogenannte „stehende") Texte ab einem Mindestumfang von 1.800 Zeichen. Ob das METIS-Angebot allerdings intensiv genutzt wird, ist fraglich. Dafür ist das METIS-Verfahren vielleicht zu kompliziert bzw. zu aufwändig (Stand Juni 2019). Anders als die normale Ausschüttung ist METIS nutzungsabhängig. Die VG WORT berechnet die Kopierwahrscheinlichkeit eines (ohne DRM-Kopierschutz) im Internet freigestellten Werkes durch die Anzahl der Zugriffe auf diesen Text. Dazu muss der Autor sich bei der VG WORT (einmalig) registrieren und vor der Internet-Veröffentlichung diese Zählmarke (Siegel) von der VG WORT anfordern und dann in den HTML-Quellcode seines Textes einbinden: „Erreichen die pro Text gemessenen Zugriffe innerhalb eines Kalenderjahres einen bestimmten Wert, den die Gremien der VG WORT festlegen" (ebda.), besteht ein Vergütungsanspruch. Die VG WORT informiert von sich aus den Autor, wenn sein Text den vorgesehenen Zu-

---

[256] Ausführlicher zu den Bedingungen, unter denen § 38,(4) wahrgenommen werden kann s. Abschnitt 11.3.
[257] „Nur dafür, dass der Text im Internet veröffentlicht ist, ist gesetzlich keine Vergütung durch die VG WORT vorgesehen." METIS – https://bit.ly/2ZaqchU.

griffswert überschritten hat. Dann kann er seinen Vergütungsanspruch fristgerecht und korrekt anmelden. Die „Meldung [ist] ausschließlich in elektronischer Form über T.O.M., das Online Meldeportal der VG WORT möglich" (ebda.). Eine monetäre Anerkennung für solche Direktpublikationen ist vermutlich nicht im Fokus des Interesses des Wissenschaftlers. Sein Interesse ist Sichtbarkeit und erwarteter Reputationsgewinn. Letzterer ist nach den bisherigen Evaluierungsgepflogenheiten der Wissenschaft dadurch stark eingeschränkt, dass diese Direktpublikation i. d. R. ohne ein externes Reviewing vorgenommen wird.

f) Dissertationen. In Deutschland entstehen pro Jahr etwa 35.000 Dissertationen. Alle diese Arbeiten müssen in einer durch die Promotionsordnung vorgesehenen Anzahl als Pflichtexemplare bereitgestellt werden. Immer mehr kann diesem Erfordernis auch über eine elektronische, im Repository der Einrichtung bereitgestellten Version entsprochen werden. Ergebnisse von Dissertationen müssen eine Chance haben, der breiten Wissenschaftsöffentlichkeit bekannt zu werden.[258] Das kann auch über die schon angesprochenen Selbstverlage bzw. das Self-Publishing geschehen. Ein Großteil dieser Arbeiten wird aber über Verlage publiziert, die sich auf Dissertationen spezialisiert haben. In beiden Fällen muss die so veröffentlichte Version von den in der Promotionsordnung vorgesehen Personen oder Einrichtungen genehmigt werden. Das gilt nicht, wenn die Originalversion schon durch die Einrichtung des Doktoranden veröffentlicht wurde (s. oben).

Die meisten Verlage verlangen für die Veröffentlichung einer Promotion eine Publikationsgebühr. Nur einige wenige Verlage sehen davon ab und finanzieren sich durch den Verkauf der Exemplare.[259] Autoren können auch hier einen Ausgleich für die entstandenen Kosten über die VG WORT erreichen. Selbstverständlich werden aber Dissertationen auch von allgemeinen Wissenschaftsverlagen publiziert. Der Reputationsgewinn ist bei dieser Publikationsform unvergleichlich höher als beim Selbstverlag oder Copy-Druck-Verlag. Die Anforderungen sind aber entsprechend höher. Verlage publizieren i. d. R. nur solche Dissertationen, die eine exzellente Begutachtung im Promotionsverfahren erfahren haben und die meistens auch noch

---

258 Eine ähnliche Verpflichtung zum Öffentlichmachen besteht (aus welchen Gründen auch immer) bei der Habilitationsschrift, sozusagen der zweiten Dissertation, nicht.
259 Seit einigen Jahren werden die Dissertationen immer mehr über die *Institutional Repository* der Hochschulen nachgewiesen (Vgl. z. B. die Leistungen bei KOPS, *Institutional Repository* der Universität Konstanz – https://kops.uni-konstanz.de/). Dadurch ist auch der Verbreitungs-/Bekanntheitsgrad gesichert. Sichtbarkeit ist das eine, dauerhafte Verfügbarkeit das andere. Dissertationen gehören zum kulturellen Erbe und müssen auch in elektronischer Version auf unabsehbare Zeit verfügbar sein. Die Materialien der öffentlichen Publikationsserver stehen, soweit das möglich ist und es von den Autoren gebilligt wird, i. d. R. unter einer freien Lizenz, welches, je nach deren Ausprägung, auch eine kommerzielle Verwertung erlaubt.

zusätzlich durch externe, vom Verlag bestellte Gutachter evaluiert worden sind. Da Dissertationen i. d. R. keine hohen Umsatzzahlen erreichen, verlangen die meisten Verlage dafür Druckkostenzuschüsse bzw. auf Dissertationen angewandte APC, welche aber oft von den direkten oder fördernden Institutionen der Doktoranden getragen werden. Die Regelungen über eine Refinanzierung durch die VG WORT bestehen hier auch.

Fazit. Formen der Selbstpublikation bzw. der Publikation unabhängig von einem klassischen Verlag werden immer mehr genutzt, auch für wissenschaftliche Zwecke, wenn auch weniger als auf den Publikumsmärkten. Durch Veröffentlichungen im Selbstverlag oder auf der eigenen Website wird hier wohl nur selten eine Vergütung erzielt. Auch dürfte der Reputationsgewinn hier niedrig sein. Die fortschreitende Digitalisierung aller Wissen und Information betreffenden Prozesse eröffnet aber grundsätzlich einen größeren Spielraum für offene flexible selbstbestimmte Formen des Publizierens durch die Urheber selbst, auch auf den Wissenschaftsmärkten. Fraglich ist, ob dadurch tatsächlich neue Wege der Vergütung für wissenschaftliche Autoren nicht nur eröffnet, sondern auch tatsächlich beschritten werden. Zu eindeutig ist die Tendenz auszumachen, dass die offene, die freie, genehmigungs- und vergütungsfreie Bereitstellung von Wissen erhaltenen Werken oder Datensammlungen die Norm in der Wissenschaft wird. In Open-Access, Open Data, Open Science, aber auch Open Educational Resources ist wenig Raum für monetäre Anerkennung sprich: Vergütung.

8.2.3 Vergütung als Belohnung

Bislang wurde die Frage der Vergütung in erster Linie unter dem Gesichtspunkt der Primärverwertung der erstellten Werke durch Verlage oder durch die Urheber selbst diskutiert. Eine Vergütungs- bzw. Belohnungsform könnte aber auch dadurch realisiert werden, dass die Öffentlichkeit, vertreten durch die öffentlich finanzierten wissenschaftlichen Einrichtungen bzw. deren Träger des jeweiligen Urhebers, den wissenschaftlichen Autoren quasi eine Belohnungsvergütung dann zusichert, wenn diese sich durch besonders intensive und in der Fachwelt positiv aufgenommene Publikationstätigkeit oder sonstige Leistungen auszeichnen. Fraglich ist allerdings, ob ein solches Belohnungssituation, ähnlich zuweilen auch für kreative (nicht durch ein Gehalt abgesicherte) Künstler angedacht[260], der sozialen und ökonomischen Situation der meisten öffentlich finanzierten Wissenschaftler angemessen ist.

---

260 Für die „Belohnung" von Künstlern war kurzzeitig sogar einmal eine neue Urheberrechtsabgabe auf gemeinfreie Werke angedacht. Jedenfalls erwog wohl – nach einem Bericht des Handelsblatt

Ein Wissenschaftler oder ein Lehrender, sofern er nicht als Privatgelehrter oder Selbständiger aktiv wird, ist in der Regel durch sein Gehalt für seine Leistungen bezahlt. Arbeitgeber im öffentlichen Bereich[261] werden Wissenschaftler i. d. R. nicht dafür belohnen, dass sie nicht nur ihre Pflicht getan haben, nämlich zu forschen und zu lehren, sondern dass sie auch die Ergebnisse ihrer Arbeit in einem Werk zusammengefasst haben und dieses nicht in der Schublade seines Schreibtischs bewahren, sondern es der Allgemeinheit zugänglich machen. Indirekt kann das aber durchaus (indirekte) monetäre Konsequenzen haben. Eine durch aktives Publikationsverhalten gesteigerte Reputation kann zu einem Ruf an eine Hochschule oder zu einem attraktiven Angebot an eine außeruniversitäre (öffentlich oder privat finanzierte) Einrichtung führen. Dann eröffnet sich die Möglichkeit, im Rahmen von Berufungs-, aber auch Bleibeverhandlungen Reputation in eine Verbesserung des Gehalts bzw. der Arbeitssituation umzusetzen.

Auch Wissenschaftler werden durch Ausschüttungen der Verwertungsgesellschaften belohnt. Ein Teil der den Verwertungsgesesellschaften zur Verfügung gestellten Mittel wird durch die Bibliothekantieme gesichert, welche die Bibliotheken (gemäß § 27 Abs. 2) für Ausleihvorgänge urheberrechtlich geschützter Materialien zahlen. Das finanziert die Öffentlichkeit über die Träger der Bibliotheken. Entsprechend der Argumentation in diesem Abschnitt kann bezweifelt werden, ob es sinnvoll ist, dass die Öffentlichkeit über die Ausschüttungen der Verwertungsgesellschaften die *öffentlich finanzieren Wissenschaftler* quasi ergänzend belohnt.[262] Noch problematischer ist die lange Zeit geübte (zeitweise ausgesetzte, gegenwärtig wieder eingesetzte) Praxis, auch die Verleger an den aus durch die Bibliothekantieme finanzierten Ausschüttungen zu beteiligen (ausführlicher dazu in 8.7).

---

vom 10.3.2003 – die damalige Bundesjustizministerin Brigitte Zypries (SPD) einen „Goethe-Groschen" in noch unbekannter Höhe einzuführen, der jungen und bedürftigen Künstlern zu Gute kommen solle. „Ich hege Sympathie für den Gedanken, dass sich die Kunst noch stärker aus sich selbst heraus finanziert", zitierte die Zeitung Zypries. Die Idee dazu ging auf einen durchaus schon operativ angedachten Vorstoß der *Vereinten Dienstleistungsgewerkschaft* (ver.di) zurück: „Nach den Vorstellungen von *ver.di* soll die zu erwartenden Einnahmen von etwa 50 Millionen Euro jährlich eine Stiftung verwalten, die von einem mit Künstlervertretern besetzten Gremium geleitet und vom *Deutschen Patent- und Markenamt* (DPMA) in München beaufsichtigt werden soll." (Mitteilung des Instituts für Urheber- und Medienrecht 10.03.2003 – https://bit.ly/2lFnj6L). Allerdings waren dann die verfassungs- und europarechtliche Bedenken gegen einen „Goethe-Groschen" zu offensichtlich, als dass dieser Plan verwirklicht werden konnte.

261 Für Wissenschaftler in der Privatindustrie sind leistungsbezogene Belohnungsvergütungen allerdings üblich, zumal dort die meisten dort tätigen Personen laufend nach ihren Leistungen überprüft und entsprechend eingeordnet werden.

262 Dass Kulturschaffende außerhalb der öffentlich finanzierten Einrichtungen von den Ausschüttungen der Verwertungsgesellschaften „belohnt" werden, wird damit nicht infrage gestellt.

Fazit. Auch wissenschaftliche Autoren haben finanzielle Interessen, die sie gegenüber den verlegenden Unternehmen geltend machen sollten – nicht gegenüber den sie finanzierenden Organisationen. Wissenschaft zu betreiben ist schon lange nicht mehr das Privileg einer finanziell unabhängigen kleinen Gruppe ist, sondern eine normale berufliche, monetär zu entgeltende Tätigkeit. Fraglich ist nur, inwieweit dafür, in Ergänzung zu dem Gehalt, weitere Vergütungsansprüche geltend gemacht werden sollen. Das gilt insbesondere für Ansprüche, die aus schrankenbasierten Nutzungen oder anderen Dienstleistungen ihrer Bibliotheken stammen.

8.3 Vergütung in der Interpretation des BVerfG

In Ergänzung zu der Diskussion über die BVerfGE zum geistigen Eigentum wird hier auf BVerfGE zur Vergütung eingegangen. Das Thema der Vergütung ist vom BVerfG immer wieder angesprochen worden.[263] Verständlich, steht doch der vermögensrechtliche Aspekt für die Nutzung urheberrechtlich geschützten Materials immer wieder im Mittelpunkt der juristischen Auseinandersetzung. Entscheidungen des BVerfG, insgesamt, so auch die, welche auf Vergütung eingehen, haben starken Einfluss auf die Legitimität der Regulierungsmaßnahmen der Gesetzgeber und damit auf die Grenzen der positiven Gesetze. Aber auch Entscheidungen des BVerfG sind keineswegs quasi naturrechtlich wie in Stein gemeißelt ewig gültig. Entscheidungen des BVerfG, die auch Aussagen über Vergütung enthalten, liegen meistens Jahrzehnte zurück, z. B. Schulbuchprivileg 1971 oder Kirchenmusik 1978. Manche dieser früheren Entscheidungen des BVerfG wirken heute, um noch einmal die FAZ im Zusammenhang der Debatte um die Ehe für alle zu zitieren (vgl. 3.3), wie aus der Zeit gefallen. Solange sie nicht korrigiert werden, gelten sie weiter. Aber sie können gestaltend neu interpretiert werden. Es ist nicht auszuschließen bzw. es wird hier davon ausgegangen, dass durch die geänderten Rahmenbedingungen – die technologischen, aber auch und vor allem die auf offene Nutzung abzielenden moralisch/informationsethisch begründeten Leitideen für den Umgang mit Wissen und Information – einige der früheren, auch vom BVerfG getroffenen Entscheidungen und Aussagen über Vergütung heute durchaus anders ausfallen könnten. Der Gesetzgeber, mit kreativer Hermeneutik, hat es an der Hand, auf Grund veränderter Rahmenbedingungen Gesetze zu verabschieden, die dann auch die Gerichte veranlassen würden, ihre bisherigen Positionen, auch mit Blick auf Vergütungsfragen, zu überdenken.

---

263 Die ebenfalls für Vergütung einschlägigen Entscheidungen des BVerfG zum Eigentum/geistigen Eigentum wurden in Kap. 7 diskutiert.

Das BVerfG, z. B. in der Schulbuchprivileg-Entscheidung, fordert, dass

> bei der verfassungsrechtlichen Beurteilung [...] die persönlich-geistige Schöpfung (vgl. § 2 Abs. 2 UrhG) mit ihrer wirtschaftlichen Auswertbarkeit, sowie die besondere Natur und Gestaltung dieses Vermögensrechts gebührend zu berücksichtigen [sind].

Es existiert für das BVerfG eine klare Begründungskette: Der individuelle Schöpferbegriff begründet das geistige Eigentum des Urhebers/Schöpfers und den Schutz seiner Rechte an einem Werk, welches als immaterielles Gut anerkannt ist. Aus diesem Gutscharakter folgt der vermögensrechtliche Anspruch auf Vergütung. Dazu stellen sich einige Fragen: Sähe es für ein Wissenschaftsurheberrecht anders aus, wenn das Festhalten am individuellen Schöpferbegriff und der monistische Ansatz aufzugeben wäre, wenn der Status als immaterielles und dadurch handelbarer Gut und wenn insgesamt das Konzept des geistigen Eigentums überflüssig würde? Müssten dann die vermögensrechtlichen Ansprüche auf Vergütung weiter in Urheberrecht verankert sein?

Für die Bestimmung von urheberrechtlichen Regelungen als Schutz des Urhebers als geistigen Eigentümers wird häufig auf die BVerfG-Entscheidung „Kirchen- und Schulgebrauch" verwiesen – u. a. aber auch auf „Vollzugsanstalten", „Schulbuchprivileg" und „Kirchenmusik".[264] In „Kirchen und Schulgebrauch" heißt es, „dass im Urheberrechtsgesetz sachgerechte Maßstäbe festzulegen sind, die dem Schöpfer eine der Natur und der sozialen Bedeutung des Rechts entsprechende Nutzung und angemessene Verwertung sicherzustellen geeignet sind." Allerdings ging es dabei nur um die urheberrechtliche Vergütungsfreiheit von Musikwiedergaben, also nicht um die öffentliche Zugänglichmachung für Zwecke von Forschung und Ausbildung (dieses Verwertungsrecht gibt es im UrhG erst ab 2003). Aber die Formulierungen des BVerfG sind i. d. R. so allgemein angelegt, dass sie auch auf andere Schrankenregelungen übertragen werden. Trotzdem sollte der Kontext beachtet werden. Für das BVerfG „Kirchen- und Schulgebrauch" war es unumstritten, dass Musikwiedergabe in Schulen und Kirchen genehmigungsfrei sein solle, wenn die Nutzung „keinem Erwerbszweck" dient bzw. für die Nutzung kein „Entgelt" bei den Zuhörern verlangt wird. Aber das heiße nicht, dass die Nutzung auch vergütungsfrei sein müsse. Verfassungsgemäß ist nach „Kirchen- und Schulgebrauch", „ob das, was dem Urheber unterm Strich verbleibt, noch als angemessenes Entgelt für seine Leistung anzusehen ist". Das ist nach Kreutzer „der unantastbare Kernbereich des Urheberrechtsschutzes [...], der durch die Institutsgarantie geschützt wird" (Art. 14 Abs. 1 GG).

---

[264] Die einzelnen Entscheidungen des BVerfG mit Referenzierung auf deren Volltexte sind im Anhang zusammengestellt. Auf den direkten Beleg der im Folgenden angeführten Zitate wird daher hier verzichtet.

Aber ist das wirklich unantastbar, wenn als Bedingung dafür der unbestimmte Rechtsbegriff „angemessen" verwendet wird? Dieser lässt jede Interpretation offen, bis dahin, dass jenseits der monetären Vergütung auch eine Null-Vergütung als angemessener Entgelt angesehen werden kann. Grundlage dafür ist in allen diesen Entscheidungen, so auch in der schon zitierten BVerfG -Entscheidung „Schulbuchprivileg",[265] das GG mit Art. 14: „Der Gesetzgeber ist im Rahmen des Regelungsauftrags nach Art. 14 Abs. 1 Satz 2 GG grundsätzlich verpflichtet, das vermögenswerte Ergebnis der schöpferischen Leistung dem Urheber zuzuordnen und ihm die Freiheit einzuräumen, in eigener Verantwortung darüber verfügen zu können." Damit ist aber nicht jede nur denkbare Verwertungsmöglichkeit verfassungsrechtlich gesichert (vgl. Kreutzer 2008, 139f). Denn, so das BVerfG:

> Es ist Sache des Gesetzgebers, im Rahmen der inhaltlichen Ausprägung des Urheberrechts sachgerechte Maßstäbe festzulegen, die eine der Natur und sozialen Bedeutung des Urheberrechts entsprechende Nutzung und angemessene Verwertung sicherstellen (Art. 14 Abs. 1 Satz 2 GG).

> Die Verfassung fordert nicht, daß dem Urheber für jede öffentliche Werkwiedergabe ein Ausschließungsrecht eingeräumt sein muß. Ob auch ein Vergütungsanspruch ausgeschlossen werden darf, hängt davon ab, ob Gründe des Gemeinwohls vorliegen, denen bei Beachtung des Grundsatzes der Verhältnismäßigkeit der Vorrang vor den urheberrechtlichen Interessen gebührt.

Das BVerfG legt an diesen Spielraum aber eine strenge Messlatte an. In der Schulprivileg-Entscheidung wird festgehalten, dass

> das Interesse der Allgemeinheit an einem ungehinderten Zugang zu urheberrechtlich geschützten Werken allein nicht aus[reicht]. Im Hinblick auf die Intensität der Beschränkung der urheberrechtlichen Stellung muß ein gesteigertes öffentliches Interesse gegeben sein, damit eine solche Regelung vor der Verfassung Bestand hat.

Die Aufgabe hier besteht also darin, Argumente für das „gesteigerte öffentliche Interesse", vor allem an der Vergütungsfreiheit für schrankenbasierte Nutzungen, vorzubringen, damit diese auch vor dem BVerfG Bestand haben kann. Allerdings scheint der EuGH dies nicht ganz so radikal zu sehen wie das BVerfG. Verantwortlich für diese etwas andere Perspektive wird auch das sein, was in 3.3 und 3.5 die sich entwickelnden Leitideen genannt wurden. Der EuGH im Repropel-Urteil von 2015[266] hat einen etwas breiteren Spielraum für die Ausgestaltung

---

[265] BVerfGE 31, S. 229.
[266] EuGH-Repropel – https://bit.ly/35lXWc2; vgl. (Rosenkranz 2016) Anmerkung zu EuGH, Urteil vom 12. November 2015.

der Vergütungsverpflichtung gesehen, insbesondere bezüglich von Schrankenregelungen (35):

> In bestimmten Fällen von Ausnahmen oder Beschränkungen sollten Rechtsinhaber einen gerechten Ausgleich erhalten, damit ihnen die Nutzung ihrer geschützten Werke oder sonstigen Schutzgegenstände angemessen vergütet wird.

Der EuGH sieht also Vergütung nicht als Default an, sondern sieht das nur für „bestimmte Fälle" als verpflichtend an. Er drehte somit die Grundannahme des BVerfG – die Voraussetzung: „gesteigertes öffentliches Interesse" – um. Er formuliert dann weiter:

> Bei der Festlegung der Form, der Einzelheiten und der etwaigen Höhe dieses gerechten Ausgleichs sollten die besonderen Umstände eines jeden Falls berücksichtigt werden. Für die Bewertung dieser Umstände könnte der sich aus der betreffenden Handlung für die Rechtsinhaber ergebende etwaige Schaden als brauchbares Kriterium herangezogen werden. In Fällen, in denen Rechtsinhaber bereits Zahlungen in anderer Form erhalten haben, z. B. als Teil einer Lizenzgebühr, kann gegebenenfalls keine spezifische oder getrennte Zahlung fällig sein. [...] In bestimmten Situationen, in denen dem Rechtsinhaber nur ein geringfügiger Nachteil entstünde, kann sich gegebenenfalls keine Zahlungsverpflichtung ergeben.

Als brauchbares Kriterium für Vergütungsverpflichtung könnte das Ausmaß des Schadens für den Urheber angesehen werden. Vor allem wenn durch die Nutzung für den Urheber nur „ein geringfügiger Nachteil" entsteht, besteht möglicherweise keine Zahlungsverpflichtung. Auch wenn Zahlungen schon vorab in anderer Form geleistet wurden, z. B. durch ein Honorar an den Autor durch den Verlag oder durch die Zahlung einer Lizenzgebühr durch eine Bibliothek), muss nicht unbedingt eine „getrennte Zahlung" durch schrankenbasierte Nutzungen erforderlich sein. Die Hürde des „gesteigerten öffentlichen Interesses" muss also tatsächlich nicht ganz so hoch sein. Der deutsche Gesetzgeber hat also bei der positiven Ausgestaltung des Urheberrechts im Rahmen der gemäß Art. 1 Abs. 2 GG anzustellenden Interessenabwägung einen verhältnismäßig weiten Entscheidungsspielraum – einen viel weiteren Spielraum, als er ihn je genutzt hat. Daraus schließt z. B. (Kreutzer 2008, 139f):[267]

> Somit beschränkt die Sozialbindung des Eigentums das Maß des verfassungsrechtlich gebotenen Urheberrechtsschutzes gleichermaßen in positiver und negativer Hinsicht ... Je bedeutender das Interesse der Allgemeinheit an einer Nutzung zu beurteilen ist, desto mehr tritt die persönliche Zuordnung in den Hintergrund und desto freier ist der Gesetzgeber im Hinblick auf Art. 14 Abs. 2 GG bei der Ausgestaltung.

---

[267] (Kreutzer 2008) Das Modell des deutschen Urheberrechts und Regelungsalternativen, S. 139 f.

Das BVerfG sah den Spielraum nicht so groß. In der Schulprivileg-Entscheidung von 1971 ist das BVerfG durchaus auch mahnend in das Gesetzgebungsverfahren eingegriffen, als der Gesetzgeber in einem speziellen Fall die Vergütungspflicht aufgeben wollte. Zum Zeitpunkt der BVerfG-Entscheidung war in der Schranke § 46 „Sammlungen für Kirchen-, Schul- oder Unterrichtsgebrauch" für die Aufnahme von Werken oder Teilen von ihnen in Schulbüchern keine Vergütungsverpflichtung vorgesehen. Das BVerfG rügte das aber „seit langem als unbefriedigend und als rechtlich bedenklich", dass ein „Urheber sein Werk hierfür [für die Nutzung in Schulbüchern – RK] vergütungsfrei zur Verfügung stellen muß". Dem Kläger wurde damit entsprochen – der Genehmigungsfreiheit dürfe zwar nicht widersprochen werden, aber die Vergütungspflichtigkeit der Nutzung muss gewährleistet sein. Das BVerfG griff damit stark in Gesetzgebungsprozesse ein: Im RegE der Bundesregierung war, und dann unterstützt durch den Bundestag, die Vergütungsverpflichtung für § 46 vorgesehen. Der Bundesrat allerdings wollte (nach Antrag des Ausschusses für Kulturfragen – entgegen der Empfehlung seines Rechtsausschusses) das so nicht akzeptieren und rief den Vermittlungsausschuss an. Dieser stimmte dem Bundesrat zu. Darauf verzichtete auch der Bundestag in der finalen Novellierung des Urheberrechtsgesetzes auf die Einführung der Vergütungsverpflichtung in § 46. Abschließend war also der Wegfall der Vergütungsverpflichtung eindeutig der Wille des Gesetzgebers. Dem widersetzte sich das BVerfG mit der Einschätzung, dass „nicht davon gesprochen werden [kann], daß die Versagung des Vergütungsanspruchs auf einer allgemeinen, die Regelung billigenden Rechtsüberzeugung beruhe."[268] Das BVerfG ist seiner eigenen Rechtsüberzeugung mit einer dogmatischen Auslegung des GG zugunsten der Vergütungsverpflichtung gefolgt und hat damit die Rechtsüberzeugung des Gesetzgebers und des Bundesrats hintenan gestellt. Wer aber ist für Rechtsüberzeugung und damit Rechtsrealisierung zuständig? Der Bundestag hat sich aber dem gebeugt und hat Abs. 4 in § 46 eingefügt: „Für die nach dieser Vorschrift zulässige Verwertung ist dem Urheber eine angemessene Vergütung zu zahlen." Der Bundesrat hat dann dagegen nicht weiter opponiert.

Fazit. Die zitierten Entscheidungen des BVerfG stammen überwiegend aus den 70iger und 80iger Jahren, während das EuGH-Urteil 2015 gefällt wurde. 50 Jahre ist eine lange Zeit für das vom sozialen und technologischen Umfeld bestimmte Urheberrecht. Das soziale, technologische und normative Umfeld für den EuGH ist ein durchaus ein anderes geworden. Urteile und deren Begründungen sind

---

[268] Das BVerfG verwies dazu auf das Protokoll der 33. Sitzung des BT-Aussch. für Bildung und Wissenschaft vom 12. März 1971, 6. Wo., besonders S. 42 ff.

sozusagen nur Momentaufnahmen. Das gilt auch für Entscheidungen des BVerfG und Urteile des EuGH. Sie sind oft genug Produkt eines früheren Zeitgeistes. Urteile/Entscheidungen auch der oberen Gerichte fallen nicht unabhängig von diesen Entwicklungen. Ebenso kann der Gesetzgeber die alten Entscheidungen des BVerfG zwar nicht ignorieren, aber doch angepasst oder kreativ neu interpretieren.

Die sich entwickelnde Leitidee eines freien (genehmigungs- und vergütungsfreien) nicht-kommerziellen Umgangs mit Wissen und Information widerspricht einer strikten Auslegung der wiedergegebenen Einschätzungen des BVerfG. Um es noch einmal zu sagen: Der Zeitgeist ist über einige der hier zitierten Entscheidungen des BVerfG hinweggegangen. Vergütungsfreiheit sollte heute vor allem für die schrankenbasierte Nutzung von Werken gelten, die weitgehend mit öffentlichen Mitteln finanziert wurden. Vergütung mag für die Erstellung und den Vertrieb von Informationsobjekten verlangt werden.

8.4 Vergütung für schrankenbasierte Nutzungen

Für Rechtsetzung und -sprechung ist es bislang selbstverständlich, dass die genehmigungsfreie Nutzung von urheberrechtlich geschütztem Material vergütet werden muss. Das, so die herrschende Meinung, darf keinesfalls angetastet werden, wenn das zentrale Ziel des Urheberrechts, der Schutz des persönlichen geistigen Eigentums bzw. der vermögensrelevanten Interessen der Urheber, auch bei den Schrankenregelungen des Urheberrechts erreicht werden soll. Die Ob-zu-vergüten-Frage wird also nicht gestellt. Sie wird hier gestellt, und sie wird negativ beantwortet.

Allerdings gibt es auch im deutschen Urheberrecht bei Schrankenregelungen Ausnahmen für die Vergütungsverpflichtung, auch für die für Bildung und Wissenschaft. So sind entsprechend § 51 UrhG „Vervielfältigung, Verbreitung und öffentliche Wiedergabe eines veröffentlichten Werkes zum Zweck des Zitats" vergütungsfrei erlaubt. Nach der letzten Urheberrechtsreform von 2017/18 ist klargestellt, dass auch Abbildungen unter die vergütungsfreie Nutzung fallen.[269] Zitieren ist frei (verbunden in der Wissenschaft mit der Referenzpflicht auf den Autor) in der doppelten Bedeutung uneingeschränkt genehmigungs- und vergütungsfrei. Vergütungsfrei sind entsprechend § 45 UrhG auch Nutzungen zugunsten der Rechts-

---

[269] Jetzt (ab 1.3.2018) in § 51 UrhG: „Von der Zitierbefugnis gemäß den Sätzen 1 und 2 umfasst ist die Nutzung einer Abbildung oder sonstigen Vervielfältigung des zitierten Werkes, auch wenn diese selbst durch ein Urheberrecht oder ein verwandtes Schutzrecht geschützt ist."

pflege und öffentlicher Sicherheit und § 45a zugunsten behinderter Menschen.[270] Auch gilt trotz verschiedener Vorschläge, Schulfunksendungen als nicht mehr zeitgemäß im Urheberrecht nicht zu regulieren, § 47 weiter, so dass die Herstellung von „einzelnen Vervielfältigungsstücken von Werken, die innerhalb einer Schulfunksendung gesendet werden" vergütungsfrei ist. Böte es sich dann nicht an, die Vergütungsfreiheit auf E-Learning in nicht-kommerzieller Absicht insgesamt zu übertragen? Die EU-DSM-RL2019 hat in Art. 5 zumindest angedeutet, dass das möglich ist.

Für die durch die UrhWissG-Reform 2017/18 eingeführte Schranke § 60d (TDM) sieht der deutsche Gesetzgeber eine Vergütungsverpflichtung vor. Nach der Verabschiedung der EU-DSM-RL2019 sollte das für das deutsche Urheberrecht überdacht werden. Die EU hat Vergütung für TDM nicht für nötig eingeschätzt, da der „Schaden" für die Rechtsinhaber nur minimal sei.[271] Tatsächlich kann also die Frage, ob eine Vergütung für schrankenbasierte Nutzungen in jedem Fall verpflichtend ist, nicht so ganz eindeutig beantwortet werden. Denn auch im Recht gibt es keine absolut gültigen Vorgaben. Spielraum für den Wegfall der Vergütung, z. B. bei minimalen Schäden für die Rechtsinhaber, ist durchaus gegeben. Daher sollte der Vorschlag, in Bildung und Wissenschaft auf Vergütung bei schrankenbasierten Nutzungen ganz zu verzichten, nicht von vornherein als Kampfansage an geistiges Eigentum und als Bruch der Verfassung („Enteignung") diskreditiert und damit gleich vom Tisch gewischt, sondern auf den Prüfstand gestellt werden.

---

270 Die Vergütungsfreiheit für behinderte Menschen gilt im deutschen Urheberrecht allerdings nur für die Herstellung (Vervielfältigung und Verbreitung) „einzelner Vervielfältigungsstücke" (§ 45a, Abs. 2); ansonsten muss eine angemessene Vergütung bezahlt werden. Aber auch hier sind die Dinge im Fluss. In dem Richtlinienentwurf der EU-Kommission für eine Urheberrechtsreform von 2016 ist allgemeine Vergütungsfreiheit für Nutzungen durch behinderte Menschen vorgesehen (vgl. EG 11). Die EU-Kommission meint hier, den WIPO Marrakesch-Vertrag entsprechend umsetzen zu müssen (Vertrag von Marrakesch über die Erleichterung des Zugangs zu veröffentlichten Werken für blinde, sehbehinderte oder sonst lesebehinderte Menschen vom 27.6.2013 – https://bit.ly/2kABM3N). Das wird z. B. von der Allianz deutscher Produzenten – Film & Fernsehen e. V. (mit Brief an den Justizminister vom 1.11.2016) mit Berufung auf bestehende praktikable Regelungen für § 45a bestritten – https://bit.ly/2kA0ykp. Tatsächlich überlässt Marrakesch Art 4, 5 die Regelung der Vergütung dem jeweiligen nationalen Recht.
271 Vgl. EG 13 von EU-DSM-RL2019: „In view of the nature and scope of the exception, which is limited to entities carrying out scientific research, any potential harm created to rightholders through this exception would be minimal. Member States should, therefore, not provide for compensation for rightholders as regards uses under the text and data mining exceptions introduced by this Directive." Tatsächlich hat sich Anfang 2020 die deutsche Bundesregierung in einem ersten und dann Mitte 2020 mit einem zweiten Diskussionsvorschlag für die Anpassung einiger Regelungen der DSM-RL auch auf den Verzicht auf Vergütungsverpflichtung bei nicht-kommerziellem TDM verständigt.

Fazit. Nach den zitierten (sehr weit zurückliegenden) BVerfG-Entscheidungen ist Vergütung für schrankenbasierte Nutzungen unabdingbar, und es wird auf angemessene Vergütung gegenüber dem Gesetzgeber gedrängt. Ausnahmen dafür werden aber durchaus angedeutet, allerdings durch eine „strenge Messlatte" eingeschränkt. Kriterium dafür ist das „gesteigerte öffentliche Interesse" an der entsprechenden Nutzung. Das ist durch den Bezug auf Bildung und Wissenschaft gegeben. Der Gesetzgeber hätte allen Spielraum gehabt, dies im UrhG bzw. in den Begründungen für spezielle Normen so deutlich zu machen, dass auch ein BVerfG in der Gegenwart das akzeptieren könnte.

8.5 Vergütung in den Normen des Urheberrechts seit 2003

8.5.1 Vergütung im Rahmen des Ersten Korbs 2003

Im Ersten Korb der Urheberrechtsreform (vgl. Kap. 10) wurde, entsprechend der Vorgabe aus InfoSoc 2001, zunächst ein neues Recht über § 19a (Recht der öffentlichen Zugänglichmachung) und dann über § 52a eine darauf bezogene neue Schrankenregelung „Öffentliche Zugänglichmachung für Unterricht und Forschung" eingefügt. Für Nutzungen entsprechend § 52a Abs. 4 „ist eine angemessene Vergütung zu zahlen. Der Anspruch kann nur durch eine Verwertungsgesellschaft geltend gemacht werden."[272] Ob bei dieser Umsetzung von InfoSoc 2001 die Vergütungsverpflichtung von schrankenbasierten Nutzungen wirklich zwingend war, ist umstritten. Selbst (Schack 2016), der sich ansonsten umfassend für Vergütung einsetzt (vgl. 12.1.7), räumt bei seinem eigenen Vorschlag für einen neuen § 52a ein, das Vergütung durch „Art. 5 Abs. 2 lit. c und Abs. 3 lit. a und n HRL nicht ausdrücklich verlangt wird" (a. a. O. 279). Aus der Nichterwähnung von Vergütung in den verschiedenen Schrankenvorgaben der EU folge aber nicht automatisch, dass Vergütung nicht vorzusehen ist. An einigen, wenn auch nur wenigen Stellen ist bei den Erwägungsgründen für InfoSoc 2001 von Vergütung die Rede, z. B. EG 10:

> Wenn Urheber und ausübende Künstler weiter schöpferisch und künstlerisch tätig sein sollen, müssen sie für die Nutzung ihrer Werke eine angemessene Vergütung erhalten, was ebenso für die Produzenten gilt, damit diese die Werke finanzieren können.

Das ist allerdings so allgemein formuliert, dass den Besonderheiten der Urheber/Autoren in Bildung und Wissenschaft, die immer auch Nutzer bestehenden Wissens

---

[272] Zusätzlich wurde über § 78 ausübenden Künstler ihr Recht der Öffentliche Wiedergabe spezifiziert und über Abs. 2 das Recht auf eine angemessene Vergütung garantiert. In Abs. 3 heißt es: „Auf Vergütungsansprüche nach Absatz 2 kann der ausübende Künstler im Voraus nicht verzichten."

sind, nicht Rechnung getragen wird. Weiterführend ist dafür eher EG 35.[273] Dort sind Vergütungen nicht in allen, sondern nur in „bestimmten Fällen von Ausnahmen oder Beschränkungen" vorzusehen. Als „brauchbares Kriterium für Vergütung" wird der „aus der betreffenden Handlung für die Rechtsinhaber ergebende etwaige Schaden" empfohlen. Dieses Kriterium hatte sich schon das BVerfG zu eigen gemacht (vgl. 8.3). Weiter heißt es in InfoSoc, dass „in Fällen, in denen Rechtsinhaber bereits Zahlungen in anderer Form erhalten haben, z. B. als Teil einer Lizenzgebühr, ... gegebenenfalls keine spezifische oder getrennte Zahlung fällig sein" kann. Kann man daraus schließen, dass schrankenbasierte Nutzungen vergütungsfrei sein können, da die die Nutzung bereitstellenden Organisationen (Bibliotheken) bereits durch Kauf oder Lizenz den Rechtsinhabern „Verlage" die entsprechende Vergütung für deren Leistung entrichtet bzw. da die Verlage die den Urhebern zustehenden Vergütungsansprüche ebenfalls geregelt haben (in vielen Fällen allerdings als Nullvergütung)? Auf die umstrittenen Regelungen, wie Vergütung über § 52a zu organisieren sei, wird später noch einmal gesondert eingegangen, z. B. auf den Konflikt zwischen Pauschal- oder Individualerhebung und -abrechnung der Nutzung nach § 52a (vgl. 8.6) und über die Berechtigung der Beteiligung der Verleger an den Ausschüttungen der VG WORT für schrankenbasierte Nutzungen (vgl. 8.7).

8.5.2 Vergütung im Rahmen des Zweiten Korbs 2008

Im Rahmen des Zweiten Korbs der Urheberrechtsreform (vgl. Kap 10) wurde die Reichweite der angemessenen Vergütung zugunsten der Urheber erweitert. Das betraf zum einen die *urhebervertragsrechtlichen* Aspekte. Im neuen § 32c heißt es: „Der Urheber hat Anspruch auf eine gesonderte angemessene Vergütung, wenn der Vertragspartner eine neue Art der Werknutzung nach § 31a aufnimmt, die im Zeitpunkt des Vertragsschlusses vereinbart, aber noch unbekannt war"

---

[273] "In certain cases of exceptions or limitations, rightholders should receive fair compensation to compensate them adequately for the use made of their protected works or other subject-matter. When determining the form, detailed arrangements and possible level of such fair compensation, account should be taken of the particular circumstances of each case. When evaluating these circumstances, a valuable criterion would be the possible harm to the rightholders resulting from the act in question. In cases where rightholders have already received payment in some other form, for instance as part of a licence fee, no specific or separate payment may be due. The level of fair compensation should take full account of the degree of use of technological protection measures referred to in this Directive. In certain situations where the prejudice to the rightholder would be minimal, no obligation for payment may arise" (InfoSoc 2001, EG 35).

(ausführlich in 10.2 zu den unbekannten Nutzungsarten). Ebenso wurde generell durch Nutzungen über die neuen Schranken § 52b „Wiedergabe von Werken an elektronischen Leseplätzen in öffentlichen Bibliotheken, Museen und Archiven" und für § 53a „Kopienversand auf Bestellung" eine *angemessene Vergütung* verbindlich. Nutzungen nach § 53 „Privatkopie" sind nicht direkt vergütungspflichtig, jedoch hat ein Urheber bei diesen erlaubten Nutzungen, entsprechend Abs. 1 von § 55 (Vergütungspflicht), einen Anspruch „gegen den Hersteller von Geräten und von Speichermedien, deren Typ allein oder in Verbindung mit anderen Geräten, Speichermedien oder Zubehör zur Vornahme solcher Vervielfältigungen benutzt wird". Auf die Problematik von Regelungen wie § 52b – überflüssig, unzeitgemäß – wird in 10.1.4 eingegangen. Hier, mit Blick auf Vergütung, stellen sich ähnliche Fragen wie bei § 52a (s. oben):

(1) Wie kann es sein, dass für die Nutzung von Werken bzw. kleinen Teilen von Werken, die eine Bibliothek schon von Verlagen käuflich erworben hat und die sie jetzt digitalisiert ihren Benutzern anbietet, und zwar nur in den Räumen der Bibliothek an bestimmten Terminals, noch einmal Vergütungsansprüche erhoben werden – wohl kaum von den Urhebern dieser Werke, sondern von den kommerziellen Verwertern?

(2) Warum kommt nicht der Erschöpfungsgrundsatz zum Tragen? „Verbrauchen" sich nicht Schutzrechte des Urheberrechts, wenn der geschützte Gegenstand zum ersten Mal (wie hier das Werk durch Verkauf/Kauf) rechtmäßig in den Verkehr zur öffentlichen Nutzung gebracht wurde? Stellte nicht das BVerfG fest, dass nicht für jede neue Nutzung unbedingt ein Vergütungsanspruch besteht?

(3) Welcher Schaden wird dem Urheber zugefügt, wenn sein Werk (in Teilen) in der Bibliothek elektronisch eingesehen und genutzt wird?

(4) Welcher Urheber bekommt tatsächlich eine Vergütung aufgrund der schrankenbasierten Nutzung nach § 52b?

8.5.3 Vergütung nach der Reform des *Urhebervertragsrechts* von 2016

Vergütungsansprüche werden auch über das Urhebervertragsrecht geregelt. Bei der zweiten Reform des *Urhebervertragsrechts* im Jahr 2016 sollte, so der Anspruch, ein „Gesetz zur verbesserten Durchsetzung des Anspruchs der Urheber und ausübenden Künstler auf angemessene Vergütung" auf den Weg gebracht werden. Verbesserungsbedarf wurde von der Politik gesehen, da das 2002 eingeführte Konzept der angemessenen Vergütung für die Urheber nicht wirklich zu einer Verbesserung der Vergütungspraxis geführt hatte. Das neue Urhebervertragsrecht wollte diese Verbesserung im Wesentlichen durch die folgenden Regelungen er-

reichen (gekürzt in der Formulierung des BMJV nach der Verabschiedung des Gesetzes[274]):
(1) Der Urheber, der dem Verwerter gegen eine pauschale Vergütung ein Exklusivrecht eingeräumt hat, erhält das Recht, sein Werk nach Ablauf von zehn Jahren auch anderweitig zu vermarkten. Der erste Vertragspartner ist zwar zur weiteren Verwertung befugt – aber eben nicht mehr exklusiv.
(2) Die Kreativen erhalten ein ausdrücklich geregeltes gesetzliches Recht auf Auskunft über erfolgte Nutzungen.
(3) Das Prinzip der fairen Beteiligung der Kreativen an jeder Nutzung wird gestärkt: Nutzt der Verwerter mehrfach, beispielsweise in verschiedenen Online-Medien, muss dies bei der Vergütung berücksichtigt werden.
(4) Es wird ein Verbandsklagerecht für Urheberverbände geschaffen, um die tatsächliche Durchsetzung von vereinbarten Vergütungsregelungen zu erleichtern.

Das Gesetz spricht zwar im Titel von „Urhebern" und „ausübenden Künstlern" – tatsächlich sind aber gemeint in erster Linie die ausübenden Künstler, die immer wieder auch als „Kreative" angesprochen werden. Der damals zuständige Minister Heiko Maas sprach von einer Reform des „Fundaments unserer Kultur- und Kreativwirtschaft [...] Wir stärken die Kreativen im Land. [...] Kreative sollen von ihrer Arbeit leben können. Faire Bezahlung für gute Arbeit brauchen wir nicht nur in Industrie und Dienstleistung. Wir brauchen sie auch in der Kultur- und Kreativwirtschaft." (vgl. FN 274). In diesem Gesetz ist an keiner Stellung von Wissenschaft oder Bildung/Ausbildung die Rede. Wenn Wissenschaft und Bildung selbstverständlich auch Teile der Kultur sind und auch Wissenschaftler und Lehrende als Kreative zu bezeichnen sind – direkt angesprochen sind sie im Urhebervertragsrecht nicht und damit auch nicht mit den Regelungen zur angemessenen Vergütung. Ist es daher sinnvoll, dass die allgemeinen Vergütungsregelungen für Künstler/Kreative auch auf die schrankenbedingten Nutzungen übertragen werden, die in Bildung und Wissenschaft bzw. in den auf diese bezogenen Vermittlungsorganisationen wie Bibliotheken geschehen?

8.5.4 Vergütung im UrhWissG – „No obligation for payment may arise"

Das UrhWissG regelt in einer Norm § 60h „Angemessene Vergütung der gesetzlich erlaubten Nutzungen", die in den neuen §§ 60a–f geregelt sind: „Für Nutzungen

---

[274] BMJV Urhebervertragsrecht 2016 – https://bit.ly/3825kKD.

nach Maßgabe dieses Unterabschnitts hat der Urheber Anspruch auf Zahlung einer angemessenen Vergütung. Vervielfältigungen sind nach den §§ 54 bis 54c zu vergüten" (Abs. 1).[275] Etwas überraschend sind nach Abs. 2 einige Nutzungen abweichend von Abs. 1 vergütungsfrei:

(1) die öffentliche Wiedergabe für Angehörige von Bildungseinrichtungen und deren Familien nach § 60a Absatz 1 Nummer 1 und 3 sowie Absatz 2 mit Ausnahme der öffentlichen Zugänglichmachung,
(2) Vervielfältigungen zum Zweck der Indexierung, Katalogisierung, Erhaltung und Restaurierung nach § 60e Absatz 1 und § 60f Absatz 1.

Allerdings hat dies keine direkten Auswirkungen auf wissenschaftliche oder bildungsbezogene Nutzungen. Der Gesetzgeber hätte aber auch schon auf der Grundlage der in Teilen weiter gültigen InfoSoc 2001 gute Gründe gehabt, die Anzahl der vergütungsfreien Nutzung in der UrhWissG-Regulierung zu erweitern. Dort gibt es einen Hinweis, dass in bestimmten Fällen auf Vergütung verzichtet werden kann (ähnlich auch EuGH in der Repropel-Entscheidung von 2015, vgl. 8.3):

> In cases where rightholders have already received payment in some other form, for instance as part of a licence fee, no specific or separate payment may be due. ... In certain situations where the prejudice to the rightholder would be minimal, no obligation for payment may arise. (InfoSoc 2001, EG 35)

Das erste Argument in EG 35 trifft zunächst auf die kommerziellen Rechtsinhaber zu. Sie haben durch Verkauf oder Lizenz ihrer Werke schon eine Vergütung durch die erwerbenden Institutionen (Bibliotheken etc.) erhalten. Schrankenbasierte Nutzung beziehen sich nur auf Werke, die die Bibliotheken (durch Kauf oder Lizenz) schon in ihrem Besitz haben. Es ist für Akteure in Bildung und Wissenschaft schwer nachvollziehbar, warum es für die Nutzung von Werken, die im Besitz ihrer Bibliothek sind, quantitative, qualitative und technische *Beschränkungen* gibt (vgl. 6.7). Diese sehen aber so gut wie alle Schrankenregelungen vor. Noch weniger ist nachvollziehbar, dass für diese schrankenbasierten Nutzungen *noch einmal vergütet* werden soll. Dabei kann es auch passieren, dass für die Nutzung eines Werks, welches ein Autor als Mitglied der Universität hergestellt und in einem kommerziellen Verlag publiziert hat, Vergütung von einer Universität (Bibliothek) gezahlt werden muss, selbst wenn dieser Autor das nur in seiner eigenen

---

[275] § 54 schreibt vor, dass „der Urheber des Werkes gegen den Hersteller von Geräten und von Speichermedien, deren Typ allein oder in Verbindung mit anderen Geräten, Speichermedien oder Zubehör zur Vornahme solcher Vervielfältigungen benutzt wird, Anspruch auf Zahlung einer angemessenen Vergütung" hat. Das gilt nach § 54c auch für Betreiber solcher Geräte, wie z. B. für nicht-kommerzielle Bibliotheken, Archive, Museen.

Lehrveranstaltung nutzt. Das entscheidende (ökonomische) Argument gegen die Vergütungsverpflichtung von schrankenbasierten Nutzungen wird durch die Daten von (Pflüger 2016)[276] geliefert:

> Die öffentlichen Ausgaben für die wissenschaftlichen Bibliotheken stiegen binnen zehn Jahren um 40 % von 220 Mio EUR in 2003 auf 311 Mio EUR in 2013 und dürften heute bei 330 Mio EUR liegen. Davon entfallen inzwischen 120 Mio EUR auf die Lizenzierung digitaler Medien, deren Anteil bei den Universitätsbibliotheken jetzt 60 % beträgt. [...] Die Vergütungen für das Schrankenregime der Körbe 1 und 2 liegen dagegen nur bei knapp 4 Mio EUR und erreichen gerade mal 1 % des für die Literaturbeschaffung insgesamt verfügbaren Budgets.

Pflüger kommt daher zu dem Schluss, dass jeder Nachweis fehle, dass die Schrankenregelungen primär marktrelevante Auswirkungen haben. Was schon für Bücher gegolten habe, nämlich dass

> das Entleihen von Büchern einen wichtigen Kaufanreiz setzt [...], gelte noch viel mehr für die gesamte Informationsinfrastruktur der Hochschulen und hier vor allem die der großen Universitäten: sie ist eine immens weite und – nota bene – vergütungsfreie Werbefläche für Verleger von Werken aller Art!" Daher fordert Pflüger den Gesetzgeber auf, „durchaus auch das »Ob«, insbesondere aber das »Wie« der Vergütungsfrage bei Schrankenregelungen für Bildung und Wissenschaft einem realitätsnahen Faktencheck zu unterziehen, um sie einer längst fälligen Neubewertung zuzuführen.

Darauf hat der Gesetzgeber nicht reagiert (ebenso wenig wie auf den Vorschlag des Bundesrats, Vergütungspflichtigkeit zu überprüfen, s. unten). Auch im UrhWissG bleibt die Vergütungsverpflichtung für schrankenbasierte Nutzungen bestehen. Auch wenn es im Recht auch um das Prinzip geht – ökonomisch ist die Vergütung für schrankenbasierte Nutzung also in keiner Weise zu vertreten. Der hohe Aufwand bei der für die Vergütung erforderlichen Nutzungserhebungen, Abrechnungen und Auszahlungen steht in keinem Verhältnis zu dem monetären Ertrag. Das gilt zwar in erster Linie für die Individual-, aber auch für Pauschal-Erhebungs-/Abrechnungs-Verfahren (dazu 8.6).

Das zweite Argument aus InfoSoc 2001 – Vergütung mag nicht erforderlich sein, wenn der Schaden für den Rechtsinhaber nur minimal ist – trifft für die primären Rechtsinhaber, die wissenschaftlichen Autoren zu. Tatsächlich ist der Schaden, den schrankenbasierte Nutzungen den wissenschaftlichen Urhebern zufügen, nicht nur minimal, sondern wird gar nicht von diesen als solcher empfunden bzw. entsteht gar kein Schaden. Ganz im Gegenteil. Jede Nutzung ist gänzlich im Interesse eines jeden Wissenschaftlers. Man publiziert, um wahrgenommen und zitiert zu werden, sicher auch, damit die Ergebnisse der Publikation verifiziert und weiterentwickelt werden. Auch wird es für Wissenschaftler, die persönlich und in der Ausstattung

---

[276] (Pflüger 2016) Die Bildungs- und Wissenschaftsschranke.

öffentlich finanziert werden, als angemessen angesehen, durch die Freigabe ihrer Arbeiten etwas an die Öffentlichkeit zurückzugeben. Zwar nehmen bislang viele wissenschaftliche Autoren auch diese Vergütungen durch die VG WORT gerne mit.[277] Aber als wirklichen Verlust würde das wohl niemand empfinden, wenn ein Teil dieser „Einnahmequelle" zugeschüttet wäre. Für die Verwertungsgesellschaften machen die Einnahmen, die sich direkt auf schrankenbasierte Nutzungen beziehen, tatsächlich, wie (Pflüger 2016) nachgewiesen hat (s. oben), nur einen sehr kleinen Teil (im niedrigen einstelligen Prozentbereich) der ihnen zufließenden Mittel aus.[278]

Im Mai 2017 war der Bundesrat – wie so oft kritisch gegenüber urheberrechtlichen Gesetzesvorhaben der jeweiligen Bundesregierung – in seiner Stellungnahme zum RegE für das UrhWissG skeptisch gegenüber der über § 60h allgemein geregelten, also auch in § 60a vorgesehenen Vergütungsverpflichtung für Lehr- und Lernzwecke:

> Der Bundesrat bittet ferner, im weiteren Gesetzgebungsverfahren zu prüfen, ob für die nichtkommerzielle Nutzung zu Lehr- und Lernzwecken der Bildungseinrichtungen weitergehende Ausnahmen von der Vergütungspflicht statuiert werden können. Insofern wird die in § 60h UrhG-E vorgesehene Vergütungspflicht hinterfragt. Die Regelung hält zwar hinsichtlich der Vervielfältigungen im Wesentlichen an den bisherigen Vorgaben fest, wonach eine Vergütungspflicht nach den §§ 54 bis 54c UrhG besteht. Allerdings wird die Vergütungspflicht für übrige Nutzungen erweitert: Der bisherige § 52a UrhG normiert ausdrücklich lediglich die Vergütungspflicht für das öffentliche Zugänglichmachen von Werken oder Werkteilen. In § 60a UrhG-E sind hingegen zusätzlich die Verbreitung sowie die sonstigen öffentlichen Wiedergaben genannt. Dies dürfte zu einer massiven Steigerung der Haushaltsausgaben in den Landeshaushalten führen. In diesem Zusammenhang wird ebenfalls kritisch gesehen, dass der Gesetzentwurf eine Vergütungspflicht auch dort vorsieht, wo das Unionsrecht eine Vergütung nicht zwingend verlangt.[279]

Der Bundesrat bezog sich dort auf den Kommissionsentwurf von 2016 für eine "Directive of the European Parliament and of the Council on Copyright in the Digital Single Market". Dort hieß es in Article 4 "Use of works and other subject-matter in digital and cross-border teaching activities" in Abs. 4.: „Member States may

---

[277] Urheber werden nicht direkt für schrankenbasierte Nutzungen vergütet. Vergütung erfolgt über Verwertungsgesellschaften. An deren Ausschüttungen werden allerdings nur die Urheber beteiligt, die über eine Meldung ihren Anspruch geltend gemacht haben – aber jeweils nur einmal pro Werk, auch wenn dieses Werk über die Jahre vielfach und in vielen Bibliotheken genutzt wird. Für die Mehrzahl der Autoren lohnt sich der dafür erforderliche Aufwand kaum, zumal die Beträge dann als Einnahmen auch versteuert werden müssen. Wissenschaftliche Autoren aus Landes- oder Bundesanstalten können nicht an diesen Ausschüttungen teilnehmen.
[278] Ausführlicher zu den Einnahmen der Verwertungsgesellschaften und ihrer durch Gerichtsurteile 2017 geänderten Ausschüttungspraxis in Abschnitt 8.7 (Verlegerbeteiligung).
[279] Stellungnahme des Bundesrats vom 12.5.2012, Drucksache 312/17 – https://bit.ly/2ugJYFn, hier S. 4.

provide for fair compensation to rightholders due to the use of their works or other subject-matter." *may* – nicht *shall* oder *must*. In der deutschen Endfassung 2019 wurde das "may" über EG 24 durch „sollten künftig festlegen dürfen" ersetzt.[280] Die Bundesregierung und dann der Bundestag sind weder den Anregungen des Bundesrats gefolgt noch haben sie erwogen, den durch die EU eröffneten Spielraum zu nutzen. Allerdings war die EU-Directive erst 2019 verbindlich beschlossen, also nach der Verabschiedung von UrhWissG (bekannt war aber der Kommissionsentwurf von 2016). Diese Zurückhaltung des Gesetzgebers ist zumindest erstaunlich, heißt es doch in der RegE-Begründung (und zwar in Formulierungen, wie sie hier verwendet wurden, vgl. 6.8.2):

> Urheber aus der Wissenschaft sind häufig vor allem intrinsisch durch den Wunsch nach Reputation motiviert. Die in Aussicht stehende Vergütung für die Erarbeitung des geschützten Werkes selbst, sofern Honorare überhaupt üblich sind, treten dabei eher in den Hintergrund. Ihre Werke leben davon, von einem möglichst großen Kreis rezipiert zu werden. Bei Werken anderer Urhebergruppen ist zwar ebenfalls die möglichst große Verbreitung das Ziel. Diese muss zwingend aber auch mit einer möglichst hohen Vergütung einhergehen, weil sie davon ihren Lebensunterhalt ganz oder teilweise bestreiten. Urheber in der Wissenschaft hingegen haben zumeist Anspruch auf Gehalt von einer Bildungs- oder Forschungseinrichtung, häufig finanziert durch die öffentliche Hand.

Zwar ist hier Vergütung auf die „die Erarbeitung des geschützten Werkes" bezogen, also auf Ansprüche gegenüber der publizierenden Organisation. Wenn aber ein wissenschaftlicher Vergütungsanspruch so allgemein problematisiert wird, dann sollte das auch für die noch kleinteiligere Vergütung für schrankenbasierte Nutzungen gelten. Davor ist der Gesetzgeber für die §§ 60a–60f zurückgeschreckt. Die Vergütungsdiskussion ist auch mit dem UrhWissG 2018 nicht zu einem Ende gekommen. Unmittelbar danach hat das BMJV, entsprechend einem Beschluss des Bundestags bei der Verabschiedung des UrhWissG, einen Dialog Lizenzierungsplattform eröffnet, durch den ermittelt werden kann, ob bzw. wie die Nutzung von publiziertem Material durch eine solche Lizenzierungsplattform verbessert werden kann (vgl. 13.7.2). Diese Lizenzierungsplattform steht auch im Zusammenhang der im Vorfeld von UrhWissG intensiv und kontrovers diskutierten pro und

---

[280] In der deutschen Version von EG 24 heißt es: „Die Mitgliedstaaten sollten auch künftig festlegen dürfen, dass Rechteinhaber für die digitale Nutzung ihrer oder sonstigen Schutzgegenstände einen gerechten Ausgleich im Rahmen der in dieser Richtlinie vorgesehenen Ausnahme oder Beschränkung zu Zwecken der Veranschaulichung des Unterrichts erhalten. Bei der Festlegung der möglichen Höhe des gerechten Ausgleichs sollte unter anderem den Bildungszielen der Mitgliedstaaten und dem Schaden Rechnung getragen werden, der den Rechteinhabern entsteht. Mitgliedstaaten, die beschließen, einen gerechten Ausgleich festzulegen, sollten den Rückgriff auf Systeme nahelegen, die Bildungseinrichtungen keinen Verwaltungsaufwand verursachen." Vgl. (Jütte 2019) The new copyright directive: Digital and cross-border teaching exception.

contra von individueller Erhebung und Vergütung für schrankenbasierte Nutzungen und um die Verlegerbeteiligung an den Ausschüttungen der VG WORT (vgl. dazu 8.7).

8.6 Vergütung: individuell oder pauschal? Der Streit um den Rahmenvertrag für § 52a

In der Praxis erfolgt die Vergütung über schrankenbasierte Nutzungen nicht direkt an die Rechtsinhaber, sondern über von der VG WORT ausgeführten Gesamtverträgen zwischen Ländern und Verwertungsgesellschaften für die Inanspruchnahme privilegierter Nutzung an Hochschulen sowie für die entsprechende Nutzung (gemäß § 52a Abs. 4) in Schulen. Die Auseinandersetzung um die Vergütung für schrankenbedingte Nutzungen ist Ende 2016 vor allem am Beispiel des § 52a UrhG quasi explodiert. Anlass war der Versuch, einen zwischen der Kultusministerkonferenz (KMK) als Vertreter der Länder und der Verwertungsgesellschaft Wort (VG WORT) ausgehandelten Rahmenvertrag gegenüber den Hochschulen durchzusetzen.[281] Mit diesem Rahmenvertrag sollte die bisher pauschale Abrechnung a) durch eine individuelle Erhebung der jeweiligen Nutzung, b) durch eine entsprechende individuelle entsprechende Abrechnung und schließlich c) durch eine nutzungsgenaue Ausschüttung der entsprechende Beträge an die Berechtigten abgelöst werden.

Auslöser für diesen neuen Rahmenvertrag war eine schon aus dem Jahr 2013 gefällten Entscheidung des BGH,[282] in dem der BGH ein Vergütungsverfahren für die schrankenbedingte Nutzung gemäß § 52a angemahnt hatte, dass im Prinzip auf individuelle Nutzung abhebt. Die seit vielen Jahren bestehende (und noch bis Ende 2016 geltende) Praxis der Pauschalberechnung – die Zahlung eines vereinbarten Gesamtbetrages der Länder für die Nutzung nach § 52a an die VG WORT – sollte durch individuelle Erhebung der Nutzung und Abrechnung geändert werden.[283] Die

---
281 KMK Pressemitteilung vom 5.10.2016 – https://bit.ly/2smZULd. Ein entsprechender Rahmenvertrag wurde am 10.10.2016 auch für Nutzungen nach § 52b UrhG zwischen der KMK und der VG WORT und der VG Bild-Kunst vereinbart – https://bit.ly/2THlJ10.
282 Meilensteine der Psychologie vom 28.11.2013, Az. I ZR 76/12.
283 In der weiteren Diskussion des Rahmenvertrags wird nur die Vergütungsfrage berücksichtigt. Positiv war in diesem Vertrag, dass in ihm auch anderen Rechtsprechungen des BGH bzw. des EuGH Rechnung getragen wurde. So sollte jetzt das Ausdrucken und Speichern der nach § 52a UrhG eingesehenen Materialien für den persönlichen Gebrauch erlaubt sein – was bislang umstritten war. Und in § 1 des Rahmenvertrags steht, dass die Nutzung nicht länger auf „Veranschaulichung im Unterricht" (so die Formulierung in § 52a) begrenzt ist, sondern auch für die den Unterricht begleitenden Handlungen der Studierenden. Auch das ist seit einiger Zeit kompatibel mit der Rechtsprechung des EuGH und des BGH.

vom BGH vorgetragenen Argumente, dass ein gesetzlich geregeltes Vergütungsrecht über pauschale Lösungen nicht zulässig sei, dass vielmehr über die individuelle aktuelle Nutzung abgerechnet werden muss, überzeugen nicht.[284] Praktisch bringen gesetzliche geregelte Pauschalvergütungen den Urhebern sogar einen größeren Vorteil gegenüber vertraglichen Vereinbarungen, die auf tatsächliche Nutzungen abzielen. Bei einer Vergütung auf der Basis der tatsächlichen Nutzung gehen die Urheber i. d. R. leer aus, da die Nutzungsrechte i. d. R. bei den Verlagen liegen.

In der öffentlichen Diskussion und bei den Protesten um den 52a-Rahmenvertrag standen vor allem die Auswirkungen auf die Lehre bzw. auf die elektronischen Semesterapparate im Vordergrund.[285] Entsprechend § 3 Abs. 3 des vorgesehenen Rahmenvertrags gilt der Vertrag aber auch für § 52a-Nutzungshandlungen von „Personen für deren eigene wissenschaftliche Forschung" bzw. für die legitimierte Nutzung urheberrechtlich geschützter Materialien in Forschungsgruppen. Der Widerstand gegen diesen Vertrag bezog sich weniger auf die Vergütung und ihre Höhe an sich (vgl. FN 285) sondern in erster Linie auf die vorgesehene hochbürokratische und aufwändige Erhebung und Vergütung entsprechend jeder einzelnen Nutzung. Eine individualisierte Erhebung der verwendeten Werke für Zwecke der Forschung oder der Ausbildung, die zur Feststellung des Vergütungsanspruchs eingesetzt werden sollte, greife zu stark in die Informationshoheit der in Bildung und Wissenschaft Tätigen ein. Problematisch ist auch, ob die vom BGH gebilligte Form der Nutzerdatenerfassung als Basis für die Vergütungsprozedur noch mit Wissenschaftsfreiheit vereinbar ist.

Aus einem größeren Werk muss genau berechnet werden, wie viele Seiten 12 % des Werks ausmachen (Leerseiten und Seiten, auf denen überwiegend Bilder sind, zählen nicht). Dann müssen diese Seiten kopiert und mit ihnen eine gesonderte

---

[284] In vielen anderen Lebensbereichen, z. B. bei Versicherungen, sind pauschale Lösungen gängige Praxis.

[285] Der Rahmenvertrag übernimmt die Einschränkung aus § 52a UrhG, dass nicht ganze Werke genutzt werden dürfen, sondern, je nach Anwendung, nur kleine Teile eines Werkes (max. 12 % eines Schriftwerks, aber nicht mehr als 100 Seiten), Teile eines Werks (max. 25 % eines Schriftwerks, aber ebenfalls nicht mehr als 100 Seiten) oder Werke geringen Umfangs (bis zu 25 Seiten). Die Quantifizierung (12 % etc.) steht allerdings nicht im Gesetz. VG WORT und die Länder haben sich u. a. an dem erwähnten Urteil des BGH orientiert. Eine „angemessene Vergütung für die öffentliche Zugänglichmachung für Unterricht und Forschung im Rahmen von § 52a UrhG beträgt 0,008 pro Seite und Unterrichtsteilnehmer bzw. Mitarbeiter an einem Forschungsprojekt." (§ 6 Vergütung Abs. 1). Vor allem die von der VG WORT bereitgestellte Erfassungsmaske für die von Lehrveranstaltungen und Forschungsgruppen verwendete Literatur in einer bei der VG WORT gespeicherten Datenbank werden ist ein starker Eingriff in die Praxis von Forschung und Lehre. Auch entsteht durch die quantitativen Vorgaben des BGH bezüglich des Umfangs der genutzten Werke ein unzumutbarer Zähl- und Erhebungsaufwand für Forschungsgruppen und Leiter von Lehrveranstaltungen.

8.6 Der Streit um den Rahmenvertrag für § 52a

Datei erstellt werden, die dann zur Nutzung bereitgestellt werden darf. Weiter verpflichtet sich die dem Vertrag beigetretene Hochschule bzw. wissenschaftliche Einrichtung „zur Erfassung und Meldung werkbezogener Nutzungsdaten an die VG WORT über ein von der VG WORT bereitgestelltes Meldeportal". Die Hochschulen dürfen entscheiden, ob sie das Meldeportal direkt in ihr eigenes Lernmanagementsystem integrieren oder manuell die Meldung in das VG WORT Portal eingeben. Die Erfassung und Meldung an die Universitätsverwaltung obliegen den Lehrenden. Die VG WORT darf schließlich die „Vollständigkeit und Korrektheit der Meldungen" bei den nutzenden Organisationen überprüfen! Und dann muss noch ein hochschulinternes Abrechnungssystem entwickelt werden, um die Kosten gerecht aufzuteilen.

Es bedurfte nicht erst der eindeutigen Ergebnisse der Pilotstudie der Universität Osnabrück,[286] um zu erkennen, dass dieser immense Aufwand für die Lehrenden und Forschenden und die zusätzliche Bürokratie für die Einrichtungen nicht zuzumuten ist und, was folgenreicher ist, auch nicht geleistet werden wird. Die Hochschulen und die Wissenschaftsorganisationen haben sehr deutlich gemacht, dass sie all das, was mit der Individualvergütung zusammenhängt, nicht wollen. Die Lehrenden wollen sich in erster Linie um gute Lehre kümmern, ohne sich damit beschäftigen oder gar rechtfertigen zu müssen, ob und welches Material den Studierenden zur Verfügung gestellt werden darf. Es waren vor allem die Verlage, die die Vorlage des BGH dankbar aufgegriffen hatte und die die VG WORT gedrängt haben, die Individualvergütung für schrankenbasierte Nutzungen einzuführen. Der Streit bekam dann aber (zunächst) in einem weiteren Urteil des BGH[287] eine ganz andere Richtung. Der BGH hatte klargestellt, dass nach geltendem Recht den Verlagen kein Anteil an den Ausschüttungen der VG WORT zustehe. Aber auch das hatte keinen langen Bestand. Die Politik wollte bei dem alten Stand der Verlegerbeteiligung bleiben und hat sich zunächst für eine Übergangslösung und dann 2020 für eine neue gesetzliche Regelung zugunsten der Verlegerbeteiligung entschieden (ausführlich dazu im nächsten Abschnitt, 8.7).

Fazit. Eine Vergütung von Werken, die überwiegend durch öffentliche Finanzierung entstanden sind, wird hier nicht für zwingend erforderlich gehalten. Soll sie aber doch erfolgen, dann ist nur eine pauschale Abrechnung sinnvoll und zumutbar. Eine individuelle Abrechnung mag aus einer technologischen Perspektive machbar sein, aber trägt keineswegs den sozialen und ökonomischen Kosten Rechnung und entspricht in keiner Weise den in Bildung und Wissenschaft etablier-

---

[286] Pilotprojekt zur Einzelerfassung der Nutzung von Texten nach § 52a UrhG an der Universität Osnabrück – https://bit.ly/2hajJOh.
[287] BGH-Urteil Verlegeranteil vom 21. April 2016, Az. I ZR 198/13.

ten Nutzungs- und Kommunikationsformen. Der Gesetzgeber hat alle Autorität, eine pauschale Vergütung vorzusehen. Er hat dem in der UrhWissG-Reform von 2018 auch entsprochen.[288] Ob das so bleibt, ist allerdings weiter offen. In der UrhWissG-Nachfolge-Diskussion um die Einführung einer Lizenzierungsplattform wird das vermutlich neu verhandelt (vgl. 13.7.2). Schon jetzt zeigt sich, dass über einen 2019 beschlossenen, auf § 60e bezogenen Rahmenvertrag die pauschale Vergütung ausgesetzt werden kann. Darauf wird in 13.2.5 näher eingegangen.

8.7 Zur Verlegerbeteiligung an der Vergütung für urheberrechtlich erlaubte Nutzungen

Vergütungsansprüche über urheberrechtlich erlaubte Nutzungshandlungen – daher auch gesetzliche Vergütungsansprüche genannt – werden gemäß den Vorgaben in den Normen des Urheberrechts (z. B. über das Verleihrecht in § 27 Abs. 3) über die entsprechenden Verwertungsgesellschaften wahrgenommen. Das ist für Bildung und Wissenschaft in erster Linie die VG WORT. Verwertungsgesellschaften erzielen sogenannte Wahrnehmungserlöse aus vielfältigen Quellen. Ein Teil der erzielten Erlöse stammt aus der Bibliothekstantieme (derzeit 16,5 Mio, von denen allerdings nur ca. 10 Mio an die VG WORT gehen).[289] Die Bibliothekstantieme[290] trägt dem Verleihen von urheberrechtlich geschützten Objekten durch Bibliotheken Rechnung. Über Abgaben aus Hörfunk und Fernsehen werden ca. 30 Mio eingenommen. Der größte Betrag (ca. 140 Mio). stammt allerdings aus einer pauschalen Gesamtgebühr über Kopiergeräte (Drucker, Scanner, Leermedien etc., entsprechend §§ 54, 54c), auf die sich Hersteller von Kopiergeräten bzw. der Branchenverband bitcom geeinigt hatten. Mit diesen Geräten werden Vervielfältigungen (Kopien) für urheberrecht-

---

[288] § 60h Abs. 3): „Eine pauschale Vergütung oder eine repräsentative Stichprobe der Nutzung für die nutzungsabhängige Berechnung der angemessenen Vergütung genügt." Allerdings wird das im zweiten Satz von Abs. 3 eingeschränkt: „Dies gilt nicht bei Nutzungen nach den §§ 60b und 60e Absatz 5."

[289] Die hier angegebenen Zahlen (jeweils auf ein Jahr bezogen) stammen aus dem Geschäftsbericht 2018 der VG WORT – https://bit.ly/31cFnpG.

[290] Entsprechend § 27 UrhG; geregelt wird dies über den „Gesamtvertrag über die Abgeltung der Ansprüche nach § 27 Abs. 2 UrhG (Bibliothekstantieme)" – https://bit.ly/3aRR3m3. Beispiele für direkt auf Bildung und Wissenschaft bezogene schrankenbasierte Nutzungen sind Intranetnutzungen an Schulen (im Berichtsjahr 2018 € 0,18 Mio Einnahmen der VG WORT) und Intranetnutzungen an Hochschulen (2017 0,09 Mio). Für die Wiedergabe von Werken an elektronischen Leseplätzen („Terminals") in öffentlichen Bibliotheken, gemäß § 52b, wurden 2017 € 1,703 Mio aufgebracht. Lohnen diese geringen Einnahmen aus direkt schrankenbasierten Nutzungen den Verwaltungsaufwand für Erhebung und Auszahlung?

8.7 Verlegerbeteiligung an der Vergütung urheberrechtlich erlaubter Nutzungen — 205

lich geschützte Objekte vorgenommen. Für diese Kosten ist die Privatwirtschaft zuständig, anders als die für die Bibliothekstantieme, welche die öffentliche Hand aufbringt. Die Gebühr ist quasi eine urheberrechtlich als erforderlich angesehene Kompensation für den Eingriff in die Rechte der Urheber. Es geht in der Tat um die Kompensation der Rechte der Urheber durch Vergütung der Nutzung. Das hat immer wieder auch das BVerfG deutlich gemacht, zuletzt 2018:[291]

> Grundgedanke des deutschen Urheberrechts ist die angemessene Beteiligung der Urheber am wirtschaftlichen Nutzen ihrer Werke …; was inzwischen in § 11 Satz 2 UrhG auch eine ausdrückliche gesetzliche Regelung gefunden hat. Die grundsätzliche Zuordnung des vermögenswerten Ergebnisses der schöpferischen Leistung zu dem Urheber sowie die Freiheit, in eigener Verantwortung darüber verfügen und seine Leistung wirtschaftlich zu angemessenen Bedingungen verwerten zu können, genießen den Schutz des Eigentumsgrundrechts; sie machen den grundgesetzlich geschützten Kern des Urheberrechts aus. (25)

Die Einnahmen der Verwertungsgesellschaften werden nach Abzug der Verwaltungs- und Rückstellungskosten der Verwertungsgesellschaften nach einem komplexen Schlüssel an die Rechtsinhaber ausgeschüttet.[292] Rechtsinhaber aber sind beide, Urheber und Verwerter. Die Berechtigung dafür, dass beide aus den Einnahmen der Verwertungsgesellschaften vergütet werden, schien dadurch plausibel zu sein, dass Verlage durch die vertragliche Übertragung der Verwertungsrechte der Urheber als Nutzungsrechte der Verleger zu Rechtsinhabern im Sinne des UrhR werden. Diese Argumentation zugunsten der Verlegerbeteiligung an der Vergütungsausschüttung durch Verwaltungsgesellschaften hat sich auch 2019 die EU in Art. 16 der DSM-RL zu eigen gemacht (s. unten).[293]

2016 musste auf einmal die Fachwelt in Deutschland erkennen und zugeben, dass diese Verlegerbeteiligung keine rechtliche Grundlage im deutschen Recht

---

[291] In der Abweisung der Klage eines Verlages beim BVerfG gegen die BGH-Entscheidung, dass nur bei den Urhebern selbst Vergütungsansprüche bestehen – BVerfG 5.6.2018 – https://bit.ly/2kAgmnc.
[292] Beispiele: „Die Summe der Ausschüttungen der VG WORT betrug 2018 € 272.282.437." „Im Bereich Wissenschaft wurden aus Mitteln des Reprographieaufkommens sowie der Bibliothekstantieme insgesamt € 59.617.165,- (Vorjahr € 22.30 Mio) ausgeschüttet." (Quelle FN 289).
[293] Vergütungsansprüche der Verlage, denen die Verwertungsgesellschaften bis 2015 entsprochen hatten (s. unten), könnten allerdings auch durch ein spezielles Leistungsschutzrecht zugunsten der Verlage geregelt werden. Aber dies hatte die Verlagswirtschaft (vertreten durch den Börsenverein des Deutschen Buchhandels) es bis heute abgelehnt (anders als die Medienwirtschaft für die Presse), für ihre Leistungen ein spezielles Leistungsschutzrecht einzufordern. Auch in der EU gibt es bislang kein Leistungsschutzrecht für wissenschaftliche Verlage. Bei einem Leistungsschutzrecht könnten, so wohl die Sorge, keine Vergütungsleistungen für schrankenbedingte Nutzungen beansprucht werden. Gerade für kleinere Verlage seien aber auch diese Einnahmen wichtig für ihre Gesamtkalkulation. Vgl. Die Analyse von Börsenvereinsjustiziar Christian Sprang vom 4. Mai 2016 mit dem Titel „Brauchen Buchverlage ein eigenes Leistungsschutzrecht?" – https://--ly/2No4vVF.

gehabt hatte. Durch das Urteil des BGH im April 2016,²⁹⁴ gestützt durch das des EuGH im November 2015,²⁹⁵ wurde festgestellt, dass die langjährige Praxis der Beteiligung der Verleger an den Ausschüttungen in der Tat keine rechtliche Grundlage gehabt hatte. Der BGH hatte in seiner Entscheidung der Klage eines Autors (Martin Vogel) stattgegeben, der beanstandete, dass ihm von der VG WORT nicht der volle Umfang der ihm zustehenden Vergütungen ausgezahlt wurde, da ein Teil der Vergütung an den entsprechenden Verlag gezahlt wurde. Der BGH stellte fest:

> Verlegern steht kein originärer Anspruch auf Beteiligung an den Einnahmen aus der Wahrnehmung der gesetzlichen Vergütungsansprüche für nach den Schrankenbestimmungen des Urheberrechtsgesetzes zulässige Nutzungen verlegter Werke zu. Entgegen der Ansicht der Revision gebietet das Unionsrecht nicht, die Verleger an diesen Einnahmen zu beteiligen. Nach dem Unionsrecht müssen die Einnahmen aus der Wahrnehmung der gesetzlichen Vergütungsansprüche vielmehr kraft Gesetzes unbedingt den unmittelbar und originär berechtigten Wortautoren zukommen.

Der BGH hatte seine erste Einschätzung dem EuGH zur Überprüfung vorgelegt. Der EuGH war in einem anderen Verfahren (Repropel, FN 294) bei der hier zur Diskussion stehenden Frage der Verlegerbeteiligung zu der folgenden Einschätzung gekommen:

> Art. 5 Abs. 2 Buchst. a und Art. 5 Abs. 2 Buchst. b der Richtlinie 2001/29 stehen nationalen Rechtsvorschriften wie denen, um die es im Ausgangsverfahren geht, entgegen, die es dem Mitgliedstaat gestatten, einen Teil des den Rechtsinhabern zustehenden gerechten Ausgleichs den Verlegern der von den Urhebern geschaffenen Werke zu gewähren, ohne dass die Verleger verpflichtet sind, die Urheber auch nur indirekt in den Genuss des ihnen vorenthaltenen Teils des Ausgleichs kommen zu lassen.

Der BGH sah sich dadurch in seiner Einschätzung bestätigt, und nachdem auch das BVerfG eine entsprechende Klage gegen dieses Urteil nicht angenommen hatte, war entschieden, dass die bisherige Praxis der Verlegerbeteiligung über gesetzliche Vergütungsansprüche nicht mit bestehendem Recht in der EU und in Deutschland zu vereinbaren ist, also nicht mit dem Urheberrechtsgesetz bzw. dem Verwertungsgesellschaftengesetz²⁹⁶ bzw. dem am 24.05.2016 ausgesetzten Urheberrechtswahrnehmungsgesetz.²⁹⁷ Auch der Börsenverein musste nach den Urteilen anerkennen, dass „Buchverlage unter keinem rechtlichen Gesichtspunkt Inhaber von Rechten seien, die Verwertungsgesellschaften bei Ausschüttungen

---

294 BGH Vogel ./. VG WORT (Az.: I ZR 198/13) – https://bit.ly/1rDPdOd.
295 EuGH, Hewlett Packard Belgium ./. Reprobel vom 12. November 2015 – https://bit.ly/2tefusT.
296 Gesetz über die Wahrnehmung von Urheberrechten und verwandten Schutzrechten durch Verwertungsgesellschaften (Verwertungsgesellschaftengesetz–VGG) – https://bit.ly/2z2mM2i.
297 Urheberrechtswahrnehmungsgesetz (ausgesetzt 2016) – https://dejure.org/gesetze/UrhWG.

8.7 Verlegerbeteiligung an der Vergütung urheberrechtlich erlaubter Nutzungen

gesetzlicher Vergütungsansprüche in Form eines pauschalen Abzugs berücksichtigen dürften" (FN 293). Die VG WORT teilte mit: „Ausschüttungen an Verlage werden bis auf weiteres nicht durchgeführt", ebenso: „Eine Ausschüttung an die Verbände der Zeitungs- und Zeitschriftenverleger findet bis auf weiteres nicht statt."[298] Vergütungsansprüche aus schrankenbasierten Nutzungen bestehen nur für die Urheber, da nur sie die Vervielfältigungsrechte haben. Diese Gerichtsurteile hatten 2016 die urheberrechtliche politische Welt erheblich verunsichert. Aber auch nach dem EuGH-Repropel-Urteil (und nach dem entsprechenden BGH-Urteil) bekundete das BMJV durch den damaligen Minister[299] den politischen Willen, an der *bewährten Praxis* der geteilten Vergütungsausschüttung festzuhalten:

> Ich meine, die gemeinsame Wahrnehmung von gesetzlichen Vergütungsansprüchen ist eine große Errungenschaft und die sollten wir auch verteidigen. Natürlich gibt es auch Konflikte, zwischen Autoren und Verlegern – ich sage nur: Urhebervertragsrecht –, aber die Organisation in einer gemeinsamen Verwertungsgesellschaft ist wertvoll und schafft zugleich den Rahmen, pragmatisch viele Alltagsfragen zu klären.

Allerdings war auch Maas klar: „Eine rechtssichere Lösung erreichen wir sicher nicht national, sondern nur auf Ebene des EU-Rechts". 2017 war aber nicht absehbar, wann die EU sich auf die Verabschiedung einer neuen Urheberrechtsrichtlinie verständigen und ob darin eine rechtlich für die Mitgliedsländer mögliche gesetzliche Regelung gefunden würde. Das BMJV wollte nicht darauf warten. Entsprechend hieß es 2017 in der Begründung für das RegE des UrhWissG:

> Um den berechtigten Interessen der Rechtsinhaber Rechnung zu tragen, also insbesondere der wissenschaftlichen Autoren und der Fachverlage, sind gesetzlich erlaubte Nutzungen regelmäßig angemessen zu vergüten. Die Reform geht hierbei davon aus, dass der Verleger auch künftig an der angemessenen Vergütung beteiligt werden kann.[300]

Diese Absichtserklärung des BMJV war der CDU/CSU-Fraktion offenbar nicht ausreichend. Teile der CDU/CSU-Fraktion stellten sogar einen Zusammenhang her zwischen der UrhWissG-Reform und dem Wunsch der Verleger, für die Aus-

---

[298] VG WORT zur Verlegerbeteiligung (Quelle Börsenblatt 6.6.2016) – https://bit.ly/2kAgjb0; vgl. (von Ungern Sternberg 2019) Die Herausgeberbeteiligung der VG WORT – rechtswidrige Ausschüttungen an nichtberechtigte Dritte.
[299] In einer Rede vom 1. Dezember 2015 vor dem Kongress der Initiative Urheberrecht „Zukunft des Urheberrechts" – https://bit.ly/36RRdYj.
[300] RegE UrhWissG, Abschnitt A. Diese Aussage der Bundesregierung muss nicht als Schelte des BGH bzw. des EuGH gewertet werden, da beide sich nicht grundsätzlich gegen eine Verlegerbeteiligung ausgesprochen, sondern lediglich für die lange Zeit praktizierte Regelung keine rechtliche Grundlage gesehen hatten.

schüttungsbeteiligung der Verlage eine politische Lösung zu finden. Das gesamte UrhWissG-Vorhaben drohte daran zu scheitern. Erst müsse eine Lösung für die Verlegerbeteiligung gefunden werden, dann könne auch das UrhWissG verabschiedet werden. Da das Unionsrecht bis dahin keine Ausschüttung für die Verwerter vorsieht, konnte der deutsche Gesetzgeber keine neue umfassende Lösung für die Verlegerbeteiligung vorschlagen. Daher fand das BMJV „kreativ" eine andere Lösung, die dann auch für den Bundestag zustimmungsfähig war: Im „Gesetz zur verbesserten Durchsetzung des Anspruchs der Urheber und ausübenden Künstler auf angemessene Vergütung und zur Regelung von Fragen der Verlegerbeteiligung" wurden Änderungen im VGG vorgenommen. In § 27 soll zunächst ein neuer Absatz (2) eingefügt werden:

> Nimmt die Verwertungsgesellschaft Rechte für mehrere Rechtsinhaber gemeinsam wahr, kann sie im Verteilungsplan regeln, dass die Einnahmen aus der Wahrnehmung dieser Rechte unabhängig davon, wer die Rechte eingebracht hat, nach festen Anteilen verteilt werden.

Ergänzt und damit operationalisiert wurde die Lösung über den neuen § 27a Abs. 1 VGG (Einnahmen aus gesetzlichen Vergütungsansprüchen des Urhebers):

> Nach der Veröffentlichung eines verlegten Werks oder mit der Anmeldung des Werks bei der Verwertungsgesellschaft kann der Urheber gegenüber der Verwertungsgesellschaft zustimmen, dass der Verleger an den Einnahmen aus den in § 63a Satz 1 des Urheberrechtsgesetzes genannten gesetzlichen Vergütungsansprüchen beteiligt wird.

Wollte man dies positiv interpretieren, so ist diese „Erfindung" des Gesetzgebers bzw. der Bundesregierung ein Beleg dafür, dass nichts im Gesetz so bleiben muss, wie es ist und dass rechtliche Auswege eigentlich immer gefunden werden können, wenn man es nur von Seiten des Gesetzgebers will. Für Auslegung und Erweiterung des Bestehenden besteht ein großer, wenn auch nicht unbegrenzter Spielraum. Allerdings ist der innovative Vorschlag über § 27a Abs. 1 VGG kaum ein überzeugender Kompromissvorschlag – zudem ein Vorschlag, der die These der stärkeren Berücksichtigung der kommerziellen Verwertungsinteressen bestätigt. In einer Reform zu Stärkung des Anspruchs der Urheber auf angemessene Vergütung wird eine Regelung untergebracht, durch die den Urhebern quasi nahegelegt wird, auf einen Teil ihrer Vergütung zugunsten der Verlage zu verzichten! Dass dieser Appell an die Urheber, auf einen Teil ihres Vergütungsanspruchs zugunsten ihres Verlages zu verzichten, nur eine Übergangslösung sein konnte, war dem Gesetzgeber vermutlich selbst klar, zumal sich der Verdacht aufdrängt, dass der Vorschlag mit § 27a des VGG kaum verträglich mit § 27 UrhG Abs. 2 Satz ist: „Auf den Vergütungsanspruch kann nicht verzichtet werden" – kompatibel mit dem jetzt noch gültigen § 63a UrhG Satz 1: „Auf gesetzliche Vergütungsansprüche nach diesem Abschnitt kann der Urheber im Voraus nicht verzichten."

8.7 Verlegerbeteiligung an der Vergütung urheberrechtlich erlaubter Nutzungen — 209

Bundesregierung und Bundestag haben gleich nach den EuGH- und BGH-Urteilen zu verstehen gegeben, dass sie auf die entsprechenden EU-Gremien einwirken wollen, um die erforderliche Änderung des Unionsrechts zu erreichen, auf dass dann auch das deutsche Recht angepasst werden kann. Das war offensichtlich erfolgreich. In EG 60 der 2019 verabschiedeten EU-Richtlinie[301] heißt es:

> um die Rechtssicherheit für alle Beteiligten zu erhöhen, gestattet die vorliegende Richtlinie den Mitgliedstaaten, die über Regelungen zur Aufteilung der Ausgleichleistung zwischen Urhebern und Verlagen verfügen, diese beizubehalten. Das ist für Mitgliedstaaten von besonderer Bedeutung, in denen in der Zeit vor dem 12. November 2015 Regelungen zur Aufteilung der Ausgleichsleistung bestanden, auch wenn die Ausgleichsleistung in anderen Mitgliedstaaten nicht aufgeteilt wird und im Einklang mit der nationalen Kulturpolitik ausschließlich dem Urheber ausgezahlt werden muss. Zwar sollte die vorliegende Richtlinie für alle Mitgliedsstaaten in gleicher Weise gelten, doch sollte sie die bisher übliche Praxis in diesem Bereich wahren und jene Mitgliedstaaten, in denen derzeit keine Regelungen zur Aufteilung des Ausgleichs bestehen, nicht zu ihrer Einführung verpflichten. Sie sollte geltende oder zukünftige Regelungen in den Mitgliedstaaten über Vergütungen im Rahmen des Verleihrechts für öffentliche Einrichtungen nicht beeinträchtigen.

In DMS-RL 2019 ist dafür Art. 16 „Ansprüche auf einen gerechten Ausgleich" zuständig. Eine entsprechende verbindliche Umsetzung in das deutsche UrhG ist bislang (Mitte 2020) noch nicht erfolgt. Es gilt in Deutschland bislang weiter die „Notlösung" (freiwilliger Teilverzicht der Urheber zugunsten der Verlage) über das VGG. Anfang 2020 veröffentlichte allerdings die Bundesregierung einen ersten Vorschlag für eine Anpassung des deutschen Urheberrechts an die Vorgaben der 2019 verabschiedeten EU-DSM-RL und forderte die Fachöffentlichkeit auf, dazu Stellung zu nehmen.[302] Der Vorschlag sieht eine zweifache Möglichkeit zur (offensichtlich politisch gewollten) Verlegerbeteiligung vor. Zunächst soll die teilweise Abtretung der Vergütungsansprüche der Urheber in § 27a Abs. 1 VGG erhalten bleiben. Die Regelung in DSM-RL, die aus der Vertragsübertragung der Rechte an einen Verlag „eine hinreichende Rechtsgrundlage für den Anspruch des Verlegers auf einen Anteil am Ausgleich" ableitet[303] wird im Vorschlag der Bundesregierung durch einen neuen Abschnitt 2 in der Schranke § 63a Abs. 1 Satz 1 direkt übernommen.

---

301 Im Amtsblatt der EU vom 17.5.2019: https://bit.ly/2KHYLUW, ab S. 82.
302 Öffentliche Konsultation zur Umsetzung der EU-Richtlinien im Urheberrecht (DSM-RL (EU) 2019/790 und Online-SatCab-RL (EU) 2019/789) – https://bit.ly/2tOW9yK.
303 DSM-RL 2019 Art. 16 Abs. 1: „Die Mitgliedstaaten können festlegen, dass für den Fall, dass ein Urheber einem Verleger ein Recht übertragen oder ihm eine Lizenz erteilt hat, diese Übertragung oder Lizenzierung eine hinreichende Rechtsgrundlage für den Anspruch des Verlegers auf einen Anteil am Ausgleich für die jeweilige Nutzung des Werkes im Rahmen einer Ausnahme oder Beschränkung für das übertragene oder lizenzierte Recht darstellt."

Allerdings will die Bundesregierung diese Schrankenregelung zugunsten der Verlage dadurch einschränken, dass Satz 1 nicht anzuwenden ist, „wenn die Parteien bei der Einräumung des Rechts die Beteiligung des Verlegers an der Vergütung ausgeschlossen haben." Die vielen kritischen Stellungnahmen aus der Verlagswelt (vgl. FN 302)[304] lassen vermuten, dass der Vorschlag der Bundesregierung von Anfang 2020 noch modifiziert werden wird. Ebenso ist zu vermuten, dass der gesamte Themenkomplex der Verlegerbeteiligung in der UrhWissG-Nachfolge-Diskussion um Lizenzierungsplattformen neu diskutiert und reguliert werden wird (vgl. 13.7.2).

Fazit. Die Frage, wer in welcher Höhe einen Anspruch auf Vergütung durch die gesetzlich erlaubten Nutzungshandlungen haben soll, steht in dieser Abhandlung, in der die urheberrechtlichen Regelungen aus der *Perspektive und den Erwartungen von Bildung und Wissenschaft* diskutiert werden, nicht im Vordergrund. Hier wird grundsätzlich die Position vertreten, dass diese Nutzungshandlungen vergütungsfrei sein sollten. Würde diese Forderung eingelöst, könnten die jetzigen Finanzierungsleistungen sowohl der öffentlichen Hand (bei der Bibliothekstantieme) bzw. der Privatwirtschaft (bei der Geräteabgabe) teilweise wegfallen und dadurch auch die Ausschüttungsleistungen der Verwertungsgesellschaften. „Teilweise", weil die Vergütungserwartungen auf den Publikumsmärkten ganz andere sind als in Bildung und Wissenschaft. Auch das spricht für ein gesondertes Wissenschaftsurheberrecht. Entsprechend dem hier verfolgten neuen Paradigma der Vergütungsfreiheit sollte sich der Vergütungsanspruch der Verleger auf die Leistung der Erstellung und der Bereitstellung ihrer Produkte und Dienstleistungen beschränken (angedeutet im PAR-Prinzip von DEAL, vgl. 14.8). Die schwierigen, im Zusammenspiel verschiedener Regulierungsvorhaben kaum durchschaubaren und aufwändig zu realisierenden Vorschläge für Verlegerbeteiligung wirken, wie so vieles im UrhR, aus der Zeit gefallen.

---

304 Kritisch wurde u. a. angemerkt, dass die Regelung eine weitere Einschränkung der Vergütungsansprüche der Urheber mit sich bringe (z. B. Prof. Leonhard Dobusch). Andererseits wurde auch kritisiert, dass die Vergütung (entsprechend § 27 Abs. 2 Satz 2 VGG-E) zu 2/3 an die Urheber und „nur" zu 1/3 an die Verleger gehen soll (Börsenverein). Auch sollte, so VG-WORT, gesichert werden, dass Verlage auch dann Anspruch auf die Ausschüttung der Verwertungsgesellschaften haben, wenn Urheber gar nicht bei der VG WORT einen Vergütungsanspruch anmelden. Verschiedentlich wurde auch bezweifelt (Aktionsbündnis), ob die teilweise Verwendung der Bibliothekstantieme zugunsten der Verlage durch § 27 Abs. 2 UrhG gedeckt sei – in Abs. 2 Satz 1 heißt es nur: „dem Urheber eine angemessene Vergütung zu zahlen" – oder ob die Regelung wirklich kompatibel mit geltendem EU-Recht sei.

8.8 Gesamtfazit zur Vergütung

Vorgaben der EU (InfoSoc 2001, EuGH) deuten darauf hin, dass eine Vergütungsverpflichtung entfallen kann, wenn der Schaden für Rechtsinhaber minimal ist oder wenn schon auf anderem Wege eine Vergütung den Rechtsinhabern zuteilgeworden ist. Das wird teilweise auch durch DSM-RL 2019 bestätigt. Die strikten Vorgaben vom BVerfG für den Anspruch auf angemessene Vergütung liegen überwiegend gut 40 Jahre zurück und müssten kreativ neu ausgelegt werden. Der deutsche Gesetzgeber hat den Spielraum für den Wegfall der Vergütungsverpflichtung nicht ausgenutzt. Das Interesse jeden Autors an freier Nutzung ist höher einzuschätzen als das Interesse an einer Vergütung. Es gibt zwar wirtschaftlich attraktive Sonderfälle (wie Lehr-/Handbücher, Rechtskommentare), bei denen Urheber oft mit einer Vergütung rechnen. Das muss aber nicht über das Urheberrecht bzw. das Urhebervertragsrecht geregelt werden. Eine erneute Vergütung (der primären und sekundären Rechtsinhaber) bei der aktuellen schrankenbasierten Nutzung für Forschungs- und Ausbildungszwecke ist dann nicht angebracht, wenn die entsprechenden Objekte schon vorher von der Bibliothek oder einer anderen Vermittlungseinrichtung gekauft oder lizenziert wurden.

Einnahmen durch schrankenbasierte Nutzungen machen nur einen sehr kleinen Teil der Gesamteinnahmen der Verwertungsgesellschaften aus bzw. nur 4 % der „sonstigen" Einnahmen der Verlage. Der Aufwand für deren Abrechnung ist aus ökonomischer Sicht nicht zu vertreten. Kein Vergütungsanspruch darf für die kulturbewahrenden Leistungen der Bibliotheken, Archive etc., also für Zwecke der Bestandserhaltung, geltend gemacht werden. Die Leitidee, dass das durch öffentliche Finanzierung erstellte Wissen bzw. die daraus erstellten Informationsobjekte frei, also auch vergütungsfrei verfügbar und nutzbar sein sollen, findet immer mehr breite Zustimmung. Vergütung der Rechtsinhaber (Verlage und Autoren) für schrankenbasierte Nutzungen ist in Bildung und Wissenschaft überflüssig und ökonomisch marginal bzw. steht in keinem Verhältnis zum dafür erforderlichen Aufwand. Durch die sich abzeichnende Transformation der Informationsmärkte in Open Access-Märkten (vgl. Kap. 14)[305] und besonders durch das neue, sich immer mehr durchsetzende Paradigma der Nutzungsfreiheit stellt sich die Frage der Vergütung grundsätzlich neu. Der zweifellos gegebene Spielraum auch für den deutschen Gesetzgeber sollte genutzt werden.

---

[305] Vgl. (Hilf/Severiens 2013) Vom Open Access für Dokumente und Daten zu Open content in der Wissenschaft, S. 380 ff.

9 Thesen

Die folgenden Thesen, abgeleitet aus den verschiedenen Kapiteln des ersten Teils dieses Textes, werden im zweiten Teil auf die Analyse der verschiedenen Urheberrechtsreformen in Deutschland von 2003 bis zur Gegenwart angewendet.

(1) Die schon im 19. Jahrhundert sich abzeichnende Kommodifizierung/Verdinglichung von Wissensobjekten entwickelt sich seit etwa 50 Jahren immer stärker, auch mit Blick auf Bildung und Wissenschaft.

(2) Den ökonomischen Interessen der Informationswirtschaft wird im Urheberrecht stärker Rechnung getragen als den Interessen der Allgemeinheit und der Akteure in Bildung und Wissenschaft.

(3) Die politischen Instanzen unterstützen überwiegend eine die kommerzielle Verwertung sichernde Marktsicht auf Wissen und Information. Sie geben nur unzureichend Anreize für die Entwicklung von Organisationsmodellen für die freie Nutzung der Wissensobjekte als Commons.

(4) Den Potenzialen gegenwärtiger Informations- und Kommunikationstechnologie (IKT) und ihrer Anwendungen in Bildung und Wissenschaft wird in Rechtsetzung und Rechtsprechung unzureichend Rechnung getragen.

(5) Das Urheberrecht trägt dem über Leitideen sich entwickelnden Zeitgeist für den Umgang mit Wissen und Information, vor allem für die durch öffentliche Mittel unterstützte Produktion der Wissensobjekte unzureichend Rechnung.

(6) Die Regelungen des Urheberrechts kommen häufig zu spät. Die Realität in Bildung und Wissenschaft, der Technologien, aber auch des allgemeinen moralischen Bewusstseins für den Umgang mit Wissen und Information ist über diese i. d. R. längst hinweggegangen.

(7) Rechtsetzung und Rechtsprechung haben sich immer nur sehr zögerlich gegenüber einer umfassenden Reform des Urheberrechts bzw. des Wissenschaftsurheberrechts verhalten.

(8) Es fehlte zuweilen auch an kreativer Auslegung des bestehenden Rechts, welche erforderlich ist, um sich durch zeitgemäße Interpretationen von unzeitgemäßen, aber als verbindlich angesehenen Vorgaben aus der EU oder von Vorgaben aus der internationalen Urheberrechtsordnung zu befreien.

(9) Optionen zu offeneren Regelungen aus der EU (InfoSoc, aber auch durch den EuGH) werden nur zögerlich genutzt.

(10) Den aktuellen Bedürfnissen, Gepflogenheiten und Erwartungen der in Bildung und Wissenschaft tätigen Akteure wird in der Rechtsetzung und (weniger stark) in der Rechtsprechung nur unzureichend entsprochen.

(11) Das Urheberrecht ist für Bildung und Wissenschaft (und für die auf diese Bereiche zuarbeitenden Bibliotheken) eher zu einem behindernden als zu einem befördernden Instrument geworden ist.
(12) Die Priorität der wirtschaftlichen Verwertung wurde lange Zeit vor allem durch ein restriktives Verständnis des Drei-Stufen-Tests begünstigt. Dieser Test ist nicht mehr als Maßstab für Nutzungsregelungen in Bildung und Wissenschaft geeignet.
(13) Die als nicht verhandelbar angesehene Einheitlichkeit des Urheberrechts hat die Entwicklung eines eigenständigen Wissenschaftsurheberrechts verhindert, obwohl die Produktions- und Nutzungssituationen auf den allgemeinen Publikumsmärkten in wesentlichen Teilen ganz andere sind als die in Bildung und Wissenschaft.
(14) Das Festhalten an dem individuellen Schöpferprinzip, zusammen mit dem daraus abgeleiteten individuellen Eigentumsanspruch, geht an der Realität der Produktion und der Nutzung von Wissen und Information in Bildung und Wissenschaft vorbei.
(15) Das dogmatische Festhalten an der (monistischen) Untrennbarkeit der persönlichkeitsrechtlichen und verwertungsrechtlichen Befugnisse der Urheber ist für Bildung und Wissenschaft nicht zielführend.
(16) Das Festhalten am abgeschlossenen unveränderbaren Werk wird der Realität der offenen, kollaborativen Produktion von Wissensobjekten nicht gerecht.
(17) Das Verständnis von Wissensobjekten als Immaterialgüter ist eine Fiktion, die aber immaterielle Objekte (Wissensobjekte) zu regulierbaren und handelbaren Gütern macht. Das Urheberrecht verfolgt über weite Strecken eine Als-ob-Strategie.
(18) Die starke Berücksichtigung individueller Interessen im Urheberrecht, gekoppelt mit der im Urheberrecht möglichen Übertragung der Verwertungsrechte als Nutzungsrecht an kommerzielle Verwerter, führt zur Verknappung selbst für das in öffentlich finanzierten Umgebungen produzierten Wissen.
(19) Den Interessen der Öffentlichkeit (einschließlich der allgemeinen Wirtschaft) wäre besser gedient, wenn das Urheberrecht nicht nur ein individuelles, sondern auch ein institutionelles Verwertungsrecht vorsehen würde.
(20) Die Akteure in Bildung und Wissenschaft organisieren die informationelle Absicherung ihrer Tätigkeiten (in Forschung und Lehre) unabhängig vom Urheberrecht, zum Teil sogar unter (bewusster oder unbewusster) Nicht-Beachtung des Urheberrechts.

Teil II: **Urheberrechtsreformen vom Ersten Korb (2003) bis zum UrhWissG (2018)**

10 Die Urheberrechtsreformen von 2003 und 2008

Die Reform von 2003 wird als Erster Korb und die von 2008 als Zweiter Korb bezeichnet. Die dort im Gesetz verankerten Regelungen für den Umgang mit Wissen und Information bezogen sich überwiegend auf Bildung und Wissenschaft. Dies trifft vor allem für den 2003 eingeführten § 52a zu, der verschiedentlich, aber doch irreführend schon als (allgemeine) Wissenschaftsschranke bezeichnet wurde. Auch andere Regelungen, wie die in den §§ 52b und 53a, die den Spielraum von Vermittlungsorganisationen wie Bibliotheken an die Möglichkeiten der Informations- und Kommunikationstechnologien und die Erwartungen ihrer Nutzer anpassen sollten, sind in erster Linie auf Bildung und Wissenschaft bezogen. Diese Paragraphen sind mit den 2018 Gesetz gewordenen neuen §§ 60a–60h des UrhWissG aufgehoben worden (vgl. Kap. 13). Das heißt nicht, dass alle Regelungen dieser Normen nun gänzlich ungültig geworden sind. Viele davon bestehen in den neuen Paragraphen zum Teil weiter bzw. wurden modifiziert und damit auch etwas praxistauglicher bzw. rechtssicherer gemacht. Diese alten Paragraphen (52a, 52b und 53a) sind im Anhang dokumentiert.

Daher wird hier auch auf diese Reformen des Ersten und Zweiten Korbs in der gebotenen Kürze eingegangen (ausführlicher vgl. Kuhlen 2008)[306] Auch gestrichene Paragraphen des Gesetzes sind keineswegs nur der Schnee von gestern. Sie gehören zur Geschichte des Wissenschaftsurheberrechts in Deutschland. Aber es ist nicht nur die Geschichte, die hier interessiert. Vielmehr können gerade aus der Gesetzgebung des Ersten und Zweiten Korbs bzw. aus den der Gesetzgebung vorausgegangenen Auseinandersetzungen und aus den dann folgenden gerichtlichen Entscheidungen zu strittigen Auslegungsfragen die meisten der in Kap. 9 zusammengestellten Thesen bestätigt werden. Die Thesen (Kap. 9) behalten im Übrigen ihre Gültigkeit bis hin zur letzten Reform des UrhWissG und werden daher die Diskussion bis zum Ende dieses Textes begleiten. Die Defizite der im Ersten und Zweiten Korb verabschiedeten, auf Bildung und Wissenschaft bezogenen Normen werden im Folgenden zusammengefasst.[307] Im Mittelpunkt stehen dabei in erster Linie § 52a aus dem Ersten Korb und die §§ 52b und 53a aus dem Zweiten Korb:

Vor allem in den §§ 52a und 52b haben *unbestimmte Rechtsbegriffe* wie „veröffentlichte kleine Teile eines Werkes", „Werke geringen Umfangs" sowie „einzelne

---

306 (Kuhlen 2008) Erfolgreiches Scheitern.
307 Die Defizite der Reformen 2003 und 2008 aus Sicht der Länder (Pflüger Zum 2016, 487): „ein Flickenteppich nicht aufeinander abgestimmter Schrankenregelungen", „Vielzahl unklarer Rechtsbegriffe"; zudem: „rechtstatsächlich eine weitgehende Marginalisierung des Schrankenregimes der Körbe 1 und 2".

Open Access. © 2020 Rainer Kuhlen This work is licensed under a Creative Commons Attribution 4.0 License. https://doi.org/10.1515/9783110693447-010

Beiträge aus Zeitungen oder Zeitschriften" große Rechtsunsicherheit bewirkt. Auch haben viele Einzelregelungen in ihnen zu Klagen der Verleger gegen nach ihrer Meinung zu weitgehenden Nutzungsangeboten der Bibliotheken geführt: Diese Verfahren erstreckten sich i. d. R. über viele Jahre, bis sie dann vom BGH und zum Teil sogar erst durch den EuGH entschieden bzw. dann an die zuständigen Landes- oder Oberlandesgerichte zurückverwiesen wurden. Als unglücklich erwiesen sich auch, wie schon in 2.3 erwähnt, vage Formulierungen wie „Veranschaulichung im Unterricht", wobei die Präposition „im" von Kritikern des § 52a oft wortwörtlich genommen wurde, bis dann (nach mehr als 10 Jahren) durch den BGH geklärt wurde, dass im Grunde „des" Unterrichts gemeint sei, weil sonst die gesamte Regelung keinen Sinn ergebe. Seitdem ist klar, dass auch Vor- und Nachbereitung des Unterrichts sowie Prüfungsvorbereitungen durch § 52a mit gedeckt sind, und so wurde das schließlich auch im UrhWissG 2018 verstanden.

Ob Folgehandlungen wie Speichern und Ausdrucken von digitalen Materialien, die von den Bibliotheken entsprechend § 52b bereitgestellt wurden, erlaubt waren oder nicht, war lange Zeit ebenfalls ungewiss. Klagen, die Verlage gegenüber entsprechenden Nutzungshandlungen von Bibliotheken (letztlich erfolglos) angestrengt hatten, gingen ebenfalls durch alle Instanzen über mehrere Jahre, bis dann im Zusammenspiel von BGH und EuGH entschieden wurde, dass die Berücksichtigung solcher Folgehandlungen im Urheberrecht vorgesehen werden könnten (vgl. 10.1.3).

Viele Regelungen trugen schon zur Entstehungszeit dem technologischen Stand nicht Rechnung, wie z. B., dass für den Kopienversand für Bibliotheken, wie schon zu Beginn erwähnt, nur grafische Dateien (Faksimile) verschickt werden dürfen (entsprechend § 53a), also keine voll-digitalen Dateien, welche die Weiterverarbeitung oder Volltextsuche erlauben würden. Es hat dann noch weitere 15 Jahre gedauert, bis dies im UrhWissG 2018 aufgegeben wurde. Zu den Regelungen, die entgegen den technologischen Potenzialen formuliert sind, die aber nach Ansicht des Gesetzgebers durch die Vorgaben der EU als zwingend angesehen wurden, gehörte auch die Vorschrift in § 52b, dass digitalisierte Objekte aus dem Bestand der jeweiligen Bibliothek nur an den Leseplätzen (!) in den Räumen der Bibliothek eingesehen werden dürfen – obgleich heute jeder berechtigte Nutzer über die Netzwerke von Orten seiner Wahl (z. B. über VPN) Zugriff haben könnte bzw. sollte. Diese Einschränkung hat weiter bis heute Bestand, obgleich schon in der Planung der neuen EU-Urheberrechtsrichtlinie von 2016 (beschlossen dann 2019) deutlich wurde, dass die EU-Kommission Zweifel an der Berechtigung dieser unzeitgemäßen Restriktion hatte. Unklar blieb, ob und inwieweit vertragliche Lizenzangebote Priorität gegenüber den Nutzungserlaubnissen in den Schrankenregelungen haben sollen. Unklar ist auch geblieben, in welcher Form (pauschal oder individuell) die in den Normen vorgesehenen Vergütungen geregelt werden sollen.[308] Beides wurde erst 2018 mehr oder weniger verbindlich entschieden. Die meisten dieser Einschränkungen der Schrankenregelungen, die aus heutiger Sicht in ihrer Kleinlichkeit und Unzeitgemäßheit schwer nachvollziehbar sind, hätten mit etwas mehr kreativer Hermeneutik vermieden werden können. Tatsächlich sind sie aber wohl in erster Linie der Sorge der Verleger bzw. dem intensiven und weitgehend erfolgreichen Lobbying ihrer Interessenvertreter quer durch alle Medien geschuldet – vor allem dem Lobbying des traditionell die Printmedien repräsentierenden Börsenvereins des deutschen Buchhandels. Sie wollten sich gegen die ihrer Ansicht nach zu intensive, genehmigungsfreie Nutzung der von ihnen auf den Markt gebrachten Werke wehren.

10.1 § 52a UrhG – ein unzureichender Versuch für eine Wissenschaftsschranke

Im Zentrum des Ersten Korbs (Gesetz geworden am 13.9.2003[309]) stand aus Sicht von Bildung und Wissenschaft § 52a Öffentliche Zugänglichmachung für Unterricht und Forschung (Text in 17.2.1). § 52a wurde trotz zum Teil heftiger Kritik an einigen Detailregelungen in der weiteren Fachöffentlichkeit durchaus als EU-weite erste Umsetzung von InfoSoc 2001 Art, 5, 3, a gewürdigt.[310] § 52a wurde als Versuch verstanden, über eine Schrankenregelung zugunsten von Bildung und Wissenschaft den veränderten Rahmenbedingungen der Digitalisierung für so gut wie allen Prozesse von Wissen und Information Rechnung zu tragen.

10.1.1 § 52a hätte auch ganz anders aussehen können

Wäre die parlamentarische Beratung tatsächlich der ersten Vorlage für § 52a durch den RefE des damaligen BMJ gefolgt, dann hätte § 52a wirklich die Chance gehabt,

---

308 Die Kontroverse um pauschale Vergütung oder einzelfallbezogene Nutzung hatte Ende 2016 zu einem heftigen Konflikt an den Hochschulen geführt, der vorübergehend durch die Rücknahme des zwischen KMK und VG WORT abgeschlossenen Rahmenvertrags zunächst einmal ausgesetzt wurde. Dieser Rahmenvertrag hatte eine Individualvergütung vorgesehen, die von den Hochschulen als unzumutbar zurückgewiesen wurde. Dieser Streit ist jetzt durch das UrhWissG zugunsten der Pauschalvergütung (zumindest vorübergehend) entschieden worden (vgl. 8.6).
309 Gesetz im Bundesanzeiger 10.9.2003 – https://bit.ly/2sieBiq.
310 "3. Member States may provide for exceptions or limitations to the rights provided for in Articles 2 and 3 in the following cases: (a) use for the sole purpose of illustration for teaching or scientific research, as long as the source, including the author's name, is indicated, unless this turns out to be impossible and to the extent justified by the non-commercial purpose to be achieved" – InfoSoc 2001 – https://bit.ly/3a6O0pL.

als erste umfassende Wissenschaftsschranke, als „Prototyp einer Bildungs- und Wissenschaftsschranke" (ZUM 2016, 485) zu gelten. Hier der sehr knappe, aber umfassende Vorschlag des damaligen BMJ:

> § 52a Öffentliche Zugänglichmachung für Unterricht und Forschung
> (1) Zulässig ist, veröffentlichte Werke
> 1. zur Veranschaulichung im Unterricht ausschließlich für den bestimmt abgegrenzten Kreis von Unterrichtsteilnehmern oder
> 2. ausschließlich für einen bestimmt abgegrenzten Kreis von Personen für deren eigene wissenschaftliche Forschung öffentlich zugänglich zu machen, soweit die Zugänglichmachung zu dem jeweiligen Zweck geboten und zur Verfolgung nicht kommerzieller Zwecke gerechtfertigt ist.

Die gesamte Bundesregierung (Koalition SPD, Grüne/Bündnis 90) schloss sich dem in ihrer *ersten* Vorlage am 16. August 2002 an. Es kam dann aber nach den parlamentarischen Beratungen, vor allem denen im Rechtsausschuss, ganz anders. Aus den „Werken" wurde dann „veröffentlichte kleine Teile eines Werkes, Werke geringen Umfang sowie einzelne Beiträge aus Zeitungen oder Zeitschriften". Solche Einschränkungen, wie auch die enge Interpretation von „im Unterricht" (also nicht den Unterricht begleitend) und das Verbot von Folgehandlungen wie Drucken und Speichern entsprachen dem damaligen, auf Verknappung und auf Schutz der kommerziellen Verwertung ausgerichteten Zeitgeist.

Man kann keineswegs davon ausgehen, dass die Juristen im damaligen BMJ sich der unionsrechtlichen Vorgaben aus der InfoSoc Richtlinie von 2001 nicht bewusst gewesen wären. Einige von ihnen waren ja über lange Jahre an der Entstehung dieser EU-Richtlinie selbst aktiv beteiligt. Sie haben in voller Kenntnis dieser Richtlinie ihren Vorschlag in die parlamentarische Debatte eingebracht. Das seitdem immer wieder vorgebrachte Argumente aus der Politik, „man würde ja gerne größere Nutzungsfreiheiten für Bildung und Wissenschaft erlauben, allein die EU-Vorgaben erlaubten das nicht" kann angesichts dieser Vorgabe des RefE nicht überzeugen. Für die nationale positive Gesetzgebung hat es an vielen Stellen bezüglich der Umsetzung von EU-Vorgaben großer Spielraum gegeben ("left ample manoeuvre for the Member States" – FN 311). Die EU-Kommission wies selbst, allerdings erst 2016,[311] mit Hinweis auf eine von ihr in Auftrag gegebene Studie darauf hin, dass Einschränkungen (wie im deutschen UrhG dann bei § 52a erfolgt) durch die Schranke InfoSoc 2001 Art. 5, 3, a nicht zwingend sind:

---

311 In dem Dokument Commission Staff Working Document Impact Assessment on the modernisation of EU copyright rules (Brussels, 14.9.2016 SWD(2016) 301 final). Accompanying the document Proposal for a Directive of the European Parliament and of the Council on copyright in the Digital Single Market. Part 2/3.

> The open-ended content of [this exception] left ample manoeuvre for the Member States to enact the conditions under which the exception could be enjoyed. Nothing prevents domestic laws to further define the beneficiaries, the types and quantities of works that can be used, as well as the type of use.[312]

Aus den EU-Vorgaben, wie in diesem Fall InfoSoc 2001 Art. 5, 3 a, sind also die oben erwähnten Einschränkungen in § 52a nicht zwingend abzuleiten. Auch zeigten die der Verabschiedung folgenden gerichtlichen Auseinandersetzungen, dass keineswegs die in § 52a (ebenso in 52b und 53a) festgeschriebenen Annahmen wie in Stein gemeißelt gültig sein müssen. Spektakulär und folgenreich war vor allem das Urteil des BGH vom 28.11.2013 (I ZR 75/12 – Meilensteine der Psychologie), durch das der langjährige Rechtsstreit (Landgericht Stuttgart vom 27. September 2011 und Oberlandesgerichts Stuttgart vom 4. April 2012) zwischen dem klagenden Meiner-Verlag und der Fernuniversität Hagen entschieden wurde.

10.1.2 Das Ende des „im" in § 52a-Alt

Gesetze dürfen nicht immer wortwörtlich für bare Münze genommen werden. Ob die Formulierung „Veranschaulichung im Unterricht" nur durch ein Versehen oder auf Grund von erfolgreichen Lobbying aus Verlagsinteresse ins Gesetz genommen wurde, ist nicht mehr festzustellen. Auf jeden Fall wurde über 10 Jahre hinweg um die Präpositionspriorität gestritten. Dem allen hat der BGH schließlich ein Ende bereitet und damit auch den gesetzlichen Weg für das fast 15 Jahre spätere UrhWissG 2017/2018 geöffnet:

> Das „im Unterricht" ist allerdings [...] nicht durch die zeitlichen und räumlichen Grenzen des Unterrichts beschränkt, sondern kann sich auf andere Zeiten (wie die Vor- oder Nachbereitung des Unterrichts) und Orte (etwa den häuslichen Arbeitsplatz) erstrecken. [...] Im Übrigen wäre die Vorschrift praktisch bedeutungslos, wenn ein Zugänglichmachen nur während des Unterrichts zulässig wäre.[313]

Eine bloß semantische Interpretation einer Präposition reicht nicht aus, um den Sinn eines Gesetzes zu verstehen. Das leistet besser eine teleologischen Auslegung – das ist entsprechend der Semiotik die pragmatische Dimension von sprachlichen Ausprägungen auch in Gesetzen. Allzu groß oder weiterführend war diese Umin-

---

312 (Triaille et al. 2103) Study on the application of Directive 2001/29/EC on copyright, S. 380.
313 So sensationell ist das nicht, denn nach der Definition der öffentlichen Zugänglichmachung in § 19a UrhG, welche ja gerade auch in § 52a erlaubt sein soll, muss „der Abruf urheberrechtlich geschützter Werke durch die Nutzer jederzeit und an jedem Ort möglich sein" (Hoeren 2011) Kleine Werke?, hier: S. 371.

terpretation des „im" zum „des" oder „für" aber dann doch nicht. Hätte bei der Gelegenheit nicht auch der Schritt von der didaktisch unzeitgemäßen, exklusiv lehrebezogenen Einschränkung „zur Veranschaulichung des Unterrichts" zu einer zeitgemäßen Öffnung getan werden könne, nämlich für nicht kommerzielle Zwecke von *Lehr- und Lernprozessen* an Bildungseinrichtungen (vgl. Kreutzer/Hirche 2017)?[314] Nicht nur das Lehren, sondern auch das Lernen sollte durch die Urheberrechtsschranke unterstützt werden. Lernen wird weiter von den anregenden Vorgaben der Lehrenden unterstützt. Aber zunehmend ermuntern oder fordern sogar Lehrende, besonders bei E-Learning- und Fernkursen, das selbständige Recherchieren und Einbringen einschlägiger Literatur. Im Sinne des kollaborativen Lernens (Kerres/Jechle 2001)[315] ist es bei solchen Kursen auch erwünscht, dass nicht nur der recherchierende Lernende davon Nutzen zieht, sondern dass er die Ergebnisse seiner Recherchen auch in den elektronischen Pools des Kurses einspeist und damit für allen anderen in dem Kurs zugänglich macht.

10.1.3 Der Streit um die akzessorischen Rechte des Druckens und Speicherns

Vergleichbar der Diskussion um „im Unterricht" oder „für den Unterricht" bzw. „des Unterrichts" wurde auch intensiv darüber gestritten, ob die erlaubt einsehbaren Werke oder Teile von ihnen ausgedruckt und/oder gespeichert werden dürfen. Speichern oder Drucken, sogenannte akzessorische Rechte, sind selbstverständliche zeitgemäße Grundfunktionen beim Umgang mit Wissen und Information. Wenn eine Schranke, wie § 52a, die öffentliche Zugänglichmachung (im definierten Umfang) zulässt, dann sollten, so sollte man annehmen, auch die entsprechenden Folgehandlungen erlaubt sein, auch wenn diese im Gesetzestext nicht explizit erwähnt sind. Aber hier ist die Hürde einer an sich naheliegenden teleologischen bzw. pragmatischen Interpretation des Gesetzes etwas höher als bei dem „Im"-Problem. Auch hier hat es mehr als 10 Jahre gedauert, bis dann über den BGH, nach unterschiedlichen Rechtsauslegungen durch die beteiligten Landes- und Oberlandesgerichts, eine verbindliche Klärung zugunsten der Erlaubnis der erwähnten Folgehandlungen zustande kam. Allerdings fiel die Klärung bei § 52a etwas anders aus als für § 52b (s. unten).

Mit Blick auf § 52a hatte ein Verlag (Kröner) gegen eine als zu weitgehend angesehene Auslegung von § 52a durch die Fernuniversität Hagen geklagt. Kröner war der Ansicht, dass die Bibliotheken für ihre digitalen Semesterapparate dafür

---

314 (Kreutzer/Hirche 2017) Rechtsfragen zur Digitalisierung in der Lehre.
315 (Kerres/Jechle 2001) Didaktische Konzeption des Tele-Lernens. Das UrhWissG hat 2018 in §60a, Abs. 1, 1 schließlich auch die Teilnehmer an Lehrveranstaltungen begünstigt. (vgl. 13.2.1)

Sorge hätten tragen müssen, dass die nach § 52a bereitgestellten Materialien durch die Studierenden weder ausgedruckt noch gespeichert werden können. In seinem Urteil von November 2013[316] befand der BGH, dass auch bei Folgehandlungen entsprechend § 52a das Vervielfältigen (durch Ausdrucken und Speichern) erlaubt ist. Zunächst räumte der BGH ein, dass § 52 nur das Zugänglichmachen explizit erlaubt sei, aber nicht das Vervielfältigen. Aber das bedeute nicht, dass ein Zugänglichmachen nicht zulässig ist, wenn eine anschließende Vervielfältigung ermöglicht wird. § 52a sagt nichts über Vervielfältigungen aus (weder dafür noch dagegen). Gegen Vervielfältigen wurde vor allem der Drei-Stufen-Test ins Spiel gebracht. Drucken und Speichern verstoße, so in der Klage, gegen die zweite Stufe des Tests, also gegen die normale kommerzielle Verwertung. Der BGH sah allerdings das nicht als gegeben an, da die normale Verwertung durch die Beschränkung der Zugänglichmachung auf kleine Teile in § 52a nicht beeinträchtigt werde.[317] Der BGH war sich in seiner Entscheidung so sicher, dass er keine Notwendigkeit sah, den EuGH um Klärung der unionsrechtlichen Kompatibilität zu bitten. Zu einer endgültigen Entscheidung im gesamten Fall – der BGH hatte das Verfahren an das Revisionsgericht in Stuttgart zurückverwiesen – ist es übrigens nicht mehr gekommen. Das UrhWissG hatte dann die Meinung des BGH bei § 60a und § 60c und teilweise auch bei § 60e mit etwas erweiterten Einschränkungen übernommen (vgl. Abschnitte 13.2.1, 13.2.3 und 13.2.5); trotzdem, ein kleiner Zwischensieg für kreative Hermeneutik.[318]

Bei § 52b-Alt kam der BGH bezüglich des Druckens und Speicherns zu einer etwas anderen Einschätzung, auf die hier, vor allem wegen der Begründung, die fern von jeder wissenschaftlichen Praxis war, noch etwas näher eingegangen werden soll. Anlass des ersten BGH-Urteil von 2013 in dieser Sache (nach vorangegangenen Urteilen des Landgerichts Frankfurt und die darauffolgende Revision vom 16.3.2011) war eine Klage (Ulmer vs. TU Darmstadt – Elektronische Leseplätze) gegen die Reichweite der durch die Universitätsbibliothek ermöglichten Nutzung zunächst von § 52b-Alt UrhG. Der BGH hatte dann aber 2013 sein Verfahren erst einmal ausgesetzt und zur Lösung der dabei aufgetretenen unionsrechtlichen

---

316 BGH I ZR 76/12 vom 26.11.2013 – https://bit.ly/2Mt37Bg.
317 Der BGH verstand kleine Teile als 12 % des Gesamttextes, allerdings höchstens nur 100 Seiten.
318 Allerdings wurde in dem Urteil des BGH auch zunächst festgeschrieben, dass die öffentliche Zugänglichmachung (z. B. auf Lernplattformen) gemäß § 52a Abs. 1 Nr. 1 UrhG nicht geboten sei, wenn der Hochschule vom Rechtsinhaber eine angemessene Lizenz für die fragliche Nutzung angeboten wurde. Das allerdings wurde 2018 vom Gesetzgeber nicht so gesehen. Er räumte über § 60e Schrankenregelungen den Vorrang vor vertraglichen Angeboten ein. Aber auch das wird in den Nachfolgediskussionen über Planungen zu einer Lizenzierungsplattform wieder auf die Tagesordnung kommen (zur Lizenzierungsplattform vgl. 13.7.2).

Probleme der EuGH um Klärung gebeten. Das geschah dann 2014. Der BGH folgt der EuGH-Einschätzung 2015. Der Klage wurde in den wesentlichen Teilen nicht stattgegeben.

Aus den vielfältig dabei behandelten Problemen[319] wird im Folgenden vor allem auf die Annexhandlungen des Druckens und Speicherns eingegangen. Dass der BGH eine Normübertragung durchaus elegant-kreativ zu nutzen verstanden hat, zeigte sich an diesem Streit um diese akzessorischen Rechte. Auch in § 52b war nur von Zugänglichmachung die Rede ist, also vom Recht der Bibliothek auf (elektronische) Wiedergabe von Werken, die sie aus ihrem Bestand digitalisiert hatte. Strittig war nun in der Klage, ob durch § 52b die akzessorische Rechte des Speicherns und Ausdruckens als erlaubt anzusehen sind. Die Bibliothek der TU Darmstadt sah sich berechtigt, den Nutzern die Möglichkeit zu geben, das Werk ganz oder teilweise auf Papier auszudrucken bzw. auf einem USB-Stick zu speichern, so dass sie nicht nur auf die Ansicht des Textes vor Ort angewiesen waren, sondern ihn in analoger oder elektronischer Form mit sich nehmen konnten, wohin auch immer sie wollten.

In dem ersten BGH-Urteil zu § 52b vom 20.9.2012 hatte der BGH Bedenken gegenüber dem Speichern von vollständigen digitalisierten Werken geäußert und dieses untersagt. Aber das Ausdrucken schien ihm erlaubt zu sein. Wie der BGH zu dieser Differenzierung von Drucken und Speichern (ersteres erlaubt, zweites untersagt) gekommen ist, ist ein Musterbeispiel dafür, dass Gerichten die Nutzungsgewohnheiten und die Praxis des wissenschaftlichen Arbeitens eher fremd sind.[320] Das soll hier vollständig zitiert werden:

---

319 Geklärt werden musste z. B. auch das Problem, ob Bibliotheken überhaupt das Recht haben, Werke aus ihrem Bestand zu digitalisieren. In der EU-Vorgabe in Art. 5 Abs. 3 lit. n InfoSoc 2001 war nur von „öffentlicher Wiedergabe" die Rede. Das erschien dem BGH 2013 so schwierig, dass er den EuGH die Frage stellt, ob diese Digitalisierung mit der unionsrechtlichen Vorgabe) kompatibel sei. Der EuGH bejahte diese Frage mit teleologischer Begründung: „Dieses Recht zur Wiedergabe von Werken, das den in Art. 5 Abs. 3 lit.n der Richtlinie 2001/29 genannten Einrichtungen wie öffentlich zugänglichen Bibliotheken in den tatbestandlichen Grenzen dieser Bestimmung zusteht, drohte einen großen Teil seines sachlichen Gehalts und sogar seiner praktischen Wirksamkeit zu verlieren, wenn diese Einrichtungen kein akzessorisches Recht zur Digitalisierung der betroffenen Werke besäßen." Der BGH übernahm das dann fast wortwörtlich in seiner Endentscheidung von 2015 (Urteil des I. Zivilsenats vom 16.4.2015 – I ZR 69/11).
320 Thomas Hartmann bezeichnete es in seinem Kommentar zu diesem 52b-BGH-Urteil BGH als „ungewöhnlich, wenn der *BGH* bestimmte wissenschaftliche Nutzungen als unerlässlich, andere als nachgeordnet bewertet." In diesem Fall Ausdrucken als unerlässlich erlaubt – Speichern als nachgeordnet und nicht erlaubt. Vgl. EuGH-Vorlage zur Zulässigkeit elektronischer Leseplätze in Bibliotheken – Elektronische Leseplätze mit einer Anmerkung von Thomas Hartmann. GRUR 2013, S. 513.

10.1 § 52a UrhG – ein unzureichender Versuch für eine Wissenschaftsschranke — 225

> Die Bestimmung des Art. 5 III lit. n der Richtlinie 2001/29/EG soll es den in dieser Regelung genannten Einrichtungen gestatten, die Werke ihres Bestands zu Zwecken der Forschung und privater Studien zugänglich zu machen. Ein wissenschaftliches Arbeiten mit Texten ist nach heutigem Verständnis in der Regel nur dann in zweckentsprechender Weise möglich, wenn wichtige Passagen eines Textes markiert und mit Anmerkungen versehen und die entsprechenden Textauszüge zum weitergehenden Studium aus der Bibliothek mitgenommen werden können. Ein sinnvolles Arbeiten mit auf Terminals wiedergegebenen oder zugänglich gemachten Texten zu Zwecken der Forschung und privater Studien setzt daher die Möglichkeit zum Ausdrucken und Bearbeiten der Texte voraus.[321]

Vor allem die Begründung des BGH für das Ausdrucken geht an der in Bildung und Wissenschaft tatsächlichen und selbstverständlich gewordenen Praxis der Arbeit mit elektronischen Texten vorbei. Sollte sich nicht auch ein BGH auf die sich in elektronischen Räumen längst entwickelte Wissenschafts- und Lehr- und Lernpraxis einlassen? Am Ende war sich der BGH offensichtlich nicht sicher, ob Drucken in der Auslegung des deutschen § 52b wirklich mit dem Unionsrecht verträglich ist und ob vielleicht Speichern doch erlaubt sein sollte, und stellte, neben anderen Fragen, die folgende Frage an den EuGH: „Dürfen die von den Mitgliedstaaten gem. Art. EWG_RL_2001_29 Artikel 5 EWG_RL_2001_29 Artikel 5 Absatz III lit. n der Richtlinie 2001/29/EG vorgesehenen Rechte so weit reichen, dass Nutzer der Terminals dort zugänglich gemachte Werke auf Papier ausdrucken oder auf einem USB-Stick abspeichern können?"

Der EuGH[322] beantwortete die Frage diplomatisch und kreativ zugleich. Nach seinem Verständnis von Art. 5 Abs. 3 lit. n der weiterhin gültigen InfoSoc-Richtlinie von 2001 könne aus dem Recht der Wiedergabe (wie in § 52b vorgesehen) zwar nicht das akzessorische Recht der Vervielfältigung hergeleitet werden kann. Drucken und Speichern sind im Urheberrecht Vervielfältigungsvorgänge und „sind nicht erforderlich, um dieses Werk den Nutzern auf eigens hierfür eingerichteten Terminals unter Einhaltung der in diesen Bestimmungen festgelegten Voraussetzungen zugänglich zu machen" (RN 54). Allerdings, so folgert der EuGH aus Art. 5 Abs. 2 lit. a oder b der InfoSoc-Richtlinie, könnten solche Handlungen wie Drucken und Abspeichern „durch die nationalen Rechtsvorschriften zur Umsetzung der Ausnahmen und Beschränkungen dieser Richtlinie gestattet sein, sofern im Einzelfall die in diesen Bestimmungen festgelegten Voraussetzungen erfüllt sind" (RN 57). Das ist – durchaus generalisisierbar – eine wichtige Aufforderung auch an den deutschen Gesetzgeber, von seinem großen Spielraum bei der Formulierung positiver Gesetze weitgehend und der Praxis angemessen Gebrauch zu machen.

---

[321] BGH GRUR 2013, 506, Tz. 30.
[322] EuGH Rechtssache C-117/13 vom 11.9.2014 – https://bit.ly/1G7KBRG.

Der BGH wollte offenbar darauf nicht warten. Er hat im April 2015[323] die Ausführungen des EuGH weit ausgelegt und ist in dieser Sache selbst aktiv geworden und hat damit sozusagen die politische Initiative übernommen. Direkt auf Formulierungen aus § 52b konnte er sich wohl nicht berufen. Aber er sah keine Notwendigkeit, dass die Bibliotheken von sich aus die Möglichkeit von Ausdrucken und Speichern aktiv verhindern, also die Terminals so restriktiv ausstatten müssten, dass Drucken und vor allem Speichern nicht möglich ist. Diese Lösung des Problems wurde durch die Zusammenschau von zwei Normen möglich. Vervielfältigungen, also auch Drucken und Speichern elektronischer Materialien, sind nach § 53 UrhG zum privaten Gebrauch erlaubt.[324] Vorrang hatte für den BGH offensichtlich § 53 Privatkopie, der solche Vervielfältigungshandlungen erlaubt.[325]

Gegen das Urteil des BGH wurde schweres Geschütz aufgefahren. Der Börsenverein kritisierte den Tag der Entscheidung als „schwarzen Tag für Forschung und Lehre an deutschen Hochschulen … Für die Verlage komme diese Auslegung des Urheberrechtsgesetzes einer vollständigen Enteignung gleich."[326] Es werde geprüft, ob zusammen mit dem Verleger Ulmer eine Verfassungsbeschwerde eingelegt werden sollte. Entsprechend einem Artikel in buchreport vom 21.10.2015 erhob Ulmer tatsächlich eine Verfassungsbeschwerde gegen das BGH Urteil: „Dass Autoren heute dulden müssen, dass Richter in ihre Grundrechte eingreifen und weder die selbstverständliche Abwägung über die Notwendigkeit und Gebotenheit einer Enteignung vornehmen noch den Enteigneten dafür eine Entschädigung zusprechen, ist nicht hinnehmbar."[327] Wie die meisten Verfassungsbeschwerden wurde auch diese aber nicht weiterverfolgt.

Einiges von dem BGH-Urteil ist inzwischen nur Geschichte: § 53 Abs. 2, 1, das Recht der Privatkopie zum „eigenen wissenschaftlichen Gebrauch", ist durch das zum 1.3.2018 gültig gewordene UrhWissG gestrichen worden, zudem die Erlaubnis zur Vervielfältigung von Zeitungsbeiträgen in § 53, (2), 4, a. Neue Nutzungsregelungen für Wissenschaft und Bildung sind nun in den beiden §§ 60a und 60c festgelegt, welche Teile aus §§ 53, 52a und 52b modifizierend, erweiternd, aber auch

---

323 Urteil des I. Zivilsenats des BGH vom 16.4.2015 – I ZR 69/11 – https://bit.ly/2Zgo9Jh.
324 „Ein Ausdrucken oder Abspeichern von an elektronischen Leseplätzen bereitgestellten Werken kann in vielen Fällen als Vervielfältigung zum privaten oder sonstigen eigenen Gebrauch nach § 53 UrhG zulässig sein." (ebda. FN 323).
325 Allerdings sehr viel gewonnen war dadurch auch nicht: Die Vervielfältigungshandlungen zum eigenen Gebrauch sind entsprechend § 53, (2), 4, a und b, nur erlaubt für „kleine Teile eines erschienenen Werkes" (das aber nur, wenn es schon mehr als zwei Jahre vergriffen ist), aber dann doch für ganze Beiträge in Zeitschriften oder Zeitungen.
326 Kritik des Börsenvereins an BGH-Urteil zum § 52b. Börsenblatt 17.4.2015 – https://bit.ly/31NoiBJ.
327 Ulmer erhebt Verfassungsbeschwerde. Quelle: buchreport 21.10.2015 – https:// /2MsceSP.

eingrenzend integrieren. Speichern und Ausdrucken sind durch das UrhWissG in den auf Bildung und Wissenschaft bezogenen Schrankenregelungen erlaubt – allerdings ist das immer wieder mit Einschränkungen verbunden. Trotzdem auch dies ein kleiner verzögerter Sieg von kreativer Hermeneutik.

Zwischenfazit. Wie immer auch versucht wurde, sei es durch die Regelungen im Zweiten Korb oder 2017/18 durch die im UrhWissG, den Umfang der erlaubten Folgehandlungen wie Drucken oder Abspeichern festzulegen, das Ergebnis ist wenig tauglich für Praxis in Bildung und Wissenschaft und auch unbrauchbar für die Bibliotheken, die diese Festlegungen umsetzen müssen. Unbrauchbar mit der Vorgabe durch unbestimmte Rechtsbegriffe (2003 und 2008), aber auch unbrauchbar später im UrhWissG durch fixe Quantifizierungen (z. B. 15 % eines Werks). Zudem, wie oder von wem soll kontrolliert werden, wenn ein Nutzer das ganze Buch abspeichert oder ausdruckt, obwohl nur kleine Teile oder genau 15 % für den gegebenen Zweck zulässig sein sollen? Oder soll der Nutzer wirklich das Drucken abbrechen, wenn diese Prozentwerte erreicht sind? Oder muss der Bibliothekar einschreiten? Eine Beschränkung der Erlaubnis der Vervielfältigung auf einen Anteil des Werks ist gerade im Bereich Wissenschaft praxisfern, weil in deren Publikationen verbreitet mit Querverweisen gearbeitet wird, die es notwendig machen, auch in Fällen, in welchen das Interesse zunächst nur auf Teile eines Werks gerichtet ist, auf den vollständigen Text zurückzugreifen.

10.1.4 Wie der erzwungene Gang in die Bibliothek hätte verhindert werden können

Zum Abschluss der Diskussion um die Reformen 2003 und 2008 soll noch auf ein juristisch komplizierteres und besonders unzeitgemäßes Beispiel eingegangen werden, welches im Übrigen bis heute Bestand im UrhG hat. Durch § 52b wurde den Bibliotheken das Recht der öffentlichen Zugänglichmachung für die Nutzung der Digitalisate aus ihren Beständen stark eingeschränkt. Die Norm spricht nur von „zugänglich machen", nicht von „öffentlich zugänglich machen". Der Unterschied, mehr als nur eine „dogmatische Feinheit" (Steinhauer ZUM 2016, 492), ist entscheidend, denn die öffentliche Zugänglichmachung ist (seit den WIPO-Verträgen) gerade dadurch definiert, dass die elektronische Nutzung von Orten und Zeiten der Wahl des Nutzers möglich ist. Das ist durch § 52b keineswegs gegeben. Die Bibliotheksnutzer müssen in die Räumlichkeiten der Bibliotheken gehen, um die Digitalisate der Bibliothek einsehen zu können. Diese Beschränkung bleibt sogar bis in die Gegenwart in § 60e des UrhWissG erhalten – obgleich dieser Ausschluss des externen Zugriffs angesichts der vollständigen telekommunikativen Vernetzung aller Akteure in Bildung und Wissenschaft heute noch absurder ist und eine Verschwendung öffentlicher Mittel zur Folge hat. Für diese Beschränkung wird die Unions-Vorgabe der InfoSoc-Richtlinie von 2001 verantwortlich gemacht.[328] 2001 war der deutsche Wissenschaftsrat schon vorausschauender. Er formulierte lapidar: „Bei digitalen Objekten entfällt die Zugriffsvoraussetzung der örtlichen Nähe."[329]

Auch der BGH in seinem Urteil von April 2015[330] blieb bei der Beschränkung der Nutzung auf „Terminals[331] in den Räumen der Bibliothek". So muss es wohl die Aufgabe der nicht-juristischen Öffentlichkeit der Zivilgesellschaft sein, der Politik und den Richtern verwertbare Hinweise darauf geben, dass der Zeitgeist und vor allem auch die technologischen Rahmenbedingungen sich geändert haben und neue pragmatische Interpretationen des Wortlauts von Gesetzen erlaubt sind. Schon zu Zeiten der Entstehung des § 52b war es technisch für jedermann möglich, über VPN einen gesicherten Zugriff auf die elektronischen Materialien zu bekommen, welche die Bibliothek gekauft hat oder durch Lizenzvereinbarungen zur Nutzung „erworben" hat. Das geschieht ja auch als alltägliche Praxis. Auch hierfür gibt es zuweilen noch Einschränkungen, wenn z. B. ein Verlag in den Lizenzvereinbarungen solche externen Zugriffe explizit ausschließt.[332] Nicht nachzuvollziehen ist, dass ausgerechnet bei den Werken, die die Bibliotheken schon rechtmäßig in analoger Form zu bekommen, der externe Zugriff auf diese Werke in digitalisierter Form untersagt wird. Kreative juristische Hermeneutik ist gefragt, um dem Sinn einer Vorgabe gegenüber dem Wortlaut Geltung zu verschaffen. Sollte es nicht mehr als nur ein kleiner Sprung sein, das „in den Räumen der Bibliotheken" auf die

---

328 InfoSoc 2001, RN 40: "Jedoch sollte diese Ausnahme oder Beschränkung [„zugunsten bestimmter nicht kommerzieller Einrichtungen, wie der Öffentlichkeit zugängliche Bibliotheken und ähnliche Einrichtungen sowie Archive"] auf bestimmte durch das Vervielfältigungsrecht erfasste Sonderfälle begrenzt werden." Konkret durch Art. 5 Abs. 3 lit. n): „für die Nutzung von Werken und sonstigen Schutzgegenständen, für die keine Regelungen über Verkauf und Lizenzen gelten und die sich in den Sammlungen der Einrichtungen gemäß Absatz 2 Buchstabe c befinden, durch ihre Wiedergabe oder Zugänglichmachung für einzelne Mitglieder der Öffentlichkeit zu Zwecken der Forschung und privater Studien auf eigens hierfür eingerichteten Terminals in den Räumlichkeiten der genannten Einrichtungen".
329 Wissenschaftsrat: Empfehlungen zur digitalen Informationsversorgung durch Hochschulbibliotheken" 13.7.2001 (Drs. 4935/01), S.19 – https://bit.ly/2P5TbzJ.
330 Urteil des I. Zivilsenats des BGH vom 16.4.2015 – I ZR 69/11 – https://bit.ly/2Zgo9Jh.
331 Die Pressemitteilung des BHG spricht nach wie vor von „Leseplätzen", obgleich inzwischen durch die Rechtsprechung klargestellt wurde, dass damit nicht nur das „Lesen" gemeint sein kann.
332 Z. B. sind (derzeit) juristische Zeitschriften des Beck-Verlags nicht über VPN zu erreichen – vermutlich weil Missbrauch vermutet wurde, wenn z. B. studentische Aushilfskräfte, die z. B. in Anwaltskanzleien arbeiten, über VPN ihr Zugriffsrecht in den Dienst der kommerziellen Nutzung durch die Kanzlei stellen würden.

10.1 § 52a UrhG – ein unzureichender Versuch für eine Wissenschaftsschranke — 229

elektronischen Räume der digitalen Bibliotheken zu beziehen? Hätten die Gerichte und die Rechtswissenschaftler diesen Sprung gewagt, dann hätten Nutzer von ihrem Arbeitsplatz im elektronischen Raum aus die Dienstleistung der digitalen Bibliothek nutzen können und wären nicht mehr gezwungen gewesen, in die physisch vorhandenen Räume der Bibliothek zu gehen.[333]

Hier soll eine zweifache Hilfestellung für den Sprung gegeben werden, die erste eine (relativ schwache) semantische und die zweite eine starke technische. Zur Semantik: Im englischen Text von Art. 5 Abs. 3 lit. n ist nicht von „Räumlichkeiten" oder „Räumen" die Rede, sondern von „on the premises". Der Plural von „premise" bedeutet in erster Linie „Grundstück", auch „Räume" und „Haus nebst Zubehör". Viele der in analogen Welten entstandenen und anzuwendenden Begriffe, wie der physische Raum, haben unter den Bedingungen der Telemediatisierung[334] eine virtuelle Bedeutung bekommen. Das Internet wird so auch als virtueller Raum oder als Gesamtheit der virtuellen telemediatisierten Räume verstanden.

Dieses Verständnis von Bibliotheken als virtuelle Räume sollte eine zeitgemäße Interpretation der Räumlichkeiten erlauben, dass Benutzer von ihrem Arbeitsplatz aus ihre elektronisch vernetzten Rechner so verwenden, als ob diese Endgeräte „on the premises", auf dem Grundstück der Bibliothek wären.[335] Das ist der Sinn eines VPN (*virtual private network*)-Anschlusses eines entfernten Rechners zur Quelle der Information.[336] Das Übertragungsmedium löst sich, wie der Name VPN schon sagt, von dem physikalischen Übertragungsmedium und existiert nur noch virtuell. VPN ermöglicht gerade das, was durch § 52b an sich vorgesehen sein sollte: Durch den durch VPN gegebenen Remote Access wird ein Nutzungsszenario

---

[333] Eine zeitgemäße Gestaltung von Bibliotheksschranken sollte in Rechnung stellen, dass Wissenschaftler (sicherlich anders als Studierende) in den meisten Disziplinen so gut wie gar nicht mehr in die Bibliotheken gehen, geschweige denn real darin arbeiten. Das stellt keineswegs die Bedeutung der Bibliotheken in Frage (voll sind die Lesesäle überwiegend durch die Studierenden ohnehin). Gebraucht und genutzt werden weiter die vielfältigen Dienste und Leistungen der Bibliotheken, aber eben nicht vor Ort, in der Bibliothek, sondern *remote*, wo auch immer gerade gearbeitet wird.
[334] *Telemediatisierung* ist ein Kunstwort, das Prozesse der Informatisierung, der Telematisierung/Vernetzung und von Hypertextifizierung/Multimedia zusammenfasst. Telemediatisiert sind die Prozesse der Systeme und Leistungen im Internet.
[335] Dass dies auch praktisch geht, zeigt das Angebot der FU-Berlin, ihren Angehörigen über einen „ZEDAT-Account" einen geschützten externen Zugang zu den E-Ressourcen der Bibliothek zu ermöglichen (s. FN 580).
[336] Ein ähnlicher Dienst für den geschützten kontrollierten Zugang zu Informationen wird vom Deutschen Forschungsnetz mit DFN-AAI (https://www.aai.dfn.de/) – Authentifizierungs- und Autorisierungs-Infrastruktur angeboten, welche das international gebräuchliche Shibboleth-Programmpaket verwendet.

aufgebaut, „bei dem Heimarbeitsplätze oder mobile Benutzer (Außendienst) in ein Unternehmensnetzwerk [auch in ein Wissenschaftsnetzwerk – RK] eingebunden werden. Der externe Mitarbeiter soll so arbeiten, als wenn er sich im Netzwerk des Unternehmens befindet."[337] Die durch VPN ermöglichte Verbindung ist ein geschützter Tunnel, bei dem die passwortgeschützte und verschlüsselte Kommunikation zwischen Nutzer und externer Quelle gegen Angriffe von außen geschützt ist. Solche Datenübertragungsdienste werden schon immer in und von den Gebäuden („on the premises") einer Organisation bereitgestellt. Der Nutzer befindet sich sozusagen durch die VPN-Verbindung „on the premises", und zwar besonders geschützt – geschützt von beiden Seiten, für den Nutzer und für die anbietende Bibliothek. Der Schutz vor dem Zugriff und Missbrauch unberechtigter Personen war wohl der Grund für die in der InfoSoc-Richtlinie vorhandene und in § 52b übernommene Regelung des „in den Räumen". Sie war zweifellos nicht gedacht als Schutz des Interesses der Bibliotheken, dass möglichst viele Nutzer in die Räume der Bibliothek kommen.

Eine VPN-Übertragung mag tatsächlich schon ein größerer Sprung von den physischen Räumen der Bibliothek zu den virtuellen Räumen sein. Die Mehrheit der RechtswissenschaftlerInnen scheint die Beschränkung auf die physischen Räume zu akzeptieren, weil das durch die zitierte Bestimmung der InfoSoc-Richtlinie erzwungen oder zumindest nahegelegt wird. Allenfalls kommt ein Kommentar in der Literatur vor, diese Beschränkung sei „aus rechtspolitischer Sicht zu bedauern".[338] All das mag aus der Sicht von 2001 oder auch noch von 2008 gerechtfertigt sein. Aber dass der Gesetzgeber heute noch im UrhWissG meint, den Nutzern der Dienste von Bibliotheken einen Zwang verordnen zu müssen, in die Räume der Bibliothek zu gehen, ist nicht nur skandalös, sondern hätte auch ein Fall für die Rechnungshöfe werden können. Schließlich hat die öffentliche Hand Millionen an Euro investiert hat, um die Hochschulen mit entsprechender Netzinfrastruktur zu versorgen, einschließlich der entsprechenden Struktur in und zu den Bibliotheken.

Der politische Wille für eine Öffnung der Nutzung, unabhängig von den physischen Räumen, war an sich seit gut 15 Jahren klar erkennbar. Wie schon in 3.5 zitiert, hatte die Politik im Strategischen Positionspapier des damaligen Bundesministeriums für Bildung und Forschung von 2002 zur Zukunft der wissenschaftlichen Information mit dem Titel „Information vernetzen – Wissen aktivieren" die Leitidee des Zugriffs auf publiziertes Wissen ohne Beschränkung von Raum und Zeit aufgegriffen. Im ersten strategischen Ziel heißt es: „Den Zugang zur weltweiten wissenschaftlichen Information für jedermann zu jeder Zeit und von jedem Ort zu

---

[337] VPN – Virtual Private Network. Quelle: Elektronik-Kompendium.de – https://bit.ly/2gdMmtr.
[338] (Spindler 2008) Reform des Urheberrechts im „Zweiten Korb", S. 13.

fairen Bedingungen sicherstellen."³³⁹ „Zu jeder Zeit und von jedem Ort" – nicht nur zu den Öffnungszeiten der Bibliotheken und von den Leseplätzen in den Bibliotheken! Der politische Willen hätte sich auch gegenüber veralteten Vorgaben aus dem Unionsrecht mit etwas Kreativität durchzusetzen lassen.

10.2 Unbekannte Nutzungsarten

Im Zusammenhang des Zweiten Korbs wurden auch die Nutzungsrechte im UrhG Abschnitt 2 geändert, insbesondere die Regelung für die Nutzung bislang unbekannter Nutzungsarten. Dadurch wurde der bisherige Abs. 4 von § 31 gestrichen und ein neuer § 31a eingefügt (im Zusammenhang mit § 137l Abs. 1). Abs. 4 lautete bis dahin: „Die Einräumung von Nutzungsrechten für noch nicht bekannte Nutzungsarten sowie Verpflichtungen hierzu sind unwirksam." Dies scheint auf den ersten Blick nur eine kleine Änderung zu sein. Bislang war es nicht möglich, dass der Urheber den Verwertern/Verlagen Nutzungsrechte für bis dahin unbekannte Nutzungsarten überträgt. In der Begründung der Bundesregierung für diese Öffnung heißt es:³⁴⁰ „Ferner soll angesichts der fortschreitenden technischen Entwicklung das bisher für den Urheber geltende Verbot, über noch unbekannte Nutzungsarten zu verfügen, gelockert werden." Tatsächlich stärkt die neue Regelung die Rechte der Urheber kaum – es sei denn, man interpretiert „Stärkung" dadurch, dass der Urheber nun das Recht hat, die Nutzungsrechte an einen Verlag auch für solche Nutzungen zu übertragen, die zum Zeitpunkt der Übertragung noch unbekannt waren. Vorher war es durch § 31 Abs. 4 überhaupt untersagt, dafür Nutzungsrechte einzuräumen. Das Verbot ist jetzt aufhoben, und jetzt hat jeder Autor ein erweitertes Übertragungsrecht. Gehört es also zur Freiheit eines Urhebers möglich viele seiner Rechte aufgeben zu dürfen? Tatsächlich handelt es sich mit der neuen Regelung nicht nur um eine Einschränkung der Rechte von Urhebern, sondern auch um eine Einschränkung des Gemeinfreiheitsinteresses der Öffentlichkeit. Das wurde von Rechtsetzung und Rechtsprechung allerdings anders gesehen.³⁴¹

---

339 BMBF 2002: Strategisches Positionspapier des Bundesministeriums für Bildung und Forschung zur Zukunft der wissenschaftlichen Informationen Deutschland. Information vernetzen– Wissen aktivieren. https://bit.ly/30kh8Vc.
Nicht minder interessant ist hier das zweite strategische Ziel im BMBF-Positionspapier: „Den durch die Entwicklung moderner Informations- und Kommunikationstechnologien und Netze ermöglichten Paradigmenwechsel vom Anbieter zum Nutzer im Hinblick auf individuelle Informationsanforderungen vollziehen". Vgl. Bundesregierung Masterplan 03.12.2003 – https://bit.ly/2m2ueXP.
340 Bundesregierung 2007 Zweiter Korb – https://bit.ly/2ZhNnTA.
341 Eine Verfassungsbeschwerde gegen die Streichung von § 31 Abs. 4 UrhG wurde vom BVerfG nicht zur Entscheidung – in erster Linie aus formalen Begründen angenommen – Beschluss vom

Die Bundesregierung hatte in der Begründung für ihren RegE[342] allerdings durchaus die Gefahr gesehen, dass „der Urheber ... dem Verwerter als dem stärkeren Vertragspartner ... schutzlos ausgeliefert" sein könnte. Daher darf diese Rechteübertragung nicht automatisch geschehen. Der neu eingefügte § 31a Abs. 1 sieht vor, dass ein Vertrag über die Einräumung von Nutzungsrechten für unbekannte Nutzungsarten der Schriftform bedürfe.[343] Das hat wohl die praktische Konsequenz, dass seitdem Verlage diese Erweiterung in ihren Vertragstexten einfach aufnehmen, und so gut wie alle Autoren dies dann so gegenzeichnen, ohne dass sie sich der Konsequenzen bewusst sind. Zudem erhält der Urheber „neben dem obligatorischen Vergütungsanspruch für neue Nutzungsarten auch ein Widerrufsrecht". Für diesen Widerspruch hat der Urheber drei Monate Zeit, dem zu widersprechen. Allerdings kann kaum gesichert werden, dass den Urheber diese Mitteilung erreicht. Sie muss nur an die dem Verlag „zuletzt bekannte Adresse abgesendet" werden. „Demnach unerheblich ist, ob die Mitteilung dem Urheber auch tatsächlich zugeht. Dieser trägt ... vielmehr das alleinige Übertragungsrisiko."[344] Für den Verlag reicht die dokumentierte Absendung der Mitteilung. Kein Einschreiben nötig. Das Widerrufsrecht gilt auch nicht, „wenn sich die Parteien nach Bekanntwerden der neuen Nutzungsart auf eine Vergütung nach § 32c Abs. 1 geeinigt haben" (§ 31a Abs. 2). Fraglich ob durch dieses „Widerrufsrecht" die Asymmetrie zwischen den Autoren und den wirtschaftlich stärkeren Verwertern" vermindert werden kann.[345]

Verlage sind daran interessiert, ihr Angebotsportfolio dadurch zu erweitern, dass schon analog publizierte Werke nun auch in digitalisierter Form angeboten werden oder dass aus Teilen verschiedener Werke neue Produkte erstellt und/oder über bislang nicht bekannte Vertriebswege auf den Markt gebracht werden. Sie sind auch daran interessiert, für diese neuen Verwertungen exklusive

---

24. November 2009 – 1 BvR 213/08. Zum Beschluss des BVerfG (Wille 2009) Anmerkung zu BVerfG, Beschluss vom 24. November 2009. Wille macht allerdings deutlich, dass das BVerfG das Problem Streichung von § 31 Abs. 4 für „grundrechtlich nicht gelöst hält" (243).

342 RegE Zweiter Korb, Drucksache16/1828,15.6.2006 – https://bit.ly/2lIatoa.

343 Allerdings wird das durch § 31a Abs. 2 Satz 2 eingeschränkt: „Der Schriftform bedarf es nicht, wenn der Urheber unentgeltlich ein einfaches Nutzungsrecht für jedermann einräumt."

344 (Schwarz 2018) Die Beendigung urheberrechtlicher Nutzungsrechte, 221.

345 „Nach § 31a Abs. 1 S. 2 UrhG-E besteht das Widerrufsrecht des Urhebers nur, solange der andere noch nicht begonnen hat, das Werk in der neuen Nutzungsart zu nutzen. Hierbei besteht keine Verpflichtung des Verwerters, den Urheber über die Entstehung einer neuen Nutzungsart zu informieren. Es ist daher in einer Vielzahl von Fällen zu erwarten, dass der Urheber von einer neuen Nutzungsart nichts erfährt oder zumindest erst dann etwas davon erfährt, wenn die wirtschaftlich erfahrenere Seite längst mit der Nutzung begonnen und der Urheber sein Widerrufsrecht dadurch bereits verloren hat. Das Leerlaufen des Widerrufsrechts ist bei dieser Ausgestaltung bereits vorprogrammiert."– (Hoeren/Köcher 2005) S. 13 f.

Nutzungs-/Verwertungsrechte gegenüber den Urhebern und neue Vergütungsansprüche gegenüber Nutzern von in irgendeiner Form neu aufbereiteten Werke durchsetzen zu können. Entsprechend wollte der Gesetzgeber Verlage von der aufwändigen Aufgabe entpflichten, für neue, zur Zeit des ursprünglichen Vertrags noch unbekannte bzw. nicht explizit im Vertrag erwähnte Verwertungsformen bei allen beteiligten Urhebern oder deren Rechtsnachfolgern um Erlaubnis nachzusuchen.[346]

Es ist durchaus im Sinne auch der Öffentlichkeit, dass erweiterte Dienstleistungen und neue Nutzungsformen für früher schon publizierte Werke bereitgestellt werden. Tatsächlich sind mit den unbekannten Nutzungsarten (unbekannt zum Zeitpunkt der Erstverwertung eines Werks) die Möglichkeiten gemeint, die sich durch die Entwicklung der Technik allgemein und gegenwärtig durch die Digitalisierung von analogen Archivbeständen ergeben haben. Neue Nutzungsarten werden nicht alleine durch technische Rahmenbedingungen festgelegt.[347] Es muss damit auch eine deutlich andere Verwertungsform, also mit einem anderen Geschäftsmodell als es vorher angewendet wurde, verbunden sein. Die Wiedergabe eines bis dahin gedruckten Buches nun über ein E-Book ist keine neue Nutzungsart – möglicherweise aber der Vertrieb dieses E-Books über eine selbständige Lizenzierungsplattform. Entscheidend für die Anerkennung als neue Nutzungsart sollte nicht nur das Kriterium der ökonomischen Verwertbarkeit dieser durch Technik ermöglichten Verwertung sein, sondern auch, ob diese neue Nutzungsart für die Endnutzer tatsächlich zu einem neuen Nutzen führt und wenn dies mit dem allgemeinen Interesse der Öffentlichkeit an einer erweiterten Nutzungsart zusammengeht.

Ob diese bis heute geltende Reform durch Streichung eines Autorenrechtes dem öffentlichen Interesse an neuen Nutzungsformen gerecht wird, kann bezweifelt werden. Hier wird die Position vertreten, dass die Zweckübertragungsregel[348] strikt zur Anwendung kommen und eine bislang unbekannte Nutzungsart auf ein einfaches Nutzungsrecht beschränkt werden sollte (so auch Spindler 2008, 10). Dabei könnte vorgesehen werden, dass die Verlage, die das erste einfache Nutzungsrecht nach der Zweckübertragungsregel erworben haben, Vorrang gegenüber anderen Verwertern für die Verhandlungen mit dem Urheber haben sollen. Im Übrigen ist

---

346 Vgl. (Dreier/Schulze 2018), S. 503, RN 1.
347 (Dreier/Schulze 2018) weisen zu Recht darauf hin, dass die Bestimmung, was eine neue Nutzungsart ist, nicht nur von der Technik abhängt: „Lediglich technische Neuerungen, die eine neue Verwendungsform kennzeichnen, ohne wirtschaftlich eigenständige Vermarktungsmöglichkeiten zu erschließen, sollen nicht ausreichen, um eine neue Nutzungsart annehmen zu können." (UrhG § 31a Rn. 35–40 Technischer Fortschritt, Substitution).
348 Entsprechend § 31 Abs. 5 UrhG: „Sind bei der Einräumung eines Nutzungsrechts die Nutzungsarten nicht ausdrücklich einzeln bezeichnet, so bestimmt sich nach dem von beiden Partnern zugrunde gelegten Vertragszweck, auf welche Nutzungsarten es sich erstreckt."

bis heute nicht zu erkennen, ob diese Reform wirklich zu Innovationen der Verlage für neue Produkte mit informationellen Mehrwerteigenschaften geführt hat. Für die meisten alten Publikationen wird es sich um vergriffene Werke handelt. Für deren Wiederauflage im elektronischen Format hat der Gesetzgeber 2013 mit der Regelung für vergriffene Werke gesorgt (vgl. 11.2).

10.3 Fazit zu den Schrankenregelungen des Ersten und Zweiten Korbs

Nicht nur die Regulierungen im enttäuschenden Ersten Korb (vor allem durch § 52a) sondern auch die durch den Zweiten Korb auf die Bibliotheken bezogenen Schrankenregelungen der §§ 52b und 53a haben gezeigt, dass die Nutzungsmöglichkeiten für die Akteure in Bildung und Wissenschaft so stark eingeschränkt wurden, dass sie eher der Wahrung der Verlagsinteressen dienten, nicht aber denen von Bildung und Wissenschaft. Dies hat quasi zu einer kuriosen Neubestimmung des Schrankenbegriffs geführt. Schranken sollten die exklusiven Rechte der Rechtsinhaber einschränken. Die Schrankenbestimmungen in den beiden Körben der Urheberrechtsreform führten eher zu Einschränkungen der *Nutzungsrechte*, wie sie jahrzehntelang im analogen Umfeld üblich waren, obgleich die Digitalisierung eher eine freiere Nutzung begünstigen könnte/sollte. Die Einschätzung, dass die mit Blick auf Bildung und Wissenschaft abzielenden Schrankenregelungen in der Gänze und in vielen Details sich als wenig unterstützend für Bildung und Wissenschaft erwiesen haben, hat in der Fachwelt breite Zustimmung gefunden.[349]

---

349 Vgl. die Einschätzung der Allianz der Wissenschaftsorganisationen in ihrem Kommentar zu der Entfristung von § 52a vom 1.12.2014: „nach Auffassung der Allianz nicht darüber hinwegtäuschen, dass sich die bestehenden Schrankenregelungen zugunsten von Bildung und Wissenschaft überwiegend nicht bewährt haben. Die begrifflichen Unsicherheiten und uneinheitlichen Formulierungen entsprechen nicht den Bedürfnissen von Bildung und Wissenschaft und machen es Studierenden, Wissenschaftlerinnen und Wissenschaftlern schwer, die Vorgaben anzuwenden" – https://bit.ly/2MyX7Hp. Am Ende der Dissertation von Bajon über das Wissenschaftsurheberrecht von 2010 die vorsichtige Einschätzung: "Auf einem höheren Abstraktionslevel erscheint die abschließende Einschätzung zulässig, die im Zweiten Korb erfolgten Veränderungen der Wissenschaftsschranken nicht pauschal als Beleg für ein „wissenschaftsfreundliches Urheberrecht" werten zu können." (Bajon 2010) Interessenausgleich im Urheberrecht, 553. *de la Durantaye*: „Die für Bildung und Wissenschaft relevanten urheberrechtlichen Schranken erfassen in der Regel nur eng umrissene Sachverhalte, sind wenig technologieoffen und nicht allgemeinverständlich formuliert. Zudem sind sie über mehrere Einzelnormen hinweg verstreut. Das führt zu großer Rechtsunsicherheit für Forscher, Wissenschaftler und Lehrer, aber auch für Infrastruktureinrichtungen wie Bibliotheken, Archive und Museen." (de la Durantaye 2016) Die Bildungs- und Wissenschaftsschranke, 1. *Hoeren*/Neubauer: „Es zeigt sich, dass die Regelungen der §§ 52a, 52b

10.3 Fazit zu den Schrankenregelungen des Ersten und Zweiten Korbs — 235

Auch bei den Diskussionen im Bundestag bei der Verabschiedung des Zweiten Korbs wurde deutlich, dass große Unsicherheit darüber bestand, ob das Ziel eines wissenschaftsfreundlichen Urheberrechts mit den beiden Reformen erreicht wurde. Das galt nicht nur durch für die Kritik der Oppositionsparteien, sondern auch durch die der Regierung selbst. Die Unsicherheit der Politik zeigte sich z. B. auch dadurch, dass der für Bildung und Wissenschaft zentrale § 52a befristet wurde und die Befristungen immer wieder verlängert wurden, bis er dann am 6.11.2014, auch auf Grund der Klarstellung einiger Bestimmungen in § 52a durch die beiden Urteile des BGH von März und November 2013, viel zu spät und zum damaligen Zeitpunkt auch schon überflüssig ganz entsperrt wurde[350] – *überflüssig*, weil die öffentliche und politische Diskussion längst in Richtung einer umfassenden allgemeinen Bildungs- und Wissenschaftsschranke gegangen war.[351]

Thomas Hoeren hat diese Diskussion um die unzureichenden Regelungen des Ersten und Zweiten Korbs bei einem Fachgespräch vor dem Ausschuss Digitale Agenda des Deutschen Bundestages zum Thema „Stand der Urheberrechtsreform auf deutscher und europäischer Ebene" so zusammengefasst:

> Die Schranken des §§ 52a, 52b und 53a sind so eng gefasst, dass sie sinnvoll nicht für Unterricht und Wissenschaft genutzt werden können. Eine sinnvolle Nutzung von Werken im Interesse der Wissenschaftsfreiheit ist insofern kaum möglich. Insofern bedarf es einer Generalschranke zu Gunsten von Wissenschaft und Forschung (hier ähnlich wie im Bereich Fair Use).

---

und 53a UrhG in vielfacher Hinsicht überarbeitungsbedürftig sind." (Hoeren/Neubauer 2012) Zur Nutzung urheberrechtlich geschützter Werke in Hochschulen und Bibliotheken, 642. *Aus der Blog-Welt:* „Als missglückt wird von Wissenschafts- und Bibliotheksvereinigungen sowie vom Bundesrat die von der großen Koalition angestrebte Schaffung eines wissenschaftsfreundlichen Urheberrechts bezeichnet." – (Krempl 2007) Neues Urheberrecht tritt Anfang 2008 in Kraft – https://bit.ly/2TvUOrh.

350 Die Aufhebung der Befristung von § 52a ist im Zusammenhang der beiden Urteile des BGH von März und November 2013 zu sehen. Durch diese Urteile wurden einige der offenen Fragen, die nicht zuletzt durch die Verwendung unbestimmter Begriffe („kleine Teile von Werken" etc.) entstanden waren, verbindlich beantwortet. § 52a wurde dadurch nicht grundlegend besser, aber zumindest für dessen Anwendung praxisfester und rechtssicherer (vgl. 10.1 zu § 52a).

351 Der Deutsche Bundestag hat entsprechend einem Antrag der CDU/CSU- und SPD-Fraktionen auf Entfristung von § 52a schließlich am 25.9.2014 in ersten Lesung zugestimmt, allerdings mit dem Hinweis, dass die politische Zielsetzung der umfassenden Bildungs- und Wissenschaftsschranke nicht durch 52a als erfüllt angesehen werden kann, und schon gar nicht präjudiziere die Regelung des § 52a „die Einführung einer einheitlichen Bildungs- und Wissenschaftsschranke. [...] Die umfassende Umgestaltung aller Schrankenregelungen in diesem Bereich erfordert eine intensive rechtspolitische Diskussion, die voraussichtlich nicht vor Ende der Befristung des § 52a [Ende 2014 – RK] abgeschlossen werden kann." – Gesetzentwurf der Fraktionen der CDU/CSU und SPD Entwurf eines Gesetzes zur Änderung des Urheberrechtsgesetzes. Drucksache 18/2602, 23.09.2014 – https://bit.ly/2m4uRjJ.

11 Die Zwischenreform 2013/2014

Angesichts vieler offenen Fragen im Wissenschaftsurheberrecht hatte die damalige Bundesregierung bei der Beschlussfassung des Zweiten Korbs zugesagt, unmittelbar mit den Planungen für einen Dritten Korb zu beginnen. Dieser Dritte Korb sollte nach den Vorstellungen auch der Wissenschaftspolitiker der Großen Koalition (CDU/CSU und SPD) explizit ein Wissenschaftskorb werden.[352] Dieser „Dritte Korb" mit dem umfassenden Anspruch eines wissenschaftsfreundlichen Urheberrechts ist allerdings nie realisiert worden. Die im Folgenden darzustellenden Reformen von 2014 können nicht als Ersatz für den Wissenschaftskorb angesehen werden.

Kurz vor Beendigung der Legislaturperiode (am 27.6.2013) wurde in einem Paket eine gesetzliche Regelung für die Nutzungsmöglichkeiten von verwaisten und vergriffenen Werken (vgl. Abschnitt 11.1) zusammen mit der Einfügung eines neuen Abschnitts 4 in § 38 UrhG zur Regelung eines Zweitverwertungsrechts für Urheber (vgl. Abschnitt 11.3) im Bundestag verabschiedet.[353] Dieses unter Zeitdruck verabschiedete Paket von 2013 kann höchstens als eine kleine Lösung angesehen werden, die aber auch nach der Reform von 2018 weiter gültig ist. Dazu merkte Ansgar Heveling (CDU/CSU – Teil der Regierungskoalition) bei der Beschlussfassung dieses Pakets an:

> Was ursprünglich ein ganzer „Korb" an Maßnahmen zur Modernisierung des Urheberrechts werden sollte – es wäre der „Dritte Korb" gewesen –, ist nun zu einem kleinen Bündel an Regelungen zusammengeschrumpft. Wir als CDU/CSU- Fraktion haben uns stets für eine umfassende Umsetzung des sogenannten Dritten Korbes und einer darin enthaltenen Anpassung des Urheberrechts an die Entwicklungen durch die Digitalisierung stark gemacht.[354]

Für sich genommen hätten beide neuen Normen Schritte in Richtung eines zeitgemäßen Urheberrechts sein können – zum einen durch Sicherung des Zugriffs auf

---

[352] Federführend dafür war der Bundestagsausschuss für Bildung, Forschung und Technikfolgenabschätzung (Sprecher Jörg Tauss, MdB SPD), der anlässlich der abschließenden Beratung des Gesetzentwurfes der Bundesregierung für ein „Zweites Gesetz zur Änderung des Urheberrechtes in der Informationsgesellschaft" gefordert hatte „nun möglichst rasch [also in der neuen anstehenden Legislaturperiode, dann mit der CDU/CSU/FDP-Koalition] die Arbeiten an einem dritten Korb – einem Korb für die Belange von Bildung, Wissenschaft und Forschung in der Wissens-und Informationsgesellschaft – aufzunehmen." – so auch der Bundesrat nach der Empfehlung seiner Ausschüsse (Recht und Kultur) (Quelle: Pressemitteilung Aktionsbündnis 11/07 vom 21. September 2007 – https://bit.ly/2H5jfUO).
[353] Der RefE für die UrhG-Reform 2003 – https://bit.ly/2CHn4gx; der RegE – https://bit.ly/2WbdwTH.
[354] Haveling/CDU im Bundestag zur UrhG-Reform 2003 – https://bit.ly/2KVAHga.

einen gewichtigen Teil des kulturellen Erbes für alle und zum anderen durch einen erweiterten Zugriff auf das überwiegend durch öffentliche Mittel produzierte und veröffentlichte Wissen. Aber um das Ergebnis der Darstellung in den folgenden Abschnitten vorwegzunehmen: Beurteilt man die Regelungen in der Zwischenreform unter dem Gesichtspunkt der Akzeptanz durch die davon Betroffenen bzw. unter der Praktikabilität und des Nutzens für die Allgemeinheit, so kann man nichts anders, als ihr Scheitern festzustellen – sieht man einmal von der speziellen Regelung für vergriffene Werke ab.

(1) Die angestrebte Massendigitalisierung von verwaisten Werken in den Beständen der Bibliotheken, Archive und Mediatheken ist wegen zu rigider Vorgaben (Bedingung der sorgfältigen Suche, s. unten) durch das Gesetz ausgeblieben.
(2) Das Zweitverwertungsrecht, geplant als Verbesserung der Autonomie der Wissenschaftler und als freiere Nutzung publizierter Werke durch die Öffentlichkeit, wird – darauf deuten alle Hinweise hin – so gut wie gar nicht angenommen. Eine Mandatierung dieses Zweitverwertungsrechts bzw. die Einräumung eines institutionellen Zweitverwertungsrechts wurde nicht in Erwägung gezogen.
(3) Auch das Leistungsschutzrecht für Presseverleger kann – darüber ist sich die Fachwelt einig – nicht anders als ein Fehlschlag angesehen werden.[355] Nichts hat sich in Erwartung von zusätzlichen Einnahmen für die Presseverleger geschweige denn für die betroffenen Journalisten verändert (ausführlicher in 11.4).

Alles kein Desaster – aber auch kein Muster wegweisender Urheberrechtspolitik. Auch bei der Zwischenreform bestätigt sich die These, dass es viel zu lange dauert, bis Regelungen verabschiedet werden, die dem Wissenschaftsurheberrecht zugeordnet sind. Die internationale Diskussion um verwaiste Werke (*orphan works*) begann in den USA schon 2005 und fand ihren Niederschlag 2006 in dem *Report on Orphan Works des United States Copyright Office*.[356] Die Diskussion um das Zweitverwertungsrecht reichte sogar noch weiter zurück.

11.1 Verwaiste Werke

Am 1. Januar 2014 traten die neuen gesetzlichen Regelungen zur Nutzung von verwaisten Werken durch öffentliche Institutionen (§§ 61 bis 61c UrhG) in Deutschland

---

355 Tatsächlich war dieses Leistungsschutzrecht auch deshalb ein Fehlschlag, weil es vom EuGH im September 2019 für ungültig erklärt wurde, da die Bundesregierung es versäumt hatte, den Entwurf, wie erforderlich, zunächst der EU-Kommission vorzulegen – https://bit.ly/2v1658p.
356 United States Copyright Office (2006). „Report on Orphan Works". Register of Copyrights.

in Kraft. Der Weg dafür wurde durch eine EU-Richtlinie 2012 freigemacht.[357] In der EU-Richtlinie von 2001 war eine solche Schranke nicht vorgesehen. Der dort vorgesehene Schrankenkanon verstand sich als abgeschlossen. Die EU hat dies dann 2012 mit der neuen Richtlinie geöffnet, so dass nun auch in Deutschland eine neue Schranke im Urheberrechtsgesetz eingefügt werden konnte.

Als „verwaist" werden solche Werke bezeichnet, die entsprechend dem Datum ihrer Entstehung (bzw. 70 Jahre nach Tod des Urhebers) durch das Urheberrecht geschützt sind und für die die aktuellen Rechtsinhaber nicht bekannt sind bzw. nicht ausgemacht werden können. Das heißt aber nicht, dass durch den Verwaist-Status der Urheberrechtsschutz aufgegeben ist. In einer Situation rechtlicher Unsicherheit – was passiert, wenn doch ein Rechtsinhaber auftaucht und sein Recht reklamiert? – haben Bibliotheken gezögert, verwaiste Werke aus ihren Beständen zu digitalisieren und öffentlich über das Internet oder nur über das interne Netzwerk zugänglich zu machen. Ohne rechtliche Regelung müssten die Digitalisate bzw. aus ihnen entstandene Produkte wieder gelöscht oder sogar an auftauchende Rechtsinhaber Entschädigungen gezahlt werden.

Der Gesetzgeber hatte die Freiheit (und nach der Vorgabe der EU sogar die Pflicht), solche Unsicherheit durch Erweiterung des bestehenden Urheberrechts zu beseitigen, so dass die Nutzung verwaister Werke auch ohne Zustimmung der Rechtsinhaber erlaubt ist. Hier konfligierten zwei Rechtsinteressen: Einerseits besteht ein hohes öffentliches Interesse an der elektronischen Bereitstellung solcher Werke. Andererseits ist schon die Digitalisierung solcher Werke ein Eingriff in das Vervielfältigungsrecht als eines den Urhebern exklusiv zustehenden Verwertungsrechts. Entsprechend sind für das geltende Urheberrecht Verletzungen von Verwertungsrechten eine schwierig zu überwindende hohe Hürde. Das öffentliche Interesse wurde offensichtlich höher eingeschätzt als das Interesse unbekannter bzw. nicht ausgemachter Rechtsinhaber. Das war eine richtige und zeitgemäße Entscheidung. Aus informationsethischer Sicht besteht die Forderung, dass jedermann auf Werke Zugriff haben soll, die einmal öffentlich zugänglich gewesen waren. Jede Generation hat den Auftrag, das publizierte Wissen für Gegenwart und zukünftige Generationen verfügbar zu halten bzw. verfügbar zu machen. Ohne Rückgriff auf das kulturelle (auch verwaiste) Erbe ist, in Übereinstimmung mit der UNESCO-Konvention „Übereinkommen über den Schutz und die Förderung der Vielfalt kultureller Ausdrucksformen"[358], Entwicklung nicht möglich. Zeitgemäß ist heute dieser Rückgriff nur in digitaler Form. Tatsächlich hatte der Gesetzgeber

---

[357] Vorgabe EU-Richtlinie 2012/28/EU über bestimmte zulässige Formen der Nutzung verwaister Werke – https://bit.ly/2P3ZZhp; vgl. (Kuhlen 2010a) Freier Zugang zu den verwaisten Werken.
[358] UNESCO-Konvention über den Schutz und die Förderung der Vielfalt kultureller Ausdrucksformen – https://bit.ly/2m6yaXJ.

den Rückgriff auf das kulturelle Erbe als Begründung für die Regelung zu den verwaisten Werken verwendet. Deren Nutzung sei

> nur zulässig, wenn die Institutionen zur Erfüllung ihrer im Gemeinwohl liegenden Aufgaben handeln, insbesondere wenn sie Bestandsinhalte bewahren und restaurieren und den Zugang zu ihren Sammlungen eröffnen, sofern dies kulturellen und bildungspolitischen Zwecken dient. (§ 61 Abs. 1)

Allerdings war der Respekt vor der bestehenden Urheberrechtssystematik mit dem übergroßen Respekt vor den Schöpfern von Werken so groß, dass solche Werke mit Verdacht auf „verwaist" nicht einfach genutzt werden können. Voraussetzung dafür ist, dass nur dann Werke als verwaist anerkannt und Nutzungen erlaubt werden, wenn ihnen eine *sorgfältige Suche* vorausgegangen ist und wenn diese zu keinem Erfolg geführt hatte. Die deutsche Regelung folgte dabei der US-amerikanischen Regelung und der durch die Richtlinie der EU: nur eine vorausgegangene sorgfältige (und im Ergebnis erfolglose, aber dennoch genau zu dokumentierende[359]) Suche (*diligent search*) nach dem/n Rechtsinhaber/n rechtfertige den Eingriff in die Rechte der Urheber bzw. der Rechte von verwertenden Verlagen. Von Seiten der deutschen Politik wurde entsprechend geltend gemacht, dass dem deutschen Gesetzgeber angesichts der 2012 erfolgten Vorgabe der EU-Richtlinie gar kein Handlungsspielraum für eine entsprechende deutsche Regelung gegeben war – vor allem bezüglich des Ausmaßes der Suche. Tatsächlich waren die Vorgaben der EU dafür sehr präzise und eröffneten möglicherweise in diesem Fall wenig kreativen Auslegungsspielraum.

Dennoch stellt sich auch hier die Frage (wie schon bei den Vorgaben aus der alten EU-Richtlinie von 2001), ob offensichtlich unbrauchbare Regelungsvorschläge zwangsläufig übernommen werden sollen/müssen. Der kompromisslose Anspruch auf sorgfältige Suche deutet darauf hin, dass die rechtsetzenden Akteure in Fällen wie diesen nur sehr bedingt fachliche Expertise über den Stand und die Möglichkeiten der für die Suche erforderlichen informationsmethodischen Instrumente eingeholt haben. Man schaue sich nur die Vorgaben aus dem An-

---

[359] Eine kleine Anmerkung: Aus informationsmethodischer Sicht ist dieses Erfordernis der sorgfältigen Suche schon eine merkwürdige Konstruktion. Eine Suche wird in der Regel dann als Erfolg bezeichnet, wenn das Ergebnis der Suche für den Suchenden handlungsrelevante Information bereitstellt. Welche Motivation hat ein Suchender sorgfältig vorzugehen, wenn sein Ziel darin besteht, keine Information zu erhalten? Nur dann darf er handeln, also digitalisieren und das Digitalisat bereitstellen. Vielleicht war dieses gewisse Paradox der Grund dafür, die auf die Suche Verpflichteten nicht nur an ihr professionelles Suchethos zu erinnern, sondern sie auch auf eine ausführliche Dokumentation des Suchvorgangs zu verpflichten. Eine aufwändige Dokumentation eines negativen Ergebnisses ist nicht gerade motivierend.

hang der EU-Richtlinie an (s. FN 357), die eingehalten werden müssen, wenn die Bedingung für eine sorgfältige Suche anerkannt werden soll. Zwar kann nach Art. 3 der EU- Richtlinie jedes Mitgliedsland bestimmen, welche Quellen für welche Kategorie (Druckwerke, multimediale Werke) als geeignet angesehen werden sollen, aber sie sollen „mindestens die im Anhang [der Richtlinie] aufgeführten relevanten Quellen" einschließen. Das ist unrealistisch. Die deutsche Politik wird aber auch deshalb nicht von dem Vorwurf entlastet, ein folgenreiches Hindernis in das Gesetz übernommen zu haben, weil sie Zeit gehabt hatte, die Kritik an der Unbrauchbarkeit des „diligent search" in die der EU-Richtlinie vorangegangenen Diskussion einzubringen.[360] Diese Kritik gilt u. a. für die ungeklärten methodischen Aspekte der Automatisierung der Suche, auch für Auswahl und Verbindlichkeit der heranzuziehenden Ressourcen, für die zum Einsatz kommenden Suchalgorithmen, für die i. d. R. auch notwendige intellektuelle Suche in herkömmlichen Quellen, für die erforderliche Dokumentation bzw. Transparenz und Nachvollziehbarkeit der Suche, aber auch für die entstehenden Kosten durch die hohen Anforderung und die dafür aufzubauende Infrastruktur (Melderegister beim deutschen Patentamt und Datenbank bei der EU).

Als Ersatz für die sorgfältige Suche hätte sich eine Opt-out-Lösung angeboten: Es sollte eine zeitlich befristete (i. d. R. zwei Monate andauernde) öffentliche Bekanntmachung erfolgen, in der das Vorhaben der Digitalisierung und öffentlichen Bereitstellung solcher Werke angekündigt wird. Dafür käme die Deutsche Nationalbibliothek in Frage oder auch das Deutsche Patentamt (wie es jetzt bei den vergriffenen Werken der Fall ist). Wenn innerhalb dieser Frist kein Einspruch erfolgt, kann die Nutzung ohne weitere Lizenz durch eine Verwertungsgesellschaft erfolgen. Dieses Vorgehen sollte die entsprechenden Institutionen von möglichen Klagen bei später eventuell geltend gemachten Rechtsansprüchen freistellen. Um unbillige Rechteanmaßung zu verhindern, sollte derjenige, der die Rechte beansprucht, nachweisen, dass er diese auch tatsächlich hat. Im Sinne einer Opt-out-Lösung sollten die digitalisierten Objekte, zu denen ein Widerspruch eines Rechtsinhabers erfolgt, aus den Angebotsbeständen herausgenommen werden können. Eine nachträgliche Vergütung bei einer Nutzung ausschließlich im öffentlichen Interesse wäre (in Übereinstimmung mit dem EU-Entwurf) nicht angemessen.

Dieser Vorschlag wurde vor allem von den Mitgliedern im Rechtsausschuss nicht aufgegriffen – mit unguten Folgen: Die hohe, faktisch nicht zu überwindende Hürde der sorgfältigen Suche war dann, so stellte es sich bis heute heraus, der

---

360 Zumindest hätte sich die Bundesregierung spätestens 2017 in den Prozess der Formulierung von EU-DSM-RL dafür einsetzen können, dass die strikte Diligent-search-Vorgabe aufgegeben würde. Die EU hätte im Prinzip dafür offen sein können, da in die 2019 verabschiedeten RL eine neue Schranke für vergriffene Werke eingefügt wurde.

entscheidende Grund dafür, dass von den Regelungen für verwaiste Werke zu wenig Gebrauch gemacht wurde. Über das Prinzip der „diligent search" konnte es wegen des großen Aufwands nicht zu dem gewünschten Ergebnis der Massendigitalisierung der Bestände in den Bibliotheken und schon gar nicht in den Archiven und Mediatheken kommen. Tatsächlich zeigte sich seitdem, dass die Digitalisierung von verwaisten Werken wenig Fortschritt hatte machen können – wohingegen die (weniger restriktive) Regelung für die vergriffenen Werke durchaus erfolgreich von der Praxis aufgegriffen wurde (s. unten).

Dieser offensichtliche Fehlschlag der Nutzungsregelung für verwaiste Werke in Deutschland ist in hohem Maße bedauerlich. Man kann davon ausgehen, dass in deutschen Bibliotheken und Archiven vermutlich mehr als 30 % der Bibliotheks- bzw. Medienarchivbestände zu den Kategorien der verwaisten und vergriffenen Werke zu zählen sind, die alle nur in analoger Form und überwiegend nur vor Ort eingesehen werden können. Bei einer Revision der Regelung für verwaiste Werke sollte vor allem das Kriterium der sorgfältigen Suche bedacht bzw. besser: aufgegeben werden. Für den Fehlschlag der Regulierung für verwaiste Werke war vermutlich auch die Entscheidung des Gesetzgebers verantwortlich, die kommerzielle Verwertung solcher Werke auszuschließen.[361] In dieser Arbeit wurde oft kritisiert, dass Urheberrechtsregelungen i. d. R. zu stark auf die kommerzielle Verwertung abheben. Die Schranke über § 61 ist ein Beispiel für das Gegenteil. Der starke Bezug auf das Gemeinwohlinteresse an verwaisten Werken war dem Gesetzgeber offenbar nicht verträglich mit der kommerziellen Verwertung verwaister Werke. Eine Erlaubnis zur Mitwirkung von kommerziellen Unternehmen bei der Massendigitalisierung von verwaisten Werken, ebenso die Einbeziehung von Organisationen und Initiativen aus dem genuin elektronischen Umfeld (z. B. Suchmaschinen oder Open-Content-Organisationen wie Wikipedia) in den Kreis der durch die Schranke Privilegierten wäre jedoch zielführend gewesen, da die öffentlich finanzierten Organisationen wie die durch § 61 begünstigten die Mittel dafür kaum aufbringen können.

Die geringe Nutzung der neuen Schranke konnte offensichtlich auch nicht dadurch verhindert werden, dass auf europäischer Ebene durch das *Amt der Euro-*

---

[361] Das Nutzungsrecht für verwaister Werke ist eine auf öffentliche Institutionen bezogene Schrankenregelung. Damit ist (unnötigerweise?) die auf nicht-kommerzielle Verwertung abzielende Nutzung von verwaisten Werken durch Einzelpersonen ausgeschlossen worden. Die hätte über die Privatkopierschranke (§ 53 Abs. 1) erlaubt sein können; nach dem BGH-Urteil vom 19.03.2014 (I ZR 35/13.) auch die Vervielfältigung (nicht die öffentliche Zugänglichmachung) unveröffentlichter Werke. Allerdings wäre in diesem Fall das Kriterium der diligent search noch schwieriger zu erfüllen. Das Kriterium der zeitlich befristeten öffentlichen Bekanntmachung des Nutzungsvorhabens wäre aber auch von Einzelpersonen zu erfüllen gewesen.

päischen Union für Geistiges Eigentum (European Union Intellectual Property Office – EUIPO)" die Einrichtung und das Mangement „of a single publicly accessible online database on orphan works"[362] betrieben wurde. Wenn im Sinne der EU-Richtlinie bzw. der neuen Schranke im deutschen Urheberrechtsgesetz ein Werk tatsächlich als verwaist bestimmt wurde, sollten von den durch die Richtlinie begünstigten Organisationen (also vor allem öffentliche Einrichtung wie Bibliotheken) Einträge in die EU-Datenbank entweder direkt vorgenommen werden oder (wie im deutschen Gesetz vorgesehen) an das *Deutsche Patent- und Markenamt* (PDMA) gemeldet werden, welches diese Meldungen dann an die EU-Datenbank weiterleitet. Ist ein Werk mit dem Status „verwaist" in die EU-Datenbank eingetragen, kann sich jede Einrichtung EU-weit darauf berufen; eine zusätzliche Suche nach den Rechtsinhabern ist dann nicht mehr erforderlich.

Die Datenbank erleichtert also nicht per se die sorgfältige Suche, macht aber eventuell, auch in grenzüberschreitender Sicht, Doppelarbeit unnötig. Die Datenbank steht auch den Urhebern/Rechtsinhabern zur Verfügung. Finden sie dabei ein Werk, für das sie Rechte reklamieren können, wird der Status als verwaistes Werk aufgehoben. Nach § 61b hat „die nutzende Institution die Nutzungshandlungen unverzüglich zu unterlassen, sobald sie hiervon Kenntnis erlangt. Der Rechtsinhaber hat gegen die nutzende Institution Anspruch auf Zahlung einer angemessenen Vergütung für die erfolgte Nutzung." Wie gesagt – genutzt hat das offenbar wenig. Bei der Auswertung einer Umfrage des *Intellectual Property Office* der EU (EUIPO) von 2017 zur Nutzung dieser Datenbank konzentrierten sich die Antworten zur Frage nach Gründen, weshalb die EU-Online-Datenbank für verwaiste Werke nicht umfänglicher in Anspruch genommen wurde, besonders stark auf die Schwierigkeit, dem Kriterium der "diligent search" gerecht zu werden,[363] z. B. schrieb ein Kommentator:

> one respondent commented that there was a 'guilty until proven innocent' logic to the Orphan Works legislation that was obstructive to open access and sharing. The legislation was prohibitive and tended to scare people away. This respondent also put forward the suggestion that the use of the US-based principle of fair dealing in Europe would encourage more interest in recording orphan works. Moreover, there was no guidance on what constituted sufficient due diligence and no way to check if an orphan work had already been recorded somewhere else. (Referenz FN 362, p. 19)

---

362 EUIPO – https://bit.ly/2KKcH0o.
363 43,3 % very important; 16,4 % important; 9 % slightly important; 11 % fairly important und nur 6 % not important. Fig. 14, p. 20. Ca. 60% der Befragten sahen also die "diligent search" als größtes Hindernis für die Nutzung der Datenbank an. Vgl. auch Fig. 15, p. 21, wonach nur 10 % der Benutzer zufrieden bzw. sehr zufrieden mit ihren Erfahrungen mit der diligent search waren (EUIPO-Report Referenz für alle Daten FN 362).

Fazit. Durch § 61 ist eine Schrankenregelung in das UrhG eingefügt worden, die eine institutionelle, nicht-kommerzielle Nutzung durch auf das Gemeinwohl ausgerichtet Kulturinstitutionen wie Bibliotheken erlaubt. Es ist sehr unglücklich, dass ein in hohem Maße politisch gewünschtes Ziel, den elektronischen Zugriff auf verwaiste Werke als Teil des kulturellen Erbes für jedermann zu erweitern, durch die unrealistische Bedingung der sorgfältigen Suche verfehlt wurde. Dass es anders geht, zeigt die Realisierung der vergriffenen Werke. Nicht, dass die dort gewählte Lizenzierungsprozedur hier als richtig oder sogar als wegweisend angesehen wird. Bei den vergriffenen Werken ist die Opt-out-Lösung mit einer Frist von 6 Wochen aber erlaubt, was der Schranke für die verwaisten Werke verweigert wurde. Das Beispiel der verwaisten Werke zeigt aber auch, dass zukunftsweisende und praxistaugliche Urheberrechtsregulierungen für Bildung und Wissenschaft nicht verabschiedet werden können, wenn an die alten (hier für dysfunktional gehaltenen) Fundamenten (vgl. Kap. 6) in der EU bzw. WIPO und entsprechend im deutschen UrhR festgehalten wird. In diesem Fall stand der Anspruch des individuellen Schöpfers von Werken im Wege.

11.2 Vergriffene Werke

Als „vergriffen" werden Werke bezeichnet, die zwar noch urheberrechtlich geschützt sind, aber regulär, also auf dem Verkaufsweg über den die Rechte besitzenden Verlag nicht mehr erwerbbar sind. Angebote über Antiquariate oder von Anbietern gebrauchter Bücher heben den Status als „vergriffen" nicht auf. Auch verwaiste Werke sind vergriffene Werke. Aber die speziellen Regelungen für vergriffene Werke treffen für verwaiste Werke nicht zu, so dass der Regulierungserfolg für vergriffene Werke auf diese beschränkt bleibt. Für vergriffene Werke hatte die EU damals keine Richtlinienvorgabe gegeben.[364] Deshalb war die Politik in Deutschland offenbar der Ansicht, dass keine neue (institutionelle) Schrankenregelung zugunsten von Organisationen wie Bibliotheken für vergriffene Werke möglich sei. Die Politik nutzte daher ihren Handlungsspielraum über eine Regelung durch das Urheberrechtswahrnehmungsgesetz (UrhWahrnG)[365] bzw. über das diese Regelung ausführende Verwertungsgesellschaftengesetz.[366]

---

[364] Das hat die EU 2019 in der neuen Urheberrechts-Richtlinie über Artikel 8–11 nachgeholt (s. unten).
[365] UrhWahrnG – speziell über die neuen §§ 13d (Vergriffene Werke) und 13e (Register vergriffener Werke) – https://bit.ly/323dijV. Vgl. (GRUR 2013) Stellungnahme zum RefE vom 20.2.2013.
[366] Gesetz über die Wahrnehmung von Urheberrechten und verwandten Schutzrechten durch Verwertungsgesellschaften (Verwertungsgesellschaftengesetz – VGG), § 51 (Vergriffene Werke) und § 52 (Register vergriffener Werke) – https://bit.ly/2TlC3Xq.

Das gesamte beschlossene Verfahren beruht auf dem Lizenzierungsansatz. Verwertungsgesellschaften (VG) werden durch das Gesetz berechtigt, an verwertende Organisationen wie Bibliotheken Lizenzen zu vergeben für die Vervielfältigung (durch Digitalisierung) und die öffentliche Zugänglichmachung vergriffener Werke, ohne dass ein Rechtsinhaber (Urheber, Verlag) die VG explizit mit der Wahrnehmung ihrer Rechte beauftragt hatte. Dafür gelten allerdings die in § 51 VGG festgelegten Bedingungen, nämlich dass

(1) „es sich um vergriffene Werke handelt, die vor dem 1. Januar 1966 in Büchern, Fachzeitschriften, Zeitungen, Zeitschriften oder in anderen Schriften veröffentlicht wurden,
(2) sich die Werke im Bestand von öffentlich zugänglichen Bibliotheken, Bildungseinrichtungen, Museen, Archiven und von im Bereich des Film- oder Tonerbes tätigen Einrichtungen befinden,
(3) die Vervielfältigung und die öffentliche Zugänglichmachung nicht gewerblichen Zwecken dient,
(4) die Werke auf Antrag der Verwertungsgesellschaft in das Register vergriffener Werke (§ 13e) eingetragen worden sind und
(5) die Rechtsinhaber nicht innerhalb von sechs Wochen nach Bekanntmachung der Eintragung gegenüber dem Register ihren Widerspruch gegen die beabsichtigte Wahrnehmung ihrer Rechte durch die Verwertungsgesellschaft erklärt haben."

Der Vorteil für eine Bibliothek besteht darin, dass sie durch die Lizenz von eventuell später auftretenden Rechtsansprüchen der Rechtsinhaber freigestellt wird. Der durch die neue Gesetzgebung sich eröffnende Spielraum wurde rasch genutzt. Die Grundlage für die Lösung für vergriffene Werke beruht auf einem 20.9.2011 abgeschlossenen „Memorandum of Understanding" als eine gemeinsame Willenserklärung von Bibliotheken, Verlagen, Autoren und Verwertungsgesellschaften.[367] Die Kultusministerkonferenz, in Vertretung des Bundes und der Länder, sowie die Verwertungsgesellschaften VG WORT und VG Bild-Kunst haben 2015 einen Rahmenvertrag zur Nutzung vergriffener Werke in Büchern vereinbart.[368] Die Deutsche

---

[367] Ob allerdings Autoren bzw. Autorenorganisationen an diesem Memorandum beteiligt wurden, konnte nicht mehr verifiziert werden. Keiner der mir bekannten zivilgesellschaftlichen Organisationen, die sich auch für Autorenrechte in Urheberrechtsangelegenheiten einsetzen, war an diesem Memorandum beteiligt. Kritisch zu diesem Memorandum und damit auch zu dem Lizenzierungsverfahren für vergriffene Werke (Ilja Braun 2011) Raus aus den Regalen. Braun schlug vor, „Autoren eine Infrastruktur zur Verfügung stellen, die es ihnen ermöglichen würde, Rechte an vergriffenen Werken, die derzeit nicht genutzt werden, in Eigenregie zu lizenzieren."
[368] Rahmenvertrag zur Nutzung vergriffener Werke in Büchern 2015 – https://bit.ly/2TRj30Z.

Nationalbibliothek hatte dann zusammen mit dem DPMA einen Lieferservice „Vergriffene Werke" aufgebaut,[369] den durch das Gesetz berechtigten Organisationen (Bibliotheken etc.) nutzen konnten. Die Nutzung vergriffener Werke ist derzeit nur über diesen Lieferservice möglich. Die Nationalbibliothek reicht entsprechende Anträge der Nutzungsorganisationen über ein elektronisches Verfahren an die zuständige Verwertungsgesellschaft weiter (überwiegend VG WORT). Die Leistung der VG besteht zunächst darin, identifizierende Daten für die entsprechenden Werke, z. B. Titel, Urheber, Verlag etc., zu erheben und sie an das PDMA weiterzuleiten. Das PDMA ist, entsprechend § 13e UrhWahrnG, für Einrichtung und Betrieb eines Registers vergriffener Werke zuständig. Die VG muss für jedes Werk einen Euro an das PDMA zahlen (die VG gibt dieses Kosten an die nutzenden Bibliotheken weiter). Dieser Betrag hat eher symbolische Bedeutung und deckt keineswegs die Einrichtungs- und laufenden Kosten des Patentamts.[370]

Die Register-Eintragungen werden auf der Internetseite des PDMA öffentlich zugänglich gemacht. Wenn sich innerhalb von 6 Wochen niemand mit Rechtsansprüchen meldet, können Lizenzverträge ausgestellt werden. Nach Ablauf der Offenlegungsfrist werden die Einrichtungen von der VG WORT über die erfolgreiche Lizenzierung benachrichtigt.[371] Dafür müssen sie nach dem im Rahmenvertrag vorgesehenen Umfang für jedes Werk eine festgesetzte Gebühr an die Verwertungsgesellschaft entrichten.[372] Nicht recht klar ist, wofür die VG WORT die Einnahmen

---

369 Lizenzierungsservice Vergriffene Werke der Deutschen Nationalbibliothek (DNB) – https://bit.ly/2QQUz8n.
370 In der Begründung des Patentamts für die Gebühr heißt es: „Geht man von den voraussichtlichen Betriebskosten von ca. 72 000 Euro pro Jahr aus, wäre bei zu erwartenden 10 000 bis 20 000 Anträgen pro Jahr eine Gebühr zwischen 3,60 und 7,20 Euro zu erheben, um die Betriebskosten zu decken. Diese Gebühr müsste noch deutlich höher angesetzt werden, würden außerdem die Einrichtungskosten von 430 000 Euro berücksichtigt. Bei Eintragungsgebühren über 1 Euro ist jedoch wiederum zu befürchten, dass Gedächtniseinrichtungen die Regelungen zu vergriffenen Werken nicht in dem kulturpolitisch gewünschten Ausmaß in Anspruch nehmen und Verwertungsgesellschaften folglich deutlich weniger Anträge auf Eintrag beim DPMA stellen werden." Verordnung über das Register vergriffener Werke – https://bit.ly/2ZhLWc0.
371 VG WORT: Lizenz für Digitalisierung und öffentliche Zugänglichmachung vergriffener Werke – https://bit.ly/2ZgjGST.
372 Im Rahmenvertrag wurde als angemessene Vergütung für Bücher die folgende Regelung vereinbart:
Für Bücher, die bis zum 31.12.1920 erschienen sind € 5; für Bücher, die zwischen 1.1.1921 und 31.1945 erschienen sind, € 10 und für Bücher, die zwischen 1.1.1946 und 31.12.1965 erschienen sind € 15 (dazu jeweils 7 % Umsatzsteuer). Diese Beträge müssen von den die Lizenz wahrnehmenden Organisationen an die Verwertungsgesellschaft entrichtet werden, ebenso 1 € zur Erstattung des Betrags, den die Verwertungsgesellschaft für jeden Eintrag in das zentrale Register an das DPMA zahlen muss.

von den Bibliotheken reklamiert bzw. verwendet werden. Ist es für die Ermittlung und Bereitstellung der bibliographischen, das Werk identifizierenden Daten? Oder werden Rückstände gebildet, um später bekanntwerdende Rechtsinhaber an den VG-Ausschüttungen zu beteiligen? Eine direkte Vergütung oder Entschädigung ist offenbar durch das Gesetz nicht vorgesehen. Jedermann kann Einsicht in das Register nehmen, so dass Urheber auf diese Weise „die gesetzliche Wahrnehmungsvermutung jederzeit widerlegen können" (FN 369). Die entsprechende Zugänglichmachung durch Lizenznehmer wie Bibliotheken muss dann gelöscht werden. Allerdings sind diese nicht zu Entschädigungen verpflichtet.

Die EU hat mit ihrer 2019 beschlossenen Reform die vom EuGH geforderte Vorgabe nachgeholt und in „Art 18 Nutzung von vergriffenen Werken und sonstigen Schutzgegenständen durch Einrichtungen des Kulturerbes" die schon 2013 beschlossene deutsche kollektive Lizenzierungsregelung für vergriffene Werke bestätigt:

> Die Mitgliedstaaten legen fest, dass eine Verwertungsgesellschaft entsprechend den ihr von den Rechteinhabern erteilten Mandaten mit einer Einrichtung des Kulturerbes eine nicht ausschließliche Lizenzvereinbarung für nicht- kommerzielle Zwecke abschließen darf, die sich auf die Vervielfältigung, die Verbreitung, die öffentliche Wiedergabe oder die öffentliche Zugänglichmachung vergriffener Werke oder sonstiger Schutzgegenstände erstreckt, die sich dauerhaft in der Sammlung dieser Einrichtung befinden, unabhängig davon, ob alle Rechteinhaber, die unter die Lizenzvereinbarung fallen, der Verwertungsgesellschaft ein Mandat erteilt haben [...]. (Beginn von Art. 17 Abs. 1)

Die EU hat allerdings anerkannt, dass das kollektive Lizenzierungsverfahren nicht für alle Fälle vergriffener Werke passend ist, z. B.

> wenn für eine bestimmte Art von Werken oder sonstigen Schutzgegenständen die kollektive Rechtewahrnehmung keine gängige Praxis ist oder wenn die maßgebliche Verwertungsgesellschaft für die Kategorie der Rechteinhaber und die jeweiligen Rechte nicht hinreichend repräsentativ ist." (EG 32). Daher sieht DSM-RL vor, dass es den Einrichtungen des Kulturerbes möglich ist, „vergriffene Werke oder sonstige Schutzgegenstände, die sich dauerhaft in ihrer Sammlung befinden, im Rahmen einer einheitlichen Ausnahme vom Urheberrecht und den verwandten Schutzrechten oder einer entsprechenden Beschränkung dieser Rechte in allen Mitgliedstaaten online zugänglich zu machen.

Das heißt, dass für bestimmte, überwiegend gar nicht für eine Veröffentlichung vorgesehene, aber kulturell bedeutsame Werke auch eine (rechtlich verbindliche) Schrankenregelung vorgesehen werden sollte. Es ist daher einer Überlegung wert, ob diese Erweiterung der Lösung für vergriffene Werke nicht weitergehend genutzt werden könnte. Fraglich, ob vielleicht effiziente, aber doch aufwändige und kostenintensives Lizenzierungsverfahren überhaupt das geeignete, das effektive Mittel sind, das gewünschte Ziel zu erreichen, nämlich vergriffene Werke als

Teil des kulturellen Erbes der Öffentlichkeit über die nicht-gewerblichen Vermittlungs-/Gedächtnisorganisationen wie Bibliotheken frei zugänglich zu machen.[373] Es stellt sich entsprechend die Frage, ob nicht durch eine rechtliche verbindliche Schrankenlösung das kulturpolitisch erwünschte Ziel des freien Zugangs zu einmal öffentlich gemachten, aber nun vergriffenen Werken für jedermann besser und auch kostengünstiger hätte erreicht werden können. Bei einer anfälligen Revision der deutschen Regelung für vergriffenen Werke sollte dies erwogen werden.

Vor allem aber sollte die in Deutschland restriktive zeitliche Vorgabe – nur Werke, die vor 1966 erschienen sind – durch eine offene Definition ersetzt werden, nämlich, wie aus bibliothekarischer Sicht gefordert, „dass das Werk in der jeweiligen oder in einer auf dem Markt konkurrierenden Form aktuell vom Rechtsinhaber nicht verwertet wird".[374] (de la Durantaye/Kuschel 2019)[375] sehen sogar einen größeren Anpassungsbedarf durch den nun für die Mitgliedsländer verbindlich umzusetzenden Art. 8 von EU-DSM-RL2019:

> Die Vorgaben der Richtlinie sind teils deutlich großzügiger als §§ VGG § 51–VGG § 52a VGG. Das betrifft sowohl die Werke als auch die erlaubten Nutzungsarten. Erfasst sind nicht nur Printwerke, sondern Werke und Schutzgegenstände aller Art. Sie dürfen vervielfältigt und öffentlich zugänglich gemacht, im Rahmen einer Lizenzierung nach Abs. 1 sogar öffentlich wiedergegeben und verbreitet werden. In anderen Bereichen sind die Vorgaben enger als nach deutschem Recht, etwa im Hinblick auf den Status eines Werkes als vergriffen. Es werden also einige Anpassungen des VGG und des UrhG erforderlich werden.

Fazit. Die befristete Auslegung war offensichtlich der entscheidende Faktor für den Erfolg der Regelung für vergriffene Werke. Was bei den verwaisten Werken offensichtlich nicht als zulässig angesehen wurde, wurde hier als sinnvoll und rechtmäßig eingeschätzt. Das jetzige Lizenzierungsverfahren beruht auf dem Opt-out-Ansatz: Erst einmal gilt das Verfahren für alle Rechtsinhaber für vergriffene Werke ohne deren explizite Zustimmung; sie können aber jederzeit die unterstellte Zustimmung widerrufen und damit aus dem Verfahren selbstbestimmt aussteigen.

---

[373] Diese Diskussion ist von grundsätzlicher Bedeutung. Von Seiten der Verwertungsgesellschaften und der Verlagswirtschaft wird heute angesichts des „Erfolgs" bei den vergriffenen Werken durch die jetzige Regelung in Deutschland stark dafür geworben, sämtliche Nutzungshandlungen über Lizenzierungsverfahren abzuwickeln. In 13.7 wird ausführlich auf die Frage Lizenzierung vs. Schrankenregelungen eingegangen.

[374] Vgl. (Talke 2019) Warum die Urheberrechtsreform die Bibliotheken betrifft.

[375] (de la Durantaye/Kuschel 2019) Vergriffene Werke größer gedacht. Vgl. (Peifer 2020) Anpassungsbedarf durch die neue Urheberrechtsrichtlinie. In der Tat hat das BMJV Mitte 2020 bei der Umsetzung von EU-DMS-RL einen Vorschlag vorgelegt, durch das der Begriff der „vergriffenen Werke" durch „nicht verfügbare Werke" ersetzt werden soll. Das ermöglichte dann auch die Digitalisierung von Werken (wie z. B. in Nachlässen), die nie veröffentlicht worden sind.

Anpassungsbedarf besteht durch die 2019 verabschiedete EU-DMS-RL. Hier gibt die Überlegung der EU, für bestimmte Werke auch eine Schrankenregelung anstelle der Lizenzierungslösung vorzusehen, vielleicht einen Anstoß, eine grundsätzlich andere rechtliche verbindliche Lösung für vergriffenen Werke zu finden – am attraktivsten durch eine direkte Verbindung der Regelungen für verwaiste und vergriffene Werke. Bei beiden ist das öffentliche Interesse an der Verfügbarkeit dieses kulturellen Erbes gleich groß. Dies sollte für Bildung und Wissenschaft freizügig verfügbar sein.

11.3 Zweitverwertungsrecht

Das Zweitverwertungsrecht wurde, mit Geltung 1.1.2014, durch die Einfügung eines Abs. 4 in § 38 erweitert bzw. nach intensiven Diskussionen neu ausgerichtet, nachdem es im Prinzip schon 1965 über drei Absätze eingeführt war.[376] Die früheren Absätze 1–3 von § 38 bleiben mit einer Erweiterung um das Recht der öffentlichen Zugänglichmachung weiter gültig (s. unten). Hier der Text von § 38 Abs. 4:

> (4) Der Urheber eines wissenschaftlichen Beitrags, der im Rahmen einer mindestens zur Hälfte mit öffentlichen Mitteln geförderten Forschungstätigkeit entstanden und in einer periodisch mindestens zweimal jährlich erscheinenden Sammlung erschienen ist, hat auch dann, wenn er dem Verleger oder Herausgeber ein ausschließliches Nutzungsrecht eingeräumt hat, das Recht, den Beitrag nach Ablauf von zwölf Monaten seit der Erstveröffentlichung in der akzeptierten Manuskriptversion öffentlich zugänglich zu machen, soweit dies keinem gewerblichen Zweck dient. Die Quelle der Erstveröffentlichung ist anzugeben. Eine zum Nachteil des Urhebers abweichende Vereinbarung ist unwirksam.

Über § 38 Abs. 4 wurde wie über kaum eine andere Norm – am ehesten vergleichbar mit § 52a-Alt – lange und vor allem kontrovers gestritten:[377] Hier jeweils drei Beispiele für kritische Einwände gegen das Zweitverwertungsrecht und drei das Zweitverwertungsrecht unterstützende.

(1) Das Zweitverwertungsrecht, das ohnehin nur in Deutschland bzw. für die in Deutschland überwiegend lebenden Autoren gelte, könnte deutschen Autoren den Zugang zu internationalen Zeitschriften erschweren.

---

[376] Eine ausführlich und sorgfältig referenzierte Dokumentation zur Entstehungsgeschichte und zum Gesetzgebungsverfahren, von den ersten Vorschlägen 2010 bis zur Verabschiedung 2013, findet sich auf der Website des Instituts für Urheber- und Medienrecht – https://bit.ly/2zejAR4.
[377] Vgl. die durchaus kontroversen Stellungnahmen von Experten zum Zweitverwertungsrecht vor dem Rechtsausschuss des Bundestags am 10.6.2013 –https://bit.ly/2Hixp5k.

(2) Das Zweitverwertungsrecht führe zur Entmündigung von Wissenschaftler und verletze deren Wissenschaftsfreiheit und führe zur Enteignung von Autoren und insbesondere der kommerziellen Verwerter.
(3) Das Zweitverwertungsrecht gefährde die Geschäftsmodelle auf den kommerziellen Informationsmärkten, die auf exklusiver Nutzung beruhten bzw. könne sogar zu einem Zusammenbruch der Publikumswirtschaft insgesamt führen.
(4) Das Zweitverwertungsrecht diene dem Schutz des geistigen Eigentums, sichere die Autonomie von Autoren und verstärke Wissenschaftsfreiheit.
(5) Das Zweitverwertungsrecht befördere das Interesse der Öffentlichkeit, nämlich zu dem mit öffentlichen Mitteln unterstützt produziertem Wissen freien Zugang zu erhalten, und das Interesse der Wirtschaft an „Folgeinnovationen" aus neuem Wissen.[378]
(6) Das Zweitverwertungsrecht erweitere die Funktionsfähigkeit der wissenschaftlichen Fachkommunikation und steigere die individuelle Reputation der Autoren durch erhöhte Sichtbarkeit der publizierten Werke.

Das Zweitverwertungsrecht ist keine Schrankenregelung, sondern eine Regelung im Urhebervertragsrecht. Es ist – trotz der Benennung – kein Verwertungsrecht, ergänzt also nicht die anderen Verwertungsrechte in den §§ 15 ff. Trotzdem hat der Gesetzgeber in der Begründung von § 38 Abs. 4 die Benennung „Zweitverwertungsrecht" gewählt. Verwertungsrechte zielen aber nach herrschender Meinung überwiegend auf kommerzielle Verwertung ab. Das aber ist durch § 38 Abs. 4 untersagt.[379] Verschiedentlich wurde im Zusammenhang von § 38 Abs. 4 von „Zweitveröffentlichungsrecht" gesprochen – so von den Allianzorganisationen.[380] Allerdings ist auch diese Bezeichnung nicht unproblematisch, da nach allgemeiner Einschätzung das Veröffentlichungsrecht mit der Erstveröffentlichung erloschen ist (entsprechend § 12 Abs. 2 UrhG). Ein Zweitveröffentlichungsrecht kann es nach der Systematik des Urheberrechts nicht geben. „Zweitnutzungsrecht" wäre wohl die bessere Lösung

---

[378] RegE Zweitverwertungsrecht; „Nur wenn Forschungsergebnisse frei verfügbar sind, können sie Grundlage weiterer Forschungsaktivitäten sein und die damit verbundenen positiven gesamtwirtschaftlichen Effekte auslösen. Forschung ist somit kein Selbstzweck. Wissen ist im globalen Wettbewerb ein entscheidender Faktor. Eine hohe Innovationskraft ist ohne ein produktives Wissenschaftssystem und einen effektiven Wissenstransfer nicht denkbar." – https://bit.ly/2NouagE.
[379] Möglicherweise hat der Gesetzgeber also einen konstruktiven „Fehler" gemacht, indem er bei seiner Terminologie an Verwerten=Nutzen gedacht hat. Dieser Ball kann zur Bestätigung der hier vertretenen Position aufgegriffen werden, dass „Verwerten" in der Wissenschaft nicht kommerziell konnotiert ist, sondern auf Veröffentlichen abzielt (ausführlicher dazu in Abschnitt 5.5).
[380] Vgl. (Allianz 2013) Eine Handreichung für die parlamentarischen Beratungen über ein unabdingbares Zweitveröffentlichungsrecht.

gewesen, zumal dies in der Semantik auch mit § 12 Abs. 2 verträglich wäre; denn Zweitveröffentlichen kann man zwar nicht, aber das veröffentlichte Werke weiter nutzen, ist schon möglich. Auch die Einschränkung bei § 38 Abs. 4, dass das Recht nicht für gewerbliche Zwecke genutzt werden darf, deutet darauf hin, dass es kein Verwertungsrecht ist, sondern eben nur ein Nutzungsrecht (vgl. Peukert, § 38, RN 13). Wie auch immer – „Zweitverwertungsrecht" ist nun einmal in der Sprache der Politik und in der Diskussion um § 38 Abs. 4 üblich geworden. Daher wird hier diese (hier nicht auf eine kommerzielle Nutzung abzielende) Bezeichnung verwendet, auch wenn „Zweitnutzung" gemeint ist.

11.3.1 Zweitverwertungsrecht im Zusammenhang von § 38 allgemein

Was ist dieses Recht? Das Zweitverwertungsrecht ist das Recht von *Autoren*, über ihre Werke nach oder in Ergänzung zu einer kommerziellen Erstpublikation wieder (mehr oder weniger) frei verfügen zu können.[381] Dieses nun neu bestimmte Autorenrecht soll dem Rechnung tragen, dass jeder Autor ein primäres Interesse daran hat, dass sein Werk so breit wie möglich wahrgenommen werden kann. Steinhauer (2010) bringt das im Titel eines kleinen Buchs zum Ausdruck: „Das Recht auf Sichtbarkeit". Jeder Autor, so Steinhauer, hat dieses Recht als Bestandteil von Wissenschaftsfreiheit. Jede weitere Zugänglichmachung über die Erstveröffentlichung in einem kommerziellen Verlag hinaus erhöhe die Sichtbarkeit der Werke und die Reputation der Urheber. Das ist auch für Steinhauer die Grundlage für ein „verbindliches Zweitveröffentlichungsrecht" und zwar für jeden Wissenschaftler, ohne „Differenzierung zwischen öffentlich, privatwirtschaftlich oder selbst bezahlter Forschung" (a. a. O., 47).[382] Der Gesetzgeber hat das anders gesehen und die wissenschaftliche Berechtigtengruppe stark eingeschränkt (s. unten).

---

[381] Zu unterscheiden ist das verbindliche Zweitveröffentlichungsrecht von der Praxis vieler, auch der großen Zeitschriftenverlage wie Elsevier, Wiley oder Springer, eine Selbstpublikation (*self-archiving*) der Werke ihrer Autoren als Postprint zu erlauben (also die mit der in der Zeitschrift inhaltlich übereinstimmenden, aber nicht verlagsformatierten Endversion des Artikels). Nach der Sherpa-Romeo-Liste (Stand 2/2020), welche über die Publikationspolitik vieler Verlage informiert, erlauben 81 % der dort aufgeführten Verlage irgendeine Form von *self-archiving* – darunter gestatten 1064 Verlage Pre-print and Post-print archiving und 844 Verlage nur Post-print archiving (final draft post-refereeing) – https://bit.ly/2MumDx9. Wie gesagt „erlauben" – dies ist kein einklagbares Recht. Es ist auch keineswegs gesichert, dass *Self-archiving* in jedem Fall mit den Prinzipien von Open Access übereinstimmt (entsprechend der Berliner Erklärung). Man muss sich die Publikationspolitik eines jeden Verlags gesondert anschauen.

[382] (Steinhauer 2010) lehnt allerdings eine „Zweitveröffentlichungsverpflichtung" grundsätzlich ab, da diese Wissenschaftsfreiheit unzulässig einschränken würde. Wissenschaftsfreiheit als Grundrecht sei fundamental von der eigengesetzlichen Selbstbestimmung der Wissenschaft

Ein Zweitverwertungsrecht ist kein Novum im UrhG.[383] Es war auch bislang schon über § 38 UrhG in drei Absätzen geregelt. Allerdings sah § 38 Abs. 1 Satz 1 vor, dass „der Verleger oder Herausgeber im Zweifel [also auch, wenn keine ausdrückliche Vereinbarung vertraglich festgehalten wurde – RK] ein ausschließliches Nutzungsrecht zur Vervielfältigung, Verbreitung und öffentliche Zugänglichmachung" erwirbt.[384] Eine auch zeitlich uneingeschränkte vollständige Übertragung der Nutzungsrechte war aber 1965 dem Gesetzgeber doch zu weitgehend, und er sah in § 38, Abs. 1–3 die folgenden Regelungen vor:

- § 38 Abs. 1, Satz 2 erlaubt dem Urheber, sein „Werk anderweit vervielfältigen, verbreiten und [nach der Reform von 2013 auch – RK] öffentlich zugänglich [zu] machen [...]"). Das gilt, wie oben erwähnt, auch für Abs. 2.
- Das Recht kann erst nach einer sogenannten Embargofrist von 12 Monaten wahrgenommen werden.
- Es gilt für Werke in einer periodisch erscheinenden Sammlung (sprich: Zeitschrift),
- aber auch für Werke in nicht-periodisch erscheinenden Sammlungen!
- Für Beiträge in Zeitungen erwirbt der Verlege nur ein einfaches Nutzungsrecht. Auch wenn der Autor ein ausschließliches Nutzungsrecht eingeräumt hat, darf er trotzdem seinen Artikel anderweitig vervielfältigen und verbreiten.

Das liest sich auf den ersten Blick wie ein Recht, das die Position der Urheber stark unterstützt. Auf den zweiten Blick erkennt man, dass so gut wie alle alten Erlaubnisse der Zweitverwertung durch die in den Absätzen 1–3-alt verbindliche Formulierung „wenn nichts anderes vereinbart ist" außer Kraft gesetzt werden. Damit wurde auch in § 38-alt dieses Zweitrecht faktisch ausgebremst, denn bis in die jüngste Vergangenheit war es die übliche Praxis, dass Autoren ihre Verwertungsrechte i. d. R. exklusiv als Nutzungsrechte an die Verlage/Verleger übertragen – ohne Einschränkung und auch für alle, (ab 2008) auch für bis dahin unbekannte Anwendungen. Vor allem jüngere Wissenschaftler zu Beginn ihrer Karriere waren somit selten in der Lage, gegenüber den Verlagen ihr an sich durch § 38 zugestandenes Zweitveröffentlichungsrecht durchzusetzen.

---

geprägt.": „Wie künftig wissenschaftlich publiziert werden soll, kann nur sie [die Wissenschaft – RK] selbst entscheiden" (a. a. O. 48). Wir teilen diese Auffassung nicht, dass auch das Zweitveröffentlichungsrecht ein aus Wissenschaftsfreiheit abgeleitetes Recht sei.
383 Die folgende Darstellung folgt in weiten Teilen und Formulierungen den beiden Arbeiten (Kuhlen 2011): Der Streit um die Regelung des Zweitveröffentlichungsrechts im Urheberrecht und (Kuhlen 2014) Interdependenzen zwischen Informationsethik und politischem Handeln.
384 Die öffentliche Zugänglichmachung ist in Abs. 1 und analog auch in Abs. 2 erst mit der Reform von 2013/2014 aufgenommen worden.

11.3 Zweitverwertungsrecht — 253

Das war auch für die Politik keine akzeptable Situation. Schon 2004, bei der Planung des Zweiten Korbs, fand das Zweitverwertungsrecht Eingang in die politische Auseinandersetzung.[385] Konkreter Anlass war die Debatte um die dann auch erfolgte Abschaffung von Abs. 4 in § 31 UrhG – Einräumung von Nutzungsrechten. Dieser Plan blieb nicht ohne Widerspruch. So wies die Deutsche Initiative für Netzwerkinformation (DINI e. V.)[386] darauf hin, dass bei Wegfall des erwähnten Absatzes 4 „Verleger versuchen, durch Retrodigitalisierung eine ähnlich verstärkte Verwertungsrechtsposition zu erreichen, wie dies bei original digitalen Publikationen der Fall ist (volles Lizenzierungsrecht ohne Schrankenregelungen)." Dadurch drohe zum einen die Gefahr, dass Urheber Verwertungsrechte an die Verleger verlören, zum anderen, dass Bibliotheken nicht mehr aus ihren eigenen Beständen Werke digitalisieren und der Öffentlichkeit über eine „Zweitverwertung" frei zugänglich machen dürfen. Auch Bibliotheken, so DINI, müsse im öffentlichen Interesse das Zweitverwertungsrecht über die Digitalisierung zugestanden werden.[387] Den Bedenken wurde vom Gesetzgeber nicht Rechnung getragen (ausführlicher 10.2). Auch wurde 12 Jahre später bei der vollzogenen Reform für das Zweitverwertungsrecht der DINI-Forderung nach einem institutionellen Zweitverwertungsrecht nicht entsprochen (dazu ausführlich in 11.3.6).

Unterstützung für ein institutionelles Zweitverwertungsrecht kam ebenfalls 2004 durch einen Artikel von (Pflüger/Ertmann 2004).[388] Darin wurde vorgeschlagen, dass in den für die Hochschulen zuständigen Landesgesetzen eine Zweitverwertungsverpflichtung der an den Hochschulen beamteten oder angestellten Wissenschaftler verankert werden sollte. Dieser Vorschlag ist dann allerdings zunächst nicht weiterverfolgt worden, nachdem Hansen 2005[389] in seinem Vorschlag für ein Zweitverwertungsrecht diesen Plan als nicht gesetzeskompatibel zurückgewiesen hatte.[390] Hansen machte in seinem Beitrag klar, dass ein Zweitver-

---

385 Die Darstellung in diesem Absatz folgt (Kuhlen 2014a) Interdependenzen zwischen Informationsethik und politischem Handeln.
386 Im November 2004 formulierte die DINI-Arbeitsgruppe „Urheberrecht" umfassende Kritik an dem Referentenentwurf des BMJ vom 27.09.2004 für ein Zweites Gesetz zur Regelung des Urheberrechts in der Informationsgesellschaft ("2. Korb").
387 Ähnliche Argumentation in dem Rechtspolitischen Positionspapier des dbv zum Referentenentwurf für ein Zweites Gesetz zur Regelung des Urheberrechts in der Informationsgesellschaft vom 11. Oktober 2004.
388 (Pflüger/Ertmann 2004) E-Publishing und Open Access – Konsequenzen für das Urheberrecht im Hochschulbereich.
389 (Hansen 2005) Zugang zu wissenschaftlicher Information – alternative urheberrechtliche Ansätze, S. 386.
390 Pflüger als weiter in der Wissenschaftspolitik von Baden-Württemberg aktive Koautor des Artikels von 2004 hatte allerdings diese Idee eines institutionellen Zweitverwertungsrechts nie

wertungsrecht nicht durch eine neue Schranke eingeführt werden könnte. Das wurde von ihm vor allem aus unionsrechtlichen Gründen verworfen.[391] Er machte daher den Vorschlag, das Zweitverwertungsrecht in das Urhebervertragsrecht einzubetten, und er betonte den „offeneren Zugang" als Zweck der Regelung: „Schließlich bietet sich de lege ferenda eine Regelung im Urhebervertragsrecht als urheberrechtliches Instrument an, um öffentlich-rechtliche Regelungen zugunsten eines offeneren Zugangs zu Wissen zu flankieren." Der Bundesrat hatte dann 2007 den Vorschlag von Hansen aufgegriffen und eine entsprechende Neuregelung für § 38 UrhG im Rahmen des Zweiten Korbs vorgeschlagen.[392] Dieser Vorschlag wurde dann von der Bundesregierung abgelehnt[393] – unter anderem mit dem (den Stand der Diskussion ignorierenden) Hinweis, dass damit eine neue Schrankenregelung geschaffen würde. Das aber sei entsprechend InfoSoc 2001 mit der abgeschlossenen Liste für Schranken nicht erlaubt. Das Zweitverwertungsrecht war 2007 offensichtlich noch nicht politisch gewollt. 2007 hätte es wegweisend sein können. 2014 kam es zu spät.

Die gesetzgebende Politik blendete sich also zunächst aus dieser Diskussion aus. Sie wurde dann aber mit einigen Initiativen/Petitionen aus der breiteren Öffentlichkeit konfrontiert, durch die das Zweitverwertungsrecht-Thema im Zusammenhang der freien öffentlichen Zugänglichmachung des mit öffentlichen Mitteln finanzierten Wissens gestellt wurde. Ob es der öffentliche Druck war, sei

---

gänzlich aufgegeben. Wir gehen darauf in Abschnitt 11.3.6 ein, als das Land Baden-Württemberg, wohl nicht zuletzt durch Pflügers Einwirken, nach Gültigwerden des Zweitverwertungsrechts 2014 versuchte, eine landesspezifische Lösung für ein solches institutionelle Zweitverwertungsrecht durchzusetzen.

391 Die Liste der Schrankenregelungen in der weiter verbindlichen InfoSoc Richtlinie 2001 wurde als abgeschlossen angesehen. Ein Zweitverwertungsrecht war dabei nicht vorgesehen.

392 Vorschlag des Bundesrats zur Regelung eines Zweitverwertungsrechts in seiner Stellungnahme zum Regierungsentwurf des Zweiten Korbes (BR-Drs. 257/06): „An wissenschaftlichen Beiträgen, die im Rahmen einer überwiegend mit öffentlichen Mitteln finanzierten Lehr- und Forschungstätigkeit entstanden sind und in Periodika erscheinen, hat der Urheber auch bei Einräumung eines ausschließlichen Nutzungsrechts das Recht, den Inhalt längstens nach Ablauf von sechs Monaten seit Erstveröffentlichung anderweitig öffentlich zugänglich zu machen, soweit dies zur Verfolgung nicht kommerzieller Zwecke gerechtfertigt ist und nicht in der Formatierung der Erstveröffentlichung erfolgt. Dieses Recht kann nicht abbedungen werden."

393 Gegenäußerung der Bundesregierung zur Stellungnahme des Bundesrates zum Entwurf eines Zweiten Gesetzes zur Regelung des Urheberrechts in der Informationsgesellschaft (BR-Drs. 257/06 – Beschluss). Zumindest aber hatte bei der Verabschiedung des Zweiten Korbs der Ausschuss des Deutschen Bundestags für Bildung, Forschung und Technikfolgenabschätzung das Bundesjustizministerium (BMJ) aufgefordert, eine „Prüfung eines Zweitverwertungsrechts für Urheber von wissenschaftlichen Beiträgen, die überwiegend im Rahmen einer mit öffentlichen Mitteln finanzierten Lehr- und Forschungstätigkeit entstanden sind (§ 38 UrhG), vorzunehmen."

dahingestellt – aber der verspätet eingeschlagene Weg zum Zweitverwertungsrecht wurde vor allem dadurch frei, dass sich in der Bundesregierung ein längst überfälliger Perspektivenwechsel durchsetzte, nämlich dass es sich bei dem Zweitverwertungsrecht um eine urhebervertragsrechtliche Lösung handele. Es gab also keinen dogmatischen Grund mehr, diese Reform nicht zu realisieren.

11.3.2 Zu den Details/Beschränkungen des in § 38 Abs. 4 realisierten Zweitverwertungsrechts

Angesichts der auch für die damalige Bundesregierung offensichtlichen Machtasymmetrie durch das wirtschaftliche Ungleichgewicht zugunsten der Verleger sollten urhebervertragsrechtliche Regelungen die Urheber gegenüber den Verlegern stärken. Als entscheidend für die Reform wurde angesehen, die bislang in § 38 vorgesehene Einschränkung „wenn nichts anderes vereinbart" durch eine verbindliche, unabdingbare Vorgabe „Eine zum Nachteil des Urhebers abweichende Vereinbarung ist unwirksam" abzulösen. Das ist in der Tat die zentrale Entscheidung des Gesetzgebers. Kein Verleger kann seitdem einen Vertrag mehr abschließen, welcher das Zweitverwertungsrecht des Urhebers ausschließt. Tut er es trotzdem, so ist dieser Vertrag, entsprechend Satz 3 in § 38 Abs. 4, unwirksam. Man sprich daher von einem zwingenden oder nicht abdingbaren Zeitverwertungsrecht.

„Zwingend" bedeutet aber für den Gesetzgeber bislang nicht, dass dieses Recht von dem jeweiligen Urheber unbedingt wahrgenommen werden muss. Das wäre eine *mandatorische* Verpflichtung des Urhebers. § 38 Abs. 4 ist also zunächst als Fortschritt gegenüber dem alten § 38 zu werten, dessen Abs. 1–3 aber weitgehend unverändert erhalten geblieben sind. Allerdings bleibt der Gesetzgeber auch mit § 38 Abs. 4, wie wir zeigen werden, auf halbem Wege stecken, so dass die anvisierten Ziele nur teilweise erreicht werden dürften, als da sind: Stärkung der Autonomie der Urheber, größere Sichtbarkeit der Werke und Nutzung der erarbeiteten Forschungsergebnisse durch die Öffentlichkeit, nicht zuletzt die Unterstützung der Innovationsfähigkeit der Wirtschaft. Die zentralen Regelungen für das Zweitverwertungsrecht durch § 38 Abs. 4 werden wie folgt zusammengefasst:[394]

(1) Seit Beginn des Jahres 2014 ist es durch § 38 Abs. 4 in Deutschland Autoren an bestimmten Institutionen erlaubt, nach der Erstveröffentlichung von Artikeln in wissenschaftlichen

---

[394] Vgl. (Bruch/Pflüger 2014) Das Zweitveröffentlichungsrecht des § 38 Absatz 4 UrhG; (Kuhlen 2011a) Der Streit um die Regelung des Zweitveröffentlichungsrechts; (Kuhlen 2013b) Manifestierung der Dreiklassengesellschaft; (de la Durantaye 2014b) Stellungnahme zu dem Entwurf eines Gesetzes zur Nutzung verwaister und vergriffener Werke und einer weiteren Änderung des Urheberrechtsgesetzes.

(bis dahin i. d. R. kommerziell vertriebenen) Fachzeitschriften diese über das Internet selbst öffentlich zugänglich zu machen.
(2) Die Zweitverwertung gilt nur für Werke in periodisch (mindestens zweimal pro Jahr) erscheinenden Sammlungen – gemeint sind also Zeitschriften.
(3) Das Zweitverwertungsrecht gilt nur für wissenschaftliche Arbeiten, die im Rahmen einer Forschungstätigkeit entstanden sind. Dazu können auch wissenschaftliche bildungsbezogene Arbeiten gerechnet werden, aber nicht rein auf Didaktik bezogene Texte.[395]
(4) Die Zweitverwertung darf nicht gewerbliche Zwecke verfolgen.
(5) Die Zweitverwertung ist auf den Geltungsbereich des deutschen Rechts beschränkt.
(6) Bei Arbeiten mit Mehrfachautoren haben alle beteiligten Autoren das Zweitverwertungsrecht. Derjenige, der das Recht wahrnimmt, muss die Zustimmung der anderen Autoren einholen. Die Zustimmung kann nur aus zwingenden Gründen verweigert werden.
(7) Nicht eindeutig ist es, ob das Zweitveröffentlichungsrecht mehrfach ausgeübt werden darf oder sich mit der ersten Zweitverwertung erschöpft. (vgl. FN 411)
(8) Autoren, die das Zweitverwertungsrecht wahrnehmen, dürfen den Nutzern der Zweitpublikation keine Nutzungsrechte übertragen. Die so öffentlich zugänglich gemachten Werke können daher von den Autoren nicht unter eine freie Lizenz wie CC BY NC (NC=nicht-kommerziell) gestellt werden.
(9) Das Recht kann von den Autorinnen und Autoren selbst wahrgenommen werden. Sie können aber auch eine Einrichtung, z. B. eine Bibliothek beauftragen, das Manuskript zum freien Abruf online zu stellen.[396] Das Recht kann eine Bibliothek nicht von sich aus wahrnehmen.
(10) Das neue Recht gilt nicht rückwirkend, gilt also nur für Werke, die ab dem 1.1.2014 *erschienen* sind. Für diese allerdings auch, wenn vor diesem Termin über einen Publikationsvertrag exklusive Rechte an den Verlag abgetreten waren.
(11) Das Recht ist gegeben und anwendbar, ohne dass Einsicht in einen Vertrag oder sonstige Vereinbarungen genommen werden müsste.
(12) Das Recht kann erst nach einer einjährigen Sperr-/Embargofrist (die Zeit nach der Erstveröffentlichung) wahrgenommen werden.
(13) Das Recht gilt ausschließlich für das in § 19a geregelte Recht der öffentlichen Zugänglichmachung, also nicht für andere Verwertungsrechte, wie z. B. Verbreiten. Eine gedruckte Zweitveröffentlichung sieht die Regelung nicht vor.
(14) Bei einer Zweitverwertung muss auf die Quelle der Erstveröffentlichung referenziert werden.
(15) Die Zweitverwertung ist nur in der „akzeptierten Autor-/Manuskriptversion" erlaubt. Auf das Verlagslayout und das Verlagslogo muss verzichtet werden. Der Text sollte ansonsten jedoch inhaltsgleich mit der publizierten Verlagsversion sein.
(16) Das Zweitverwertungsrecht kann in keiner Weise abbedungen werden.

---

395 Im RefE zum Zweitveröffentlichungsrecht war das noch weiter gefasst: „im Rahmen einer mindestens zur Hälfte mit öffentlichen Mitteln finanzierten Lehr- und Forschungstätigkeit entstanden" – https://bit.ly/2CHn4gx.
396 Vgl. die von der Europäischen EDV-Akademie des Rechts (EEAR) entwickelte Mustervereinbarung zur Einräumung eines einfachen Nutzungsrechts zum Zweck einer Zweitverwertung nach § 39, 4 in einem Repositorium – nachgewiesen unter: https://bit.ly/1BMOH3a.

(17) Das Zweitverwertungsrecht gilt nicht für Werke, die in freier oder unternehmensbezogener wissenschaftlicher Tätigkeit entstanden sind, also außerhalb von öffentlich finanzierten Einrichtungen;
(18) Vermutlich gilt das Zweitverwertungsrecht auch nicht für Wissenschaftler, die in Forschungseinrichtungen des Bundes oder der Länder arbeiten – sie können schon nicht für die Erstveröffentlichung selbstständig verfügen.
(19) Nach dem Wortlaut des Gesetzes gilt das Zweitverwertungsrecht für Werke, die „im Rahmen einer mindestens zur Hälfte mit öffentlichen Mitteln geförderten Forschungstätigkeit entstanden" sind.

Entsprechend der Begründung der Bundesregierung sollte dieses Recht entweder nur für wissenschaftliche Artikel von Autorinnen und Autoren an Hochschulen gelten, deren Arbeiten mindestens zur Hälfte mit öffentlicher Projektförderung (z. B. DFG-, BMBF-, EU-Projekte, staatlich finanzierte Stipendien) finanziert wurden oder für wissenschaftliche Artikel, die von Mitarbeitern öffentlich finanzierter, außeruniversitären Forschungseinrichtungen (z. B. WGL, HGF, MPG) erstellt wurden. Das Zweitverwertungsrecht soll also nicht für Werke gelten, die aus der grundfinanzierten Forschung entstanden sind – erst recht nicht für Werke, die außerhalb von öffentlichen Einrichtungen entstanden sind (ausführlich in Abschnitt 11.3.4). Die obige lange Liste macht deutlich, dass zwar mit § 38 Abs. 4 einige Fortschritte gegenüber § 38, Abs. 1–3 erzielt wurden, dass aber das Recht stark eingeschränkt wurde. Trotzdem wurde von Seiten der Verlagswelt im Vorfeld Intensiv, mit fast schon dystopischen Argumenten dagegen opponiert.[397]

11.3.3 Kritik an den Regelungen von § 38 Abs. 4

Die in der obigen Liste angeführten Einschränkungen stellen die Nützlichkeit der neuen Regelungen in Frage. Der Zeitraum (das Embargo), in dem nach der Regelung von § 38 Abs. 4 das Verwertungsrecht zusätzlich an den Autor zurückfällt

---

[397] Der Börsenverein des Deutschen Buchhandels „sieht hier eine unzulässige Beschneidung der Verlagsrechte". In seiner Stellungnahme hieß es: „Die Schaffung eines solchen Rechts würde dazu führen, dass in Deutschland anstelle nachhaltiger Strukturen für Open Access-Publikationen, die der Wissenschaft dienen, eine kostenträchtige und ineffiziente Repositorienlandschaft entstünde; würde deutsche Verlage im Wettbewerb mit ausländischen Verlagshäusern benachteiligen; bringt die Gefahr mit sich, dass geistes- und sozialwissenschaftliche Datenbanken und Zeitschriften in deutscher Sprache allmählich verschwinden; liefe auf eine entschädigungslose Enteignung der Leistungen deutscher Verlage hinaus und begegnet auch darüber hinaus europa- und verfassungsrechtlichen Bedenken." Entsprechend die Forderung des Börsenvereins: „Auf die vorgeschlagene Regelung sollte deshalb ersatzlos verzichtet werden" – Quelle buchreport 6. März 2013 https://bit.ly/2k8pMGz.

(12 Monate), ist für Bildung und Wissenschaft nicht praktikabel, vor allem nicht in Fächern mit einem sehr raschen Erkenntnisumsatz. Die ersten Monate nach einer Publikation sind entscheidend für Zitierungswahrscheinlichkeit. Eine Flexibilisierung der Embargofrist wäre wegen der sehr unterschiedlichen Nutzungsformen in den verschiedenen Disziplinen die bessere Lösung gewesen. Auch der Bundesrat bedauerte in seiner Stellungnahme vom 20.9.2013 (also nach der Verabschiedung im Bundestag),[398] dass sowohl die lange Embargofrist als auch die Beschränkung auf Zeitschriften hinter den Stand der Diskussion in der EU zurückgefallen sind. Überhaupt nicht zeitgemäß ist die Ausklammerung von Artikeln, die in nicht periodisch erscheinenden Sammlungen wie Konferenz-Proceedings, Festschriften, Sammelbänden etc. erschienen sind. In vielen MINT/STM-Fächern, vor allem in informatik-nahen Fächern, spielen Artikel in Konferenz-Proceedings eine größere Rolle als die in Zeitschriften.

Ebenso bleibt das in § 38 Abs. 3 angesprochene Zweitverwertungsrecht für Zeitungsartikel wegen des „wenn nicht..." für Journalisten faktisch versagt, auch für Journalisten im Wissenschaftsbereich. Hier wird es erst recht die Regel sein, dass Verlage in ihren Verträgen mit den Autoren (Journalisten) das exklusive Nutzungsrecht für sich reklamieren. § 38 Abs. 4 hat das nicht korrigiert. Wenig zukunftsweisend ist in § 38 Abs. 4 auch, dass Monographien von dem Zweitverwertungsrecht ausgeschlossen sind. In der „Begründung" wird ausdrücklich darauf verwiesen, dass das Zweitverwertungsrecht den Autoren die Rechtssicherheit geben wird, „ihre Publikationen im Wege des Open Access (zweit)zu veröffentlichen". Schon 2013 war absehbar, dass Open Access auch auf größere Texte wie Monographien abzielt. Eine vorsichtige Übergangslösung oder Öffnungsklausel für neue Werktypen wäre sinnvoll gewesen.

Dass die Zweitverwertung auf die Manuskriptversion des Autors beschränkt wird, hat vor allem in den MINT-Fächern keinen gravierenden Nachteil, da wortwörtliche Zitate dort kaum gebräuchlich sind. Das ist aber vor allem in den Geisteswissenschaften anders,[399] bei denen korrektes Zitieren (also nicht bloß Referenzieren) ein zentrales Erfordernis ist. Dieses Zugeständnis gegenüber den Verlagen war zudem unnötig. *Unnötig*, da das Zeitschriftengeschäft auch bei einer Zweitverwertung über die publizierte Verlagsversion nicht beeinträchtigt würde, da dieses ohnehin so gut wie vollständig über die Bibliotheken läuft, die im ersten Jahr der Embargofrist ihre Einkäufe bzw. Lizenzverträge schon abgeschlossen haben. Das vom Gesetzgeber angestrebte Ziel, Open Access über die Zweitverwertung durch

---

398 Bundesrat Drucksache 643/13 vom 20.9.2013 – https://bit.ly/2kA22Lv.
399 Das gilt sicherlich auch für die Rechtswissenschaft; vgl. (Wildgans 2019) Zuckerbrot oder Peitsche?

die Autoren zu befördern, wird auch dadurch verfehlt,[400] dass das zweitveröffentlichte Werk nicht über eine freie Lizenz freigestellt werden kann – über CC BY sowieso nicht, da eine gewerbliche Nutzung in § 38 Abs. 4 untersagt ist; aber auch jede andere freie Lizenz, die mit den Zielen der Berliner Open-Access-Erklärung verträglich ist, wird durch § 38 Abs. 4 behindert bzw. unmöglich gemacht. Im Zusammenhang der makroökonomischen Sicht auf das Zweitverwertungsrecht wird im folgenden Unterabschnitt auf das in der Liste oben unter (18) angesprochene Problem eingegangen, ob die grundfinanzierte Hochschulforschung durch § 38 Abs. 4 ausgeschlossen ist oder, über eine kreative Interpretation, es ihr doch zugestanden wird.

11.3.4 Ausklammerung der grundfinanzierten Hochschulforschung vom Zweitverwertungsrecht?

Im Gesetz steht, dass das Zweitverwertungsrecht sich auf wissenschaftliche Beiträge in Periodika bezieht, „die überwiegend mit öffentlichen Mitteln finanziert wurden". Das scheint eindeutig zu sein, sofern „überwiegend" als mit „mehr als 50 %" verstanden wird. Eine institutionelle Ausdifferenzierung ist aus dem Text des Gesetzes nicht erkennbar. Auch im RefE des BMJV war keine solche Differenzierung zu erkennen.[401] Zwischen Hochschulforschung und außeruniversitärer öffentlich finanzierte Forschung wurde nicht unterschieden. Umso mehr war die Fachöffentlichkeit, aber auch die politischen Institutionen außerhalb der Bundesregierung irritiert, dass diese Einheitlichkeit in der Begründung der Bundesregierung aufgekündigt wurde – und zwar mit einem makroökonomischen Argument. Die entsprechende Passage in der Begründung soll hier in voller Länge zitiert werden. Sie ist sozusagen ein zeitgeschichtliches und in Teilen bedrohliches Dokument. Das Zweitverwertungsrecht bezieht sich auf:

> Forschungstätigkeiten, die im Rahmen der öffentlichen Projektförderung oder an einer institutionell geförderten außeruniversitären Forschungseinrichtung durchgeführt werden. Der Anwendungsbereich des Zweitveröffentlichungsrechts ist auf diese Bereiche beschränkt,

---

[400] Kritik am Zweitverwertungsrecht wird wegen fehlende Orientierung an Open Access auch von (Wildgans 2019) geübt. Wildgans plädiert insgesamt für eine Öffnung von Open Access im juristischen Publikationsgeschehen und erwägt durchaus eine Mandatierung des Zweitverwertungsrechts auch im Sinne des (im Verfahren noch schwebenden) Konstanzer Vorstoßes (vgl. 11.3.6) zugunsten einer Open-Access-Mandatierung.
[401] „Damit kommt der Regelungsvorschlag den nicht gewerblich handelnden Wissenschaftsinstitutionen (Universitäten, Forschungseinrichtungen) bzw. deren Repositorien zugute" (so in der Begründung zum RefE – Beleg FN 395).

da hier das staatliche Interesse an einer Verbreitung der Forschungsergebnisse besonders hoch ist. Anders als beispielsweise bei der rein universitären Forschung ist es üblich, dass der Staat bei der staatlichen Förderung Vorgaben hinsichtlich der Ziele und der Verwertung der Forschung macht. Diese Differenzierung lässt sich mit dem unterschiedlichen Gewicht des staatlichen Interesses an der Verbreitung und Verwertung der Forschungsergebnisse begründen. Die Projektförderung als auch die Tätigkeit an außeruniversitären Forschungseinrichtungen beruht auf programmatischen Vorgaben und Förderrichtlinien der Zuwendungsgeber, die damit den Erkenntnisgewinn in zuvor festgelegten Themenbereichen fördern wollen. Zu den Rahmenbedingungen dieser Förderbereiche gehören seit jeher Förderbestimmungen, die z. B. auch die Verwertung und Verbreitung der Ergebnisse regeln. Die erweiterten urheberrechtlichen Verwertungsmöglichkeiten sollen daher diesen Forschungsbereichen ermöglicht werden.

Zunächst einmal wird dadurch deutlich, dass das Zweitverwertungsrecht nur für Werke gilt, die über öffentliche Finanzierung entstanden sind. Im Vorfeld der Diskussion um das Zweitverwertungsrecht wurde diese sich abzeichnenden Beschränkung auf öffentlich finanzierte Wissenschaft kritisiert, z. B. in der Stellungnahme von GRUR zu § 38 Abs. 4:

> ob diese Privilegierung auf den Kreis der öffentlich finanzierten Urheber beschränkt bleiben kann oder ob der Gleichbehandlungsgrundsatz zu einer Erweiterung führen muss. Urheber, die eine geringere öffentliche Förderung oder gar keine Förderung erhalten haben, sondern die Aufwendungen für ihre Veröffentlichung überwiegend oder ganz selbst getragen haben, verdienen den Schutz eines Zweitveröffentlichungsrechts mindestens so sehr wie die Urheber, deren Rechtsstellung durch das vorgeschlagene Zweitveröffentlichungsrecht verbessert werden soll. Die Beschränkung des Entwurfs auf Veröffentlichungen aus einer überwiegend öffentlich finanzierten Lehr- und Forschungstätigkeit sollte deswegen gestrichen werden.

Diese von GRUR vorgeschlagene Ausweitung auf Forschung allgemein ist in der Tat sinnvoll, da es das primäre Ziel dieser Gesetzgebung gewesen war, das Interesse des individuellen Wissenschaftlers (auch außerhalb der öffentlichen Finanzierung) an möglichst breiter Sichtbarkeit zu befördern.[402] Die oben zitierte Begründung der Bundesregierung ist aber noch in anderer Hinsicht bedenklich diskriminierend: Für die normale Hochschulforschung bestand für die damalige Regierung (Koalition CDU/CSU und FDP) offenbar kein besonderes Interesse an einer Verbreitung und Verwertung der dort erzielten Forschungsergebnisse. Die Politik geht weiter davon aus, dass der Staat für öffentliche Drittmittelprojekte, finanziert z. B. über die DFG, und für die Forschung in Einrichtungen wie z. B. Max-Planck, Helmholtz oder

---

402 Entsprechend wurde auch in der Enquete-Kommission „Internet und digitale Gesellschaft" die Frage stellt, „ob nicht ein generelles Zweitverwertungsrecht für Urheber von wissenschaftlichen Beiträgen [also unabhängig von der öffentlichen Finanzierung – RK] unabhängig eingeführt werden sollte." Enquete Kommission 2011, S. 21.

Leibniz, aber auch forschungsaktive Bundesanstalten für Ziele und Verwertung Vorgaben macht. Diesen geförderten Forschungsvorgaben liegen programmatische Vorgaben und Förderrichtlinien der Zuwendungsgeber zugrunde.

Im Bundestag wurde die oben ausführlich zitierte Begründung der Bundesregierung als verbindlich für das Zweitverwertungsrecht angesehen. Die Oppositionsparteien kritisierten allerdings die Privilegierung bestimmter Wissenschaftskreise zunächst schon bei der ersten Lesung[403] und dann bei der Endabstimmung erneut scharf.[404]

> Ein solches – exklusives – Zweitverwertungsrecht für bestimmte, von der Bundesregierung als besonders relevant erachtete Forschungskreise ist nicht nur verfassungsrechtlich bedenklich, sondern setzt zudem die Forschungsleistung von Wissenschaftlerinnen und Wissenschaftlern an deutschen Hochschulen herab. (René Röspel, SPD)
> Das Zweitverwertungsrecht soll sich auf alle wissenschaftlichen Publikationen erstrecken, die überwiegend aus öffentlichen Mitteln finanziert worden sind. Zweitens. Eine Zweitveröffentlichung wird für alle Publikationsformen ermöglicht. (Petra Sitte, Die LINKE)

Auch der Bundesrat sprach bei seiner ersten Beratung des Gesetzentwurfs im Mai 2013 nicht nur von einer Zweiklassengesellschaft, sondern sogar von einer „Dreiklassengesellschaft", die durch § 38 Abs. 4 errichtet würde. Streng genommen ist es sogar eine Vierklassengesellschaft: außeruniversitäre Forschungseinrichtungen, drittmittelfinanzierte Forschung an Hochschulen, grundfinanzierte Forschung an Hochschulen und speziell Geistes- und Sozialwissenschaften an Hochschulen. Letztere haben traditionell niedrige Drittmittelquoten und würden damit von dem Zweitverwertungsrecht weitgehend ausgeschlossen.[405] Entsprechend hatte der Bundesrat gefordert, dass das Zweitverwertungsrecht zumindest für alle öffentlich finanzierten Wissenschaftler gelten sollte. Er ist damit einer Empfehlung des Landes Baden-Württemberg gefolgt: „Für die Herausnahme des gesamten an Hochschulen beschäftigten wissenschaftlichen Personals gibt es keinen sachlichen Grund."[406] Auch in dieser Begründung steht das öffentliche Interesse mit der Begründung der öffentlichen Finanzierung im Vordergrund. Speziell den Geistes- und Sozialwissenschaften damit gleichsam zu bescheinigen, dass sie politisch und ökonomisch irrelevant seien, war vermutlich auch durch die Bundesregierung nicht

---

403 Opposition im Bundestag. Protokoll 17/244, 7.6.2013 – https://bit.ly/2lD1WTE.
404 Auch bei der abschließenden 2. und 3. Lesung im Bundestag wurde dieser Ausschluss von den Vertretern der Oppositionsparteien (Bündnis90/DIE GRÜNEN, Linke, SPD) kritisiert. Sie gingen also weiter davon aus, dass die Begründung der Bundesregierung die verbindliche Auslegung von § 38 Abs. 4 sei.
405 Vgl. (Kuhlen 2013b) Manifestierung der Dreiklassengesellschaft.
406 Bundesratsbeschluss 3.5.2013. Quelle: bildungsklick – https://bit.ly/30lfeUc.

beabsichtigt. Warum ist die Ausklammerung der Geistes- und Sozialwissenschaften vom Zweitverwertungsrecht ohne Not überhaupt ins Spiel gebracht worden? Wenn schon kein ökonomischer Vorteil von der Politik davon erwartet wurde – welcher Nachteil wäre aber bei einem Zweitverwertungsrecht für alle in Bildung und Wissenschaft Tätigen entstanden? Tatsächlich geht man wohl nicht fehl in der Annahme, dass die Ausklammerung der Geistes- und Sozialwissenschaften dem Lobbying deutscher Verlage geschuldet ist, die auf diesem Gebiet Zeitschriften betreiben.

Die kritische Einschätzung des Bundesrats zu diesen Gesetzesvorgaben des Bundes hat er in seinem Beschluss vom 20.9.2013 (Drucksache 643/13), also nach den abschließenden Lesungen im Bundestag, noch einmal bekräftigt.[407] Seine Entscheidung, für das Zweitverwertungsgesetz den Vermittlungsausschuss dennoch nicht anzurufen, war auf einiges Unverständnis gestoßen. Eine Ablehnung bzw. Anrufung des Vermittlungsausschusses war wegen des Ausschlusses der grundfinanzierten Hochschulforschung von dem neuen Recht erwartet worden.[408] Der Bundesrat löste dieses Problem dann auf eine auf den ersten Blick sibyllinisch anmutende Weise, indem er feststellte,

> dass § 38 Absatz 4 Satz 1 UrhG-neu, dessen Anwendungsbereich sich zumindest im Wege einer verfassungskonformen Auslegung auch auf das gesamte, an den Hochschulen beschäftigte wissenschaftliche Personal erstrecken muss, dem begünstigten Personenkreis ein vertraglich nicht abdingbares Recht auf Zweitveröffentlichung eröffnet.[409]

Der Bundesrat ignorierte also die oben zitierte Einschätzung der Bundesregierung und interpretierte das Gesetz wortwörtlich („im Rahmen einer mindestens zur Hälfte mit öffentlichen Mitteln geförderten Forschungstätigkeit") bzw. leitete er daraus die telelogische Interpretation ab, dass damit auch das gesamte wissenschaftliche Personal an Hochschulen das Zweitverwertungsrecht in Anspruch annehmen

---

[407] Bundesrat Drucksache 643/13 vom 20.9.2013 – https://bit.ly/3OqdQzC.
[408] Auch das Aktionsbündnis Urheberrecht für Bildung und Wissenschaft war in einem weit verbreiteten und genutzten Flyer davon ausgegangen, dass Hochschullehrer nur dann vom Recht begünstigt seien, wenn ihre Werke im Zusammenhang von Drittmittelforschung entstanden waren: „Wissenschaftliche Artikel, die mit Grundmitteln einer Hochschule finanziert wurden, hat der Gesetzgeber von der Nutzung des Zweitveröffentlichungsrechts ausgeschlossen." Flyer zum Zweitveröffentlichungsrecht – https://bit.ly/2KOh9LS.
[409] Es ist auch davon auszugehen, dass der Bundesrat es nicht darauf ankommen lassen wollte, das gesamte Paket der Reform scheitern zu lassen. Es war nicht vorgesehen, über die einzelnen Regelungen getrennt abzustimmen, also z. B. die Regelung für verwaiste Werke zu billigen, aber die für das Zweitverwertungsrecht abzulehnen bzw. dafür den Vermittlungsausschuss anzurufen. Kurz vor Ende der Legislaturperiode wäre es bei Anrufung des Vermittlungsausschusses aus zeitlichen Gründen nicht mehr möglich gewesen, das Gesetz gültig werden zu lassen.

könne. Inzwischen haben sich auch die meisten Urheberrechtskommentare dieser Auffassung tatsächlich angeschlossen. In den Kommentaren zu § 38 Abs. 4 wurde deutlich, dass für die telelogische Auslegung eines Gesetzes der Wille des Gesetzgebers, also in diesem Fall des Bundestags, entscheidend sei und nicht die zwar eindeutig formulierte Intention der das Gesetz zur Entscheidung vorlegenden Bundesregierung.[410] Allerdings handelt es sich bei dieser Einschätzung bislang nur um eine Auslegung aus der Rechtswissenschaft. Bislang hat es keine Klage gegen das Gesetz gegeben. Entsprechend haben die Gerichte auch keine Gelegenheit gehabt, den Widerspruch zwischen Intention der Bundesregierung und Wortlaut des Gesetzes aufzulösen. Die Protokolle der ersten und dann der zweiten und dritten Lesung sind vermutlich nicht eindeutig so zu lesen, dass sich der Bundestag bei seinen Beratungen der Interpretation des Bundesrats angeschlossen habe. Alle Oppositionsparteien haben, wie oben zitiert, in ihren hinterlegten Stellungnahmen die Ausklammerung der grundfinanzierten Hochschulforschung stark kritisiert. Die entsprechenden eingebrachten drei Anträge der SPD, Bündnis90/Die GRÜNEN und DIE LINKE wurden von der Mehrheit der Regierungskoalition abgelehnt. Angesichts der großen Auslegungsspielräume der Gerichte kann es nicht ausgeschlossen werden, dass vor Gericht die Ablehnung der Oppositionsanträge doch als „Unterstützung" des Vorschlags bzw. hier der Begründung der Bundesregierung durch die Mehrheit des Bundestags gewertet wird. Am Ende von 11.3.6 wird auf das Problem der Extension des Zweitverwertungsrechts am Beispiel der Klage gegen die Universität Konstanz, eine Zweitverwertungsverpflichtung in der Satzung vorzusehen, eingegangen.

11.3.5 Ein einfaches Nutzungsrecht

Der Gesetzgeber hätte sich die gesamte Debatte um das Zweitveröffentlichungsrecht sparen können, wenn er eine urhebervertragsrechtliche Lösung gewählt hätte, dass in Verträgen zwischen Autoren und Urhebern grundsätzlich nur einfache Nutzungsrechte vereinbart werden dürfen – vielleicht mit der Einschränkung, dass dem Verlag dafür exklusiv für eine festzulegende Zeit die kommerzielle einfache Verwertung zugestanden wird. Dies könnte dazu beitragen, eine Symmetrie in der Rechten zwischen Urheber und Verwerter herzustellen. Bislang sehen die

---

[410] So (Peukert 2017) Kommentar zu § 38 Abs. 4, RN 45–47: „Der Entstehungsgeschichte des Gesetzes [könne] nicht entnommen werden, dass der Bundestag bei der Verabschiedung des Gesetzes den gesamten Bereich der grundständigen Hochschulforschung, die einen sehr erheblichen Teil, wenn nicht die Mehrzahl der öffentlich geförderten wissenschaftlichen Beiträge in der Bundesrepublik hervorbringt, ausgrenzen wollte."

Verträge für die Nutzungsrechte der Verleger vor, dass die Nutzung auf mehrfache Weise geschehen kann. Der Verlag besitzt also dadurch auch ein Zweit- bzw. Vielfachverwertungsrecht. Dieses mehrfache Recht wird den Urhebern durch § 38 Abs. 4 nicht zugebilligt. Das Zweitverwertungsrecht darf vom Urheber, anders als vom Verleger, nur „einmalig" genutzt werden.[411] Wenn Urheber ein nur einmal in Anspruch zu nehmendes Zweitverwertungsrecht haben, ist es dann gerechtfertigt, dass Verlage das Vielfachverwertungsrecht haben? Das ist schwer einzusehen – Verlage sollten immer nur ein einfaches Nutzungsrecht erwerben können und dies auch nur für den Zweck der ersten Verwertung. Sind weitere Verwertungen vorgesehen, so müssten neue Vereinbarungen mit dem Urheber getroffen werden. Eine Beschränkung auf ein einfaches kommerzielles Nutzungsrecht wäre eine politische Entscheidung gewesen, die aber in keiner Weise gegen geltendes Recht oder gar gegen Grundrechte verstoßen würde. Dabei ist der Vorschlag, die Nutzungsrechte der Verwerter auf einfache Nutzung zu beschränken, keineswegs eine revolutionäre Forderung. Schon im Juli 2001 hatte der Wissenschaftsrat in seinen Empfehlungen zur digitalen Informationsversorgung durch Hochschulbibliotheken[412] einen konkreten Vorschlag für eine Zweitverwertung gemacht, der in der Konsequenz auch auf ein nur einfaches Verwertungsrecht für Verlage hinausläuft:

> Digitale wissenschaftliche Publikationen sollten durch eine hohe Verfügbarkeit und Zugänglichkeit gekennzeichnet sein. **Deshalb ist der Wissenschaftsrat der Auffassung, daß Autoren ihre Verwertungsrechte mit der Freigabe zur wirtschaftlichen Verwertung nicht pauschal an Verlage abtreten und diesen ein exklusives Recht für sämtliche Arten der Verwertung einräumen sollten.** [fett durch RK] Von den Wissenschaftlern in ihrer doppelten Funktion als Autoren und Nutzer erwartet der Wissenschaftsrat ein differenziertes Umgehen mit dem Urheberrecht. Im Wissenschaftssystem sollte Einvernehmen bestehen, daß dem Autor das Recht zur Zweitverwertung erhalten bleiben sollte, um eine elektronische Neuauflage (Re-Print) für die Möglichkeit einer unabhängigen Online-Veröffentlichung beispielsweise über den Server einer Hochschule oder über Fachportale anzubieten. Vom Autor ist dabei ein entsprechender Hinweis vorzusehen, an welchem Ort und in welcher Form das Dokument erstmals bei einem Verlag veröffentlicht worden ist.

Gegen die Begrenzung auf ein einfaches kommerzielles Nutzungsrecht läuft allerdings die Mehrheit der Juristen als Einschränkung von Vertragsfreiheit Sturm. Diese juristische Weigerung, die sich der Gesetzgeber zu eigen gemacht hat, ist dem fehlenden Mut zuzurechnen, den gegebenen großen Gestaltungsspielraum zu nutzen, um neue Wege im Urheberrecht begehbar zu machen.

---

411 Vgl. (Bruch/Pflüger 2014) Das Zweitveröffentlichungsrecht, RN393.
412 Wissenschaftsrat. Drs. 4935/01 Greifswald, 13. Juli 2001 –https://bit.ly/2Zb3Spi, Zitat S. 26.

11.3.6 Mandatierung – besser ein zusätzliches institutionelles Zweitverwertungsrecht?

Die Diskussion um die Regelung für das Zweitverwertungsrecht hat deutlich gemacht, dass das öffentliche Interesse an einer umfassenden Nutzung des mit öffentlichen Mitteln produzierten Wissens nicht so befördert wird, wie es nötig und möglich ist. Der Schwerpunkt lag für den Gesetzgeber darin, die Interessen des Urhebers zu stärken. Beide Interessen sollten aber auch in der gesetzlichen Regelung zusammen gesehen werden. Ein Zweitverwertungsrecht, das nur abstrakt die Autonomie der Urheber stärkt und das, so wie es konzipiert ist, nicht von den Urhebern angenommen wird, geht doppelt fehl. Es verfehlt das individuelle Autonomieziel und verfehlt das anvisierte Ziel, der Öffentlichkeit (darunter auch allen Wissenschaftlern) einen freieren Zugang zum publizierten Wissen zu verschaffen – freier gegenüber der Nutzung der Erstveröffentlichung in kommerziellen kostenpflichtigen Zeitschriften.

In diesem Abschnitt wird vorgeschlagen, die Orientierung an dem individuellen Interesse durch ein institutionelles Zweitverwertungsrecht zu ergänzen. Tatsächlich wird das Gesetz ausdrücklich nicht nur durch das individuelle Interesse, sondern auch durch das öffentliche Interesse und auch das der Wirtschaft an der freien Verfügung publizierter Werke begründet: „Nur wenn Forschungsergebnisse frei verfügbar sind, können sie Grundlage weiterer Forschungsaktivitäten sein und die damit verbundenen positiven gesamtwirtschaftlichen Effekte auslösen. Forschung ist somit kein Selbstzweck. ... [durch das Gesetz werde der] freie Zugang zu wissenschaftlichen Informationen gefördert" (aus der Begründung des RegE). „Wenn das Ziel darin liegt, die öffentlich finanzierte Forschung der steuerzahlenden Öffentlichkeit leicht zugänglich zu machen", so Steinhauer in seinem Beitrag in *Legal Tribune Online*,[413] „warum wurde die Zweitverwertung dann nicht verpflichtend vorgeschrieben?" Dies aber haben Bundesregierung und dann die Mehrheit im Bundestag abgelehnt. In der Begründung für § 38 Abs. 4 wird unmissverständlich festgehalten, dass das Zweitverwertungsrecht nur ein Recht sei und keine Zweitverwertungsverpflichtung. Ebenso wird in der Begründung der Bundesregierung deutlich, dass das Zweitverwertungsrecht nur als ein individuelles Autoren*recht* anzusehen sein. Dieses Recht werde durch „die grundrechtlich geschützte Position der Wissenschaftler aus Artikel 5 Absatz 3 und Artikel 14 Absatz 1 des Grundgesetzes auf urhebervertragsrechtlicher Ebene" begründet. Wissenschaftsfreiheit würde, so die Bundesregierung, durch § 38 Abs. 4 sogar bekräftigt.

---

[413] (Steinhauer 2013) Mehr Open Access oder bloßer Placebo?; vgl. dazu (Kuhlen 2010d): Kommentar zu Steinhauer: Das Recht auf Sichtbarkeit – https://bit.ly/2MvsO4h – ausführlich: Ein Recht auf Sichtbarkeit – aber nicht auch ein Recht auf Sichtbarwerden? – https://bit.ly/2VKJ3hL.

Der deutsche Gesetzgeber hat sich allerdings in der Begründung zu § 38 Abs. 4 mit Blick auf Mandatierung etwas „vorgewagt", nämlich dass dem „staatlichen Interesse an der Verbreitung und Verwertung der Forschungsergebnisse" über die „Förderrichtlinien der Zuwendungsgeber" (z. B. der DFG) entsprochen werden könnte. Es solle den öffentlichen Förderinstitutionen wie die DFG überlassen bleiben, über eine Verpflichtung zur Wahrnehmung des neuen Rechts durch die Urheber bzw. über ein institutionelles Recht zu entscheiden. „Zu den Rahmenbedingungen dieser Förderbereiche gehören seit jeher Förderbestimmungen, die z. B. auch die Verwertung und Verbreitung der Ergebnisse regeln."[414] Das ist auch seit einigen Jahren der Trend in der internationalen Förderpolitik, erkennbar über verschiedene Erklärungen aus der EU bis hin zu Horizon 2020. Alle Mitgliedsstaaten werden ermutigt, alle öffentlich finanzierten Forschungsergebnisse in den öffentlichen Raum zu stellen.[415]

Zur Wissenschaftsfreiheit eines jeden Wissenschaftlers gehört es, darüber zu entscheiden, ob, wann und wie er sein Werk veröffentlichen will. Durch das jetzige Zweitverwertungsrecht über § 38 und insbesondere über § 38 Abs. 4 ist dieses Recht als Erstveröffentlichungsrecht überhaupt nicht betroffen.[416] Kein Wissenschaftler soll zu einer Entscheidung über das ob, wann und wie zu veröffentlichen gezwungen werden. Es wird daher auch hier nicht für zielführend gehalten, Wissenschaftler dazu zu verpflichten, sie zu zwingen, dieses Zweitveröffentlichungsrecht nun auch tatsächlich wahrzunehmen. Das heißt aber nun keineswegs, dass die Zweitveröffentlichung gänzlich ins Belieben des Urhebers gestellt werden sollte. Mandatierung als Zwang ist kein Mittel zur Steuerung wissenschaftlichen Handelns. Rechtsetzung und Rechtsprechung in Deutschland,

---

414 Vgl. (Kretschmer 2010) Wo geforscht wird, fallen Früchte.
415 European Research Council: Scientific publication: Policy on Open Access. https://bit.ly/2jYLJCm; EU-Commison 2012: "encouraged all EU Member States to put public-funded research results in the public sphere in order to make science better and strengthen their knowledge-based economy"; die entsprechende Empfehlung der EU Commission 2012 – https://bit.ly/1eCRmRw.
416 Daher geht die immer wieder geäußerte Kritik am Zweitverwertungsrecht ins Leere. Erwähnt sei nur der Präsident des DHV, Professor Dr. Bernhard Kempen, der 2010 anlässlich des 60. DHV-Tages in Hamburg kritisiert hatte, dass das von der „Allianz der deutschen Wissenschaftsorganisationen" geforderte Zweitveröffentlichung Wissenschaftler verpflichte, „ihre Werke kostenlos zu veröffentlichen. [...] Damit würde sowohl das Urheberrecht als auch die Wissenschaftsfreiheit der betroffenen Wissenschaftler untergraben. [...] Ausschließlich sie [die Wissenschaftler] selbst müssten entscheiden, ob sie ihre Werke im Rahmen von Open Access-Publikationen kostenlos zur Verfügung stellten. [...] Für eine Verpflichtung zur Open Access-Publikation kann insbesondere nicht die aus öffentlichen Mitteln geförderte Vergütung bzw. Besoldung von Wissenschaftlerinnen und Wissenschaftlern als Begründung herhalten." (Bernhard Kempen: Wissenschaftler müssen allein entscheiden, ob, wann und wo publiziert wird. Pressemitteilung des DHV vom 23.03.10).

aber auch Förderorganisationen wie die DFG, tun sich nach wie vor mit einer Mandatierung schwer, selbst nur für eine Zweitverwertung, erst recht für eine Erstveröffentlichung.[417] Anders in vielen anderen Ländern wie z. B. in der Schweiz. Dort gilt, dass öffentlich finanzierte Werke (einschließlich Datensammlungen) „ein öffentliches Gut [sind] und daher in elektronischer Form zeitnah und kostenlos zugänglich sein und für die Wiederverwendung durch Dritte zur Verfügung stehen" sollten. Für Publikationen, die aus den Schweizer Akademien entstanden sind, müssen alle „Publikationen sofort, kostenlos und frei zur Verfügung (Diamond Open Access)" gestellt werden.[418] Werke, deren Entstehung über den Schweizerischen Nationalfonds zur Förderung der wissenschaftlichen Forschung (SNF) finanziert wurden, müssen ebenfalls frei für die Öffentlichkeit zugänglich gemacht werden.[419] Falls dies nicht über eine Open-Access-Erstpublikation erfolgt, müssen Zeitschriftenaufsätze über den grünen Weg (Zweitpublikation) spätestens nach 6 Monaten, Bücher nach 12 Monaten zugänglich gemacht werden. Bis Mitte 2019 waren allerdings nur 48 % der so geförderten Werke verfügbar gemacht worden. Um 100 % zu erreichen, geht der SNF dazu über, die von ihm geförderten Forscher mahnend direkt anzuschreiben.

Auch sonst kommt in der wissenschaftlichen Gemeinschaft Bewegung in der Frage der Mandatierung. Das "encouraged" bzw. „requested" wird immer

---

[417] Der deutsche Gesetzgeber hat sich allerdings in der Begründung zu § 38 Abs. 4 mit Blick auf Mandatierung etwas „vorgewagt", nämlich dass dem „staatlichen Interesse an der Verbreitung und Verwertung der Forschungsergebnisse "über die „Förderrichtlinien der Zuwendungsgeber" (z. B. der DFG) entsprochen werden könnte. Es solle den öffentlichen Förderinstitutionen wie der DFG überlassen bleiben, über eine Verpflichtung zur Wahrnehmung des neuen Rechts durch die Urheber bzw. über ein institutionelles Recht zu entscheiden. „Zu den Rahmenbedingungen dieser Förderbereiche gehören seit jeher Förderbestimmungen, die z. B. auch die Verwertung und Verbreitung der Ergebnisse regeln." Das ist auch seit einigen Jahren der Trend in der internationalen Förderpolitik, nicht zuletzt über verschiedene Erklärungen aus der EU bis hin zu Horizon 2020 (European Research Council: Scientific publication: Policy on Open Access – https://bit.ly/2jYLJCm; (EU-Commison 2012): "encouraged all EU Member States to put public-funded research results in the public sphere in order to make science better and strengthen their knowledge-based economy"; die entsprechende Empfehlung der EU Commission 2012 – https://bit.ly/1eCRmRw.
[418] Creative Commons stellt zur Realisierung von Diamond Open Access eine CC0-Lizenz bereit, die Autoren, die ihr Werk gänzlich in die Public domain stellen wollen, die Möglichkeit eröffnet, "to opt out of copyright and database protection, and the exclusive rights automatically granted to creators – the 'no rights reserved' alternative to our licenses." creativecommons.org – https://bit.ly/2x9IalG. Dabei sind sich die für CC bzw. CC0 zuständigen Personen vielleicht nicht bewusst (oder sie ignorieren es), dass manche Urheberrechtsgesetze, wie z. B. das in Deutschland, es gar nicht erlauben, Persönlichkeitsrechte aufzugeben.
[419] Schweizerischer Nationalfonds: Auf dem Weg zu 100 %: Steigerung bei Open-Access-Publikationen notwendig – https://bit.ly/31hxLAY.

mehr durch ein "required" ersetzt. Durch (derzeit) 17 nationale und internationale Forschungsförderer und Forschungsorganisationen, unterstützt durch die EU-Kommission und den Europäischen Forschungsrat, wurde im Oktober 2018 die Initiative cOAlition mit Plan S gegründet.[420] Plan S fordert,[421] dass ab 2021 jede Forschung, die von „public or private grants provided by national, regional and international research councils and funding bodies" gefördert wird, in Open-Access-Zeitschriften oder über Open-Access-Repositories publiziert bzw. sofort ("immediately") zugänglich gemacht wird. Dieses Ziel soll Anfang 2021 zumindest für Werke aus öffentlich finanzierter Forschung vollständig erreicht werden.

Allerdings hat offenbar ein großer Teil der Wissenschaftler, zumindest in Deutschland, ein Problem mit einer solchen Mandatierung. Vielleicht liegt es auch an der Begrifflichkeit. Wer will schon mandatiert werden? Zudem – wie sollte ein solcher Zwang, wie sollte eine Mandatierung von Wissenschaftlern zur Wahrnehmung des Zweitverwertungsrechts realisiert werden? Soll er ein Jahr nach der Erstveröffentlichung zu seiner Bibliothek gehen und ihr mitteilen, dass er jetzt der Bibliothek das Werk zur Zweitveröffentlichung über ihr Repository zur freien Nutzung für jedermann übergeben möchte? Das ist eine unrealistische Situation. Für Wissenschaftler ist der Veröffentlichungsprozess i. d. R. damit abgeschlossen, dass sein Werk, möglichst prominent platziert, publiziert und im Prinzip der Fachöffentlichkeit zugänglich gemacht ist. Weitere Veröffentlichungsinitiativen werden eher als lästig empfunden, die von einer weiterführenden Forschungsarbeit ablenken. Höchstens wird dem weiteren Interesse dadurch entsprochen, dass, wie oben erwähnt, die jeweilige Publikation auf der eigenen Website zumindest als Referenz angezeigt, aber auch immer mehr, und auch immer mehr toleriert von den Verlagen, in der Autorenvolltextversion zum Download bereitgestellt wird. Jedoch sollte die ergänzende Veröffentlichung nicht vom *good will* der kommerziellen Verwerter abhängig gemacht werden – erst recht nicht von Einschränkungen über Form und Zeitpunkt der Freigabe. Fraglich, ob durch Selbstpublikation auf der eigenen Website die nachhaltige Verfügung über publiziertes Wissen, also auch für nachfolgende Generationen, gewährleistet werden kann – auch kommerzielle Informationsdienstleistungen bleiben nicht unbedingt nachhaltig verfügbar. Ein anderer Weg hätte gefunden werden müssen. Leider hat die Bundesregierung offenbar, anders als bei vergriffenen Werken, nicht erwogen, den die Urheber tragenden Organisationen, in *Ergänzung* zu dem persönlichen Recht der Urheber,

---

[420] cOAlition S – https://www.coalition-s.org/; vgl. Science Europe – https://bit.ly/2k6i7IG.
[421] Plan S Principles, konkretisiert in 10 zentralen Zielen – https://bit.ly/2W7f9AM. Plan S, wie insgesamt die cOAlition, wird von Science Europe (https://www.scienceeurope.org/) koordiniert und wird von zahlreichen nationalen Förderorganisationen und anderen internationalen Einrichtungen unterstützt.

ein *institutionelles Recht* zur Zweitverwertung zuzugestehen. Dafür sah sie offenbar keinen Gestaltungsspielraum im geltenden Urhebervertragsrecht.

Ein institutionelles Zweitverwertungsrecht ist das Recht (und die daraus folgende Pflicht) der die Autoren tragenden Institutionen, die Werke ihrer Forscher zweitzuveröffentlichen und damit für alle unter einer freien Lizenz zugänglich zu machen. Als Speicher- und Zugriffsmedium bieten sich die ohnehin in Bibliotheken so gut wie immer schon eingerichteten institutionellen Repositories an. Andere Repository-Formen wie fachspezifische oder nationale bzw. internationale könnten durch entsprechende Kooperationsformen zustande kommen. Ein institutionelles Zweitverwertungsrecht ist keine Einschränkung von Wissenschaftsfreiheit, weder in negativer noch in positiver Hinsicht. Das negative Publikationsrecht ist das Recht, nicht zum Publizieren/Veröffentlichen gezwungen zu werden; das positive Publikationsrecht ist das Recht zu entscheiden, ob, wann und wie ein Werk zu veröffentlichen.[422] Diese Publikationsrechte bleiben mit Blick auf die Erstveröffentlichung uneingeschränkt gewahrt. Wie ist es nachzuvollziehen, dass das Urhebervertragsrecht den kommerziellen Verlegern eine Vielzahl von Verwertungsmöglichkeiten, über die primäre Publikation hinaus, zubilligt, aber Vermittlungsorganisationen wie Bibliotheken nicht das Recht gibt, die erstveröffentlichten Werke der in der entsprechenden Organisation arbeitenden Wissenschaftler zweitzuveröffentlichen?

Ob dazu der Weg der Beste ist, dem das Land Baden-Württemberg vorgesehen bzw. für den sich dann die Universität Konstanz entschieden hatte, ist in rechtlicher Hinsicht noch nicht abschließend geklärt.[423] Das Land hatte versucht, die Wissenschaftler in den Hochschulen des Landes auf eine Wahrnehmung des Zweitverwertungsrechts zu verpflichten. Dazu wären dann die an den Hochschulen eingerichteten Repositories geeignet. Das Land verstand das nicht als Urheberrechtsregelung (Urheberrecht ist Bundesrecht), sondern als Änderung der hochschulrechtlichen Vorschriften, konkret über § 44 Abs. 6 LHG, als „dienstrechtliche Umsetzung" des Urheberrechtsgesetzes im Rahmen der Zuständigkeit des Landes Baden-Württemberg.[424] Diese Vorgabe durch die Landesgesetzgebung

---

[422] Allerdings gibt es Ausnahmen vom positiven Publikationsrecht: Wissenschaftler, die in der Wirtschaft arbeiten, genießen den Schutz der Wissenschaftsfreiheit. Dennoch kann ihnen das positive Publikationsrecht durch ihren Arbeitgeber verweigert werden. Das Gleiche gilt – so problematisch das zu sein scheint – auch für Wissenschaftler in Forschungsinstitutionen des Bundes und der Länder. Und Dissertationen *müssen* – so jedenfalls die Promotionsordnungen – öffentlich zugänglich gemacht werden, damit der Doktorand seinen Titel tatsächlich beanspruchen kann.
[423] Ausführlich dazu (Hartmann 2017) Zwang zum Open Access-Publizieren?
[424] „Angehörige des wissenschaftlichen Personals der Hochschulen sind verpflichtet, sich das Recht auf nicht-kommerzielle Zweitveröffentlichung in der Regel binnen einer Frist von sechs

wurde allerdings von vielen Seiten bei einer Anhörung im Landtag kritisiert, mit der Konsequenz, dass nun die Universitäten das selber durch Änderung ihrer Satzung regeln sollten. Konstanz war die erste Universität, die das tat. Dagegen klagten Professoren aus der Juristischen Fakultät.[425] Darüber ist in der Sache bis heute nicht entschieden. Ob die Angelegenheit bis vor das BVerfG kommt, ist offen – offen auch, wie sich das BVerfG im Falle der Klage gegen die Hochschulsatzung der Universität Konstanz entscheiden würde. Offen ist schließlich auch, ob das formale Argument des vorausgegangenen Münchener OLG – nämlich dass die Regelung in Konstanz einen unzulässigen Eingriff in die Urheberrechtskompetenz des Bundes darstellt – als entscheidend für die Ablehnung des gesamten quasi institutionellen Zweitverwertungsrechts herhalten muss.

Ausführlich setzen sich Höpfner/Amschewitz[426] mit der Klage (genauer: ein Normenkontrollantrag) gegen die in die Satzung der Universität Konstanz vorge-

---

Monaten nach der Erstveröffentlichung vorzubehalten, wenn es sich um Publikationen von wissenschaftlichen Erkenntnissen in periodisch erscheinenden Sammlungen und Zeitschriften handelt, die im Rahmen der Dienstaufgaben gewonnen worden sind. Sie können durch Rechtsverordnung des Wissenschaftsministeriums dazu verpflichtet werden, die Zweitveröffentlichung in hochschuleigene Repositorien einzustellen; auf § 28 Absatz 3 wird verwiesen." (Entwurf § 44 Abs. 6, LHG)

425 Der Text der Klageschrift ist bislang nicht öffentlich gemacht. Öffentlich ist allerdings eine Stellungnahme von Christoph Schönberger, C., öffentliches Recht an der Universität Konstanz, einer der Kläger, im Deutschlandfunk vom 25.1.2017 – https://bit.ly/2Z8vsTx. Diese Stellungnahme geht in Teilen an der Sache vorbei: „Wir entscheiden ja bis jetzt selbst, in welchen Publikationsformaten, in welchen Zeitschriften, wir unsere Ergebnisse publizieren. Und nach unserer Meinung gehört es zu unserer Wissenschaftsfreiheit, dass auch selbst entscheiden zu können." Diese Entscheidung ist weder durch § 38 Abs. 3 noch durch die Konstanzer Satzung beeinträchtigt. Die Erstpublikation bleibt in der Gänze im Veröffentlichungsrecht des Urhebers. Auch die andere Aussage: „In dem Augenblick, in dem wir gezwungen werden, die Ergebnisse in irgendeiner Form auf einem Server bereit zu legen, geben wir diese Hoheit über diese Forschungsergebnisse, über die Art, wie wir sie präsentieren wollen, auf. Das möchten wir nicht" kann kaum überzeugen. Schließlich wird die Arbeit auf dem Server in einer Form repräsentiert, die als Wissensobjekt vom Autor erstellt wurde. Anders als Schönberger unterstützt aus juristischer Sicht (Wildgans 2019) Zuckerbrot oder Peitsche? den Konstanzer Vorstoß zugunsten einer Zweitverwertungsmandatierung und plädiert insgesamt für eine Open-Access-Öffnung der juristischen Fachwissenschaft. Die hier vertretene These, dass mit der Erstpublikation das Veröffentlichungsrecht erschöpft ist, wird von den Juristen in Konstanz nicht berücksichtigt oder nicht geteilt. Ebenso wird die These offensichtlich nicht geteilt, dass die Öffentlichkeit einen Anspruch darauf hat, zu dem öffentlich finanziertem Wissen freien Zugang zu haben. Die Juristen in Konstanz sehen Wissenschaftsfreiheit wie auch Publikationsfreiheit nur als individuelles Recht. Das OLG München hat offenbar auf solche Argumente gar nicht reagiert, sondern lediglich die Kompetenz des Landes bzw. einer Universität für das Urheberrecht (Bundesrecht) bezweifelt.

426 (Höpfner/Amschewitz 2019) Die Zweitveröffentlichungspflicht im Spannungsfeld von Open-Access-Kultur und Urheberrecht.

sehene Zweitveröffentlichungspflicht zugunsten von Open Access auseinander. Die Universität war damit als bislang einzige Hochschule in Deutschland der Aufforderung des Landesgesetzgebers in Baden-Württemberg gefolgt. Höpfner war an der Klage als Professor in Konstanz beteiligt, ist aber jetzt nicht mehr dort tätig, also in dem noch offenen Verfahren der Klagebearbeitung nicht mehr involviert. Mit der Klage bzw. der jetzigen, die Klage unterstützenden Arbeit werden derart grundlegende Probleme angesprochen, so dass darauf etwas ausführlicher eingegangen werden soll.

Die Autoren machen unions- und verfassungsrechtliche Bedenken gegen diese Regelung geltend, aber auch den Verstoß gegen den Drei-Stufen-Test. Gegen das Unionsrecht würde verstoßen, weil das im Bund beschlossene Zweitverwertungs*recht* zwar nicht gegen Unionsrecht verstoße, da dieses im Urhebervertragsrecht geregelt worden sei, wofür die EU keine Vorgaben gibt, dass aber eine Zweitveröffentlichungs*verpflichtung* als Eingriff in die Rechte der Urheber sehr wohl eine neue Schrankenregelung sei, die aber nach InfoSoc 2011 mit dem als abgeschlossenen geltenden Kanon von Schrankenregelungen nicht erlaubt sei. Das ist aber wohl ein Scheinargument, da eine Satzungsregelung einer Universität keine Urheberrechtsschranke entstehen lassen kann. Noch nicht abschließend beantwortet ist dadurch allerdings die vom Münchener OLG aufgeworfene Frage, ob die Regelung in Konstanz ein unzulässiger Eingriff in die Urheberrechtskompetenz des Bundes sei. Bezüglich der Verfassungsbedenken konzentrieren sich die Autoren weniger auf Wissenschaftsfreiheit als auf von ihnen gesehene Verstöße gegen die Eigentumsgarantie in Art. 14 Abs. 1. Hier vertreten die Verfasser eine extrem individualistische Sicht auf Eigentum und marginalisieren die Bedeutung von Art. 14 Abs. 2, der auf die Sozialbindung, hier verstanden als das öffentliche Interesse an der freien Nutzung des publizierten Wissens, abhebt. Sie sehen das vom BVerfG als Bedingung für Eingriffe in das Eigentum eingeforderte „gesteigerte öffentliche Interesse"[427] nicht als gegeben an. Besonders wehren sich die Verfasser dagegen, dass die Zweitveröffentlichungspflicht für alle an der Universität Konstanz tätigen Wissenschaftler gelten soll, also auch für die Rechte an Werken, die aus der Grundfinanzierung entstanden sind. Sie beharren darauf – entgegen den oben erwähnten Interpretationen des Bundesrats und vielen Beiträgen aus der Fachwissenschaft, vor allem in den Kommentaren (s. oben) –, dass „nach dem eindeutigen Willen des Gesetzgebers" das Zweitverwertungsrecht allein für Werke gelten soll, die aus der institutionell geförderten außeruniversitären Forschungseinrichtung" oder durch „die öffentliche Drittmittelförderung" entstanden seien. Offen ist hier, wieweit das Verständnis von „Gesetzgeber" reichen soll.

---

427 Entsprechend BVerfGE 31, 229 (243) =NJW 1971, 2163.

Der Bundestag, nicht die Bundesregierung hat das Gesetz verabschiedet. Aus dem Gesetz sind diese Einschränkungen nicht zu erkennen (gefordert ist nur eine mindestens zu 50 % erfolgte öffentliche Finanzierung). Die Einschränkungen finden sich nur in der Begründung des Gesetzes durch die Bundesregierung. Sind diese dann zusammen mit dem Gesetzestext sozusagen der Wille des Gesetzgebers? Das mag gängige Auslegungspraxis der Gerichte sein, hat aber z. B. den Bundesrat nicht daran gehindert, eine verfassungskonforme Auslegung des Gesetzes anzumahnen. Es wäre zu begrüßen, wenn das BVerfG sich die Sache zu eigen und mit kreativer zeitgemäßer und undogmatischer Auslegung bestehender Gesetze und früherer Entscheidungen den Weg zu einer *sanften* Regelung des Zweitverwertungsrechts als auch institutionelles Recht freimachen würde – aus Gründen des „gesteigerten öffentlichen Interesses".

11.3.7 Fazit zum Zweitverwertungsrecht

Das Zweitverwertungsgesetz ist für die Akteure in der Wissenschaft nur ein kleiner Fortschritt in Richtung Informationsautonomie der Urheber. Zu viele Einschränkungen, zu viele Zugeständnisse an Partikularinteressen einiger Verlage. Das Gesetz erfüllt nicht den angestrebten Zweck. Es ist zwar schwierig zu ermitteln, in welchem Ausmaß das Zweitverwertungsrecht überhaupt seitdem genutzt worden ist, aber alle Anzeichen aus den verschiedenen Bibliotheken deuten darauf hin, dass § 38 Abs. 4 so gut wie gar nicht in Anspruch genommen wird.[428] Wissenschaftler haben offensichtlich wenig Interesse daran, ihre Werke über Repositorien ein zweites Mal in einer zumal nicht zitierfähigen Version zu publizieren. Ebenso wird das von der Politik angestrebte Ziel der Beförderung von Open Access bzw. die rechtliche Absicherung des grünen Wegs von Open Access nicht erreicht – jedenfalls nicht durch § 38 Abs. 4. Erst recht ist das Gesetz kein Fortschritt zugunsten des Gemeinwohlinteresses an freier Zugänglichkeit zu Wissen. Insgesamt eine zu späte, zu eingeschränkte und dann eher überflüssige Reform.

Manches läuft im Urheberrecht ganz anders als erwartet. So kann selbst ein nur gut gemeintes, aber doch schlechtes, unzureichendes Gesetz positive Folgen

---

428 Die Partei DIE LINKE hatte über Drucksache 19/704 vom 8.2.2018 eine kleine Anfrage zur Open-Access-Strategie des BMBF in den Bundestag eingebracht – https://bit.ly/2qSX53v. Unter Frage 16 wollte die LINKE wissen, „inwieweit das in § 38 Absatz 4 des Urheberrechtsgesetzes eingeführte Zweitveröffentlichungsrecht zur Förderung von Open Access beigetragen hat". In der Antwort heißt es nur: „Die Bundesregierung wird die Nutzung dieser Bestimmung im Rahmen ihrer Urheberrechtspolitik und Open-Access-Strategie auch in Zukunft beobachten" – https://bit.ly/2SteOmT.

haben – ganz im Sinne der Als-ob-Philosophie Vaihingers. Auch Steinhauer sieht das Zweitverwertungsrecht als ein sehr unzulängliches an, so dass „die praktische Bedeutung des neuen Rechts ... daher eher gering [sein dürfte], seine Wirkung für mehr Open Access in der Wissenschaft aber groß". So könne, nach Steinhauer, das

> Zweitverwertungsrecht gerade in seiner unvollkommenen Ausgestaltung Verlage und Wissenschaft stimulieren, tragfähige und faire Geschäftsmodelle für die sofortige Publikation von Forschungsergebnissen im Netz gemeinsam zu entwickeln.[429]

Dem ist zuzustimmen. Tatsächlich wurde auch schon bei der abschließenden Diskussion über das Zweitverwertungsrecht im Bundestag deutlich, dass in Zukunft eher die Erstpublikation nach dem Open Access-(Gold)Paradigma im Vordergrund stehen sollte. Diese müsse „Teil der öffentlichen Forschungsförderung werden": „Die vorliegende Gesetzesänderung sei insoweit Bestandteil eines übergreifenden Konzepts."[430]

11.4 Leistungsschutzrecht für Presseverleger

Das Leistungsschutzrecht für Presseverleger – versprochen im Koalitionsvertrag 2009, beschlossen 2013, wegen Verletzung der Notationspflicht bei der EU vom EuGH 2019 für ungültig erklärt und auf Grund der verpflichtenden Vorgabe von EU-DMS-RL 2019 voraussichtlich 2020 wiedereingeführt – ist ein besonders krasses Beispiel für die Bestätigung der in 9 angeführten Thesen 2 und 3:

> Den ökonomischen Interessen der Informationswirtschaft wird im Urheberrecht stärker Rechnung getragen als den Interessen der Allgemeinheit und der Akteure in Bildung und Wissenschaft.
> Die politischen Instanzen unterstützen überwiegend eine die kommerzielle Verwertung sichernde Marktsicht auf Wissen und Information.

Mit Informationswirtschaft sind hier die Verlage im Presse-/Medienbereich angesprochen – nicht die Wirtschaft insgesamt. Die Wirtschaft, z. B. BDI, hatte sich überwiegend gegen dieses Leistungsschutzrecht ausgesprochen, ebenso viele Organisationen aus der Zivilgesellschaft und der Netz-Community, aber auch zahlreiche Bundespolitiker, nicht nur aus der Opposition (vor allem durch die LINKE).[431] Aus der Sicht von Bildung und Wissenschaft besteht die Sorge, dass neue Leistungs-

---

[429] (Steinhauer 2013) Mehr Open Access oder bloßer Placebo?
[430] Bundestag Drucksache 17/14217 vom 26.6.2013 – https://bit.ly/2TVmeVj.
[431] Das gesamte Verfahren, das pro und contra zum Leistungsschutzrecht wird ausführlich dokumentiert in (Brinkmann 2018) Verlagspolitik in der Zeitungskrise; vgl. auch (Koroch 2016).

schutzrechte für Presseverlage die freizügige Nutzung von Medieninformation in Forschung und in der Ausbildung stark behindern könnten.

Vertreten wurden die Interessen für das Leistungsschutzrecht vor allem vom: Bundesverband Deutscher Zeitungsverleger e. V. (BDZV) und vom VDZ: Verband Deutscher Zeitschriftenverleger e. V. (VDZ). Deren intensives Lobbying fand besonders Gehör bei der Bundeskanzlerin, die sich persönlich zugunsten dieses Schutzrechts einsetzte, z. B. über eine Rede vor dem Zeitungskongress des BDZV im September 2011.[432] Das Leistungsschutzrecht sollte, so die Erwartung der Presseverleger, bestätigen, dass Verlage das ausschließliche Recht haben, Artikel aus ihren Produkten zu gewerblichen Zwecken im Internet anzuzeigen und öffentlich zugänglich zu machen.[433] Damit sollte die Praxis der Suchmaschinen und Nachrichtendiensten („Nachrichtenaggregatoren oder Medienbeobachtungsdiensten"[434]) abgewehrt werden, deren Geschäftsmodell darauf beruhe, „für die eigene Wertschöpfung auch auf die verlegerische Leistung zuzugreifen."[435] Diese Praxis sollte lizenzpflichtig werden, es sei denn diese Anbieter verwenden nur „einzelne Wörter oder kleinste Textausschnitte" für ihre Anzeige. Betroffen davon seien, so die Bundesregierung (vgl. FN 435), nicht

> andere Nutzer, wie z. B. Blogger, Unternehmen der sonstigen gewerblichen Wirtschaft, Verbände, Rechtsanwaltskanzleien oder private bzw. ehrenamtliche Nutzer. Die vorgeschlagene Regelung bedeutet damit keine Änderung der Nutzungsmöglichkeiten anderer Nutzer und für Verbraucher. Ihre Rechte und Interessen werden durch das vorgeschlagene Leistungsschutzrecht für Presseverleger nicht berührt.

Das Leistungsschutzrecht des Presseverlegers; ebenso auch der entsprechende Artikel in der Wikipedia – https://bit.ly/2UsB5J8; besonders kritisch aus der Zivilgesellschaft die Website IGEL. Initiative gegen ein Leistungsschutzrecht – https://leistungsschutzrecht.info/; aus der Web-Welt netzpolitik.org –https://bit.ly/2SdvmFW.

432 Angela Merkel 2011 Rede vor dem Zeitungskongress des BDZV: „Verlegerische Leistungen kosten Zeit und Geld. Deswegen kann ich auch gut verstehen, dass ein Leistungsschutzrecht für Verleger gefordert wird. Deshalb arbeitet die Bundesregierung derzeit an einem Gesetzentwurf, der das Urheberrecht weiter an die Anforderungen einer modernen Informationsgesellschaft anpassen soll. Wir haben es nicht vergessen; es wird vorangetrieben. Wir streben eine ausgewogene Regelung an, die den berechtigten Interessen aller Beteiligten Rechnung trägt." Vgl. dazu netethics. Gott, Merkel, nun noch ein Leistungsschutzrecht für Presseverleger – wie kann man die Netzwelt nur so missverstehen! – https://bit.ly/2SkX2HM.

433 Entsprechend § 87f Abs. 1 Satz 1: „Der Hersteller eines Presseerzeugnisses (Presseverleger) hat das ausschließliche Recht, das Presseerzeugnis oder Teile hiervon zu gewerblichen Zwecken öffentlich zugänglich zu machen, es sei denn, es handelt sich um einzelne Wörter oder kleinste Textausschnitte."

434 So in EG 54 für Art. 11 der EU SDM-RL 2019 genannt.

435 Begründung der Bundesregierung (Drucksache 17/11470 vom 14,1,2912) – https://bit.ly/2GQ8gyr.

Tatsächlich hat sich dieses in Deutschland eingeführte Leistungsschutzrecht für Presseverleger – so die überwiegende Einschätzung der Fachwelt außerhalb der Presselobby – als offensichtlicher Fehlschlag herausgestellt. Nicht zuletzt haben sich weder die Einnahmen der Verlage dadurch vergrößert, noch konnten die Journalisten als Autoren davon Nutzen ziehen. Auch waren kaum Bemühungen der Verlagswirtschaft zu erkennen, durch eigene Maßnahmen, die Anzeigepraxis z. B. der Suchmaschinen zu behindern oder sogar auszuschließen.[436]

Die deutsche Regelung des Leistungsschutzrechts von 2013 ist durch die Intervention des EuGH wegen Verletzung der Notationspflicht inzwischen hinfällig geworden (s. oben). Ein neues Tor für das Leistungsschutzrecht eröffnete sich aber 2019. Die EU hatte über DSM-RL Art. 15 (Schutz von Presseveröffentlichungen im Hinblick auf die Online-Nutzung) eine Verpflichtung der Mitgliedsländer festgeschrieben („legen Bestimmungen fest"), nationale Leistungsschutzrechte in ihre nationale Gesetzgebung aufzunehmen. Entsprechend sah sich die Bundesregierung Mitte Januar 2020 in einem ersten Diskussionsvorschlag zur Umsetzung von DSM-RL in der Pflicht, das frühere „formale Defizit zeitnah zu korrigieren" (https://bit.ly/39rcaLT). Das ist jetzt mit den §§ 87f–87k deutlich ausführlicher als in dem Versuch von 2013 ausgefallen. Die Bundesregierung wollte es mit dieser speziellen Umsetzung dieses nationalen Schutzrechts besonders eilig haben. Anders als die anderen Vorschläge zur Umsetzung, die erst zum 7.6.2021 in Kraft treten sollen, soll das Leistungsschutzrecht so schnell wie möglich erneut im Gesetz verankert werden. In § 87g ist jetzt zur Verdeutlich die Formulierung der EU-Vorgabe aufgenommen: „das Setzen von Hyperlinks auf eine Presseveröffentlichung" bleibt von dem Leistungsschutzrecht ausgeklammert. Weiter versucht die Bundesregierung in § 87g, der Einschränkung des neuen Rechts „Einzelne Wörter oder sehr kurze Auszüge" den Charakter von unbestimmten Rechtsbegriffen dadurch zu nehmen, dass „einzeln", „kurze" spezifiziert wird, z. B. die Anzeige der Überschrift eines Textes sei erlaubt, ebenso das Zeigen eines kleinformatige Vorschaubild mit einer Auflösung von bis zu 128 mal 128 Pixeln und das Abspielen einer Tonfolge, Bildfolge oder Bild- und Tonfolge mit einer Dauer von bis zu drei Sekunden. Das ist, wie vieler solcher Versuch seit den Reformen ab 2003, durchaus satireverdächtig.[437]

---

[436] Die Möglichkeit der Verlage, z. B. das Anzeigen von Presseinformation durch einfache technische Maßnahmen zu verhindern – z. B. durch Aufnahmen des Meta-Tag noindex in den Header des HTML-Codes der auszuschließenden Website mit der Konsequenz, dass Web-Scrawler blockiert werden – wird wohl deshalb kaum genutzt, weil die Presseverlage daran interessiert sind, die Sichtbarkeit ihrer Produkte über die Referenzen der Suchmaschinen weiter zu sichern (vgl. Information von Google Deutschland 2020 dazu – https://bit.ly/2SJ5XTs).
[437] Vgl. Golem.de Leistungsschutzrecht: Memes sollen nur noch 128 mal 128 Pixel groß sein. 16.1.2010 – https://bit.ly/2VjUn3Z.

Fazit. Leistungsschutzregelungen für Presseverlage in der jetzigen Form sind nicht zielführend – weder für Produzenten (Autoren und Verleger) noch für Nutzer. Sie könnten allenfalls dann sinnvoll sein, wenn a) sie lediglich auf von den Anbietern neu angebotenen Leistungen (informationelle Mehrwertprodukte und Metainformationsdienste) angewendet, b) durch das Leistungsschutzrecht bestehende Schrankenregelungen des Urheberrechts nicht ausgehebelt, c) die Rechte der produzierenden Urheber (hier in erster Linie der freien Journalisten) nicht beeinträchtigt und d) der freie Informationsfluss und die Orientierung der Nutzer im Internet nicht behindert werden.

12 Zur Entwicklung des Konzeptes einer umfassenden Bildungs- und Wissenschaftsschranke (ABWS)

Spätestens seit Anfang 2008, zu einem Zeitpunkt, als die im Zweiten Korb der Urheberrechtsreform beschlossenen Neuregelungen im Urheberrechtsgesetz gültig wurden, haben viele Wissenschaftler, Wissenschaftsorganisationen und zivilgesellschaftliche Initiativen erhebliche Zweifel bekommen, ob es Sinn ergibt, sich weiter konstruktiv an der Verbesserung der für Bildung und Wissenschaft einschlägigen Normen zu beteiligen. Auch die 2013-Reform hat Wissenschaftler in ihrer Erwartung, ein umfassendes Zweitverwertungsrecht zu bekommen, nicht zufrieden stellen können. Die lange Zeit z. B. vom Aktionsbündnis (vgl. FN 66), verfolgte Doppelstrategie – einerseits konkret an der Gestaltung der einzelnen Normen mitzuarbeiten und andererseits das umfassendere Ziel eines offenen freien Umgangs mit Wissen und Information in Bildung und Wissenschaft offensiv zu vertreten – musste mit Blick auf den ersten Teil der Strategie zumindest überdacht, wenn nicht sogar als gescheitert angesehen werden.

Es ist wohl tatsächlich so, dass dieses „Scheitern" der Bemühungen um *konkrete* bildungs- und wissenschaftsfreundliche Schrankenregelungen den Fokus auf den zweiten Teil der erwähnten Doppelstrategie hat richten lassen. Damit ist in erster Linie eine ABWS gemeint, die sich an dem Ziel eines offenen freien uneingeschränkten Umgangs mit Wissen und Information in Bildung und Wissenschaft orientieren soll – definiert alleine durch den Zweck der Nutzung. Die wissenschaftspolitische Grundlage für diese ABWS ist, dass es der Politik nicht zusteht zu definieren, in welchem Umfang die Nutzung publizierten Wissens für die Akteure in Bildung und Wissenschaft durch das Urheberrecht erlaubt ist. Das entscheiden kann nur Bildung und Wissenschaft.

12.1 Zu den konzeptionellen Vorgaben für eine ABWS in Deutschland

Am Anfang der Studie von (de la Durantaye 2014a) für eine ABWS steht eine Bestandsaufnahme, die sich zu dem damaligen Zeitpunkt die meisten mit den Wissenschaftsurheberrecht befassten Personen zu eigen machen konnten:

> Die für Bildung und Wissenschaft relevanten urheberrechtlichen Schranken erfassen in der Regel nur eng umrissene Sachverhalte, sind wenig technologieoffen und nicht allgemein-

verständlich formuliert. Zudem sind sie über mehrere Einzelnormen hinweg verstreut. Das führt zu großer Rechtsunsicherheit für Forscher, Wissenschaftler und Lehrer, aber auch für Infrastruktureinrichtungen wie Bibliotheken, Archive und Museen.[438]

Die Bundesregierung war 2013 zu der ähnlichen Einschätzung gekommen, dass den „wichtigen Belangen von Wissenschaft, Forschung und Bildung" im Urheberrecht nicht ausreichende Rechnung getragen worden war. Im Koalitionsvertrag der Großen Koalition im gleichen Jahr wurde daher versprochen: „Wir werden den wichtigen Belangen von Wissenschaft, Forschung und Bildung stärker Rechnung tragen und eine Bildungs- und Wissenschaftsschranke einführen."[439] Also nicht „ob", sondern „wir werden". Im Folgenden[440] wird auf einige Vorgaben für eine solche Schranke aus Wissenschaft und Zivilgesellschaft eingegangen. Diese Texte sind dokumentiert in (Schack 2016).

12.1.1 Die ABWK des Aktionsbündnisses

Das Aktionsbündnis hatte seit etwa 2009, nach den erneut enttäuschenden Erfahrungen mit den neuen, mit starken Einschränkungen versehenen Schranken (§ 52b-Alt und § 53a-Alt) im Zweiten Korb, begonnen, die Möglichkeiten einer radikaleren Änderung der Schrankensystematik auszuloten. Dies führt 2010 zu einem ersten Entwurf für eine neue umfassende Norm.[441] Damit war die Idee einer Allgemeinen Bildungs- und Wissenschaftsschranke in die Fachdiskussion eingeführt, die als kompatibel mit der Vorgabe von EU-RL2001 in Art. 5 Abs. 3 lit. a angesehen wurde (vgl. FN 188 und 191). Hier der Vorschlag des Aktionsbündnisses für eine Allgemeine Bildungs- und Wissenschaftsklausel – auch in der finalen Version von Dezember 2014[442] war dies immer noch eher eine Zielvorstellung als ein ausformulierter Normvorschlag,

(1) Zulässig ist die Vervielfältigung und öffentliche Zugänglichmachung eines veröffentlichten Werkes für nicht kommerzielle Zwecke a) wissenschaftlicher Forschung für Mitglieder in formal eindeutig bestimmten Forschungsgruppen oder

---

[438] (Durantaye 2014a) Allgemeine Bildungs- und Wissenschaftsschranke, 18.
[439] Koalitionsvertrag 2013, S. 93 – https://bit.ly/2EgVMyv.
[440] Die Darstellung in diesem Abschnitt orientiert sich (bis in einige Formulierungen) weitgehend an (Kuhlen 2015b) Wie umfassend soll/darf/muss sie sein, die allgemeine Bildungs- und Wissenschaftsschranke?.
[441] Vgl. Aktionsbündnis Pressemitteilung 06/10 vom 6.7.2010 – https://bit.ly/31SamG3; vgl. (Kuhlen 2010b) In Richtung einer allgemeinen Wissenschaftsklausel.
[442] Aktionsbündnis Vorschlag ABWS 12/2014 – https://bit.ly/2kpp6Nd; vgl. dazu den Flyer des Aktionsbündnis – https://bit.ly/2kxM4By.

b) der Lehr- und Lernprozesse von Lehrveranstaltungen an Bildungseinrichtungen. Satz 1 gilt auch für Zwecke der Bestandserhaltung durch Einrichtungen wie öffentlich finanzierte Bibliotheken, Archive, Dokumentationen und Museen. Satz 1 gilt auch für die wissenschaftliche Forschung und Lehren und Lernen unterstützende Leistungen von in Satz 2 erwähnten Vermittlungsinstitutionen.
(2) Für die Nutzung von Werken, die in öffentlich finanzierten Umgebungen unter Beteiligung von öffentlich finanzierten Personen erstellt wurden, ist keine Vergütung vorgesehen.
(3) Bei von Abs. 2 abweichenden Nutzungen ist für Leistungen entsprechend Abs. 1, Satz 1 und Abs. 1, Satz 3 eine pauschale Vergütung vorzusehen, die zwischen den Trägern der Wissenschafts- und Bildungseinrichtungen, den Vertretungen der Rechtsinhaber und den Verwertungsgesellschaften vertraglich zu vereinbaren ist. Für Leistungen entsprechend Abs. 1, Satz 2 ist keine Vergütung vorgesehen.
(4) Vertragliche Regelungen, die Abs. 1 ausschließen oder einschränken, sind unwirksam.
(5) Mit Einführung dieser Klausel werden die auf Bildung und Wissenschaft bezogenen Regelungen in §§ 46, 47, 51, 52a, 52b, 53 und 53a Urheberrechtsgesetz aufgehoben.

Auch hier hätte noch nachgebessert werden können. So sollte die Einschränkung in Abs. 1 „wissenschaftlicher Forschung für Mitglieder in formal eindeutig bestimmten Forschungsgruppen" zurückgenommen werden: Jeder Wissenschaftler, auch der privat, also ohne institutionelle Einbettung. Forschende sollte durch eine ABWS in ihrem Nutzungsverhalten privilegiert sein.[443] Die (verfassungskonforme) Privilegierung einzelner unabhängiger Wissenschaftler ist auch im Rahmen der Urheberrechtsreform von 2017/2018 bestätigt worden (vgl. § 60c UrhWissG). Allerdings gelten für diese ebenfalls die Umfangsbeschränkungen, z. B. nur 15 % des zu nutzenden (größeren, selbständigen) Werks. Auch kommt im Vorschlag des Aktionsbündnisses die Einschränkung „nicht-kommerziell" vor. Ob das sinnvoll ist, muss sicher ebenfalls weiter diskutiert werden.[444] Zwar ist es durchaus ein-

---

443 Vgl. (Karpinski 2015) Creating a copyright exception for education. Sein erster Vorschlag: "The legislation establishing the educational exception should not take into consideration who uses the work but for what purpose the work is used. In other words: anyone who wants to participate in the education process should be treated the same way, regardless of whether it is a public university, high school, private language school, local club-room or NGO. If the individual or organization is involved in teaching and learning, then the exception could be considered to cover their use."
444 Auch § 60c aus der UrhWIssG-Reform von 2017/2018 beschränkt die Nutzung auf den „Zweck der nicht kommerziellen wissenschaftlichen Forschung".

leuchtend, dass durch eine ABWS das öffentliche Interesse an freier Forschung Priorität haben soll. Aber in der Realität ist eine klare Trennung zwischen freier und kommerzieller Forschung in vernetzter Projektforschung mit heterogenen Partnern schwierig vorzunehmen. Zudem ist es ja durchaus auch im öffentlichen Interesse, dass wissenschaftliche Forschung und die daraus entstandenen Inventionen in der Wirtschaft zu Innovationen führen.

Das Aktionsbündnis schlägt mit Abs. 1 Satz 1 grundsätzlich eine Klausellösung vor, die durch nichts Anderes als durch den kommerziellen Zweck eingeschränkt wird und die unangemessenem Interpretationsspielraum, z. B. durch unbestimmte Rechtsbegriffe wie „geboten", vorbeugt. Kleinteilige Beschränkungen, wie z. B. die Beschränkungen auf „kleine Teile" oder bezüglich Ausdrucken bzw. Speichern, fallen dadurch weg. Für das Aktionsbündnis war somit die Anbindung an die Zwecke von Forschung und Lehre/Lernen entscheidend.[445] Abweichend von allen anderen Vorschlägen (s. die folgenden Abschnitte) ist der Vorschlag in Abs. 2, für die ABWS-basierte Nutzung von öffentlich finanzierten Objekten keine Vergütung vorzusehen. Das heißt nicht, dass die Publikationsleistung der Verlage nicht Gegenstand von Vergütung sein kann. Allein die Nutzung selbst soll frei sein. Zudem handelt es sich, wie auch bislang schon bei allen auf Bildung und Wissenschaft bezogenen Schrankenregelungen um die Nutzung von Materialien, welche die Bibliotheken schon auf den Publikumsmärkten per Kauf oder Lizenz in ihren Beständen haben. Das wurde schon in Kap. 8 als eines der Kriterien für den Wegfall der Vergütungsverpflichtung bestimmt.

12.1.2 ABWS/ABWK – KMK

Auch die Kultusministerkonferenz (KMK) war in ihrem Positionspapier von 2009 der Auffassung,

---

[445] Dass diese absolute, also nicht weiter eingeschränkte Anbindung an den Zweck dem Urheberrecht nicht ganz fremd ist, zeigt § 51 UrhG, der das Zitatrecht regelt. Das genehmigungs- und vergütungsfreie Zitatrecht macht keine Vorgaben bezüglich des Umfangs des Zitates (auch nicht bezüglich dessen medialen Charakters), sondern bindet das Zitieren an den Zweck. Allerdings gelten auch hier Zusatzbedingungen: So muss ein klar erkennbarer inhaltlicher Zusammenhang zwischen Zitat und dem das Zitat integrierenden Werk bestehen. Das Zitat muss also z. B. der Erläuterung oder der Absicherung der eigenen Positionen bzw. allgemein der Auseinandersetzung mit dem im Zitat deutlich werdenden Positionen dienen. Die bloße Illustration (sich mit fremden Federn schmücken) reicht nicht aus. Auch ist beim Zitieren die Referenz auf den Autor erforderlich. Das ist auch dafür verantwortlich, dass bei einem Plagiat, also bei der referenzfreien Nutzung von Textfragmente Anderer, auch das Urheberrecht betroffen ist.

dass die de lege lata in den §§ 52 a, 52 b und 53 a normierten Schrankenregelungen de lege ferenda nicht durch eine Synopse wie später bei der Allianz, sondern durch eine generalklauselartig gefasste einheitliche Schrankenregelung für die Bereiche Bildung und Wissenschaft zu ersetzen sind.[446]

Der Vorschlag der KMK ist daher dem Vorschlag des Aktionsbündnisses in formaler Sicht näher als dem der Allianz (s. unten) Die KMK schlug dafür einen erneuerten § 52a vor, durch den „die immer kleinteiliger und in der Praxis kaum noch handhabbar gewordenen Schrankenregelungen ersetzt" würden und der nach Einschätzung der Kultusministerkonferenz ebenfalls „mit der EU-Richtlinie 2001/29/EG vom 22.05.2001 konform" sei. Allerdings sollen in diesem Vorschlag die Rechte der Vervielfältigung, Verbreitung und öffentlichen Zugänglichmachung eines veröffentlichten Werks nicht den Nutzern direkt zugestanden werden, sondern „öffentlichen Einrichtungen, denen Aufgaben in Bildung, Wissenschaft und Kultur übertragen sind". Die KMK favorisierte also ein institutionelles Recht.

12.1.3 ABWS – Allianz

Die Allianz der Wissenschaftsorganisationen hatte für eine ABWS eine etwas andere Lösung gewählt als die KMK oder das Aktionsbündnis.[447] Bei diesem Vorschlag sollte es allerdings keineswegs nur um eine Erneuerung von § 52a gehen. Vielmehr sollten über eine neue Norm § 45b die bisherigen Regelungen der §§ 46, 47, 51, 52a, 52b, 53, 53a zusammengeführt werden. Entstanden ist dadurch allerdings eine hyperkomplexe Norm. Die Allianz ging ebenfalls davon aus, dass der vorgeschlagene neue § 45b mit der Richtlinie 2001/29/EG übereinstimme, da es sich lediglich um eine Zusammenführung bereits bestehender Regelungen des Urheberrechtsgesetzes handele, die für sich bislang als kompatibel mit dem EU-Recht angesehen werden können. Die Allianz hat in der Folge diesen Vorschlag nicht weiterentwickelt, verfolgte ihn wohl auch nicht weiter. Sie unterstützte im Prinzip weiter das Konzept einer ABWS, setzte sich dann aber eher für konkrete Verbesserungen bestehender Schranken ein. Schließlich akzeptierte die Allianz auch die Reform durch das UrhWissG (als Fortschritt in Rechtssicherheit und Transparenz) trotz deutlich formulierter Kritik an dessen Defiziten.

---

446 Vgl. (Pflüger 2010) Positionen der Kultusministerkonferenz, S. 940.
447 Vgl. (Allianz 2010) Neuregelung des Urheberrechts: Anliegen und Desiderate für einen Dritten Korb.

12.1.4 ABWS – dbv (2014)

Der dbv kritisierte ebenfalls, dass das gegenwärtige Urheberrecht „innovationsfeindlich und unpraktisch" sei und schlug 2014 vor,[448] den bisherigen § 52a über eine ABWS gänzlich neu zu bestimmen. Absatz 1 in diesem Vorschlag liest sich zunächst so, als ob in der Schranke eine allgemeine Klausel verankert sei: „soweit dies zum jeweiligen Zweck und zur Verfolgung nicht kommerzieller Zwecke" allerdings folgt dem unmittelbar „geboten ist". Wie dann durch Absatz 2 deutlich wird, ist die Klausel aber dann nicht mehr geboten, wenn für die Nutzung ein angemessenes Verlagsangebot vorliegt und wenn das Angebot über eine „allgemein zugängliche Datenbank" ohne Problem eingesehen werden kann. Dass dieses Zugeständnis gemacht wurde, ist kaum mit dem Anspruch auf freie Nutzung vereinbar. Neu in der Diskussion um eine ABWS ist der in Absatz 5 gemachte Vorschlag, dass die „Vervielfältigung eines nach Art oder Umfang wesentlichen Teils einer Datenbank" durch den Schrankenvorschlag als erlaubt angesehen wird. Möglicherweise hatte der dbv damit schon die zunehmende Bedeutung von Text und Data Mining (TDM) im Blick. Allerdings wird auch hier die Erlaubnis durch das Kriterium des „geboten" und durch die Beschränkung auf nicht-gewerbliche Nutzung wieder eingeschränkt. Am Ende (2017) hätte sich der dbv zwar „eine offene ABWS gewünscht, was den Vorteil höherer Flexibilität und mehr Offenheit für künftige Nutzungsformen gehabt hätte", aber er anerkennt die vom BMJV vorgebrachten Gründe gegen eine einheitlichen umfassende ABWS: „Die jetzt vorgeschlagenen Änderungen im UrhWissG würden jedenfalls eine deutliche Verbesserung gegenüber dem derzeit sehr unbefriedigenden Rechtszustand bedeuten."

12.1.5 European Copyright Code – Wittem-Gruppe (2010)

Der Vorschlag der Wittem-Gruppe für einen *European Copyright Code* näherte sich den Vorstellungen einer weitgehend uneingeschränkten Nutzung urheberrechtlich geschützter Materialien für Wissenschaft und Bildung.[449] In Art. 5.2 *Uses for the purpose of freedom of expression and information* wird unter (2), b eine Schrankenregelung für den „use for purposes of scientific research" vorgeschlagen. Auch hier, in Übereinstimmung mit dem Vorschlag des Aktionsbündnisses, soll sich Nutzung allein an dem Zweck (*purpose*) orientieren. Kleinteilige Einschränkungen werden nicht verlangt. Das Kriterium des „geboten" wird nicht verwendet – jedenfalls nicht

---

[448] (dbv 2017) Stellungnahme des Deutschen Bibliotheksverbands e. V. (dbv) zum UrhWissG.
[449] (Wittem Group 2010) The Wittem Project. European copyright code; vgl. (Kuhlen 2011b) Richtungsweisend oder eine verpasste Chance? Der Copyright-Code des Wittem Projekts.

explizit. Auf die konkrete Nutzung (durch die Endnutzer selbst) wird hier Bezug genommen, nicht auf eine institutionelle Vermittlungstätigkeit. Begründet wird diese Möglichkeit zur umfassenden Nutzung publizierten Wissens zugunsten von Bildung (*educational purposes*) und Wissenschaft (*scientific research*) durch einen Hinweis auf das Menschenrecht der Informationsfreiheit (*freedom of expression and information*).

12.1.6 Eine Allgemeine Bildungs- und Wissenschaftsschranke – de la Durantaye (2014)

Die Arbeit von (de la Durantaye 2014a) mit dem Titel „Allgemeine Bildungs- und Wissenschaftsschranke" war vom BMBF initiiert (und finanziert) worden. Entsprechend dem Interesse des BMBF, welches ansonsten wohl keine inhaltlichen Vorgaben für diese Arbeit gesetzt hatte, sollte die Studie herausarbeiten, in welcher Form eine ABWS unter den gegebenen rechtlichen Voraussetzungen möglich ist. Um diese Vorgabe muss man wissen, wenn man die Reichweite der Vorschläge in dieser Arbeit bewerten will. Entsprechend wurde kein grundsätzlich neues, umfassendes Konzept für eine ABWS entwickelt.[450] Für eine juristische Arbeit selbstverständlich wurden internationale völkerrechtliche Rahmenbedingungen, insbesondere auch die des Drei-Stufen-Tests, als nicht disponibel angesehen. Das gilt ganz besonders für die Vorgaben aus der EU (hier der damals, aber in Teilen auch heute weiterhin gültigen InfoSoc-Richtlinie von 2001) und auch für die derzeit geltenden verbindlich entschiedenen Rechtsprechungen (vor allem des EuGH und des BGH). De la Durantaye sah in ihrer Studie 5 Handlungsoptionen für eine ABWS (a. a. O. 196):

(1) Präzisierung und Weiterentwicklung der bestehenden Schranken durch richterliche Rechtsfortbildung
(2) Umgestaltung der bestehenden Einzeltatbestände
(3) Zusammenfassung der umgestalteten Einzeltatbestände in einer Norm bzw. in einem zusammenhängenden Normkomplex
(4) Einführung einer allgemeinen Bildungs- und Wissenschaftsschranke ohne Regelbeispiele
(5) Einführung einer allgemeinen Bildungs- und Wissenschaftsschranke mit Regelbeispielen

Später wurden diese Optionen auf zwei grundsätzliche Ansätze für eine ABWS verdichtet: (a) „Zum einen wird darunter eine Vorschrift verstanden, in der die für

---

[450] Eine ausführliche Besprechung der (de la Durantaye 2014a-Studie) in (Kuhlen 2015b) Wie umfassend soll /darf/muss sie sein, die allgemeine Bildungs- und Wissenschaftsschranke?

Bildungs- und Wissenschaftszwecke bestehenden Schrankenregelungen zusammengefasst werden."

(b) „Zum anderen wird als allgemeine Wissenschaftsschranke eine generalklauselartige Schrankenregelung für Bildungs- und Wissenschaftszwecke bezeichnet. Eine solche Regelung stellt einen allgemeinen Grundsatz auf, dessen Konkretisierung den Gerichten unter Mithilfe der Rechtswissenschaft überlassen ist."

De la Durantaye entschied sich für den zweiten Ansatz, einschließlich der obigen fünften Option (also eine generalklauselartige ABWS mit Regelbeispielen). In ihre Studie führt de la Durantaye auch eine Diskussion ein über die Relevanz einschlägiger Menschenrechte für die Gestaltung des Urheberrechts bzw. der ABWS. Darin wird bei ihrer Diskussion über die völkerrechtlichen Vorgaben der Wissenschaftsfreiheit bzw. der Meinungs- und Presse-/Kommunikationsfreiheiten auf ein Urteil des Europäischen Gerichtshofs (EuGH) für Menschenrechte zurückgegriffen (vgl. NJW 2013, 2735). Das schätzt sie als bemerkenswert ein,

> „da es [das Urteil des EuGH] den urheberrechtlichen Schutz ausdrücklich als Eingriff in Kommunikationsfreiheiten behandelt. Sollte sich diese Ansicht durchsetzen", so de la Durantaye, „könnte dies zu einer flexibleren Auslegung des Urheberrechts im Lichte anderer Menschenrechte führen." (Durantaye 2014a, 42).

Das Urheberrecht wäre dann nur als ein Eingriff in prioritäre Kommunikationsfreiheiten und damit auch als Eingriff in Wissenschaftsfreiheit zu verstehen! Aber es blieb hier beim Konjunktiv und hatte keine direkten Auswirkungen auf die Gestaltung ihres ABWS-Vorschlags. Allerdings deuten sich durch solche Diskussionen Optionen und alternative Lösungen für Prioritäten bei den Bildung und Wissenschaft betreffenden Grundrechten an. Am Ende dieses Textes wird darauf zurückgekommen, das Urheberrecht insgesamt als Ausnahme und nicht als Exklusivrecht anzusehen.

De la Durantaye hatte den Vorschlag für eine ABWS in zwei Normen aufgeteilt: § XX – Bildung und Wissenschaft und § YY – Bibliotheken, Museen und Archive[451] und damit in gewisser Weise den Allgemeinheitscharakter der ABWS relativiert. Vor

---

451 Für diese Trennung der beiden Schrankenvorschläge gibt es neben dem Institutionalisierungsargument noch einen dogmatischen Grund: Zumindest der Anfang von Abs. 1 von § XX hat ja einen generalklauselähnlichen Charakter. Unter Berufung auf EG 40 der InfoSoc-Richtlinie, nach dem Ausnahmen oder Beschränkungen zugunsten der auch durch § YY privilegierten Einrichtungen „auf bestimmte durch das Vervielfältigungsrecht erfasste Sonderfälle begrenzt werden", hält (de la Durantaye 2014a) eine „Generalklausel zugunsten dieser Einrichtungen" [Bibliotheken, Archive, Museen – RK] für „europarechtlich nicht zulässig. Dementsprechend enthalten § YY Abs. 1 Nr. 1 und 2 einzelne, eng umrissene Schrankentatbestände" (S. 248f). § YY fällt also nicht unter eine klauselähnliche Schrankenregelung. De la Durantayes dogmatische Begründung für diese Zweiteilung hat nicht unbedingt andere Juristen überzeugt. So kritisiert z. B. Schack (vgl.

allem der Normvorschlag § XX in Abs. 1, erster Halbsatz von Satz 1 ist sehr nahe an einer allgemeinen Klausel (fast identisch mit Abs. 1 im Vorschlag des Aktionsbündnisses): „Zulässig ist die Vervielfältigung und öffentliche Zugänglichmachung eines Werkes zur Veranschaulichung des Unterrichts an Bildungseinrichtungen oder für Zwecke der wissenschaftlichen Forschung." Der entscheidende Unterschied ist aber, dass es de la Durantaye nicht bei der ausschließlich Orientierung an dem Zweck der Nutzung belässt, sondern dem ersten Halbsatz den zweiten folgen lässt: „wenn und soweit die Nutzung in ihrem Umfang durch den jeweiligen Zweck geboten ist und keinen kommerziellen Zwecken dient". Das „geboten" lässt weiter allen Spielraum für eine restriktive Auslegung – was durch die ausschließliche Orientierung an dem Zweck an sich verhindert werden sollte.

Fazit aus der Durantaye-Studie. Die von de la Durantaye 2014 auch für den Vorschlag ihrer ABWS als verbindlich angenommene InfoSoc-Richtlinie der EU von 2001 und die darauf beruhenden Anpassungen des Urheberrechts in Deutschland 2003 und 2008 reflektieren den Stand der durch Technologien möglichen Informationsprodukte und -dienstleistungen des letzten Jahrhunderts. Die meisten Juristen, Ökonomen oder Informationswissenschaftler sind heute aber davon überzeugt, dass viele der in den Artikeln dieser Richtlinie festgelegten Bestimmungen unzeitgemäß sind:

> The directive's rules were based on a 20th century vision of the Internet – without broadband, without platforms, without search engines, without streaming and without peer-to-peer file sharing.[452]

Auch die EU-Kommission stellte 2016 in ihrem ersten Entwurf für eine neue Urheberrechts-Richtlinie fest:

> In the fields of research, education and preservation of cultural heritage, digital technologies permit new types of uses that are not clearly covered by the current Union rules on exceptions and limitations. ... Therefore, the existing exceptions and limitations in Union law that are relevant for scientific research, teaching and preservation of cultural heritage should be reassessed in the light of those new uses.[453]

De la Durantaye deutet zwei Jahre später nach ihrer Studie von 2014 an[454], dass auch

---

Abschnitt 12.1.7) den zweiteiligen Vorschlag von de la Durantaye: „Zum einen überschneiden sich die beiden Schranken teilweise, zum anderen werden auch die genannten Einrichtungen (Bibliotheken, Museen und Archive) nicht um ihrer selbst willen, sondern nur bei der Verfolgung bestimmter Zwecke privilegiert." (Schack 2017) Das neue UrhWissG, S. 273.
452 (Hargreaves/Hugenholtz 2013) Copyright reform for growth and jobs.
453 EU-Kommission 2016, EG 5.
454 (Durantaye 2016) Die Bildungs- und Wissenschaftsschranke – Warum kurz springen?

für Deutschland in einen europäischen „Wettbewerb der Rechtsordnungen" eine interpretierende Abweichung von den EU-Vorgaben möglich und sinnvoll wäre:

> „Indem Deutschland einen Vorschlag unterbreitet, der den Acquis interpretiert, und gleichzeitig Forderungen für eine Veränderung der europäischen Vorgaben formuliert, kann es die Rechtsentwicklung auf EU-Ebene entscheidend beeinflussen. Diese Chance sollte der Gesetzgeber nutzen."

12.1.7 ABWS über einen § 52a-neu + subsidiäre Auffangklausel – Schack

Schack, über ein vom Börsenverein angeregtes Gutachten,[455] schlägt ebenfalls vor, § 52a als Ausgangspunkt für eine ABWS zu nehmen. Schack geht es in erster Linie um eine Vereinheitlichung der bislang eher verstreuten Einzelnormen. Aus seinem Vorschlag kann man erkennen, dass er eine ABWS als »Schranke erster Klasse" ansieht. Das bedeutet auch für ihn, dass sich eine ABWS „gegenüber technischen Schutzmaßnahmen durchsetzen muss." Leider hat dies der Gesetzgeber im UrhWissG nicht aufgegriffen, also keine Reform der 95er-Paragraphen vorgenommen, welche, in Umsetzung von WIPO- und InfoSoc 2001-Vorgaben, eben diese technischen Schutzmaßnahmen (DRM) bis heute ins UrhG festgeschrieben haben. Für das Verhältnis von Schrankenbestimmungen gegenüber Lizenzierungsvereinbarungen „sollte", so Schack, „der Gesetzgeber eindeutig klarstellen, von welchen Schranken in Lizenzverträgen nicht abgewichen werden kann".

In Abs. 1 sieht er einen erweiterten Kreis der durch die ABWS Privilegierten für „Schulen, Hochschulen, Berufsschulen und Einrichtungen der frühkindlichen und Erwachsenenbildung" vor. Er bleibt bei der Regelung in § 52a, dass die Nutzung für Werke, die für den Unterrichtsgebrauch bestimmt sind, nur mit Einwilligung der Rechtsinhaber erlaubt ist. Dabei schließt er jetzt auch Lehrbücher für die Hochschulen mit ein. Auch die Beschränkung der Nutzung von Filmen ist bei Schack geblieben, ebenso das aus § 52b stammende Gebot der Nutzung „in den Räumen" der Bibliothek. Die Nutzung von Zeitungsartikeln bindet er an § 53 (Privatkopie). Er ist gegen die „Privilegierung des Kopienversanddienstes öffentlicher Bibliotheken", weil damit der „Primärmarkt der Verlage vollends zusammenzubrechen" drohe. Zu umfassende Regelungen, z. B. auch Vergütungsfreiheit für schrankenbasierte Nutzungen ordnet er in die Kategorie der „Enteignung" ein.[456] Auch müsse der

---

[455] Die folgenden Zitate aus (Schack 2016) Urheberrechtliche Schranken für Bildung und Wissenschaft.

[456] „Den gesamten Bereich Bildung und Wissenschaft vergütungsfrei stellen", lehnt er ab, weil „dies eine entschädigungslose Enteignung der Urheber und Verwerter bedeuten und ihnen jeglichen Anreiz nehmen würde, bildungsrelevante und wissenschaftliche Werke zu verfassen und zu verlegen".

Gesetzgeber nach den Urteilen des BGH und EuGH „unbedingt klarstellen, dass an den Vergütungsansprüchen aus §§ 54 Abs. 1, 54 c Abs. 1 UrhG neben den Urhebern wie bisher auch die Verleger partizipieren sollen". Schack plädiert für eine individuelle Vergütungsabrechnung als Regelfall.

Attraktiv könnte der Vorschlag in Abs. 5 einer „technologie- und zukunftsoffenen" „subsidiären Auffangklausel" sein, durch die „in besonderen Fällen auch Werke in neuen Nutzungsarten" unter seinen Vorschlag fallen können.[457] Eine Klausellösung und damit weitergehende Nutzungsfreistellungen über ein „umfassende Bereichsausnahme", wie sie der Idee einer ABWS zugrunde liegt, hält Schack hingegen für eine Verstoß „gegen Art. 14 Abs. 1 Satz 1 GG27, den Drei-Stufen-Test u. a. in Art. 5 V HRL und gegen die Vorgaben der internationalen Konventionen, insbesondere der RBÜ." (Schack 2016, 269). Klausellösungen, wie der der KMK, mache das „Urheberrecht für die öffentliche Hand zum Selbstbedienungsladen". Schack ist zudem ähnlich konsequent zurückhaltend wie de la Durantaye, das US-amerikanische Fair use quasi als Ersatz für eine ABWS zu übernehmen. Das führe über Gerichtsverfahren zu hohen Transaktionskosten und zu einem Minimum an Rechtssicherheit. Zudem sei, so Schack und de la Durantaye, diese Schranke-Schranke systemfremd zum deutschen Urheberrecht, da dieses die einzelnen Schranken an den Auswirkungen auf die Verwertungsrechte orientiere (allerding strukturierte 2017/18 das UrhWissG nicht mehr an den Verwertungsrechten, sondern an dem institutionellen Bezug).

12.2 Politische Erwartungen an eine Neuregelung des Wissenschaftsurheberrechts durch eine ABWS

Erwartung des Bundesrats: Bei der abschließenden Beratung des Gesetzes zu den verwaisten Werken und zum Zweitverwertungsgesetz[458] erwartete der Bundesrat „von der neuen Bundesregierung, dass in Abstimmung mit den Ländern umgehend nachhaltige Regelungen für die Nutzung urheberrechtlich geschützter Werke im Intranet von Schulen, Hochschulen und Forschungseinrichtungen erarbeit

---

457 Dieser Vorschlag wurde bei der Anhörung im Rechtsausschuss für das UrhWissG auch von de la Durantaye unterstützt. Allerdings wollte sie das „in den besonderen Fällen" gestrichen sehen (de la Durantaye 2016) Die Bildungs- und Wissenschaftsschranke – Warum kurz springen?, S. 478. Ebenso erwog Steinhauer (ZUM 2016 495), „für neue digitale Methoden und Nutzungen eine Art flexibler Generalklausel vorzusehen", auch Staats/VG WORT (ZUM 2016, 500) sah die Möglichkeit für eine "kleine Klausel für neue Nutzungsrecht; für eine umfassende Klausel Kuhlen (ZUM 2016, 507). All diese Vorschläge wurde vom Gesetzgeber nicht aufgegriffen.
458 Bundesrat, Drucksache 643/13 vom 20.09.13 – https://bit.ly/2PjTvJe.

werden; dabei sollte eine, die bisherigen Regelungen in den §§ 52a, 52b und 53a UrhG ersetzende und möglichst allgemein gefasste Schrankenbestimmung angestrebt werden."

Digitale Agenda: Gefordert wird die Wissenschaftsschranke auch im Programm Digitale Agenda 2014–2017 der Bundesregierung: „Um die Potenziale für Wissenschaft, Forschung und Bildung voll zu nutzen, werden wir die urheberrechtlich zulässige Nutzung von geschützten Inhalten zu diesen Zwecken verbessern. Insbesondere soll eine Bildungs- und Wissenschaftsschranke eingeführt werden."[459] Diese Absichtserklärung zielt darauf ab, den „Zugang zu Wissen als Grundlage für Innovation [zu] sichern" (Abschnitt V, 2).

Im Bundestag zu 52a: § 52a wurde verschiedentlich schon bei seiner Einführung 2003 als Wissenschaftsschranke bezeichnet – nicht ganz unberechtigt, da § 52a als Umsetzung der Schrankenvorgabe aus Art. 5 Abs. 3 lit. a der InfoSoc-Richtlinie von 2001[460] angesehen wurde. Anlässlich der endgültigen Entfristung im Bundestag am 25.09.2014 wies Ansgar Heveling von der CDU jedoch darauf hin, dass der jetzige § 52a noch nicht die zugesagte „allgemeine Bildungs- und Wissenschaftsschranke [sei], die diesen Flickenteppich beseitigen und zusammenfassen soll, was zusammengehört".[461] Für diese ABWS müsse sich die Politik noch etwas Zeit lassen. Heveling machte deutlich, dass auch diese ABWS auch als Schranke (im Sinne von Ausnahme von den exklusiven Rechten der Rechtsinhaber) zu verstehen und zu entwerfen sein müsse. Begründet wurde dies durch die direkte Ableitung einer jeden Urheberrechtsregelung vom Art. 14 GG (Garantie des Eigentums).[462]

---

[459] Bundesministerium für Wirtschaft und Technologie (BMWi); Bundesministerium des Innern (BMI); Bundesministerium für Verkehr und digitale Infrastruktur (BMVI) (2014): Digitale Agenda 2014–2017, Berlin/Bonn: BMWi, BMI, BMVI – https://bit.ly/3acEhxZ, hier S. 27.
[460] Art. 5 Abs. 3 lit. a InfoSoc: "use for the sole purpose of illustration for teaching or scientific research, as long as the source, including the author's name, is indicated, unless this turns out to be impossible and to the extent justified by the non-commercial purpose to be achieve."
[461] Ansgar Heveling/CDU im Bundestag am 25.9.2014 – https://bit.ly/2lAvO2Z.
[462] "Ausgangspunkt, Dreh- und Angelpunkt des Urheberrechts ist Artikel 14 unseres Grundgesetzes. Artikel 14 garantiert und schützt das Eigentum, sei es materielles oder geistiges Eigentum. Beschränkungen dieses Eigentumsrechts, also auch die sogenannten Schranken des Urheberrechts, sind daher immer als Ausnahme zu verstehen und lassen sich nur durch die Interessen des Allgemeinwohls begründen. Vor diesem Hintergrund müssen wir gesetzliche Änderungen im Urheberrecht immer betrachten, und vor diesem Hintergrund müssen sich auch diejenigen messen lassen, die eine Schrankenregelung für sich in Anspruch nehmen."

12.3 Zusammenfassende Diskussion der Vorschläge für eine ABWS bzw. ABWK

Setzen wir die verschiedenen Vorschläge für eine ABWS in Beziehung zu den kritisch konstruktiven Bemerkungen im ersten Teil dieser Darstellung, so machen wir die folgenden Eigenschaften einer ABWS aus, die dadurch tatsächlich eher als ABWK(lausel) anzusprechen ist.

> (1) Durch eine ABWK wird publiziertes Wissen für Zwecke von Bildung und Wissenschaft zu jeder Zeit, von jedem Ort und über ein beliebiges Medium genehmigungsfrei verfügbar sein.
> (2) Eine ABWK entspricht den in der Praxis entwickelten Verhaltensformen und Bedürfnissen für die Nutzung von publiziertem Wissen entsprechen und verstärkt damit dem Grundrecht auf Wissenschaftsfreiheit.
> (3) Eine ABWK orientiert sich allein an einer umfassenden, uneingeschränkten, allein durch den wissenschaftlichen oder bildungsbezogenen Zweck bestimmten Nutzung.
> (4) Eine ABWK ordnet die bislang mehreren Schranken zugeordneten Nutzungserlaubnisse einheitlich an einem Ort und in einer einzigen Klausel.
> (5) Die ABWK ist im Einklang mit den Zielen der EU- und anderen völkerrechtlichen Vorgaben und befördert in einer offenen und zeitgemäßen Interpretation von Art. 5 Abs. 3 lit. a der InfoSoc-Richtlinie die Weiterentwicklung der EU-Urheberrechtspolitik.
> (6) Die Regelungen in der ABWK haben Vorrang vor Vertragsvorgaben aus der Informationswirtschaft und können in Verträgen nicht abbedungen werden.
> (7) Eine ABWK ist technologie- und damit zukunftsoffen, so dass Nutzer diese auch bei zu erwartenden technologischen Veränderungen bzw. neuen methodischen Verfahren, wie z. B. durch TDM, in Anspruch nehmen können.
> (8) Das Vergütungsverfahren einer ABWK trägt der Besonderheit von solchen Werken Rechnung, die durch öffentliche Finanzierung direkt oder indirekt unterstützt wurden. Diese Werke sind genehmigungs- und vergütungsfrei nutzbar.
> (9) Die ABWK unterstützt das sich abzeichnende Paradigma, die sich abzeichnende Leitidee einer umfassenden freien Nutzung von publiziertem Wissen in Bildung und Wissenschaft.
> (10) Die ABWK gilt auch für die Nutzungshandlungen von Informationsvermittlungsorganisationen wie Bibliotheken, Archiven, Museen, sofern sie Zwecken von Forschung und Bildung dienen.

Es wird vorgeschlagen, tatsächlich nicht länger von Allgemeiner Bildungs- und Wissenschafts*schranke* (ABWS) zu sprechen, sondern von Bildungs- und Wissenschafts*klausel* (BWK) (Kuhlen 2013).[463] Die Bezeichnung „Schranke" hat zwar (mit Blick auf eine politisch-rechtlich Umsetzung) den Vorteil (aber aus der hier vertretenen Sicht in der Konsequenz auch den Nachteil), dass „Schranke" konform

---

[463] Vgl. (Kuhlen 2013a) Erfolgreiches Scheitern revisited – in Richtung einer allgemeinen Wissenschaftsklausel; (Kuhlen 2016) Der Heizer sollte nicht auf der E-Lok bleiben – Die Allgemeine Bildungs- und Wissenschaftsschranke ist nötig und möglich. (Kuhlen 2017a) Zum Vorschlag der EU-Kommission für eine neue Urheberrechtsrichtlinie.

mit der traditionellen Dogmatik des Urheberrechtes geht. Schranken werden im gegenwärtigen Rechtsverständnis in erster Linie als *Einschränkungen* der exklusiven Rechte der Urheber bzw. der durch Vertrag erworbenen Rechte der Verwerter (in der Regel Verlage) verstanden (vgl. Abschnitt 6.4 bzw. 5.6). Der offene freie Umgang mit Wissen und Information sollte aber nicht als quasi sekundäres, sondern als genuines primäres Recht verstanden werden.[464] Das in einer ABWK festzuschreibende Recht zur freien uneingeschränkten Nutzung des publizierten Wissens durch alle Akteure in Bildung und Wissenschaft (vgl. No. 9 in der Liste oben) gehört zur Wissenschaftsfreiheit und darf vor allem nicht durch Pochen auf einen urheberrechtlichen Verwertungsschutz beeinträchtigt werden. Die freie Nutzung durch Wissenschaftler steht nicht im Widerspruch zu den Rechten der Wissenschaftler als Urheber – können sie doch nur Urheber sein, wenn sie immer auch schon Nutzer sind. Der offene freie Umgang mit Wissen und Information gerät also nur in Widerspruch mit den Interessen der Verwerter. Ist es aber Aufgabe des Urheberrechts kommerziellen Verwertungsinteressen von Akteuren entgegenzukommen, die gar keine Urheber sind?

Die Bezeichnung „Klausel" legt nahe, dass eine allgemeine, umfassende Regelung gefunden werden soll, bei der nicht, wie durch die meisten Schrankenregelungen, das Ausmaß der jeweiligen Nutzungshandlung abgeschwächt wird. Dass „Klausel" im deutschen Urheberrecht als Konzept bislang nicht vorgesehen ist, sollte kein unüberwindbares Hindernis sein, obgleich dieses immer wieder zur Abwehr eines Prinzips angeführt wird, das sich in der angelsächsischen Tradition, vor allem in den USA, mit Fair use durchgesetzt hat und laufend bei neuen Entwicklungen der Rahmenbedingungen für die Nutzung von urheberrechtsgeschützten Materialien angewendet wird. Wir wollen daher zum Abschluss dieses Kapitel noch diskutieren, ob das U. S. amerikanische Copyright-Prinzip des Fair use vielleicht doch als umfassende Klausel auch für das deutsche Urheberrechtssystem geeignet sein könnte.

12.4 Schrankenregelungen im US Copyright LAW, Teach Act

> The primary objective of copyright is not to reward the labor of authors, but '[t]o promote the Progress of Science and useful Arts.' To this end, copyright assures authors the right to their original expression, but encourages others to build freely upon the ideas and information

---

[464] Vgl. Pressemitteilung des Aktionsbündnis 02/14 vom 11. Mai 2014 „Eine umfassende Bildungs- und Wissenschaftsklausel wird gebraucht, keine leicht auszuhebelnde Schranke" – https://bit.ly/2QRJCDm.

conveyed by a work. This result is neither unfair nor unfortunate. It is the means by which copyright advances the progress of science and art.[465]

Das primäre Ziel des US Copyright ist also ein gesellschaftliches Interesse an der Beförderung von Wissenschaft und Kunst. Das sekundäre Ziel besteht in dem für eine bestimmte Frist geltenden Recht der Autoren und Erfinder, exklusiv über ihre Werke und Entdeckungen/Erfindungen verfügen zu können.

a) Kurze Zusammenfassung von Sec. 108 und Teach Act. Auch das US Copyright Law sieht *Schrankenregelungen* in den Sections 107–112 vor. Einschlägig sind hier Sect. 108. *Limitations on exclusive rights: Reproduction by libraries and archives und das sogenannte Teach Act (Technology, Education and Copyright Harmonization Act)* von 2002, welches die Nutzung von copyright-geschützten Materialien für E-Learning *(distance education)* regelt. Das Teach Act[466] trägt vor allem den durch den technologischen Wandel verursachten digitalen Formen des E-Learning bzw. den Bedürfnissen der Lernenden und Lehrenden Rechnung.[467] Durch das Teach Act werden akkreditierte, nicht auf kommerziellen Gewinn ausgerichtete Ausbildungsinstitutionen sowie einige Regierungseinrichtungen begünstigt.[468] Gemäß Teach Act dürfen Lehrende eine breite Palette an Werken für Zwecke des E-Learning verwenden. Die Nutzung ist nur für die festgelegte Anzahl der Lernenden erlaubt. Das Material kann also nicht allgemein für jedermann zugänglich gemacht werden. Lernende der speziellen Ausbildungsaktivität dürfen die bereitgestellten Werke im Rahmen der Ausbildungsaktivitäten *von jedem beliebigen Ort aus* nutzen. Das Teach Act verzichtet auf die lokale Beschränkung des *classroom* oder von *similar locations*. Es wurde als unangemessen angesehen, dass Online-Instruktionen für Schüler, die nicht am Ort der Lehre anwesend sind, nicht erreichbar und nutzbar sind.[469] Anschlussaktionen wie Speichern, Kopieren und Digitalisieren werden großzügig erlaubt. Die Nutzung von Lehrbüchern *(text books)* bzw. Teilen von ihnen, die normalerweise von den Studierenden erworben werden, ist im Rahmen des Teach Act nicht erlaubt (eventuell aber doch durch Bezug auf Fair use in Sect. 107). Eine Vergütung für die nach dem Teach Act erlaubten Nutzungen fällt nicht

---

465 Justice Sandra Day O'Connor, Feist Publications, Inc. vs. Rural Telephone Service Co., 499 US 340, 349 (1991) – https://bit.ly/2Rl8rH3. Justice Sandra Day O'Connor wurde 1981 von Ronald Reagan als erste Frau und damit als erste Richterin für den Supreme Court nominiert wurde und gehörte dem Gericht 24 Jahre an.
466 Für einen Überblick vgl. (Teach Act 2011) The Teach Act, New roles, – https://bit.ly/2m2PZqt; (Lipinski 2005) Copyright Law and the Distance Education Classroom.
467 Vgl. (Hoeren/Kalberg 2006) Der amerikanische TEACH Act und die deutsche Schrankenregelung, S. 600–604.
468 Vgl. Copyright Clearance Center – https://www.copyright.com/.
469 Vgl. (Crewes 2010) Copyright law and distance education, hier S. 1.

an. Verlage erheben im Normalfall keine neuen Vergütungsansprüche für die neue Nutzung, wenn die Materialien bereits von der Bibliothek gekauft oder lizenziert worden sind.

b) Kurze Zusammenfassung von Fair use. Wichtiger für die Auslegung der Grenzen bzw. Möglichkeiten dieser (auch mit unbestimmten Rechtsbegriffen arbeitenden) Schranken ist das Prinzip des Fair use. de la Durantaye sieht Fair use als „Paradebeispiel einer urheberrechtlichen Schrankengeneralklausel".[470] In dem Sinne, wie oben eine Klausel bestimmt wurde, trifft das aber wohl nicht zu. Hier der Text:

> 17 U. S. Code § 107 – Limitations on exclusive rights: Fair use:[471]
> Notwithstanding the provisions of sections 106 and 106A, the Fair use of a copyrighted work, including such use by reproduction in copies or phonorecords or by any other means specified by that section, for purposes such as criticism, comment, news reporting, teaching (including multiple copies for classroom use), scholarship, or research, is not an infringement of copyright. In determining whether the use made of a work in any particular case is a fair use the factors to be considered shall include—
> (1) the purpose and character of the use, including whether such use is of a commercial nature or is for nonprofit educational purposes;
> (2) the nature of the copyrighted work;
> (3) the amount and substantiality of the portion used in relation to the copyrighted work as a whole; and
> (4) the effect of the use upon the potential market for or value of the copyrighted work.

Niemand kann sich für seine Nutzung publizierten Wissens einfach auf Fair use berufen. Vielmehr muss ein nachvollziehbares, abgewogenes, die vier Kriterien anwendendes Kalkül (*fair use analysis*) vorgenommen werden. Letztlich können nur die Gerichte entscheiden, was in den konkreten Fällen der Nutzung als Fair use angesehen werden kann. Alle vier Kriterien müssen dabei beachtet werden: "the factors are explored and weighed together, in light of copyright's purpose."[472] Als Faustregel hat sich ergeben, dass für den Fall, dass 3 oder alle Kriterien als erfüllt angesehen werden können, die Nutzung als Fair use angesehen werden kann. Im Extremfall kann es sogar dann zu einem Fair-use-Ergebnis führen, wenn nur ein Kriterium als gänzlich erfüllt angesehen werden kann. Mit dieser differenzierten Sicht auf die Kriterien für Fair use unterscheidet sich Fair use von dem allgemein als restriktiver angesehenen Drei-Stufen-Test.[473] Eine Nutzung von urheberrechtsgeschützten Werken nach dem Fair-use-Prinzip sind ebenfalls nicht

---

470 Ausführlich zum Fair use (Durantaye 2014a, S. 163ff).
471 U. S. Code § 107 – https://bit.ly/1H7FpwA.
472 Supreme Court. Campbell v. Acuff-Rose Music, Inc., 510 U. S. 569, 569 (1994).
473 U. S. Copyright Office: More Information on Fair Use – https://bit.ly/2vuHLtI.

gebührenpflichtig.⁴⁷⁴ Angesichts der in den USA hohen Studiengebühren und den viele Studierende belastenden Schulden zur Finanzierung dieser Gebühren wird es als unangemessen empfunden, für jede im Unterricht gebrauchte Kopie zu zahlen.⁴⁷⁵

Das System im Zusammenspiel mit konkreten Schrankenregelungen und dem allgemeinen Klauselprinzip des Fair use hat sich in den USA bewährt. Zwar muss Rechtssicherheit oft erst durch Gerichtsentscheidungen hergestellt werden. Aber das wird kompensiert durch den Vorteil hoher Flexibilität gegenüber neuen technologischen Entwicklungen, aber auch gegenüber anderen Entwicklungen wie neuen Marktmodellen für das Publizieren oder neuen Einstellungen gegenüber der Nutzung von Wissen und Information, welche überwiegend Konsens in der Öffentlichkeit gefunden haben. Die in diesem Kapitel vorgestellte Regulierung des Umgangs mit Wissen und Information in Bildung und Wissenschaft durch eine ABWK ist allerdings weitergehender als das Fair-use-Prinzip in den USA: Abgesehen von den systematischen dogmatischen Bedenken von Seiten der Juristen, würde eine Anwendung des Fair-use-Prinzips auf das deutsche Urheberrecht nicht den umfassenden Nutzungsspielraum ermöglichen, wie er in einer ABWK gefordert ist. Eine ABWK sollte die Nutzungen allein durch den Zweck der Nutzungshandlungen legitimieren, während Entscheidungen über Fair use nach den vier erwähnten Kriterien weiterhin starke Nutzungseinschränkungen zur Folge haben können.

Fazit zum Konzept einer ABWS/K. Durch die Initiativen des Aktionsbündnisses und der KMK wurde eine breite wissenschaftliche und wissenschaftspolitische Debatte eröffnet, die zu zahlreichen, durchaus auch heterogenen Vorschlägen

---

474 Das heißt aber nicht, dass die Institutionen (wie Bibliotheken), die diese Handlungen den in Bildung und Wissenschaft Tätigen ermöglichen, von der Vergütungsverpflichtung gegenüber den verwertenden Einrichtungen wie Verlagen befreit wären. Auch die Bibliotheken in den USA müssen umfängliche Lizenzgebühren für die dann freie Nutzung in ihren Einrichtungen entrichten. Aber kommerzielle Angebote setzen nicht automatisch spezielle und die allgemeinen Ausnahmeregelungen außer Kraft

475 Vgl. (Rubin 2012) Let's spread the word about fair use. In diesem Artikel von Rubin wird auf die Entscheidung der Bundesrichterin Orinda Evans in der 2008 erhobenen Klage des Copyright Clearance Center (CCC) gegenüber der Georgia State University eingegangen. CCC hatte diese Klage geführt, weil die Universität urheberrechtsgeschützte Materialien Studierenden zur Verfügung gestellt hatte, ohne dafür Lizenzgebühren zu bezahlen. Richterin Evans hatte nicht pauschal entschieden, sondern jeden einzelnen Nutzungsfall nach den Fair-use-Regeln abgewogen. Bei einigen (5 von 75 Fällen) wurde Fair use verneint, bei der überwiegenden Mehrheit jedoch bejaht, da 3 Kriterien als erfüllt angesehen wurden. Nur der Fall, dass auf dem Markt eine Lizenz für die Nutzung erhältlich gewesen sei, wurde als gegeben angesehen. Das hinderte aber angesichts des Ergebnis 3:1 nicht die positive Fair-use-Entscheidung. Lizenzen, d. h. kommerzielle Angebote setzen nicht automatisch spezielle und die allgemeinen Ausnahmeregelungen außer Kraft.

zur Realisierung einer solchen ABWS führte. 2013 sicherte die Bundesregierung in ihrer Koalitionsvereinbarung zu, eine ABWS in das Gesetz einzuführen, ohne dass dabei definiert wurde, was denn eine ABWS sein soll. Ganz am Ende ihrer Legislaturperiode wurde dann eine Reform des „Wissenschaftsurheberrechts" über das UrhWissG verabschiedet, für die von der Politik auch das Etikett „ABWS" reklamiert wurde. Darauf wird im folgenden Kapitel eingegangen. Hier vorab die Kritik, dass dieses UrhWissG keineswegs als ABWS und erst recht nicht als ABWK anzusehen ist. Eine ABWS sollte rechtlich verbindlich garantieren, dass Nutzungshandlungen in Bildung und Wissenschaft nur durch den wissenschaftlichen Zweck dieser Handlungen eingeschränkt und vergütungsfrei sind. Das wäre damit mehr eine allgemeine Klausel als eine Schranke. Dass eine solche Klausel erhebliche Konsequenzen für das Gebäude des Wissenschaftsurheberrecht hätte, liegt auf der Hand. Auf die über die Verwertungsrechte begründeten Schrankenregelungen könnte in der Gänze verzichtet werden. Die gesetzgebenden und gesetzauslegenden Instanzen waren für einen solchen Einschnitt (noch) nicht bereit. Ursache dafür ist, neben den dogmatischen Gründen, vermutlich auch, dass der Politik und der Rechtsprechung die Auswirkungen auf die Informationsmärkte und damit vor allem auf die Informationswirtschaft nicht übersehbar waren. Auf diese wird abschließend in Kap. 14 zu den Transformationsprozessen auf den Informationsmärkten eingegangen. Dadurch sollte deutlich werden, dass die hier diskutierten Regulierungsinstanzen (Informations- und Kommunikationstechnologien, Markt mit entsprechenden Geschäftsmodellen, normatives Bewusstsein für den Umgang mit Wissen und Information) sich dergestalt weiterentwickelt haben, dass auch die Regulierungsinstanz Recht das Urheberrecht so gestalten kann und sollte, wie es den der ABWS/K zugrundeliegendem zentralen Prinzip entspricht.

13 Urheberrechts-Wissensgesellschafts-Gesetz (UrhWissG)

Am 30. Juni wurde das UrhWissG im Bundestag in 2. und 3. Lesung verabschiedet. Das Gesetz ist zum 1. März 2018 in Kraft getreten.[476] Sozusagen in letzter Minute wurde nach einer Empfehlung des Rechtsausschusses[477] beschlossen, die Geltung der neuen Paragraphen auf fünf Jahre zu begrenzen.[478] Nach vier Jahren soll eine Evaluierung der Auswirkungen der Reform stattfinden (entsprechend § 142). Das Gesetz wurde gegen die Stimmen der LINKEN und mit Enthaltung der GRÜNEN beschlossen. Beide Oppositionsparteien hatten bis zum RegE das Vorhaben mitgetragen, wenn auch mit vielen kritischen Einwänden. Die letzten Änderungen, wie so oft durch Intervention des Rechtsausschusses, waren dann zu viel für sie. Die folgende Darstellung[479] konzentriert sich auf den UrhWissG-Kern mit den §§ 60a–60h.

UrhWissG wird von der Politik als die umfassende Reform eines Urheberrechts für Bildung und Wissenschaft angesehen. Tatsächlich ist es eine Korrektur der im Ersten und Zweiten Korb eingeführten Normen anzusehen und nicht als ein grundlegend neuer Ansatz für ein zeitgemäßes Wissenschaftsurheberrecht. Verschiedene Regelungen aus früheren Reformen, die sich nicht als geeignet für ein

---

[476] Neben den acht neuen §§ (der Kern des UrhWissG) enthält das UrhWissG noch weitere Unterabschnitte. Unterabschnitt 1: Gesetzlich erlaubte Nutzungen; Unterabschnitt 2: Vergütung der nach den §§ 53, 60a bis 60f erlaubten Vervielfältigungen; Unterabschnitt 3: Weitere gesetzlich erlaubte Nutzungen; Unterabschnitt 5: Besondere gesetzlich erlaubte Nutzungen verwaister Werke; Unterabschnitt 6: Gemeinsame Vorschriften für gesetzlich erlaubte Nutzungen.
Dazu wird in Artikel 2 eine „Änderung des Gesetzes über die Deutsche Nationalbibliothek" vorgenommen und in Artikel 3 eine Änderung des Patentgesetzes.
Zusätzlich einschlägig für Bildung und Wissenschaft ist in Unterabschnitt 1 die Erweiterung des Zitatrechts (§ 51 UrhG) über einen neuen Satz 3, durch den die Zitaterlaubnis auch für „eine Abbildung und sonstigen Vervielfältigungen des zitierten Werks" gegeben wird. Das ist für die Praxis der Nutzung hilfreich.
[477] Rechtsausschuss 28.6.2017 – https://bit.ly/32cTQ4T.
[478] Die fünf Jahre sollen nach der Erläuterung im Schlussantrag für das UrhWissG auch dafür genutzt werden, eine zentrale Online-Lizenzierungsplattform aufzubauen (Bundestagsdruck 18/13014, S. 5 – https://bit.ly/2FOS5AX). Die in § 60g festgeschriebene Priorität von gesetzlichen Schrankenregelungen gegenüber Lizenzvereinbarungen ist also keineswegs dauerhaft gesichert. Die Befristung, sofern sie nicht aufgehoben wird, hätte zur Folge, dass die §§ 60a–60h zum 1. März 2023 aufgehoben werden (entsprechend § 142 Abs. 2 UrhWissG).
[479] Der Text in diesem Abschnitt beruht weitgehend auf Überlegungen und Formulierungen aus (Kuhlen 2017b) UrhWissG – das neue Wissenschaftsurheberrecht bleibt regulierungstechnisch überspezifisch problematisch.

Wissenschaftsurheberrecht herausgestellt hatten, sind nicht reformiert bzw. nicht gelöscht worden, z. B. die Regelung für verwaiste Werke (Abschnitt 11.1) und die für das Zweitverwertungsrecht (Abschnitt 11.3). Bis zum Ende der im Bundestag beschlossenen Befristung von UrhWissG bis 2023 ist keine größere Urheberrechtsreform in Deutschland zu erwarten. Allerdings müssen einige Normen im deutschen UrhG an die 2019 verabschiedete neue EU-Urheberrechts-Richtlinie angepasst werden.[480]

13.1 Zur politischen Entwicklung des UrhWissG

Die Bundesregierung ließ sich nach der bis dahin letzten Reform 2013 und nach dem Versprechen im Koalitionsvertrag der Großen Koalition zwischen CDU/CSU und SPD von 2013, eine ABWS in das UrhG einzuführen, viel Zeit, um einen entsprechenden Vorschlag vorzulegen. Die öffentliche Bekanntgabe des im BMJV schon 2017 erarbeiteten RefE wurde immer wieder verzögert – hauptsächlich dadurch, dass wegen des entsprechenden Drucks aus der CDU/CSU bzw. des Drucks der Verleger/des Börsenvereins auf diese erst eine Lösung für eine Beteiligung der Verlage an den Ausschüttungen der Verwertungsgesellschaften gefunden werden sollte. Darauf wurde in Abschnitt 8.7 ausführlich eingegangen. Im Februar 2017 wurde der RefE für das UrhWissG veröffentlicht. Dieser spricht im Titel vom „Entwurf eines Gesetzes zur Angleichung des Urheberrechts an die aktuellen Erfordernisse der Wissensgesellschaft (Urheberrechts-Wissensgesellschafts-Gesetz – UrhWissG)". An die Stelle der bisherigen primär auf Bildung und Wissenschaft bezogenen Schrankenregelungen (vor allem die §§ 52a, 52b und Teile von 53 und 53a) sollte unter der Überschrift „Gesetzlich erlaubte Nutzungen für Unterricht, Wissenschaft und Institutionen" eine ganze Serie von acht neuen Normen §§ 60a–60h treten. Der zuständige Justizminister, Heiko Maas, hatte schon 2015 die Vorgaben skizziert:[481]

---

480 Für eine kritische Analyse von EU-DSM-RL2019 vgl. (Dreier 2019a) Die Schlacht ist geschlagen – ein Überblick. Zum Ergebnis des Copyright Package der EU-Kommission. Tatsächlich geht die „Schlacht" weiter. Schon Mitte Januar 2020 hat die Bundesregierung begonnen, Umsetzungsvorschläge für einige, auch wissenschaftsrelevante Artikel aus EU DSM-RL vorzulegen, z. B. DMS-RL Art. 12 Kollektive Lizenzvergabe mit Blick auf Verlegerbeteiligung in § 63a und § 27 VGG; DMS-RL Art. 15 (auch mit Berücksichtigung von DMS-RL Art. 3–7) mit Blick auf das Leistungsschutzrecht für Presseverleger in den §§ 87f–h – https://bit.ly/39rcaLT. Im Juni 2020 hat das BMJV einen zweiten Vorschlag zur Umsetzung von DSM-RL zur Kommentierung durch die Fachöffentlichkeit vorgelegt, z. B. zur Anpassung von Vergütungsregelungen; zu Nicht verfügbaren Werken (Ersatz für vergriffene Werke); Vervielfältigungen gemeinfreier visueller Werke; Umsetzung von Art. 17 (Regelung für Upload-Filter/Plattformen) – https://bit.ly/2WFOmhM.
481 (Maas 2016) Kulturelle Werke – mehr als nur ein Wirtschaftsgut.

Es geht dabei zum einen darum, die sehr komplexen Schrankenregelungen des Urheberrechtsgesetzes für Bildung und Wissenschaft neu zu ordnen und verständlicher zu fassen – unverständlicher geht auch einfach nicht mehr. Dies wird auf Basis des geltenden Unionsrechts geschehen, denn auf die angekündigten Vorschläge aus Brüssel und deren Umsetzung auf EU-Ebene wollen wir dann doch nicht warten.

Die Lösung der Probleme mit dem bestehenden Wissenschaftsurheberrecht sollte dadurch geschehen, dass a) die bestehenden Schranken „neu geordnet, konsolidiert und vereinfacht" werden, b) „die Erlaubnistatbestände [für die Nutzungshandlungen – RK] soweit geboten und nach derzeitigem Unionsrecht zulässig" erweitert werden und c) „gesetzlich erlaubte Nutzungen [sind] regelmäßig angemessen zu vergüten" seien.

Das BMJV hatte mit der Veröffentlichung seines Vorschlags zugleich die davon betroffenen Kreise aufgefordert, zu dem Entwurf Stellung zu nehmen. Die bis zum 29. Mai 2017 eingegangenen (weit über hundert) Stellungnahmen wurden erfreulicher Weise (bis dahin in der Politik nicht immer üblich) öffentlich zugänglich gemacht.[482] Trotz aller Vielfalt und entgegen vereinzelten totalen Ablehnungen in den Stellungnahmen sah doch die Mehrzahl der Kommentare im UrhWissG-RefE einen weiteren Schritt in die richtige Richtung, auch wenn das immer mit einigem Bedauern verbunden war. So erinnerte Thomas Hoeren daran, dass vorgesehen war,

> eine Generalschranke in weiter Formulierung und Anlehnung an das amerikanische Fair-Use-Prinzip ins Urheberrecht einzuführen. Diese Bitte blieb aber unerhört. Der Gesetzgeber beharrte auf dem Prinzip der starren, enumerativen Schranken.[483]

Die Opposition im Bundestag – z. B. Kai Gehring, Sprecher von Bündnis90/Die Grünen – maß ebenfalls den RefE an dem Versprechen der Koalition, eine Bildungs- und Wissenschaftsschranke einzuführen: „Der jüngst bekannt gewordene Referentenentwurf zum Wissenschaftsurheberrecht enthält jedoch keine solche allgemeine Schrankenregelung. Das widerspricht der Vereinbarung im Koalitionsvertrag."[484] Er bezweifelt, ob die Koalition „in der Lage ist, das Urheberrecht für die Belange der Bildung und Wissenschaft zukunftsfest und innovationsfreundlich zu gestalten." Ähnlich so die Einschätzung von Seiten der LINKE.

Die Bundesregierung (das Bundeskabinett) hatte am 12. April 2017 diesen Gesetzentwurf für eine Reform des Urheberrechts beraten und mit kleineren Änderungen beschlossen. Anschließend beriet der *Bundesrat* über diese Version und gab

---

482 Auf der Website des BMJV zum Gesetzgebungsverfahren des UrhWissG: https://bit.ly/2Ff3dFk.
483 (Hoeren 2018) Das Urheberrechts-Wissensgesellschafts-Gesetz.
484 Kai Gehring/Bündnis90/Die Grünen 18.1.2017 – https://bit.ly/379Kzfb.

am 12.5.2017 Empfehlungen dazu ab.[485] In Kap. 8 zur Vergütung haben wir schon erwähnt, dass in diesen Empfehlungen des Bundesrats der Bundesregierung auch nahegelegt wurde, die Vergütungsverpflichtung von schrankenbasierter Nutzung für Lehr- und Lernzwecke in Frage zu stellen. Der *Bundesrat* bedauerte vor allem, dass die Bundesregierung nicht die „von den Ländern präferierte Generalklausel" realisiert hat, akzeptierte aber dann doch den Vorschlag als „akzeptablen Weg für die dringend notwendige Neujustierung der gemeinsam von Bund und Ländern verfolgten wissenschafts- und kulturpolitischen Zielsetzungen im Bereich des Urheberrechts". In der raschen Antwort der Bundesregierung auf die kritischen Vorschläge des Bundesrates zum UrhWissG bekräftigte die Bundesregierung ihr Ziel,

> Nutzungserlaubnisse im Interesse von Bildung und Wissenschaft neu zu ordnen und teilweise zu erweitern, zugleich aber die damit einhergehenden Eingriffe in das Urheberrecht mit angemessener Vergütung zu kompensieren, um so einen angemessenen Interessenausgleich herzustellen.[486]

Sie lehnte aber die konkreten Vorschläge des Bundesrats mit dem Hinweis auf verbindliche unionsrechtliche Vorgaben ab. Der Bundesrat hat dann am 8. Juli 2017 das Gesetz passieren lassen, ohne den Vermittlungsausschuss anzurufen (zustimmungspflichtig sind Urheberrechtsgesetze für den Bundesrat nicht – Urheberrecht ist Bundessache). Ein letzter Versuch, so kurz vor Ende der Legislaturperiode das Gesetz noch zu ändern, erschien wohl als aussichtslos und hätte das Gesetz als Ganzes möglicherweise gefährdet. Das schien nicht im Interesse der Länder zu liegen. Der RegE wurde ohne Änderungen in der ersten Lesung im Bundestag wenige Tage später am 19. Mai 2017 verabschiedet. Dieser RegE wurde im *Rechtsausschuss* in einer öffentlichen Anhörung am 29. Juni 2017 diskutiert[487] und mit einer Empfehlung an die Bundesregierung für die 2. und 3. Lesung zurückgegeben. Durch den Rechtsausschuss wurden gegenüber dem RefE, aber auch gegenüber dem RegE weitere Änderungen bzw. Einschränkungen der Nutzung vorgenommen:

---

[485] Bundesrat Drucksache 312/17 vom 12.5.2017 – https://bit.ly/2ugJYFn. Er setzte sich vor allem dafür ein, „im weiteren Gesetzgebungsverfahren durch eine geeignete Ergänzung in § 60f UrhG-E Museen eine gesetzliche Erlaubnis einzuräumen, ihre Bestände über das Internet öffentlich zugänglich zu machen, um dadurch einer breiten Öffentlichkeit besseren Zugang zu urheberrechtlich geschützten Kulturgütern im Bestand der Museen zu ermöglichen." (die Bundesregierung lehnte das mit Verweis auf das Unionsrecht ab). Der Bundesrat bedauert es weiter, dass es nicht gelungen sei, „ein stringentes Vergütungssystem für die einzelnen Schrankentatbestände zu entwickeln, eine verlässliche Rechtsgrundlage für die Leihe elektronischer Medien ... zu schaffen und keine Überprüfung der Schrankenfestigkeit von Regimen der Digitalen Rechteverwaltung erfolgt ist."
[486] Gegenäußerung des Justizministeriums vom 17. Mai 2017 Drucksache 18/12378 vom 17.05.2017. Quelle initiative urheberrecht vom 19.5.2017: UrhWissG: Regierung weist Vorschläge des Bundesrats zurück – https://bit.ly/35Qvr5F.
[487] Die Stellungnahme der Experten ist dokumentiert auf der Website des Deutschen Bundestags unter: https://bit.ly/2Z7Ovhi; die des Verfassers auch unter: https://bit.ly/2xW5QK7.

Im Gesetz über die Deutsche Nationalbibliothek (Art. 1, § 16a Abs. 2) wurde den Presseverlegern ein exklusives Recht auf die Vermarktung ihrer Archive zugesichert. Ein Eingriff in dieses Recht über das Web-Harvesting der Nationalbibliothek war allerdings nie vorgesehen und nie vorgenommen worden. Nur solche Texte dürfen „geerntet" werden, die frei zugänglich sind bzw. solche nicht, für welche die langfristige Verfügbarkeit, z. B. durch Pressearchive, gesichert ist. Zudem verständigten sich kurz vor der Abstimmung die Fraktionen der in der Regierung vertretenen Parteien nach intensivem Lobbying der Presse (initiiert durch die FAZ[488]) neben der Befristung des UrhWissG auf fünf Jahre noch auf eine weitere Einschränkung, nämlich Zeitungsartikel von den Schrankenbestimmungen (§§ 60a, b, c, e, f) und vom Web-Harvesting durch die Nationalbibliothek auszunehmen. Danach nahm die Unterstützung des Reformvorhabens durch die meisten beteiligten Akteure (außerhalb der weiteren Verlagswelt) und durch die Oppositionsparteien bis zur endgültigen Verabschiedung erheblich ab. Zu viele Zugeständnisse hatten die Wissenschaftsverlage bzw. deren Vertretung durch den Börsenverein und die Pressemedien der Politik wie schon so oft erfolgreich abringen können.

13.2 Die Schrankenregelungen im Einzelnen

13.2.1 § 60a Unterricht und Lehre

In den ersten beiden Absätzen von § 60a wird geregelt, welche urheberrechtsrelevante Nutzung, in welchem Umfang, für wen und für welchen Zweck privilegiert ist. Es wird nun auch im Gesetz bzw. in dessen Erläuterung klargestellt, was Veranschaulichung des Unterrichts (nicht mehr „im") bedeutet:

> Die Veranschaulichung kann „im" Unterricht erfolgen, aber auch davor oder danach. Daher erfasst die Vorschrift zum einen auch die Vor- und Nachbereitung der Unterrichtsstunden und zum anderen auch die Prüfungsaufgaben und Prüfungsleistungen, die im Verlauf und zum Abschluss des Unterrichts erstellt werden, sowie die Vor- und Nachbereitung von Prüfungen.

Das war ein kleiner Sieg der teleologischen Auslegung des Gesetzes, welcher allerdings schon der BGH beim Urteil zu § 52a zugunsten des „des" anstelle des „im" gefolgt war. Auch der Fernunterricht (E-Learning) wird explizit begünstigt. Vorgenommene Vervielfältigungen in dem vorgesehenen Umfang dürfen für die öffentliche Wiedergabe und öffentliche Zugänglichmachung genutzt werden. Klargestellt wird auch, dass Begünstigte nicht nur die Lehrenden und Prüfer, sondern

---

[488] Vgl. dazu die Pressemitteilung des Aktionsbündnis 05/19 vom 22.5.2017 – https://bit.ly/2MxbqvS.

auch die Teilnehmer an der jeweiligen Veranstaltung sind. Das ist im Sinne des didaktisch gewünschten selbstbestimmten Lernens zu begrüßen. Die „Schüler" (Oberbegriff für alle Lernenden) dürfen die bereitgestellten Materialien nicht an Teilnehmer nachfolgender Jahrgänge weitergeben. Ein weiterer Versuch wird unternommen abzuklären, was unter „nicht kommerziell" zu verstehen ist. Dafür sei nicht der institutionelle Bezug ausschlaggebend – entsprechend werden auch Privatschulen durch § 60a begünstigt –, sondern allein, ob der Unterricht darauf ausgerichtet ist, „Gewinn zu erzielen" oder nicht. Ob diese Klärung in der Praxis ausreicht, muss sich erst noch zeigen. EU-RL-2019 Art. 5 macht deutlich, dass allein entscheidend ist, ob die Verwendung der Materialien für den Unterricht erfolgt.[489]

Auf die Verwendung unbestimmter Rechtsbegriffe wie „kleine Teile" wird weitgehend verzichtet. Von größeren Werken dürfen bis zu 15 % genutzt (vervielfältigt, verbreitet und öffentlich zugänglich gemacht werden). Im RefE waren zunächst 25 % vorgesehen und auch vom Bundesrat gefordert; vom BGH waren 2013 12 % als angemessen angesehen worden. Für die Nutzung von Abbildungen, Beiträgen aus Fachzeitschriften, Zeitschriften sowie für „sonstige Werke geringen Umfangs" gibt es keine Umfangsbeschränkung. Eine großzügige Interpretation könnte es nahelegen, dass damit auch Beiträge in Konferenzproceedings und anderen Sammelbänden gemeint sind. Schwierig ist eindeutig festzulegen, was in § 60a mit „öffentlich" gemeint ist. Sicher nicht, wie man umgangssprachlich vermuten würde, die allgemeine Öffentlichkeit. Das UrhG bestimmt „öffentlich" in § 12 und in § 15 (regelt öffentliche Nutzung) unterschiedlich. Das UrhWissG lehnt sich an die Definition von § 15 an. Danach „handelt es sich bereits um Öffentlichkeit, wenn nur wenige nicht miteinander verbundene Personen das Werk wahrnehmen können." Oder anders: als „öffentlich" gilt, solange die Nutzer eines Werks nicht durch eine persönliche Beziehung miteinander verbunden sind. Daher ist die Nutzung durch Lehrende, Prüfer und Lernende als öffentliche Zugänglichmachung erlaubt – allerdings nur für diese Gruppen, nicht für die Allgemeinheit bzw. die allgemeine Öffentlichkeit. Etwas überraschend werden in der Erläuterung zu § 60a Nutzungen für „Schulklassen und andere kleine, regelmäßig zusammen unterrichtete Gruppe" als nicht öffentlich angesehen, so dass diese Nutzungshandlungen nicht als „urheberrechtlich relevant" angesehen werden. Lehrer dürfen daher z. B. Filme in der Gänze zeigen, aber nicht den Film in der Gänze vervielfältigen. Vervielfältigungen

---

489 EG 20 in EU-DSM-RL2019 bezieht die Schranke auf "all educational establishments recognised by a Member State, including those involved in primary, secondary, vocational and higher education. It should apply only to the extent that the uses are justified by the non-commercial purpose of the particular teaching activity. The organisational structure and the means of funding of an educational establishment should not be the decisive factors in determining whether the activity is non-commercial in nature".

(gemeint ist Kopieren) dürfen nur bis zu 15 % des Films gemacht und entsprechend auch nur 15 % in der Schulklasse gezeigt werden. Auch dürfen Filme, die im Prinzip ja jetzt unter den Bedingungen der Absätze 1 und 2 genutzt werden können, nicht aus einer Vorführung im Kino oder anderen Live-Veranstaltungen „mitgeschnitten oder live gestreamt werden."

Die Nutzung von ganzen Zeitungsartikeln für *Unterricht und Lehre* in § 60a Abs. 2 bzw. für *Wissenschaftliche Forschung* in § 60c Abs. 3 – entsprechend auch in den §§ 60b, e und f – ist von der urheberrechtlichen Privilegierung ausgenommen. Erlaubt ist durch § 60a Abs. 1 und § 60c Abs. 1 die Nutzung auch von Zeitungsartikeln nur in einem (völlig unbrauchbarem) Umfang von 15 %.[490] Eine strikte Bereichsausnahme gibt es (wie auch schon in dem bisherigen § 52a) für Werke, die „ausschließlich für den Unterricht an Schulen geeignet, bestimmt und entsprechend gekennzeichnet" sind (Abs. 3, 3). Hierdurch soll der Primärmarkt für Schulbuchverlage weiter gesichert werden. Daher muss jeder Lehrende bzw. seine Institution bei dem jeweiligen Rechtsinhaber (oft sind es mehrere) um Erlaubnis nachsuchen. Da dies in der Praxis nicht realistisch ist, einigten sich die Länder und VG WORT in der Vergangenheit auf einen Gesamtvertrag[491] für erlaubte Nutzungen in Schulen in dem Umfang, wie es § 52a vorsieht (also „kleine Teile" etc.). Von Verlegerseite wurde die Forderung gestellt, dass es auch eine Bereichsausnahme für die Nutzung von Lehrbüchern an Hochschulen geben müsse. Das ist in § 60a nicht vorgesehen, da die Nutzungssituation dort grundsätzlich eine andere sei als sie im föderalen System an Schulen und bei Lehrbüchern auch in der Forschung wahrgenommen wird.

An der Vergütungsverpflichtung für die Nutzungen entsprechend den gesetzlichen Regelungen in § 60a und § 60c wurde nicht gerüttelt, obgleich der Bundesrat (und auch die EU) angeregt hatte, noch einmal zu überprüfen, ob nicht „weitergehende Ausnahmen von der Vergütungspflicht statuiert werden können" (vgl. die einschlägige Diskussion in 8.5.4). Diese Überprüfung wäre auch deshalb sinnvoll gewesen, weil es durch EU-DSM-RL2019, EG 24 den Mitgliedsländern freigestellt wird, ob für die ausbildungsbezogenen Nutzungen Vergütungen an die Rechtsinhaber erfolgen sollen oder nicht. Eine Überprüfung bzw. Änderung wird allerdings wohl erst nach der vorgesehenen Evaluierung von UrhWissG 2021 oder 22 möglich sein. Vielleicht, so die Hoffnung und Erwartung, haben sich bis dahin Leitideen weiter in Richtung freier, auch im Sinne von vergütungsfreier Nutzung in Bildung und Wissenschaft entwickelt.

---

490 Zu einer Lösung dieses Problems durch einen Gesamtvertrag für Lehre vgl. FN 526 und 527.
491 Gesamtvertrag zu 52a (Schulen) 27.2.2014 – https://bit.ly/2MxtTsm. Für die Zeit von August 2013 bis Juli 2017 zahlten die Länder an die VG WORT pauschal Euro 2.240.000.

13.2.2 § 60b Unterrichts- und Lehrmedien

§ 60b Unterrichts- und Lehrmedien ist eine eher ungewöhnliche, bislang im UrhG nicht vorgesehene Schrankenregelung. Es besteht für das BMJV offenbar ein öffentliches Interesse daran, Hersteller von Unterrichts- und Lehrmedien dergestalt zu begünstigen, dass sie in ihre Produkte „zur Veranschaulichung des Unterrichts und der Lehre an Bildungseinrichtungen (§ 60a) zu nicht-kommerziellen Zwecken" Teile von urheberrechtsgeschützten Werken genehmigungsfrei in ihre Sammlungen einbinden dürfen. Mit Sammlungen sind Werke gemeint, „die Werke einer größeren Anzahl von Urhebern vereinigen". Von größeren Werken dürfen nur Teile von bis zu 10 % aufgenommen werden; Werke kleineren Umfangs dürfen, wie in § 60a vorgesehen, in der Gänze dafür genutzt werden (aber keine Zeitungsartikel). Abweichend von anderen Schrankenregelungen dürfen Vergütungen nicht pauschal, sondern müssen genau nach der aktuellen Verwendung abgerechnet werden.

13.2.3 § 60c Wissenschaftliche Forschung

§ 60c Wissenschaftliche Forschung ist als Folgeregelung (zusammen mit § 60a) für den dadurch zu streichenden § 52a UrhG anzusehen. Klargestellt wird, dass sich jedermann, der wissenschaftliche Forschung betreibt, sich auf diese Regelung berufen kann, also auch „unabhängige Forscher", „Privatgelehrte". Das ist eine wichtige Klarstellung. Anders als § 52a-Alt verzichtet § 60c auf unbestimmte Rechtsbegriffe. Auch die von § 52a übernommene Formulierung in Abs. 1, 1 „bestimmt abgegrenzten Kreis von Personen für deren eigene wissenschaftliche Forschung" dürfte durch die Erläuterung geklärt sein: „Unerheblich ist, ob alle Personen an derselben Einrichtung tätig sind. Auch innerhalb loser Forschungsverbünde dürfen Materialien genutzt werden."

Für die nach § 60c Abs. 1 erlaubten Nutzungshandlungen der Vervielfältigung, Verbreitung und öffentliche Zugänglichmachung dürfen nun bis zu 15 % (im RefE noch 25 %) eines Werks genehmigungsfrei, aber vergütungspflichtig genutzt werden. Abbildungen, einzelne Beiträge aus derselben Fachzeitschrift oder wissenschaftlichen Zeitschrift, sonstige Werke geringen Umfangs und vergriffene Werke dürfen in der Gänze genutzt werden – aber nicht Artikel aus Zeitungen (vgl. dazu Abschnitt 13.2.1). Vermutlich erlaubt sind auch Werke aus Proceedings und anderen Sammelbänden, obgleich dies nicht explizit erwähnt wird; aber die Formulierung „sonstige Werke geringen Umfangs" legt dies nahe. Die mediale Gestalt der Werke ist nicht auf Text beschränkt. Die Nutzungserlaubnis von § 60c Abs. 1 gilt demnach jetzt auch (so wird es in der Begründung festgestellt) für „Filmwerke und grafische Aufzeichnungen von Werken der Musik [...] um die Erforschung solcher Werke zu erleichtern. Eine Beeinträchtigung der normalen Verwertung solcher Werke ist dadurch nicht zu befürchten."

13.2.4 § 60d Text und Data Mining

Die neu aufgenommene „Vorschrift [zum TDM] ermöglicht es, auf gesetzlicher Grundlage Werke mit Inhalten aller Art automatisiert auszuwerten, z. B. Werke mit Texten, Daten, Bildern, Tönen oder audiovisuellen Inhalten, um damit nichtkommerzielle wissenschaftliche Forschung zu betreiben." (Erläuterung zum RegE) § 60d als neue TDM-Schranke ist von der deutschen Bundesregierung beschlossen worden, bevor die EU ihre Copyright-Richtlinie verabschiedet hat (so auch schon im UK 2014 und in Frankreich 2016[492]). Allerdings war auch schon im Entwurf der Kommission von 2016 eine solche neue Schrankenregelung vorgesehen. Da die Regelung insbesondere für Wissenschaft der zentrale Beitrag des UrhWissG ist, gehen wir in 13.4 darauf gesondert ein.

13.2.5 § 60e Bibliotheken

§ 60e[493] begünstigt nur Handlungen von Bibliotheken, die nicht kommerziellen Zwecken dienen. Bislang war nicht ausdrücklich legitimiert, dass digitale Vervielfältigungen der urheberrechtsgeschützten Materialien für „Zwecke der Zugänglichmachung, Indexierung, Katalogisierung, Erhaltung und Restaurierung erstellt werden dürfen". Das ist jetzt, wie schon durch Gerichtsentscheidungen für richtig befunden, gesetzlich geregelt (Abs. 1). Solche Vervielfältigungen dürfen auch an andere Bibliotheken für Zwecke der Restaurierung weitergegeben werden (Abs. 2). An andere Bibliotheken dürfen „restaurierte Werke sowie Vervielfältigungsstücke von Zeitungen, vergriffenen oder zerstörten Werken aus ihrem Bestand" verliehen werden. Auch die Verbreitung solcher Werke in „öffentlicher Ausstellung oder zur Dokumentation des Bestandes der Bibliothek" ist erlaubt (Abs. 3).

Die für die Nutzung entscheidende öffentliche Zugänglichmachung von digitalisierten Werken aus ihrem Bestand dürfen Bibliotheken weiterhin nur „an Terminals in ihren Räumen" für Nutzer zu Forschungszwecken oder privaten Studien ermöglichen (Abs. 4). Die „Leseplatzschranke" aus § 52b-Alt bleibt also weiter

---

[492] Text and Data Mining (TDM) exceptions in the UK and France – https://bit.ly/2kmcyGl.
[493] Eine Zusammenfassung der Regelungen durch § 60e aus Bibliothekssicht durch den dbv – https://bit.ly/2KOPU3I; vgl. auch (Schüller-Zwierlein/Leiwesmeyer 2018) Neuerungen im Urheberrecht. Stand und Perspektiven.

im Gesetz. Von größeren Werken darf jeder Nutzer pro Sitzung (einmal am Tag?) 10 % für den eigenen Gebrauch vervielfältigen, d. h. z. B. auf einen Stick speichern oder ausdrucken.[494] Annexhandlungen sind auch schon vom BGH für den alten § 52b für erlaubt angesehen worden; diese sind jetzt auch durch das Gesetz in dem jeweils beschränkten Umfang legalisiert.

Eine 10%-Beschränkung gilt auch für den Versand auf Bestellung für nichtkommerzielle Zwecke (Abs. 5). Für kleinere Werke, z. B. Artikel aus Fachzeitschriften (keine Kioskzeitschriften), gelten keine Beschränkungen. Artikel aus Zeitungen sind ausgeklammert (entsprechend den Regelungen in § 60a und c; vgl. Abschnitte 13.2.1 und 13.2.3). Der Versand ist jetzt (anders als noch in § 53a) „technologieneutral und ohne Vorrang von Verlagsangeboten" erlaubt (so in der Erläuterung). Die alte Beschränkung, dass Artikel nur als grafische Datei bzw. per Fax versandt werden dürfen, ist somit weggefallen. Von ganzen Werken dürfen nur 10 % versandt werden. Bibliotheken dürfen jetzt nicht mehr an Benutzer in kommerziellen Einrichtungen liefern (Abs. 5). Die für Zwecke des TDM erstellten Korpora dürfen die Bibliotheken dauerhaft speichern, um die Überprüfbarkeit der Ergebnisse zu sichern. Die Wissenschaftler selbst müssen diese Daten nach Fertigstellung der TDM-Analysen löschen

Vergütung muss nicht für bibliotheksinterne Dienste/Vorgänge entrichtet werden. Für sonstige schrankenbasierte Nutzungen wird über die Verwertungsgesellschaften pauschal abgerechnet. Die Einzelmeldepflicht, z. B. bezüglich der elektronischen Semesterapparate, scheint, entsprechend § 60h, bis auf weiteres vom Tisch zu sein. Dass Vergütung auch im Kontext der Regelungen durch UrhWissG weiter als unabdingbar angesehen wird und dafür auch individuelle Vergütungsformen angewendet werden, zeigt sich z. B. darin, dass für schrankenbasierte Nutzungen 2019 ein neuer Rahmenvertrag zwischen Bund und Ländern und den Verwertungsgesellschaften VG WORT und VG Bild-Kunst vereinbart wurde.[495] Dort heißt es in § 4:

> Als angemessene Vergütung für eine öffentliche Zugänglichmachung nach § 1 Absatz 1 Satz 1 und die Vervielfältigungen durch die Einrichtungen nach § 2 Abs. 2 entrichten die Einrichtungen einmalig pro zugänglich gemachtem Werk an die VG WORT eine Vergütung in Höhe von 120 % des Nettoladenpreises des jeweiligen Schriftwerkes. [...] Wenn Einrichtungen zusätzlich zur öffentlichen Zugänglichmachung auch Vervielfältigungen nach § 2 Abs. 2 ermöglichen, ist eine weitere Vergütung in Höhe von 20 % der in Absatz 1 genannten Ver-

---

494 Gegen diese Regelung richtete sich besonders stark die Verlagsindustrie, da nach zehn jeweils für sich erlaubten Nutzungen das ganze Werk kopiert sein würde.
495 Rahmenvertrag zur Vergütung von Ansprüchen nach § 60e Abs. 4 i. V. m. § 60h Abs. 1 UrhG von 2019– https://bit.ly/3OobB0t.

gütung zu entrichten. Diese Vergütung ist für jedes Jahr erneut zu bezahlen, in dem die Vervielfältigungen ermöglicht werden.

Das sind schon starke Zugeständnisse an die Interessen der Rechteinhaber (i. d. R. der Verlage). Zum einen müssen Bibliotheken für die Erstellung von Digitalisaten von Werken, die sie in analoger Form schon in ihren Beständen haben, und für deren öffentliche Zugänglichmachung an Terminals in den Bibliotheken 120 % des Nettoladenpreises des jeweiligen Schriftwerks an die VG WORT entrichten. Zum anderen muss § 4 Abs. 2 wohl so verstanden werden, dass für jede tatsächliche Vervielfältigungshandung (Ausdrucken oder Speichern z. B. auf einen USB-Stick) eine Vergütung von 24 % des Nettoladenpreises gezahlt werden muss – obgleich „je Sitzung" (§ 60e Abs. 4 Satz 2) Speichern und Ausdrucken nur von 10 % des gesamten Werks erlaubt ist. Ergänzt wird dieser Rahmenvertrag durch einen weiteren Vertrag zur Regelung des bibliothekarischen Leihverkehrs.[496] Nach § 4 Vergütung sollen 1,87 Euro (+ Umsatzsteuer) für jede ausgelieferte Bestellung an die VG WORT entrichtet werden. Auch hier gilt die Beschränkung des technischen (i. d. R. elektronischen) Versands von selbständigen Werken aus dem Bestand der Lieferbibliothek von 10 %. Zeitschriftenartikel dürfen vollständig versandt werden.

13.2.6 § 60f Archive, Museen und Bildungseinrichtungen

Alle Bestimmungen aus § 60e, bis auf die für den Versand, gelten auch für § 60f Abs. 4 verbessert die Zugänglichmachung digitalisierter oder originär elektronischer geschützter Werke. Allerdings ist die elektronische Nutzung auch hier auf die internen Lesegeräte beschränkt.

13.2.7 § 60g Gesetzlich erlaubte Nutzung und vertragliche Nutzungsbefugnis

Im ersten Absatz von § 60g wird der gesetzlichen Regelung in den Schrankenbestimmungen Priorität gegenüber vertraglichen Regelungen (Lizenzen) eingeräumt. Nach Absatz 2 gilt diese Priorität jedoch nicht für die öffentliche Zugänglichmachung von digitalisierten Werken aus dem Bestand der unter § 60 f angeführten Institutionen (Archive etc.). Das ist Bibliotheken nach § 60e erlaubt.

---

[496] Vertrag für Vergütung im bibliothekarischen Leihverkehr 2019 – https://bit.ly/2NvSBrI.

13.2.8 § 60h Angemessene Vergütung der gesetzlich erlaubten Nutzungen

Für alle Nutzungen in den Regelungen im Unterabschnitt 4 des RefE (also § 60a–60f) haben die Rechtsinhaber entsprechend § 60h einen Anspruch auf Vergütung – so wie das regelmäßig von der Rechtsprechung reklamiert wird. Ausgenommen von der Vergütungspflicht ist die „öffentliche Wiedergabe für Angehörige von Bildungseinrichtungen und deren Familien", nicht jedoch für diese die öffentliche Zugänglichmachung (Abs. 2). Für die Erhebung der Nutzung und der Berechnung der angemessenen Vergütung werden Pauschalierungsverfahren bzw. repräsentative Stichproben für ausreichend gehalten. Der Gesetzgeber hat sich wohl der Einschätzung angeschlossen, dass wegen des großen Aufwands für individualisierte Erhebung und Abrechnung Bibliotheken bzw. die ihnen zugeordneten Einrichtungen davon absehen würden, von den Schrankenregelungen Gebrauch zu machen.[497] Eine solcher Verzicht würde „jedoch die Gemeinwohlinteressen beeinträchtigen", die sich u. a. „auf das Ziel guter und umfassender Bildung" richten (Erläuterung zum UrhWissG). Die Pauschalvergütung gilt nicht für Nutzungen nach § 60b. Auf die TDM-Regulierung wird im nächsten Abschnitt gesondert ausführlich eingegangen.

13.3 TDM im UrhWissG und in EU-DSM-RL2019

Text and Data Mining (TDM) – oft vereinfacht als *Big Data* angesprochen – gehört zu den technologischen, besser methodischen Entwicklungen der letzten Jahre, mit denen sich das (europäische und auch das deutsche) Urheberrecht schwer getan hat – aus systematischen urheberrechtlichen Gründen, aber auch wegen der früheren Entscheidung in der EU, über eine spezielle Datenbank-Richtlinie besondere Rechte und entsprechenden Schutz den Datenbankerstellern zuzubilligen und damit Einschränkungen für die Nutzungen dieser Datenbanken auch in Bildung und Wissenschaft in Kauf zu nehmen. Das sah und sieht z. B. in den USA anders aus, da nach vielen Gerichtsentscheidungen TDM als sogenannte transformative Technologie angesehen wird, deren Anwendung, allerdings von Fall zu Fall, durch das Prinzip des Fair use legitimiert wird – nicht zuletzt auch dadurch, dass in die ursprünglichen geschützten Rechte der Rechtsinhaber nicht (oder nur

---

[497] Dies zeichnete sich auch schon Ende letzten Jahres bei der Weigerung der Hochschulen ab, dem Rahmenvertrag für die Nutzung nach § 52a UrhG zwischen KMK und VG WORT beizutreten, der Individualerhebung und- abrechnung vorsah. Diese Weigerung hätte zur Folge gehabt, dass z. B. ein Großteil der digitalen Semesterapparate nicht mehr hätte genutzt werden können.

unwesentlich) eingegriffen werde bzw. der zugefügte Schaden nur minimal sei.[498] Diese Argumentation hat sich auch die EU in DSM-RL 2019 zu eigen gemacht.

TDM selber, also die Anwendung von analytischen Methoden, ist ganz offensichtlich nicht urheberrechtlich relevant.[499] Urheberrechtlich relevant sind aber die Verfahren des Aufbaus von TDM-Korpora. TDM als Data Mining (DM) zielt darauf ab, durch Verwendung von algorithmischen Verfahren große Datenbestände durchzuarbeiten, um daraus neue Erkenntnisse abzuleiten, wie z. B. neue Datenmuster, neue Trends, extrahiertes neues Wissen. Für viele Wissensgebiete wie Medizin, Klimaforschung, Gentechnologie, Astronomie (wie auch in den meisten MINT/STM-Fächern) sind solche Verfahren unabdingbar geworden, da bei ihnen umfängliche Datenmengen laufend generiert werden, die durch maschinenunabhängige, intellektuelle Analysen nicht mehr bearbeitet werden können. Daher besteht ein öffentliches Interesse daran, dass das exklusive Verwertungsrecht der Vervielfältigung durch eine Schrankenregelung eingeschränkt wird. Damit werden Handlungen zum Zwecke des TDM genehmigungsfrei möglich. Aber auch in so gut wie allen anderen Wissenschaftsbereichen entstehen ebenfalls große, überwiegend elektronisch verfügbare Datenmengen, aber auch große Textmengen, die ebenso nur noch mit Hilfe von Algorithmen des Text Mining bearbeitet werden können. In der Linguistik sind z. B. traditionelle Anwendungsbereiche wie automatische Sprechererkennung, automatische Übersetzung oder Wissensrepräsentationssprachen für Künstliche Intelligenz ohne Text Mining nicht mehr denkbar – auch wenn oft dafür andere Bezeichnungen wie automatische Textanalyse, automatische Lernverfahren, Text Knowledge Engineering, Web Content Mining etc. verwendet werden.[500]

TDM ist in vielen elaborierten Ausprägungen nicht durch Streaming möglich – das wäre dann urheberrechtlich vermutlich nicht relevant, weil dadurch keine

---

[498] (Cox 2015) Text and Data mining and fair use in the United States verwendet für die in den USA eingeführten TDM-Schranken die gleiche Begründung: Nur unwesentlicher Eingriff in bestehende Recht und minimaler Schaden für Rechtsinhaber.

[499] (Hilty/Richter 2017) hatten sich entschieden gegen die Ansicht der EU-Kommission in deren Vorschlag für eine TDM-Schranke von 2016 gewandt ("wrongly suggests"), dass für TDM eine Erlaubnis durch die Rechtsinhaber der Ausgangsmaterialien erforderlich sei: "Especially in the case that a user has lawful access to contents (the user has acquired the relevant data as such or has acquired access to them on a contractual basis), the automated analysis of these contents must be permitted, just as reading by the human being does not require any separate consent by the rightholder." (in Abschnitt 2) Dem ist dann in Deutschland RegE zu § 69d gefolgt: „Die automatisierte Auswertung selbst, der Kern des sogenannten Text und Data Mining, ist keine urheberrechtlich relevante Handlung"; auch die EU vertritt 2019 diese Position.

[500] Vgl. (Drees 2016) Text und Data Mining: Herausforderungen und Möglichkeiten für Bibliotheken, S. 49.

Vervielfältigungshandlungen vorgenommen werden müssen. TDM ist bei den meisten Anwendungen auf das Kopieren bzw. Extrahieren und das Zusammenspiel verschiedener Datenmengen angewiesen. Diese Datenmengen sind überwiegend nicht frei verfügbar, sondern werden von kommerziellen Betreibern aufgebaut und gepflegt. Diese Datenmengen bzw. Teile von ihnen müssen für den Zweck der TDM-Analyse in Korpora übertragen werden, was aus urheberrechtlicher Sicht eine Vervielfältigung darstellt. Vervielfältigung ist für das Urheberrecht ohne Erlaubnis der Rechtsinhaber ein Eingriff in deren Verwertungsrechte. Auch eine einzige Kopie ist schon eine Vervielfältigung. Der Vervielfältigungsschutz gilt nicht für Werke und Datenbestände, für die der urheberrechtliche Schutz wegen abgelaufener Schutzfrist nicht mehr gilt oder die aus welchen Gründen auch immer sich in der Public domain befinden.

Sowohl durch das UrhWissG als auch durch EU-DSM-RL2019 sollen in erster Linie die Rechtsunsicherheiten im Hinblick auf Text und Data Mining beseitigt werden, die für Forscher insbesondere durch die frühere EU-spezifische Datenbankrichtlinie entstehen können.[501] DSM-RL reguliert aber, anders als bislang die deutsche Lösung in den §§ 87f ff, TDM über zwei Artikel – in Art. 3 für Zwecke der wissenschaftlichen Forschung und über Art. 4 allgemeine Ausnahmen und Beschränkungen, vor allem für die kommerzielle Nutzung.[502] Nach Art. 3 von EU-DSM-RL2019 bleiben kommerzielle Organisationen von der TDM-Schranke ausgeschlossen, aber durch Art. 4 Abs. 1 wird ihnen doch für Zwecke des TDM „Vervielfältigen und Entnahmen" als Ausnahmen von den Rechten der Rechtsinha-

---

[501] Ausführlich zu TDM in UrhWissG und vor allem zu Art. 3 und 4 der EU-DSM-RL2019 (Raue 2019. Rechtssicherheit für datengestützte Forschung). Die EU schaffe „die dringend erforderliche unionsweite Rechtssicherheit für Text- und Data-Mining in der wissenschaftlichen Forschung. Erfreulich ist, dass der Anwendungsbereich der Schranke durch ausführliche, auslegungsleitende Erwägungsgründe näher ausgeleuchtet wird. Wettbewerbsnachteile für die europäische Datenwirtschaft baut die allgemeine Text-und-Data-Mining-Schranke des Art. 4 von EU-DSM-RL2019 ab, die erst in letzter Minute in die Richtlinie aufgenommen worden ist. Sie ist eine zwingende Schranke des Unionsrechts, die hochwertige Datenanalysen möglich macht, weil sie nicht nur temporäre, sondern auch längerfristige Vervielfältigungen erlaubt. Problematisch ist, dass Rechteinhaber einen Nutzungsvorbehalt erklären und die Schranke vertraglich abbedingen können. Sie war aber der bestmögliche Kompromiss im Gesetzgebungsverfahren, um datengetriebene Forschung nun auch in Unternehmen rechtssicher zu erlauben. Immerhin muss der Nutzungsvorbehalt ausdrücklich und im Regelfall in maschinenlesbarer Form erfolgen."
[502] Entsprechend hat die Bundesregierung Mitte Januar 2020 eine Vorschlag zur Diskussion gestellt, durch den die Vorgaben aus der EU in das deutsche Rechte umgesetzt werden (vgl. FN 480) – unter anderem dadurch, dass die Vergütungsverpflichtung für TDM-Nutzungen nicht mehr strikt für erforderlich gehalten wird (vgl. https://bit.ly/39rcaLT). Die Darstellung der deutschen Regelung in diesem Text folgt allerdings dem bislang gültigen Text in § 60d. Änderungen sind aber durch die Umsetzung von DSM-RL bis Juni 2021 zu erwarten.

ber der Ausgangsmaterialien erlaubt. Durch Art. 4 soll also die Entwicklung der Datenanalyse und der künstlichen Intelligenz außerhalb der nicht kommerziellen Forschung gefördert werden. Allerdings wird dieses Recht durch Art. 4 Abs. 3 der RL dadurch eingeschränkt, dass es nicht gilt, wenn die Rechtsinhaber von Datenbanken einen „Nutzungsvorbehalt" ihre „Werke und sonstigen Schutzgegenstände" mit „maschinenlesbaren Mitteln" (gemeint ist wohl DRM) geschützt haben. Das BMJV hat die Erweiterungen (und Einschränkungen) der TDM-Regelungen durch die EU in ihrem RefE-Entwurf von 1/2020 (zwangsläufig) weitgehend übernommen. (vgl. FN 502)

Zu beachten ist, dass die TDM-Erlaubnisse nicht den Zugang zu den geschützten Materialien allgemein legitimieren. Auch eine TDM-Schranke (wie alle Schrankenregelungen) ist kein Freibrief zur „Piraterie". Wie bei anderen Schranken handelt es sich auch bei Nutzungen für TDM immer um bereits (von den Einrichtungen der Forscher) auf legalem Wege (Kauf oder Lizenz) erworbene Materialien. Sowohl die bisherige deutsche TDM-Norm (§ 60d) als auch Art. 3 und Art. 4 in EU-DSM-RL2019 machen den rechtmäßigen Zugang zu geschützten Materialien (Art. 3 Abs. 1 und Art. 4 Abs. 1) zur Bedingung für die für TDM erforderlichen Vervielfältigungshandlungen. Wie auch bei anderen Schrankenregelungen können bei der deutschen Regelung die gesetzlich erlaubten Nutzungen auch bei der TDM-Schranke nicht durch vertragliche Regelungen ausgesetzt werden. DSM-RL macht davon allerdings in Art. 4 Ausnahmen.

13.3.1 TDM-Analysekorpora

Entscheidend für den Erfolg und die wissenschaftliche Akzeptanz von TDM ist der Aufbau von großen Analysekorpora und die nachhaltige Sicherung des Zugriffs auf diese. Durch § 60d Text und Data Mining ist die automatische Vervielfältigung von Daten-/Textmengen („Ursprungsmaterial") zum Aufbau von Analysekorpora erlaubt.[503] Die TDM Erlaubnis bezieht sich auch auf Veränderungen dieses Material zur „Normalisierung, Strukturierung und Kategorisierung" der Korpora" (Abs. 1, 1). Ohne dies ist kein TDM möglich. Als positiv ist anzumerken, dass in beiden Regulierungen (in der EU und in Deutschland) für TDM keine Begrenzung für den Umfang der zu kopierenden bzw. extrahierenden Materialien vorgesehen

---

[503] Die deutsche TDM-Schranke ist schon vor EU-DSM-RL2019 als neue Schranke in das UrhG eingefügt worden, obgleich nach der damals (und in Teilen auch heute noch) gültigen EU-InfoSoc-RL2001 der dort aufgeführte Schrankenkatalog als abschließend bestimmt worden war. Allerdings war dem deutschen Gesetzgeber bekannt, dass die EU eine TDM-Regelung als Schranke einführen wollte.

ist – also weder eine quantifizierende prozentuale Beschränkung noch eine über unbestimmte Rechtsbegriffe wie kleine Teile etc. Das ist zwar selbstverständlich, da sonst TDM nicht sinnvoll durchgeführt werden könnte; aber es ist doch ein Hinweis auch für andere Schrankenregelungen, in denen solche Beschränkungen häufig vorgenommen werden.

§ 60d übernimmt in Abs. 1, 2 die auf § 52a-Alt zurückgehende Formulierung, dass die für Zwecke des TDM erarbeiteten Analysekorpora „einem bestimmt abgegrenzten Kreis von Personen für die gemeinsame wissenschaftliche Forschung" öffentlich zugänglich gemacht werden können. Ebenso ist für „einzelne Dritte" die „Überprüfung der Qualität wissenschaftlicher Forschung" erlaubt. Das kann als das Recht interpretiert werden,[504] auf die Korpora (nicht auf die Ausgangs-/Rohmaterialien) zum Zweck von Kontrolluntersuchungen zurückgreifen zu dürfen, aber auch zum Zwecke des Reviewing von Arbeiten, die TDM-Ergebnisse enthalten, welche aus diesen Korpora abgeleitet wurden. Beides ist für die Qualität von wissenschaftlichem Arbeiten unabdingbar. Die in FN 504 zitierte Begründung für § 60d Abs. 3 Satz 1 verpflichtet jedoch die Wissenschaftler, die für die Korpora erstellten Kopien nach Beendigung der TDM-Arbeit zu löschen und auch die Korpora nicht öffentlich zugänglich zu machen. Durch § 60d Abs. 3 Satz 2 wird das Löschen aber dadurch relativiert, dass die Korpora und die Vervielfältigungen des Ursprungsmaterials den Forschungsgruppen zugeordneten Institutionen wie Bibliotheken zur dauerhaften Aufbewahrung übermittelt werden sollen. „Aufbewahrung" klingt sehr defensiv-archivarisch. Die aufbewahrten Materialien sollten auch für die oben zitierte „Überprüfung der Qualität wissenschaftlicher Forschung" den dafür berechtigten überprüfenden und bewertenden Wissenschaftlern zugänglich gemacht werden.

In EU-DSM-RL2019 in Art. 3 Abs. 2 wird das deutlich offensiver formuliert: „Vervielfältigungen und Entnahmen von Werken oder sonstigen Schutzgegenständen, die gemäß Absatz 1 angefertigt wurden, sind mit angemessenen Sicherheitsvorkehrungen zu speichern und dürfen zum Zwecke der wissenschaftlichen Forschung, auch zur Überprüfung wissenschaftlicher Erkenntnisse, aufbewahrt werden." Das wird nun auch in das deutsche Gesetz bei der vorgesehenen Anpassung an EU CR-RL 2019 übernommen – vermutlich auch die Formulierung in CR-RL2019

---

[504] Dies wird bestätigt durch die Begründung der TDM-Schranke im RegE zu Abs. 3: „Die Forscher wollen und müssen die für ihre Forschung benutzten Inhalte weiterhin in Gänze verfügbar halten, um die Zitierbarkeit, Referenzierbarkeit und die Überprüfung der Einhaltung wissenschaftlicher Standards zu ermöglichen." Allerdings heißt es dann weiter: „Andererseits haben gerade die Wissenschaftsverlage ein berechtigtes Interesse daran, dass keine parallelen Artikeldatenbanken entstehen. Der Forscher selbst darf nach Abschluss des Forschungsprojekts das Korpus und das Ursprungsmaterial hingegen nicht mehr aufbewahren: Die Kopien sind zu löschen und die öffentliche Zugänglichmachung ist zu beenden" (Drucksache 18/12329, 15.6.2017).

Art. 4 Abs. 2: „Vervielfältigungen und Entnahmen nach Absatz 1 dürfen so lange aufbewahrt werden, wie es für die Zwecke des Textes und Data Mining notwendig ist." Letzteres bezieht sich bei der EU allerdings auf TDM außerhalb der nicht kommerziellen Forschung.

13.3.2 TDM – nicht-kommerziell oder auch kommerziell

Das TDM-Recht in Deutschland ist nach § 60d beschränkt auf die automatisierte Auswertung von Korpora für die wissenschaftliche Forschung in nicht-kommerzieller Absicht (§ 60d Abs. 1). Das geht konform mit der allgemeinen Rechtfertigung für Schranken, dass die Einschränkung der exklusiven Rechte der Rechtsinhaber nur durch ein öffentliches Interesse gerechtfertigt ist. Die EU sieht das offensichtlich bei ihrer TDM-Regelung entspannter. Das wird schon an der Definition von Forschungsorganisationen deutlich (Art. 2 der RL). Darunter werden Forschungsorganisationen allgemein verstanden, nicht nur Universitäten und oder Ausbildungseinrichtungen, sondern eben Organisationen, die ihre Gewinne in wissenschaftliche Forschung reinvestieren (Art. 2 Abs. 1, a) oder die ihre erzielten Forschungsergebnisse nicht exklusiv ihrer Organisation zur Verfügung stellen (Art. 2 Abs. 1, b). Die EU ist doch stark an dem Nutzen von TDM für Forschungsaktivitäten interessiert, die auf kommerzielle Verwertung abzielen und hat, wie oben erwähnt, entsprechend den auf nicht kommerzielle Forschung abzielenden Art. 3 durch einen Art. 4 ergänzt:

> Im Einklang mit der derzeitigen Forschungspolitik der Union, die Hochschulen und Forschungsinstitute zur Zusammenarbeit mit der Privatwirtschaft anhält, sollten auch Forschungsorganisationen eine solche Ausnahme nutzen dürfen, sofern ihre Forschungstätigkeit im Rahmen öffentlich-privater Partnerschaften durchgeführt wird. Forschungsorganisationen und Einrichtungen des Kulturerbes sollten auch künftig zu den Begünstigten der Ausnahmeregelung zählen, sich aber bei der Durchführung des Text und Data Mining auch ihrer privaten Partner bedienen können, einschließlich unter Nutzung ihrer technischen Werkzeuge. (EG 11)

Die Anwendung von TDM für kommerzielle Zwecke steht in diesem Text nicht im Vordergrund, aber der Hinweis sei erlaubt, dass ein durch § 60d bestimmter Ausschluss der kommerzielle TDM-Nutzung einen erheblichen Wettbewerbsnachteil Deutschlands gegenüber Ländern wie USA oder Japan nach sich ziehen könnte. In den USA ist TDM durch die Fair-Use-Doktrin sowieso weitgehend gedeckt und wird umfassend genutzt. Auch würde die erforderliche und erwünschte Zusammenarbeit der öffentlich finanzierten bzw. im öffentlichen Interesse liegenden Forschung mit industrieller Forschung zwar nicht ganz ausgeschlossen (erlaubt scheint sie zu sein, wenn die industrielle Forschung nicht direkt kommerziellen Zwecken dient), aber vermutlich doch stark behindert. Eine solche Behinderung wird vom BDI als

„wirtschafts- und realitätsferne Verengung" abgelehnt.[505] Fraglich also, warum rein kommerzielle TDM-Nutzungen nicht auch privilegiert werden sollen, wenn sie nur auf „rechtmäßig zugängliche" Materialien ausgerichtet sein dürfen. Ein öffentliches Interesse am kommerziellen Einsatz von TDM bzw. der Entwicklung entsprechender Produkte und Dienstleistungen ist ersichtlich.[506] (Hilty/Richter 2017) (vgl. FN 499) hatten zudem zu Bedenken gegeben, dass durch die Erlaubnis zur kommerziellen TDM-Nutzung sich neue Geschäftsfelder auch für die Rechtsinhaber der Ausgangsmaterialien ergeben können, wenn sie für die TDM-Betreiber Dienstleistungen anböten, z. B. zur Normalisierung der Ausgangsmaterialien oder auch zur Unterstützung der Algorithmen. Auf solche Veränderungen in den Geschäftsmodellen der Akteure auf den Informationsmärkten gehen wir in Kap. 14 ein.

Bislang ist es entsprechend den Vergütungsvorgaben der §§ 54 bis 54c erforderlich, für die durch § 60d erlaubten schrankenbasierten TDM-Nutzungen eine Vergütung zu entrichten. Art 4 der EU-DSM-RL2019 sieht so etwas nicht explizit vor (erst recht nicht über Art. 3). Lizenzen für die Ausgangsmaterialien sind ja schon erworben worden, und der Schaden für die Rechtsinhaber wird von der EU als minimal eingeschätzt. Wie in FN 502 erwähnt, wird sich der deutsche Gesetzgeber vermutlich dieser Einschätzung anschließen.

13.3.3 TDM im Zusammenhang der Regulierung von Datenbanken

§ 60d des deutschen Gesetzes ist nicht unabhängig von den Urheberrechtsregelungen für Datenbanknutzungen als Folge der EU-Richtlinie 96/9/EG über den rechtlichen Schutz von Datenbanken von März 1996 zu sehen. Durch § 60d Abs. 2 wird TDM explizit in den Kontext von Schrankenregelungen mit Blick auf Datenbanken gestellt, vor allem über §§ 55a und die 87b und c und damit auch unter Berücksichtigung der DRM-Schranken 95a und 95b (s. unten). § 60d ist also zunächst als Ergänzung bzw. teilweise auch als Korrektur von § 55a anzusehen, welcher für sich durch UrhWissG nicht geändert wurde. Nach § 55a gab/gibt es nach Satz 3 ein unabdingbares Schranken-/Nutzerrecht, die Datenbank eines Rechtsinhabers zu nutzen – allerdings nicht vollständig, sondern nur in vom Rechtsinhaber erlaubten Teilen. Der Rechtsinhaber darf also dieses Recht beschränken. Aber er kann auch die gesamte Datenbank zur Nutzung freistellen. Der Schutz des Rechtsinhabers

---

505 BDI (Spitzenorganisation der deutschen Industrie und der industrienahen Dienstleister) – https://bit.ly/2NyMYK6.
506 Dazu Future TDM – https://bit.ly/3aahK4Z. Tatsächlich hat sich die Bundesregierung in dem in FN 502 erwähnten ersten Diskussionsvorschlag zur Umsetzung von DSM-RL konsequent entschlossen die DSM-RL Unterscheidung zwischen nicht-kommerzieller und kommerzieller TDM-Nutzung (Art. 3 und 4) aufzugreifen.

wird auch dadurch verstärkt, dass er sein Datenbankwerk entsprechend § 95a mit technischen Schutzmaßnahmen (DRM) sichern kann. Durch die Änderung in § 95b gehören aber jetzt die §§ 60a-f zu den Schrankenbestimmungen, durch welche die Rechtsinhaber verpflichtet sind, den dadurch rechtlich Legitimierten die Mittel zu überlassen, durch die die technischen Schutzmaßnahmen außer Kraft gesetzt werden können. Alle diese gesetzlich erlaubten Nutzungshandlungen sind durchweg zeitkritisch. Wenn im Zweifelsfall die Anti-DRM-„Mittel" nicht, wie von § 95b vorgesehen, von den Rechtsinhabern gewährt werden, muss das erst zeitraubend über Gericht geklärt werden – mit dem Ergebnis, dass die Nutzung dann keinen Sinn mehr ergibt. DRM-Verbote/Erlaubnisse sollten insgesamt für das Wissenschaftsurheberrecht nicht zur Anwendung kommen.

§ 60d wendet zudem die auf Datenbankwerke bezogene semantische Regelung in § 55a Satz 1 an, wonach die „Bearbeitung oder Vervielfältigung ... für dessen *übliche* [kursiv: RK] Benutzung" erlaubt ist. Auch die für TDM erlaubten Nutzungen sind (entsprechend § 60d Abs. 1) jetzt auch „als übliche Benutzung nach § 55a Satz 1" anzusehen (§ 60d Abs. 2 Satz 1). Der unbestimmte Rechtsbegriff „üblich" kann also durchaus zeitgemäß ausgelegt werden. Durch § 60d Abs. 2 Satz 2 werden weitere unbestimmte Rechtsbegriffe eingeführt: Wenn z. B. „*unwesentliche* [kursiv: RK] Teile von Datenbankwerken" nach Abs. 1 genutzt werden, dann kann das „mit den berechtigten Interessen des Datenbankherstellers im Sinne von § 87b Absatz 1 Satz 2 und 87e als vereinbar" angesehen werden. Was sind unwesentliche Teile? Auch die Erlaubnis für diese gilt nicht unbeschränkt. Nach § 87b Satz 2 können Nutzungen von Datenbanken insgesamt oder in „*unwesentlichen Teilen*" [kursiv: RK] dem Rechtsinhaber vorbehalten bleiben, wenn sie der „normalen Auswertung der Bank [durch den Rechtsinhaber] zuwiderlaufen." Was ist „normal"? „Normal" unterläuft aber „unwesentlich".

Die TDM-Schranke ist auch im Zusammenhang von § 87c „Schranken des Rechts des Datenbankherstellers" zu sehen. Auch dort sind jetzt als Folge von UrhWissG die §§ 60c und 60d mit Blick auf wissenschaftliche Forschung und §§ 60a und 60b für Unterricht und Lehre als begünstigte Schrankenerlaubnisse aufgeführt. Allerdings gilt das alles nach § 87c nur für die „Vervielfältigung eines nach Art oder Umfang wesentlichen Teils einer Datenbank". Vielleicht ein kleiner Fortschritt gegenüber dem „Unwesentlichen". Aber für Zwecke des TDM werden häufig die *gesamten* Datenbanken benötigt.

13.3.4 Zusammenfassung, Kritik und Fazit für die TDM-Regelung

Die deutsche Regelung für TDM in § 60d ist inzwischen von EU-RL 2019 eingeholt worden. In der Begründung des RegE in Deutschland ist vorgesehen, dass § 60d dann „soweit erforderlich angepasst" wird. Tatsächlich ist die Bundesregierung, wie oben erwähnt, schon dabei, die Umsetzung der EU-Vorgaben aus DSM-RL in die Wege zu leiten. Das sollte bis Juni 2021 abgeschlossen sein. Wie schon erwähnt, wird dadurch vermutlich die bislang durch § 60h vorgegebene Vergütungsverpflichtung für Nutzungen über die TDM-Schranke § 60d relativiert bzw. vielleicht ganz aufgegeben. Auch wird die jetzige Ausklammerung der nicht-kommerziellen TDM-Forschung durch die DSM-RL Vorgabe aufgegeben werden. Es sollte in einer neuen deutschen TDM-Regelung deutlicher gemacht werden, in welchen Fällen und unter welchen Bedingungen die Beteiligung kommerzieller Organisationen an Public-private-Verbundprojekten mit der Wissenschaft durch die TDM-Schranke erlaubt sein kann. Weitere kritische Anmerkungen zu den TDM-Regelungen:

Den Unterschieden zwischen Data Mining und Text Mining wird nicht explizit Rechnung getragen. Ebenso wird nicht deutlich genug zwischen TDM für den temporären Zugriff über Streaming, der rein technischen Charakter hat, und der längerfristigen Speicherung von vervielfältigten Materialien für komplexe TDM-Anwendungen unterschieden. Ebenso ist nicht geklärt, für welche Fälle die Erlaubnis der vorübergehenden Vervielfältigungshandlungen zutreffend sein kann.

Es ist umstritten, ob es überhaupt eine Notwendigkeit für eine Schrankenbestimmung für TDM gibt, wenn für TDM ein legaler Zugriff auf die zu analysierenden Materialien schon besteht. Wenn man diese berechtigterweise lesen darf, warum soll man sie nicht auch analysieren dürfen – so die Argumentation – entsprechend der Forderung: „the right to read is the right to mine."[507] Die Allianz der deutschen Wissenschaftsorganisationen scheint z. B. den Standpunkt zu vertreten, dass es sich bei TDM insgesamt um eine urheberrechtlich nicht relevante Handlung handelt.[508] Insgesamt ist umstritten, ob das Urheberrecht durch TDM-Aktivitäten überhaupt betroffen ist. Daten, Fakten, Ideen sind nicht urheberrechtlich geschützt.[509] Viele der Ausgangsdatenbanken für die TDM-Korpora enthalten tatsächlich Daten, keine Texte (g). Es ist auch problematisch (so Bruch, s. FN 508), dass „mit den jetzt disku-

---

[507] Vor allem in zivilgesellschaftlichen Umgebungen wurde seit langem und sehr häufig die Forderung "the right to read is the right to mine" erhoben; vgl. z. B. Peter Murray-Rust für die *Open Knowledge Foundation* – https://bit.ly/33YRF67.

[508] Vgl. auch Christoph Bruch in WikiBlog 1.12.2017: https://bit.ly/2KP3jZu – bezogen allerdings auf den EU-Kommissions-*Entwurf* von 2016.

[509] Vgl. EDiMA, the European association representing European and global online platforms and other innovative tech companies operating in the EU: „Maintaining that facts and ideas be protected by copyright goes against international legal standards as copyright protection does not extend to factual information about a work. Any copying in the context of TDM is incidental" and does not result in any unreasonably harm to the legitimate interests of the copyright holder –https://bit.ly/2L4cww7.

tierten und in einigen Jurisdiktionen bereits realisierten engen TDM-Schranken rechtsdogmatisch am Aufbau von Eigentumsrechten an Informationen gearbeitet wird, was sich schon bei der Datenbankschutz-Richtlinie als nicht zielführend herausgestellt hat." Es besteht die Gefahr, dass durch eine neue Schranke implizit ein neues Schutzrecht eingeführt werden könnte.[510]

Die Rechte der Rechtsinhaber werden auch bei den TDM-Schrankenregelungen in DSM-RL nicht außer Kraft gesetzt: a) Dafür sorgen schon die weiter gültigen Vorgaben des Drei-Stufen-Tests. b) Außerdem bleiben die bisherigen unionsrechtlichen Vorgaben, vor allem durch InfoSoc 2001, weiter auch für TDM gültig (vgl. EG 5 und 6 von EU-DSM-RL2019). c) Auch wird durch EU-DSM-RL2019 geregelt, in welchem Ausmaß Rechtsinhabern erlaubt sein soll, „Entnahmen aus einer Datenbank zu untersagen" (EG 11) Nach Art 3 Abs. 3 können sie Maßnahmen ergreifen, wenn sie durch starke, z. B. große Datenmengen umfassende TDM-Nutzung die „Sicherheit und Integrität" ihrer Systeme beeinträchtigt sehen. d) Auch soll z. B. der Schutz technischer Schutzmaßnahmen auch für TDM weiter gelten. Allerdings soll gleichzeitig sichergestellt werden, „dass durch den Einsatz technischer Maßnahmen die Inanspruchnahme der in dieser Richtlinie festgelegten Ausnahmen und Beschränkungen nicht behindert wird." (EG 7) Etwas vage soll das dadurch geregelt werden, dass die Rechtsinhaber „freiwillige Maßnahmen" bereitstellen, durch die die Nutzung entsprechend der Schrankenregelung nicht behindert wird. Die Aufforderung (in Art. 3 Abs. 4), dass sich Rechtsinhaber und TDM-Anwender über solche Maßnahmen verständigen sollen, würde Forschungsorganisationen in langwierige Verhandlungen verstricken, welche zeitnahe Anwendungen behindern.

Schließlich soll darauf hingewiesen werden, dass eine gesonderte TDM-Schrankenregelung für die nicht-kommerzielle TDM-Forschung weitgehend überflüssig wäre, wenn eine ABWS/K in das UrhG eingefügt würde, durch die auch die Nutzungshandlungen für TDM alleine durch den Zweck von Forschung legitimiert würden. Auch hier sollte gelten, dass die Leistung der Anbieter, z. B. Datenbanken zu erstellen, die für TDM benutzt werden sollen, durchaus vergütet werden sollte, dass aber die TDM-Nutzung selbst vergütungsfrei sein sollte.

---

510 (Hilty/Richter 2019) Vom Drang, Freiheit zu regulieren sehen die Gefahr eines neuen Schutzrechts, jetzt für Daten, sicherlich auch, aber kommen in ihrer Analyse von EU-DSM-RL2019 zu dem Ergebnis, dass von der Politik in der EU und in Deutschland der Anspruch der Datenwirtschaft auf Dateneigentum richtigerweise abgewehrt wurde (bislang jedenfalls). Vgl. dazu (Hoeren 2019) Datenbesitz statt Dateneigentum. Wichtiger mit Blick auf gesamtgesellschaftliche Vorteile sei, so (Hilty/Richter 2019), allerdings die Frage „wer zu welchen Zwecken und unter welchen Bedingungen Zugang zu bestimmten Datensätzen erhalten sollte."

13.4 Zuammenfassung der Kritik am UrhWissG

In den ersten beiden Abschnitten dieses Kapitels haben wir uns bislang weitgehend auf die Beschreibung der Regelungen im UrhWissG beschränkt. In diesem Abschnitt werden diese kritisch analysiert, zunächst aus der Sicht der betroffenen Akteursgruppen. *Von Seiten der Wissenschaftsverlage und der Pressemedien* wurde starke Kritik am UrhWissG geübt. Sie sahen nicht nur den Schutz des Urhebers und die Vertragsfreiheit im Rahmen der Privatautonomie durch die Reform stark eingeschränkt, sondern befürchteten als Folge des neuen Gesetzes eine „faktische Enteignung" der Verlage (so vor allem der Börsenverein[511]). Auch einzelne Autoren aus der Wissenschaft wandten sich vehement gegen das neue Gesetz.[512] Auch für die Verlegerin Barbara Budrich – in ihrer Stellungnahme zum RegE vor dem Rechtsausschuss des Bundestags – stellte „das UrhWissG ... für die Verlage nach geltendem Recht und Gesetz eine entschädigungslose Enteignung dar."[513]

Von Seiten der Wissenschaft schätzte eine große Mehrheit der beim BMJV eingegangenen Stellungnahmen den ursprünglichen RefE des BMJV und auch den ersten RegE als grundsätzlich positiv ein.[514] Obgleich §§ 60a–60h i. d. R. nicht als Ersatz für eine ABWS angesehen wurde, schätzte die Fachwelt das UrhWissG als wichtigen Schritt in Richtung eines bildungs- und wissenschaftsfreundlichen

---

[511] Börsenblatt 26.5.2017 – https://bit.ly/2TXxZe2.
[512] Exemplarisch hierfür der Artikel von Roland Reuss in der NZZ mit der Überschrift „Der Staat legalisiert die Enteignung von Urhebern", geschrieben nach der Verabschiedung des Gesetzes – https://bit.ly/2ulTPus.
[513] Stellungnahme zum Regierungsentwurf zum UrhWissG der Verlegerin Barbara Budrich im Rechtsausschuss des Bundestags – https://bit.ly/2UHCg82. Die Ausweitung der Nutzungsbedingungen, z. B. die Erhöhung der Anteile an den zu nutzenden Werken von bislang 12 % auf jetzt 15 % (ursprünglich vorgesehen 25 %), sei kaum noch mit dem Drei-Stufen-Test vereinbar und bedrohe den Primärmarkt der Verlage. Die in § 60h präferierte Pauschalabrechnung wird kritisiert; entweder sollte grundsätzlich nach jeder einzelnen Nutzung abgerechnet werden (bevorzugt) oder es sollten angemessene Kompromissmodelle zwischen pauschaler und individueller Vergütung entwickelt werden. Der Vorrang von Schrankenregelungen gegenüber Lizenzangeboten/-vereinbarungen wurde kritisiert. Diese ruiniere die Primärmärkte für alle Informationsprodukte. Vor allem sei eine Bereichsausnahme für Lehrbücher erforderlich, nicht nur für Schulbücher.
[514] So z. B. (trotz zahlreicher Änderungsvorschläge) grundsätzlich GRUR; KMK, dbv; Allianz der Wissenschaftsorganisationen; Forschungsgruppe Ethik des Kopierens am Zentrum für interdisziplinäre Forschung (ZiF) in Bielefeld; dbv; DHd – Digital Humanities im deutschsprachigen Raum; DINI; Wikimedia Deutschland; IDS; zahlreiche Universitäten Forschungs- und Wissenschaftsorganisationen (alles einsehbar über die URL in Fußnote 482); Vgl. (Grünberger 2018a) und (Grünberger 2018b).

Urheberrechts bzw. eines allgemeinen Wissenschaftsurheberrechts ein.[515] Von den meisten zustimmenden Stellungnahmen wurde anerkannt, dass das vom BMJV zentral verfolgte Ziel der Rechtssicherheit als erreicht anzusehen sei. Viele der Regelungen in den Paragraphen 60a–60h seien überfällig und für Nutzer besser verständlich und seien wohl auch praxisnah und in den Interessen sorgfältig abgewogen. Die ursprünglich vorgesehene Erhöhung der Nutzungserlaubnis wurde von vielen Stellungnahmen als angemessen bezeichnet, die dann beschlossene Reduzierung der Erlaubnis von 25 % auf 15 % allerdings eher als Rückschritt angesehen.

Positiv bewertet wurde die Festschreibung des rechtlichen Vorrangs gegenüber Lizenzangeboten oder -vereinbarungen des Marktes. Auch mit der Präferenz für eine Pauschalabrechnung der schrankenbezogenen Nutzungen sei das UrhWissG den in Forschung und Lehre Arbeitenden und den Auszubildenden entgegengekommen. Die empirischen Daten aus der einschlägigen Osnabrücker Studie (FN 286) und auch die heftig ablehnenden Reaktionen auf den Rahmenvertrag zu § 52 Ende 2016, der eine Einzelabrechnung vorsah, zeigten deutlich, dass eine solche individualisierte Erhebung und Abrechnung keine Akzeptanz in Forschung und Lehre finden kann.

Die tendenziell positive Resonanz aus der Sicht der Wissenschaft kann nicht darüber hinwegtäuschen, dass es im Verlauf des Verfahrens (vom RefE, über den RegE, Rechtsausschuss und Beschluss im Bundestag) zum einen einige Rücknahmen der freieren Nutzungsmöglichkeiten von publiziertem Wissen gab und dass zum anderen vielen weitergehenden Forderungen im UrhWissG nicht entsprochen wurde – ganz zu schweigen davon, dass die Ziele der versprochenen ABWS, entgegen der Einschätzung der Regierungsvertreter in der 2. und 3. Lesung im Bundestag – Maas (SPD), Flisek (SPD), Schieder (SPD), Wanka (CDU), Kretschmer (CDU)[516] –, nicht erreicht wurden. Die folgende Liste der Defizite ist sehr lang. Sie ist viel zu lang, als dass das UrhWissG als erfolgreiche Reform des Wissenschaftsurheberrechts angesehen werden kann:

(1) Es ist nicht mehr zeitgemäß, dass nach § 60e Abs. 4 weiterhin nicht von außerhalb auf die digitalisierten Bestände der Bibliotheken zugegriffen werden kann. Weiter gilt, was schon an der entsprechenden Regelung im alten § 52b kritisiert wurde, dass Benutzer nach wie in die Bibliotheksräume gehen

---
515 So z. B. (Pflüger/Hinte 2018) Das Urheberrechts-Wissensgesellschafts-Gesetz aus Sicht von Hochschulen und Bibliotheken: „anwenderfreundlicher", „durch die Angabe von prozentualen Mengenangaben hinsichtlich der zulässigen Weiterverwendung von urheberrechtlich geschützten Materialien ein höheres Maß an Rechtssicherheit", „die für den Regelfall festgeschriebene Pauschalvergütung [...] als deutlicher Fortschritt gegenüber der bisherigen Rechtslage".
516 Bundestag Plenarprotokoll18/244 vom 30.6.2017 – https://bit.ly/2k5uODH, Zusatztagesordnungspunkt 13.

müssen, also keinen legitimen elektronischen Zugriff von wo auch immer (z. B. über VPN) haben. Für Bibliotheken sind die Räume im elektronischen Umfeld aber nicht länger nur physische, sondern auch virtuelle Räume (vgl. 10.1.4). Auch in EU-DSM-RL2019 wird die Beschränkung auf eine exklusive Nutzung in den physischen Räumen der Bibliotheken nicht mehr für zeitgemäß gehalten. Diese Kritik gilt auch für die Nutzung von Museums- und Archivbeständen (s. unten No 10 und 11).

(2) Bei der Definition von Bildungseinrichtungen, die durch § 60a privilegiert werden, hätten auch Volkshochschulen oder MOOCs (*Massive Open Online Courses*) explizit mitberücksichtigt werden sollen. CR-RL2019 definiert Bildungs- bzw. Ausbildungseinrichtungen offener.

(3) Die Bereichsausnahme für Schulbücher Ist in erster Linie ein unzeitgemäßer Heimatschutz für i. d. R. deutsche Schulbuchverlage. Für den deutschen Gesetzgeber bestand dafür keine Vorgabe aus der EU.[517] Auch EU-DSM-RL2019 schreibt in Art. 5 eine solche Bereichsausnahme nicht zwingend vor. Diese Regelung belegt auch die These, dass Urheberrechtsregelungen häufig die Entwicklung von neuen offenen Dienstleistungen verhindern – wie in diesem Fall für die Entwicklung von Schul"büchern" bzw. Schulmaterialien nach dem OER-Modell, die kollaborativ erstellt, angepasst fortgeschrieben und offen/frei genutzt werden.

(4) Beiträge in Konferenz-Proceedings und in Sammelbänden jeder Art, sollten explizit (zumindest in den Erläuterungen) in die Nutzungserlaubnisse, z. B. in den §§ 60a und 60c UrhWissG, einbezogen werden. Solche Beiträge sind in vielen Disziplinen wichtiger als Aufsätze in Zeitschriften. Die Formulierung „sonstige Werke geringen Umfangs" ist nicht ausreichend bzw. arbeitet wieder mit einem unbestimmten klärungsbedürftigen Rechtsbegriff.

(5) Es ist unklar, ob die aus § 53 UrhG (Privatkopie) Abs. 2, 1 gestrichene Regelung „Vervielfältigungen zum privaten und sonstigen eigenen Gebrauch" und „zum eigenen wissenschaftlichen Gebrauch, wenn und soweit die Vervielfältigung zu diesem Zweck geboten ist und sie keinen gewerblichen Zwecken dient" jetzt

---

[517] EU-DSM-RL2019, Art. 5 Abs. 2 Verwendet nur "may": "Member States may provide that the exception or limitation adopted pursuant to paragraph 1 does not apply or does not apply as regards specific uses or types of works or other subject matter, such as material that is primarily intended for the educational market or sheet music, to the extent that suitable licences authorising the acts referred to in paragraph 1 of this Article and covering the needs and specificities of educational establishments are easily available on the market." Ebenso in EG 23 über „could": „Member States could, for example, use this mechanism [gemeint ist die Bereichsausnahme für Schulbücher und Noten – RK] to give precedence to licences for material that is primarily intended for the educational market or licences for sheet music."

durch § 60c übernommen wurde oder sogar erweitert worden ist.[518] In § 53 war nur von Vervielfältigung die Rede, in § 60c auch von Verbreiten und Öffentlich Zugänglichmachung. Zumindest Artikel aus wissenschaftlichen Zeitschriften dürfen vollständig genutzt werden. Das gilt für die eigene wissenschaftliche Forschung. Verbreitet und öffentlich zugänglich gemacht werden darf das für Dritte nur „für einen bestimmt abgegrenzten Kreis von Personen für deren eigene wissenschaftliche Forschung". Wenn mich ein Wissenschaftler um eine E-Kopie eines Artikels fragt, der in meinem Besitz ist, darf ich die ihm allerdings direkt per Mail schicken, auch wenn ich ihn gar nicht persönlich kenne – eine üblich werdende Praxis in der Wissenschaft.

(6) Auf das pro und contra der TDM-Norm (§ 60d) wurde in Abschnitt 13.3 gesondert eingegangen. Durch die DSM-RL Vorgaben der EU wird deutlich, dass die Bundesregierung ihren bisherigen Vorschlag in § 60d umarbeiten wird.

(7) Die Nutzungserlaubnisse nach § 60e Abs. 3 hätten so erweitert werden sollen, dass Bibliotheken zur Bewerbung und Anzeige ihres Bestandes die Vervielfältigungen nicht verbreiten, sondern auch öffentlich zugänglich machen dürfen. Dies hätte auch für Archive etc. in § 60f gelten sollen. Auch hier sind Vorgaben aus der InfoSoc 2001-Richtlinie nicht weiter plausibel zu machen.

(8) Leider ist § 60e Abs. 5 so restriktiv gehalten worden, dass der Versand auf Bestellung für Einrichtungen mit kommerziellen Nutzungszwecken nicht erlaubt ist. Die Erlaubnis für eine solche (eng begrenzte und vergütungspflichtige) Nutzung durch die Wirtschaft läge ohne Frage im öffentlichen Interesse.

(9) Museen werden (durch § 60f in Verbindung mit § 60e) daran gehindert, ihren kulturellen Auftrag über die öffentliche Zugänglichmachung wahrzuneh-

---

[518] Sicherlich kann auch Wissen, das aus der Wissenschaft stammt, „konsumiert" werden, und das Urheberrecht erlaubt auch (in beschränktem Umfang) Nutzungshandlungen von urheberrechtlich geschützten Werken für den „privaten und sonstigen eigenen Gebrauch", „sofern sie weder unmittelbar noch mittelbar Erwerbszwecken dienen" (§ 53 UrhG). Damit wird sozusagen die Privatkopie legitimiert. Allerdings sind nach der zum 1.3.2018 gültig werdenden Urheberrechtsreform die „Erlaubnisse für Vervielfältigungen, die auch die Zwecke Unterricht, wissenschaftliche Forschung und Archivierung betreffen "aus § 53 herausgenommen worden. Nutzungen für wissenschaftliche Zwecke sind daher nicht mehr Teil des Rechts auf Privatkopie. Nutzungen für wissenschaftliche Zwecke sind jetzt in einem neuen § 60c geregelt – allerdings, mit Blick auf Vervielfältigung, nun weniger freizügig als dies im alten § 53 der Fall war. Dort hieß es ohne jede weitere Umfangsbeschränkung: „(2) Zulässig ist, einzelne Vervielfältigungsstücke eines Werkes herzustellen oder herstellen zu lassen 1. zum eigenen wissenschaftlichen Gebrauch, wenn und soweit die Vervielfältigung zu diesem Zweck geboten ist und sie keinen gewerblichen Zwecken dient". In § 60c dürfen nur 15 % eines größeren Werkes genutzt werden. Kleinere Werke, wie Artikel aus wissenschaftlichen Zeitschriften, können ganz genutzt werden. Presseartikel sind jetzt ganz aus der genehmigungsfreien Erlaubnis herausgenommen (vgl. 13.2.3). Letzteres war seit 2003 noch bis Ende Februar 2018 erlaubt.

men.[519] Für Museen ist lediglich vorgesehen, dass diese körperliche Vervielfältigungsstücke in Zusammenhang mit öffentlichen Ausstellungen oder zur Dokumentation ihrer Bestände verbreiten können. Die gesetzliche Erlaubnis hätte aber auf die öffentliche Zugänglichmachung der elektronischen Vervielfältigungen der geschützten musealen Ausstellungs- und Bestandswerke ausgeweitet werden müssen. Hierfür wäre eine kreative Auslegung der EU-rechtlichen Vorgaben erforderlich gewesen, ebenso für die zeitgemäße Erweiterung der Nutzung der Archivbestände (s. No. 10)

(10) Auch Archive werden (durch § 60f in Verbindung mit § 60e) daran gehindert, ihren kulturellen Auftrag über die öffentliche Zugänglichmachung wahrzunehmen. Diese Ausklammerung der elektronischen Nutzung von Archiven steht im krassen Widerspruch zum Selbstverständnis der Archivare, die sich eben nicht auf den erwähnten (internen) Primärwert der Sicherung von Dokumenten beschränkt sehen wollen. Archive als nicht nur bewahrende, sondern auch bereitstellende Gedächtnisorganisationen sind, so Menne-Haritz, gleichgewichtig dem Sekundärwert verpflichtet, welcher „den Nutzen für die Einsichtnahme in die dabei entstandenen Unterlagen, als den Blick von außen bezeichnet."[520]

(11) Leider ist darauf verzichtet worden, eine Öffnungsklausel – entsprechend dem Vorschlag von Schack (FN 455) – im UrhWissG vorzusehen. Öffnungsklauseln sind ein Mittel im Urheberrecht, für bestimmte Nutzungen, vielleicht auch für solche, die zum Zeitpunkt der Gesetzgebung noch unbekannt waren, Ausnahmen für weitergehende Nutzungen zu erlauben. Als Beispiel wäre zu nennen, dass für Zwecke des Reviewing Texte sinnvollerweise dann sogar

---

519 Die Bundesregierung wies das mit dem Argument zurück, dass „das geltende Unionsrecht Museen nicht gestattet, Werke online zugänglich zu machen." Das Gleiche galt für die Bundesregierung für eine erweiterte Öffnung der Archive. Vgl. (Kirchmaier 2017) Das Urheberrechts-Wissensgesellschafts-Gesetz und seine Auswirkungen auf den Bereich der Kultureinrichtungen.

520 (Menne-Haritz 2013) Artikel D 10 Archive. Zusammenfassend die Kritik in der Stellungnahme der Konferenz der Leiterinnen und Leiter der Archivverwaltungen des Bundes und der Länder – https://bit.ly/2NpQIOd.

* Regelung einer eigenen Schranken für Archive unter Berücksichtigung der Natur und der Gegenstände des Archivwesens * Onlinepräsentation von Katalogen und Dokumentationen (Findmittel), die geschützte Werke darstellen

* Zugänglichmachung digitaler Werke im Internet (frei oder passwortgeschützt)

* Reproduktionen digitaler Werke von internen Lesegeräten ohne mengenmäßige Begrenzung

* Kopienversand auf Bestellung (ohne mengenmäßige Begrenzung)

* Zugänglichmachen von verwaisten Werken im Internet unter Hinzunahme von Lichtbildern und Lichtbildwerken ohne Beschränkung auf veröffentlichte Werke.

vergütungsfrei genutzt werden könnten und nicht nur die generell erlaubten 15 % des Werks.

(12) Auf eine Quantifizierung der Nutzungshandlungen (derzeit variierend zwischen 10, 15 und 75 %) wäre besser ganz verzichtet worden. Die Vermeidung von unbestimmten Rechtsbegriffen (z. B. „kleine Teile") gaukelt nur Rechtssicherheit vor. Es ist zu erwarten, dass so gut wie niemand sich an Vorgaben wie 15 % halten wird. Entscheidend sollte, analog zu InfoSoc 2001, Art. 5 Abs. 3 lit. a, allein der Zweck der Forschung bzw. der Ausbildungsaktivität sein.[521]

(13) Die Norm für die Nutzung von verwaisten Werken (beschlossen bei der vorletzten Urheberrechtsanpassung von 2014; vgl. 11.1) ist leider nicht korrigiert worden. Diese Vorschrift besagte, dass verwaiste Werke nur dann genutzt (vervielfältigt und öffentlich zugänglich gemacht) werden dürfen, wenn dem eine sorgfältige (höchst aufwendige) Suche (*diligent search*) vorausgegangen war. Die Bedingung einer solchen Suche erwies sich als Hindernis für die erwünschte Massendigitalisierung für Zwecke digitaler Bibliotheken – auch wenn durch Anwendung der Regelung auf vergriffene Werke diese Restriktion teilweise umgangen werden konnte.[522] Die Registrierungsregel für vergriffene Werke hätte auch hier zur Anwendung kommen sollen (ausführlicher in 11.2).

(14) Es wurde versäumt, die Regelungen für Vergütung für (meistens öffentlich finanzierte) Werke der Wissenschaft insgesamt und besonders für die Bereiche der Bildung noch einmal grundlegend in Frage zu stellen. Dies hatte der Bundesrat empfohlen (FN 485) und auch die EU für „cross-border education" nahegelegt.[523] Die Nebenfolgen von Regelungen können gravierender sein als der durch das Gesetz anvisierte Zweck. So wies GRUR in der Stellungnahme zum RefE darauf hin, dass die grundsätzliche Vergütungsverpflichtung bei Schranken wie 60a und 60c dazu führen würde/könnte/müsste, dass die

---

[521] Vgl. die Stellungnahme des Hochschullehrerbunds (hlb) zum RefE des UrhWissG: „Konsequenz wäre ein Verzicht auf eine Quantifizierung, etwa bei § 60a UrhG-E. Stattdessen könnte als Kriterium dienen, was in der Wissenschaft und in den Vorlesungen zur Veranschaulichung „benötigt" wird bzw. was „erforderlich" ist." – https://bit.ly/2U2TGJF.
[522] Vergriffene Werke (definiert für Werke, die vor dem 1.1.1966 erschienen und die im Buchhandel vergriffen sind) dürfen von Bibliotheken, die diese Werke analog in ihren Beständen haben, im Rahmen von digitalen Bibliotheken für nicht-kommerzielle Zwecke über eine von der VG WORT vergebene Nutzungslizenz digitalisiert und öffentlich zugänglich gemacht werden (geregelt u. a. durch den Rahmenvertrag zur Nutzung von vergriffenen Werken in Büchern – https://bit.ly/2m5tpO5.
[523] Auch in EU-RL-2019, Art. 5, welcher auf *cross-border teaching* abzielt, ist von Beschränkungen des Umfangs der Nutzung nicht die Rede, selbstverständlich auch nicht für die auf TDM bezogenen Artikel 3 und 4.

privilegierten Einrichtungen Nutzungsvergütungen zum einen auch für Werke zahlen müssen, die ihre eigenen Mitarbeiter erstellt haben und zum anderen auch für die nach Open Access freigestellten Werken. Das wäre so lange der Fall wie der „Entwurf nicht die Möglichkeit eines Verzichts auf Vergütungsansprüche für den Bereich der Open-Access-Dienste vorsieht."[524] Von sich aus können Urheber nicht im Voraus auf Vergütungsansprüche verzichten.

(15) Gänzlich unakzeptabel ist das Einknicken der Politik gegenüber dem Ansinnen der Presseverleger (initiiert durch intensives Lobbying über ganzseitige Anzeigen der Herausgeber und Geschäftsführer der FAZ[525]), Zeitungsartikel aus der Privilegierung herauszunehmen. Diese Forderung war im gesamten Prozess der Entstehung von UrhWissG nie ein Thema, zumal diese Erlaubnis schon seit 2003 durch § 52a (der jetzt abgeschafft wird) geregelt war, ohne dass dagegen je ein Protest von Seiten der Medien erhoben wurde oder negative Folgen dieser Regelung bekannt wurden. Forscher (und zunächst auch Lehrende, s. unten) dürfen somit durchaus wissenschaftlich relevanten Zeitungsartikel nicht mehr genehmigungsfrei nutzen, sondern müssen sich Lizenzen dafür bei den Verlagen besorgen.

Nutzungen von ganzen Zeitungsartikeln vor allem für Forschung werden in den nächsten Jahren nur über Einzelkäufe bei den Zeitungsarchiven, Lizenzvereinbarungen oder – als realistische Lösung – über neue Gesamtverträge möglich sein. Letzteres ist für Lehre und Lernen auch schon geschehen. Ende 2018 wurde der Gesamtvertrag „Vervielfältigungen an Schulen" zwischen KMK und VG WORT (auch für VG Bild-Kunst) abgeschlossen:[526]

> Ziel der Vereinbarung ist es, analoge und digitale Vervielfältigungen und einzelne weitere Nutzungen von urheberrechtlich geschützten Schriftwerken, Abbildungen sowie grafischen Aufzeichnungen von Werken der Musik an Schulen auf gesetzlicher oder vertraglicher Grundlage zu ermöglichen sowie hierfür eine angemessene Vergütung festzulegen. (Präambel)[527]

---

524 GRUR schlägt daher für § 60g einen neuen Absatz 3 vor: „Eine Vereinbarung, durch welche der Urheber unentgeltlich ein einfaches Nutzungsrecht für jedermann einräumt, geht abweichend von Absatz 1 der gesetzlichen Erlaubnis vor. Dasselbe gilt, soweit der Urheber seinem Dienst- oder Arbeitgeber Rechte eingeräumt hat." – https://bit.ly/33QhMfn;
525 Vgl. dazu (Steinhauer 2017) Die Urheberrechtsmärchen der FAZ – https://bit.ly/2RXcH17.
526 Gesamtvertrag 2018 Schulen – https://bit.ly/2MzmZCR.
527 Was ist jetzt durch den Gesamtvertrag erlaubt? „Die Rechtsinhaber gewähren für Lehrkräfte an Schulen, soweit nicht bereits nach § 60a Abs. 1 UrhG gesetzlich erlaubt, das Recht, nach § 2 hergestellte digitale Vervielfältigungen für ihren eigenen Unterrichtsgebrauch zu nutzen, indem sie diese Vervielfältigungen digital per E-Mail an ihre Schüler für den Unterrichtsgebrauch (einschließlich der Unterrichtsvor- und -nachbereitung) weitergeben, ausdrucken und die Ausdrucke ggf.

Mit diesem Gesamtvertrag deutet sich an, dass der Vorrang von Schrankenregelungen gegenüber Lizenzvereinbarungen (entsprechend § 60g) wieder in Frage gestellt wird (vgl. 13.7.2 zur Lizenzierungsplattform). Das kann durchaus auch dazu führen, dass, wie das Beispiel der Nutzung von Zeitungsartikeln zeigt, zu einschränkenden Regelungen im UrhG durch Verträge quasi entschärft werden. Wie die 2019 auf § 60e bezogenen Verträge zeigen (vgl. 13.2.5), können sie aber auch dazu führen, dass die von der Wissenschaft 2017 gegen großen Widerstand der Verlage „erkämpften" und in § 60 festgeschriebenen Vergütungsformen über Pauschalregelungen (vgl. 13.2.8) wieder teilweise wieder relativiert werden.

13.5 Ist das UrhWissG ein dauerhafter Ersatz für eine ABWS?

Dauerhaft schon gar nicht, da auch das UrhWissG zunächst nur als befristet gilt. Aber die Frage muss im politischen Zusammenhang gesehen werden: Kann das UrhWissG als Einlösung der Zusage der Bundesregierung der Großen Koalition in ihrem Koalitionsvertrag von 2013 bewertet werden, eine ABWS in das Gesetz einzuführen? Wir können nicht anders, als diese Frage zu verneinen. Angesichts der vielen im vorigen Abschnitt angesprochenen Defizite muss sogar in Frage gestellt werden, ob das UrhWissG tatsächlich ein wichtiger Schritt in die richtige Richtung ist. Aber wir wollen es uns mit der bewertenden Antwort nicht ganz so einfach machen. Zum einen hat es für die Bundesregierung keineswegs nur die eine Konzeption als Vorgabe für eine ABWS gegeben (vgl. die Abschnitte 12.1.1–12.1.6). Zum anderen sagt die Formulierung in einem Koalitionsvertrag, wie auch so gut alle anderen Stellungnahmen und Forderungen aus der Politik für eine ABWS, so gut wie nichts darüber aus, wie konkret diese ABWS ausgestaltet werden soll. In der Vereinbarung stand lediglich, dass die Koalition mit der ABWS den „wichtigen Belangen" von Bildung und Wissenschaft „stärker Rechnung tragen" möchte. Allerdings hätte der Gesetzgeber einfach auf die Formulierung in Art. 5 Abs. 3 lit. a (Text in FN 188) zurückgreifen können. Das war nach (Raue 2019) schon eine ABWS (vgl. FN 191).

Der Komparativ „stärker" legt nahe – und darüber waren sich so gut wie alle einig, die aus der Sicht der Wissenschaft und der Politik Stellungnahmen zur ABWS

---

an die Schüler verteilen, für ihre Schüler über PCs, Whiteboards und/oder Beamer wiedergeben und im jeweils erforderlichen Umfang abspeichern, wobei auch ein Abspeichern auf mehreren Speichermedien der Lehrkraft gestattet wird (PC, Whiteboard, iPad, Laptop, etc.), jedoch Zugriffe Dritter durch effektive Schutzmaßnahmen verhindert werden müssen (Passwort etc.)." (§ 3) Bezüglich des Umfangs ist erlaubt: „Noten im Umfang von maximal 6 Seiten; -Schriftwerke, mit Ausnahme von Unterrichtswerken, im Umfang von maximal 20 Seiten; Pressebeiträge; Bilder, Fotos und sonstige Abbildungen; vergriffene Werke" (§ 4) (FN 527).

abgegeben hatten –, dass die bisherigen Schrankenregelungen diesen „Belangen" nicht ausreichend gerecht geworden sind. Unbestreitbar trägt das UrhWissG diesen Belangen jetzt weitergehend Rechnung trägt, als es durch die bisherigen Schranken geschehen war. Das scheint für die Politik bei der Beschlussfassung in Regierung und Bundestag schon der ausreichende Grund gewesen zu sein, UrhWissG als ABWS anzusehen. Opposition und Bundesrat (und damit die Länder als für Bildung und Kultur zuständige Verfassungsorgane) sahen das allerdings anders. Aber das sind nicht die für die Gesetzgebung im Urheberrecht entscheidenden politischen Gruppierungen bzw. Instanzen.

Fazit. Man kann es drehen und wenden, wie man will: Der Anspruch einer ABWS bzw. einer ABWK wurde durch das UrhWissG nicht eingelöst. Dieser Anspruch zielt auf eine einheitliche einfache allgemeine umfassende Regelung zugunsten der Interessen von Bildung und Wissenschaft, die sich ausschließlich an dem Zweck der Nutzung orientiert. Werden die internationalen und vor allem die EU-Vorgaben, ebenso alle, obschon zum Teil ziemlich weit zurückliegenden Urteile/Entscheidungen der obersten deutschen Gerichte (BGH und BVerfG) als wörtlich zu nehmende und nicht hintergehbare Vorgaben angesehen, dann besteht allerdings wenig Spielraum für eine ABWS/K. Aber die wortwörtliche Auslegung bestehender Vorgaben oder auch nur das Herausarbeiten dessen, was Gesetzgeber und Richter vielleicht gemeint haben, wird dem Auftrag beider nicht gerecht, das Recht in Einklang mit dem zu bringen, was sich in der Öffentlichkeit als moralisches Bewusstsein für den Umgang mit Wissen und Information entwickelt hat. Aber auch im Urheberrecht kann möglich gemacht werden, was lange Zeit als unmöglich galt. Erforderlich, möglich, nicht unmöglich sollte es sein, das in das Recht umzusetzen, was sich in der Gegenwart über Leitideen wie die der Nutzungsfreiheit herausbildet hat.[528] Dafür hat der Gesetzgeber jetzt erneut einige Jahre Zeit. Das UrhWissG ist zwar seit 2018 geltendes Recht, aber es ist erst einmal auf 5 Jahre befristet und wird inzwischen teilweise durch die EU-Vorgaben in DSM-RL korrigiert. Auf der Grundlage einer Evaluierung, ein Jahr vor Ablauf der Frist, soll entschieden werden, wie es damit weitergeht – vielleicht doch zu realisieren, was bislang als unmöglich galt. Dazu einige Vorschläge im nächsten Abschnitt.

---

528 Thomas Hartmann hat die Annäherung des Rechts an Leitideen als Fortschreibung von bewährten und in der Praxis bewährten „Leitlinien" beschrieben: „Nach einer Phase der Bewährung und steigenden Akzeptanz in der Wissenschaftseinrichtung liegt es häufig nahe, Empfehlungen und Leitlinien einer Open Access Policy zu rechtlich verbindlichen Standards fortzuschreiben. Eine in der Publikationspraxis gereifte Open Access Policy kann damit als Vorläufer einer rechtsverbindlichen Satzung mit Open Access-Publikationspflichten dienen" (Hartmann 2017) Zwang zum Open Access-Publizieren?

13.6 Änderungs-/Verbesserungsbedarf im aktuellen Wissenschaftsurheberrecht

Unabhängig von dem Ziel der Allgemeinen Bildungs- und Wissenschaftsklausel besteht weiterer konkreter Verbesserungsbedarf im Wissenschaftsurheberrecht, der bei der in vier Jahren anstehenden Evaluierung ebenfalls berücksichtigt werden sollte. Auch durch die Verabschiedung der EU-DSM-RL von 4/2019 muss das deutsche Urheberrecht bis spätestens 6/2021 an verschiedener Stelle angepasst werden.[529]

Die direkt durch das UrhWissG entstandenen bzw. nicht gelösten Probleme sind in der Liste in 13.4 aufgeführt. Probleme bestehen aber zum einen bei einigen früher im Gesetz festgeschriebenen Regelungen und zum anderen bei im UrhWissG nicht angegangenen Themen,

(1) Für Bibliotheken ist bislang für E-Books keine Regelung vorgesehen, die dem Rechnung trägt, dass sie im öffentlichen Interesse E-Books sowohl erwerben als auch ausleihen dürfen. Praktikable, auch den Interessen der Verlage entgegenkommende Vorschläge von Seiten der Bibliotheken liegen vor.[530]

---

[529] Für Bildung und Wissenschaft einschlägig sind z. B. die folgenden Artikel aus EU-DSM-RL:
Art. 3 Text und Data Mining zum Zwecke der wissenschaftlichen Forschung (eventuell auch Art. 4 Text und Data Mining)
Art. 5 Nutzung von Werken und sonstigen Schutzgegenständen für digitale und grenzüberschreitende Unterrichts- und Lehrtätigkeiten
Art. 6 Erhalt des Kulturerbes (Art. 7 in Verbindung mit Art. 3, 5, 6)
Art. 8 Nutzung von vergriffenen Werken und sonstigen Schutzgegenständen durch Einrichtungen des Kulturerbes (Art. 9–11 mit Bezug auf Art. 6)
Art. 12 Kollektive Lizenzvergabe mit erweiterter Wirkung
Art. 15 Schutz von Presseveröffentlichungen im Hinblick auf die Online-Nutzung(zusammen mit Art. 16)
Art. 17 Nutzung geschützter Inhalte durch Diensteanbieter für das Teilen von Online-Inhalten. Die Bundesregierung hat Januar 2020 in einem ersten Vorschlag auf diese Vorgaben der EU reagiert (vgl. FN 480), vor allem mit Blick auf § 60a und 60d sowie auf das Leistungsschutzrecht und die Verlegerbeteiligung an der Vergütung. Das wurde bei der Diskussion hier schon berücksichtigt, z. B. in 11.4 und 8.7).

[530] Vgl. dbv: E-Books in Bibliotheken – https://bit.ly/30w4h2j]; vgl. auch den entsprechenden Antrag der LINKE: Verleihbarkeit digitaler Medien entsprechend analoger Werke in Öffentlichen Bibliotheken sicherstellen. Drucksache 18/5405 vom 1.7.2015 – https://bit.ly/2ZqPHHY. Der Vorschlag wurde vom Bundestag nicht angenommen.
Das Aktionsbündnis (entsprechend der Einschätzung des stellvertretenden Sprechers Oliver Hinte) hatte Ende Januar in einer ersten, an das BMJV übermittelten Stellungnahme zu dem Diskussionsvorschlag der Bundesregierung zur Umsetzung von EU DSM-RL (https://bit.ly/39rcaLT) auch die Anwendung des E-Ausleihe-Urteils des EuGH (Rechtssache C-174/15) über eine Erweiterung

(2) Dem öffentlichen Interesse an der elektronischen Verfügbarkeit der Materialien in Museen und Archiven sollte zeitgemäß durch eine neue Schranke (als Ersatz für § 60f) Rechnung getragen werden (vgl. die Punkte 10 und 11 in der Liste in 13.4).[531]

(3) Die Regelungen in den 95er-Paragraphen zum Schutz von technischen Schutzmaßnahmen (DRM) bestehen weiter. Dieser „alte Zopf" aus der EU-Richtlinie von 2001, dem der Gesetzgeber in Deutschland 2003 meinte folgen zu müssen, ist nicht länger haltbar. Technische Schutzmaßnahmen (DRM) sollten in Bildung und Wissenschaft grundsätzlich nicht zum Einsatz kommen. Die Anstrengungen zur Langzeitarchivierung, die der Sicherung des kulturellen Erbes der Bibliotheken und Archive dienen, aber auch neue Nutzungshandlungen wie TDM ermöglichen, sollten nicht durch DRM behindert werden.

(4) In der 2014 gültig gewordenen Regelungen für ein Zweitverwertungsrecht in § 38 Abs. 4 UrhG ist bislang nicht abschließend geklärt, ob der in der Begründung des Zweitverwertungsrechts eindeutig erwähnte Ausschluss der grundfinanzierten Hochschulforschung für dieses Recht verbindlich ist oder nicht. Neben der Korrektur an anderen in 11.3.4 aufgeführten Unzulänglichkeiten des Zweitverwertungsrechts ist jetzt eine schrittweise zu realisierende Öffnungsklausel für größere Werke wie Monographien und wissenschaftliche Lehrbücher in das Zweitverwertungsrecht erforderlich und zeitgemäß.

(5) Die Nutzung von verwaisten Werken sollte intensiviert werden, vor allem dadurch, dass die „sorgfältige Suche" zugunsten einer zeitlich befristeten öffentlichen Auslegung einer beabsichtigen Nutzung eines verwaisten Werks abgeschafft wird.

(6) Eine Wiederaufnahme des Leistungsschutzrechts für Presseverleger, das sich als überflüssig und nutzlos erwiesen hat, sollte vermieden werden. Weder haben sich die Erwartungen der Verleger und schon gar nicht der Journalisten selbst an zusätzlichen Einnahmen erfüllt. Falls Suchmaschinenhersteller in Zukunft zur Vermeidung von Lizenzansprüchen der Verleger nicht mehr auf Presseerzeugnisse referenzieren sollten, wird es für Bildung und Wissenschaft

---

von § 27 Abs. 2 gefordert. Darin hatte der EuGH entschieden, dass eine gesetzliche Regelung der elektronischen Bibliotheksausleihe im nationalen Recht möglich ist und dass sich die E-Ausleihe nicht grundsätzlich von der Leihe analoger Werke unterscheidet.

531 Leider hat es die Bundesregierung versäumt bzw. die EU nicht davon überzeugen können, dass Museen und Archive nicht nur einen Bewahrungs- und Bestandssicherungsauftrag haben, sondern auch die öffentliche Zugänglichmachung ermöglichen sollten. Die EU erlaubt in „Artikel 6 Erhaltung des Kulturerbes" in der neuen Richtlinie von 2019 weiter nur das Vervielfältigen von Beständen in diesen Einrichtungen „Zwecke der Erhaltung dieser Werke oder sonstigen Schutzgegenstände in dem für diese Erhaltung notwendigen Umfang".

sehr schwierig, den Überblick über forschungsrelevante Presseartikel zu behalten. Allerdings wird der deutsche Gesetzgeber kaum die Vorgabe der EU von Art. 13 in DSM-RL 2019 ignorieren können. Der umfassenden Kritik an dem Leistungsschutzrecht für Presseverleger aus Wissenschaft, Zivilgesellschaft, aber auch aus weiten Kreisen der Politik selbst wird nicht Rechnung getragen.

Die UrhWissG-Folgediskussion wird bislang stark vom pro und contra einer Lizenzierungsplattform bzw. dem Thema der Lizenzierung allgemein bestimmt. Damit ist eine erneute Diskussion um die Priorität von Schrankenregelungen gegenüber Lizenzierungsvereinbarungen zu erwarten. Wir gehen daher am Ende der Auseinandersetzungen mit den Urheberrechtsreformen seit 2003 auf diese Problematik ein. Der Ausgang wird darüber entscheiden, ob das Urheberrecht weiter ein Regulierungsmittel im Interesse der Öffentlichkeit sein soll oder ob die Gestaltung des Umgangs mit Wissen und Information weitgehend den kommerziellen Interessen überlassen wird – in diesem Fall über Lizenzierungsverfahren.

13.7 Lizenzen vs. Urheberrechtsschranken

Lizenzen sind aus der digitalen Publikationswelt nicht wegzudenken. Sie können auch für Bildung und Wissenschaft ein nützliches Instrument sein, a) wenn die Nutzungsbedingungen offengelegt werden; b) wenn die Nutzung nach offenen Prinzipien geregelt wird, z. B. indem die lizenzierten Objekte unter eine Creative-Commons-Lizenz gestellt werden können; c) wenn Lizenzen die im Urheberrecht vorgesehenen Schrankenbestimmungen anerkennen, diese also nicht durch vertragliche Vereinbarungen außer Kraft gesetzt werden können; d) wenn durch schrankenbasierte Nutzungen keine neuen Vergütungsansprüche entstehen. Andernfalls, so IFLA, behindern Lizenzen wissenschaftliche Kreativität und wirtschaftliche Innovationskraft:

> Replacing copyright law entirely with licensing restricts access to, and reuse of digital knowledge, and is hampering research and creativity.
>
> It is vital that governments ensure that education, research, science and the public interest are protected from the information monopolies created by licences. Otherwise, access to education and research, will be determined by the commercial interests of private companies with little or no concern for the wider needs of society.[532]

---

[532] (IFLA 2015) IFLA critiques licensing solutions at the European Parliament.

13.7.1 Aushebelung von Schrankenregelungen durch Lizenzangebote

Um das Verhältnis von Lizenzierungsregelungen vs. Schrankenregelungen wurde schon seit langem gestritten. Bei der Reform des Urheberrechts 2003 war nur bei den §§ 52b und 53a, nicht bei § 52a eine Einschränkung der Schrankenbestimmungen durch vertragliche Vereinbarungen/Lizenzen vorgesehen.[533] Daraus schloss der BGH aber nicht, dass bei § 52a eine solche Beschränkung nicht möglich sei. Nach seiner Ansicht, nach seiner Auslegung der Vorgaben von InfoSoc 2001 Art. 5 Abs. 3, lit. a (ergänzt durch EG 45 der Richtlinie) spräche nichts dagegen, dass

> die Inanspruchnahme der Schrankenregelung (unter anderem) dann nicht geboten ist, wenn ein angemessenes Lizenzangebot vorliegt. Ein Vorrang angemessener Lizenzangebote ermöglicht es dem Rechtsinhaber auch nicht, einseitig Bedingungen festzulegen und die Schranke des § 52a UrhG auszuhebeln. Das Angebot des Rechtsinhabers ist nur vorrangig, wenn die Bedingungen angemessen sind.

Als Bedingung für eine angemessene Lizenzierung empfahl der BGH für § 52a, dass „das Lizenzangebot unschwer aufzufinden ist und die Verfügbarkeit des Werkes oder der Werkteile schnell und unproblematisch gewährleistet ist." Bei § 52b war er sich insgesamt und auch bei Vorliegen von Verlagsangeboten nicht ganz so sicher und hatte daher den EuGH um Überprüfung gebeten. In dessen Urteil vom 11.9.2014 verneinte der EuGH ausdrücklich, dass schon ein Verlags*angebot*, auch wenn es den Eindruck macht, zu angemessenen Bedingungen erstellt zu sein, die durch das Recht vorgegebenen Schrankenbestimmungen für die Nutzung unwirksam macht. Also Vorrang der Schrankenregelung. Dieses Urteil, zunächst ja nur auf den inzwischen aufgehobenen § 52b bezogen, hatte Auswirkungen auf den allgemeinen, höchst kontrovers diskutierten Streit „Lizenz vs. Schranken". Der Gesetzgeber hatte sich bei der UrhWissG-Reform in § 60g den vorsichtig gesagt konservativen Auslegungen[534] nicht angeschlossen, sondern ist (mit Einschränkungen) eher

---

[533] § 52b-alt, Satz 1: „soweit dem keine vertraglichen Regelungen entgegenstehen") und 53a-alt Abs. 1 Satz 3: „wenn der Zugang [...] nicht offensichtlich [...] mittels einer vertraglichen Vereinbarung zu angemessenen Bedingungen ermöglicht wird".

[534] (de la Durantaye 2014a) interpretierte in den Erläuterungen zu § XX unter B 3, dass aus dem „geboten" eindeutig der „Vorrang von Verlagsangeboten" abzuleiten sei: „Die Schranke [gemeint ist § XX] soll nicht in jedem Fall privatautonomen Lösungen vorgehen." (231) Begründet wurde die Priorität von Lizenzangeboten gegenüber Schrankenrechten mit maximal starker, rechtsdogmatischer Munition (Verfassungsrecht, Völkerrecht, Drei-Stufen-Test und Europarecht/InfoSoc-Richtlinie): „Dies [der Vorrang des Lizenzangebots] entspricht verfassungs- und völkerrechtlichen Vorgaben. Aufgrund der Institutsgarantie des Eigentums nach Art. 14 Abs. 1 GG1636 dürfte der Ersatz von Ausschließlichkeitsrechten durch Vergütungsansprüche im Kerngeschäftsfeld des Rechtsinhabers

dem EuGH-Urteil gefolgt: Die Priorität von Nutzungsbedingungen in gesetzlichen Schrankenregelungen gegenüber Lizenzierungsvereinbarungen wurde ins Gesetz festgeschrieben (§ 60g Abs. 1).[535] Allerdings – und dies schränkt die prinzipielle Priorität ein – gilt diese Priorität zum einen nur, wenn Lizenzierungsvereinbarungen die gesetzlich erlaubten Regelungen „beschränken oder untersagen". Zum anderen wird diese Priorität bei zentralen Nutzungshandlungen ausgesetzt, wie „die Zugänglichmachung an Terminals [in Bibliotheken – RK] nach § 60e Absatz 4 und § 60f Absatz 1 oder der Versand von Vervielfältigungen auf Einzelbestellung nach § 60e Absatz 5".

13.7.2 Lizenzen über Lizenzierungsplattformen

Die Diskussion um Lizenzierung ist auch mit dem UrhWissG nicht abgeschlossen, ganz im Gegenteil. Vor allem die Verlagswirtschaft wollte sich keineswegs mit der Priorisierung der Schrankenregelungen abfinden: „Vorrang von Lizenzangeboten zu angemessenen Bedingungen gegenüber Schrankennutzungen" – so die zentrale Forderung des Börsenvereins des Deutschen Buchhandels auch nach dem UrhWissG.[536] Die Bundesregierung im Koalitionsvertrag 2018 (CDU/CSU und SPD) hatte sich verpflichtet auszuloten,

> wie der Zugang zu wissenschaftlichen Publikationen im Interesse aller Beteiligten – der Autorinnen und Autoren, der vielfältigen deutschen Verlagslandschaft und der nutzenden Wissenschaft – über *eine* Lizenzierungsplattform verbessert werden kann.[537]

Das BMJV hatte rasch den Auftrag der Bundesregierung umgesetzt und für den 13./14. September 2018 die beteiligten Akteure zu einer Auftaktveranstaltung „Dia-

---

nicht zulässig sein. Mit der zweiten und dritten Stufe des Drei-Stufen-Tests [...] wäre es ebenfalls unvereinbar, wenn Nutzungen nach § XX stets zulässig wären, obwohl Rechtsinhaber sie als zugeschnittene Leistungen in ihrem Kerngeschäft anbieten." (231)

535 Laut IFLA (vgl. FN 532) schützen auch andere EU-Länder ihre urheberechtlichen Normen davor, durch vertragliche Lizenzvereinbarungen ausgesetzt zu werden, z. B. UK, Irland, Portugal and Belgien. Auf EU-Ebene (ebenso nach IFLA): „The European Software Directive and Database Directive also protects exceptions from contractual override."

536 Christian Sprang, Justiziar des Börsenvereins, in einem Vortrag auf der Bielefelder Auftaktveranstaltung „Dialog Lizenzierungsplattform" im September 2018. Anders z. B. Schmücker auf der gleichen Veranstaltung: „Schranken des Urheberrechts dürfen deshalb nicht durch eine Lizenzierungsplattform ausgehebelt werden" – https://bit.ly/2QPeWB2.

537 Koalitionsvertrag 2008 – https://bit.ly/35XgfE2.

log Lizenzierungsplattform" in das ZIF/Bielefeld eingeladen.[538] Nach Bielefeld haben dazu weitere Veranstaltungen stattgefunden.[539] Zum Zeitpunkt des Abschlusses dieses Textes zeichnet sich noch kein Konsens über Konzeption, Verfahren, Institutionalisierung, Abrechnungsformen, Finanzierung etc. ab, ebenso nicht, wie das Zusammenspiel zwischen Schrankenregelungen und Lizenzvereinbarungen geregelt werden kann. Allerdings besteht durch die Verabschiedung von EU-DSM-RL2019 die Verpflichtung der Mitgliedsländer, Art. 12 Kollektive Lizenzvergabe mit erweiterter Wirkung bis spätestens Juni 2021 umzusetzen (vgl. Axhamn 2019) (in Deutschland vorgesehen über § 61 f – https://bit.ly/2WFOmhM). Die EU ist damit weitgehend den Vorstellungen gefolgt, die auf den Erfahrungen bezüglich der "Extended Collective Licences" (ECL) beruhen, vor allem in den nordischen Ländern (Riis/Schobsbo 2010), aber auch in Ländern wie den USA (Gervais 2011), Kanada (Gervais 2003) oder China (Jiang/Gervais 2012). Auf diese Modelle bezieht sich auch in Deutschland der Börsenverein des Deutschen Buchhandels, der das Konzept einer Lizenzierungsplattform intensiv verfolgt (s. oben).[540] Es wird aber in der Literatur durchaus davor gewarnt, dieses Modell auf andere Länder direkt zu übertragen:

> If one, therefore, would seek to transplant these models one should be very careful to include into the design of the systems not just the rules themselves but also the broader background of right holders' organization, competition law control etc. (Riis/Schovsbo 2010, 25; vgl. Weber[541] 2017)

Auch in der EU wird über verschiedene Erwägungsgründe (EG 44ff) darauf hingewiesen, dass den Besonderheiten des jeweiligen Mitgliedlandes Rücksicht genommen werden sollte. Es fällt dabei auf, das weder im Text von Art. 12 noch in den zahlreichen EG von Wissenschaft die Rede ist. Auch die Literatur zu den ECL in den nordischen Ländern bezieht sich überwiegend auf Literatur und Kunst. Im Fol-

---

[538] Auf der Website des BMJV werden i. d. R. die Materialien der Veranstaltungen nachgewiesen (vgl. FN 536).

[539] 24. Oktober 2018 Regensburg (aus der Sicht experimenteller Forschung); 30. Januar 2019 Weinheim (auf Einladung des Börsenvereins des Deutschen Buchhandels e. V., mit Beteiligung der Verlage Beltz und Wiley-VCH); 28. Februar 2019 Osnabrück (auf Einladung des Zentrum virtUOS der Universität Osnabrück); 15. Mai 2019 Göttingen (zum Verwalten von Daten aus Forschungseinrichtungen, Bibliotheken, Verlagen, Museen und Archiven, auf Einladung von Universitäts-, Max-Planck- und Bibliotheksrechenzentren); 27. Mai 2019 Ilmenau (Auswirkungen der Einführung einer Lizenzierungsplattform, auf Einladung des dbv); 12. Juni 2019 Berlin (Veranstaltung des Wikimedia Deutschland e. V.). Vermutlich werden weitere Veranstaltungen stattfinden.

[540] Auch die initiative urheberrecht begrüßt die durch die ECL möglich werdende Lizenz „aus einer Hand" – https://bit.ly/2ngGrZV, I,4. Jedoch wird hier eher Bezug allgemein auf das kulturelle Erbe genommen, nicht explizit auf Bildung und Wissenschaft.

[541] (Weber 2017) Die urheberrechtliche Zwangslizenz.

genden werden, unabhängig von den Vorgaben von Art. 12 der EU-DSM-RL2019, Anforderungen an eine Lizenzierungsplattform zur Diskussion gestellt, die auf Bildung und Wissenschaft bezogen sind und sich damit nicht an einem exklusiven kommerziellen Verwertungsinteresse orientieren (vgl. FN 536):

(1) Oberste Priorität für Lizenzierungsplattformen ist, die Nutzungsbedingungen für Bildung und Wissenschaft zu verbessern.
(2) Der wesentliche Zweck von Lizenzierungsplattformen sollte es sein, den Vermittlungsorganisationen (z. B. Bibliotheken) die Bereitstellung publizierter Objekte für ihre Nutzer zu erleichtern.
(3) Durch Lizenzierungsplattformen sollte die Regelung des § 60g UrhG nicht außer Kraft gesetzt werden, die besagt, dass gesetzliche (Schranken-)Regelungen i. d. R. vertraglichen Regelungen vorgehen.
(4) Durch Lizenzierungsplattformen sollen individuelle schrankenbasierte Nutzung nicht erfasst werden.
(5) Eine effiziente öffentliche/staatliche Aufsicht über eine entsprechende Einrichtung ist erforderlich. Nur so kann die gewichtete Balance zwischen den kommerziellen Interessen der Verwertung und dem prioritären öffentlichen Interesse an Gemeinfreiheit der Nutzung von publizierter Information in Bildung und Wissenschaft erreicht werden. Lizenzierungsplattformen sollten keine Service-Einrichtung der Verlagswirtschaft sein.[542]
(6) Entsprechend der in dieser Arbeit aufgestellten Forderung, sollten der Verlagswirtschaft über Lizenzen nur einfache Nutzungsrechte zugesichert bekommen.
(7) Die Öffentlichkeit (Bund und/oder Länder) stellt der Lizenzierungsplattform über einen Globalbetrag die Mittel für die Nutzung der in Deutschland verlegten Publikationen bereit und sorgt unter öffentlicher/staatlicher Aufsicht für die Verteilung an die entsprechenden kommerziellen Rechtsinhaber.[543]
(8) Über Lizenzierungsplattformen sollte eine Symmetrie auch mit Blick auf Lizenzierung erreicht werden, welche derzeit nicht gegeben ist. Mit Symmetrie ist gemeint, dass nicht nur (wie bislang) die Bildung und Wissenschaft zuarbeitenden Vermittlungsorganisationen Lizenzgebühren an die Vertreter der Verlagswirtschaft zahlen müssen, sondern dass die Vertreter der Verlags-

---

542 So auch Schmücker auf der Bielefelder Tagung: „Eine Lizenzierungsplattform bedarf deshalb eines Trägers, der (vielleicht vergleichbar einer Regulierungsbehörde) von Rechtsinhabern und Wissenschaftseinrichtungen unabhängig und fair zwischen durch die unentgeltliche Nutzung öffentlicher Einrichtungen urheber- und verwerterseitig ersparten Aufwendungen und verwerterseitig geleistetem Veredelungsaufwand abzuwägen vermag" (vgl. über FN 536).
543 Ähnlich Schmücker in einem Gedankenexperiment (vgl. über FN 536). „Der Staat subventioniert indirekt den weltweiten Zugang zu in Deutschland verlegter wissenschaftlicher Literatur." Allerdings ist aus dem „indirekt" längst ein „direkt" geworden – so im DEAL-deal (vgl. 14.8).

wirtschaft an die Institutionen der Urheber Lizenzgebühren als Voraussetzung für ihre kommerzielle Verwertung entrichten müssen. Eine solche spezielle Symmetrieforderung ist bislang so gut wie gar nicht in die Diskussion einbezogen worden.[544]

(9) Durch Lizenzen sollten keine umfangsbeschränkten Nutzungen festgelegt werden (wie sie derzeit in Schrankenregelungen meistens vorkommen), d. h. die Lizenzen sollten es den Nutzern in Bildung und Wissenschaft überlassen, in welchem Umfang sie die lizenzierten Werke nutzen wollen.

(10) Bei Erwerb einer Lizenz, z. B. durch eine Bibliothek, sollten keine weiteren Vergütungsansprüche der entsprechenden Verlage durch konkrete schrankenbegünstigte Nutzungssituationen entstehen, auch wenn der Umfang der konkreten Nutzungen über die derzeit bestehenden Schrankenregelungen hinaus geht.

(11) Durch Lizenzierungsplattformen sollte die gemäß § 60h UrhG regelmäßig vorgesehene Pauschalvergütung nicht durch Aufsummierung von Einzelabrechnungen ersetzt werden.

(12) Den Bildung und Wissenschaft zuarbeitenden Vermittlungsorganisationen darf der Erwerb von Lizenzen für publizierte Wissensobjekte (aktuell für das Ausleihen von E-Books) nicht verweigert werden.

(13) Lizenzen dürfen von den sie in Anspruch nehmenden Einrichtungen für alle (im UrhG definierten) Verwertungsrechte genutzt werden. Nicht nur Bibliotheken, sondern auch Museen und Archive dürfen somit das Recht der öffentlichen Zugänglichmachung umfassend (anders im UrhWissG geregelt) in Anspruch nehmen.

(14) Lizenzierungsangebote der Verlagswirtschaft enthalten i. d. R. verschlüsselte Verfahren des DRM, die im jetzigen Urheberrecht über die §§ 95a-d geschützt sind. Falls es bei diesen bleiben sollte, müssten bei der Lizenzierungsplattform Schlüssel zur Entschlüsselung solcher Verfahren von der Verlagswirtschaft hinterlegt werden, damit es im Streitfall über zulässige oder nicht zulässige Nutzungsregelungen nicht zu unbillig langen gerichtlichen Auseinandersetzungen kommen muss.

---

544 Die bislang übliche Praxis, nämlich dass die Urheber die direkten Vertragspartner für den Prozess der Übertragung der Übertragung der den Urhebern zustehenden Verwertungsrechte als Nutzungsrechte an die kommerziellen Verwerter sind, trägt wesentlich zum Ungleichgewicht bei der Vertragsausgestaltung zwischen Urheber und Verwerter bei. Aber vor allem berücksichtigt diese Praxis, die im Übrigen oft genug zu keinerlei Vergütung an die Urheber führt, in keiner Weise die erheblichen Vorleistungen, die die Öffentlichkeit für die Erstellung von Wissensobjekten erbringt. Wir haben schon bei der Diskussion um das Zweitverwertungsrecht für die Sicherung institutioneller Rechte im Urhebervertragsrecht plädiert.

(15) Lizenzen dürfen erweiterte (bzw. bislang unbekannte) Nutzungsformen wie TDM bzw. allgemein: Data Analysis oder Verfahren der Textanalyse nicht ausschließen.
(16) Lizenzen dürfen nicht vorsehen, dass die entsprechenden Materialien für eine externe Nutzung über VPN nicht genutzt werden können.

Die Diskussion Lizenzierung vs. Schranken wird das Urheberrecht noch weiter beschäftigen. Das zeigen die Diskussionen um die Lizenzierungsplattform. Diese werden bis zu der für 2022 vorgesehenen Evaluierung des UrhWissG vermutlich nichts an den Regelungen in § 60e ändern. Auch CR-RL2019 gibt dazu zwar keine verbindlichen Vorgaben, aber doch einige Hinweise für den Spielraum der Gesetzgebung:

> So könnten Mitgliedstaaten insbesondere beschließen, die Anwendung der Ausnahme oder Beschränkung [für Bildungs-/ausbildungszwecke – RK] vollständig oder teilweise von der Verfügbarkeit geeigneter Lizenzen abhängig zu machen, die mindestens dieselben Nutzungen abdecken wie die im Rahmen der Ausnahme oder Beschränkung genehmigten. Die Mitgliedstaaten sollten dafür Sorge tragen, dass Lizenzen nicht nur die als Ausnahme oder Beschränkung zulässigen Nutzungen, sondern auch möglichst alle übrigen Nutzungen ermöglichen.
>
> Die Mitgliedstaaten könnten dieses Verfahren beispielsweise anwenden, um den Lizenzen für Materialien, die vor allem für den Bildungsmarkt gedacht sind, oder Lizenzen für Notenblätter Vorrang einzuräumen. Damit es nicht zu Rechtsunsicherheit oder Verwaltungsaufwand für Bildungseinrichtungen führt, wenn die Anwendung der Ausnahme von der Verfügbarkeit von Lizenzen abhängig gemacht wird, sollten die Mitgliedstaaten, die sich für ein solches Konzept entscheiden, konkrete Maßnahmen ergreifen, um die einfache Verfügbarkeit von Lizenzierungsmodellen zu gewährleisten, die die digitale Nutzung von Werken und sonstigen Schutzgegenständen für Zwecke der Veranschaulichung des Unterrichts ermöglichen, und dafür sorgen, dass diese Lizenzierungsmodelle den Bildungseinrichtungen auch bekannt sind. Solche Lizenzierungsmodelle sollten den Bedürfnissen der Bildungseinrichtungen entsprechen. (EG 23)

Die optionalen Formulierungen erlauben es dem deutschen Gesetzgeber, auch dauerhaft an den jetzigen Präferenzen in § 60g festzuhalten, aber diese auch über eine Lizenzierungsplattform zu ändern.

Fazit. Lizenzierungsverfahren bzw. die Lizenzierungsplattform werden so wie sie derzeit im Rahmen des „Dialog Lizenzierungsplattform" diskutiert werden (vgl. FN 538), in erster Linie die Einnahmesituation der kommerziellen Anbieter stabilisieren oder sogar verbessern. Das ist nicht das primäre Interesse von Bildung und Wissenschaft. Fraglich, ob durch Lizenzierungsplattformen das Ziel eines verbesserten Zugangs zu wissenschaftlichen Publikationen erreicht werden kann.

Die Frage nach dem „ob" hat sich die Bundesregierung aber nicht gestellt, sondern nur nach dem „wie" (s. das Zitat oben). Eine Fortsetzung der Unterstützung kommerzieller Verwertungsinteressen geht nicht zusammen mit der hier vertretenen und sich immer stärker entwickelnden Leitidee der Nutzungsfreiheit für das öffentlich zugänglich gemachte Wissen. Die ganze Debatte um Lizenzierungsplattform wirkt, wie viele andere Themen im Urheberrecht, besonders stark wie aus der Zeit gefallen. Bildung und Wissenschaft brauchen vom Gesetzgeber die Garantie der Nutzungsfreiheit, nicht die in Lizenzverträgen zwangsläufig vorgesehenen Nutzungseinschränkungen, die zudem die rechtlichen Vorgaben aus den Schrankenregelungen außer Kraft setzen. Lizenzierungsplattformen passen im Übrigen überhaupt nicht zu dem PAR-Ansatz (publish&read) von DEAL (vgl. 14.8), der allerdings bislang nur auf Zeitschriften Anwendung findet. Insgesamt sollte in Zukunft nur die Erstellung von Informationsobjekten finanziert werden, aber nicht die Nutzung. Das entzöge Lizenzierungsplattformen die Grundlage – im Übrigen auch die für Schrankenregelungen.

Teil III: **Transformation der Wissenschaftsmärkte**

14 Von den zwei Wissenschafts-/ Informationsmärkten

In diesem Kapitel sollen Transformationsprozesse auf den beiden Informationsmärkten, für die kommerziellen proprietären und für die offenen freien Informationsmärkte[545] analysiert werden. Dabei konzentrieren sich die folgenden Abschnitte auf die Folgen der sich abzeichnenden Institutionalisierung von Open Access im wissenschaftlichen Publikationsgeschehen,[546] z. B. mit folgenden Fragen:

(1) Wird die Zuständigkeit der Verlage für das Publizieren im kommerziellen Verwertungsparadigma weiterhin bestehen bleiben?
(2) Werden die Verlage (die *Content Provider* im weiteren Sinne) sich auch im Open-Access-Publizieren eine ähnliche monopolartige Zuständigkeit für das Publizieren sichern können, wie es lange Zeit für das proprietäre Publizieren der Fall war?
(3) Wird der offene Open-Access-Markt weitgehend aus dem Umfeld der Wissenschaft organisiert und sich damit als der Standard auch der institutionellen und organisatorischen Zuständigkeit für das Publizieren durchsetzen und damit in gewisser Weise eine Renaissance der *Learned societies* bewirken?
(4) Welche Geschäfts-/Organisations-/Finanzierungsmodelle zeichnen sich auf den Open-Access-Märkten ab?
(5) Welche der beiden Entwicklungsalternativen (2 und 3) sollen/werden von der Politik bzw. den öffentlich finanzierten Wissenschaftsorganisationen mit welchen Argumenten unterstützt?
(6) Werden die Verlage/*Content Provider* für den Fall, dass die Entwicklung in Richtung der durch (3) angesprochenen Frage geht, sich aus dem engeren Publikationsgeschäft schrittweise zurückziehen und sich neue Marktanteile an den Wissenschaftsmärkten dadurch sichern, dass sie neue Produkte mit informationellen Mehrwerten und neue, direkt auf die Wissensproduktion und deren Verwertung bezogenen Dienstleistungen entwickeln?
(7) Welche Folgen könnten die durch (1)–(6) angesprochenen Fragen (und Antworten) für das Urheberrecht haben?

---

[545] In (Kuhlen 1995) wird dafür plädiert, den Begriff des Marktes nicht auf die kommerzielle Bedeutung, auf die kommerziellen proprietären Informationsmärkte, zu beschränken, sondern „Markt", in Anknüpfung an das antike Verständnis von Agora, auch auf den Austausch von Wissen auf den offenen freien Informationsmärkten zu beziehen. Diese Informationsanalyse war vor 25 Jahren erstellt worden. Die Märkte haben sich seitdem grundlegend verändert. Die These, dass beide Märkten sich nicht ausschließen müssen, kann weiter aufrecht erhalten bleiben.
[546] Vgl. (Hilf/Severiens 2013) Vom Open Access für Dokumente und Daten zu Open Content in der Wissenschaft, S. 387ff; vgl. (Sandberger 2017) Die Zukunft wissenschaftlichen Publizierens.

14.1 Zur Kompatibilität der beiden Informationsmärkte

Das Zusammenspiel beider Märkte kann konfliktär, aber unter bestimmten Bedingungen auch sich ergänzend sein. Konflikte können dadurch entstehen (vgl. Kap. 3), dass unterschiedliche Leitideen aufeinanderprallen. Das sind hier zum einen Leitideen, die sich in einem früheren (hier analogen) Umfeld entwickelt haben und die sich auf bestimmte Werte bzw. zeitabhängige Interpretationen von Werten stützen. Zum anderen sind das Leitideen, die sich in der Gegenwart in einem weitgehend elektronischen Umfeld an neuen Werten bzw. an einem neuen Verständnis bestehender Werte orientieren. Es ist offensichtlich, dass unterschiedliche Leitideen zu einer unterschiedlichen Verwertung führen: zum einen zu einer kommerziell proprietären Verwertung und zum anderen zu einer offenen freien Verwertung. Daraus entstehen die beiden Informationsmärkte, die kommerziell proprietären und die offen freien Informationsmärkte[547]

> Der kommerziellen Verwertung liegen – etwas holzschnittartig vereinfacht und, wie immer hier, auf Bildung und Wissenschaft bezogen – Werte/Prinzipien wie z. B. privates Eigentum, Verknappung des Zugriffs auf die Wissensobjekte und Profitorientierung. Die Verwertung wird geregelt durch bindende Verträge mit den Urhebern, geschützt durch technische Schutzmaßnahmen, durch Lizenzvereinbarungen, aber eben auch durch das Urheberrecht, das damit faktisch auch Verwerterrecht ist.

> Der offenen Verwertung durch freie Nutzung – ebenso holzschnittartig vereinfacht und ebenso auf Bildung und Wissenschaft bezogen – liegen Werte/Prinzipien zugrunde wie Teilen, Nachhaltigkeit, und freie uneingeschränkte Nutzung für jedermann (Inklusion). Geschützt wird diese Nutzung über Vereinbarungen wie die durch Open-Access-Erklärungen oder Creative-Commons-Regeln, aber auch durch die Persönlichkeitsrechte des Urheberrechts.

Dass die zweite, die freie Verwertungsform nicht umfassend die erste, kommerzielle Verwertungsform ablöst, zeigt sich darin, dass sich weiterhin ein Informationsmarkt behauptet, auf dem aus der Common Pool Resource (CPR) Wissen ein proprietäres kommerziell verwertbares Wirtschaftsgut wird. Aber es schiebt sich immer mehr auch ein anderer Informationsmarkt in den Vordergrund, bei dem Wissen als ein offenes, frei zu nutzendes Gut ausgetauscht werden kann. Das kann und führt

---

547 Man beachte, dass wir hier auf das doppelte Verständnis von „Verwertung" zurückgreifen haben. Kommerzielle Verwertung zielt auf den Gewinn ab; Verwertung in der Wissenschaft bedeutet primär, das produzierte Wissen über Wissensobjekte zu veröffentlichen (und, entsprechend der entwickelten Leitideen) zur Nutzung freizugeben. Ebenso sei daran erinnert, dass hier der Marktbegriff nicht auf die kommerzielle Dimension reduziert wird, sondern im Sinne der antiken agora „Markt" auch als Forum des freien Austausches von Wissen und Information begriffen wird.

durchaus zu Konflikten, in denen sich auch die das Urheberrecht bestimmende Politik unterschiedlich positioniert. Das gilt gleichermaßen für die EU wie auch für Deutschland. Die öffentlichen Verlautbarungen der politischen Instanzen zielen, vor allem in den Förderprogrammen, immer mehr auf eine offene Open-Access-Politik ab. Die das Urheberrecht bestimmenden Ausschüsse in der EU-Kommission[548] sowie der die Urheberrechts-Reformen oft bestimmende Rechtsausschuss im Deutschen Bundestag orientieren sich überwiegend an den bestehenden Organisationformen und Geschäftsmodellen und an den (oft genug wörtlich genommenen) Vorgaben des *acquis communitaire* der EU. Keineswegs spricht die Politik bezüglich der Regulierung von Wissen und Information mit einer Stimme. Hier die Verfechter der Leitidee von Open Access, dort die Bewahrer der kommerziellen Interessen an der Verwertung. Offensichtlich laufen bei diesem Regulierungsthema die Diskurse der einen unabhängig von den Diskursen der anderen.

Die im Rahmen der Institutionenökonomie entwickelte Commons-Theorie (vgl. FN 96) hat auch die theoretische Grundlage für die mögliche Kompatibilität zwischen proprietärer und offener Informationswirtschaft angeboten. Die Besonderheit des Ostrom'schen Ansatz besteht darin, dass die Umsetzung der CPR in Commons mit einer kommerziellen Verwertung nicht inkompatibel sein muss. Voraussetzung für Kompatibilität der CPR Wissen ist, dass das in Wissensobjekten der Urheber repräsentierte Wissen auch über die von den Verlagen erstellten Informationsobjekte frei verfügbar ist. In der Sprache der Institutionenökonomie formuliert, dass die Transformation der common-pool-basierten Wissensobjekte in nutzbare Informationsobjekte nicht auf Prinzipien von privatem Eigentum, der Verknappung des Zugriffs und der Gewinnmaximierung beruhen muss, sondern auf Werten wie Teilen von Wissen, freier Zugriff, freie Nutzung beruhen kann. Eine solche Informationswirtschaft könnte Teil einer allgemeinen Gemeinwohlökonomie sein.[549] Diese schließt die kommerzielle Verwertung nicht aus – allerdings nur dann, wenn diese nicht im Widerspruch zu dem gemeinwohlorientierten Interesse an einer freien Verfügbarkeit von Wissen steht.

Eine Gemeinwohlökonomie könnte heute – unter den veränderten Bedingungen der gegenwärtigen IKT – aus und von der Wissenschaft selbst entwickelt werden. Das wäre dann eine andere Form der „Ökonomie der Unknappheit" (Staab 2019). Wissen und Information gehören zweifellos zu den Gütern, die nicht knapp sind und die sich im Gebrauch nicht verbrauchen. Das dafür erforderliche Knowhow für das Publizieren aus der Wissenschaft selbst wäre heute dafür vorhanden. Zur

---

548 Wie z. B. bis 2019: Digitaler Binnenmarkt; Arbeitsplätze, Wachstum, Investitionen und Wettbewerbsfähigkeit, Wettbewerb, Wirtschaft und Finanzangelegenheiten, Handel.
549 Vgl. die Arbeiten von (Felber 2018) Die Gemeinwohl-Ökonomie (Felber 2019) This is not economy.

Umsetzung dieses Knowhow müsste die Öffentlichkeit die entsprechenden Mittel bereitstellen. Daraus entstünde so etwas wie ein natürliches, von der Öffentlichkeit gesichertes Monopol, wie es häufig im Zusammenhang der Wasserwirtschaft gefordert und zuweilen auch realisiert wird. Auch die Verfügung über Wissen, in 4.3 als „the water of the mind" bezeichnet, ist für jedermann grundlegend und unverzichtbar. Die Entwicklung ist anders verlaufen. Nach wie vor sind die Wissenschaftsmärkte überwiegend durch die kommerziellen Akteure bestimmt (vgl. 14.2).

Die These der unter den oben beschriebenen Bedingungen möglichen Kompatibilität von kommerzieller Informationswirtschaft mit freier Verfügbarkeit ist dadurch aber nicht widerlegt. Darauf deutet der Trend des Open-Access-Publizierens hin. Verlage akzeptieren immer mehr im Prinzip das Open-Access-Paradigma – die Leitidee des freien uneingeschränkten Umgangs mit Wissen und Information (Zugriff und Nutzung). Sie tun dies auch deshalb, weil ihnen nichts anderes übrig bleibt – sonst kommt ihnen ein Großteil der Autoren abhand (vgl. 14.6 Wissenschaft wehrt sich). Sie tun das aber wohl auch, weil sie, wie lange schon und auch weiter die Bibliotheken, eine Finanzierungsgarantie vom Staat erwarten und so ihre Stellung auf den Märkten behaupten können (vgl. dazu die DEAL-Vereinbarungen in 14.8). Gegenwärtig offen ist die Antwort auf die Frage, ob diese öffentliche Finanzierung kommerzieller Leistungen ein nachhaltiges Modell oder nur eine Übergangslösung in Richtung von wissenschaftsautonomen Publikationsformen ist.

Die weiteren Abschnitte dieses Kapitels behandeln die folgenden Themen: In 14.2 wird auf das lange Zeit unproblematische Zusammenspiel von Verlagen, Bibliotheken, Wissenschaftler eingegangen; in 14.3 auf die Konsequenzen der Monopole auf den Wissenschaftsmärkten; in 14.4 werden einige Daten zu den Umsätzen auf den kommerziellen Informationsmärkten zusammengestellt; 14.4.2 geht auf die für Wissenschaft zentralen Zeitschriftenmärkte ein; 14.5 zeigt, dass die kommerziellen Informationsmärkte weitgehend auf einem Geschenkmodell beruhen; in 14.6 werden einige Beispiele dafür gegeben, wie sich Wissenschaft gegen die negativen Folgen der Kommerzialisierung von Wissen und Information wehrt; in 14.7 werden aktuelle Daten zu den Open-Access-Zeitschriftenmärkten angegeben; in 14.8 wird am Beispiel DEAL gezeigt, wie sich gegenwärtig Open Access auf die Transformation der Wissenschaftsmärkte auswirken kann. Das trifft, wie in 14.9 angedeutet, auch für das Publizieren von Büchern zu. All dies legt unter 14.10 den Schluss nahe, dass Open Access der Default des wissenschaftlichen Publizierens wird. In 14.11 werden einige Perspektiven für die freien und kommerziellen Wissenschaftsmärkte ausgelotet, wobei sich sowohl konkurrierende offene und kommerzielle Open-Access-Märkte entwickeln könnten als auch neue kommerzielle Märkte mit informationellen Mehrwertprodukten und -dienstleistungen jenseits des Publizierens.

14.2 Verlage, Bibliotheken, Wissenschaft – lange Zeit ein unproblematisches Zusammenspiel

Bis Mitte des 20 Jahrhunderts wurde nicht als problematisch empfunden das Zusammenspiel[550] von a) Wissen produzierenden und nutzenden Akteuren in Bildung und Wissenschaft, b) von verwertenden Akteuren in der Wirtschaft (Verlagen) und c) den öffentlich finanzierten Bibliotheken, welche die Informationsprodukte von den Akteuren unter (b) erworben und den unter (a) angesprochenen Akteuren i. d. R. unentgeltlich zur Verfügung gestellt haben. Die Arbeitsteilung zwischen Produktion, Vertrieb, Vermittlung und Nutzung hat also unter analogen Bedingungen lange Zeit zufriedenstellend funktioniert – wenn auch zuweilen etwas mühsam und zeitraubend über die Fernleihe, wenn die eigene Bibliothek das gewünschte Objekte nicht in ihrem Bestand hatte. Bibliotheken und Verlage zogen lange Zeit sozusagen an einem Strang. Lange Zeit konnten die Bibliotheken die von ihren Wissenschaftlern benötigten Materialien (Bücher und Zeitschriften) weitgehend vollständig zur Verfügung stellen – bei Büchern über Kauf, bei Zeitschriften weitgehend über Lizenzvereinbarungen/Subskriptionen von Zeitschriften. Wie selbstverständlich waren Akteure in Bildung und Wissenschaft in der Lage, das in Informationsprodukten aufbereitete und veröffentlichte Wissen frei über ihre jeweilige Bibliothek zu nutzen. Dem stand auch das Urheberrecht nicht im Wege.

Den Verlagen wurde nicht bestritten, dass sie quasi das technische, fachliche und organisatorische Knowhow-Monopol für die erforderlichen Leistungen besaßen: für das redaktionelle Lektorat, die Organisation der Qualitätssicherung, die Drucklegung, die Erstellung von Exemplaren entsprechend der Auflage, das Marketing, deren Verteilung über den Versand und die Versorgung der Bibliotheken. Diese Leistungen verursachen Kosten, die die Verlage zunächst vorstrecken konnten und die sich über Verkauf oder Lizenz, zusammen mit dem erwarteten Gewinn, im Preis widerspiegeln. Auch das wurde weitgehend von den Bibliotheken als wichtigsten Abnehmern der Informationsprodukte akzeptiert. Die Öffentlichkeit finanzierte dies.[551] Verlage konnten sich auch noch zu Zeiten, in denen sich die analoge Publikationswelt in eine elektronischen wandelte, als Partner der Wissenschaft behaupten und konnten somit auch auf breite Akzeptanz aus der Wissenschaft zählen. Auch in der Gegenwart gilt das weiter insbesondere für die

---

[550] Zum Zusammenspiel von Verlage und Wissenschaft bzw. zur Transformation des Publizierens nach dem Zweiten Weltkrieg vgl. (Fyfe et al. 2017) Untangling academic publishing.
[551] Vgl. die Daten dazu in (Pflüger 2016) Die Bildungs- und Wissenschaftsschranke.

vielen kleineren Verlage, die, vor allem auf dem Buchmarkt, attraktive Produkte zusammen mit Wissenschaftlern entwickeln.

Für Selbstorganisationsformen aus der Wissenschaft bestand wenig Bedarf, zumal die Hürde, die für das Publizieren nötige technische Infrastruktur aufzubauen, noch bis vor wenigen Jahren sehr hoch war. Wissenschaftler wollen sich mehr um neue Forschung kümmern wollen als abgeschlossene Forschung selbst zu publizieren. Zudem sichern attraktive und prestigehaltige Tätigkeiten für kommerzielle Informationsprodukte (Herausgeber, Mitglied in Beiräten, Gutachter) etablierten Wissenschaftlern Einfluss in ihren Fachgebieten. Vor allem sorgt der von Verlagen organisierte Impact Factor (IF) für starke Bindungen an das bestehende Verlagssystem und für eine vermeintlich objektive Qualitätshierarchie bei den Zeitschriften (vgl. 14.3.2). All das beeinflusst auch heute noch das Publikationsverhalten. Der kommerzielle Wissenschaftsmarkt, vor allem das große Segment, dass sich auf das Publizieren von textuellen Materialien konzentrierte,[552] war so auch schon zu analogen Zeiten ein einträgliches und vor allem sicheres Geschäft für die Anbieter. Wegen der i. d. R. hohen Preise und Lizenzen für Bücher und Abonnements für Zeitschriften war dieser Markt nur geringfügig ein Endnutzermarkt, sondern ein institutionalisierter Markt mit den Vermittlungsorganisationen wie Bibliotheken als verlässliche und kalkulierbare Partner.[553] Eine Ausnahme waren Lehr- und Schulbücher, welche zwar auch von den Bibliotheken erworben werden, sogar mit Blick auf spezielle Veranstaltungen in mehreren Exemplaren, aber auch von Studierenden und Schülern gekauft werden – wenn auch nicht so intensiv, wie es bei den angelsächsischen, auf spezielle Lehrveranstaltungen bezogenen Textbüchern der Fall ist.

Mit der Öffnung des Internets auch für die Wissenschaftsverlage änderte sich diese sozusagen friedliche Situation. Produkte und Dienstleistungen, die auf Bildung und Wissenschaft abzielen, versprechen in der globalen Perspektive große Gewinne. Ein hoch-profitabler Wissenschaftsmarkt entwickelte sich vor allem mit Blick auf die internationalen Zeitschriftenmärkte. Der Wissenschaftsmarkt ist *big business* geworden, mit den zu erwartenden Konsequenzen der Monopolisierung,

---

552 Das andere große Segment des Wissenschaftsmarktes sind die seit den 60er Jahre entwickelten Online-Datenbanken, die zunächst nur als Referenz-Datenbanken weltweit aufgebaut und angeboten wurden (bibliographische Information, eventuell angereichert durch Abstracts und Keywords/Deskriptoren), die dann aber weitgehend durch Volltext-Datenbanken ersetzt wurden. Dazu gehören in ständig wachsendem Umfang (nicht textorientierte) Daten/Fakten-Datenbanken.
553 Nach (STM 2018), 22 werden weltweit von Bibliotheken 8 Mrd für akademischen und wissenschaftlichen Inhalt ausgegeben. Akademische Bibliotheken erbrachten für Verlage traditionell die primären Erlöse aus dem Zeitschriftenmarkt, geschätzt zwischen 68 und 75 % des gesamten Erlös aus Zeitschriften. Andere Erlöse durch „corporate subscriptions (15–17 %), Werbung 4 %, etc.

vor allem auf den Zeitschriftenmärkten, besonders bei den Zeitschriften für die MINT/STM-Fächern. Im Grunde dominieren hier nur fünf große Verlagskonsortien diesen Markt: Elsevier, Springer Nature, Wiley, Taylor & Francis und Sage. Monopole ruinieren für die Nutzer das Preis-/Leistungsverhältnis. Für die Informationsversorgung der Wissenschaft durch Bibliotheken wurden die ansteigenden Kosten, insbesondere durch die Subskriptionskosten für die Zeitschriften, zu einem Problem. In der Öffentlichkeit wurde es als zunehmend unangemessen oder sogar empörend angesehen, dass die großen Verlagskonsortien mit Gewinnen von ca. 30 % kalkulieren konnten und für die Nutzungserlaubnisse der in der Wissenschaft erstellten, öffentlich finanzierten Wissensobjekte i. d. R. nichts bezahlen mussten. Auf dieses Geschenkmodell wird näher in 14.5 eingegangen, zunächst in 14.3 auf die Folgen der Monopole bzw. der Oligopole und danach auf die aktuell noch geltende Marktsituation – in 14.4 auf den Wissenschaftsmarkt allgemein und in 14.4.2 speziell auf den für Zeitschriften.

14.3 Zu den Monopolen auf den Wissenschaftsmärkten

14.3.1 Hochpreispolitik

Monopole setzen Wettbewerb auf den Märkten aus. Monopole erlauben es, eine Hochpreispolitik zu verfolgen. Dass es zumindest fünf große Verlagkonsortien für die Zeitschriftenpublikation gibt, relativiert den Monopolcharakter nicht, auch Oligopole erlauben keine wirkliche Konkurrenz. Produkte in der Wissenschaft haben für sich schon Monopol-/Einzigartigkeitscharakter. Das gilt für den einzelnen Artikel, der, wenn er verlangt wird und dieser nicht in der Bibliothek verfügbar ist, nicht einfach gegen einen anderen ausgetauscht werden kann. Aber dieses Monopol gilt auch, wenn auch etwas weniger stark, für die Zeitschriften selbst. Die Hochpreispolitik bezieht sich zudem nicht nur auf eine einzelne Zeitschrift. Die wenigen großen Zeitschriftenverlage sind immer mehr dazu übergegangen, die Lizenzangebote in großen Bündeln zusammenzufassen. Dadurch werden die extrem nachgefragten und sehr teuren Zeitschriften mit anderen, viel weniger nachgefragten zusammengepackt und gemeinsam lizenziert. Damit diktieren die Verlage die Preispolitik über die gesamten Bündel. Die dadurch entstehenden hohen Kosten sind immer weniger in Einklang zu bringen mit den Budgets der meisten Bibliotheken. Hier ein Beispiel für die Kosten der vermutlich eher überdurchschnittlich gut finanziell ausgestatteten Bibliothek der ETH Zürich, welches (Gutknecht 2015)[554] entnommen ist:

---

[554] (Gutknecht 2015) Zahlungen der ETH Zürich an Elsevier, Springer und Wiley nun öffentlich.

Alleine die Ausgaben für Zeitschriften, E-Books und Datenbanken an die drei Verlage Elsevier, Wiley und Springer Nature betragen zusammen 7.78 Mio CHF und machen somit fast die Hälfte des gesamten Erwerbungsbudget der ETH-Bibliothek (17.751 Mio CHF) aus.

Die effektiven Ausgaben an die klassischen Subskriptionsverlage Elsevier und Wiley sind in den letzten Jahren weiter massiv gewachsen – mehr Open Access möchte man, mehr Closed Access bezahlt man.

Mit 3.55 Mio CHF Ausgaben für Elsevier Zeitschriften im Jahre 2014, toppt die ETH alle britischen Universitäten. Das University College London gab 2014 den größten Betrag von ca. 2.5 Mio CHF (£1'657'434) für Elsevier Zeitschriften aus. Oxford sogar „nur" ca. 1.5 Mio CHF (£990'774).

Auch im Vergleich zu amerikanischen Universitäten liegen die Ausgaben der ETH an Elsevier im Spitzenbereich. Cornell bezahlte im Jahr 2013 ca. 2.4 Mio (USD 2'468'244). Das MIT beziffert in seinem Elsevier Factsheet seine Ausgaben auf über 2 Mio USD, wobei das MIT – wie in den USA üblich – nicht alle Journals von Elsevier abonniert hat.

Gemäß ETH-Jahresbericht 2014 sind an der ETH gut 7000 Personalstellen mit Lehre und Forschung beschäftigt. D. h. pro wissenschaftlicher Stelle kostet der Elsevier Zugang gute 500 CHF. Natürlich verflacht sich diese Zahl wenn man noch die 18616 Studierenden dazuzählt, aber das ist ja bekanntlich nicht die Hauptnutzungsgruppe von Zeitschriften.

Dass die finanziellen Mittel von Bibliotheken wie der für die ETH für Kauf oder Lizenz von Publikationsprodukten überwiegend an die proprietären Produkte der großen Verlage gehen, muss nicht so sein. Es gibt schon jetzt in der Form von Open-Access-Produkten realistische Alternative zu den proprietären Produkten (vgl. 14.7). Dies belegt Gutknecht mit dem Hinweis, dass für die ETH, vermutlich aber auch für Bibliotheken allgemein, angesichts der hohen Subskriptionskosten ein Wechsel auf die Finanzierung von Open-Access-Produkten über das APC-Modell finanziell machbar wäre.[555] Ob sich die Kosten dadurch sogar reduzieren würden, ist in kurzfristiger Perspektive nicht zu erwarten.[556] Aber ein gewisser Nachhaltigkeits-

---

[555] Diese Einschätzung, dass APC-Gebühren durch die Bibliotheken erbracht werden könnten, wird durch die Studie von Nina Schönfelder bestätigt (Schönfelder 2019): Eine Untersuchung bei fünf Universitäten und einer Forschungseinrichtung hat ergeben, dass für die aus der Grundfinanzierung entstandenen Werke die APC-Gebühren erbracht werden können. Dies wird bei den drittmittelfinanzierten Werken aber nur dann möglich sein, wenn die entsprechenden Förderorganisation dafür einspringen. Problematisch könnte die ABC-Finanzierung sein vor allem für publikationsintensive Hochschulen bzw. außeruniversitäre Forschungseinrichtungen. Ein ähnliches Problem zeichnet sich auch bei dem DEAL-Modell ab (vgl. 14); Schönfelder schlägt einige Modelle vor, wie diese Gebühren „gestemmt" werden können. Sie reichen von „Diamond Open Access" bis hin zu Crowdfunding-Modellen. Durch die DEAL-Vereinbarung zeichnet sich allerdings ab, dass APC durch PAR (publish&read) abgelöst werden könnte. Bislang (Ende 2019) haben sich allerdings erst Wiley und Springer Nature dieser Vereinbarung angeschlossen.

[556] Zu den Kosten insgesamt vgl. die Angaben von (Pflüger 2016, 487): „Die öffentlichen Ausgaben für die wissenschaftlichen Bibliotheken stiegen binnen zehn Jahren um 40 % von 220 Mio EUR in 2003 auf 311 Mio EUR in 2013 und dürften heute bei 330 Mio EUR liegen. Davon entfallen inzwischen

effekt ist nicht zu verkennen. Zum einen wären alle APC finanzierten Publikationen (wenn sie tatsächlich dem Open-Access-Standard entsprechen) nicht nur für die ETH-Mitglieder, sondern sofort weltweit frei für jedermann zugänglich. Zum anderen erhöht sich sukzessive der Anteil der Open-Access-Publikationen mit der Folge der Reduzierung der Abhängigkeit von den proprietären Publikationen. Das ist z. B. auch das Modell und die Erwartung von Einrichtungen wie der MPG in Deutschland: schrittweise Transformation in Richtung Open Access-Informationsmärkte durch Umschichtung (nicht unbedingt Einsparen) der aufzubringenden Bibliothekskosten von Subskriptionsgebühren in Open-Access-Kosten. Das wird aktuell bestätigt durch Vereinbarungen im Rahmen des DEAL-Projekt in Deutschland, bei dem die bisherige APC-Gebühr durch eine am PAR (publish&read) orientierte Gebühr abgelöst wird (ausführlich dazu in 14.8).

14.3.2 Monopole über Impact Factor?

Das langanhaltende Monopol der Verlage beruhte nicht nur auf dem technischen, organisatorischen und editorischen Knowhow. Monopole sind auch durch einen qualitativen Faktor entstanden, der ursprünglich lediglich zur Orientierung für die Wissenschaft gedacht war.[557] Damit ist der schon angesprochene Impact Factor gemeint, der angibt, wie häufig Artikel in einer Zeitschrift von Autoren anderer wissenschaftlicher Zeitschriften zitiert werden. Der IF gibt nur den Durchschnittswert für die Zitierungen aller Artikel in dieser Zeitschrift an, ist also keineswegs ein Wert für die Zitierhäufigkeit eines bestimmten Artikels. Viele Artikel selbst in einer Zeitschrift wie *Nature* mit hohem IF werden überhaupt nicht zitiert. Der IF ist somit eher eine Bewertung der Zeitschrift. Zeitschriften, so (Ziegler 2019),[558]

---

120 Mio EUR auf die Lizenzierung digitaler Medien, deren Anteil bei den Universitätsbibliotheken jetzt 60 % beträgt." Die Lizenzierung bezieht sich im Wesentlichen auf die wissenschaftlichen Zeitschriften.

557 Der Impact Factor (IF) von Zeitschriften wurde zuerst in den 1960er Jahren vom Institute for Scientific Information (ISI) entwickelt. Nach verschiedenen Übernahmen durch Verlagskonsortien wird heute der IF von Clarivate Analytics verwaltet – sowohl für die sozialwissenschaftlichen Fächer im Social Sciences Citation Index als auch für die MINT-Fächer im Science Citation Index. Jährlich gibt Clarivate Analytics Journal Citation Reports (JCR) heraus. Hier einige Daten aus dem Journal Citation Reports (JCR) von Clarivate Analytics von Juni 2019 – https://bit.ly/2ZfmMvj.
The report covered 11,877 journals from across 81 countries.
283 new journal titles were added to the report, 138 of which are fully open access.
The JIF of 64 % of the journals covered in the report increased.
The aggregate JIF increased in 90 % of the 236 research categories.
17 journals were restricted from the report after investigations revealed abnormal citation behavior.
558 (Ziegler 2019) Die Bedeutung der Verlage ändert sich.

sind „Renommee-Maschinen" geworden und „machen Karriere". Die Berufung auf eine Professur wird häufig, vor allem in STM-Fächern, in hohem Maße von Publikationen in Zeitschriften mit hohem IF abhängig gemacht, auch wenn Arbeiten der betreffenden Person tatsächlich nur gering von der Fachwelt zitierend wahrgenommen wurden.[559] Ebenso orientiert sich zuweilen die Einschätzung der Qualität einer gesamten Hochschule am IF. Aus all dem folgt, dass der IF ein hervorragendes Mittel für Verlage ist, Wissenschaftler quasi dazu zwingen, in deren Zeitschriften zu publizieren. Vor allem jüngere Wissenschaftler sind für ihre Karriere darauf angewiesen, in Zeitschriften mit hohem IF zu publizieren. Eine etablierte Hoch-IF-Zeitschrift hat praktisch ein Monopol, das durch eine vom Gegenstandsbereich ähnlich ausgerichtete Zeitschrift nicht ersetzt werden kann.

Verlage tun so als ob sie für die Qualität der in einen Artikel eingeflossenen wissenschaftlichen Arbeit verantwortlich wären.[560] Verlage stellen aber überwiegend nur die Plattformen und ihr spezielles Knowhow bereit. Für die Qualität der Inhalte sorgt die Wissenschaft selbst, traditionell über das *Peer Reviewing*, also für die Bewertung der wissenschaftlichen Qualität durch ausgewiesene Mitglieder der jeweiligen Community. Auch die Rekrutierung von qualifizierten Autoren erfolgt nicht von den Verlagen, sondern von den Wissenschaftlern in den Herausgebergremien. Verlage haben es verstanden, das Renommee, dass ursprünglich alleine durch die Verantwortung der *Learned societies* für die Qualitätssicherung der Veröffentlichungen entstanden war, auf sich zu übertragen und sich somit unersetzlich zu machen. Allerdings – und auch das gehört zu der in diesem Kapitel angesprochenen Transformation – wird der IF zunehmend zugunsten von alternativen Messverfahren in Frage gestellt – nicht nur, weil durch den IF die tatsächliche Nutzung eines Artikels gar nicht gemessen wird, sondern auch, weil der IF als ein von der kommerziellen Wirtschaft organisiertes und auch kontrolliertes Messverfahren recht deutlich deren Interessen unterstützt. Als Alternative bzw. Ergänzung zum IF wird auch der sogenannte Hirschfaktor (auch h-Faktor genannt) verwendet. Er misst anders als der IF nicht die Rezeption einer gesamten Zeitschrift, sondern bezieht sich auf

---

[559] Der IF mit dem Anspruch auf Qualitätsnachweis wird durchaus auch in der Politik kritisch gesehen. Der EU-Rat (Council 2016, vgl. FN 626) empfiehlt eine stärkere wirkungsbezogene Bewertung: „assessing scientific quality should be based on the work itself and be broadened to include an assessment of the impact of science on society at large". Entsprechende Initiativen für eine bessere Qualitätssicherung in den „review and evaluations systems"sollten gefördert werden; ebenso Anreizsysteme geschaffen werden, „to reward researchers (and research stakeholders) for sharing the results of their research for reuse" (ebda.). Ebenso sollten offene Publikations- und Nutzungspraktiken bei Projekten und Berufungen angemessen anerkannt und belohnt werden.
[560] Kritik an der Leistung von Verlagen (am Beispiel der Edition eines Sammelbands) von (Lorenz M. Hilty 2015) Was leisten Wissenschaftsverlage heute eigentlich noch? netzpolitik.org 26.08.2015 – https://bit.ly/3fu1xsK

die Rezeption der Arbeiten eines einzelnen Wissenschaftlers durch andere Wissenschaftler. Er gibt also an, inwieweit eine gewisse Anzahl von Publikationen eines Wissenschaftlers häufig in Veröffentlichungen anderer Wissenschaftler zitiert wird.

Alternativ zum IF ist auch der von Elsevier entwickelte und propagierte CiteScore-Index. CiteScore misst die Häufigkeit der Zitierung eines Artikels in einer dreijährigen Periode.[561] CiteScore ist ein Bestandteil eines umfassenden "basket of metrics", wodurch, neben allgemeinen Altmetrics-Formen, auch Faktoren wie z. B. das Ausmaß der Zusammenarbeit (*collaboration*) mehrerer „Autoren" an einem Artikel, die Finanzierung durch Förderorganisationen, die kommerzielle Nutzung der Arbeit, die soziale Wirkung eines Artikels, auch die Qualität des Peer Reviewing allgemein berücksichtigt werden.[562] Das könnte sich zu einer Konkurrenz zum IF entwickeln, der sich ja nicht auf einzelne Artikel, sondern auf die Zeitschrift insgesamt bezieht. Generell kommen immer mehr neue, vom Zitierungsverhalten unabhängige alternative Messverfahren zum Einsatz. Mit diesen Altmetrics-Formen[563] kann das tatsächliche Nutzungsverhalten gemessen, z. B. über Anzahl der Downloads, die Aufmerksamkeit und Verbreitung, die ein Beitrag in den unterschiedlichen Medien (darunter auch soziale Medien wie Blogs, News oder Twitter oder auch Publikationsserver/Repositorien) erfahren hat, aber auch Faktoren, inwieweit ein Beitrag auch Eingang in öffentliche, mediale oder auch politische Diskussion und Entscheidungsprozesse gefunden hat. In gewisser Hinsicht wird damit auch das qualitative Peer Reviewing durch quantitative Messen der Rezeption in verschiedenen Medien ersetzt. Solche Messzahlen sind vor allem durch die elektronischen Umgebungen heute leichter zu ermitteln. Als Vorteil wird auch angesehen, dass die Abhängigkeit der Qualitätsmessung vom Urteil der (i. d. R. etablierten und bestehenden Paradigmen verpflichteten) *Peer Reviewers* reduziert und damit die Durchsetzung neuer Entwicklungen in der Wissenschaft erleichtert wird (vgl. dazu 14.11 zu Research Intelligence). In der wissenschaftlichen Praxis erweisen sich allerdings weiterhin der IF, zunehmend auch der CiteScore, als stabile und weitgehend akzeptierte Indikatoren zur Qualitätssicherung von wis-

---

[561] CiteScore: a new metric to help you track journal performance and make decisions, 8.12.2016: "CiteScore metrics calculate the citations from all documents in year one to all documents published in the prior three years for a title. This offers a more robust and accurate indication of a journal's impact. As an example, to calculate a 2015 value, CiteScore counts the citations received in 2015 to documents published in 2012, 2013 or 2014. This number is divided by the number of documents indexed on Scopus published in 2012, 2013 and 2014". – https://bit.ly/2hmSC2O.

[562] Vgl. (Colledge/James 2015) (beide 2015 tätig bei Elsevier): A "basket of metrics"—the best support for understanding journal merit. Kritisch zu CiteScore und dem Umfeld im "basket": (Straumsheim 2016) How to measure impact.

[563] Altmetrics: What are altmetric? Capturing the online attention surrounding scholarly content – https://bit.ly/1Vxq6IR.

senschaftlichen Arbeiten. Das gilt auch für (bislang überwiegend auf Zeitschriften bezogene) Open-Access-Produkte (vgl. aber 14.11). Allerdings sieht die DFG (im September 2018) durchaus die Notwendigkeit, Maße wie den IF auch kritisch für Open-Access-Publikationen zu überprüfen:

> Der „Wandel hin zu Open Access" setze auch einen grundlegenden Umbau der Systeme zur Leistungsmessung durch Forschungsorganisationen voraus. Insbesondere ist eine Abkehr von Indikatoren wie dem Journal Impact Factor notwendig. Hier ist noch ein weiter Weg zu gehen.[564]

Beide Faktoren, IF und CiteScore, sind im hohen Maße abhängig von den Interessen der sie betreibenden kommerziellen Organisationen. Sie verstärken die Bindung oder sogar Abhängigkeit der Wissenschaftler an Produkten dieser Organisationen. Das umfassende Angebot von Elsevier im "basket", das sicherlich nicht nur als Informationsmaterial gedacht ist, ist ein Hinweis darauf, dass die großen Verlagskonsortien sich zwar nicht vom Geschäft des Publizierens abwenden, aber doch neue Geschäftsmodelle im Umfeld von Wissenschaft entwickeln (vgl. 14.11 zu den Perspektiven kommerzieller Verlage).

14.4 Zu den kommerziellen proprietären Informationsmärkten

Voraussetzung für das Entstehen kommerzieller proprietärer Informationsmärkte ist, dass die entsprechenden kommerziellen Akteure, Unternehmen wie Verlage, sich die Erlaubnis zur kommerziellen Nutzung von den Urhebern unter vereinbarten Bedingungen einholen. Verlage produzieren kein Wissen, sie produzieren auch keine Wissensobjekte. Das machen die Urheber selbst, aber Verlage (allgemein: Content Provider) setzen diese Objekte in handelbare Informationsobjekte auf den Märkten um. Für den Erwerb der Nutzungsrechte an den Wissensobjekten wird i. d. R. von den Verlagen nichts an die Autoren bzw. an deren Institutionen bezahlt – das gilt vor allem für die die Informationsmärkte dominierenden Zeitschriftenartikel.

14.4.1 Allgemeine Daten zu den Informationsmärkten

Quantitative Aussagen zu den auf Erlös abzielenden Informationsmärkten werden jedes Jahr von der WIPO über die *World Intellectual Property Indicators* (WIPO)

---

564 Stellungnahme der DFG zur Gründung von „cOAlition S" zur Unterstützung von Open Access vom 4.9.2018 – https://bit.ly/2Humea5. Vgl. dazu der EU Council 2016 (FN 624).

vorgelegt, aktuell (WIPO 2018) und von STM (*International Association of Scientific, Technical and Medical Publishers*), aktuell (STM 2018).[565] Die WIPO-Daten tragen der weltweiten Entwicklung Rechnung, während die von STM vorgelegten Berichte zum Umfang der kommerziellen Informationsmärkte sich in erster Linie auf die englischsprachigen Publikationen und Aktivitäten beziehen – mit Schwerpunkt auf die Zeitschriftenmärkte (vgl. 14.4.2). Die Daten der WIPO sind allgemein gehalten, während die von STM mehr ins Detail gehen – allerdings mit dem Nachteil der weitgehenden Beschränkung auf den englischsprachigen Bereich (s. unten).

In der Abteilung *Creative Economy* von WIPI/WIPO werden in der Zusammenarbeit der *International Publisher Association* (IPA) und der WIPO Daten zu den drei Marktsegmenten „*trade; educational; and STM publishing*" zusammengetragen.[566] Die Daten von (WIPO 2018) zeigen deutlicher als die von STM den immer größer werdenden Anteil asiatischer Länder wie Indien und Japan, aber vor allem von China, an den Informationsmärkten in den erwähnten drei Segmenten. Gesamtdaten für alle drei Bereiche konnten von der WIPO für 11 Länder erhoben werden. Deren *Gesamterlös* betrug 2017 $ 248 Mrd, davon alleine 202,4 Mrd für China, gefolgt von $ 25,9 Mrd für USA und an dritter Stelle Deutschland mit 5,8 Mrd. China produzierte 2017 über die drei Sektoren hinweg 65 Mio Titel. Die Einnahmen im „Educational Sector" betrugen 2017 für China 72,8 Mrd, gefolgt von USA mit 7.8 Mrd.

14.4.2 Zeitschriftenmarkt der Informationswirtschaft

Der Zeitschriftenmarkt ist auch heute noch der größte und lukrativste für die kommerziellen Informationsmärkte – aber auch der am schnellsten wachsende Open-Access-Markt (vgl. 14.7). Zeitschriftenartikel sind nach wie vor das wichtigste Medium für den wissenschaftlichen Informationsaustausch. Zeitschriften sind erst relativ spät (im 17. Jahrhundert) als indirekte Form der Kommunikation in der

---

565 "STM is the leading global trade association for academic and professional publishers. It has over 150 members in 21 countries who each year collectively publish over 66 % of all journal articles and tens of thousands of monographs and reference works. STM members include learned societies, university presses, private companies, new starts and established players." (STM 2018) An overview of scientific and scholarly publishing."

566 Eine weltweite Erhebung ist schwierig, da in den meisten Ländern keine Instanz alleine dafür zuständig ist. Lediglich in Kanada (Statistics Canada), Japan (Japan Copyright Office) und China (National Copyright Administration of China) werden die statistischen Daten von einer Regierungsagentur erhoben. Bei den anderen Ländern sind die wichtigsten Instanzen für die Daten die *National Publishers' Association* (NPA). Allerdings sind in den wenigsten Ländern alle Verleger Mitglieder der jeweiligen NPA. Dazu kommen erhebliche methodische Unterschiede bei der Erhebung und Einordnung der Daten.

Wissenschaft entwickelt worden. Aber schon immer seit Wissenschaft betrieben wurde, haben sich Formen entwickelt, durch die sich Wissenschaftler untereinander austauschen (vgl. (Parthey/Umstätter 2002). Bis zur Entwicklung des Buchdrucks mit bewegten Lettern waren das eher direkte Kommunikationsformen unter sehr begrenzten Teilnehmern, z. B. Gespräche, Briefwechsel, Kopieren oder Ausleihen von Handschriften.[567]

Durch die Möglichkeit des Druckens, der Vervielfältigung und Verbreitung wurden indirekte, medial unterstützte Kommunikationsmöglichkeiten möglich, die auch dafür verantwortlich waren, dass seit dem 16., 17. Jahrhundert immer mehr Personen wissenschaftlich tätig waren und entsprechenden Output produzierten, der anderen Wissenschaftlern zugänglich gemacht werden sollte. Das ist der Beginn der formalisierten indirekten Kommunikation über Zeitschriften. Diese etablierten sich Mitte des 17. Jahrhunderts und wurden getragen von wissenschaftlichen Akademien und wissenschaftlichen Gesellschaften/Fachgesellschaften (*learned societies*).[568] Hier gab es offenbar keine gravierenden Konflikte zwischen der kommerziellen Verwertung und dem Anspruch der Mitglieder dieser Organisationen auf freie Nutzbarkeit der in den Zeitschriften publizierten Materialien. Fachgesellschaften sind auch heute noch produktive Akteure auf den Publikationsmärkten,[569] die das Publizieren nicht nur durch Mitgliedsbeiträge finanzieren, sondern auch selbst

---

[567] Ein Überbleibsel dieser direkten Kommunikation war lange Zeit der Austausch von Sonderdrucken, welche die Verlage vor allem für kleinere Arbeiten wie Artikel in Zeitschriften oder Sammelbänden in überschaubarer Anzahl bereitstellten. Die Verteilung an Kollegen mag in vielen Fällen eher der Reputationssteigerung gedient haben als der ausführlichen Lektüre. Aber es war (und das wird teilweise auch heute noch von manchen Verlagen bedient und von Wissenschaftlern genutzt) doch ein wichtiges Kommunikationsmittel, um zumindest zu erfahren, woran Andere derzeit arbeiten. Direkte Kommunikation erfährt in Zeiten des Internets eine spezielle Renaissance. Mit geringem Aufwand kann elektronisch direkter Kontakt zu dem Autor eines Artikels, den man gerade benötigt, hergestellt werden, mit der Bitte, doch diesen Artikel als Kopie zu schicken. Das funktioniert i. d. R. umgehend, auch zu Autoren, mit denen man bislang keinen Kontakt hatte. Das ist auch legal, solange die Kopien für den persönlichen Gebrauch genutzt werden. Ganz so sicher kann man sich allerdings nicht mehr sein; denn aus der Regelung für die Privatkopien in § 53 UrhG ist Abs. 2, 1 weggefallen: „Vervielfältigungen zum privaten und sonstigen eigenen Gebrauch"; „zum eigenen wissenschaftlichen Gebrauch, wenn und soweit die Vervielfältigung zu diesem Zweck geboten ist und sie keinen gewerblichen Zwecken dient".
[568] (Kant 2002) Disziplinäre Gesellschaften als Träger von Fachzeitschriften. Fast zeitgleich erschienen 1665 Journal des Sçavans in Paris und die Philosophical Transactions in der Londoner Royal Society. Vgl. (Zott 2002): Der Brief und das Blatt.
[569] Z. B. Physik Journal, die Mitgliederzeitschrift/das Mitteilungsorgan der Deutschen Physikalischen Gesellschaft (DPG) mit einer Auflage von über 60.000 Exemplaren, ist die bedeutendste Physikzeitschrift im deutschsprachigen Raum – nicht im Handel erhältlich. Die Publikation geschieht in Zusammenarbeit von DPG mit dem Verlag Wiley-VCH.

kommerzielle Akteure auf den Publikumsmärkten sind und dadurch auch ihre Organisationen mitfinanzieren.[570] Zur finanziellen Absicherung, aber auch um das Publizieren aus der Wissenschaft selbst heraus abzusichern, haben sich verschiedentlich Fachgesellschaften zu Konsortien zusammengeschlossen.[571] Fachgesellschaften kooperieren oft für die Publikation und Verbreitung mit kommerziellen Verlagen.[572] Hier einigen Daten zur Gegenwart des Zeitschriftenmarkts:

> Die fünf größten Verlage sind mit Blick auf Zeitschriften (Z): Springer Nature (> 3.000 Z), Elsevier (2.500 Z), Taylor & Francis (2.500 Z), Wiley (1.700 Z) und Sage (> 1000 Z) (nach STM 2018). In der STM-Industrie sind, nach (STM 2018), ca. 110.000 Menschen beschäftigt (davon 40 % in Europa) – dazu kommen 20–30.000 Personen, die indirekt der STM-Produktion zuarbeiten. (STM 2018) geht von 33.100 aktiven peer-reviewed englischsprachigen Zeitschriften (Mitte 2018) aus. Nach Ulrich's Web Directory steigt die Anzahl der wissenschaftlichen Zeitschriften auf 42.491, wenn man die nicht englischsprachigen Zeitschriften dazu zählt (zit. nach FN 24 aus STM 2018, 41). Davon sind nach (STM 2018) weltweit ca. 23.000 kommerzielle wissenschaftliche Zeitschriften. Ca. 10.000 Zeitschriften-Verlage sind dafür zuständig. Von diesen sind 5.000 in der SCOPUS-Datenbank aufgenommen.

> So gut wie alle Verlage bieten den Online-Zugriff auf die Zeitschriftenartikel an. 477 Verlage mit ca. 2.334 Zeitschriften operieren auf Not-for-profit-Basis. Zusammen werden über diese Zeitschriften mehr als 3 Millionen Artikel pro Jahr produziert und veröffentlicht. Der Zuwachs pro Jahr ist inzwischen auf etwa 5 % bei Zeitschriften und 4 % bei Zeitschriftenartikeln angestiegen. Der Grund für den Anstieg liegt in erster Linie darin, dass es immer mehr aktive Wissenschaftler gibt. Je nach Erhebung geht man von 7–8 Millionen aus. Davon sind 80 % Wissenschaftler, die bislang nur einen Artikel produziert haben. China hat inzwischen mit 19 % den größten Anteil an produzierten Artikeln, gefolgt von den USA mit 18 %, Indien mit 5 % und Deutschland, England und Frankreich mit jeweils 3–4 %. Elsevier's SCOPUS deckt 22.000 peer-reviewed Zeitschriften mit 69 Mio Artikeln (Zuwachsrate 3 Mio/Jahr) von 5.000

---

570 (STM 2018) berichten, dass alleine im UK 279 *Learned societies* Zeitschriften, überwiegend aus dem STM-Bereich, publizieren. Auch in Deutschland sind Fachverbände weiter Akteure auf den Publikationsmärkten. So ist die Gesellschaft Deutscher Chemiker (GDC) Eigentümer bzw. Miteigentümer von wichtigen chemischen Fachzeitschriften, auch in Zusammenarbeit mit anderen europäischen Fachgesellschaften unter dem Dach von ChemPubSoc Europe – https://bit.ly/2lKqeej. Die GDC bzw. auch andere Gesellschaften unter dem Dach von ChemPubSoc arbeiten zusammen mit Wiley-VCH Gmbh & Co.KgaA.

571 (STM 2018, 44): „Recently, a group of prestigious not-for-profit scientific membership societies launched the Scientific Society Publisher Alliance (SSPA), 45 an initiative focused on building awareness of and support for publication of scientific research by scientist-run scientific societies. The SSPA seeks to emphasize the value of publishing vital scientific research in scholarly journals managed, edited and peer-reviewed by working scientists."

572 Wiley ist hier mit mehr als 700 Kooperationen führend; aber auch andere wie Taylor & Francis bedienen dieses Marktsegment (STM 2018, 44).

Verlagen ab. 1science 1findr listet[573] 67.000 akademische/wissenschaftliche Objekte und 90 Mio peer-reviewed Artikel. Digital Science's Dimensions indexiert 90 Mio wissenschaftliche Dokumente – davon sind 85 % Zeitschriftenartikel. Informa's wizdom.ai umfasst 73.000 Zeitschriften mit 90 Mio Publikationen (alles nach STM 2018, Abschnitt 2.5).

Leicht andere Daten für den Umfang des Zeitschriftenmarktes, ebenfalls aus (STM 2018): Die CrossRef-Datenbank weist 97 Mio DOIs nach, von denen 73 Mio Artikel aus Zeitschriften sind. Google Scholar hatte schon 2014 zwischen 100 und 150 Mio Dokumente angezeigt, wovon ein großer, wenn nicht der größte Teil vermutlich auch solche aus der Wissenschaft sind. Web of Science weist in der „Core Collection" im Juni 2019 70 Mio Artikel nach – eine Teilmenge der 150 Mio Objekte in der WoS. Eine besonders gewichtige Teilmenge wissenschaftlicher Zeitschriften bzw. deren Artikel sind die 11.655 Zeitschriften, die in Alaivate Analytics (2018) Journal Citation Reports zusammengefasst sind und die zusammen 2,2 Mio Objekte nachweisen. Dies sind die am meisten zitierten wissenschaftlichen Zeitschriften.

Der gesamte Erlös auf dem STM-Markt (Zeitschriften, Bücher, Datenbanken etc.) betrug nach (STM 2018) 2017 $ 25,7 MRD – der Anteil von Wissenschaft/Technik $ 13,8 MRD (davon ca. $ 10 MRD aus englischsprachigen STM Zeitschriften) und der von Medizin $ 11,9 Mrd. Ca. 41 % der globalen STM Gesamteinnahmen werden in den USA erzielt, 25 % von Europa und Mittelost, 26 % von Asien/ und 6 % vom Rest der Welt. Die Kosten für Forschung und die Kommunikation der Forschungsergebnisse, die in Fachzeitschriften erscheinen, wurden (nach STM 2018, 24) für 2008 auf £175 MRD geschätzt davon £116 MRD alleine für die Forschung,[574] £25 für die Publikation (Publizieren und Bibliothekskosten) und £34 für das Lesen/Nutzen. Das Publizieren alleine kostet ca. £4.9 MRD; das entspricht knapp 3 % der Gesamtkosten.

In den letzten Jahren verstärkt sich auch das Retail-Geschäft für Zeitschriftenartikel. Dieser direkte Online-Zugriff zu einzelnen Zeitschriftenartikel wird durch komfortable kostenpflichtige Dienstleistungen der Verlage wie ScienceDirect[575] ermöglicht, i. d. R. über einen von der Bibliothek eingerichteten Account. Möglich ist die Nutzung auch direkt mit einem persönlichen Zugriff. Ein solcher Zugriff wird aber weltweit in erster Linie von bzw. aus gut ausgestatteten Hochschulen oder For-

---

573 1science 1findr – https://bit.ly/36Z7gU1. 1science wurde von Eric Archambault entwickelt und wurde später von Elsevier übernommen.
574 Diese Angabe ist tatsächlich eher als geschätzt denn als verifiziert anzusehen, nicht zuletzt auch deshalb, weil kaum auszumachen ist, welche Forschung explizit in Zeitschriftenartikeln veröffentlicht wird. Auch die quantitative Angabe von £116 MRD ist viel zu klein angesetzt. Allein in Deutschland wurde für Forschung 2014 ca. Euro 84 Mrd ausgegeben (davon 2/3 von der Privatindustrie. Damit liegt Deutschland weltweit an vierter Stelle nach USA, China und Japan (forschungsportal.net: So viel Geld für Forschung wie nie zuvor, 31.3.2017 – https://bit.ly/2lDsN1U). Detaillierter im Wikipedia-Artikel: Liste der Länder nach Ausgaben für Forschung und Entwicklung – https://bit.ly/2lCsch4; darin auch Verweis auf Daten von Visual Capitalist: The Global Leaders in R&D Spending, by Country and Company, 13.10.2017 – https://bit.ly/2k5GjuJ.
575 ScienceDirect – https://bit.ly/3608pJC.

schungseinrichtungen wahrgenommen. In ihnen arbeitet aber nur ein Teil der ca. 60 Millionen Menschen, die als weltweit Forschende, Lehrende und Lernende tätig sind. Dazu kommen die vielen in privaten Unternehmen, öffentlichen Verwaltungsorganisation oder auch privat Forschende (vermutlich noch einmal mindestens 60 Millionen) sowie die Studierenden[576] (zu den Open-Access-Zeitschriftenmärkten vgl. 14.7).

14.4.3 Bücher auf den Informationsmärkten

Buchproduktion ist auch heute noch für Bildung und Wissenschaft ein wichtiger Bestandteil kommerzieller Informationsmärkte. Nach (STM 2018) wurde 2017 über den STM Buchmarkt weltweit etwa ca. 3,3 Mrd an Erlös erzielt. Davon entfallen $ 719 Mio auf wissenschaftliche und technische Bücher und 2,48 Mrd auf Medizinbücher. Der Anteil der gedruckten Bücher am Gesamtmarkt geht um ca. 4 %/Jahr zurück, während die Wachstumsrate für E-Books 4–6 % pro Jahr beträgt. E-Books haben auch einen zunehmend größeren Anteil an den Bibliotheksbudgets. Anders als bei Zeitschriften werden Fachbücher intensiver von Endnutzern erworben; aber insgesamt bleiben auch hier die Bibliotheken die wichtigsten Käufer/Lizenznehmer.

Im Vergleich zu den internationalen Daten hier einige Daten aus Deutschland, die über den Börsenverein des Deutschen Buchhandels bereitgestellt werden:[577] Der hiesige Buchmarkt besteht im Wesentlichen aus zwei Teilen, relativ stabil in den letzten 3 Jahren zu 2/3 aus den nicht wissenschaftlichen Bereichen (Belletristik, Kinder, Reisen, Ratgeber) und 1/3 aus den Wissenschaften, einschließlich Schule und Sachbuch. Einige Daten zur Buchproduktion 2018 (gesamt 71.548), z. B. Information, InfWiss: 1.500 (davon Informatik 650); NaturWiss und Mathematik:

---

[576] (Dinleavy 2018) Open Access knowledge. Digital style guide.
[577] In Tabellenform durch Börsenverein 2018: https://bit.ly/3aivz1i. Im Verlagsbuchhandel waren 2018 ca. 25.000 Personen beschäftigt; im Einzelhandel ca. 28.000. Übersetzt ins Deutsche wurden 9.903 Bücher (vermutlich überwiegend aus Belletristik), und 2678 Lizenzen wurden ins Ausland vergeben. Der Absatz von E-Books auf dem Publikumsmarkt ist 2018 gegenüber dem Vorjahr um 12,7 %, der Umsatz um 9,3 % gestiegen.(Pressemitteilung des Börsenverein vom 15.02.2019 – https://bit.ly/375xymW) 32,8 Millionen E-Books wurden 2018 verkauft. Damit machen E-Books 5,0 Prozent des Buchumsatzes am Publikumsmarkt aus. Das Ausleihen von E-Books erfolgt ebenfalls in erster Linie auf dem Publikumsmarkt und zwar über die öffentlichen Bibliotheken. Nach einer Studie im Auftrag des Börsenverein von Ende 2019 (https://bit.ly/2SnDEcV) leihen insgesamt 2,6 Millionen Menschen in Deutschland über die Onleihe (das ist das vom Börsenverein bereitgestellte Ausleihsystem) digital Bücher und andere Medien aus, insgesamt 1,9 Millionen leihen E-Books. Der Börsenverein interpretiert die Daten so, dass „die Onleihe die Kaufbereitschaft buchaffiner und kaufkraftstarker Zielgruppen am Buchmarkt" schmälert.

1.718 (davon Mathematik 348); Sozialwissenschaften: 12.734 (davon Soziologie 2.505, Recht 2.831); Technik, Medizin, angew. Wiss: 12.127 (davon Medizin 4.034, Management 2.668); Künste, Unterhaltung: 9.700; Literatur: 25.537.

Der durchschnittliche Preis für Bücher über alle Bereiche beträgt Euro 25,70. Die durchschnittlichen Preise für Bücher aus den einzelnen Fächern variieren stark, z. B. für Informatik 42,19, Bibliotheks-/Informationswissenschaft 50,06, Sprache/Linguistik 53,70, Naturwissenschaft 31,83, Unterhaltung 27,08, Literatur 16,5 (Angaben in €-Preisen).

Es ist heute schon nicht mehr riskant davon auszugehen, dass in absehbarer Zukunft, zumindest in Bildung und Wissenschaft, auch größere Texteinheiten wie Monographien, Lehrbücher, Proceedings etc. primär in elektronischer Form zugänglich gemacht werden.[578] Auf dem Publikationsmarkt ist diese Tendenz heute schon deutlich zu erkennen (Daten dazu in FN 577). Bezüglich der Digitalisierung von Büchern in der Wissenschaft sind zweifellos Unterschiede in den Textsorten auszumachen. Am stabilsten sind wohl derzeit noch Festschriften, für die das traditionelle gedruckte Buch in der Tat der Normalfall ist. Proceedings, die Zusammenstellung der Beiträge von Fachkonferenzen, sind offensichtlich offener für die elektronische Veröffentlichung – sei es im Rahmen des hybriden Modells (Druck und e-Version) oder durch exklusive elektronische Veröffentlichung. Ein Beispiel für die exklusive Online-Version sind die Dagstuhl Seminar Proceedings.[579] Seit 2014 werden die früher in der Reihe Dagstuhl Seminar Reports in gedruckter Form veröffentlichten Konferenzbeiträge aus dem Gebiet der Informatik nur noch als *Dagstuhl Seminar Proceedings (DSP)* online publiziert. Langzeitverfügbarkeit und Zitierfähigkeit sind dafür über den Online-Publikations-Server DROPS sichergestellt.

Für die sich abzeichnende Transformation in Richtung E-Books an Hochschulen sei als Beispiel auf die Bibliotheksbestände der FU-Berlin verwiesen.[580] Die

---

578 Wenn Werke in der Zukunft weiter in gedruckter Form produziert werden, sei es exklusiv oder sekundär zur elektronischen Version, werden diese kaum noch nach dem bisherigen Modell finanziert werden können, das sich an der Anzahl der verkauften Exemplare orientiert. Autoren wissenschaftlicher Bücher, die auf dem klassischen Buchformat bestehen, könnte es passieren, dass sie für die entsprechenden Produktionskosten der Verlage vollständig aufkommen müssen. Einnahmen für diese Druckversionen sind über die APC hinaus für die Verlage kaum zu erzielen, wenn die Bibliotheken, bislang die Hauptabnehmen für gedruckte Bücher in der Wissenschaft, ihre Vermittlungsleistungen über die e-Version erbringen. Gedruckte Bücher könnten also ein Luxus für deren Liebhaber werden.
579 Dagstuhl Seminar Proceedings – https://bit.ly/2PSe7ZW.
580 FU-Berlin, ZEDAT – https://bit.ly/2qqd5tm. Die FU beschränkt den Zugang „aus lizenzrechtlichen Gründen auf Rechner aus dem Campusnetz der lizenzgebenden Institution". Allerdings besteht für FU-Angehörige die Möglichkeit, über einen ZEDAT-Account einen Zugang zu den

Bibliothek hat insgesamt ca. 4 Mio gedruckte Bücher in ihren Beständen, dazu ca. 700.000 E-Books (durch Kauf oder Lizenz). Das macht mehr als ein Achtel des Gesamtbestandes aus. Trotzdem – obgleich so gut wie alle Texte/Wissensobjekte von wissenschaftlichen Autoren schon in digitaler Form erstellt werden, ist das Ergebnis deren Transformation in marktfähige Informationsprodukte derzeit primär noch das gedruckte produzierte Buch. Die online verfügbare elektronische Version ist derzeit noch das sekundäre Produkt. Dieses Verhältnis zwischen gedrucktem Buch und E-Version sollte sich – wie schon auf dem Publikumsmarkt zu erkennen (FN 577) – sehr bald umdrehen. Speziell das elektronische Publizieren für Bücher bleibt noch ein „breites Experimentierfeld"[581] für entsprechende Geschäfts-/Organisations- und Finanzierungsmodelle (zur Transformation auch der Buchmärkte in Richtung Open Access vgl. 14.11).

14.5 Zum Geschenkmodell auf den Wissenschaftsmärkten

Der Erfolg auf den kommerziellen Informationsmärkten beruht auch darauf, dass die Verlage für die wichtigste Leistung im Prozess des Öffentlichmachens von Wissen – das ist die Erstellung von Wissensobjekten durch die Wissenschaftler – nichts bezahlen müssen. Wissenschaftler verschenken ihre Wissensobjekte i. d. R. den Verlagen. Allerdings erwarten sie als Gegenleistung, dass ihre Werke in attraktiver Form und in attraktiven Organen veröffentlicht werden. Das kann dann durchaus mit Blick auf ihre Karriere auch monetäre Folgen haben (vgl. Kap. 8). Die die Autoren finanzierenden öffentlichen Einrichtungen (Hochschulen, Länder, Bund, Förderorganisationen usw.) lassen das „Schenken" weiter geschehen. Eine kostenpflichtige Lizenz für die kommerzielle Nutzung wurde dafür i. d. R. nicht verlangt – weder von den Autoren noch von den diese finanzierenden Einrichtungen. Die Honorare, wenn sie denn überhaupt (und nie an die Organisationen) gezahlt werden, sind kein Ersatz für eine zu erwerbende Lizenz. Dieses Geschäftsmodell des wissenschaftlichen Publizierens war im Grunde immer schon ein gewisses Ärgernis, aber ein in der Öffentlichkeit und auch wissenschaftsimmanent nicht beachtetes bzw. toleriertes Ärgernis. „Frieden" war sozusagen auf den Wissenschaftsmärkten.

---

elektronischen Materialien der Bibliothek der FU-Berlin von extern (*remote access*) zu erhalten. Diese Lösung trägt dem Rechnung, dass eine Bibliothek zunehmend eine virtuelle Einrichtung ist und nicht bloß ein materielles Gebäude.
581 (Schmiede 2013) Wissenschaft+digitale Publikation: Das Publizieren bleibt „ein breites Experimentierfeld unterschiedlicher Kombinationen von gedruckter und digitaler Publikation, von kostenpflichtigem und Open-Access-Zugang, das je nach Fachkultur ganz unterschiedlich aussieht".

Frieden, solange die erbrachten Leistungen als spezielle und unverzichtbare Kompetenz der Verlage anerkannt wurden und solange die Preispolitik der Verlage die Nutzung des publizierten Wissens nicht behinderte – solange also die Bibliotheken, alleine oder im Verbund mit anderen, in der Lage waren, den Nutzungserwartungen aus der Wissenschaft und in der Ausbildung zu entsprechen. Davon kann heute nicht mehr die Rede sein. Dieses auf Geschenk beruhende Geschäftsmodell auf den wissenschaftlichen Zeitschriftenmärkten beschreiben (Ziegler 2019) und (Fyfe et al. 2017) wie folgt:

> Verlage, so Ziegler „bekommen die Ergebnisse der mit Steuern finanzierten Forschung von der Wissenschaft geschenkt – in Form von druckfertigen Aufsätzen. Der Verlag leistet relativ wenig, nimmt den fertigen Aufsatz dann aber in Geiselhaft: der publizierte Aufsatz verschwindet hinter einer Bezahlschranke, das Geschenkte wird den interessierten und steuerzahlenden Bürgerinnen und Bürgern, der Wissenschaft und selbst den Autorinnen und Autoren also teuer zurückverkauft."
>
> „We are not the first", so (Fyfe et al. 2017) „to wonder why academics continue to give their labour – as authors, referees and editors – to publishing firms that do not, in fact, circulate knowledge widely and affordably. The answer lies in a lack of detailed understanding among academics of the historical and economic forces at play in academic publishing; and in the success with which big publishers have learned how to make themselves apparently indispensable to the academic prestige economy."

Die Kritik an dem Geschenkmodell ist aber nur ein Indiz dafür, dass in den letzten Jahren das Zusammenspiel der Akteure auf den Wissenschaftsmärken immer mehr als problematisch empfunden wurde. Verlage haben es zwar auch unter den veränderten Bedingungen noch für einige Zeit verstanden, sich, wie bislang, quasi als naturgegebener Partner von Bibliotheken und Endnutzer zu behaupten, so wie es viele Jahrhunderte lang der Fall gewesen war. Aber das konnte unter den veränderten informations- und kommunikationstechnologischen Rahmenbedingungen auf Dauer keinen Bestand haben. „Eigentlich", so (Ziegler 2019) „können Wissenschaftlerinnen und Wissenschaftler die Arbeit der Verlage weitgehend selbstständig und unabhängig übernehmen." Mit „Arbeit" ist hier das Publizieren gemeint. Ob sie das wirklich wollen, ist eine andere Frage.

Tatsächlich ist inzwischen umfänglich Endnutzersoftware z. B. zum Erstellen von Zeitschriften und damit für das Publizieren verfügbar,[582] und es entstehen

---

[582] Ein Beispiel: CeDiS (an der FU Berlin) (https://bit.ly/2ky8O4v) bietet mittels der Software OJS (Open Journal Systems) Hosting und Support für wissenschaftliche Fachzeitschriften (auch für Monographien). Ausführliche Informationen für „Herausgeber/innen von Zeitschriften" auf der Open-Access-Plattform – https://bit.ly/2k8R8wf. Für Open-Access-Bücher bietet z. B. OAPEN Unterstützung zur Erstellung und Bereitstellung an. Die Publikationssoftware Open Monograph Press (OMP) wird zunehmend auch von Universitäten zur Unterstützung des E-Publishing für

auch immer mehr offene, also nicht-proprietäre Zeitschriften. Herausgeber solcher Open-Access-Zeitschriften können einzelne Wissenschaftler sein, aber auch Fachverbände/-gesellschaften oder Institutionen der Autoren, in der Regel über die Bibliotheken der Hochschulen oder außeruniversitären wissenschaftlichen Einrichtungen. Auch beteiligen sich Verlage schon an solchen Open-Access-Vorhaben. Das hat aber bislang noch nicht zu dem geführt, was (Ziegler 2019) mit der Übernahme durch die Wissenschaft anmahnt. Dass dies von Seiten der Wissenschaft noch nicht flächendeckend getan wird, ist auch der Tatsache geschuldet, dass das Management von Zeitschriften und die Bereitstellung der Wissensobjekte auf den Informationsmärkten nicht zu den Kernaufgaben der Wissenschaft gehört. Es war über lange Zeit sehr bequem, auf die Leistungen der Verlage und den Dienstleistungen der Bibliotheken zu vertrauen. Heute scheint das kommerzielle Geschenk-/Verwertungsmodell nicht mehr akzeptabel zu sein – vor allem weil die Gegenleistungen nicht mehr als angemessen empfunden werden:

(1) Für die Öffentlichkeit wird immer weniger akzeptiert, dass das mit öffentlichen Mitteln produzierte Wissen i. d. R. kostenlos an die Verlage abgegeben wird und dass dann für die entstehenden Produkte hohe Nutzungsgebühren entrichtet werden müssen.

(2) Autoren sehen sich in ihrer informationellen Autonomie durch die Praxis kommerzieller Verwerter eingeschränkt und protestieren gegen die bisherige Praxis der vertraglich abgesicherten vollständigen und durch das Urheberrecht ermöglichten Übertragung der den Autoren zustehenden Verwertungsrechte in exklusive Nutzungsrechte der Verleger auf. Auch Förderorganisationen wie die DFG ermuntern Autoren, nicht länger ihre Verwertungsrechte komplett abzugeben (vgl. FN 564).

(3) Den Akteuren in Bildung und Wissenschaft in ihrer doppelten Eigenschaft als Produzenten und Nutzer von Wissen ist nicht mehr im ausreichenden Ausmaß der Zugriff auf die Informationsprodukte garantiert, die sie für das Schaffen neuen Wissens brauchen. Entsprechend baut sich zunehmend Widerstand (bis hin zu Boykottaufrufen) gegen Teile der Verlagswirtschaft auf (vgl. 14.6).

(4) Die Nutzungsbedingungen (aber auch die Gebühren) der kommerziellen Anbieter sind nicht mehr den Potenzialen elektronischer Medien angemessen. Entsprechend werden die hohen Gewinne, vor allem der großen internationalen Verlage, als unangemessen gesehen.

---

digitale Bücher eingesetzt, z. B. von der FU Berlin. Zu den auf Open Access ausgerichteten Universitätsverlagen vgl. FN 631 und FN 632. Ebenso haben viele Universitäten Publikationsfonds zur finanziellen Unterstützung von Open-Access-Publikationen eingerichtet (auch für die APC für Bücher). Vgl. die umfassenden Informationen zu Open-Access-Büchern auf der Plattform open-access.net – https://bit.ly/2Ozp4Ok.

(5) Die Budgets der Mittlerinstitutionen wie Bibliotheken können nicht mehr mit den ansteigenden Kosten mithalten, die durch die aggressive und restriktive Preis- und Nutzungspolitik im Rahmen der Subskriptionsmodelle entstanden sind, begünstigt durch die Quasi-Monopolstruktur großer Verlage.
(6) Bibliotheken steigen daher immer mehr aus den Verträgen vor allem mit den großen Verlagen wie Elsevier aus und suchen, unterstützt von den Wissenschaftsorganisationen, nach neuen Formen der Finanzierung der Verlagsangebote (z. B. im Rahmen von DEAL; vgl. ausführlich dazu in 14.8).
(7) Das Publikationsmonopol der Verlage wird insgesamt nicht mehr anerkannt. Der Einsatz von Technologien für das Öffentlichmachen/Publizieren und Verbreiten von Informationsobjekten ist nicht länger das exklusive Kompetenzprofil für kommerzielle Verlage. Öffentlichmachen/Publizieren von erarbeitetem Wissen kann durch die umfassende Verfügbarkeit von entsprechenden Technologien aus der Wissenschaft, zusammen mit den Bibliotheken und Fachgesellschaften, selbst organisiert werden.
(8) Wissenschaft entwickelt unabhängig von den rechtlichen Vorgaben neue Formen der Produktion, des Öffentlichmachens, der Verteilung und Nutzung von Wissen und Information.

Das hier skizzierte „Geschenkmodell" könnte aber auch ganz anders bestimmt werden. Die Geschäftsmodelle der großen Player des „digitalen Kapitalismus" (Staab 2019) beruhen überwiegend auf einem etwas anderem Geschenkmodell, für das die Bezeichnung „Freemium" verwendet wird. Hier gilt i. d. R. das, was auch in dieser Arbeit als Nutzungsfreiheit bezeichnet – zumindest gilt das für die meisten Produkte und Dienstleistungen von Google und Facebook. Das ist nicht die Freiheit, die hier gemeint ist; denn die freie Nutzung wird in diesem Geschenkmodell dennoch bezahlt, allerdings mit einer anderen Währung, nämlich mit den Daten der Nutzung und der Nutzer, die für den viele Milliarden umfassenden Gewinn in realer Währung verwendet werden.[583] Freemium bedeutet also, dass für das primäre Basismodell auf Einnahmen verzichtet wird – die Nutzung also quasi geschenkt wird. Gewinne werden mit Anderem erzielt, wie bei Google und Facebook durch auf den Nutzungsdaten beruhender Werbung. Wem der Privatheitsschutz der persönlichen Daten das

---

583 Alphabet Inc., das Mutterunternehmen von Google, setzte im zweiten Quartal von 2019 rund $ 38,94 Mrd um, mit einem Gewinn von $ 9,94 Mrd. Das war eine Steigerung des Quartalsumsatzes vom 19 % – Quelle: statista: Umsatz von Google weltweit vom 4. Quartal 2014 bis zum 4. Quartal 2019 – https://bit.ly/2PGEl1u. Der Umsatz von Facebook betrug im dritten Quartal von 2019 ca. $ 17,7 Mrd und erbrachte einen Gewinn von $ 6.1 Mrd (durch monatlich aktive 2,45 Mrd Facebook-Nutzer) – Daten aus ZEIT 31.10.2019 – https://bit.ly/38gVxkb.

höhere Gut ist, sollte das Geschenk als „vergiftet" bezeichnet werden; aber kaum jemand verzichtet konsequent auf die Nutzung dieser Dienste. Monetäre Gewinne im Freemium-Modell können aber auch dadurch erzielt werden, dass für die die Basisprodukte ergänzenden informationellen Mehrwerte oder dass für die freien Basisprodukte in anderer medialer Gestalt bezahlt werden muss, z. B. elektronisch frei und gedruckt kostenpflichtig (oder umgekehrt). Kann das Freemium-Modell, das letztlich immer auch den kommerziellen Gewinnerwartungen entspricht, auf Produkte und Dienstleistungen auf den Wissenschaftsmärkten übertragen werden? Bislang besteht das traditionelle kommerzielle Verwertungsmodelle weiter, das auf Verkauf und/oder Lizenz für möglichst viele Exemplare bzw. möglichst viele Lizenzabnehmer und eng definierte Lizenznutzungsbedingungen beruht und auf das das Urheberrecht unterstützend reagiert. Im Folgenden wird beispielartig darauf eingegangen, wie sich die Wissenschaft und auch die Wissenschaftsorganisationen gegen dieses Modell wehrt.

14.6 Wissenschaft wehrt sich

In 3.5 wurde schon darauf eingegangen, dass sich seit der Jahrtausendwende der Widerstand gegen das kommerzielle Verwertungsmodell geregt hat. Fassen wir das kurz zusammen:

Der Wissenschaftsrat sprach schon 2001[584] von den „Veränderungen der Rollenverteilung in der Publikations- und Informationskette vom Autor bis zum Nutzer wissenschaftlicher Informationen" und von entsprechenden „Veränderungen der Rollenverteilung in der Publikations- und Informationskette vom Autor bis zum Nutzer wissenschaftlicher Informationen." Das damalige Forschungsministerium des Bundes sprach sich für den uneingeschränkten Zugriff auf das publizierte Wissen aus. Auf dem Weltgipfel der UN zur Informationsgesellschaft (2003 in Genf und 2005 in Tunis) wurde, auch mit Blick auf die Entwicklungsländer, der freie Zugriff zu einem globalen Thema. Es gab immer mehr Initiativen und Eingaben auf EU-Ebene, z. B. die 2007 von vielen Tausend Personen und Institutionen unterzeichnete Petition an die Europäische Kommission:

> Open access to the published scientific literature is one of the most desirable goals of our current scientific enterprise. Since most science is supported by taxpayers it is unreasonable that they should not have immediate and free access to the results of that research.

---

[584] Wissenschaftsrat in seinen „Empfehlungen zur digitalen Informationsversorgung durch Hochschulbibliotheken" 13.7.2001 (Drs. 4935/01) – https://bit.ly/2P5TbzJ.

2009 wurde von ca. 25.000 Personen eine von Lars Fischer an den Deutschen Bundestag gerichtete Petition unterzeichnet. Diese hatte das Ziel zu erreichen, dass wissenschaftliche Publikationen, die aus öffentlich geförderter Forschung hervorgehen, allen Bürgern kostenfrei zugänglich sein müssen (vgl. FN 68). Bei einer 2011 vom Aktionsbündnis durchgeführten Umfrage wurde die Frage gestellt: „Sollte Wissen, das unter Einsatz öffentlicher Mittel gewonnen wurde, Ihrer Meinung nach für jedermann für seinen persönlichen Bedarf frei verfügbar sein?" Von 91,7 % der Antworten wurde dies bejaht (vgl. FN 70). Ergänzend dazu zwei Beispiele für den aktiven Widerstand:

a) The cost of knowledge. Der 2012 vom Mathematiker William Timothy Gowers initiierten Aufruf "The cost of knowledge" gegen den Wissenschaftsverlag Elsevier[585] ist nur ein Beispiel für die zahlreichen öffentliche Proteste aus der Wissenschaft gegen die restriktive Preis-, Distributions- und Nutzungspolitik durch die Oligopole der großen Zeitschriftenverlage. Den Protest-Aufruf haben 17.641 Forscher unterzeichnet (keineswegs nur Mathematiker), und viele von ihnen haben ausdrücklich erklärt, nicht weiter für Elsevier zu arbeiten: "won't publish; won't referee; won't do editorial work". In den Erläuterungen zu "Cost of knowledge" wurde auf den technologischen Wandel verwiesen, der den Aufwand für das Publizieren drastisch verringert hat und der damit das Monpol der Verlage für das Publizieren in Frage stellt:

> the cost of journal publishing has gone down because the cost of typesetting has been shifted from publishers to authors and the cost of publishing and distribution is significantly lower than it used to be. By contrast, the amount of money being spent by university libraries on journals seems to be growing with no end in sight. Why do mathematicians contribute all this volunteer labor, and their employers pay all this money, for a service whose value no longer justifies its cost?

Zwar wurde Elsevier als der besonders aggressiv mit hoher Preispolitik operierende Verlag angegriffen ("Elsevier is an exemplar of everything that is wrong with the current system of commercial publication of mathematics journals"), aber in Frage gestellt wurde die gesamte herkömmliche kommerzielle Publikationswelt. Aber es wurden auch Antworten darauf gesucht, die den Möglichkeiten des Internets besser entsprächen. Es gibt nicht die eine Lösung. Auch das Zusammenspiel von Open-

---

[585] Vgl. Forscheraufstand gegen Wissenschaftsverlag. Mathematiker: Verlage lassen Unibibliotheken ausbluten. Deutschlandfunk 19.3.2012 – https://bit.ly/2kArJvr; vgl. (Scholz 2018) Wem gehört das Wissen? Vgl. die hier erwähnten Petitionen an die Politik zugunsten eines freien Umgangs mit öffentlich finanziertem Wissen (FN 68 und 69). Vgl. (Czepel 2015) Fünf Konzerne regieren die Wissenschaft – mit Bezug auf (Larivière et al. 2015) The Oligopoly of Academic Publishers.

Access- und traditionellen Zeitschriften wurde, im Sinne der Kompatibilitäts-These der beiden Märkte, nicht ausgeschlossen:

> Some people would like to see the journal system eliminated completely and replaced by something else more adapted to the internet and the possibilities of electronic distribution. Others see journals as continuing to play a role, but with commercial publishing being replaced by open access models. Still others imagine a more modest change, in which commercial publishers are replaced by non-profit entities such as professional societies (...) or university presses; in this way the value generated by the work of authors, referees, and editors would be returned to the academic and scientific community. These goals need not be mutually exclusive: the world of mathematics journals, like the world of mathematics itself, is large, and open access journals can coexist with traditional journals, as well as with other, more novel means of dissemination and evaluation.

b) Sci-Hub. Der Protest gegenüber restriktiver Preispolitik und damit eingeschränkte Nutzungsmöglichkeiten kann aber auch viel radikalere Züge annehmen. Die Online- Plattform Sci-Hub wurde im September 2011 von der kasachischen Neurowissenschaftlerin Alexandra Elbakyan gegründet.[586] Programmatische Basis dieser Plattform ist die Überzeugung, dass jedem Nutzer der barrierefreie, kostenlose Zugang zu allen veröffentlichten wissenschaftlichen Inhalten zustehe.[587] Elbakyan hatte Softwarelücken sowohl in den Bibliotheken der Universitäten und Forschungseinrichtungen sowie von Informationsdiensten wie ScienceDIrect von Elsevier ausgenutzt und so mehr als 60 Millionen wissenschaftliche Artikel heruntergeladen und zur freien Nutzung über das Internet bereitgestellt.[588] Sci-Hub bzw. Elbakyan sind mehrfach verklagt und auch verurteilt worden. Trotzdem bleibt der Zugriff darauf über wechselnde Domain-Namen erhalten, wenn auch jetzt mit einigem Suchaufwand verbunden. Die Verbote bzw. der offensichtliche Verstoß gegen Urheberrechtsgesetze haben die intensive Nutzung durch Wissenschaftler nicht eingeschränkt. 2017 konnte über Sci-Hub auf 62 Mio Artikel zugegriffen werden; das macht etwa 85 % der kostenpflichtigen Artikel aus „paywalled scholarly journals" aus, wenn auch nur 69 % aller insgesamt publizierten Artikel. Schon 2016 wurden 200.000 Anfragen an Sci-Hub gestellt – pro Tag. Nach einer aktuellen Studie von (Till et al. 2019)[589] verzeichnete Sci-Hub 27.8 Mio erfolgreich bearbeitete Download-Anfragen zwischen September 2015 und Februar 2016.

---

586 Vgl. den Artikel Sci-Hub in der Wikipedia – https://bit.ly/2lIAuUm.
587 Die allgemeine, obgleich nicht rechtlich bindenden Referenz dafür ist Artikel 27 der Allgemeinen Erklärung der Menschenrechte der Vereinten Nationen von Dezember 1948: „Jeder hat das Recht, am kulturellen Leben der Gemeinschaft frei teilzunehmen, sich an den Künsten zu erfreuen und am wissenschaftlichen Fortschritt und [dessen Errungenschaften teilzuhaben."
588 Die folgenden Daten sind dem Wikipedia-Artikel zu Sci-Hub entnommen (vgl. FN 586).
589 (Till et al. 2019) Who is pirating medical literature?

Aus der Sicht der kommerziellen Verlagswelt ist Sci-Hub illegal, eine Piraterie, welche ihre traditionelle Geschäftsgrundlage, aber auch Aktivitäten für kommerzielles Open Access untergrabe. Sci-Hub ist auch mit bestehenden Urheberrechtsregelungen zweifellos nicht vereinbar. Aber was sagt das aus über die Akzeptanz und Beachtung von rechtlichen Vorgaben? Geschäftsmodelle und juristische Regelungen, die von den auf sie bezogenen Akteuren im großen Stil nicht bedient und nicht beachtet werden, laufen leer. Das geht einher mit der eingangs aufgestellten These, dass beides, Markt und Recht, nicht auf Akzeptanz rechnen können, wenn sie mit dem entwickelten moralischen Bewusstsein für den Umgang mit Wissen und Information nicht übereinstimmen. Damit ist nicht die Legitimität der Nutzung von Sci-Hub institutionalisiert, und jeder Nutzer ist für die von ihm in Anspruch genommene Nutzung verantwortlich, auch wenn er sie als Zivilcourage verstehen mag. Sci-Hub steht in die Tradition dessen, was früher die Napsterisierung von Wissen als Protest gegen dessen fortschreitende Venterisierung (Kommerzialisierung von Wissen) genannt wurde. Vielleicht ist es so, dass sich nichts ändert, wenn nicht durch außerhalb des Systems stehende Handlungen die problematisch gewordenen Regelungen dieses Systems „kreativ zerstört" werden. Eine Zerstörung wie durch Sci-Hub ist sicher nicht nachhaltig – nachhaltig aber vielleicht die Auswirkung auch auf das Recht.

Die die kommerzielle Verwertung in Frage stellende Bereitstellung von Informationsobjekten durch Sci-Hub steht den Bibliotheken und den offiziellen Wissenschaftsorganisationen nicht zur Verfügung. Sie können ihren Protest aber auch anders artikulieren. Mehr als 200 Bibliotheken in Hochschulen und außeruniversitären Wissenschaftseinrichtungen hatten Ende 2017 ihre Verträge mit Elsevier gekündigt, um sich vor allem von „knebelnden" Subskriptionskosten für gebündelte Zeitschriften-Abonnements frei zu machen. Verschiedentlich wurde von den Bibliotheken versucht, für ihre Mitglieder einen kostenlosen Service einzurichten, durch den einzelne Elsevier-Artikel über die Bibliothek bestellt werden können.[590] Diese können dazu den Direktbestellungsdienst über ScienceDirect verwenden. Elsevier stellte, allerdings befristet, trotz der Befristung für eine Weile den vollen Service bereit. Wissenschaftsorganisationen müssen auf Verhandlungen setzen, um die Bibliotheken weiter in die Lage zu versetzen, die Informationsbedürfnisse ihrer Klientel zu befriedigen. In Deutschland hat vor allem die DFG schon seit einiger Zeit auf Nationallizenzen gesetzt, um die Bibliotheken von der restringie-

---

[590] Vgl. Uni-Bibliothek Bremen – https://bit.ly/2lKrwWH. Der Prozess bis zur Auslieferung (nur über Papier erlaubt, nicht elektronisch) soll in der Regel 7 Tage dauern Ein weiteres Beispiel für neue Formen der Direktlieferung (wenn kein Lizenzvertrag besteht): Bibliothek der Universität Konstanz: https://bit.ly/2NxgHCB.

renden Preispolitik der Verlage zu entlasten.[591] Die weiteste Perspektive eröffnet sich allerdings durch die Verhandlungen im Rahmen von DEAL (vgl. 14).

14.7 Zu den Open-Access-Zeitschriftenmärkten

Die Leitidee, dass der Zugang zum publizierten Wissen für jedermann frei zugänglich nutzbar sein soll, wird zwar immer noch langsam, aber doch beständig zum Default des wissenschaftlichen Publizierens – bislang in erster Linie für die Arbeiten in wissenschaftlichen Zeitschriften. Dieser Trend ist Realität und wird durch die Dokumentation von DOAJ (der zentrale Nachweisdienst für Open-Access-Zeitschriften) bestätigt. DOAJ wies für Oktober 2011 7.183 Open-Access-Zeitschriften nach, für Anfang August 2019 13.597. Von diesen Zeitschriften sind 10.650 auf Artikelebene suchbar. Insgesamt sind 4.172.826 Open-Access-Artikel in insgesamt 131 Ländern vorhanden. Verglichen mit den in 14.4.1 angegebenen Daten zu den online verfügbaren Zeitschriftenartikeln insgesamt machen die Open-Access-Artikel allerdings nur ca. 4 % aus.

Der oft noch niedrige Impact Factor (IF) von Open-Access-Zeitschriften ist dadurch bedingt, dass sie i. d. R. noch neueren Datums sind. Artikel in Open-Access-Zeitschriften haben aber hohe Wahrnehmungs- und damit Zitierungswahrscheinlichkeit, ihre Autoren also einen „Zitiervorteil". Der Nationale Open-Access-Kontaktpunkt (ein von der Allianz der deutschen Wissenschaftsorganisationen gefördertes und an der Universität Bielefeld angesiedeltes Projekt) belegt dies auf Grund mehrerer Studien:

> Generell lässt sich sagen, dass Open-Access-Zeitschriften eine höhere Sichtbarkeit haben und mittlerweile so etabliert sind, dass sie unter den Top-Zeitschriften vieler wissenschaftlicher Fachrichtungen zu finden sind.[592]

---

[591] Auf der Website der DFG für Nationallizenzen heißt es: "Um die Versorgung mit elektronischer Fachinformation an deutschen Hochschulen, Forschungseinrichtungen und wissenschaftlichen Bibliotheken nachhaltig zu verbessern, finanziert die Deutsche Forschungsgemeinschaft (DFG) seit 2004 den Erwerb von nationalen Lizenzen für elektronische Medien im Rahmen ihres Förderprogramms „Überregionale Literaturversorgung und Nationallizenzen". (https://www.nationallizenzen.de/) Ziel ist es, Wissenschaftlern, Studierenden und wissenschaftlich interessierten Privatpersonen den Zugang zu Datenbanken, digitalen Textsammlungen, elektronischen Zeitschriften und E-Books zu ermöglichen. Diese Lizenzen können von Einzelpersonen und Institutionen erworben werden. Eine Liste der Nutzungsangebote unter DFG Nationallizenzen – https://bit.ly/2sAQg7S.

[592] oa2020.de: Meist-zitierte Open-Access-Zeitschriften – https://bit.ly/2kosAQ5.

Der Anstieg an Open-Access-Zeitschriften hat sich inzwischen verlangsamt, aber über die gesamte hier angegebene Periode ist das immer noch ein durchschnittlicher Zuwachs von ca. 2 Zeitschriften pro Tag weltweit. Für Artikel in Open-Access-Zeitschriften gelten die beiden zentralen „Qualitäts"sicherungsverfahren, vor allem das klassische Peer Reviewing durch die Wissenschaft und bislang auch der IF als Exzellenznachweis für Zeitschriften. Da die meisten Open-Access-Zeitschriften noch nicht lange existieren (selten mehr als 10 Jahre), haben sie es schwerer als die traditionellen kommerziellen Zeitschriften, einen hohen IF zu erreichen. Das scheint aber nur eine Frage der Zeit zu sein.

Auf jeden Fall müssen für Open-Access-Zeitschriften die gleichen hohen Qualitätsansprüche gelten wie sie in der traditionellen Publikationsumgebung sich eingebürgert haben. Das wird schon in den verschiedenen Open-Access-Deklarationen festgehalten. Allerdings ist in letzter Zeit die Qualitätssicherung dadurch problematisch geworden, dass sich auf den Informationsmärkten Zeitschriften unter dem Etikett „Open Access" etabliert haben, die nicht die Standards wissenschaftlicher Qualitätssicherung oder redaktioneller Bearbeitung erfüllen und die gegen entsprechende Gebühren quasi unbesehen alles veröffentlichen, was ihnen angeboten wird. Allein das Angebot „Open Access" lockt offensichtlich in beträchtlichem Umfang viele Wissenschaftler, in diesen pseudowissenschaftlichen Raubverlagen zu veröffentlichen. Dafür hat sich auch der Begriff *Fake-Science* oder *Junk-Science* eingebürgert, mit beträchtlichem Schaden für das Ansehen von Wissenschaft.[593] DOAJ hat versucht, solche Open-Access-Zeitschriften herauszufiltern. So ist der Rückgang der 10.222 bei DOAJ nachgewiesenen Open-Access-Zeitschriften zum 7.2.2015 auf 9.325 zum 24.11.2016 vermutlich dadurch zu erklären, dass entsprechende Fake-Open-Access-Zeitschriften herausgenommen wurden. Zur Verminderung der Unsicherheit über die Qualität von Open-Access-Zeitschriften kann über den Nationalen Open-Access-Kontaktpunkt (OA2020-DE) eine Liste von 800 in DOAJ nachgewiesenen Open-Access-Zeitschriften durchsucht werden, die einen überdurchschnittlichen SNIP-Faktor aufweisen. Der SNIP-Faktor (*source normalized impact per paper*) ist eine zum IF alternative Journalmetrik, die den durchschnittlichen Zitationseinfluss der Veröffentlichungen einer Zeitschrift misst.[594]

Die Open-Access-Entwicklung wird schrittweise auch von der Verlagswelt akzeptiert – entweder mit eigenen, also selbst entwickelten Open-Access-Zeitschriften oder durch Übernahme schon bestehender, aus der Wissenschaft entwickelten Open-Access-Zeitschriften (*flipped journals*) oder die Herausgabe eigener Open-

---

[593] (Walger/Walger 2019) Vom Schein des Rechten getäuscht.
[594] Vgl. University of Maryland Research Guides: Bibliometrics and Altmetrics: Measuring the Impact of Knowledge – https://bit.ly/2SD2NjU.

Access-Bücher. Als Zwischenform kommen auch hybride Modelle sowohl für die Zeitschriften als auch für größere Objekte wie Bücher zum Einsatz. Hierbei können die Autoren von Artikeln oder Büchern entscheiden, ob sie ihre Verwertungsrechte zur kommerziellen Nutzung an Verleger abtreten oder ob sie, in der Regel durch Zahlung einer Gebühr (APC), das Open-Access-Publizieren ihrer Arbeit ermöglichen. So entstehen hybride Zeitschriften, bei denen ein Teil frei herunterladbar ist, der andere aber nur entweder durch Direktkauf oder über das erworbene Abonnement ihrer Bibliotheken. Dieses Abonnement müsste dann um den Anteil der Open-Access-Artikel in der Zeitschrift reduziert werden. Das ist kein einfaches und kein leicht transparent zu machendes Abrechnungsverfahren. Ob das ein zukunftsträchtiges Modell ist, kann zumindest für Zeitschriften bezweifelt werden. Durch DEAL soll das korrigiert werden.

Alle großen Zeitschriftenverlage sind in der Tat inzwischen auf breiter Front in das kommerzielle Open-Access-Publizieren eingestiegen (Daten von Mitte 2019):[595]

> Wiley[596] 110 Open Access-Zeitschriften, dazu 1420 Zeitschriften nach dem hybriden Ansatz; SpringerNature[597] 600 Open Access-Zeitschriften, dazu 1700 nach dem hybriden Ansatz; Elsevier[598] ca. 170 Open Access- Zeitschriften, dazu 1850 nach dem hybriden Ansatz; Taylor & Francis[599] 250 Open Access-Zeitschriften, dazu 2300 nach dem hybriden Ansatz.

Das gesamte kommerzielle Open-Access-Geschäftsmodell bei den Zeitschriften beruht (derzeit) darauf, dass Verlage sich ihre Leistungen (und ihre Gewinne) von den Autoren direkt bzw. mehr und mehr von ihren Institutionen, von Fachverbänden, von Förderinstitutionen oder den staatlichen Trägern der Hochschulen und externen Forschungseinrichtungen bezahlen lassen. Dadurch werden die verlagseigenen Open-Access-Zeitschriften finanziert – bislang in erster Linie über die APC-Gebühr. APC werden i. d. R. nicht von den Autoren selbst entrichtet, sondern durch die zugeordneten Institutionen. Auch Förderorganisationen übernehmen

---

[595] Der Grund für den Einstieg der Verlage in das Open-Access-Publizieren liegt vermutlich nicht nur darin, dass wegen der öffentlichen Finanzierung der Open-Access-Arbeit der Verlage eine gesichertes Geschäftsmodell entstanden ist (s. unten), sondern auch darin, dass sie sich durch die weiterhin bestehende Zuständigkeit für Open-Access-Objekte die Basis für die Entwicklung von informationellen Mehrwerten und neuen auf Wissenschaft und Bildung gerichteten Dienstleistungen sichern wollen. (vgl. 14.8)
[596] Wiley OA– https://bit.ly/2m770A5.
[597] Springer Nature OA – https://bit.ly/2lCjFe3.
[598] Elsevier OA – https://bit.ly/2m5g6x5. Elsevier geht davon aus, dass 20 % aller Artikel, die jedes Jahr verfasst werden, über Open Access veröffentlicht werden- Elsevier hatte 2016 420.000 Artikel veröffentlicht, davon mehr als 20.000 im Open-Access-Format. Der Elsevier-Service ScienceDirect erlaubt direktes Suchen nach OA, jetzt auch in SCOPUS.
[599] Taylor & Francis OA – https://bit.ly/2z2RNCI.

ganz oder teilweise die APC, falls eine Publikation ein Ergebnis der Förderung ist.[600] APC wird für alle Wissenschaftler in einer Wissenschaftsorganisation von dieser ganz oder teilweise übernommen.[601] APC-Gebühren streuen breit[602] von 0-APC, über wenigen hundert $ bis über $ 5.000 für sehr teure Zeitschrift wie Cell. APC kann pauschal über einen Vertrag eines Verlags vereinbart werden, z. B. durch eine Hochschule. Deren Bibliothek finanziert, d. h. alle Angehörigen dieser Einrichtungen können dann in den Zeitschiften dieses Verlags Open Access publizieren.[603] Auch kann ein Verbund von fachspezifischen Institutionen mit Verlagen die Open-Access-Produktion/-Nutzung für alle Wissenschaftler auf dem Fachgebiet aushandeln (und damit auch die weltweite Open-Access -Nutzung), so z. B. das SCOAP-Modell für die Hoch-Energie-Physik.[604]

Im Rahmen der DEAL-Verhandlungen wurde ein Finanzierungsmodell über eine PAR-Gebühr vereinbart. PAR ist mehr als nur ein institutionalisiertes APC, denn über PAR im Rahmen von DEAL wird nicht nur das Open-Access-Publizieren finanziert, sondern auch der (allerdings nicht umfassende) lesende Zugriff auf die kommerziellen Zeitschriftenbestände. Aber auch für diese Gebühr trifft zu, dass den Verlagen die Kosten für die Umwandlung der Wissensobjekte in Informationsobjekte (einschließlich des erwarteten Gewinns) von der Öffentlichkeit erstattet werden – allerdings mit dem Effekt, dass dadurch die Nutzung weitgehend frei wird. Das ist das neue Modell, das den Verlagen erlaubt, auch auf den Publikationsmärkten weiter aktiv zu bleiben. Dazu ausführlicher im folgenden Abschnitt.

---

[600] Beispiel: Die DFG hat bereits 2010 „eine einheitliche Preisdeckelung für Open-Access-Artikelgebühren im Programm Open Access Publizieren eingeführt. Es bestehen DFG-Förderprogramme für die institutionelle Abdeckung von Publikationsgebühren sowie für Lizenzverträge, die Open-Access-Komponenten enthalten." – https://bit.ly/2Humea5.

[601] Beispiel: Die Max Planck Digital Library (MPDL) unterstützt das Open-Access-Publizieren der MPI-Wissenschaftler durch Hinweise, wie die finanziellen APC-Anforderungen ganz oder teilweise übernommen werden, z. B. „All Max Planck authors are granted a 50 % discount on the article processing charges for all genuine Open Access journals" – https://bit.ly/2km7gKZ.

[602] Vgl. Angaben der University of Cambridge, UK – https://bit.ly/2Avdnl0.

[603] Beispiel: Die Universität Göttingen (inklusive der Universitätsmedizin Göttingen) wurde Mitglied in SpringerOpen. Autoren zahlen keine APC für das Publizieren in den Zeitschriften von BioMed Central, Chemistry Central oder SpringerOpen. Die Rechnungsabwicklung übernimmt zentral die SUB Göttingen. Zeitgleich mit der Veröffentlichung in einem entsprechenden SpringerOpen Journal wird der Artikel über GoeScholar, d.i. der Publikationsserver der Universität Göttingen, zugänglich gemacht – https://bit.ly/2k5nisj.

[604] SCOAP^3 is a one-of-its-kind partnership of over three thousand libraries, key funding agencies and research centers in 44 countries and 3 intergovernmental organisations. Working with leading publishers, SCOAP^3 has converted key journals in the field of High-Energy Physics to Open Access at no cost for authors. SCOAP^3 – Sponsoring Consortium for Open Access Publishing in Particle Physics –https://scoap3.org/.

14.8 Die Transformation in Richtung Open-Access-Publizieren am Beispiel Deal

International treibt OA2020, in Übereinstimmung mit den Zielen von Coalition S (vgl. 11.3.6), die Open-Access-Entwicklung voran.[605] Das strategische Ziel von OA2010 ist es, die Transformation der Märkte in Richtung Open-Access-Publizieren dadurch zu erreichen, dass mit den Verlegern Übereinkommen (*transformative agreements*) getroffen werden, durch welches das Subskriptionsmodell für Zeitschriften(bündel) durch ein neues, Open-Access-spezifisches Geschäftsmodell ersetzt werden soll. Durch die Öffentlichkeit finanziert werden nur die Kosten für die Erstellung und die öffentliche Zugänglichmachung von Informationsobjekten durch die Verlage. Die Nutzung selbst ist frei. Das ist ein wesentlicher Beitrag, um die hier verfolgte Leitidee der Nutzungsfreiheit zu erreichen – allerdings kann das dafür zum Einsatz kommende Finanzierungsmodell durchaus als problematisch angesehen werden.

In Deutschland verfolgen auch die in der Allianz zusammengefassten Wissenschaftsorganisationen seit 2016 (vgl. FN 605) über das Vorhaben DEAL ein ähnliches Ziel, nämlich das bisherige Standard-Subskriptionsmodell für wissenschaftliche Literatur durch ein publikationsbasiertes Open-Access-Modell abzulösen. An DEAL sind derzeit 700 wissenschaftliche Einrichtungen in Deutschland beteiligt. Als Einstieg soll durch DEAL[606] über bundesweite Lizenzverträge mit den großen Wissenschaftsverlagen ein „deal" abgeschlossen werden, um sukzessive dieses allgemeine Ziel zu erreichen,[607] konkret (hier paraphrasiert):

> (1) Alle an DEAL beteiligten Einrichtungen soll dauerhafter Volltextzugriff auf das gesamte Zeitschriften-Portfolio der ausgewählten Verlage garantiert werden.
> (2) (Peer Review bewertete) Publikationen von Autoren aus deutschen Einrichtungen sollen automatisch nach Open Access-Prinzipien frei geschaltet werden (i. d. R. ergänzt um die CC-BY-Lizenz).
> (3) Die Vergütung an die Verlage soll durch ein einfaches, zukunftsorientiertes Berechnungsmodell erfolgen, das sich am Publikationsaufkommen orientiert.

---

[605] Grundlegend für die Transformation des Subskriptionsmodells in ein Open-Access-Geschäftsmodell ist die Arbeit von (Schimmer/Geschuhn/Vogler 2015) Disrupting the subscription journals.
[606] Projekt DEAL – https://www.projekt-deal.de/.
[607] Der Börsenverein des deutschen Buchhandels hatte vor dem Bundeskartellamt gegen das Vorhaben DEAL geklagt, da dadurch in die Märkte für E-Zeitschriften missbräuchlich eingegriffen würde: Es gebe keinen transparenten Auswahlprozess, so dass Fachbuchhändler und kleinere Verlage außen vor seien. „Das Kartellamt", so der Börsenverein, „lehnte eine Verfahrenseinleitung ab. Das Argument: Die Nachfragebündelung liege im Bagatellbereich, da unterhalb eines Marktanteils von 15 Prozent liegend (weltweiter Nachfragemarkt entscheidend)." Börsenblatt 13.6.2017 – https://bit.ly/2uq8lGI.

(4) Die einzelnen an Deal beteiligten Einrichtungen sollen finanziell entlastet werden, vor allem durch Befreiung vom Subskriptionsmodell.

Während es mit den Verlagen Wiley Anfang 2019[608] und Springer Nature im August 2019[609] zu (befristeten) Lösungen gekommen ist, konnte mit Elsevier bislang (Stand 9/2019) keine Einigung erreicht werden, da Elsevier nicht bereit war, die zentralen DEAL-Ziele zu übernehmen, vor allem eine erweiterte Open-Access-Nutzung, das freie Lesen kommerzieller Bestände und – mit Blick auf zukünftige Verwertungsformen – die Aufgabe der exklusiven Nutzungsrechte. In den bislang getroffenen Vereinbarungen sind z. B. die folgenden Regelungen mit Springer Nature vorgesehen[610] – vergleichbar denen mit Wiley.[611]

(1) Autoren, die an den DEAL-Einrichtungen arbeiten (Status "submitting corresponding author"[612]) können ihre Artikel nach Open Access-Prinzipien in den aktuell rund 1.900 Springer- bzw. den 1.420 Wiley-veröffentlichen Subskriptionszeitschriften veröffentlichen. Unklar, ob das von der Menge her begrenzt ist – die Rede ist von jährlich rund 13.000 Artikeln bei Springer bzw. 10.000 bei Wiley. Im Wiley-Vertrag heißt es dazu: „Die jährlichen Kosten des Wiley-DEAL-Vertrages bemessen sich an der Anzahl der jährlich publi-

---

608 Wiley-Vertrag 15.1.2019 – https://bit.ly/3btmWSk. Ab dem 22.2.2019 konnten Autoren aus den Vertragspartnerinstitutionen gegen Zahlung der PAR Artikel in Wiley's Gold Open Access journals veröffentlichen, ab dem 1.7.2019 auch Artikel in Wiley's Hybrid-Zeitschriften. Erwartet werden ca. 10.000 jährlich in Wiley-Zeitschriften zu publizierende Artikel, die entsprechend Open Access unter einer freien Lizenz genutzt werden können. Für jeden dieser Artikel muss die PAR von € 2.750 gezahlt werden.
609 Vgl. DEAL Springer Nature 22.8.2019 – https://bit.ly/2vYXnbk. Das Memorandum of Understanding (MOU) wurde am 22. August 2019 unterzeichnet – https://bit.ly/2LfnChV.
610 Die vollständigen Texte der Memoranden bzw. die gültigen Verträge waren zur Zeit der Fertigstellung dieser Arbeit noch nicht öffentlich einsehbar. Es kann daher sein, dass einige Aussagen hier korrigiert werden müssen oder dass sich inzwischen die Vereinbarungen geändert oder konkretisiert haben. Entsprechend den Eckpunkten von DEAL berechtigt die Vereinbarung „alle wissenschaftlichen Autorinnen und Autoren aus rund 700 deutschen Wissenschaftseinrichtungen ihre fast 10.000 jährlich in Wiley-Zeitschriften erscheinenden Fachartikel im Open Access unter einer freien Lizenz zu veröffentlichen." Vertrag zwischen DEAL und Wiley abgeschlossen, 15. Januar 2019 – https://bit.ly/2lHYyHi. Die Gebühr ist keine APC für das Open-Access-Publizieren alleine, sondern eine sogenannte PAR (publish&read). Sie erlaubt zusätzlich das *Lesen* aller bei Wiley erscheinenden Zeitschriftenartikel. Bei Publikationen in bestehenden Wiley Open-Access-Gold-Zeitschriften muss eine APC weitergezahlt werden; allerdings werden darauf 20 % Rabatt gewährt. Vgl. Eckpunkte des Memorandum of Understanding mit Springer Nature, 22.8.2019 – https://bit.ly/38gPLiQ.
611 Für 2020 basiert der PAR aber wohl auf „mindestens 9.500 Artikeln", so die Pressemitteilung der MPI dazu: https://bit.ly/325KgQq.
612 So im Wiley-Vertrag genannt (FN 608).

zierten Open-Access-Artikel von Autoren [...] aus den teilnahmeberechtigten deutschen Einrichtungen" (vgl. FN 608).
(2) Für jeden Artikel ist von der Einrichtung des publizierenden Autors eine sogenannte PAR-Gebühr (publish&read) von € 2.750 zu entrichten. Das PAR-Prinzip wurde schon früher verschiedentlich bei Verträgen mit Verlagen angewendet, aber jetzt bei DEAL im großen Stil.
(3) PAR ist keine traditionelle APC, sondern erlaubt jetzt den rund 700 teilnahmeberechtigten deutschen Wissenschaftseinrichtungen einen dauerhaften lesenden Zugriff auf die wissenschaftlichen Zeitschriften von Springer, Palgrave, Adis und Macmillan bzw. auf die von Wiley, aber nur für die, die in der Laufzeit des Vertrags erschienen sind. Einige wichtige Zeitschriften und Magazine sind zudem davon ausgeschlossen.[613] Unklar ist, ob dieser lesende Zugriff davon abhängig ist, ob eine bestimmte Anzahl von PAR erreicht wird.
(4) Während der Verlagslaufzeit (also bis 2022 bzw. eventuell 2023) kann auch auf die sogenannten Backfiles bis zum Erscheinungsjahr 1997 zurückgegriffen werden. Es bleibt entsprechend wohl ein Zugriffsloch für die Jahre zwischen 1998 bis 2020 (der Beginn des Deal-Deals). Das sind allerdings die vor allen in STM/MINT-Fächern wichtigen, intensiv genutzten Jahrgänge. Fraglich ist, ob dieses Loch dann weiter über Subskriptionen geschlossen werden muss.
(5) In Ergänzung zu (1) können weitere Artikel nach Open-Access-Prinzipien in Wiley- bzw. in Springer Gold-Open Access- oder in hybriden Zeitschriften bzw. in BioMed Central publiziert werden. Für diese würde weiter das APC-Modell gelten. Allerdings wird für Institutionen, die bei DEAL beteiligt sind (derzeit ca. 700), für APC ein Rabatt von 20 % von der PAR-Gebühr gewährt.
(6) Eine Nutzung nach Open Access-Prinzipien wird nach wie vor nur bei jenen Artikeln möglich sein, die unter einer freien Lizenz publiziert wurden, entweder in hybriden oder in reinen Open Access-Zeitschriften.
(7) Unklar ist, welche Folgen der unter (3) erwähnte lesende Zugriff haben wird. In der Urheberrechtsterminologie würde das bedeuten, dass das Ausdrucken und Abspeichern geschweige denn das öffentliche Zugänglichmachen dieser Materialien für Zwecke von Forschung und Lehre nicht gestattet wäre.
(8) Die jeweilige PAR-Gebühr ist aus den Budgets der Forschungseinrichtungen bzw. deren Bibliotheken zu entrichten, bei denen ein Autor einen Artikel nach Open Access-Prinzipen veröffentlichen will. Entsprechend werden dadurch publikationsintensive Einrichtungen stärker belastet als jene, bei denen weni-

---

[613] Bei Springer z. B. "Nature and Nature branded subscription journals or purely professional journals as well as magazines, such as Scientific American or Spektrum der Wissenschaft" – https://bit.ly/3743d9h.

ger publiziert wird. Da über die PAR-Gebühren aber auch der gebührenfreie lesende Zugriff auf die kommerziellen Bestände erlaubt ist (nach den unter (3) und (4) angeführten Bedingungen), ist das sozusagen eine Solidaritätsaktion zugunsten aller anderen Nutzer aus den (bislang) 700 Einrichtungen.[614]

DEAL ist ein Schritt in Richtung des Ziels, die Bibliotheken vom bisherigen Subskriptionsmodell zu befreien. Insgesamt sind die jetzigen Vereinbarungen aber erst eine Annäherung an die (oben skizzierten) ursprünglich anvisierten Ziele:

(1) Das erste DEAL-Ziel, dauerhafter Vollzugriff aller DEAL-Partner auf alle publizierten Zeitschriften, wird durch den jetzigen Vertrag nicht in dem anvisierten Umfang erreicht.
(2) Angesichts der verschiedenen einschränkenden Bedingungen ist es fraglich, ob entsprechend dem dritten DEAL-Ziel ein einfaches, zukunftsorientiertes Berechnungsmodell entwickelt worden ist. Durch das UrhWissG hatte der Gesetzgeber in der UrhWissG-Reform 2017/18 das Prinzip der Individualerhebung und -vergütung für schrankenbasierte Nutzung erst einmal, auch wegen zu hohen Transaktionskosten aufgegeben. Nun kommt auf die Bibliotheken ein kompliziertes Verfahren für die Open Access-Beiträge in den Zeitschriften der Verlage zu.
(3) Ob entsprechend dem vierten DEAL-Ziel alle DEAL-Einrichtungen tatsächlich finanziell entlastet werden, bleibt noch offen. Für publikationsintensive Einrichtungen ist dies fraglich.

Problematisch ist, dass die Rückwirkung der Vereinbarung für das Lesen früher kommerziell publizierter Artikel auf die Laufzeit des Deals bzw. die Zeit bis 1997 beschränkt ist. Die Zeit zwischen 1998 bis 2020 bleibt – so müssen die Eckpunkte ausgelegt werden – offenbar ausgespart. Einige wichtige Zeitschriften bleiben vom freien „Lesen" ausgenommen. Die Skepsis bleibt, ob durch die Vereinbarung mit der PAR-Gebühr Mittel für die Realisierung von Open-Access-Modellen aus der Wissenschaftsumgebung freigesetzt werden können. Kurz- und mittelfristig wird das eher nicht der Fall sein. Die Gefahr der weiteren Preisspirale ist nicht gebannt. Möglicherweise wird dadurch sogar das Marktmonopol der großen Verlagskonsortien verstärkt. Unterm Strich überwiegt aber der jetzige Erfolg von DEAL, der ja nicht das Ende sein muss. Trotz mancher Bedenken vor allem der viel zahlenden Vielpublizierer ist der jetzige DEAL mit Wiley und Springer Nature ein wichtiger Hinweis dafür, dass die umfassende Open-Access-Transformation unterwegs ist.

---

614 In dem Berechnungsmodell nach Publikationsaufkommen steckt einiges Konfliktpotenzial. Darauf hat der Verein der TU-Universitäten in Deutschland in einer Pressemitteilung „Open Access Transformation zum Erfolg führen" vom 25.11.2019 hingewiesen – https://bit.ly/2YqpPgI. Die TU-Universitäten sehen in der Tat „höhere Kosten für die publikationsstarken Einrichtungen". Aus Ausgleich wird „im Sinne einer fairen Kostenverteilung" erwogen, die weniger publikationsintensiven Hochschulen, die aber auch an den Vorteilen von DEAL partizipieren, „an der Finanzierung zu beteiligen, z. B. in Form einer reading fee".

Das Open Access inhärente Prinzip der Nutzungsfreiheit gewinnt durch diese gemeinsame Aktion der deutschen Wissenschaftsorganisationen und den Wissenschaftseinrichtungen innerhalb und außerhalb der Hochschulen öffentliche Anerkennung. Weltweit wird diese Entwicklung durch Initiativen wie OA2020 vorangetrieben (s. zu Beginn dieses Abschnitts).

14.9 Open-Access-Märkte für Bücher

Die Transformation der Wissenschaftsmärkte in Richtung Open-Access-Publizieren hat schon jetzt auch Auswirkungen auf Produktion und Vertrieb größerer Werke wie Monographien, Sammelbände, Proceedings[615], Lehrbücher, Festschriften etc. DOAB, das Directory for Open Access Books,[616] weist Anfang Februar 2020 26.841 wissenschaftliche peer-reviewed Bücher nach, veröffentlicht von 370 Verlagen. OAPEN[617] weist Open-Access-Bücher überwiegend aus den Sozial- und Geisteswissenschaften nach und unterstützt dessen Produktion.

Dabei ist davon auszugehen, dass die Transformation der Wissenschaftsmärkte auch für das Publizieren von Büchern in Richtung Open Access geht. Dafür nur ein Hinweis auf SpringerOpen, welches seine Plattform SpringerLink zur Bereitstellung von Open-Access-Büchern nutzt. Springer ermuntert Autoren zur Open-Access-Publikation ihrer Bücher mit dem Hinweis auf größere Sichtbarkeit und Nutzung ihrer Werke:

> Tour open access academic books and chapters on average receive seven times more downloads, 50 % more citations, and ten times more online mentions compared to non-open access books*.[618]

Daneben behalten die Autoren gänzlich ihre Urheberrechte, und die Erstellung der elektronischen Versionen erfolgt, so SpringerOpen, mit der gleichen redaktionellen Sorgfalt, wie sie bei den gedruckten Büchern üblich sind. Die Finanzierungsmodelle

---

[615] Vor allem bei den Proceedings von Konferenzen ist Entwicklung zu den Open-Access-Büchern deutlich zu erkennen: Diese werden häufig von den Fachgesellschaften organisiert und finanziert. Die Teilnahme an den i. d. R. kostenpflichtigen Konferenzen sichert den Teilnehmern (und damit indirekt auch ihren Kollegen) die freie Nutzung dieser Arbeiten. Auch bei diesem Publikationsbereich werden die Verlage aktiv und bieten z. B. eigene Proceedings Software an (vgl. die von Cern bereitgestellte Liste von Verlagen, die solche Conference-Proceedings-Software anbieten – Projekt indico – https://getindico.io/).
[616] DOAB – https://www.doabooks.org/.
[617] OAPEN – https://www.oapen.org/home.
[618] SpringerOpen – https://www.springeropen.com/books.

für Open-Access-Gold-Bücher sind aber nicht durchgängig transparent. Im hybriden Modell könnte die Finanzierung der Open-Access-Gold-Bücher durch den Verkauf der nach wie vor gedruckten Exemplare gesichert werden. Zur Anwendung kommen aber auch Online-Nutzungsmodelle, bei denen nur einzelne Kapitel gegen Zahlung online verfügbar gemacht werden. Das scheint eher das Modell für Textsorten wie Handbücher zu sein, bei denen die einzelnen Kapitel selbständige Texte sind.

Derzeit verlangen die meisten Verlage von den Autoren für die Freistellung der entsprechenden Open-Access-Gold-Version, dass sie auf irgendeine Weise für die Produktions- und Bereitstellungskosten für diese Version aufkommen. Die bei Zeitschriftenartikel gebräuchliche APC wird auf Bücher übertragen. Üblich sind hohe 4-stellige Euro-Beträge, über deren genaue Höhe wohl von Fall zu Fall entschieden wird. Diese Gebühr wird in der Erwartung erhoben – ohne dass es dafür empirische Belege gibt –, dass durch die Gold-Version der Verkauf der gedruckten Version eingeschränkt wird.

Es kommen aber auch andere Modelle zum Einsatz. De Gruyter z. B. experimentiert, neben der auch der hier angewendeten Open-Access-Gold-Publikation, mit verschiedene Verfahren für die E-Verfügbarkeit. So schließt de Gruyter mit einzelnen Bibliotheken Nutzungsverträge für den Online-Zugriff auf die Web-Plattform „De Gruyter" ab.[619] Das erlaubt nicht unbedingt in jedem Fall eine Nutzung nach Open-Access-Prinzipien, schließt diese aber auch nicht prinzipiell aus. Die Nutzung ist über genau spezifizierte Lizenzbedingungen geregelt.[620] Weitergehend ist ein Projekt, das derzeit (Oktober 2019) De Gruyter mit der Staats- und Universitätsbibliothek Göttingen begonnen hat.[621] Dieses Projekt soll die Open-Access-Transformation von Büchern in den Geisteswissenschaften befördern. Das bisherige Lizenzierungsmodell soll durch ein Open-Access-Produktionsmodell ersetzt werden. Die an dem Projekt teilnehmenden Bibliotheken finanzieren gemeinsam die Veröffentlichung von Monographien und Sammelbänden nach Open-Access-Prinzipien. Die Analogie zu den bei Zeitschriften angestrebten und z. B. über DEAL schon teilweise vereinbarten Transformationsmodellen (dort vom Subskriptionsmodell zum Erstellungsmodell, vgl. 14.8) ist unverkennbar. Die Refinanzierung der Ausgaben der Verlage geschieht nicht über die Nutzung, sondern über die Einnahmen aus der Vergütung für die Produktion und Bereitstellung der Informationsobjekte, welche die Öffentlichkeit derzeit bereit ist zu erbringen. Nutzungsfreiheit wird auch das Prinzip für größere Werke wie Bücher. Auch das sollte Folgen für die auf kleinteilige Nutzung abzielenden urheberrechtlichen Schrankenbestimmungen haben. Die

---

[619] Z. B. De Gruyter Online für die Universität Hildesheim – https://bit.ly/32lsWGQ.
[620] Eine Übersicht über die Lizenzbedingungen verschiedener Verlage/Anbieter von der Universität Viadrina Frankurt/Oder: https://bit.ly/33xxD1X.
[621] de Gruyter/Bibliothek Göttingen Open Access Projekt – https://bit.ly/2Cjul6s.

Beschränkungen der Nutzung auf festgelegte Prozentsätze des Gesamtumfangs wird im Open-Access-Gold Ansatz-überflüssig.

14.10 Open Access wird Default des wissenschaftlichen Publizierens

Die Entwicklung auf den Zeitschriftenmärkten (und noch etwas langsamer auch auf den Buchmärkten) legt es nahe: Es ist heute keine gewagte These mehr, dass das Open-Access-Publizieren das allgemeine Paradigma sozusagen der Default des Publizierens in der Wissenschaft wird.[622] Schon in der Strategie des BMBF zu Open Access in Deutschland von 2016 hieß es: „Open Access als Standard des wissenschaftlichen Publizierens etablieren".[623] Open Access zu realisieren, ist auch seit mehr als 12 Jahren fester Bestandteil der EU-Politik – dokumentiert in zahlreichen Stellungnahmen vor allem der EU-Kommission, aber auch des EU Rats.[624] Dabei ist Open Access nur ein Teil des umfassend allgemein gewordenen Open-Prinzips, vor allem mit Blick auf Open Science.[625] Auch der EU Rat hatte

---

[622] In Deutschland informiert laufend der Nationale Open-Access-Kontaktpunkt OA2020-DE zum Online-/Open-Access-Publizieren – https://oa2020-de.org/.

[623] BMBF Open Access in Deutschland – https://bit.ly/2k6hAXc. Einige Allianzorganisationen hatten darin schon klare Ziele bis 2020 formuliert: Die Helmholtz-Gemeinschaft hat im April 2016 erklärt, ihre Bemühungen zu Open Access zu quantifizieren. Bis 2020 sollen mindestens 60 Prozent der Publikationen Open Access verfügbar sein, im Jahr 2025 100 Prozent. Die Fraunhofer-Gesellschaft strebt bis 2020 einen Open Access-Anteil von 50 Prozent ihrer Publikationen an.

[624] EU-Kommission; „Policies on open access to scientific research results should apply to all research that receives public funds" und zwar "as soon as possible, preferably immediately and in any case no later than six months after the date of publication, and twelve months for social sciences and humanities" – Communication from the Commission ... Towards better access to scientific information: Boosting the benefits of public investments in research. COM(2012) 401 final, 17.2.2012 – https://bit.ly/1IP1hBg. Aber schon 2007 hatte sich die EU-Kommission mit Open Access als Teil der „Forschungspolitik der Gemeinschaft zur Maximierung des sozioökonomischen Nutzens von Forschungs- und Entwicklungsbestrebungen für das Allgemeinwohl" beschäftigt – Mitteilung der Kommission .... über wissenschaftliche Informationen im Digitalzeitalter: Zugang, Verbreitung und Bewahrung {SEC(2007)181} – KOM(2007) 56 vom 14.2.2007 – https://bit.ly/35V4ZI9.

[625] Vgl. die Artikel im Sonderheft zu "Open Science" vom 15.08.2017 in der Zeitschrift für Technologiefolgenabschätzung in Theorie und Praxis (TATuP) Bd. 26, Nr. 1–2, 2017; insbesondere die Artikel von Werner Reichmann: Open Access zwischen sozialen Strukturen und Wissenskulturen; Ulrich Riehm, Michael Nentwich: Open Science aus Perspektive der Technikfolgenabschätzung; Johann Jakob Häußermann, Marie Heidingsfelder: Offen, verantwortlich und verantwortlich offen; Heidemarie Hanekop: Umwandlung wissenschaftlicher Journale in Gold Open Access. Chance

schon 2016 Open Access allgemein in die politische Zielsetzung eines Übergangs in ein umfassendes Open-Science-System eingebettet.[626] Die europäischen Organisationen zur Wissenschaftsförderung bewegen sich immer mehr in Richtung eines umfassenden Open-Access-Publizierens (vgl. die Initiativen von OA2020 und von cOAlition Plan S). Auch die DFG hat eine öffentliche Unterstützung für den Plan S der cOAlition signalisiert. Die DFG forcierte 2018 ihr Engagement zugunsten eines verbindlichen Open Access und fordert die von ihr geförderten Wissenschaftler auf,

> ihre Ergebnisse entweder auf dem sogenannten „Goldenen Weg" (sofortige Open Access-Veröffentlichung) oder auf dem „Grünen Weg" (Veröffentlichung in Open Access-Repositorien zusätzlich zur Veröffentlichung nach dem Subskriptionsmodell) öffentlich zugänglich zu machen.[627]

Die DFG unterstützt die von ihr geförderten Wissenschaftler finanziell, ihre „Forschungsergebnisse auf Open-Access-Basis kostenfrei im Internet zur Verfügung zu stellen" und fordert sie auf, „einen offenen Zugang zu geförderten Publikationen zu ermöglichen"(ebda.). Auf eine Verpflichtung hat sie sich, ähnlich wie auch bei der Zweitverwertung nach § 38 Abs. 4 UrhG (vgl. 11.3), (noch) nicht verständigen können – anders als z. B. in der Schweiz, z. B. durch den Schweizerischen Nationalfonds[628] sowie durch Swiss National Science Foundation (SNSF)[629] und in Österreich durch den Österreichischen Nationalfonds.[630] Im von Stevan Harnad organisierten *Registry of Open Access Repository Mandates and Policies* (ROARMAP) sind weltweit 86 Förderorganisationen nachgewiesen, die OA mandatorisch verlangen (dabei keine einzige aus Deutschland) – darüber hinaus annähernd 1000 Forschungseinrichtungen und Verbände, die entweder ein mandatorisches Open-Access-Publizieren verpflichtend machen (*required*) oder dies dringend nahelegen (*requested*).

Die Öffentlichkeit ist derzeit bereit, den Verlagen ihre Produktions- und Distributionsleistungen für Zeitschriftenartikel finanziell in einem solchen Umfang zu entgelten, dass die Nutzung der publizierten Materialien nach Open-Access-

---

oder Risiko für die Wissenschaft?; Werner Reichmann: Open Science zwischen sozialen Strukturen und Wissenskulturen. Eine wissenschaftssoziologische Erweiterung.
626 (Council 2016) EU Council 8791/16 vom 17.5.2016 – https://bit.ly/25xBYxb.
627 In der Stellungnahme der DFG zur Gründung von „cOAlition S" zur Unterstützung von Open Access. Information für die Wissenschaft Nr. 56 | 4. September 2018 – https://bit.ly/2Humea5.
628 Schweizer Nationalfonds: Auf dem Weg zu 100 %: Steigerung bei Open-Access-Publikationen notwendig – https://bit.ly/31hxLAY. Kritisch dazu Michael Baumann: Das neue Urheberrecht bremst Open Access. Horizonte 8.3.2018 – https://bit.ly/370D9vD.
629 SFNS: "The rules of the SNSF require grantees to make their research results available in an Open Access publication." Overview of SNSF Guidelines on Open Access – https://bit.ly/30CkAKN. Das gilt gleichermaßen für Zeitschriftenartikel wie auch für Bücher.
630 Österreichischen Nationalfonds. Open Access Policy –https://bit.ly/2KVTucg.

Prinzipien frei ist. Das klassische Modell der Verlagswirtschaft – erst einmal in finanzielle Vorleistung zu treten, um dann durch Verkauf oder Lizenz den Return of Investment einschließlich der Gewinne zu sichern – dreht sich im kommerziellen Publizieren fast vollständig um. Der *Return of investment* ist quasi vorfinanziert. Die Nutzung produziert keine weiteren Einnahmen. Man könnte der Ansicht sein, dass es der Wissenschaft letztlich egal ist, wer diese Freiheit garantiert – Bibliotheken und andere öffentliche Informationsvermittlung-/Kultur-Einrichtungen oder die Verlagswirtschaft, die das finanziert gesichert sehen will. Ob allerdings das Verfahren, das kommerzielle Open-Access-Publizieren öffentlich zu finanzieren, tatsächlich nachhaltig und aus volkswirtschaftlicher Sicht sinnvoll ist, ist noch nicht ausdiskutiert. Auch ist es noch nicht abschließend durchgerechnet, welche Open-Access-Verfahren ökonomischer preisgünstiger sind – die in öffentlichen Umgebungen organisierten oder die in kommerziellen Umgebungen. Das Argument, dass die öffentlichen Einrichtungen für ihre Publikationsleistungen keinen Gewinn erzielen müssen bzw. es auch nicht dürfen, ist zwar stark, aber vielleicht nicht ausreichend. Die Gefahr besteht, dass durch die Umschichtung von öffentlichen Geldern zugunsten der Finanzierung des kommerziellen Open Access-Publizierens die Budgets der Bibliotheken stark eingeschränkt würden. Schließlich ist ungeklärt, wie die Etats mit den entstehenden Preissteigerungen umgehen sollen, insbesondere an den publikationsstarken Universitäten. Ob all das durch DEAL vermieden werden kann, muss sich zeigen. Bibliotheken sind mehr denn je, auch unabhängig von der Bereitstellung publizierten Wissens, sichere soziale Orte der Kommunikation und der professionellen Beratung und Qualitätssicherung. Das sollte erhalten bleiben.

14.11 Perspektiven für neue kommerzielle Informationsmärkte

Die Transformation der Informationsmärkte hat sich bislang in erster Linie auf das Publizieren und hier vor allem auf die Zeitschriftenmärkte bezogen. Derzeit scheint es gesichert, dass durch die finanzielle Unterstützung der Öffentlichkeit die kommerziellen Verwerter erfolgreich die Transformationsphase überstehen und auf den Märkten weiter aktiv sein können. Das mag eine sinnvolle Investition der Öffentlichkeit gewesen sein, um auch den Zugriff auf die vielen Millionen schon in kommerziellen Umgebungen produzierten und weiter benötigten Publikationen zu sichern und die Bibliotheken von den belastenden Subskriptionslasten für Bündel von Zeitschriften zu befreien. Das muss aber nicht auf Dauer so sein. Letztlich handelt es sich auch bei Initiativen wie DEAL um eine Subventionspolitik, die, wie viele andere Subventionen, Innovationen auf den Märkten eher behindern oder verzögern könnte. Zudem ist die Entwicklung, dass Wissenschaft aus sich heraus und in Zusammenarbeit mit den ihnen zuarbeitenden Bibliotheken oder anderen öffentlich finanzierten Dienstleistern die Aufgabe des Open-Access-Publizierens organisiert, weiter eine realistische Perspektive. In 14.5 wurde schon (Ziegler 2019) zitiert, dass Wissenschaftlerinnen und Wissenschaftler die Arbeit der Verlage weitgehend selbstständig und unabhängig übernehmen" könnten. In FN 582 wurde schon auf verfügbare Endnutzersoftware z. B. zum Erstellen von Open-Access-Zeitschriften verwiesen; ebenso dort auf die vielfältigen Aktivitäten zur Unterstützung für die Produktion und Bereitstellung von Open-Access-Büchern. An vielen Universitäten entstehen auf OA ausgerichtete Universitätsverlage. Derzeit haben sich 29 dieser Verlage in der AG Universitätsverlage zusammengeschlossen.[631] Auch die Association of European University Presses (AEUP) hat 2018 Leitlinien für die Arbeit dieser Verlage herausgegeben, davon wird besonders unter (5) die Ausrichtung auf Open Access hervorgehoben:

> Access to scholarly communication needs to be as free and inclusive as possible to allow society benefit fully from research. Open Access and Open Science are the right means to reach this objective.[632]

Das ist ein deutlicher Hinweis darauf, dass alle Leistungen von Open-Initiativen nicht exklusiv auf Bildung und Wissenschaft ausgerichtet sein dürfen, sondern der Öffentlichkeit allgemein frei nutzbar gemacht werden sollten. Was die Öffentlichkeit finanziert, soll i. d. R. auch öffentlich frei genutzt werden können. Ausnahmen von dieser Regel bedürfen einer besonderen Rechtfertigung (z. B. über Datenschutz, Sicherung der Privatheit).

Die Entwicklung deutet darauf hin, dass sich konkurrierende offene und kommerzielle Open-Access-Märkte entwickeln können. Da Open-Access-Aktivitäten aus der Wissenschaftsumgebung nicht auf Gewinnmaximierung ausgerichtet sind, könnten diese vermutlich kostengünstiger arbeiten als die auf Gewinn angewiesenen kommerziellen Verlage. Was sich wie gesamtvolkswirtschaftlich rechnet, bedarf jedoch gründlicher Evaluierung. Es wäre zu wünschen, wenn die Öffentlichkeit diese Aktivitäten im gleichen Umfang auch finanziell unterstützt, wie sie es

---

[631] Prinzipien der AG Universitätsverlage: „Die Mitglieder sind an eine Forschungseinrichtung angebunden, spiegeln im Verlagsprogramm das Profil ihrer Einrichtung wider, setzen Open Access und eine wissenschaftsfreundliche Rechtepolitik um, treffen Maßnahmen zur Gewährleistung hoher wissenschaftlicher und formaler Qualität, verfolgen keine Gewinnmaximierung, arbeiten transparent und kollegial zusammen." – https://bit.ly/2nQhcxL. Dafür wurden Qualitätsstandards für Open-Access-Monographien und Sammelwerke erarbeitet – https://bit.ly/2mkKvbd.
[632] Association of European University Presses (AEUP): Seven Statements on European University Presses – https://bit.ly/2lEqsEn. Eine Anpassung dieser Leitlinien der ag universitätsverlage – https://bit.ly/2lCdAi1.

derzeit für die kommerziellen Verlage tut. Das gilt ganz besonders auch für die Open Access-Initiativen, die auf Lehre und das Lernen ausgerichtet sind.[633] Dafür hat sich die Sammelbezeichnung „Open Educational Resources" (OER) durchgesetzt. OER-Aktivitäten in Deutschland werden koordiniert durch die Informationsstelle OER, eingerichtet am Deutschen Institut für Pädagogische Forschung (DIPF).[634] International werden die OER-Initiativen durch das Open Education Consortium koordiniert. Derzeit sind 243 Institutionen in 44 Ländern daran beteiligt. Das Ziel des Consortium ist es,

> to build capacity to find, reuse, create and share Open Educational Resources (OER), develop open policy, create sustainable open education models, and enable international collaboration and innovation.

Einiges deutet darauf hin, dass das Publizieren von Wissensobjekten aus der Wissenschaft zwar weiter noch eine Weile das Kerngeschäft der Verlage bleibt, dass sich aber Verlage zunehmend auch als Dienstleister für Bildung und Wissenschaft neu bestimmen. Elsevier, weiter der größte Akteur auf den Publikationsmärkten, hat dafür das Etikett *Research Intelligence Provider* (REP) ins Spiel gebracht. Zielgruppen von REP sind

> „Universitäten, Forschungsinstituten, Investoren und Entscheidungsträgern an, die sich auf Research Intelligence verlassen, um Probleme zu lösen und ihre Fähigkeiten zu erweitern und so Ihre Leistung in der Forschung zu verbessern":[635] Für Forschungsinstitute wird ein „umfassendes Portfolio an Forschungsmanagementlösungen an[geboten], die einen klaren Überblick über die Forschungsaktivitäten" geben. Investoren können unterstützt werden, „die Effektivität der Forschungsprojekte, die sie unterstützen, zu messen, Reviewer zu finden und Trends in den wichtigsten Forschungsbereichen zu identifizieren." Politischen Entscheidungsträger werden „die Mittel zur Verfügung [gestellt], mit denen [...] die Leistung der Forschung sowie Trends in Bezug auf die Zusammenarbeit bewertet werden, die Wirksamkeit von Forschungsrichtlinien bestimmt sowie Exzellenz in der Forschung demonstriert [werden] können".

(Herb 2018) hat diese Tendenz ausführlich analysiert[636] und dabei als zentrale Geschäftsfelder ausgemacht: Bibliometrie, Benchmarking, Forschungsinformation,

---

[633] Für einen Überblick über die OER-Entwicklung in Deutschland und Vorschlägen für deren Förderung vgl. (Mollenhauer /Blees/Rittberger 2017) Open Educational Resources (OER) in Deutschland fördern.
[634] OERinfo Informationsstelle Open Educational Resources – https://bit.ly/2h6yCj4.
[635] Elsevier: Wer verwendet Research Intelligence Solutions? (Deutsche Version von REP) – https://bit.ly/2nQYxSn.
[636] (Herb 2019) Überwachungskapitalismus und Wissenschaftssteuerung" – https://bit.ly/2Nw4r5p.

Reference Management, Medienmonitoring, Forschungsdaten-Management, Disziplinäre und institutionelle Open-Access-Repositories, Altmetrics. Herb hat aber auch REP als Gefahr interpretiert, nämlich dass über die Analyse großer Datenmengen, die aus der Wissenschaft produziert und z. B. durch SCOPUS/Elsevier ausgewertet werden, Kontrollmechanismen entwickelt werden, die über Kriterien wie Steuerung, Effizienz und Rentabilität wissenschaftliche Autonomie aussetzen können. Das ist die dystopische Sicht dieser REP-Entwicklung.[637] Durch REP könnten aber auch Produkte und Dienstleistungen mit informationellen Mehrwertleistungen erstellt und auch neue Messverfahren (Altmetrics) entwickelt werden, die die Abhängigkeit von dem Impact Factor auflösen könnten. Das Kriterium für informationelle Mehrwerte sollte aber immer der Nutzungsmehrwert für die Akteure in Bildung und Wissenschaft sein. Es ist zu erwarten, dass auch die anderen großen Verlagskonsortien wie z. B. Wiley, Springer Nature, aber auch die alternativen Content Provider wie Google, Facebook, aber auch Universalanbieter wie Amazon diese auf Big Data beruhenden Produkte und Dienstleistungen aufbauen werden.

Gesamtfazit von Kapitel 14. Die erkennbare Transformation des bisherigen kommerziellen Publizierens in Open-Access-Publizieren bestätigt, dass die Märkte sich nicht gegen sich entwickelnde Leitideen behaupten können bzw. dass sie diese aufgreifen. Das kann auch als Bestätigung der These gewertet werden, dass die beiden Informationsmärkte, die proprietären und offenen, sich nicht gegenseitig ausschließen müssen – allerdings unter der Bedingung, dass die Leitidee des offenen freien Umgangs mit Wissen und Information auf beiden Märkten akzeptiert wird. Das scheint der Fall zu sein und bestätigt die auf den ersten Blick paradoxe These, dass die kommerziellen Akteure auf den wissenschaftlichen Informationsmärkten sich nur dann auf diesen behaupten können, wenn sie den Zugang und die Nutzung ihrer Informationsprodukte so frei wie möglich machen. Allerdings ist es durchaus noch nicht entschieden, ob eventuell die aus der Wissenschaft selbst entwickelten Open-Access-Modelle letzten Endes die bessere und sogar preiswertere Lösung für die Informationsversorgung von Bildung und Wissenschaft sein könnten. Inwieweit die kommerzielle Verlagstätigkeit sich in Zukunft in erster Linie auf die in Abschnitt 14.11 angedeuteten neuen, über das Publizieren

---

[637] (Herb 2018) Zwangsehen und Bastarde): „So ergeben sich durch REP ... umfassende Fragen nach Datenschutz und Persönlichkeitsrechten [Letzteres im Sinne des GG, nicht verstanden als Urheberpersönlichkeitsrechte – RK]. Die heute mögliche, in unvorhersehbarer Weise exakte Identifikation eines einzelnen Wissenschaftlers in all seinen beruflichen Schattierungen und Aktivitäten erlauben zudem eine umfassende Kontrolle, ein unaufhörliches Benchmarking und ein anhaltendes Bewerten der Forschung z. B. hinsichtlich der Berücksichtigung ihrer Anschlussfähigkeit an die (internationalen) Trends.", S. 87.

hinausgehenden Produkte und Dienstleistungen konzentrieren wird, wird sich zeigen. Einiges spricht aber dafür, dass sich grundlegend neue Geschäftsmodelle entwickeln werden. Ob die für diese Modelle erforderlichen Daten, die aus der Wissenschaft stammen und für neuen Geschäftsfelder verwendet werden, auch über das Urheberrecht oder eher über den Datenschutz reguliert werden sollen, ist eine offene Frage. Ebenso wird kontrovers diskutiert, ob durch Big Data die bisherige Einschätzung revidiert werden soll, dass Daten und Fakten nicht über das Urheberrecht geschützt und nicht reguliert werden. Eine solche Erweiterung des Urheberrechts wäre sicher nicht im Interesse von Bildung und Wissenschaft.

In Kap. 4 wurde die Priorität von informationsethisch entwickelten Leitideen gegenüber den anderen Regulierungsinstanzen eingefordert. Nachdem auch die Märkte diese Ideen aufgreifen, ist es auch für das Urheberrecht an der Zeit, der Leitidee des offenen freien Umgangs mit Wissen und Information mit der Konsequenz der Nutzungsfreiheit Rechnung zu tragen. Darauf wird im abschließenden Kapitel eingegangen.

15 Fazit: Wissenschaftsurheberrecht – ein Recht für Nutzungsrechte und Nutzungsfreiheiten

Das Urheberrecht, insbesondere das Wissenschaftsurheberrecht, hat systematisch ein dogmatisches und ein Problem in seiner Rechtsrealität – und damit auch ein Akzeptanzproblem bei den davon betroffenen Wissenschaftlern. Das erste Problem ist eins der Fundamente, das zweite ein Problem des Hauses, welches auf diesen Fundamenten errichtet wurde und an dem immer noch weiter gewerkelt wird. Zu den *Fundamenten* sind zu rechnen den Geist des 19. Jahrhunderts widerspiegelnde Pfeiler wie z. B. die Konzepte von Schöpfung/Schöpfer, Werk, Wissen als Immaterialgut, Monismus (Einheit von persönlichkeits- und vermögensrechtlichen Ansprüchen der Urheber), Eigentums- und Vergütungsansprüche. Wenn – um noch einmal auf die Skepsis von (Dreier/Hilty 2015) zurückzukommen – die Fundamente brüchig geworden sind, kann das Haus nicht länger Bestand haben.

Die Fundamente des Urheberrechts mögen für eine gewisse Zeit im 19. Jahrhundert sinnvoll gewesen sein – so der Schutz des Urhebers, des kreativen Schöpfers vor dem einschränkenden Zensuransinnen einer undemokratischen Obrigkeit im 19. Jahrhundert. Veränderte Rahmenbedingungen – technologische, soziale, politische Entwicklungen, andere Märkte und daraus entwickelte moralische Einstellungen – lassen das Urheberrecht heute mit der Übernahme von Prinzipien aus dem 19. Jahrhundert und daraus abgeleiteten Regulierungen wie aus der Zeit gefallen erscheinen. Das Urheberrecht hält seine Systematik und Dogmatik durch eine Reihe von heute obsolet angenommenen Als-ob-Annahmen, Fiktionen, aufrecht. Diese haben sich in den oben erwähnten Fundamenten verfestigt. Eine Weile kann über das Als-ob Verhalten – daran sei mit Vaihinger erinnert – aus Fiktionen durchaus etwas Nützliches entstehen. Aber sie können auch dysfunktional werden, wenn aus ihnen normative Verpflichtungen mit ungewollten negativen „Nebenfolgen" entstehen. Das trifft besonders für die Fiktion der immateriellen Objekte zu, die, vor allem für Bildung und Wissenschaft, dysfunktional mit negativen Effekten geworden sind.

(Peukert 2018) hat überzeugend nachgewiesen, dass dem „immateriellen Objekt" gar keine ontologische Realität entspricht – was aber, als Sieg des das Urheberrecht konstituierenden Als-ob-Verhaltens, die Juristen nicht daran gehindert hat, diese Fiktion als soziale Realität anzuerkennen und entsprechende rechtlich verbindliche Regelungen für den Umgang damit festzulegen. Wenn etwas zu einem Objekt erklärt wurde (sei es auch „nur" als ein immaterielles Objekt) und wenn das allgemeine und damit soziale und politische Anerkennung gefunden hat, dann ist es auch gutsfähig. Das Gut „Wissen" kann kommodifiziert und entsprechend kann mit ihm nach Marktprinzipien gehandelt werden. Das Urheberrecht tut so, als ob es mit seinen Regelungen die Interessen der Urheber, der Ersteller von Wissensobjekten, schützt, während es tatsächlich immer mehr die Interessen der Verwerter unterstützt. Wenigen außerhalb der Rechtswissenschaft ist vermutlich bewusst, dass es diese Fiktionen sind, die dafür verantwortlich sind, dass das *Haus* im Urheberrecht so unkomfortabel für Bildung und Wissenschaft eingerichtet wurde. Die Metapher des *Hauses* bezieht sich auf die positiven Urheberrechtsgesetze, die sich u. a. aus den erwähnten Konzepten ableiten. Kleine Reparaturen, Instandsetzungen, wie sie im Gesetz immer wieder unternommen werden (zuletzt durch das UrhWissG 2017/18), helfen nicht.

Das derzeit geltende Urheberrecht ist für Bildung und Wissenschaft eher behindernd, in weiten Teilen sogar überflüssig. Politiker und Institutionen wie Parteien, die das Urheberrecht formulieren, haben in den letzten 20 Jahren zu wenig auf die Transformationsprozesse durch die drei Regulierungsinstanzen, Technologie, Markt und Wertewandel und auf die dadurch entstandenen Leitideen für den Umgang mit Wissen und Information reagiert. Dass der deutsche Gesetzgeber, unterstützt auch von vielen Rechtswissenschaftlern, sich immer wieder auf die internationalen, urheberrechtlich relevanten Vorgaben bezogen hat, die ihm keinen weiteren Spielraum böten, kann nicht als Entlastung akzeptiert werden. Zum einen wäre der Spielraum viel größer gewesen, wenn man sich mehr um kreative als um affirmative Hermeneutik bemüht hätte. Auch die internationalen Vorgaben arbeiten mit unbestimmten Rechtsbegriffen, die auslegungsbedürftig und -fähig sind. Sie könnten ganz anders als bislang verstanden werden. Das trifft auch für programmatische Vorgaben wie den Drei-Stufen-Test zu, für den eine andere Interpretation nötig und möglich ist. Ebenso können und sollten manche anderen Begriffe in Schrankenregelungen des Urheberrechts neu verstanden werden. Wir haben das am Beispiel der Bibliotheken gezeigt, bei denen man zu ganz anderen Regulierungen käme, wenn sie nicht mehr als Gebäude, sondern als virtuelle Organisationen begriffen würden.

Vor allem für Bildung und Wissenschaft sind die erwähnten Fundamente nicht tragfähig. Solange aus den alten, dysfunktional gewordenen Konzepten weiter Rechtsvorschriften abgeleitet werden, ist heute im 21. Jahrhundert für Bildung und Wissenschaft vom Urheberrecht wenig zu erwarten. Dem Recht ist es nicht gelungen bzw. der Gesetzgeber hat es auch nicht gewollt, der aus den alten Fundamenten sich ableitenden Kommodifizierung bzw. der daraus folgenden Ökonomisierung und damit der Einbindung des Urheberrechts in ein Handelsrecht Einhalt zu gebieten. Das Urheberrecht ist entsprechend weiter davon ausgegangen, die Informationswirtschaft schützen zu müssen, und hat immer weiter an Schrankenbestimmungen gebastelt, die sich nur durch Ausnahmen von den exklusiven Rechten der Rechtsinhaber rechtfertigen und die an der Praxis und den Bedürfnissen in Bildung und Wissenschaft vorbeigehen. Es hat weiter darauf gesetzt, dass den Verwertern nicht nur für die *Erstellung* ihrer Informationsprodukte eine Vergütung zusteht, sondern auch über die in den Schrankenregelungen geregelten aktuellen *Nutzungen*.

Die Probleme mit dem Urheberrecht spiegeln sich auch in der Benennung dieses Rechts wider. Ein Recht, das sich letztlich aus dem öffentlichen Interesse an Wissen und Information begründet, sollte nicht auf ein individuelles Recht, auf ein exklusives Recht der Urheber reduziert werden. Das Urheberrecht sollte vom Konzept des Urhebers als individueller Schöpfer befreit werden und damit von dem Recht, über diese „Schöpfungen" exklusiv verwertend verfügen zu können. Die exklusive Rechtsverfügung des Urhebers – auch das Recht, alle Verwertungsrechte als Nutzungsrechte an kommerzielle Verwerter abgeben zu dürfen – ist die Ursache für die Kommodifizierung und Ökonomisierung auch von öffentlich finanziertem Wissen. Je stärker das Urheberrecht die Position des Urhebers macht, desto stärker, so paradox das klingt, unterstützt es die Interessen der Verwerter. Das ist gerade nicht im Interesse des wissenschaftlichen Urhebers. Das belegen die immer häufiger und stärker werdenden Widerstände aus der Wissenschaft gegen die kommerzielle Aneignung und Ausbeutung ihrer Wissensobjekte vor allem durch das *big business* großer internationaler Verlagskonsortien. Auch das Wissenschaftsurheberrecht – und diese Einschätzung ist wohl heute keine vernachlässigungsbedürftige Fehlinterpretation – ist immer mehr zu einem Handelsrecht, zu einem Investitionsschutzrecht geworden, zu einer Schutzfunktion des digitalen Kapitalismus der Gegenwart (vgl. Staab 2019). Maximilian Becker spricht von der „Zweckentfremdung des Urheberrechts als zentrales Wirtschaftsrecht des Internets".[638]

Viele internationale Förderorganisationen ziehen daraus die Konsequenz und verlangen inzwischen, dass es nicht bei dem exklusiven freien Recht der wissenschaftlichen Autoren bleiben darf, welches den Weg zur verknappenden Verwertung freimacht, sondern dass Publikationen von öffentlich finanzierten Werken frei nach Open-Access-Prinzipien verfügbar sein müssen. In Deutschland, anders als in vielen anderen Ländern, ist es noch für viele Betroffene, auch für Autoren, problematisch, wenn diese freie Verfügbarkeit über eine Mandatierung erzwungen werden soll. Erfolgversprechender wäre es vielleicht, den Weg in Richtung einer umfassenden Open-Access-Transformation dadurch zu befördern, dass das individuelle Recht explizit um ein am Gemeinwohlinteresse orientiertes institutionelles Recht erweitert würde. Diese Position hat sich der deutsche Gesetzgeber bislang nicht angeschlossen, obgleich der Anlass bei der Einführung eines Zweitverwertungsrechts dies nahegelegt hätte.

Ein institutionelles Recht schließt den Schutz der Interessen der „Urheber" in keiner Weise aus. Auch das Wissenschaftsurheberrecht, wie es hier vorgeschlagen

---

638 (Becker 2019) Von der Freiheit, rechtswidrig handeln zu können, S. 648.

wird, garantiert die Persönlichkeitsrechte. Autoren haben weiter das erste, zur Wissenschaftsfreiheit zu rechnende exklusive Recht, ihr produziertes Wissen öffentlich zu machen. Daraus müssen aber keine individuellen exklusiven Verwertungsrechte folgen. Schon gar nicht muss ihnen das Recht zugestanden werden, die im Urheberrecht ihnen zugesicherten Verwertungsrechte vollständig als Nutzungsrechte an kommerzielle Verwerter zu übertragen, ohne dass die sie tragenden und finanzierenden Hochschulen und Forschungseinrichtungen darüber ein Mitspracherecht haben – wie es im Patentrecht der Fall geworden ist. Zur Wissenschaftsfreiheit kann es nicht gehören, alle Nutzungsrechte vollständig an kommerzielle Verwerter übertragen zu dürfen – mit dem Ergebnis, dass die Rechte der Öffentlichkeit (und damit der Wissenschaft) an der Nutzung von Informationsobjekten unbillig eingeschränkt werden.

Nichts muss im Recht so bleiben, wie es ist – also auch nicht die Unterstützung oder Tolerierung der Kommodifizierung von Wissen durch das Urheberrecht. Gegenwärtig artikuliert sich auf vielen Gebieten von Wirtschaft und Gesellschaft der Widerstand gegen die ökonomische Dominanz und den staatlich unterstützten Privatisierungsansprüchen gegenüber materiellen und immateriellen Ressourcen, welche für das Wohlergehen aller Menschen oder sogar für Leben aller Menschen entscheidend sind. Genannt seien hier nur Wasser, Energie, Luft, Klima, Bildung, Gesundheit, Verkehr, Wohnen, Nahrung – und eben auch Wissen und Information. Das Konzept der Commons (Gemein-/Allmendegüter), das sich auf diese unverzichtbaren Ressourcen bezieht, erlebt in den letzten Jahren weltweit eine Renaissance. Für den Umgang mit den letztlich commons-basierten Ressourcen haben sich seit einigen Jahren neue Leitideen entwickelt, die Auswirkungen auf die politischen, sozialen und ökonomischen Strukturen und eben auch auf das Recht haben (werden). Auch diese neuen Leitideen waren anfänglich nur Fiktionen oder sogar nur Träume (wie der zu Beginn in (FN 61) erwähnte Traum von Grötschel). Aber in ihrer institutionellen Verdichtung zu Leitideen haben sie durchaus eine pragmatische, konstruktive handlungsleitende Funktion – auch eine befreiende Wirkung von früheren Fiktionen, die damals auch die pragmatische Leistung der Befreiung von bevormundenden und kontrollierenden Systemen erbrachten, aber heute nicht mehr befreiend wirken.

Für jedermann ersichtlich sind neue Leitideen bezüglich der Ressourcen Luft/Klima/Energie. Der Zeitgeist ist eindeutig ökologisch bestimmt und wird auch in Politik, Gesellschaft und Wirtschaft akzeptiert und hat für die politischen, sozialen und ökonomischen Strukturen und Verhaltensweisen Konsequenzen. Wirtschaft ohne Ökologie ist nicht mehr denkbar. Ökologie allgemein war nicht das Thema dieser Darstellung. Aber es verfertigt sich in der Öffentlichkeit auch so etwas wie eine Wissensökologie für den Umgang mit immateriellen Objekten (ohne dass diese Benennung schon umfassend Eingang im Sprachgebrauch gefunden hat). Wissensökologie, der nachhaltige Umgang mit Wissen und Information, ist das Pendant zur allgemeinen Ökologie für den nachhaltigen Umgang mit materiellen Objekten.[639] Die hier geübte Kritik an der Kommodifizierung von Wissen und Information und an dem Zögern von Rechtsetzung, der Gesetzgebung und Rechtsprechung ist Teil des gegenwärtigen Unbehagens an bzw. des Protestes gegen die Zerstörung der Ressourcen durch sich verselbständigende ökonomische Interessen.

Das Reden über den Umgang mit Wissen und Information gestaltet sich in der Wissenschaft zunehmend als ein Reden über den offenen, nutzungs- und vergütungsfreien Zugriff auf das öffentlich entstandene und dann publizierte Wissen. Das ist die sich seit etwa 20 Jahren entwickelnde Leitidee.[640] Darüber wird zunehmend in der Wissenschaft, aber immer mehr auch weltweit bei den politischen Instanzen gesprochen. Es bleibt dann nicht beim Reden. Das sich verfestigende Reden, das, was Peukert in Rückgriff auf Searle einen deklarativen Sprechakt genannt hat, wird zur sozialen Realität. Diese Realität gewinnt Gestalt im Handeln der davon Betroffenen, sich die Nutzungsfreiheit von Wissen und Information zu sichern. Konkretisiert und operationalisierbar wird inzwischen diese sozusagen institutionalisierte Leitidee mit Blick auf Bildung und Wissenschaft durch die allgemeine Anerkennung von Open-(Access)-Prinzipien. Open ist der Default nicht nur des Publizierens, sondern der Prozesse in Bildung und Wissenschaft allgemein.

Die dadurch angestoßene Transformation der Informationsmärkte ist längst noch nicht abgeschlossen und schon gar nicht hat die Gesetzgebung für das Urheberrecht dieser Transformation ausreichend Rechnung getragen. Ebenfalls ist es nicht sicher, ob durch diese Transformation der kommerziellen Verwertung auch von öffentlich produziertem Wissen Einhalt geboten werden kann. Ob als Dauerzustand oder nur als Übergang – derzeit zeigt sich die Öffentlichkeit durchaus bereit, die kommerzielle Wirtschaft auch im allgemeinen Open-Access-Paradigma auf den wissenschaftlichen Informationsmärkten nicht nur am Leben zu halten,

---

639 Vgl. (Kuhlen 2004e) Nachhaltigkeit muss nicht Verknappung bedeuten – in Richtung Wissensökologie; (Kuhlen 2004f) Artikel Wissensökologie und (Kuhlen 2012b) Wissensökonomie und Wissensökologie zusammen denken.

640 Die Leitidee der Nutzungsfreiheit sollte keine Privilegierung von Bildung und Wissenschaft bedeuten – obgleich dies hier im Vordergrund stand –, sondern bezieht sich auch die Nutzung von Wissen in der Öffentlichkeit, also durch jedermann, für alle. Vgl. (Chan et al. 2019) Situating Open Science: "Contextualizing Openness aims to stimulate further research and debates about how to collectively design a knowledge system that is open and equitable for all."; ebenso Nick Shockey, posted 25.10.2019 on International Open Access Week: For Whom? Prompting Ourselves to Center Equity Year-Round – https://bit.ly/2pjephH; vgl. das Plädoyer von Klaus Graf für eine Öffnung der elektronischen Ressourcen der Bibliotheken über einen für jedermann erwerblichen Bibliotheksausweis. Remote Access und Open Access. Archivalia 27.10.2019 – https://bit.ly/2BVSGib.

sondern auch als weiter bestimmenden „Partner" anzuerkennen – mit der Konsequenz, dass auch die Open-Access-Märkte entscheidend von den kommerziellen Informationsmärken dominiert werden. Die Bereitschaft von öffentlich finanzierten Einrichtungen, für einen in einer (kommerziellen) Open-Access-Zeitschrift zu erscheinenden Artikel eine Publikationsgebühr zu zahlen – das geschah lange Zeit über eine APC –, lässt deutlich erkennen, dass die Leistung der kommerziellen Verwerter nicht nur anerkannt wird, sondern dass diese Leistung durch finanzielle Unterstützung stabil gehalten werden soll. Einen Schritt noch weiter gehen Vereinbarungen wie der Deal im Rahmen von DEAL (ausführlich dazu in 14.8). Trotzdem, auch wenn einiges darauf hindeutet, dass die Verlagskonsortien sich bislang als Gewinner des deal sehen können, ist DEAL doch ein wichtiger Schritt in die vollständige Transformation der Publikationsmärkte in Open-Access-Märkte mit dem neuen Paradigma der Nutzungsfreiheit – zumal dann, wenn die DEAL-Vereinbarungen nur als Übergangslösung eingeschätzt würden.

Wenn es Dauerlösungen sein sollten, kann aber durchaus die Frage gestellt werden, ob diese Transformation nicht besser und auf Dauer auch kostengünstiger erreicht werden könnte, wenn die umfänglichen, den Verlagen bereitgestellten finanziellen Mittel für die Entwicklung von Open-Access-Produkten und Dienstleistungen aus der Wissenschaft selbst eingesetzt würden. Wissenschaftler bzw. die ihnen zugeordneten Organisationen (wie z. B. Bibliotheken, Fachgesellschaften) sind heute technisch und organisatorisch in der Lage – und es gibt auch genug Beispiele dafür, dass sie es tun –, das Publizieren selbst in die Hand zu nehmen. Diese Möglichkeiten gelten nicht nur für das Publizieren von Forschungsergebnissen, sondern sie gelten auch für auf Lehre und Lernen bezogene Produkte. OER-Produkte sind realistische Alternativen zu den klassischen kommerziellen Lehrbüchern auch dadurch, dass sie auf Kollaboration und dynamische hypertextähnliche Weiterentwicklung setzen.[641]

Die Frage stellt sich tatsächlich, ob durch die öffentliche Finanzierung nicht das am Leben gehalten wird, was für sich nicht mehr marktfähig ist, sondern

---

[641] (Kreutzer/Lahmann 2019) Rechtsfragen bei Open Science weisen darauf hin, dass auch mit den über freie Lizenzen (wie Creative Commons) zur Verfügung gestellten Open-Produkten durchaus Geld verdient werden kann. Allerdings darf dann kein Entgelt für die Nutzung selbst verlangt werden. Als Beispiel führen sie an, dass auch OER-Repositories kostenpflichtig angeboten werden können: „Zugriffsgebühren für einen Online-Dienst sind keine Lizenzgebühren, sie werden für die Nutzung des Dienstes gezahlt und nicht für die Nutzungsrechte an den Inhalten, die dort verfügbar sind. OER-Repositorien können daher kostenpflichtig angeboten werden, ohne dass dies den Prinzipien von OER oder gar den hierbei eingesetzten offenen Lizenzen widersprechen würde." Die Autoren stellen aber durchaus in Frage, ob so etwas „sinnvoll oder ratsam" sei. Vor allem bei öffentlich finanzierten Organisationen wie Bibliotheken etc. sollte diese Frage wohl verneint werden.

quasi auf öffentliche „Subventionen" angewiesen ist. Vielleicht waren die wissenschaftlichen Informationsmärkte nie im klassischen Sinne Märkte – immer waren die öffentlich finanzierten Bibliotheken die gesicherten Hauptabnehmer der Produkte –, aber lange gab es dazu keine Alternativen. Diese wären heute gegeben. Wahrscheinlich wird es auch in Zukunft weiter kommerzielle Produkte und Dienstleistungen auf den Informationsmärkten geben. Diese werden sich aber abnehmend auf die Umwandlung der von den Urhebern verfassten Wissensobjekte in veröffentlichungs- und nutzungsfähige Informationsobjekte, also auf das bloße Publizieren beziehen. Ob neue kommerzielle Produkte mit informationellen Mehrwertleistungen und Wissenschaft unterstützende Dienstleistungen, wie sie sich derzeit über Konzepte wie *Research Intelligence Provider* (REP) von Elsevier abzeichnen (vgl. 14.8), über das Urheberrecht geschützt werden sollen/müssen, ist eine eher negativ zu beantwortende Frage. Entsprechend der bisherigen Systematik könnte das möglicherweise über spezielle Leistungsschutzrechte geregelt werden.

Konsequenzen für das Urheberrecht
Wissenschaft entwickelt sich schneller als das Recht in der Lage ist, auf diese Entwicklungen zu reagieren. Fast systematisch zwingend ist Wissenschaft immer mit den aktuell geltenden rechtlichen Vorschriften für den Umgang mit Wissen und Information unzufrieden. Eine Weile kann Wissenschaft noch mit unzulänglichen rechtlichen Regelungen leben, sei es durch schlichtes Ignorieren der bestehenden Vorschriften – in der bislang berechtigten Erwartung, dass im Wissenschaftsbereich kein Rechtsinhaber Verstöße gegen bestehende Urheberrechtsregelungen vor Gericht bringen wird – oder sei es durch erfindungsreiche Ersatzlösungen, durch die, als Voraussetzung für Wissenschaftsfreiheit, die freie Einsicht und freie Nutzung des öffentlich gemachten Wissens gesichert wird. Soll das Urheberrecht dabei eine wichtige Rolle spielen, wäre dafür eine Bezeichnung wie „Nutzungsrechte und Nutzungsfreiheiten für Wissen und Information" angemessener als „Urheberrecht". Um kein Missverständnis aufkommen zu lassen – mit „Nutzungsrechten" sind nicht in erster Linie die Nutzungsrechte von Verlagen gemeint, durch die sie die Wissensobjekte der Urheber zur Verwertung nutzen zu dürfen. „Nutzungsrechte" haben in dem Vorschlag „Nutzungsrechte und Informationsfreiheiten für Wissen und Information" eine fünffache Bedeutung:
- Nutzungsrechte beziehen sich zunächst auf *Autoren* selbst. Diese nutzen ihr Wissen für Veröffentlichungen und haben das Recht zu entscheiden, ob, wann und wie sie ihr erarbeitetes Wissen öffentlich machen wollen.
- Nutzungsrechte sind auch das Recht von Personen, das Wissen *Anderer* frei zu nutzen – vor allem um in der Wissenschaft selbst dadurch Autor werden zu können.

- Nutzungsrechte sind auch das *institutionelle Nutzungsrecht* der die Wissenschaftler tragenden, finanzierenden und bedienenden Organisationen.
- Nutzungsrechte sind auch das *Recht der Öffentlichkeit* an der freien Nutzung der veröffentlichten und i. d. R. auch von ihr finanzierten Werke:
- Schließlich sind Nutzungsrechte auch auf *Verleger* bezogen als das zu erwerbende Recht auf kommerzielle Verwertung der von Autoren produzierten Wissensobjekte.

Die hier vorgeschlagene Bezeichnung „Nutzungsrechte und Nutzungsfreiheiten für Wissen und Information" könnte in einer Präambel des Urheberrechts – § 1 ersetzend oder erweiternd – verwendet werden. In einem solchen Recht gelten weiter die durch das jetzige Urheberrecht uneingeschränkt geschützten und nicht durch Dritte in Frage zu stellenden Persönlichkeitsrechte.[642] Aber angesichts der in allen Disziplinen, aber besonders in den STM-Fächern erkennbaren Tendenz zum kollaborativen Arbeiten in der Wissenschaft ist es wenig sinnvoll, exklusiv an dem individuellen Autor festzuhalten. Niemand aber kann und niemand will Autoren/Autorengruppen das Recht nehmen zu entscheiden, ob (und damit wann) und in welcher Form sie ihre erstellten Werke publizieren wollen. Das einklagbare Recht auf Anerkennung und Nennung der Autor-/Urheberschaft und der Schutz vor Entstellungen werden gerade in elektronischen Umgebungen keineswegs unwichtiger.

Anders sieht es bei den im Urheberrecht vorgesehenen Verwertungsrechten aus. Diese bislang exklusiv den Urhebern zustehenden Rechte werden durch das Open-Access-Paradigma bzw. durch die Leitidee der Nutzungsfreiheit überflüssig bzw. gegenstandslos. Mit einem Open Access gestellten Werk kann jeder weltweit genehmigungs- und vergütungsfrei das tun, was ursprünglich als Verwertungsrechte den Autoren exklusiv zustand, z. B. vervielfältigen, verbreiten, öffentlich zugänglich machen.[643] Dies konsequent zu Ende gedacht, könnte das Wissenschaftsurheberrecht bzw. das Recht „Nutzungsrechte und Nutzungsfreiheiten für Wissen und Information" im Open-Paradigma weitgehend auf die Verwertungsrechte und Teile des Urhebervertragsrechts verzichten. Dadurch würden tatsächlich all die bisherigen Schrankenregelungen mit ihren kleinteiligen Nutzungsvorschriften überflüssig. Entscheidend für die Nutzung sollte alleine der Zweck der in Bildung und Wissenschaft vorzunehmenden Handlungen sein. Dem kann ganz knapp,

---

642 Ob es möglich und sinnvoll ist, wie es in der Creative-Commons CC0-Lizenz vorgesehen ist, nämlich dass Autoren, die ihr Werk gänzlich in die Public domain stellen wollen, auf alle ihre Rechte, also auch auf ihre Persönlichkeitsrechte von sich verzichten können, kann hier nur als Frage gestellt werden.
643 Vgl. (Sandberger 2017) Die Zukunft wissenschaftlichen Publizierens.

ohne Schranken, z. B. über die hier vorgeschlagene ABWK entsprochen werden. Die von Thomas Dreier 2019 gestellte Frage (Dreier 2019b), ob Schranken mit Blick auf Wissenschaft überhaupt nötig sind, wird hier, anders als von ihm, verneint.

Vielleicht müssen Übergangslösungen erhalten bleiben, weil der Großteil der weltweit (analog oder elektronisch) verfügbaren Artikel und Bücher früher rein kommerziell produziert wurde und diese entsprechend über die bisherigen Urheberrechtsregelungen geschützt sind. Auch wenn deren Bedeutung für viele wissenschaftliche Fächer abnehmen wird, sind diese doch Teil des kulturellen Erbes, das zugriffs- und nutzungsfähig gehalten werden muss. Ob das weiter durch das Urheberrecht geregelt werden muss oder durch eine Erweiterung von Verträgen wie DEAL, welche die Finanzierung der Erstellung von Informationsobjekten an die Freistellung des „Lesens" dieser Objekte bindet, muss sich zeigen.

Zuweilen braucht es Revolutionen, um ganz neue politische Realitäten zu schaffen. Kopernikus hatte die Umlaufbahnen der Planeten um die Sonne in seinem Werk „De revolutionibus orbium coelestium" (1543) beschrieben: Nicht mehr dreht sich die Sonne um die Erde, sondern die Erde um die Sonne. Das war dann tatsächlich eine Revolution, die unser Weltbild änderte. Revolutionen im Urheberrecht sind eher unwahrscheinlich. Vielleicht ist die Metapher der Kopernikanische Wende passender. Darunter wird, mit Kant, jede grundsätzlich andere Sicht auf bislang als unumstößlich angesehene Beschreibungen von Objekten und Sachverhalten in der Welt verstanden – so heute auch für eine grundlegende Reform des Urheberrechts.[644] Julia Reda, Grüne Politikerin im EU-Parlament bis 2018, übernahm die Metapher der „Kopernikanischen Wende", als sich (2015) über ihren umfassenden Vorschlag[645] zumindest noch die Chance zu eröffnen schien, ein neues zeitgemäßes Urheberrecht durch eine neue EU-Richtlinie zu entwickeln.

Vorbilder für solche Wenden hat es aus der jüngeren Vergangenheit durchaus auch aus der Politik gegeben. 2010 versuchte es Till Steffen, Justizminister für Bündnis 90/Die Grünen im Senat der Freien und Hansestadt Hamburg in Hamburg ab 2008 (und dann wieder ab 2015). Er legte gemeinsam mit Netzpolitikern aus den Grünen ein Diskussionspapier „für ein nutzerorientiertes Urheberrecht" vor.[646] Darin werden auch Überlegungen in der Dissertation von Gerd Hansen aufgegrif-

---

644 (Kuhlen 2015a) Kopernikanische Wende in der EU-Urheberrechtsdebatte?
645 (Reda 2019) EU-Urheberrechtsreform: Der Kampf war nicht umsonst.
646 (Steffen 2010) Diskussionspapier „Nutzerorientierte Ausrichtung des Urheberrechts". Dieser Text konnte nicht mehr über das Web ausfindig gemacht werden. 2010 habe ich mich in netethics ausführlich mit diesem Diskussionspapier auseinandergesetzt – https://bit.ly/2sBILgY. Die zentralen Formulierungen von Steffen, wie die hier im Text zitierten, sind dort umfänglich wiedergegeben; kritisch zu Steffens Vorschlägen: (Mönikes 2010) Anmerkungen zum Diskussionspapier „Nutzerorientierte Ausrichtung des Urheberrechts" – https://bit.ly/2m36K4S.

fen,[647] in der dieser die These vertrat, dass das Urheberrecht nur dann akzeptabel bleiben kann, wenn es den Nutzerschutz stärker berücksichtigt. Hier einige Zitate aus diesem Steffen Papier:

> Das Urheberrecht, so wie es jetzt aussieht, passt nicht mehr zu den technischen Möglichkeiten elektronischen Umgebungen und der darin entwickelten Nutzungsgewohnheiten. [...] Das individualistische Begründungsmodell des Urheberrechts ist überholt. [...] Im Internet entstehen kreative Nutzergewohnheiten und Formate, die es schwierig machen, auch bei unterstelltem guten Willen fremde Urheberrechte zu beachten. [...] In der bisherigen Entwicklung des Urheberrechts sind diese mit der digitalen Entwicklung neu entstandenen Nutzungserwartungen weitgehend unberücksichtigt geblieben. [...] Die Rechtspolitik ist aufgerufen, den „Schrankenbegünstigten" eine Rechtsposition zu verschaffen, die der Grundrechtsrelevanz der Schranken Rechnung trägt und die dem Recht des Urhebers ein Recht auf Nutzung an die Seite stellt.

Schließlich wird im Diskussionspapier von Steffen am Ende vorgeschlagen, im UrhG den Titel von § 1 „Allgemeines" durch „Zweck des Gesetzes" zu ersetzen. Damit käme ein bislang im deutschen Urheberrecht eher vernachlässigtes utilitaristisches und damit die institutionellen Rechte unterstützendes Moment ins Spiel. Weiter sollte der bisherigen Formulierung in § 11 UrhG, durch die bislang nur der Urheber (Satz 1) und dessen Recht auf Vergütung (Satz 2) geschützt wird, durch einen Satz ergänzt werden: „Zugleich trägt es den Bedürfnissen der Werknutzenden an der Teilnahme am kulturellen und geistigen Leben Rechnung." Dann sollte, so Steffen, dann gleich der gesamte Name des Gesetzes geändert werden in „Gesetz über Urheberrechte, verwandte Schutzrechte und Nutzungsfreiheiten (UrhG)". Das erinnert schon sehr an den hier vorgeschlagenen Titel „Nutzungsrechte und Nutzungsfreiheiten für Wissen und Information.

Mittelfristig, aber ganz sicher langfristig kann sich das Recht nicht gegen sich entwickelnde Leitideen mit neuen Werten und neuen Verhaltensformen für Wissen und Information behaupten. Das macht die anfänglich vertretene These der Priorität von Ethik, Informationsethik, gegenüber den anderen Regulierungsinstanzen wie Technologien, Markt aber auch Recht aus. Die Priorität legitimiert sich dadurch, dass das *Verhalten* der Akteure für den Umgang mit Wissen und Information sich an normativ begründete Leitideen orientiert. Ein anderes Wort für „Verhalten" ist in der Sprache der Commons das Commoning. Commoning ist die Verständigung der betroffenen Akteure (hier in Bildung und Wissenschaft) zum einen auf die den Leitideen zugrundeliegenden Werte wie Informationsautonomie, Nutzungsfreiheit, Gemeinwohl, Gerechtigkeit, Nachhaltigkeit und zum anderen auf Regeln, auch Sanktionen gegen Verstöße und Verhaltensformen wie Teilen und Kollaboration.

---

647 (Hansen 2009) Warum Urheberrecht?

Die Ausführungsbestimmungen der Open-Access-Erklärungen sind Hinweise auf solches Commoning.

Die Prioritätsthese zugunsten der Ethik hat nichts mit moralisierender Politik zu tun. Priorität, bedeutet nicht, dass, entsprechend Platons erstem Vorschlag für eine gerechte Politik, die (informationsethischen) Philosophen „Könige" werden sollen, aber vielleicht doch im Sinne seines zweiten Vorschlags, dass die „Könige" sich informationsethisches Denken zu eigen machen bzw. die sich entwickelnde Leitidee des freien Umgangs mit Wissen und Information als handlungsrelevant annehmen und dies in die Sprache und Formalitäten des Rechts umsetzen. Kurzfristige „Siege" der Informationsethik sind nicht zu erwarten. Aber ein Recht für Nutzungsrechte und Nutzungsfreiheiten sollte sich realisieren lassen.

Eine Utopie – so wird es Alphonse de Lamartine zugeschrieben – ist eine Idee, deren Zeit noch nicht gekommen ist. Aber Nutzungsfreiheit in der Wissenschaft ist keine Utopie, sondern ist in der Zeit angekommen, und nichts – so wird es Victor Hugo zugeschrieben – ist so stark wie eine Idee, deren Zeit gekommen ist.

16 Referenzen

(Allianz 2010) Allianz der Wissenschaftsorganisationen: Neuregelung des Urheberrechts: Anliegen und Desiderate für einen Dritten Korb, 9.7.2010 – https://bit.ly/2Tz45wS.

(Allianz 2013) Allianz der deutschen Wissenschaftsorganisationen: Eine Handreichung für die parlamentarischen Beratungen über ein unabdingbares Zweitveröffentlichungsrecht – https://bit.ly/2TpyiaR.

(Amini 2017) Seyavash Amini: *Digitale Kultur zum Pauschaltarif? Anlass, Inhalt und Grenzen einer Vision für das Urheberrecht der Zukunft*. Nomos.

(Axhamn 2019) Johan Axhamn: The new copyright directive: Collective licensing as a way to strike a fair balance between creator and user interests in copyright legislation – Kluwer Copyright Blog – https://bit.ly/2KhFvxf.

(Bahners 2017) Patrick Bahners: Der Volksmund weist den Weg. *FAZ*, Nr. 154:11, 6.7.2017 – https://bit.ly/2H4zylb.

(Bannas/Sattar 2017) Günter Bannas; Majid Sattar: Große Politik im Talkshowsessel. *FAZ. Politik*, Nr. 147, 28.6.2017.

(Baron 2010) Benjamin Bajon: *Interessenausgleich im Wissenschaftsurheberrecht? Wissenschaftsschranken nach dem „Zweiten Korb" der Urheberrechtsreform"*: Band 3 von *Wissenschaftliche Schriften der WWU Münster, Reihe III*. Verlagshaus Monsenstein und Vannerdat OHG – www.mv-wissenschaft.com.

(Bauer 2010) Christian Alexander Bauer: User generated content – Urheberrechtliche Zulässigkeit nutzergenerierter Medieninhalte. In: Henning Große Ruse-Khan; Nadine Klass; Silke von Lewinski (Hrsg.), *Nutzergenerierte Inhalte als Gegenstand des Privatrechts*. MPI Studies on Intellectual Property, Competition and Tax Law, 15. Springer.

(Becker 2019) Maximilian Becker: Von der Freiheit, rechtswidrig handeln zu können. *ZUM*, S. 636–648, 2019.

(Bendel 2019) Oliver Bendel: Wozu brauchen wir die Maschinenethik? In: Ders (Hrsg.), *Handbuch Maschinenethik*, S. 1–20. Springer Reference Geisteswissenschaften, 2019.

(Berger/Luckmann 1966/1969) Peter L. Berger; Thomas Luckmann: *Die gesellschaftliche Konstruktion der Wirklichkeit. Eine Theorie der Wissenssoziologie*. S. Fischer, 1966.

(Berger/Freyer 2016) Christian Berger; Simon Freyer: Neue individualvertragliche und kollektivrechtliche Instrumente zur Durchsetzung angemessener Urhebervergütungen. *ZUM*, S. 569–579, 2016.

(BOAI 2002) Budapest Open Access Initiative 2002 – https://bit.ly/2OcCIEY.

(Bollier/Helfrich 2013) David Bollier; Silke Helfrich (Hrsg.): *The wealth of the commons: A world beyond market & state*. The Commons Strategies Group.

(2004b 2008) James Boyle: *The public domain. Enclosing the commons of the mind*. Yale University Press.

(Boyle 2003) James Boyle: The second enclosure movement and the construction of the public domain – https://bit.ly/2niStl2.

(Ilja Braun 2011) Ilja Braun: Raus aus den Regalen. *iRights*, 5. Dezember:2011 – https://bit.ly/2PgO2Fk.

(Brinkel 2006) Guido Brinkel: *Filesharing. Verantwortlichkeit in Peer-to-Peer-Plattformen*. Mohr Siebeck.

(Brinkmann 2018) Janis Brinkmann: *Verlagspolitik in der Zeitungskrise: Theorien, Strukturen, Strategien*. Nomos.

(Brock 2008) Ditmar Brock: *Globalisierung: Wirtschaft – Politik – Kultur – Gesellschaft*. VS Verlag für Sozialwissenschaften.
(Bruch/Pflüger 2014) Christoph Bruch; Thomas Pflüger: Das Zweitveröffentlichungsrecht des § 38 Absatz 4 UrhG – Möglichkeiten und Grenzen bei der Anwendung in der Praxis. *ZUM*, S. 389–394, 2014 – https://bit.ly/2mbWDLI.
(Capurro 2003) Rafael Capurro: Informationsethik. Eine Standortbestimmung. *International Review of Information Ethics*, Nr. 1, Mai:2004 – https://bit.ly/36P5wN1.
(Chan et al. 2019) Leslie Chan; Angela Okune; Rebecca Hillyer; Denisse Albornoz; Alejandro Posada: *Situating open science*. University of Ottawa Press – https://bit.ly/2C0A5BC.
(Cole/Cole 1973) Jonathan R. Cole; Stephen Cole: *Social stratification in science*. Oxford Academics.
(Colledge/James 2015) Lisa Colledge; Christ James: A "basket of metrics"—the best support for understanding journal merit. *European Science Editing*, 41(3), August 2015 – https://bit.ly/2nQAYJf.
(Cox 2015) Krista L. Cox (Association of Research Libraries – ARL: Issue brief): Text and data mining and fair use in the United States – https://bit.ly/1LVQyp8.
(Cox 2012) Krista L. Cox: United States four fair use factors and the WTO Three-Step Test. *Knowledge Ecology International*, 20.11.2012) – https://bit.ly/2t4Jyaw.
(Crewes 2010) Kenneth D. Crews: Copyright law and distance education: Overview of the TEACH Act, 17.8.2010 – https://bit.ly/2nk8Z4jf.
(Cronin 2001) Blaise Cronin: Hyperauthorship: A postmodern perversion or evidence of a structural shift in scholarly communication practices? *Journal of the American Society for Information Science and Technology*, 52:558–569, 2001.
(Czepel 2015) Robert Czepel: Fünf Konzerne regieren die Wissenschaft. *Science ORF*, 11.6.2015 – https://bit.ly/2kArkJr.
(dbv 2017) Stellungnahme des Deutschen Bibliotheksverbands e. V. zum „Entwurf eines Gesetzes zur Angleichung des Urheberrechts an die aktuellen Erfordernisse der Wissensgesellschaft des (Urheberrechts-Wissensgesellschafts-Gesetz – UrhWissG)" des BMJV vom 22.2.2017 – https://bit.ly/2Np1q7J.
(Dinleavy 2018) Patrick Dinleavy: Open Access knowledge. Digital style guide. *Writing for Research*, 8.1.2018 – https://bit.ly/2CZoe93.
(Drees 2016) Bastian Drees: Text und Data Mining: Herausforderungen und Möglichkeiten für Bibliotheken. *Perspektive Bibliothek*, 5.1:49–73 – https://bit.ly/2k5znhc.
(Duppelfeld 2014) Monika Duppelfeld: *Das Urheberrecht der Bibliotheken im Informationszeitalter*. Geistiges Eigentum und Wettbewerbsrecht 97. Mohr Siebeck.
(de la Durantaye 2016) Katharina de la Durantaye: Die Bildungs- und Wissenschaftsschranke – Warum kurz springen? *ZUM*, S. 475–481, 2016.
(de la Durantaye 2014b) Katharina de la Durantaye: Stellungnahme zu dem Entwurf eines Gesetzes zur Nutzung verwaister und vergriffener Werke und einer weiteren Änderung des Urheberrechtsgesetzes (BT-Drucks. 17/13423) – https://bit.ly/2njQRHL.
(de la Durantaye 2014a) Katharina de la Durantaye: *Allgemeine Bildungs- und Wissenschaftsschranke*. Verlagshaus Monsenstein und Vannerdat – https://bit.ly/2mkGZxm.
(de la Durantaye 2005) Katharina de la Durantaye: *Der Schutz literarischer Urheberschaft im Rom der klassischen Antike*. Mohr Siebeck – Dissertation, Humboldt-Universität zu Berlin 2003.
(de la Durantaye/Kuschel 2019) Katharina de la Durantaye; Linda Kuschel: Vergriffene Werke größer gedacht: Art. 8–11 DSM-Richtlinie. *ZUM*, S. 694–703, 2019.

(Depenheuer/Peifer 2008) Otto Depenheuer; Karl-Nikolaus Peifer Geistiges Eigentum: *Schutzrecht oder Ausbeutungstitel. Zustand und Entwicklungen im Zeitalter von Digitalisierung und Globalisierung*. Springer.

(Dreier 2019a) Thomas Dreier: Die Schlacht ist geschlagen – ein Überblick. Zum Ergebnis des Copyright Package der EU-Kommission. *GRUR*, 8:771–779, 2019.

(Dreier 2019b) Thomas Dreier: Der Schrankenkatalog: Adäquate Zugangsregeln für die Wissensgesellschaft? *ZUM*, S. 384–393.

(Dreier/Hilty 2015) Thomas Dreier; Reto M. Hilty: *Vom Magnettonband zu Social Media. Festschrift. 50 Jahre Urheberrechtsgesetz (UrhG)*. . C. H. Beck Verlag.

(Dreier/Schulze 2018) Thomas Dreier; Gernot Schulze: *Urheberrechtsgesetz: UrhG*. C. H. Beck.

(Enquete-Kommission 2011) Enquete-Kommission „Internet und digitale Gesellschaft": Dritter Zwischenbericht Urheberrecht. Drucksache Deutscher Bundestag 17/7899, 23.11.2011 – https://bit.ly/2mbZiFc.

(Felber 2019) Christian Felber: *This not economy. Aufruf zur Revolution der Wirtschaftswissenschaft*. Deuticke.

(Felber 2018) Christian Felber: *Gemeinwohlökonomie*. Piper.

(Forst/Günther 2011) Rainer Forst; Klaus Günther (Hrsg.): *Die Herausbildung normativer Ordnungen. Interdisziplinäre Perspektiven*. Campus Verlag – (vgl. dazu Harald G. Kratochvila: Rezension von (Forst/Günther 2011) vom 7.7.2011 – https://bit.ly/2mbu4Ox).

(Förster 2008) Achim Förster: *Fair Use: ein Systemvergleich der Schrankengeneralklausel des US-amerikanischen Copyright Act mit dem Schrankenkatalog des deutschen Urheberrechtsgesetzes*. Mohr Siebeck.

(Fyfe et al. 2017) Aileen Fyfe; Kelly Coate; Stephen Curry; Stuart Lawson; Noah Moxham; Camilla Mørk Røstvik: Untangling academic publishing: A history of the relationship between commercial interests, academic prestige and the circulation of research – https://bit.ly/2kzKFuh.

(Geiger 2006) Christoph Geiger: The Three-step test, a thread to a balanced copyright law? *IIC – International Review of Intellectual Property and Competition Law*, 37(6):683–699, Jan 2006 – https://bit.ly/2ndagdy.

(Geiger et al. 2010) Christophe Geiger; Reto Hilty; Jonathan Griffiths; Uma Suthersanen: Declaration – A balanced interpretation of the "Three-step test". *Copyright Law*, 1. JIPITEC 119 para:1, 2010 – https://bit.ly/2nhzTdq.

(Geiger et al. 2013) Christoph Geiger; Daniel Gervais; Martin Senftleben: The three-step-test revisited. How to use the test's flexibility in national copyright law. PIJIP Research Paper Nr. 2013–14 – https://bit.ly/2ml7XVL.

(Gelke 2013) Erik Gelke: *Mashups im Urheberrecht*: Band 269 von *Schriftenreihe des Archivs für Urheber- und Medienrecht*. Nomos – https://bit.ly/2nhUmys.

(Gervais 2011) Daniel Gervais: The landscape of collective management schemes. *Columbia Journal of Law & the Arts*, 34(4); über SSRN: https://bit.ly/2Mkpiau.

(Gervais 2003) Daniel Gervais: Application of an extended collective licensing regime in Canada: Principles and issues related to implementation. Vanderbilt Public Law Research Paper Nr. 11–26 – SSRN: https://bit.ly/2oiRjqP.

(Gilcher-Holtey 2005) Ingrid Gilcher-Holtey (Hrsg.): *Zwischen den Fronten. Positionskämpfe europäischer Intellektueller im 20. Jahrhundert*. Akademie Verlag.

(Griffiths 2009) Jonathan Griffiths: The 'three-step test' in European Copyright Law – Problems and solutions (22.9.2009). Queen Mary School of Law Legal Studies Research Paper Nr. 31/2009 – SSRN: https://bit.ly/2ml6lLH.

(Grisse 2018) Karina Grisse: *Internetangebotssperren. Zivilrechtliche Vermittlerhaftung von Internetzugangsanbietern*. Mohr Siebeck.

(Grötschel 2016) Martin Grötschel: Elektronisches Publizieren, Open Access, Open Science und ähnliche Träume. Preprint: https://bit.ly/2xWyiv2.

(Grötschel/Lügger 1996) Martin Grötschel; Joachim Lügger: Wissenschaftliche Information und Kommunikation im Umbruch. Über das Internet zu neuen wissenschaftlichen Informationsinfrastrukturen. *Forschung & Lehre*, Heft 1/1996:194–198 – https://bit.ly/3812mGl.

(Grünberger 2018a) Michael Grünberger: Die Entwicklung des Urheberrechts im Jahr 2017. Teil I. *ZUM*, S. 271–285, 2018.

(Grünberger 2018b) Michael Grünberger: Die Entwicklung des Urheberrechts im Jahr 2017. Teil II. *ZUM*, S. 321–340, 2018.

(Grünberger 2016) Michael Grünberger: Die Bildungs- und Wissenschaftsschranke – Ein angemessener Interessenausgleich? *ZUM*, S. 473–474, 2016.

(GRUR) Stellungnahme der GRUR zum Referenten-Entwurf eines Gesetzes zur Nutzung verwaister Werke und zu weiteren Änderungen des Urheberrechtsgesetzes und des Urheberrechtswahrnehmungsgesetzes vom 20.2.2013 – https://bit.ly/2suD4Bq.

(Guretzky o. J.) Bernhard von Guretzky: Wissensethik – https://bit.ly/2mbkivP.

(Gutknecht 2015) Christian Gutknecht: Zahlungen der ETH Zürich an Elsevier, Springer und Wiley nun öffentlich. wisspub.net – Gemeinschaftsblog zu wissenschaftlicher Kommunikation im Netz, 29.8.2015 – https://bit.ly/1QiDgUS.

(Hanrider 2008) Tine Hanrider: Moralische Argumente in den Internationalen Beziehungen. Grenzen einer verständigungstheoretischen »Erklärung« moralischer Debatten. *Zeitschrift für Internationale Beziehungen. Archiv*, 2008 – https://bit.ly/33fZAuS.

(Hanrider 2009) Tine Hanrider: *Die Rechtfertigung des Urheberrechts unter besonderer Berücksichtigung des Nutzerschutzes:* Band 53 von *Abhandlungen zum Urheber- und Kommunikationsrecht*. Nomos – https://bit.ly/2nStV2Q.

(Hansen 2005) Gerd Hansen: Zugang zu wissenschaftlicher Information – alternative urheberrechtliche Ansätze. *GRUR Int.*, S. 378–388, 2005.

(Hargreaves/Hugenholtz 2013) Ian Hargreaves; P. Bernt Hugenholtz: Copyright reform for growth and jobs. Modernising the European Copyright Framework – https://bit.ly/2Jqj82W.

(Hargreaves 2011) Ian Hargreaves: Digital Opportunity. A Review of Intellectual Property and Growth. UK Department for Business, Innovation & Skills (seit 2016: Department for Business, Energy and Industrial Strategy (BEIS) – https://bit.ly/1J2QFl3.

(Hartmann 2017) Thomas Hartmann: Zwang zum Open Access-Publizieren? Der rechtliche Präzedenzfall ist schon da! *LIBREAS. Library Ideas*, 32 – https://bit.ly/2nezBUB.

(Haucap et al. 2016) Justus Haucap; Ina Loebert; Gerald Spindler; Susanne Thorwarth: *Ökonomische Auswirkungen einer Bildungs- und Wissenschaftsschranke im Urheberrecht (Studie im Auftrag des BMBF)*. Düsseldorf University Press – https://bit.ly/2b0ZQ7M.

(Hauff-Hartig 2018) Stefan Hauff-Hartig: *Fehl-, Falsch- und Desinformation aus dem Blickwinkel der Informationswissenschaften*. Simon Verlag.

(Hausmanninger/Capurro 2002) Thomas Hausmanninger; Rafael Capurro (Hrsg.): *Netzethik. Grundlegungsfragen der Internetethik*: Band 1 von *Schriftenreihe des ICIE*: S. 13–36. Fink.

(Heckmann/Weber 2006) Jörn Heckmann; Marc Philipp Weber: Open Access in der Informationsgesellschaft – § 38 de lege ferenda UrhG. *GRUR Int.*, Heft 12, 2006.

(Heine/Schafdecker 2018) Robert Heine; Julia Schafdecker: Die Maschine als Urheber? *Legal Tribune Online*, 1.12.2018 – https://bit.ly/3a3JhFq.

(Helfrich/Bollier 2019) Silke Helfrich; David Bollier: *Frei, fair und lebendig – Die Macht der Commons*. transcript – https://bit.ly/2mbwiNb.
(Helfrich/HBS 2012) Silke Helfrich; Heinrich-Böll-Stiftung (Hrsg.): *Commons. Für eine neue Politik jenseits von Markt und Staat*. transcript.
(Helfrich/HBS 2009) Silke Helfrich; Heinrich-Böll-Stiftung (Hrsg.): *Wem gehört die Welt. Zur Wiederentdeckung der Gemeingüter*. Oekom – https://bit.ly/2TyeZTA.
(Herb 2019) Ulrich Herb: Überwachungskapitalismus und Wissenschaftssteuerung. *TELEPOLIS*, 29. Juli:2019 – https://bit.ly/385rMme.
(Herb 2018) Ulrich Herb: Zwangsehen und Bastarde. Wohin steuert Big Data die Wissenschaft? *Information, Wissenschaft & Praxis*, 69(2–3):81 ff., 2018.
(Hess/Ostrom 2007) Charlotte Hess; Elinor Ostrom: *Understanding knowledge as a commons. From Theory to practice*. The MIT Press.
(Hevers 2015) Erik Hevers: *Informationszugangsansprüche des forschenden Wissenschaftlers*. Duncker & Humblot.
(Hilf/Severiens 2013) Eberhard R. Hilf; Thomas Severiens: Vom Open Access für Dokumente und Daten zu open content in der Wissenschaft. In: Rainer Kuhlen; Wolfgang Semar; Dietmar Strauch (Hrsg.), *Handbuch Grundlagen von Information und Dokumentation*, S. 379–395. De Gruyter, 6. Aufl.
(Hilty 2007) Reto M. Hilty: Das Urheberrecht darf nicht zu einem Instrument gegen die Wissenschaft ausarten. *Süddeutsche Zeitung*, 12.4.2007:18.
(Hilty 2006) Reto M. Hilty: Das Urheberrecht und der Wissenschaftler. *GRUR Int.*, S. 179–181, 2006.
(Hilty/Klass 2009) Reto M. Hilty; Nadine Klass: Stellungnahme des Max-Planck-Instituts für Geistiges Eigentum, Wettbewerbs- und Steuerrecht zur Anfrage des Bundesministeriums der Justiz vom 19. Februar 2009 – https://bit.ly/2lEU7x3.
(Hilty/Richter 2019) Reto Hilty; Heiko Richter: Vom Drang, Freiheit zu regulieren. *Max Planck Forschung*, 3/19 – https://bit.ly/2NoM7LB.
(Hilty/Richter 2017) Reto Hilty; Heiko Richter: Position Statement of the Max Planck Institute for Innovation and Competition on the Proposed Modernisation of European Copyright Rules Part B Exceptions and Limitations. (Art. 3 – Text and Data Mining), 14.01.2017 – https://bit.ly/2nhDLL8.
(Höpfner/Amschewitz 2019) Clemens Höpfner; Dennis Amschewitz: Die Zweitveröffentlichungspflicht im Spannungsfeld von Open-Access-Kultur und Urheberrecht. *NJW*, S. 2966–2973, 2019.
(Hoeren/Neubauer 2012) Thomas Hoeren; Arne Neubauer: Zur Nutzung urheberrechtlich geschützter Werke in Hochschulen und Bibliotheken. *ZUM*, 8/9:636–643, 2012.
(Hoeren/Köcher 2005) Thomas Hoeren; Jan K. Köcher: Der Wissenschaftler als Autor – Überlegungen zum Referentenentwurf.... In: Ulrich Sieber; Thomas Hoeren (Hrsg.), *Urheberrecht für Bildung und Wissenschaft – Anforderungen an das Zweite Gesetz zur Regelung des Urheberrechts in der Informationsgesellschaft*, Beiträge zur Hochschulpolitik 2/2005, S. 12–18 – https://bit.ly/2mnSofq.
(Hoeren 2019) Thomas Hoeren: Datenbesitz statt Dateneigentum. Erste Ansätze zur Neuausrichtung der Diskussion um die Zuordnung von Daten. *MMR*, S. 5–8, 2019.
(Hoeren 2018) Thomas Hoeren: Das Urheberrechts-Wissensgesellschafts-Gesetz Ein richtiger Schritt für das Urheberrecht in Bildung und Forschung? *Zeitschrift für Internationales Wirtschaftsrecht (IWRZ)*, 3/2018.

(Hoeren 2011)   Thomas Hoeren: Kleine Werke? – Zur Reichweite von § 52 a UrhG. *ZUM*, 5/2011:369–375.
(Hoeren 2004)   Thomas Hoeren: Informationsgerechtigkeit als Leitperspektive des Informationsrecht. In: Jürgen Taeger; Andreas Wiebe (Hrsg.), *Informatik – Wirtschaft – Recht: Regulierung in der Wissensgesellschaft. Festschrift für Wolfgang Kilian zum 65. Geburtstag*, S. 91–102. Nomos.
(Hoeren/Kalberg 2006)   Thomas Hoeren; N. Kalberg: Der amerikanische TEACH Act und die deutsche Schrankenregelung zur „Öffentlichen Zugänglichmachung für Unterricht und Forschung" (§ 52a UrhG) im Vergleich. *ZUM*, 8/9/2006:600–604.
(Höffner 2010)   Eckhard Höffner: *Geschichte und Wesen des Urheberrechts. 2 Bände*. Verlag Europäische Wirtschaft.
(Hornbostel 1997)   Stefan Hornbostel: *Wissenschaftsindikatoren: Bewertungen in der Wissenschaft*. Westdt. Verlag – https://bit.ly/2lFdsya.
(Hugenholtz et al. 2006)   Bernt Hugenholtz et al.: *The recasting of copyright & related rights for the knowledge economy*. Institute for Information Law University of Amsterdam The Netherlands – https://bit.ly/2VGlsi2.
(Hugenholtz/Okediji 2007)   P. Bernt Hugenholtz; Ruth L. Okediji: Conceiving an international instrument on Limitations and exceptions to copyright. Endbericht, 7.3.2007 – https://bit.ly/2nSzRc7.
(IFLA 2015)   IFLA critiques licensing solutions at the European Parliament, 7.5.2015 – https://bit.ly/2Zpj4OS.
(Jaki 2019)   Bernhard Jaki: Das Recht der Künstlichen Intelligenz. Möglichkeiten und Grenzen zivilrechtlicher Regulierung. *MMR*, S. 711 ff., 2019.
(Jani 2016)   Ole Jani: Die Bildungs- und Wissenschaftsschranke – Der Gesetzgeber muss erklären, was das Ziel einer solchen Schranke sein soll. *ZUM*, S. 481–483, 2016.
(Jänich 2002)   Volker Jänich: *Geistiges Eigentum – eine Komplementärerscheinung zum Eigentum?* Mohr Siebeck.
(Jiang/Gervais 2012)   Fuxiao Jiang; Daniel Gervais: Collective management organizations in China: Practice, problems and possible solutions. *The Journal of World Intellectual Property*, 15(3):221–237 – SSRN.
(Jütte 2019)   Bernd Justin Jütte: The new copyright directive: Digital and cross-border teaching exception (article 5). Kluwer Coypright Blog – https://bit.ly/2o5hQbb.
(Kant 2002)   Horst Kant: *Disziplinäre Gesellschaften als Träger von Fachzeitschriften. Einige Anmerkungen zur Entstehung physikalischer Zeitschriften im 19. Jahrhundert in Deutschland*; In: (Parthey/Umstätter 2002), S. 61 ff.
(Karpinski 2015)   Adam Karpinski: Creating a copyright exception for education. *Communia*, 3.11.2015 – https://bit.ly/3abJl63.
(Kerres/Jechle 2001)   Michael Kerres; Thomas Jechle: Didaktische Konzeption des Tele-Lernens. In: L. J. Issing; P. Klimsa (Hrsg.), *Information und Lernen mit Multimedia*. Beltz, 2. Aufl.
(Kirchmaier 2017)   Robert Kirchmaier: Das Urheberrechts-Wissensgesellschafts-Gesetz und seine Auswirkungen auf den Bereich der Kultureinrichtungen. *Kultur und Recht*, 19:3–4 – https://bit.ly/2nTuOYZ.
(Kirsch-Händert 1989)   Johannes Kirsch-Händert: Zeitgeist – Die Vermittlung des Geistes mit der Zeit: Eine wissenssoziologische Untersuchung zur Geschichtsphilosophie Hans Blumenbergs. Europäische Hochschulschriften. Soziologie, 182.
(Kohler 1907)   Josef Kohler: *Urheberrecht an Schriftwerken und Verlagsrecht*. Verlag F. Enke.
(Konersmann 2015)   Ralf Konersmann: *Die Unruhe der Welt*. S. Fischer Wissenschaft.

(Konersmann 2004)   Ralf Konersmann: Zeitgeist. In: Joachim Ritter; Karlfried Gründer; Gottfried Gabriel (Hrsg.), *Historisches Wörterbuch der Philosophie*, Band 12 (W-Z). Schwabe AG.
(Koroch 2016)   Stefan Koroch: *Das Leistungsschutzrecht des Presseverlegers*. Mohr Siebeck.
(Krempl 2018)   Stefan Krempl: US-Kongress erwägt Copyright-Verlängerung auf bis zu 144 Jahre. *Heise online*, 19.05.2018 – https://bit.ly/2m0uRBa.
(Krempl 2007)   Stefan Krempl: Neues Urheberrecht tritt Anfang 2008 in Kraft. *Heise online*, 1.11.2007 – https://bit.ly/2mnkUOH.
(Kretschmer 2010)   Michael Kretschmer: Wo geforscht wird, fallen Früchte: Open access. Freier Zugang sollte zur Vorbedingung öffentlicher Förderung werden. *FAZ*, 23.6.2010.
(Kreutzer 2008)   Till Kreutzer: *Das Modell des deutschen Urheberrechts und Regelungsalternativen. Konzeptionelle Überlegungen zu Werkbegriff, Zuordnung, Umfang und Dauer des Urheberrechts als Reaktion auf den urheberrechtlichen Funktionswandel*. Nomos.
(Kreutzer 1999)   Till Kreutzer: Die Entwicklung des Urheberrechts in Bezug auf Multimedia der Jahre 1994–1998. Arbeitspapiere des Hans-Bredow-Instituts, Nr. 3 – https://bit.ly/2mlilwJ.
(Kreutzer/Lahmann 2019)   Till Kreutzer; Henning Lahmann: *Rechtsfragen bei Open Science*. Hamburg University Press – https://bit.ly/2vzgUPJ.
(Kreutzer/Hirche 2017)   Till Kreutzer; Tom Hirche: Rechtsfragen zur Digitalisierung in der Lehre.
(Krüger/Dettling 2019)   Heinz-Uwe Dettling; Stefan Krüger: Erste Schritte im Recht der Künstlichen Intelligenz. Entwurf der „Ethik-Leitlinien für eine vertrauenswürdige KI". *MMR*, S. 211–217, 2019.
(Kuhlen 2017b)   Rainer Kuhlen: UrhWissG – das neue Wissenschaftsurheberrecht bleibt regulierungstechnisch überspezifisch problematisch. *Information, Wissenschaft & Praxis*, 68(4):227–245, 2017 – https://bit.ly/2nj9FH6.
(Kuhlen 2017a)   Rainer Kuhlen: Zum Vorschlag der EU-Kommission für eine neue Urheberrechtsrichtlinie. *Information, Wissenschaft & Praxis*, 68(2–3):139–153, 2017.
(Kuhlen 2016)   Rainer Kuhlen: Der Heizer sollte nicht auf der E-Lok bleiben – Die Allgemeine Bildungs- und Wissenschaftsschranke ist nötig und möglich. *ZUM*, S. 507–513, 2016.
(Kuhlen 2015b)   Rainer Kuhlen: Wie umfassend soll/darf /muss sie sein, die allgemeine Bildungs- und Wissenschaftsschranke? *Zeitschrift für Geistiges Eigentum / Intellectual Property Journal*, 7(1):77–125 – (Autortext: https://bit.ly/2lKvcbCf).
(Kuhlen 2015a)   Rainer Kuhlen: Kopernikanische Wende in der EU-Urheberrechtsdebatte? Die Politik in Deutschland sollte das nutzen. Netzpolitik.org, 21.1.2015.
(Kuhlen 2014b)   Rainer Kuhlen: Copyright and information ethics – an insight. In: Amélie Vallotton; Hermann Rösch; Christoph Stückelberger (Hrsg.), *Ethical Dilemmas in the Information Society. Codes of Ethics for Librarian and Archivists*, Papers from the IFLA/FAIFE Satellite Meeting, S. 191–200.
(Kuhlen 2014a)   Rainer Kuhlen: Interdependenzen zwischen Informationsethik und politischem Handeln – am Beispiel einer kontroversen Urheberrechtsregulierung (Zweitverwertungsrecht). *Zeitschrift für Politikwissenschaft (ZPol), Sonderband Ethik und Politikmanagement*, S. 193–221 – Preprint, https://bit.ly/2nhNotg.
(Kuhlen 2013c)   Rainer Kuhlen: Information, Informationswissenschaft. Artikel A1. In: Rainer Kuhlen; Wolfgang Semar; Dietmar Strauch (Hrsg.), *Handbuch Grundlagen von Information und Dokumentation*, S. 1–24. De Gruyter, 6. Aufl.
(Kuhlen 2013b)   Rainer Kuhlen: Manifestierung der Dreiklassengesellschaft. *Spectrum.de*, 19.9.2013 – https://bit.ly/2nf4Qia.

(Kuhlen 2013a) Rainer Kuhlen: Erfolgreiches Scheitern revisited – in Richtung einer allgemeinen Wissenschaftsklausel. *Bibliothek, Forschung und Praxis*, 37(1):1–10 – https://bit.ly/2naBaCR.
(Kuhlen 2012c) Rainer Kuhlen: Knowledge is the water of the mind. How to structure rights in immaterial commons. In: David Bollier; Silke Helfrich (Hrsg.), *The wealth of the commons. A world beyond market & state*, S. 331–339. The Commons Strategies Group (www.wealthofthecommons.org).
(Kuhlen 2012b) Rainer Kuhlen: Wissensökonomie und Wissensökologie zusammen denken. In: Silke Helfrich; Heinrich-Böll-Stiftung (Hrsg.), *Commons. Für eine neue Politik jenseits von Markt und Staat*, S. 405–413. transcript – https://bit.ly/2lMeEzv<9.
(Kuhlen 2012a) Rainer Kuhlen: Was haben Eigentum und Wissenschaftsfreiheit mit dem Urheberrecht zu tun? Mit Reförmchen ist es nicht länger getan. *FIFF-Kommunikation*, 1/2013:48–52 – https://bit.ly/2lF16WL.
(Kuhlen 2011b) Rainer Kuhlen: Richtungsweisend oder eine verpasste Chance? Der Copyright-Code des Wittem Projekts. *Information Technology and E-Commerce Law (JIPITEC)*, 2/2011:18–25.
(Kuhlen 2011a) Rainer Kuhlen: Der Streit um die Regelung des Zweitveröffentlichungsrechts im Urheberrecht – oder: Was macht Wissenschaftsfreiheit aus? In: Joachim Griesbaum; Thomas Mandl; Christa Womser-Hacker (Hrsg.), *Information und Wissen: global, sozial und frei? ISI 2011 – 12. Internationales Symposium für Informationswissenschaft, Universität Hildesheim*, 9.–11. März 2011 – Preprint: https://bit.ly/2nS7f2K.
(Kuhlen 2010d) Rainer Kuhlen: Kommentar zu Steinhauer: Das Recht auf Sichtbarkeit – https://bit.ly/2MvsO4h – ausführlich: Ein Recht auf Sichtbarkeit – aber nicht auch ein Recht auf Sichtbarwerden?
(Kuhlen 2010c) Rainer Kuhlen: Ethical foundation of knowledge as a common. In: *Proceedings of the International Conference commemorating the 40th Anniversary of the Korean Society for Library and Information Science, Seoul*, 8.10.2010 – https://bit.ly/2kgWZiZ.
(Kuhlen 2010b) Rainer Kuhlen: In Richtung einer allgemeinen Wissenschaftsklausel. *Information – Wissenschaft und Praxis (IWP)*, 8/2010:427–434 – http://bit.ly/cZyGNW.
(Kuhlen 2010a) Rainer Kuhlen: Freier Zugang zu den verwaisten Werken. Kann der freie Zugang zu einem gewichtigen Teil des kulturellen Erbes, zu den verwaisten Werken und damit zu einem gewichtigen Teil des Commons, in Europa bald Wirklichkeit werden? – https://bit.ly/2mlEk6I.
(Kuhlen 2008) Rainer Kuhlen: *Erfolgreiches Scheitern – eine Götterdämmerung des Urheberrechts?* vwh Verlag Werner Hülsbusch – https://bit.ly/2mnpD2V.
(Kuhlen 2004f) Rainer Kuhlen: Wissensökologie. In: Rainer Kuhlen; Wolfgang Semar; Dietmar Strauch (Hrsg.), *Handbuch Grundlagen von Information und Dokumentation*, S. 105–113. Saur Verlag, 5. Aufl. – https://bit.ly/2lTmEyU.
(Kuhlen 2004e) Rainer Kuhlen: Nachhaltigkeit muss nicht Verknappung bedeuten – in Richtung Wissensökologie. *Sonderausgabe der Zeitschrift des Forums InformatikerInnen für Frieden und gesellschaftliche Verantwortung, über „IT und Nachhaltigkeit"*, 21(4):15–19 – https://bit.ly/2kzzSAB.
(Kuhlen 2004d) Rainer Kuhlen: Informationsethik. In: Rainer Kuhlen; Wolfgang Semar; Dietmar Strauch (Hrsg.), *Handbuch Grundlagen von Information und Dokumentation*, S. 61–71. Saur Verlag, 5. Aufl. – https://bit.ly/2kx3m1X.
(Kuhlen 2004c) Rainer Kuhlen: *Informationsethik – Umgang mit Wissen und Information in elektronischen Räumen*. Reihe UTB 2454. Universitätsverlag Konstanz (UVK).

(Kuhlen 2004b)   Rainer Kuhlen: Wem gehört die Information im 21. Jahrhundert – eine Skizze. In: A. Büllesbach; T. Dreier (Hrsg.), *Wem gehört die Information im 21. Jahrhundert? Proprietäre versus nicht proprietäre Verwertung digitaler Inhalte*, S. 1–9. Verlag Dr. Otto Schmidt – https://bit.ly/2nf9QDs.

(Kuhlen 2004a)   Rainer Kuhlen: Kollaboratives Schreiben. Wenn Autoren und ihre Werke Kollaborateure werden – was ändert sich dann? Oder: wenn Kommunikation ein Recht, gar ein Menschenrecht wird – was ändert sich dann? In: C. Bieber; C. Leggewie (Hrsg.), *Interaktivität ein transdisziplinärer Schlüsselbegriff*, S. 216–239. Campus-Verlag – https://bit.ly/2nUlUup.

(Kuhlen 1999)   Rainer Kuhlen: *Die Konsequenzen der Informationsassistenten. Was bedeutet informationelle Autonomie oder wie kann Vertrauen in elektronische Dienste in offenen Informationsmärkten gesichert werden?* Nr. stw 1443 in Suhrkamp Taschenbuch wissenschaft. Suhrkamp-Verlag – https://bit.ly/2lKDj84.

(Kuhlen/Brüning 2004)   Rainer Kuhlen; Jochen Brüning: Creative Commons (CC) – für informationelle Selbstbestimmung, gegen den Trend des Urheberrechts/Copyright als Handelsrecht oder: Chancen für einen innovativen Drei-Stufen-Test? *Information, Wissenschaft & Praxis (IWP)*, 8/2004:449–454 – https://bit.ly/2lBvt0e.

(Lakoff/Johnson 2011)   George Lakoff; Mark Johnson: *Leben in Metaphern: Konstruktion und Gebrauch von Sprachbildern*. Springer.

(Lalé 2017)   Céline Lalé: Reform mit Ausnahme: Ein unnötiges Geschenk für Zeitungsverlage. iRIGHTS info, 3.7.2017 – https://bit.ly/2uNVbgZ.

(Landow 1992)   George P. Landow: *Hypertext. The convergence of contemporary critical theory and technology*. John Hopkins University Press.

(Larivière et al. 2015)   Vincent Larivière; Stefanie Haustein; Philippe Mongeon: The Oligopoly of Academic Publishers in the Digital Era. *PLOS ONE*, 10.6.2015 – https://bit.ly/2FPXyKz.

(Leistner 2008)   Matthias Leistner: Buchrezension zu (Kreutzer 2008). *JIPITEC I*, 2:165 – para. 1.

(Leistner/Dreier 2013)   Matthias Leistner; Thomas Dreier: Urheberrecht im Internet: die Forschungsherausforderungen. *GRUR*, S. 881–892, 2013.

(Lerner/Lin 2012)   Josh Lerner; Eric Lin: Collaboration in intellectual property: an overview. *WIPO*, 6/2012.

(Leventer 2012)   N. Orly Leventer: *Google Book Search und vergleichendes Urheberrecht. Unter Heranziehung des deutschen und US-amerikanischen Rechts*. Nomos – (Dissertation, Universität Freiburg 2011).

(Lessig 1999/2006)   Lawrence Lessig: *Code and other laws of cyberspace*. Basic Books.

(Lipinski 2005)   Thomas A. Lipinski: *Copyright Law and the Distance Education Classroom*. Scarecrow Press – https://bit.ly/2ko2Jrv.

(Luhmann 1984/1987)   Niklas Luhmann: Soziale Systeme. Grundriss einer allgemeinen Theorie – suhrkamp taschenbuch wissenschaft.

(Maas 2016)   Heiko Maas: Kulturelle Werke – mehr als nur ein Wirtschaftsgut. Keynote auf der Konferenz „Die Zukunft des Urheberrechts – 50 Jahre Urheberrecht in Deutschland" am 1. Dezember 2015 in Berlin. *ZUM*, S. 207–211, 2016.

(Maier 2003)   Matthias Leonhard Maier: Wissens- und ideenorientierte Ansätze in der Politikwissenschaft: Versuch einer systematischen Übersicht. In: Matthias Leonhard Maier; Frank Nullmeier; Tanja Pritzlaff; Achim Wiesen (Hrsg.), *Politik als Lernprozess. Wissenszentrierte Ansätze der Politikanalyse*. Springer.

(Marl 2017)   Johannes Marl: *Der Begriff der Öffentlichkeit im Urheberrecht*. Mohr Siebeck.

(Menard 2012) Michael Menard: Urheber: Filter oder Schöpfer? *boersenblatt.net*, 5.7.2012 – https://bit.ly/2YQ4ekq.
(Menne-Haritz 2013) Angelika Menne-Haritz: D 10 Archive. In: Grundlagen der praktischen Information und Dokumentation. In: Rainer Kuhlen; Wolfgang Semar; Dietmar Strauch (Hrsg.), *Handbuch Grundlagen von Information und Dokumentation*, S. 596–608. Saur Verlag/De Gruyter, 6. Aufl.
(Metzger 2002) Axel Metzger: *Rechtsgeschäfte über das Droit moral im deutschen und französischen Urheberrecht*. Nr. Heft 41 in Urheberrechtliche Abhandlungen des Max-Planck-Instituts für ausländisches und internationales Patent-, Urheber-und Wettbewerbsrecht. Verlag C. H. Beck.
(Mollenhauer/Blees/Rittberger) Luca Mollenhauer; Ingo Blees; Marc Rittberger: Open Educational Resources (OER) in Deutschland fördern. Der Diskurs und die Bildungspolitik zu Open Educational Resources in Deutschland am Beispiel des Förderprogramms OERinfo. *Information – Wissenschaft und Praxis*, 68(2–3):179–181, 2017.
(Moscon 2015) Valentina Moscon: Academic freedom, copyright, and access to scholarly works: A comparative perspective. In: R. Caso; F. Giovanella (Hrsg.), *Balancing copyright law in the digital age: some comparative perspectives*. Springer.
(Ostrom et al. 2008) Elinor Ostrom; Roy Gardner; James Walker: *Rules, games, and common-pool resources*. The University of Michigan Press.
(Ostrom 1990) Elinor Ostrom: *Governing the commons. The evolution of institutions for collective action*. Cambridge University Press, 20. (2007) Aufl.
(O'Neill 2005) Johnathan O'Neill: *Originalism in American Law and Politics. A Constitutional History*. The Johns Hopkins University Press.
(Parthey/Umstätter 2002) Heinrich Parthey; Walther Umstätter (Hrsg.): *Wissenschaftliche Zeitschrift und Digitale Bibliothek*. Wissenschaftsforschung Jahrbuch 2002. Gesellschaft für Wissenschaftsforschung – https://bit.ly/2mcol5A.
(Peifer 2020) Karl-Nikolaus Peifer: Anpassungsbedarf durch die neue Urheberrechtsrichtlinie. *GRUR*, S. 14–22, 2020.
(Peifer 2019) Karl-Nikolaus Peifer: Die urhebervertragsrechtlichen Normen in der DSM-Richtlinie. *ZUM*, S. 648 ff., 2019.
(Peifer 2015) Karl-Nikolaus Peifer: *Festhalten am idealistischen Schöpferbegriff?*: In: (Dreier/Hilty 2015), S. 351 ff.
(Peukert 2018) Alexander Peukert: *Kritik der Ontologie des Immaterialgüterrechts*. Geistiges Eigentum und Wettbewerbsrecht 134. Mohr Siebeck.
(Peukert 2017) Alexander Peukert: Kommentar zu § 38,4, RN 45–47. In: Schricker; Loewenheim (Hrsg.), *Urheberrecht*. C. H. Beck, 5., neu bearbeitete Aufl.
(Peukert 2012b) Alexander Peukert: Das Verhältnis zwischen Urheberrecht und Wissenschaft: Auf die Perspektive kommt es an! *JIPITEC*, 1, para:142 – https://bit.ly/2nh0LKm.
(Peukert 2012a) Alexander Peukert: *Die Gemeinfreiheit*. Mohr Siebeck.
(Peukert 2002) Alexander Peukert: Rezension von (Metzger 2002). *UFITA*, 2002/III:883–887.
(Pflüger 2016) Thomas Pflüger: Die Bildungs- und Wissenschaftsschranke – Reflexionen und Überlegungen aus Sicht der Kultusministerkonferenz. *ZUM*, S. 484–488, 2016.
(Pflüger 2010) Alexander Peukert: Positionen der Kultusministerkonferenz zum Dritten Gesetz zur Regelung des Urheberrechts in der Informationsgesellschaft – »Dritter Korb«. *ZUM*, S. 938–945, 2010.
(Pflüger/Ertmann 2004) Thomas Pflüger; Dietmar Ertmann: E-Publishing und Open Access – Konsequenzen für das Urheberrecht im Hochschulbereich. *ZUM*, S. 436–443, 2004.

(Pflüger/Hinte 2018) Thomas Pflüger; Oliver Hinte: Das Urheberrechts-Wissensgesellschafts-Gesetz aus Sicht von Hochschulen und Bibliotheken. *ZUM*, S. 153–161, 2008.

(Praxisleitfaden 2017) Praxisleitfaden zum Recht bei E-Learning, OER und Open Content. Oktober 2017 (im Auftrag des und in Zusammenarbeit mit dem Multimedia Kontor) – https://bit.ly/2BB35O6.

(Raue 2019) Benjamin Raue: Rechtssicherheit für datengestützte Forschung. *ZUM*, S. 684–693, 2019.

(Reda 2019) Julia Reda: EU-Urheberrechtsreform: Der Kampf war nicht umsonst. Reda-Website, 17.4.2019 – https://bit.ly/2lClzeH.

(Reichman/Okediji 2012) J. H. Reichman; R. L. Okediji: When copyright law and science collide: Empowering digitally integrated research methods on a global scale (Review). *Minnesota Law Review*, 96(4):1362–1480.

(Reschke 2010) Johannes Reschke: *Die verfassungs- und dreistufentestkonforme Auslegung der Schranken des Urheberrechts zugleich eine Überprüfung von § 52b UrhG*: Band 27 von *Schriften zum und Immaterialgüterrecht*. V&R unipress.

(Rettling 2013) Falk Rettling: Die öffentlichen Kosten wissenschaftlicher Publikationen in Österreich. Version 1.0. Zenodo. 10.5281/zenodo.18338, 2013 – http://bit.ly/2xU5SBH.

(Riis/Schovsbo 2010) Thomas Riis; Jens Schovsbo: Extended collective licenses and the Nordic experience – It's a hybrid but is it a VOLVO or a lemon? *Columbia Journal of Law & the Arts*, 33(4):471–498 – https://bit.ly/2pNUOpL.

(Risse-Kappen/Sikkink 1999) Thomas Risse; Kathryn Sikkink: *The socialization of international human rights norms in domestic practices*. Cambridge University Press DOI – https://bit.ly/2ThAt8c.

(Ritter 1972) Joachim Ritter: Artikel Ethik. In: Ders (Hrsg.), *Historisches Wörterbuch für Philosophie*, Band 2, S. 759–795. Schwabe & Co.

(Rose 2003) Carol M. Rose: Romans, roads, and romantic creators: Traditions of public property in the information age. *Law and Contemporary Problems*, S. 89–110 – https://bit.ly/2nWosbl.

(Rosenkranz 2016) Frank Rosenkranz: Anmerkung zu EuGH, Urteil vom 12.11.2015 – C-572/13 – Reprobel. *ZUM*, S. 160 ff., 2016.

(Rubin 2012) Zick Rubin: Let's spread the word about fair use. *The Chronicle of Higher Education*, 23.9.2012 – https://bit.ly/31UloLn.

(Sandberger 2017) Georg Sandberger: Die Zukunft wissenschaftlichen Publizierens. Open Access und Wissenschaftsschranke. Anmerkungen zu den Kontroversen über die Weiterentwicklung des Urheberrechts. *Ordnung der Wissenschaft*, S. 75–95, März 2017.

(Sattler 2009) Susen Sattler: *Der Status quo der urheberrechtlichen Schranken für Bildung und Wissenschaft. Eine Untersuchung anhand der konventions- und europarechtlichen sowie der verfassungsrechtlichen Vorgaben*. Nomos.

(Schack 2017) Haimo Schack: Das neue UrhWissG – Schranken für Unterricht, Wissenschaft und Institutionen. *ZUM*, S. 802–808, 2017.

(Schack 2016) Haimo Schack: Urheberrechtliche Schranken für Bildung und Wissenschaft. *ZUM*, S. 266–284, 2016.

(Schack 2015) Haimo Schack: *Urheber- und Urhebervertragsrecht*. Mohr Siebeck, 7. Aufl.

(Schimmer/Geschuhn/Vogler 2015) R. Schimmer; K. K. Geschuhn; A. Vogler: Disrupting the subscription journals' business model for the necessary large-scale transformation to open access. doi:10.17617/1.3.

(Schmiede 2013) Rudi Schmiede: Wissenschaft+digitale Publikation. *Inetbib*, 26.4.2013 – https://bit.ly/2nDc6EG.

(Scholz 2018) Anna-Lena Scholz: Wem gehört das Wissen? *ZEIT-Online*. *DIE ZEIT*, Nr. 31/2018 – https://bit.ly/2RmuvB4.

(Schönfelder 2019) Nina Schönfelder: Transformationsrechnung. Mittelbedarf für Open Access an ausgewählten deutschen Universitäten und Forschungseinrichtungen. Ein Bereich des National Open-Access-Kontaktpunkts-OA2020-DE – https://bit.ly/2PPA1Na.

(Schüller-Zwierlein/Leiwesmeyer 2018) André Schüller-Zwierlein; Barbara Leiwesmeyer: *Neuerungen im Urheberrecht. Stand und Perspektiven. Präsentation*. Universitätsbibliothek Regensburg – https://bit.ly/2HnnYld.

(Schwarz 2018) Tim Jonathan Schwarz: *Die Beendigung urheberrechtlicher Nutzungsrechte: Eine dogmatische Analyse*. Nomos.

(Senftleben 2004) Martin Senftleben: *Copyright, limitations and the three-step test: An analysis of the three-step test in international and EC copyright law*. Kluwer Law International.

(Senftleben 2010) Martin Senftleben: The international three-step test: A model provision for EC fair use legislation. *JIPITEC*, S. 67–82, 2010 – https://bit.ly/2nmo3hR.

(Siegmann 2006) Richard Siegmann: Über die Ketten der Wissensgesellschaft. Der Kulturkampf über den Zugang zu wissenschaftlichen Veröffentlichungen verschärft sich. *c't Magazin für Computertechnik*, 29.5.2006 – https://bit.ly/31uYmL5.

(Spindler 2008) Gerald Spindler: Reform des Urheberrechts im „Zweiten Korb". *NJW*, 9, 2008.

(Staab 2019) Philipp Staab: Digitaler Kapitalismus in der Ökonomie der Unknappheit – Edition suhrkamp.

(Stang 2017) Felix Stang: Art. 14 der neuen DSM-Richtlinie. *ZUM*, S. 668–674, 2019.

(Steffen 2010) Till Steffen: Diskussionspapier „Nutzerorientierte Ausrichtung des Urheberrechts".

(Steinhauer 2017) Eric W. Steinhauer: Die Urheberrechtsmärchen der FAZ zum geplanten UrhWissG. *Kapselschriften*, 19.5.2017 – https://bit.ly/33VppBb.

(Steinhauer 2014) Eric W. Steinhauer: EuGH-Urteil zu elektronischen Leseplätzen stärkt Wissenschaftsurheberrecht. *GRUR-Prax*, S. 471–473, 2014.

(Steinhauer 2013) Eric W. Steinhauer: Mehr Open Access oder bloßer Placebo? *Legal Tribute Online*, 23.9.2013 – https://bit.ly/2mchz5f.

(Steinhauer 2010) Eric W. Steinhauer: *Das Recht auf Sichtbarkeit. Überlegungen zu Open Access und Wissenschaftsfreiheit*. Verlagshaus Monsenstein und Vannerdat OHG – https://bit.ly/2lFLBhi.

(Stemmer 2011) Peter Stemmer: *Die Konstitution der normativen Wirklichkeit*: In: (Forst/Günther 2011), S. 57–68.

(Stieper 2009) Malte Stieper: *Rechtfertigung, Rechtsnatur und Disponibilität der Schranken des Urheberrechts*. Mohr Siebeck.

(STM 2018) The STM Report. Fifth edition. Rob Johnson and Anthony Watkinson and Michael Mabe (Hrsg.): An overview of scientific and scholarly publishing – https://bit.ly/2PplVOo.

(Straumsheim 2016) Carl Straumsheim: How to measure impact. *Inside Higher ED vom*, 14.12.2016 – https://bit.ly/36cnfy1.

(Surman 2019) Mark Surman: Simple Geschichten über KI sind eine Gefahr. *Tagesspiegel Background*, 8.5.2019 – https://bit.ly/3cow0bq.

(Talke 2019) Armin Talke: Warum die Urheberrechtsreform die Bibliotheken betrifft. BLOG-NETZWERK FÜR FORSCHUNG UND KULTUR der Staatsbibliothek zu Berlin, 22.1.2018 – https://bit.ly/2Gy2pjb.

(Taubert 2019) Christian Taubert: *Fremde Galaxien und abstrakte Welten. Open Access in Astronomie und Mathematik: Eine soziologische Analyse.* transcript – https://bit.ly/2mnRWhO. Preprint 2017: https://bit.ly/2nQDG1m.
(Teach Act 2011) The Teach Act, New roles, rules and responsibilities for academic institutions. Copyright Clearance Center – https://bit.ly/2m2PZqt.
(Tiersma 2010) Peter M. Tiersma: *Parment, paper, pixels. Law and and the technologies of communication.* The University of Chicago Press.
(Till et al. 2019) Brian M. Till et al.: Who is pirating medical literature? A bibliometric review of 28 million Sci-Hub downloads. *Correspondence*, 7, 1.1.2019 – https://bit.ly/2EvW32M.
(Triaille et al. 2013) Jean-Paul Triaille and others (De Wolf & Partners): Study on the application of Directive 2001/29/EC on copyright and related rights in the information society – https://bit.ly/2m5iDY9.
(Turowski/Mikfeld 2013) Jan Turowski; Benjamin Mikfeld: Gesellschaftlicher Wandel und politische Diskurse. Überlegungen für eine strategieorientierte Diskursanalyse. Denkwerk Demokratie. Hans Böckler Stiftung September 2013 – https://bit.ly/2moKzXs.
(Ulmer 1951/1960) Eugen Ulmer: *Urheber und Verlagsrecht.* Springer.
(von Ungern Sternberg 2019) Joachim von Ungern-Sternberg: Die Herausgeberbeteiligung der VG WORT – rechtswidrige Ausschüttungen an nichtberechtigte Dritte. urPC Web-Dok. 25/2019, Abs. 1–74 – https://bit.ly/2lDpsQG.
(Vaihinger 1911) Hans Vaihinger: *Die Philosophie des Als Ob. System der theoretischen, praktischen und religiösen Fiktionen der Menschheit auf Grund eines idealistischen Positivismus. Mit einem Anhang über Kant und Nietzsche.* Reuther & Reichard.
(Völtz 2011) Gregor Völtz: *Die Werkwiedergabe im Web 2.0. Reformbedarf des urheberrechtlichen Öffentlichkeitsbegriffs.* Gabler.
(Walger/Walger 2019) Nicole Walger; Nadine Walger: Vom Schein des Rechten getäuscht. Raubverlage und was die Wissenschaft dagegen unternehmen kann. *Information, Wissenschaft & Praxis*, 2–3:91–97, 2019.
(Wandtke 2017) Artur-Axel Wandtke: *Urheberrecht.* De Gruyter, 6. Aufl.
(Wandtke/Hauck 2019) Artur-Axel Wandtke; Ronny Hauck: Art. 17 DSM-Richtlinie – Ein neues Haftungssystem im Urheberrecht. *ZUM*, S. 627 ff., 2019.
(Wandtke/Bullinger 2014) Artur-Axel Wandtke; Winfried Bullinger: *Praxiskommentar zum Urheberrecht.* C. H. Beck, 4. neu bearbeitete Aufl.
(Wandtke/Grassmann 2006) Artur-Axel Wandtke; Ferdinand Grassmann: Einige Aspekte zur gesetzlichen Regelung zum elektronischen Kopienversand im Rahmen des »Zweiten Korbs«. *ZUM*, S. 889 ff., 2006.
(Weber 2017) Hubertus Weber: *Die urheberrechtliche Zwangslizenz. Erweiterte kollektive Lizenz.* Nomos/Stämpfli.
(Wefing 2014) Heinrich Wefing: Lex Snowden: Europas Richter schützen die Daten der Bürger vor dem Staat. Aber hilft das gegen die Sammelwut der Amerikaner? *DIE ZEIT*, (Nr. 16):1, 10.4.2014 – http://bit.ly/1jdyYQp.
(Wildgans 2019) Julia Wildgans: Zuckerbrot oder Peitsche? – Ein Plädoyer für Open Access im juristischen Publikationswesen. *ZUM*, S. 21–28, 2019.
(Wille 2009) Stefan Wille: Anmerkung zu BVerfG, Beschluss vom 24. November 2009 – 1 BvR 213/08. *ZUM*, S. 240–243, 2010.
(Wipo 2018) World intellectual property indicators 2018 WIPO. Genua.
(Wissen 2004) N. N: Wissen. In: Joachim Ritter; Karlfried Gründer; Gottfried Gabriel (Hrsg.), *Historisches Wörterbuch der Philosophie*, Band 12 (W-Z). Schwabe AG Verlag.

(Wissenschaftsrat 2001) Wissenschaftsrat: Empfehlungen zur digitalen Informationsversorgung durch Hochschulbibliotheken, 13.7.2001 (Drs. 4935/01) – https://bit.ly/2P5Tbz].
(Witschen 1998) Dieter Witschen: *Was verdient moralisch den Vorzug? Ethisches Abwägen durch Präferenzregeln*. Verlag W. Kohlhammer.
(Wittem Group 2010) Wittem Group: The Wittem Project. European copyright code. April 2010 – www.copyrightcode.eu.
(Ziegler 2019) Günther M. Ziegler: Die Bedeutung der Verlage ändert sich. *Forschung & Lehre*, 8.6.2019 – https://bit.ly/2nl8RS4.
(Zippelius 2004) Reinhold Zippelius: *Verhaltenssteuerung durch Recht und kulturelle Leitideen*. Duncker & Humblot.
(Zoglauer 1998) Thomas Zoglauer: *Normenkonflikte – Zur Logik und Rationalität ethischen Argumentierens*. Friedrich Frommann Verlag & Günther Holzboog.
(Zott 2002) Regine Zott: *Der Brief und das Blatt. Die Entstehung wissenschaftlicher Zeitschriften aus der Gelehrtenkorrespondenz*: In: (Parthey/Umstätter 2002), S. 47 ff.

17 Anhang

17.1 Liste einschlägiger Entscheidungen des Bundesverfassungsgerichts

Im Text wird verschiedentlich auf Urteile des BVerfGs Bezug genommen. Aus Gründen der Lesbarkeit wird auf diese nur über Urteilskennzeichnung, z. B. BVerfGE-Bibliotheksgroschen, referenziert. Die jeweils vollständigen Zitate bzw. der Zitatkontext können leicht über eine entsprechende Volltextsuche eingesehen werden:

BVerfGE – 1963 – Universitäre Selbstverwaltung – BvR 15, 256
BVerfGE – 1971 – Bibliotheksgroschen – BvR 764/66
BVerfGE – 1971 – Schulbuchprivileg – BvR 31, 229
BVerfGE – 1971 – Kirchen- und Schulgebrauch – BvR 765/66
BVerfGE – 1973 – Hochschul-Urteil – BvR 35, 79
BVerfGE – 1978 – Kirchenmusik – BvR 352/71
BVerfGE – 1981 – Pflichtexemplar – BvR 58, 137
BVerfGE – 1888 – Vollzugsanstalten – BVerfGE 79
BVerfGE – 2013 – Beschluss des Ersten Senats – BvR 1842/11, 1 BvR 1843/11
BVerfGE – 2018 – Stadienverbot – BvR 3080/09

17.2 Ausgewählte Paragraphen aus dem Ersten und Zweiter Korb

durch UrhwissG 2018 aufgehoben

17.2.1 § 52a Öffentliche Zugänglichmachung für Unterricht und Forschung (gültig bis 28.2.2018)

(1) Zulässig ist
1. veröffentlichte kleine Teile eines Werkes, Werke geringen Umfang sowie einzelne Beiträge aus Zeitungen oder Zeitschriften zur Veranschaulichung im Unterricht an Schulen, Hochschulen, nicht gewerblichen Einrichtungen der Aus- und Weiterbildung sowie an Einrichtungen der Berufsbildung ausschließlich für den bestimmt abgegrenzten Kreis von Unterrichtsteilnehmern oder
2. veröffentlichte Teile eines Werkes, Werke geringen Umfangs sowie einzelne Beiträge aus Zeitungen oder Zeitschriften ausschließlich für einen bestimmt abgegrenzten Kreis von Personen für deren eigene wissenschaftliche Forschung öffentlich zugänglich zu machen, soweit

dies zu dem jeweiligen Zweck geboten und zur Veröffentlichung und nicht kommerzieller Zwecke gerechtfertigt ist.
(2) Die öffentliche Zugänglichmachung eines für den Unterrichtsgebrauch an Schulen bestimmten Werkes ist stets nur mit Einwilligung des Berechtigten zulässig. Die öffentliche Zugänglichmachung eines Filmwerkes ist vor Ablauf von zwei Jahren nach Beginn der üblichen regulären Auswertung in Filmtheatern im Geltungsbereich dieses Gesetzes stets nur mit Einwilligung des Berechtigten zulässig.
(3) Zulässig sind in den Fällen des Absatzes 1 auch die zur öffentlichen Zugänglichmachung erforderlichen Vervielfältigungen.
(4) Für die öffentliche Zugänglichmachung nach Absatz 1 ist eine angemessene Vergütung zu zahlen. Der Anspruch kann nur durch eine Verwertungsgesellschaft geltend gemacht werden.

17.2.2 § 52b Wiedergabe von Werken an elektronischen Leseplätzen in öffentliche Bibliotheken, Museen und Archiven gültig bis 28.2.2018

Zulässig ist, veröffentlichte Werke aus dem Bestand öffentlich zugänglicher Bibliotheken, Museen oder Archive, die keinen unmittelbar oder mittelbar wirtschaftlichen oder Erwerbszweck verfolgen, ausschließlich in den Räumen der jeweiligen Einrichtung an eigens dafür eingerichteten elektronischen Leseplätzen zur Forschung und für private Studien zugänglich zu machen, soweit dem keine vertraglichen Regelungen entgegenstehen. Es dürfen grundsätzlich nicht mehr Exemplare eines Werkes an den eingerichteten elektronischen Leseplätzen gleichzeitig zugänglich gemacht werden, als der Bestand der Einrichtung umfasst. Für die Zugänglichmachung ist eine angemessene Vergütung zu zahlen. Der Anspruch kann nur durch eine Verwertungsgesellschaft geltend gemacht werden.

17.2.3 § 53a Kopienversand auf Bestellung gültig bis 28.2.2018

(1) Zulässig ist auf Einzelbestellung die Vervielfältigung und Übermittlung einzelner in Zeitungen und Zeitschriften erschienener Beiträge sowie kleiner Teile eines erschienenen Werkes im Weg des Post- oder Faxversands durch öffentliche Bibliotheken, sofern die Nutzung durch den Besteller nach § 53 zulässig ist. Die Vervielfältigung und Übermittlung in sonstiger elektronischer Form ist ausschließlich als grafische Datei und zur Veranschaulichung des Unterrichts oder für Zwecke der wissenschaftlichen Forschung zulässig, soweit dies zur Verfolgung nicht gewerblicher Zwecke gerechtfertigt ist. Die Vervielfältigung und Übermittlung in sonstiger elektronischer Form ist ferner nur dann zulässig, wenn der Zugang zu den Beiträgen oder kleinen Teilen eines Werkes den Mitgliedern der Öffentlichkeit nicht offensichtlich von Orten und zu Zeiten ihrer Wahl mittels einer vertraglichen Vereinbarung zu angemessenen Bedingungen ermöglicht wird.
(2) Für die Vervielfältigung und Übermittlung ist dem Urheber eine angemessene Vergütung zu zahlen. Der Anspruch kann nur durch eine Verwertungsgesellschaft geltend gemacht werden

Stichwortverzeichnis

§ 1 5-83, 5-85
1science 1findr 14-352
§ 2 5-85
§ 3 5-85
§ 4 5-85
§ 11 6-123, 7-159, 8-175, 8-176
§ 12 5-91, 5-92, 8-174, 13-300
§ 13 5-91, 5-93
§ 13d UrhWahrnG 11-244
§ 13e UrhWahrnG 11-244
§ 14 5-93
§ 15 13-300
§ 16 5-95
§ 17 5-95
§ 19a 5-95, 6-132, 8-193
§ 27 8-204, 8-208
§ 27a 8-208
§ 29 5-83, 5-95, 6-118, 6-124, 6-125
§ 31 10-231, 10-233
§ 31a 8-194, 10-231, 10-232
§ 31ff 6-123
§ 32 8-175, 8-178
§ 32a 8-175
§ 32c 8-194
§ 36 8-175
§ 36a 8-175
§ 38 5-98, 6-125, 11-249, 13-326, 14-374
§ 44 11-269
§ 45 5-97, 8-191
§ 45a 8-177, 8-192
§ 45b (KMK) 12-281
§ 46 8-190
§ 47 8-192
§ 50 5-97
§ 51 6-132, 8-191, 12-280, 13-295
§ 51 VGG 11-244, 11-245
§ 52 VGG 11-244
§ 52a 2-26, 3-37, 3-38, 3-48, 3-50, 5-96, 5-98, 6-130, 6-132, 6-135, 6-145, 6-146, 8-193, 8-199, 8-202, 10-217, 10-219, 10-223, 10-235, 13-328
§ 52b 2-25, 3-50, 5-96, 5-98, 8-195, 10-217, 10-229, 13-328
§ 53 6-131, 6-132, 8-182, 11-242, 13-319, 14-350

§ 53a 2-25, 5-96, 5-98, 10-218, 13-328
§ 54 8-197, 12-287
§ 54c 8-197
§ 55a 13-312
§ 60a 1-14, 2-26, 8-199, 10-223, 10-226, 13-299
§ 60b 13-302
§ 60c 1-4, 10-223, 10-226, 12-279, 13-301, 13-302
§ 60d 1-14, 8-192, 13-310, 13-312
§ 60e 10-223
§ 60f 13-298, 13-305, 13-319
§ 60g 13-305, 13-322, 13-328
§ 60h 8-196, 8-199, 8-204, 13-306
§ 61 11-238, 11-242, 11-244
§ 61c 11-238
§ 63a 8-175, 8-209
§ 87b 13-312, 13-313
§ 87c 13-313
§ 95a 6-125, 13-312
§§ 95a-d 13-332
§ 95b 6-126, 13-312
§ 95c 6-126
§ 108b 6-126
§ 137l 10-231

Abgeltungstheorie 7-168
ABWK 3-59, 5-97, 12-289, 12-293, 13-324
ABWS 1-5, 5-97, 6-134, 12-277, 13-323, 13-324
acquis communitaire 1-5, 12-286, 14-339
Agenda 3-40
Akteursgruppen 3-62, 4-72, 4-73, 5-98, 6-129, 6-139, 6-140, 7-162, 13-316
Aktionsbündnis 3-58, 3-59, 3-61, 3-62, 11-262, 12-277, 12-278, 13-299
Akzeptanz 1-1, 1-5, 1-11, 1-12, 3-52, 3-60, 4-64, 5-93, 5-94, 6-128, 6-149, 11-238, 13-317, 14-341, 14-362
Akzeptanzkrise 1-1
akzessorische Rechte 10-222, 10-224, 10-225
Alaivate Analytics 14-352
Allgemeingut 7-156, 7-163, 7-164
Allgemeinheit 5-79, 7-163–7-165, 8-185, 8-188, 8-189, 9-213, 11-238, 11-273, 13-300

Allianz 10-234, 11-250, 12-281, 13-314, 13-316, 14-363, 14-371
als-ob 1-9–1-11, 6-120, 6-121, 6-124, 6-125, 6-149, 7-153, 7-162, 7-172, 11-273, 15-381
alte Leitidee 3-52, 4-77, 6-140
Altmetrics 14-347, 14-378
analog 1-4, 1-5, 1-7, 2-26, 2-28, 3-42, 3-45, 6-105, 6-144, 10-228, 10-229, 10-232, 10-234, 11-242, 13-322, 14-338, 14-341, 14-342
angemessen 3-37, 5-87, 5-98, 6-106, 6-123, 6-124, 6-131, 6-143, 7-158, 8-175, 8-176, 8-188, 10-223, 13-316, 13-328, 14-346
angemessene Vergütung 3-56, 5-84, 5-87, 6-122, 6-123, 7-162, 8-173–8-176, 8-178, 8-192, 8-193, 8-195, 8-202, 11-246, 13-298
Annexhandlungen 6-130, 10-224, 13-304
Ansip, A. 3-41
APC 8-178, 14-345, 14-366, 14-369, 14-372, 15-386
Arbeit (Locke) 7-160
Arbeitgeber 6-117, 8-177, 8-185
Arbeitnehmererfindungsgesetz 7-165
Archambault, E. 14-352
Archive 8-195, 11-238, 11-242, 11-245, 12-289, 13-299, 13-305, 13-319, 13-320, 13-326, 13-332
Aristoteles 1-11, 4-70
Ästhetik 6-120
Asymmetrie 6-128, 8-178, 10-232, 11-255
Auffangklausel 12-287
Ausgleich 5-98, 6-138, 6-139, 7-164, 8-206, 8-209
außeruniversitär 8-185, 11-257, 11-259–11-261, 11-271, 14-357, 14-362
autonome Texte 3-34
Autonomie 6-125, 6-149, 11-238, 11-250, 11-255, 11-265, 11-272, 14-357
Autor 5-90, 5-93, 6-110, 6-116, 6-117, 6-120, 6-138, 11-251, 11-257
Autorschaft 6-114, 6-117
Axhamn, J. 13-330

Baden-Württemberg 11-253, 11-261, 11-269
Bahners, P. 3-47, 16-393
Bajon, B. 6-137, 6-140, 6-141, 10-234

Balance 5-98, 6-126, 6-137, 6-139, 6-140, 6-143, 13-331
Bannas, G./Sattar, M. 3-47, 16-393
Bauer, C. A. 6-115
Baumann, M. 14-374
Bearbeiter-Urheberrecht 7-159
Bearbeiter-Urheberrechte (BVerfG) 7-171
Beckedahl, M. 7-169
Becker, M. 15-383
Befristung 10-235, 13-296, 13-299, 13-323
Belohnung 2-28, 6-141, 8-179, 8-184, 8-185
Bendel, O. 4-64
Bereichsausnahme 12-287, 13-301, 13-316, 13-318
Berger, P. L./Luckmann, T. 4-75
Bestandsakzessorietät 2-25
Beteiligungsgrundsatz 6-123
BGH 3-37, 6-146, 6-147, 7-166, 8-202, 8-203, 8-206, 10-223, 10-224, 10-226, 10-228, 13-328
Bibliotheken 1-7, 3-48, 3-56, 4-77, 8-195, 8-198, 10-218, 10-224, 10-226–10-230, 11-238, 11-239, 11-242, 11-245, 11-253, 11-256, 12-280, 12-293, 13-303, 13-317, 13-332, 14-341, 14-362, 14-375
Bibliothekstantieme 8-204
Bildungseinrichtungen 8-197, 8-199, 10-222, 11-245, 12-279, 12-285, 13-302, 13-305, 13-306, 13-311, 13-318, 13-333
BMBF 1-7, 3-58, 12-283, 14-373
BMJ 10-220
BMJV 1-14, 13-317, 13-329, 13-330
BOA 3-59
BOAD 3-53, 5-93, 11-251, 11-259
BOAI 3-53, 3-56, 3-59
Bollier, D./Helfrich, S. 4-75
Börsenverein 6-148, 8-206, 10-219, 10-226, 11-257, 13-316, 13-330, 14-353, 14-367
Bosbach, W. 3-44
Bourdieu, P. 3-39, 3-40
Boyle, J. 6-103
Braun, I. 11-245
Brinkel, G. 6-126
Brock, D. 6-112, 6-114
Bruch, C. 13-314
Bruch, C./Pflüger, T. 11-255

Bücher 6-118, 6-120, 6-131, 8-178, 8-198, 11-267, 14-353, 14-371
Buchmarkt 14-342, 14-353
Budrich, B. 13-316
Bündel von Zeitschriften 14-341, 14-343, 14-375
Bundeskartellamt 14-367
Bundesrat 8-190, 8-199, 11-254, 11-258, 11-261, 11-262, 12-287, 13-298
Bundesregierung 1-7, 6-139, 7-168, 8-190, 8-200, 8-209, 10-220, 11-257, 11-259, 11-260, 11-265, 12-278, 13-297, 13-320, 13-323, 13-326, 13-329
Bundestag 2-26, 3-32, 3-38, 3-46, 3-48, 3-61, 5-83, 6-145, 8-190, 8-200, 8-208, 8-209, 10-235, 11-237, 11-258, 11-261–11-263, 11-265, 12-288
bürgerlich 3-32, 6-120, 6-121
bürgerliche Gesellschaft 2-21, 6-119
BVerfG 3-47, 3-48, 5-98, 7-158, 7-164, 7-166, 8-187

Capurro, R. 4-71
CC 5-94, 11-256, 11-259, 11-267, 13-327, 14-338
CC BY 5-94
CC0 5-94
Chan, L. et al. 15-385
China 14-349, 14-351
CiteScore 14-347
Clarivate Analytics 14-345
cOAlition Plan S 11-268, 14-374
Cole, J. R./Cole, S. 6-114
Colledge, L./James, C. 14-347
Commoning 1-16, 4-74, 4-77
Commons 1-12, 3-60, 4-64, 4-70, 4-73, 4-74, 9-213, 14-339, 15-384
constraints 4-71, 6-120
Content Provider 5-95, 6-139, 6-150, 14-337, 14-378
Copyright 2-21, 6-108, 6-117, 12-291
cost of knowledge 14-360
Cox, K. L. 6-143, 13-307, 16-394
CPR 1-12, 4-70, 4-74, 4-75
CPR Wissen 4-74, 4-77, 14-338
Crewes, K. D. 12-291
Cronin, B. 6-111
CrossRef 14-352

Crowd-Funding 8-181
CR-RL2019 13-333
Czepel, R. 14-360, 16-394

Dagstuhl 14-354
Daten/Fakten-Datenbanken 14-342
Datenbanken 3-57, 3-58, 5-85, 6-145, 12-282, 13-306, 13-312–13-315, 14-344, 14-352
Datenbank-Richtlinie 13-306, 13-315
Dateneigentum 13-315
dbv 6-130, 11-253, 12-282, 13-316
de Gruyter 14-372
de la Durantaye, K. 2-21, 10-234, 12-277, 12-283–12-285, 12-287, 12-292, 13-328
de la Durantaye, K./Kuschel, L. 11-248
DEAL 6-131, 13-334, 14-367, 14-370, 14-372, 14-375
deklarativer Sprechakt 3-41, 4-68, 15-385
Depenheuer, O. 1-1
derivativer Rechtsinhaber 6-126, 6-143
Dettling, S. 3-41, 16-399
Deutsche Nationalbibliothek 11-241, 11-246, 13-299
DFG 3-56, 5-88, 11-266, 14-357, 14-363, 14-374
DHd 13-316
Dialog Lizenzierungsplattform 13-329, 13-330, 13-333
Diamond Open Access 11-267, 14-344
Digital Science's Dimensions 14-352
Digitale Agenda 10-235, 12-288
digitale Bibliotheken 10-229
digitale Kopie 6-106
digitaler Kapitalismus 1-2, 15-383
Digitalisate 10-227, 11-239, 11-240, 13-305
Digitalisierung 1-1, 2-26, 3-38, 3-42, 3-45, 6-105, 6-106, 8-184, 10-219, 10-233, 10-234, 11-237, 11-239, 11-241, 11-245, 11-253
DINI 11-253
Dinleavy, P. 14-353, 16-394
Diskurse 1-1, 1-8, 3-34, 3-36, 3-40, 3-46, 3-47, 3-49, 4-72, 4-76, 6-111, 6-140, 14-339
Dissertationen 8-183
DOAB 14-371
DOAJ 14-363, 14-364
Download 3-53, 6-124, 8-181, 11-268, 14-347, 14-361

DPG 14-350
DPMA 8-185
Drees, B. 13-307
Dreier, T. 1-8, 1-17, 6-124, 6-130, 13-296, 15-389
Dreier, T./Hilty, R. M. 1-1, 6-101, 6-135, 15-381
Dreier, T./Schulze, G. 5-81, 5-85, 5-86, 5-90, 5-92, 5-93, 10-233
Dreiklassengesellschaft 11-261
Drei-Stufen-Test 5-96, 6-102, 6-104, 6-107, 6-108, 6-130, 6-133, 6-141–6-148, 6-150, 9-214, 10-223, 12-283, 12-292, 13-316, 15-382
Drittmittelfinanzierung 11-261, 11-271
Drittmittelprojekte 11-260
DRM 4-75, 6-108, 8-182, 12-286, 13-313, 13-315, 13-326, 13-332
Drucken 6-130, 10-218, 10-220, 10-222–10-227, 14-350
Druckkostenzuschüsse 8-184
Duppelfeld, M. 2-25
dysfunktional 1-11, 4-77, 6-101, 6-122
Dystopie 1-4, 4-65, 14-378

E-Books 10-233, 13-325, 13-332, 14-353, 14-363
Echokammer 3-49, 3-50
ECL 13-330
EDiMA 13-314
Ehe für alle 1-6, 3-46, 8-186
Ehrenautor 6-113
Eigentum 5-79, 6-119, 7-153
Eigentum verpflichtet 6-133
eigentumsfähiges Objekt 6-121
Eigentumsgarantie 7-153, 7-170
Eigenverlag 8-177
einfaches Nutzungsrecht 10-233, 11-252, 11-263, 11-264, 13-331
Einheit des Urheberrechts 6-137
Einheitlichkeit 5-82
Elbakyan, A. 14-361
E-Learning 10-222, 12-291, 13-299
elektronische Kommunikation 6-111
elektronische Räume 10-225, 10-229
Elsevier 14-343, 14-344, 14-351, 14-360, 14-362, 14-365, 14-368
Embargofrist 11-252, 11-256–11-258

Endnutzer 10-233, 12-283, 14-342, 14-353, 14-356
Endnutzersoftware 14-356
Enquete-Kommission 7-169, 11-260
Enteignung 6-123, 6-148, 8-192, 11-250, 12-286
Entfristung 10-234, 10-235, 12-288
Entschädigung 5-79, 7-165, 8-177, 11-257, 12-286, 13-316
Entschlüsselung 13-332
Erschöpfungsgrundsatz 8-195
Erster Korb 1-4, 2-25, 3-38, 3-58, 8-177, 8-193, 10-217, 13-295
Erstpublikation 8-182, 11-251, 11-267, 11-273
Erstveröffentlichung 11-249–11-251, 11-255, 11-256, 11-265–11-269
Erstverwertungsrecht 6-125
ETH-Bibliothek 14-344
EU-Charta 5-80
EU-Datenbank 11-243
EU-DSM-RL2019 2-22, 2-28, 8-192, 11-248, 13-301, 13-306, 13-310, 13-312, 13-315, 13-318, 13-330, 13-331
EuGH 2-26, 3-49, 3-50, 8-188, 8-190, 8-197, 9-213, 10-224, 10-225, 13-328
EUIPO 11-243
EU-Kommission 3-61, 6-135, 10-220, 11-268, 12-285, 14-339, 14-373
EU-RL2019 6-108, 8-209, 11-247, 13-300
European Copyright Code 12-282
Evaluierung 13-301, 13-324, 13-333, 14-376
exceptions and limitations 6-129
exklusive Nutzungsrechte 14-357

Facebook 14-358, 14-378
Fachgesellschaften 14-351, 14-358, 15-386
Fachinformation 3-58, 14-363
Fachzeitschriften 11-256, 13-300, 13-302, 13-304, 14-350–14-352, 14-356
fair 6-139
Fair use 5-96, 10-235, 12-287, 12-290–12-293, 13-306
Fake-Open-Access 14-364
Fake-Science 14-364
FAZ 1-7, 3-46, 3-47, 8-186, 13-322
Feinstein, D. 3-31, 3-33
Felber, C. 14-339

Fernleihe 1-2, 1-3, 14-341
Fernuniversität Hagen 6-146, 10-221, 10-222
Festschriften 11-258, 14-371
Fiktionen 1-8–1-10, 1-12, 6-120–6-122, 6-149, 7-162, 9-214, 15-381, 16-405
Fischer, L. 3-61, 14-360
flipped journals 14-364
Flisek 13-317
Folgehandlungen 10-218, 10-220, 10-222, 10-223, 10-227
Forschungsmanagement 14-377
Forschungsorganisationen 13-311
Forst, R./Günther, K. 4-63
Förster, A. 5-97
Foucault, M. 3-51
Freemium 8-181, 14-358
FU-Berlin 14-354
Fundamente 1-2, 1-8, 1-11, 8-173, 8-196, 15-381
Fyfe, A. et al 14-356

GDC 14-351
geboten 3-37, 6-131–6-133, 6-145, 6-147, 8-189, 10-220, 12-280, 12-282, 12-285, 13-297, 13-328, 14-350
Gebühren 8-178, 12-293
Gedächtnisorganisationen 11-246, 11-248, 13-320
Gehalt 7-168, 8-184, 8-200
Gehring, K. 13-297
Geiger, C. 6-143, 6-144
Geiger, C. et al. 6-143
Geisteswissenschaften 11-258, 11-261
geistiges Eigentum 1-12, 4-74, 5-80, 6-116, 6-118, 6-120, 7-155, 7-163, 7-168–7-170, 8-192, 11-250
Gelke, E. 6-115
Gemeinfreiheit 1-11, 2-21, 3-56, 4-74, 10-231, 13-331
Gemeingüter 2-28, 4-77, 5-86
Gemeinwohl 2-21, 3-50, 7-171, 11-240, 11-244
Gemeinwohlinteresse 1-2, 2-23, 11-242, 11-272, 13-306, 15-383
Gemeinwohlökonomie 14-339
genehmigungsfrei 5-82, 5-97, 6-147, 12-289, 13-307, 13-319, 13-322
Genehmigungsfreiheit 5-97, 8-190

Generalklausel 10-235, 12-281, 12-284, 12-292, 13-297, 13-298
Gerechtigkeit 1-10, 3-48, 4-70
Gervais, D. 13-330
Gesamtvertrag 6-131, 13-301, 13-322, 13-323
Geschäftsmodelle 1-4, 2-27, 2-28, 4-73, 4-75, 4-76, 6-106, 6-134, 6-149, 8-178, 10-233, 11-250, 11-273, 13-312, 14-339, 14-348, 14-356, 14-358, 14-362, 14-365, 14-379
Geschenkmodell 14-343, 14-355–14-358
Gesetzgeber 1-4, 1-6, 1-8, 1-10, 2-23, 3-37, 3-38, 3-47, 3-51, 3-52, 3-62, 5-79, 5-80, 5-83, 5-86, 5-96, 5-98, 6-125, 6-129, 6-131, 6-133, 6-137, 6-148, 7-157–7-159, 7-167, 7-171, 8-186, 8-189, 8-191, 8-197, 8-198, 10-223, 11-250, 11-267, 13-328, 15-382
Gewichtung 5-98, 6-139, 6-140
Gewinnmaximierung 14-339, 14-376
Gewohnheiten 1-11, 4-63, 4-70, 10-224, 15-390
Gilcher-Holtey, I. 3-39
Ginsburg, R. B. 3-34
Goethe 4-65
Google 14-352, 14-358, 14-378
Gorsuch, N. 3-31, 3-33
Gowers, W. T. 14-360
Graf, K. 15-385
grafische Dateien 1-3, 10-218, 13-304
Greve, G. C. F. 7-169
Griffiths, J. 6-144
Grisse, K. 16-396
große Texte 3-34, 3-52
Grötschel, M. 1-7, 3-54, 3-55, 3-58
Grünberger, M. 5-98
grundfinanziert 13-326
grundfinanzierte Forschung 11-257, 11-261
Grundgesetz 1-6, 3-46, 3-48, 5-79, 6-123, 7-167
Grundrechte 7-167, 7-171, 11-264, 12-284
GRUR 11-260, 13-316, 13-321
Gutknecht, C. 14-343, 14-344
Gutstheorie 7-157

Handelsgut 2-27
Handelsrecht 1-2, 6-101, 6-141, 15-382, 15-383
Handlungsanweisung/en 3-54
Handlungsoptionen 3-52
handlungsrelevant 1-11
Handlungsrelevanz 4-64

Hanrider, T. 4-63
Hansen, G. 1-1, 11-253, 11-254, 15-389, 15-390
Hargreaves, I./Hugenholtz, P. B. 12-285
Harnad, S. 14-374
Hartmann, T. 10-224, 11-269, 13-324
Hauff-Hartig, S. 4-69
Hausmanninger, T. 4-71
HBS-Charta 3-60
Hegel 3-51
Heimatschutz 13-318
Heine, R./Julia Schafdecker, J. 5-87
Helfrich, S. et al. 4-75
Helfrich, S./Bollier, D. 4-66, 4-74
Helfrich, S./HBS 4-75, 16-397
Herb, U. 14-377, 14-378
Hermeneutik 1-1, 1-6, 1-7, 2-27, 3-34, 3-50, 5-80, 6-146, 7-167, 10-223, 10-228, 15-382
Hess, C./Ostrom, E. 4-73, 4-74
Heveling, A. 11-237, 12-288
Hilf, E. R. 3-55, 3-61, 8-211, 14-337
Hilty, L. M. 14-346
Hilty, R. M. 1-8, 2-23, 6-109, 7-170
Hilty, R. M./Richter, H. 13-307, 13-312, 13-315, 16-397
Hirschfaktor 14-346
hlb 13-321
Hochpreispolitik 14-343, 14-360, 14-363
Hochschulen 6-147, 7-165, 7-168, 8-198, 8-201, 8-203, 10-230, 11-253, 11-261, 11-262, 12-286, 13-301, 14-352, 14-371
Hochschulforschung 11-259, 11-260, 11-262, 11-263, 13-326
Hochschullehrerprivileg 7-165, 7-166
Hochschullehrerverband 7-165
Hoeren, T. 1-10, 3-41, 5-96, 7-169, 10-221, 10-235, 13-297, 13-315
Hoeren, T./Neubauer, A. 10-234
Höffner, E. 7-170
Horizon 2020 8-173, 11-266, 11-267
Hornbostel, S. 6-112
Hugenholtz, P. B. 6-116, 16-398
Hugenholtz, P. B./Okediji, R. L. 6-148
hybrid 14-354, 14-365, 14-368, 14-369, 14-372
hyperkomplex 6-131, 12-281
Hypertext 4-76, 6-114, 10-229

Ideologie 6-121, 6-129, 7-154, 7-158, 7-170
IDS 13-316
IFLA 13-327, 13-329
IKT 1-3, 2-27, 6-106, 9-213, 14-339
Immaterialgut 1-9, 5-86, 5-90, 6-102, 6-118–6-121, 7-157, 7-161, 7-170, 9-214
Immaterialgüterrecht 1-9, 2-28, 6-119, 7-165, 7-169
immaterielle Objekte 1-12, 3-35, 5-86, 6-120, 7-153, 9-214, 15-381
immaterielle Ressourcen 4-74
Impact Factor 14-342, 14-345, 14-348, 14-378
in den Räumen der Bibliothek 8-195, 10-218, 10-228, 10-230, 12-286
individuelles Autorenrecht 11-265
Informa's wizdom.ai 14-352
Information 4-64, 4-67–4-69, 5-86, 6-121
informationelle Mehrwerte 1-15, 2-27, 10-234, 14-337, 14-365, 14-378, 15-387
informationelle Selbstbestimmung 1-1, 2-23
Informationsethik 4-63, 4-70, 4-71, 4-73, 11-239, 15-391
Informationsfreiheit 5-93, 7-167, 7-171, 12-283
Informationskompetenz 4-69
Informationsmärkte 4-69, 6-105, 14-337, 14-338
Informationsobjekte 1-4, 1-12, 3-42, 4-64, 4-67, 4-69, 4-70, 4-76, 4-78, 5-84, 5-86, 5-87, 6-118, 6-127, 6-131, 6-134, 6-135, 7-162, 8-191, 14-339, 14-358, 15-387
Informationsökonomie 4-73, 6-135
Informationsprodukte 2-27, 3-56, 6-109, 6-139, 7-163, 12-285, 14-341, 14-342, 14-357, 14-378, 15-383
Informationswirtschaft 6-106, 14-339
Informationswissenschaft 4-64
InfoSoc 1-7, 3-48, 6-106–6-108, 6-125, 6-126, 6-131, 6-132, 6-135, 6-145, 8-193, 8-194, 8-197, 8-211, 9-213, 10-219–10-221, 10-224, 10-225, 10-228, 11-254, 12-281, 12-283, 12-285, 12-288, 12-289, 13-319, 13-321, 13-328
Inklusion 14-338
Innovation 6-110, 6-121, 11-255, 12-280, 13-327
Institute for Scientific Information 14-345
Institutionalisierung 3-51, 4-76, 14-337
institutionelles Recht 12-281, 15-383

institutionelles Urheberrecht 6-138
institutionelles Verwertungsrecht 7-168, 9-214
institutionelles Zweitverwertungsrecht 5-95, 7-171, 11-265, 11-269
Institutionenökonomie 4-64, 4-74, 14-339
Institutsgarantie 8-187
Interessen 1-9, 1-13, 2-23, 3-34, 5-83, 5-93, 5-98, 6-104, 6-126, 6-133, 6-138, 6-139, 6-147, 7-162
Interessenausgleich 6-133, 6-137, 6-139, 6-140, 13-298
Internet 1-2, 3-55, 4-70, 4-76, 6-105
IPA 14-349

Jaki, B. 3-41
Jefferson, T. 4-66, 4-67
Jiang, F./Gervais, D. 13-330
Jütte, B. J. 8-200

Kant, H. 14-350
Kant, I. 15-389, 16-405
Kempen, B. 11-266
Kerres, M./Jechle, T. 10-222
KI 3-41, 3-42, 4-64, 4-76, 5-87
Kierkegaard, S. 3-44
Kirchen- und Schulgebrauch (BVerfG) 3-39, 8-187
Kirchenmusik 7-158, 8-186, 8-187
Kirchmaier, R. 13-320
Kirsch-Händert, J. 3-51
Klausel 12-279, 12-282, 12-285, 12-289, 12-290
Klausellösung 12-280
kleine Teile 1-4, 3-37, 3-38, 6-130, 6-145, 6-147, 8-181, 8-202, 10-217, 10-220, 10-223, 10-226, 10-227, 10-235, 12-280, 13-300, 13-301, 13-310, 13-321
KMK 8-201, 11-245, 12-280, 13-306, 13-322
Knowhow 14-339, 14-341, 14-345, 14-346
Koalitionsvertrag 1-5, 1-14, 6-134, 12-278, 13-296, 13-323
Koautorschaft 6-113
kognitiv 4-65, 4-68
Kohler, J. 5-86, 6-119, 6-120, 7-161
Kollaboration, kollaborativ 6-111, 6-113, 6-115–6-117, 6-136, 9-214, 10-222
kollektives Lizenzierungsverfahren 11-247
kommerziell 8-174, 14-337

kommerzielle Verwertung 2-23, 8-183, 11-242, 14-338, 14-359, 14-362, 15-388
kommerzieller Wissenschaftsmarkt 1-2, 14-342
kommerzielles Open Access 8-178, 14-362, 14-365, 14-375
Kommodifizierung 1-1, 1-2, 1-9, 6-101–6-103, 6-107, 6-110, 6-121, 6-129, 9-213, 15-382
Kommunikation 3-52, 3-53, 3-59, 3-60, 4-75, 4-76, 6-105, 6-106, 6-111, 6-113, 8-204, 10-230, 11-250, 14-350, 14-352, 14-375
Kommunikationsfreiheit 12-284
Kompensation 3-43, 5-87, 5-97, 6-149
Kompetenz 6-126
Konersmann, R. 3-44, 3-46, 3-51, 4-72, 16-398
Konflikt 3-45, 4-63, 4-76, 6-105, 6-131, 8-194, 8-207, 14-338, 14-339
Konsens 1-5, 1-12, 3-34, 3-40, 3-59, 4-74, 4-77, 6-139, 8-176, 12-293, 13-330
Konstanz 7-171, 8-183, 11-259, 11-263, 11-269–11-271, 14-362
Kontext 3-34, 4-66, 4-68, 4-74, 5-93, 6-121, 7-167, 8-176, 8-187
kontingent 1-12, 3-36, 4-74, 4-75
Kopernikanische Wende 6-144, 15-389
Kopienversand 10-218
Korpora 13-304, 13-307–13-311, 13-314
Kreativität 3-60, 6-149, 10-231, 13-327
Krempl, S. 2-24, 10-235, 16-399
Kretschmer, M. 13-317, 16-399
Kreutzer, T. 3-39, 6-103, 7-156, 8-187–8-189
Kreutzer, T./Hirche, T. 10-222
Krings, G. 6-109
Kröner 10-222
Krüger, H.-U. 3-41, 16-399
Kuhlen 5-87
Kuhlen 1995 14-337
Kuhlen 2004a 6-111
Kuhlen 2004b 6-108
Kuhlen 2004c 4-64
Kuhlen 2004d 4-64
Kuhlen 2004e 4-73
Kuhlen 2004f 4-73
Kuhlen 2008 6-103, 6-111, 10-217
Kuhlen 2010a 11-239
Kuhlen 2010b 12-278
Kuhlen 2010c 4-64
Kuhlen 2011a 11-252

Kuhlen 2011b 12-282
Kuhlen 2012a 7-166
Kuhlen 2012b 4-73
Kuhlen 2013a 12-289
Kuhlen 2013b 11-261
Kuhlen 2013c 4-68, 4-69
Kuhlen 2014a 4-64, 11-252, 11-253
Kuhlen 2014b 4-64
Kuhlen 2015a 15-389
Kuhlen 2015b 3-34, 12-278, 12-283
Kuhlen 2016 12-289
Kuhlen 2017a 12-289
Kuhlen 2017b 13-295
Kuhlen, R./Brüning, J. 2004 6-149
Kultur 2-24
kulturelles Erbe 3-59, 6-136, 7-163, 8-183, 11-238, 11-240, 11-248, 13-326, 13-330, 15-389
Künstler 1-11, 2-21, 5-89, 7-162, 8-184, 8-193, 8-196

Lakoff, G./ Johnson, M. 3-44
Lalé, C. 2-26
Landow, G. P. 6-114
Langzeitarchivierung 13-326
Lariviè, V. et al. 14-360
Learned societies 14-337, 14-346, 14-350, 14-351
Lebenswelten 4-71–4-73, 6-120
Legitimationskrise 1-1
Legitimität 8-186, 14-362
Lehrbücher 6-146, 6-147, 8-178, 12-286, 12-291, 13-301, 13-326, 14-371
Leistner, M./Dreier, T. 3-51
Leistungsschutzrecht 1-14, 2-26, 6-118, 7-159, 7-160, 8-205, 11-238, 13-326, 15-387
Leitidee 1-4, 1-5, 1-7, 1-12, 3-34, 3-39, 3-41, 3-44, 3-45, 3-49, 3-50, 3-52, 3-54, 3-56, 3-60, 3-62, 4-63, 4-73, 4-76, 4-77, 6-105, 6-131, 6-149, 9-213, 10-230, 13-334, 14-338, 14-340, 14-378, 15-382, 15-390
Leitlinien 3-41, 3-42, 13-324
Leitperspektive 1-10, 3-41
Lerner 6-116
Lernplattform 6-146, 6-147, 10-223
Leseplätze 10-218
Leseplatzschranke 13-303

Lessig, L. 3-51, 4-71, 6-120, 6-121
Leventer, N. O. 5-97
Lizenzen 1-14, 5-95, 5-98, 13-312, 13-327, 14-355
Lizenzgebühren 8-189, 8-194, 12-293, 13-331, 13-332, 15-386
Lizenzierung 3-51, 6-150, 8-198, 11-244–11-246, 12-286, 13-328, 14-345
Lizenzierungsplattform 1-14, 3-51, 8-200, 8-210, 10-233, 13-295, 13-327, 13-329
Lizenzvereinbarungen 6-131, 10-228, 13-322, 14-341
Lobbying 1-6, 2-26, 10-219, 10-221, 11-262, 13-299, 13-322
Locke, John 5-90, 7-160
Lügger, J. 1-7, 3-54, 3-55
Luhmann, N. 3-36

Maas, H. 3-48, 6-137, 6-138, 8-196, 8-207, 13-296, 13-317
Machiavelli, S. 3-43, 3-44
Maier, M. L. 4-63
Mandatierung 6-102, 6-138, 11-238, 11-255, 11-263, 11-265, 11-266, 11-268, 14-374
Manuskriptversion 11-249, 11-256, 11-258
Markt 14-337
Marktwirtschaft 6-120, 6-121
Marl, J. 1-1
Marrakesch-Vertrag 8-192
Massendigitalisierung 11-238, 11-242, 13-321
Masterexemplar 7-161
Mediatheken 11-238, 11-242
Medien 4-71
Mehrautorenwerke 5-95
Mehrfachautoren 6-112, 6-116, 11-256
Mehrfachautorenwerke 6-111
Mehrwert 6-105
Meinungsfreiheit 5-93
Meldeportal 8-203
Melderegister 11-241
Menard, M. 6-128, 16-402
Menne-Haritz, A. 13-320
Menschenrechte 3-32, 3-33, 4-63, 6-143, 7-154, 12-284, 14-361
Metapher 3-44, 15-382, 15-389
METIS 8-181, 8-182
Metzger, A. 6-115

MINT 1-16, 6-110, 11-258, 13-307, 14-343, 14-345, 14-369
Mitteilungsgut 7-155
Moderne 2-21, 4-72, 5-89
Mollenhauer, L./Blees, I./Rittberger, M. 14-377
monetäre Anerkennung 1-10, 3-43, 6-123, 6-134, 6-140, 8-179, 8-183, 8-184
monetäre r 6-136
monetärer Anerkennung 2-28
Mönikes, J. 15-389
Monismus 1-9, 2-28, 5-81, 5-92, 6-101, 6-102, 6-122, 6-124, 6-134, 7-154, 7-160, 9-214, 15-381
Monographien 3-56, 6-131, 8-177, 11-258, 13-326, 14-354, 14-371
Monopole 4-63, 7-169, 14-340, 14-341, 14-343, 14-345, 14-358, 14-370
Monopolisierung 14-342
MOOCs 13-318
Moral 1-11, 4-70–4-72, 4-75
moral rights 5-90, 5-91
moralisches Bewusstsein 1-5, 2-27, 3-43, 4-72, 9-213, 13-324
Moscon, V. 8-179
Multimedia 3-57, 6-103, 6-115, 10-229
Museen 8-197, 10-234, 11-245, 12-284, 12-285, 13-298, 13-319, 13-320, 13-326, 13-330, 13-332

Nachhaltigkeit 3-42, 3-60, 4-74, 4-77, 14-345
Napsterisierung 14-362
Nationallizenzen 14-362, 14-363
natürliche Ressourcen 4-73, 4-77
naturrechtlich 1-8, 3-33, 3-39, 3-52, 4-70, 6-116, 6-119, 6-123, 8-186
Nebenfolgen 1-9, 5-88, 13-321, 15-381
Neurauter, S. 7-170
nicht abdingbar 7-168, 11-255, 11-256, 11-262
nicht-kommerziell 8-191, 8-192, 8-197, 8-199, 11-242, 11-244, 12-279, 13-302–13-304, 13-311, 13-321
Nicht-Rivalität 7-157
normale Verwertung 6-147, 6-149
normale Werkverwertung 6-147
normativ 4-72
normatives Bewusstsein 3-51, 3-52
Normen 4-70, 6-131, 7-159, 12-277

NSF 6-105
Null-Vergütung 1-6, 5-87, 6-123, 8-188
Nutzer 6-138, 6-141
Nutzungsfreiheit 1-5, 3-53, 6-131, 8-211, 13-324, 13-334, 14-358, 14-371, 14-372, 14-379, 15-385, 15-388
Nutzungsrechte 1-12, 4-69, 5-82, 5-95, 6-102, 6-124, 6-136, 7-157, 7-172, 11-251, 15-387

OA2020 14-367
O'Connor, S. D. 12-291
OER 13-318, 14-377, 15-386
Offenheit 3-43, 4-76, 6-115, 12-282
öffentliche Finanzierung 8-203, 8-211, 11-260, 11-272, 12-289, 15-386
öffentliche Zugänglichmachung 6-124, 6-145, 8-193, 10-222, 10-227, 11-256, 12-278, 13-299, 13-300, 13-302, 13-303, 13-305, 13-306, 13-319, 14-367
öffentliches Gut 3-60, 4-67, 11-267
öffentliches Interesse 5-98, 6-138, 6-139, 7-171, 8-188, 11-239, 11-261, 12-280, 13-307, 15-383
Öffentlichkeit 1-5, 2-23, 3-56, 4-77, 6-110, 6-131, 6-133, 6-136, 6-143, 6-147, 8-184, 10-233, 11-250, 11-265, 13-300, 13-327, 13-331, 14-357, 14-374, 14-375, 15-385
Öffnungsklausel 11-258, 13-320, 13-326
Ökologie 4-73, 15-384, 15-385
Ökonomisierung 1-1–1-3, 1-9, 2-22, 6-103, 6-104, 6-121, 6-126, 6-129, 15-382
Oligopole 1-3, 14-343, 14-360
Online-Datenbanken 11-243, 14-342
ontologisch 1-9, 1-11, 1-12, 2-28, 4-74, 6-118, 6-120, 15-381
Open Access 1-3, 1-7, 3-52, 3-53, 3-56, 3-62, 5-94, 6-149, 8-184, 11-258, 11-271, 11-272, 13-322, 14-348, 14-359, 14-366, 14-367, 14-373, 14-374, 14-376
Open Access-Zeitschriften 14-369
Open Education Consortium 14-377
Open Science 1-3, 7-164, 8-184, 14-373, 14-376
Open-Access-Kontaktpunkt 14-363, 14-364
Open-Access-Paradigma 1-12, 14-340
Open-Access-Plattform 14-356

Open-Access-Publizieren 6-144, 14-337, 14-340, 14-365, 14-367, 14-371, 14-373, 14-374, 14-376, 14-378
Open-Access-Zeitschriften 8-178, 11-268, 14-357, 14-363–14-365, 14-376
Opt-out 11-241, 11-248
Orginalist 3-31, 3-33
Ostrom, E. 4-74, 4-75, 4-77, 14-339
Outsourcing 4-64

PAR (publish&read) 13-334, 14-344, 14-345, 14-368, 14-369
paradox 1-4, 1-9, 11-240, 14-378
Parthey, H./Umstätter, W. 14-350
Partikularinteressen 2-21, 2-23, 11-272
Patentierung 7-165
pauschal 8-202, 10-219, 10-234, 11-264, 12-279, 12-293, 13-302, 13-304, 13-306, 13-316, 13-317, 13-332, 14-366
Pauschalvergütung 8-198, 8-201
PDMA 11-243, 11-246
Peer Reviewing 1-3, 3-56, 8-178, 8-183, 14-346, 14-347, 14-352
Peifer, K.-N. 1-1, 2-28, 6-116
Persönlichkeit 6-115, 6-117, 6-118, 6-123, 7-161, 8-173
Persönlichkeitsrechte 3-62, 5-90, 5-91, 5-93, 5-94, 6-115, 6-118, 6-122, 6-124, 6-126, 7-160, 8-174, 14-338, 15-388
Petition 3-60–3-62, 11-254, 14-360
Peukert, A. 1-9, 1-11, 1-12, 2-22, 3-62, 5-85, 5-86, 6-119–6-122, 7-161, 8-174, 11-251, 11-263, 15-381, 15-385
Pflichtexemplar 8-183
Pflüger, T. 8-198, 10-220, 11-253, 14-341, 14-344
Pflüger, T./Hinte, O. 13-317
Physnet 3-55
Pilotstudie Osnabrück 8-203, 13-317, 13-330
Piraterie 6-107, 13-309, 14-362
Plagiat 12-280
Plagiatvorwurf 5-93
positive Gesetze 1-6, 3-31, 3-35, 5-79, 7-167, 8-173, 8-186, 10-225, 15-382
positives Publikationsrecht 7-165
Präambel 5-80–5-82, 6-139, 13-322, 15-388
Prägetheorie 1-9, 6-115

pragmatisch 1-11, 2-29, 3-31, 3-34, 3-44, 3-52, 4-64, 4-68, 4-69, 6-121, 6-147, 10-221, 10-228
Präposition 2-25, 10-221
Pressearchive 2-26, 13-299
Presseverleger 2-26, 6-118, 11-238, 13-322
Primärmarkt 12-286, 13-301, 13-316
Priorität von Ethik 2-29, 4-63, 4-64, 4-71, 4-72, 6-139, 14-379, 15-390, 15-391
privates Eigentum 2-28, 3-42, 7-159, 14-338
Privatheit 1-16, 3-50, 6-106, 14-358, 14-376
Privatkopie 13-319, 14-350
Privilegierung 5-96, 6-118, 6-122, 8-201, 11-242, 11-260, 11-261, 12-279, 12-286, 13-299, 13-301, 13-312, 13-318, 13-322, 15-385
Proceedings 8-178, 11-258, 13-300, 13-302, 13-318, 14-371
proprietär 4-69, 14-337, 14-338, 14-344, 14-345, 14-348, 14-378
Public Domain 5-94, 11-267, 13-308, 15-388
Publikationsfreiheit 6-102, 7-168, 7-171, 11-270
Publikationsserver 8-183
Publikumsmärkte 1-8, 2-28, 5-83, 6-110, 6-136, 6-140, 8-174, 8-181, 8-184, 9-214, 12-280, 14-351

Qualitätshierarchie 14-342
Qualitätssicherung 14-341, 14-346, 14-347, 14-364, 14-375
Quantifizierung 6-130, 8-202, 10-227, 13-310, 13-321

Rahmenbedingungen 4-68, 11-267
Rahmenvertrag 8-201, 8-202, 11-245, 11-246, 13-306
Raue, B. 6-136, 13-323
Räume 1-5, 1-7, 1-11, 2-27, 3-48, 3-49, 3-52, 3-53, 4-70, 4-71, 10-229, 13-303
Rawls, J. 1-10
RBÜ 3-32, 6-103, 6-104, 6-142, 7-155, 12-287
Rechtsausschuss 2-23, 2-26, 6-104, 6-145, 10-220, 11-241, 13-295, 13-298, 13-316, 13-317, 14-339
Rechtsetzung 8-191, 11-266

Rechtsinhaber 5-93, 5-97, 6-125, 6-126, 6-147, 8-198, 8-205, 11-239, 11-245, 13-308, 13-313, 13-328
Rechtsprechung 1-9, 3-31, 3-32, 3-34, 3-49, 3-50, 4-63, 5-96, 5-99, 6-105, 6-123, 6-129, 6-144, 6-146, 6-147, 7-167, 8-191, 11-266
Rechtssicherheit 3-31, 3-35–3-37, 6-131, 8-209, 11-258, 12-287, 12-293, 13-317, 13-321
Rechtsunsicherheit 6-131, 10-218, 10-234, 12-278, 13-308, 13-333
Reda, J. 15-389, 16-403
Reden 1-9, 1-12, 6-121, 6-122, 8-174, 15-385
Referenz-Datenbanken 14-342
Regelbeispiele 12-283
Regulierung 4-63
Regulierungsinstanzen 1-1, 3-51, 4-71, 4-75, 6-106, 6-107, 6-120, 15-382
Reichman, J. H./Okediji, R. L. 6-141, 6-142, 6-150
Reichmann, W. 14-373
Renommee-Maschinen 14-346
REP 14-377, 14-378, 15-387
Repositories 3-54, 5-94, 11-268, 11-269, 14-347, 14-374
Repräsentation 4-67, 4-76, 5-84, 5-85, 7-161
Reproduzierbarkeit 5-85
Repropel-Urteil 8-206, 8-207
Reputation 8-179, 8-185, 8-200
reputative Anerkennung 1-10, 2-28, 3-43, 6-136, 6-141
requested 11-267, 14-374
required 11-268, 14-374
Reschke, J. 6-144
Reuss, R 13-316
Rezeption 8-179, 14-346
Riis, T./Schobsbo, J. 13-330
Risse-Kappen, T. 4-63
Ritter, J. 16-403
ROARMAP 14-374
Roberts, R. J. 3-61
romantisch 1-9, 5-94, 6-120, 6-121, 7-162
Rose, C. M. 7-156
Röspel, R. 11-261
Rubin, Z. 12-293

Sacheigentum 1-9, 5-90, 6-120, 7-155–7-157
Sage 14-351

Sammelbände 6-131, 8-177, 13-300, 13-302, 13-318, 14-371
Sammelwerke 14-376
Sandberger, G. 14-337, 15-388
Sattler, S. 6-137
Schack, H. 5-79, 5-81, 5-89, 5-91, 5-92, 6-122, 6-128, 8-193, 12-278, 12-284, 12-286, 12-287, 13-320
Schäuble, W. 3-49
Schieder, M. 13-317
Schimmer, R./Geschuhn, K. K./Vogler, A. 14-367
Schmid, C. 7-154
Schmiede, R. 16-404
Schmücker, R. 13-329, 13-331
Scholz, A.-L. 16-404
Schönberger, C. 11-270
Schönfelder, N. 14-344
Schöpfer 1-9, 5-87–5-89, 5-94, 6-102, 6-110, 6-115–6-117, 6-120, 6-136, 7-161, 8-187, 15-383
Schöpferprinzip 5-89, 6-101, 9-214
Schöpfungshöhe 5-88, 5-90
Schranken 5-82, 5-96, 6-104, 6-130, 6-131, 6-133, 6-134, 6-142, 10-234, 12-280, 13-297, 13-328
schrankenbasierte Nutzungen 5-84, 5-97, 8-177, 8-188, 8-189, 8-191–8-194, 8-197, 8-199, 8-201, 8-203, 8-204, 13-327
Schrankenregelungen 3-59, 5-96–5-98, 6-104, 6-107, 6-108, 6-129, 6-131, 6-133–6-135, 6-137, 6-140–6-142, 6-145, 6-147, 8-173, 8-176, 8-187, 8-189, 8-191, 8-197, 8-198, 10-217, 10-218, 10-223, 10-227, 10-234, 10-235, 11-248, 11-253, 11-254, 11-271, 12-277, 12-281, 12-284, 12-290, 12-291, 12-293, 13-295–13-297, 13-299, 13-302, 13-306, 13-309, 13-310, 13-312, 13-316, 13-323, 13-324, 13-327–13-330, 13-332, 13-334, 15-382, 15-383
Schranken-Schranke 5-96, 5-97, 6-102, 6-104, 6-130, 6-141, 6-148
Schulbücher 6-147, 8-190, 13-318, 14-342
Schulbuchprivileg 5-98, 7-158, 7-164, 8-186–8-188
Schulbuchverlage 13-301, 13-318
Schulen 8-201

Schüller-Zwierlein, A. 1-10
Schüller-Zwierlein, A./Leiwesmeyer, B. 13-303, 16-404
Schulprivileg (BVerfG) 8-188
Schutzansprüche 1-9, 4-66, 5-82–5-84, 5-95, 6-110, 6-121, 7-158
Schutzrecht 13-315
Schwarz 10-232
Schweiz 11-267, 14-374
Science Citation Index 14-345
ScienceDirect 14-352, 14-361, 14-362, 14-365
Sci-Hub 1-3, 14-361, 14-362
SCOAP 14-366
Scopus 6-112, 14-347, 14-351, 14-365, 14-378
Searle 3-41, 4-68, 6-121, 8-174, 15-385
selbstbestimmt 4-75, 8-181, 11-248, 13-300
Selbstbestimmung 11-251
Selbstpublikation 6-125, 11-251, 11-268
Selbstverlag 8-180, 8-183, 8-184
Self-Publishing 8-183
Semantik 4-68, 6-132, 6-146, 6-147, 10-229, 11-251
Semesterapparate 8-202, 10-222, 13-306
Semiotik 10-221
Senftleben, M. 6-142
Severiens, T. 3-55, 8-211, 14-337
Sherpa-Romeo-Liste 11-251
Shockey, N. 15-385
Sicherheit 3-50, 4-72, 8-192, 13-315
Sichtbarkeit 8-183, 11-250, 11-251, 11-255, 11-260, 14-363
Siegmann, R. 6-124
Sitte, P. 11-261
SNIP 14-364
Social Sciences Citation Index 14-345
Sonderfall 6-144, 6-146–6-149, 8-178
sorgfältige Suche 11-238, 11-240, 11-242, 11-243, 13-321, 13-326
soziale Anerkennung 3-62, 6-121
soziale Medien 1-8, 14-347
soziale Netzwerke 6-113
soziale Realität 3-62, 15-381
soziale Wirklichkeit 6-121
Sozialontologie 6-121
Sozialwissenschaften 6-112, 6-131, 11-261, 11-262

Speichern 8-201, 10-222, 10-224, 10-226, 12-280, 12-291, 13-304, 14-369
Spielraum 3-38, 6-123, 6-129, 7-167, 8-189, 10-225, 11-264, 15-382
Spindler, G. 10-230, 10-233
Sprang, C. 13-329
Sprechakt 8-174, 8-176
Springer Nature 14-343, 14-351, 14-368
SpringerLink 14-371
SpringerOpen 14-366, 14-371
Staab, P. 1-3, 2-24, 14-339
Stallman, R. 7-169
Stang, F. 2-22
Steffen, T. 15-389
Steinhauer, E. W. 2-22, 10-227, 11-251, 11-265, 11-273, 12-287, 13-322
Stemmer, P. 3-54
Stieper, M. 6-126
STM 11-258, 13-307, 14-349
Stock, W. G. 6-112
Stockholm 6-103, 6-104
Straumsheim, C. 14-347, 16-404
Streaming 13-307
Stufen 6-143
Subskriptionskosten 14-343, 14-344
Subskriptionsmodell 14-367, 14-374
Subskriptionszeitschriften 14-368
Subventionspolitik 13-331, 14-375, 15-387
Sumption, J. 1-11, 4-63
Surman, J. 4-64, 16-404
Symmetrie 2-28, 6-141, 7-156, 11-263, 13-331

Talke, A. 16-404
Taubert, C. 3-52, 3-53, 6-112
Taylor & Francis 14-351, 14-365
TDM 4-76, 12-282, 13-303, 13-304, 13-306, 13-314, 13-333
Teach Act 12-291
technologieoffen 10-234, 12-277, 12-289, 13-304
telelogisch 11-262
Telemediatisierung 1-2, 1-7, 3-54, 4-71, 6-106, 10-229
teleologisch 2-25, 10-222, 10-224, 13-299
Terminals 8-195, 10-225, 10-228, 13-303
Textanalyse 13-307, 13-333
Tiersma, P. M. 1-3

Transaktionskosten 12-287, 14-370
Transformation 1-3, 3-43, 4-76, 4-77, 8-211, 14-337, 14-340, 14-344–14-346, 14-367, 14-370, 14-371, 14-375, 14-378, 15-382, 15-383, 15-385
Traum 3-55, 15-384
Triaille, J.-P. 6-135, 10-221
Trias 6-137, 6-138
TRIPS 5-80, 6-103, 6-107, 6-135, 6-142, 6-143, 7-155
TU Darmstadt 10-223, 10-224
Turowski, J./Mikfeld, B. 3-44, 3-46

Übernutzung 4-74, 7-156
Übertragung 4-69, 5-80, 5-82–5-84, 5-95, 6-102, 6-118, 6-125, 6-127–6-129, 6-138, 6-147, 7-153, 7-155, 7-157, 7-158, 8-180, 9-214, 10-230–10-232, 11-252, 13-332, 14-357
Übertragungsverbot 6-125
Ulmer, E. 16-405
Ulmer, M. 10-223, 10-226
Ulrich's Web Directory 14-351
Umgebungen 4-71
unangemessen 5-99
unbekannte Nutzungsarten 5-95, 6-125, 10-231–10-233
unbestimmte Rechtsbegriffe 3-36–3-38, 3-46, 3-48, 5-97, 6-123, 6-131, 6-142, 6-144, 6-146, 7-167, 8-176, 10-217, 10-227, 12-280, 12-292, 13-300, 13-302, 13-313, 13-318, 13-321, 15-382
UNESCO 1-17, 4-70, 11-239
Unionsrecht 8-206, 8-208, 10-224, 10-225, 10-231, 11-254, 11-271, 13-297, 13-298, 13-308, 13-315
Universitätsverlage 14-376
Unruhe 4-72
Unternutzung 4-74, 4-78, 6-136
Unterricht 6-132, 6-145–6-147, 7-164, 10-218, 10-220–10-222, 10-235, 12-286, 12-293, 13-299, 13-302
Urheberrechtsindustrie 6-109
Urhebervertragsrecht 8-178, 8-179, 8-195, 8-196, 8-211, 11-250, 11-254, 11-255, 11-263, 11-269, 11-271, 13-332, 15-388
UrhWahrnG 11-244, 11-246

UrhWissG 1-5, 1-13, 2-25, 2-26, 3-37, 6-130, 6-137, 6-148, 8-208, 10-227, 13-295
Urteilskraft 1-10, 4-69
USA 2-21, 2-24, 3-31, 3-34, 5-79, 5-91, 12-293
USA-Supreme Court 3-31
user-generated content 4-76, 6-115
utilitaristisch 2-21, 5-89, 15-390
Utopie 4-65

Vaihinger, H. 1-10, 6-120, 7-162, 11-273, 15-381
Veranschaulichung 6-132, 6-146, 10-218, 10-221, 13-299
Verantwortung 7-167, 7-168, 8-188, 8-205
Verfassungsbeschwerde 10-226, 10-231
verfassungskonform 11-262, 11-272, 12-279
Verfügungsgewalt 7-156
vergriffen 11-244
vergriffene Werke 11-244, 11-246, 11-247, 13-321
Vergütung 1-10, 3-43, 7-159, 8-173, 8-177, 13-321
Vergütungsanspruch 6-102, 6-149, 7-159, 8-179, 8-182, 8-200, 8-204, 13-322, 13-332
vergütungsfrei 2-27, 3-56, 5-87, 8-181, 8-187, 8-191, 8-194, 8-197, 8-211, 12-289, 13-315, 13-321, 15-388
Vergütungsfreiheit 8-187, 8-188, 8-191, 8-192, 12-286
vergütungspflichtig 5-82, 5-97, 8-181, 8-190
Vergütungsverpflichtung 6-134, 8-177, 8-189, 8-198, 8-211, 12-280, 12-293, 13-301, 13-302, 13-321
Verhaltensformen 4-70
Verknappung 1-4, 2-22, 3-42, 3-43, 4-74, 4-76–4-78, 6-110, 6-136, 6-141, 9-214, 10-220, 14-338, 14-339
Verlagsangebot 13-328
Verlagskonsortien 1-3, 6-131, 14-343, 14-345, 14-348, 14-370, 14-378, 15-386
Verlagswirtschaft 2-25, 2-28, 3-38, 3-42, 3-43, 4-77, 5-98, 6-127, 6-135, 6-144, 6-150, 8-205, 13-329, 13-331, 14-375
Verlegerbeteiligung 8-201, 8-203, 8-204, 8-206, 8-208, 13-296
Vermittlungsausschuss 8-190, 11-262, 13-298

Vermittlungsorganisationen 1-8, 6-138, 8-196,
    8-211, 10-217, 12-289, 13-331, 13-332,
    14-342
vermögensrechtlich 1-9, 2-28, 5-81, 5-94, 5-97,
    6-102, 6-122–6-124, 6-134, 6-135, 6-140,
    7-155, 7-156, 7-158, 7-160–7-162, 7-170,
    8-173, 8-186, 8-187, 15-381
Veröffentlichung 4-69, 5-92, 6-124, 7-163
Veröffentlichungsrecht 5-81, 5-91, 7-160,
    8-174, 11-250
Verträge 1-12, 4-74, 5-97, 6-103, 6-125, 6-133,
    8-179, 11-256, 11-258, 11-263, 11-264,
    12-289, 14-338, 14-362
Vertragsfreiheit 11-264, 13-316
Vervielfältigung 5-79, 5-86, 5-96, 6-105, 6-145,
    8-197, 8-199, 10-223, 10-225, 10-226,
    11-245, 12-278, 13-299, 13-300, 13-302,
    13-303, 13-308, 13-309, 13-319
Vervielfältigungsrecht 5-82, 5-95, 6-104, 6-142,
    8-207, 11-239
verwaiste Werke 11-238, 11-242, 11-243,
    13-321, 13-326
Verwertung 7-160, 8-174
Verwertungsgesellschaften 5-97, 6-130, 8-193,
    8-201, 8-204, 8-208, 8-211, 11-245,
    12-279, 13-296
Verwertungsmodell 4-77, 6-106, 14-359
Verwertungsparadigma 14-337
Verwertungsrechte 3-54, 3-62, 5-83, 5-92,
    5-95, 5-96, 6-102, 6-118, 6-122, 6-124,
    6-128, 6-129, 6-140, 7-160, 8-174, 10-233,
    14-357, 15-383, 15-384, 15-388
VG Bild-Kunst 11-245, 13-322
VG Wort 5-97, 8-180, 8-182, 8-183, 8-194,
    8-199, 8-201–8-203, 8-207, 11-245,
    11-246, 13-306, 13-322
VGG 8-208, 8-209, 11-244
Vielfachautorenschaft 6-136
Vielfachautorenwerke 6-113
Vielfachverwertungsrecht 11-264
Vierklassengesellschaft 11-261
virtuell 10-229, 14-355
virtuelle Räume 1-7, 10-229, 10-230, 13-318
virtuelle Terminals 3-48
Vogel, M. 8-206
Volksmund 3-48
Volkswille 3-49

Vollzugsanstalten (BVerfG) 8-187
von Coalition Plan S 14-367
von Guretzky, B. 4-70
von Ungern Sternberg, J. 8-207
Voßkuhle, A. 3-48
VPN 3-48, 10-218, 10-228–10-230

Wahrheitswert 1-10, 4-68
Wahrnehmungsvermutung 11-247
Währung 1-10, 6-136, 14-358
Walger, N./Walger, N. 14-364
Wandtke, A.-A. 5-94, 6-117, 8-174, 8-176
Wandtke, A.-A./Bullinger, W. 5-81, 5-89, 7-168
Wandtke, A.-A./Grassmann 6-141
Wandtke, A.-A./Hauck, R. 4-75
Wanka, J. 13-317
Wasser 4-74, 4-77, 15-384
water of the mind 4-74, 14-340
Web of Science 14-352
Weber, H. 13-330
Web-Harvesting 13-299
Website 6-124, 8-177, 8-181, 8-182, 11-268
Wefing, H. 3-34, 3-49
Weimarer Bundesverfassung 5-79
Werk 1-9, 2-28, 4-66, 4-67, 5-85–5-87, 5-89,
    6-118, 9-214
Werke 2-22, 2-26, 3-48, 4-65, 5-83, 5-84, 5-90,
    5-92, 6-104, 7-163, 8-184, 8-202, 14-344
Werkstück 4-67, 5-84, 6-118
Werte 3-40–3-43, 4-70, 4-75, 4-76, 7-159,
    14-338, 14-339, 15-390
Wettbewerbsnachteil 13-308, 13-311
Widerrufsrecht 10-232
Wildgans, J. 11-259
Wiley-VCH 14-343, 14-351, 14-368
Wille, S. 10-232
WIPO 2-24, 5-80, 6-103, 6-107, 6-135, 6-139,
    7-154, 8-192, 14-348
Wirklichkeit 5-90
Wissen 4-64–4-66, 4-74, 5-86, 6-121, 13-319
Wissen in Aktion 4-68
Wissenschaftler 7-160, 7-163, 7-165, 7-166,
    8-181, 8-184, 8-198, 11-251, 11-253, 11-261,
    11-266, 11-268, 11-269, 11-272, 12-279,
    12-290, 13-310, 14-342, 14-346, 14-350,
    14-355, 14-357, 14-374, 15-386
wissenschaftliches Ethos 6-111

Wissenschaftsfreiheit 2-26, 6-102, 6-133, 6-134, 6-150, 7-165–7-167, 7-171, 10-235, 11-251, 11-265, 11-266, 11-269, 11-270, 12-284, 12-289, 12-290
wissenschaftsfreundlich 2-21, 2-23, 6-109, 6-139, 10-234, 10-235, 13-316, 14-376
Wissenschaftskorb 11-237
Wissenschaftsmarkt 1-8, 8-184, 14-337, 14-340, 14-342, 14-355, 14-371
Wissenschaftsorganisationen 3-59, 14-337, 14-371
Wissenschaftsrat 3-56, 3-57, 10-228, 11-264, 14-359, 16-406
Wissenschaftsschranke 10-217, 10-220, 12-284, 12-288
Wissenschaftsurheberrecht 1-8, 1-11, 1-13, 2-22, 2-28, 3-37, 3-62, 4-64, 5-98, 6-109, 6-124, 6-135, 6-137–6-139, 6-148, 7-156, 7-163, 8-173, 8-210, 9-214, 10-234, 13-295, 13-317, 13-325, 15-383
Wissenschaftsverlage 6-128, 13-299, 13-316, 14-342
Wissensobjekte 1-5, 1-12, 4-67, 4-69, 4-76, 5-84, 7-163, 7-168, 13-332, 14-339, 14-355
Wissensökologie 4-73, 4-74, 15-384
Wissensökonomie 4-78
Wissensrepräsentationssprache 13-307
Witschen, D. 4-63, 7-171
work for hire 6-117
World Wide Web 6-115
WSIS 1-16, 3-60, 7-169, 7-170, 14-359

Zeitgeist 3-34, 3-44–3-47, 3-49–3-52, 6-135, 8-191, 10-228
zeitgeisty 3-44
Zeitschrift 8-178

Zeitschriftenartikel 6-130, 14-352, 14-363, 14-368, 14-374
Zeitschriftenmarkt 14-342, 14-349, 14-351, 14-352
Zeitungen 2-26, 13-302, 13-304
Zeitungsartikel 11-258, 13-322
Zensur 5-89, 15-381
Ziegler, G. M. 14-345, 14-356, 14-357, 14-376
Zippelius, R. 4-63
Zitatrecht 5-97, 8-191, 12-280, 13-295
Zitierhäufigkeit 14-345
Zitierrecht 5-93
Zitierung 1-16, 6-113, 11-258, 14-345, 14-347, 14-363
Zivilgesellschaft 1-5, 4-63, 10-228, 11-245, 12-278, 13-314
Zoglauer, T. 3-45
Zott, R. 14-350
zu § 52b 10-224
Zugriff 1-7, 3-42, 3-55, 3-57, 3-60, 4-67, 4-74, 4-77, 4-78, 5-86, 6-106, 6-133, 6-134, 6-140, 7-167, 7-168, 10-228, 10-230, 13-323, 14-339, 14-340, 14-359
Zukunftsoffenheit 3-31, 3-35, 3-36, 6-131
Zweck 6-133, 12-280, 12-289
Zweckbestimmung 2-22, 5-80
Zweckübertragungsregel 10-233
Zweiklassengesellschaft 11-261
Zweiter Korb 2-25, 5-95, 6-125, 10-217, 13-295
Zweitnutzungsrecht 11-250
Zweitpublikation 8-182, 11-256, 11-267
Zweitveröffentlichung 11-256, 11-262, 11-268
Zweitveröffentlichungsrecht 5-92, 11-252, 11-259, 11-263, 11-266
Zweitverwertungsrecht 3-61, 6-125, 11-238, 11-249, 13-326
Zypries, B. 8-185

www.ingramcontent.com/pod-product-compliance
Lightning Source LLC
Chambersburg PA
CBHW031843220426
43663CB00006B/484